云计算环境下的

信息资源集成与服务

朝乐门 杜小勇 卢小宾 等著

清华大学出版社
北京

内 容 简 介

本书揭示了云计算环境下的信息资源的形成与演化规律，设计了云计算环境下的信息资源集成和服务的顶层框架，提出了对应的集成方法和服务模式，突破了其中的若干关键技术，并提供了验证性应用。本书为国家社科基金重大项目“云计算环境下的信息资源集成与服务研究”(项目编号：12&ZD220)的研究成果之一，对于云计算、大数据、数据科学领域的研究者、硕士/博士研究生和相关领域的读者具有重要的参考价值。

图书在版编目(CIP)数据

云计算环境下的信息资源集成与服务/朝乐门等著. —北京：清华大学出版社，2019.9(2020.10重印)
ISBN 978-7-302-53749-6

Ⅰ. ①云… Ⅱ. ①朝… Ⅲ. ①信息管理—研究 Ⅳ. ①G203

中国版本图书馆 CIP 数据核字(2019)第 195750 号

责任编辑：谢 琛 战晓雷
封面设计：常雪影
责任校对：李建庄
责任印制：沈 露

出版发行：清华大学出版社
网　　址：http://www.tup.com.cn，http://www.wqbook.com
地　　址：北京清华大学学研大厦 A 座　　**邮　　编**：100084
社 总 机：010-62770175　　**邮　　购**：010-83470235
投稿与读者服务：010-62776969，c-service@tup.tsinghua.edu.cn
质量反馈：010-62772015，zhiliang@tup.tsinghua.edu.cn
课件下载：http://www.tup.com.cn，010-83470236
印 装 者：三河市龙大印装有限公司
经　　销：全国新华书店
开　　本：185mm×260mm　　**印　　张**：19.25　　**字　　数**：456 千字
版　　次：2019 年 11 月第 1 版　　**印　　次**：2020 年 10 月第 2 次印刷
定　　价：79.00 元

产品编号：083152-01

前　言

本书是国家社科基金重大项目“云计算环境下的信息资源集成与服务研究”(项目编号：12&ZD220)的代表性成果之一。自2012年12月立项以来，课题组在全国哲学社会科学规划办公室和中国人民大学的领导和支持下，圆满完成了全部拟定任务，并在云计算环境下信息资源的系统架构、存储策略、组织方法、集成方法和服务模式等方面展开了一系列开创性的研究工作。本书介绍了课题组的部分研究工作，尤其是云计算环境下的信息资源集成方法和服务模式方面的较为系统性的研究发现。

本书由课题首席专家杜小勇和卢小宾共同策划与设计，杜小勇、卢小宾、朝乐门、何军、郭晶以及课题组全体成员共同完成具体研究工作，最终由朝乐门、杜小勇和卢小宾负责完成了全书的统稿和审校工作。全书分为8章，各章的主要内容及创新性工作如下：

第1章为相关工作。根据国家社科基金重大项目“云计算环境下的信息资源集成与服务研究”的研究设计，对国内外相关研究进行了较为系统的调查分析，并提出了现阶段的研究进展和主要挑战。本章的研究工作主要从以下3个方面开展：①信息资源集成，尤其是云计算环境下的信息资源集成相关研究的主要进展；②信息资源服务，尤其是云计算环境下的信息资源服务相关研究的主要进展；③云计算环境下的信息资源集成与服务相关研究所面临的主要挑战。本章的主要执笔人为朝乐门、王建亚、杨灿军、刘岩和王雨晴。

第2章为顶层设计。在梳理主流的云计算技术的发展现状与趋势的基础上，深入探讨了云计算环境下的信息资源集成与服务基础平台的设计需求，并深入探讨了其设计目的、基本流程、总体框架和关键技术。本章提出的云计算环境下的信息资源集成与服务基础平台的主要创新点在于：①定义了信息资源的碎片化利用及碎片信息资源的集成与服务的基本流程；②提出了一种面向云计算环境下信息资源的弹性集成与服务的数据模型——iRDD(Information Resource Resilient Distributed Datasets)；③给出了一种云计算环境下信息资源集成与服务的统一的顶层框架体系；④采用广义信息资源的概念，引入了人机协同的信息处理模式；⑤提出了面向云计算环境下信息资源管理的数据连续性保障方法；⑥提出了碎片信息资源的数据对象的语义建模方法。本章的主要执笔人是杜小勇和朝乐门。

第3章为集成方法。在梳理国内外相关研究的基础上，结合课题研究目标，提出了云计算环境下的信息资源的集成方法，并探讨了其基本特征、主要类型及关键技术。本章提出的云计算环境下的信息资源集成方法的主要创新点在于：①从资源、碎片、标签等3个不同层次提出了云计算环境下的信息资源集成方法；②本章提出的集成方法具有弹性集成和惰性计算的特点，不仅避免了中间iRDD的数据的I/O成本，而且确保了信息资源集成活动中的数据一致性；③提出了一种数据驱动型信息资源的集成方法，改变了传统的目标驱动和模型驱动的信息资源集成方法；④提出了信息资源集成与服务中的结果呈现方法——数据可视化和故事化描述。本章的主要执笔人为朝乐门和杜小勇。

第 4 章为集成技术。在深入分析云计算环境下的信息资源集成的底层技术的基础上，探讨了面向云计算环境的信息资源集成的形式化表示技术，并提出了一种碎片信息资源的集成方法。此外，本章还提出了针对云计算环境下信息资源集成的参考框架体系，并探讨了其中的若干关键性技术问题，如故障/慢节点的处理、存储级别的选择等。本章的主要创新性工作如下：①提出了一种面向碎片化信息资源的数据模型——iRDD 的形式化表示方法；②提出了一种将碎片信息资源 iRDD 集成为数据对象的算法，并探讨了碎片的集成策略、选择最佳目标信息资源个数的方法及同一个信息单元中的碎片对象的排序方法；③提出了一种基于 Spark 的信息资源碎片化利用和集成的技术参考模型，并分别从流程、计算、存储和服务 4 个层面探讨了其实现细节。本章的主要执笔人为朝乐门、杜小勇和杨灿军。

第 5 章为服务模式。以用户信息行为理论、信息技术采纳理论、创新扩散理论以及可信计算理论为基础，重点探讨了政务网络可信云服务管理模式、商业数据分析模式与科研知识挖掘模型等云计算环境下信息资源服务模式的核心问题，提出了相应的解决方案。本章的主要创新性工作如下：①探讨了用户信息行为、信息技术采纳、创新扩散以及可信计算等云计算环境下信息资源服务模式构建的理论问题；②论述了云服务背景下政务网络生态失衡的成因、表现特征，提出了云计算环境下构建政务网络信息生态服务管理模式的 3 个维度：业务质量、数据管理和权益保障；③分析了云计算环境下商业数据分析模式的 3 个主要技术层次：数据存储、数据处理和数据组织与管理，从理论角度提出了 Google 三大云计算技术——GFS、MapReduce 和 Bigtable 对于海量商业数据的分析模式；④从需求分析、资源建设、人员培养、技术选择和制度建设等方面研究了云计算环境下科研知识挖掘的影响要素，构建了科研知识挖掘要素关系框架模型。本章的主要执笔人为王涛、卢小宾、官思发、霍亮和童楠楠。

第 6 章为服务采纳。在深入探讨个人用户和企业用户云服务采纳行为理论的基础上，系统分析了个人用户和企业用户云服务采纳行为的影响因素，构建了云计算环境下个人用户和企业用户的信息资源服务采纳模型。本章的主要创新性工作如下：①以信念-态度-行为理论、技术接受模型、网络外部性理论、信任理论、创新扩散理论为理论基础，分析了个人云存储采纳行为的影响因素，构建了个人云存储的采纳模型；②以传统技术采纳理论背景下企业信息化阶段发展特征为基础，结合云服务采纳的技术特殊性，提出了云服务采纳背景下企业信息化阶段发展特征；③以企业资源观、企业信息化阶段理论、组织技术采纳理论为理论基础，从采纳主体、客体、环境和中介 4 个方面梳理了企业云服务采纳的影响因素，构建了企业云服务采纳模式。本章的主要执笔人为卢小宾、王涛和王建亚。

第 7 章为典型系统。主要介绍了两种典型的云计算环境下的信息资源集成与服务平台——新闻热点事件的发现与跟踪系统和法学学科资源服务平台。在平台构建的过程中，课题组针对云计算环境下信息资源集成与服务所面临的诸多问题提出了多种解决方案，相关的研究成果已分别发表在高水平的国际期刊 *Decision Support Systems*、

Information Systems 上，获得 WISE2013 国际会议 Best Challenge Paper Award，并申请了多项国家发明专利。本章的主要创新性工作如下：①结合两种典型系统的研发需要，分别讨论了云计算环境下信息资源集成和服务的关键技术；②提出了一种云计算环境下的信息资源集成和服务平台的通用架构；③研发新闻热点事件的发现与跟踪系统，并给出了其关键技术和新闻正文自动化抽取算法流程；④研发法学学科资源服务平台，并提出了其信息资源集成策略和服务类型。本章的主要执笔人为何军。

第 8 章为示范应用。以上海交通大学图书馆思源探索资源发现系统为例，分析并剖析图书馆的这种新型服务模式，可实现个性化、可定制、主动服务的目标，以示范应用为基础，为云计算环境下的信息资源集成服务给出一套完整的应用评价体系和应用模式推荐。本章的主要执笔人为郭晶和陈嘉懿。

考虑到整体性及篇幅，本书并未涵盖课题组的全部创新性工作。课题研究是一项系统性工作，本书虽然尽可能列举了其主要贡献者，但也有可能间接涉及课题组中的其他成员的部分工作，在此感谢课题组的每个成员的创新性研究。同时，本书在编写过程中参考和引用了大量国内外文献资料，虽尽可能地标注了出处，但也难免有遗漏，在此向有关作者表示衷心的感谢。由于我们的水平有限，撰写时间较为仓促，疏漏、不足乃至错误之处在所难免，敬请各位专家批评指正。

杜小勇　卢小宾

2019 年 10 月

目　录

第1章 相关工作

本章根据国家社会科学基金重大项目“云计算环境下的信息资源集成与服务研究”(项目编号：12&ZD220)的研究设计，对国内外相关研究进行了较为系统的调查分析，并提出了现阶段的研究进展和主要挑战。本章的研究工作主要从以下3个方面开展：

(1) 信息资源集成，尤其是云计算环境下的信息资源集成相关研究的主要进展。

(2) 信息资源服务，尤其是云计算环境下的信息资源服务相关研究的主要进展。

(3) 云计算环境下的信息资源集成与服务相关研究所面临的主要挑战。

1.1 文献调研

物质、能量和信息是构成世界的三大要素，物质资源、能量资源和信息资源是当今世界的三大支柱性资源。长久以来，人们对信息管理的研究主要从信息科学和管理科学两个角度进行，运用“技术＋管理”的思想对信息管理活动进行研究，并开发管理信息系统，用于提高信息的管理和利用效率。然而，在信息化和经济全球化的浪潮下，社会经济的快速发展使得信息不再仅仅是简单的消息，而是被作为一种资源投入到经济活动中。人们开始从经济学的角度重新认识信息，开始把信息当作一种经济资源进行优化配置和管理。**信息资源管理**便是在这样一个大的时代背景下在美国产生和发展的，是为解决美国政府部门和企业信息管理问题而产生的新兴领域。进入信息社会后，知识成为创新的源泉，信息资源的开发利用成为新的经济增长点，各国高度重视，纷纷制订相关的战略计划。与此同时，有关信息资源管理的学术研究得到了极大的发展，相关理论研究体系也随之日趋完善。

信息资源管理是为了确保信息资源的有效利用，以现代信息技术为手段，对信息资源实施计划、预算、组织、指挥、控制、协调的人类管理活动①。总体来看，信息资源管理作为一个集成概念，覆盖面较为广泛。在信息资源管理这一理念引入以后，人们开始利用飞速发展的信息技术研究信息系统集成问题，并进一步将其用于信息资源整合问题，在实践中发展出许多成功的信息资源整合系统。从传统的信息资源整合来看，它着重于将分散且无序的资源变成集中化、序化的有组织、有结构的资源，涵盖了从信息资源采集、组织整理，到存储、检索，再到提供服务等一系列过程，然而随着用户信息需求的日益增长，传统信息资源集成面临很多问题：

- 基础设施建设昂贵。无论对于商家还是用户而言，成本均较高。商家需要低成本的计算模式，用户需要易扩展的信息资源。

① 霍国庆. 信息资源管理的起源与发展[J]. 图书馆，1997(6)：4-10.

- 更大规模的信息资源共享难以实现。用户的需求是无限的，而信息资源提供者的能力总是有限的，这需要提供者之间共享信息资源，然而他们之间的信息资源共享和数据交换是一个难题。
- 用户需要个性化的信息服务，如便捷、随时随地、按需供应的信息服务，同时用户不需要了解信息资源提供的过程或细节，即信息资源服务对用户的要求降到最低。
- 创新的信息服务实现问题。有学者提出了多种创新的信息服务，如高可靠性、智能化、知识化的信息服务，实现这些信息服务离不开技术的支持，需要信息资源服务器有强大的计算能力，能够负载均衡。
- 海量信息资源组织和存储问题，如对大数据现象进行有效组织和合理存储。
- 信息资源增值开发与利用问题，需要为信息资源管理寻找商业化出路。

云计算是一种基于互联网的计算模式，其共享的软硬件资源和数据可以按需分配给各终端设备。用户不再需要了解云中软硬件环境的具体实现细节，也不需要运用相应的专业知识对软硬件环境进行维护，而是直接使用云中通过虚拟技术封装好的软硬件资源。这种模式不但降低了用户的 IT 成本，还能使用户更加专注于自身的业务逻辑。根据美国国家标准与技术研究院①对云计算的描述，云计算主要具有 5 个特征：

- 按需自助服务。用户可以根据自身实际需要，定制服务计算能力（如 CPU 核心数、内存大小等）和存储容量等，而无须与服务提供商进行人工交互。
- 广泛的网络访问。用户可通过网络获取服务，并利用终端设备（如手机、平板、笔记本、工作站等）从多种途径访问。
- 资源池既统一又相对独立。云计算首先将计算资源集成起来，形成统一的资源池，而在为多个用户提供服务的同时，资源池又可以根据用户的个性化需求为每个用户动态分配不同的软硬件资源。
- 快速弹性。云计算具有快速弹性配置和释放资源的能力，能够迅速向内或向外拓展自身的服务（如拓展计算能力，拓展存储容量等）。对用户来说，云计算具有无限的计算和存储能力，可定制任何服务。
- 服务可计量。云计算通过计量的方法来控制和优化资源使用，做到随时监控并报告资源的使用情况，为服务商和用户提供透明度支持。

另外，从服务层次看，云计算有 3 种基本的服务模式②：

- 软件即服务（SaaS）。为用户提供的是云基础架构上运行的应用程序，应用程序可以通过（诸如 Web 浏览器等）客户端机接口或程序接口从各客户端设备进行访问。而对于网络、操作系统、服务器等位于底层的云基础设施，用户并不涉及相关操作。
- 平台即服务（PaaS）。为用户提供的是部署在云基础设施上的编程语言、库、开发工具、数据库、网络服务器等，用户可以控制并部署应用程序的托管环境。
- 基础架构即服务（IaaS）。为用户提供的是存储、计算等基础计算资源，用户可以

---

① Mell P M, Grance T. The NIST Definition of Cloud Computing[M]. Gaithersburg: National Institute of Standards & Technology, 2011.

② 同脚注①.

在上面部署并且运行软件，比如各种应用程序等。用户操作虽然不涉及底层基础架构，但对于部署的应用程序可以进行各种相关操作。

综上，从信息资源集成与服务需求角度来说，云计算的以上特性非常适合用来处理"信息爆炸"时代信息资源集成中的诸多问题。"云计算不等价于数据中心，不等价于硬件、服务器，云计算重要的是应用与软件①"。信息资源集成恰好是云计算的一个新应用领域。但是，目前信息资源管理领域在云计算方面的研究刚刚起步，研究内容主要包括对相关概念的引入及其在信息资源管理领域应用层面的理论研究等，缺少对云环境下信息资源管理的模式及云计算对信息资源管理带来的变革等方面的系统性研究。因此本课题的研究具有十分重要的理论和实际意义。

对于国外的相关研究成果，课题组选择 Web of Science 核心合集、Elsevier ScienceDirect 数据库、EBSCO 数据库、IEEE 数据库 4 个主要数据库进行文献检索，检索时间限定为 2002 年 1 月至 2017 年 6 月，检索条件及结果见表 1-1。对各数据库不同检索条件下的检索结果进行简要分析可知，"cloud computing" "cloud computing" or "cloud service" "information service"等主题下的相关文献较多，可见云计算、云服务、信息服务都是国外的研究热点，而信息集成也成为国外研究的一个主题，但未形成信息资源集成的概念，此方面研究多使用其相关概念。总之，国外对云计算环境下的信息集成、信息服务研究较多。

表 1-1　国外相关研究检索设计及结果

数　据　库	检 索 条 件	检索结果(条)
Web of Science 核心合集	"cloud computing" or "cloud service"	27 074
	"information integration"	2924
	"information service"	3604
	"cloud computing" and "information integration"	23
	"cloud computing" and "information service"	90
Elsevier ScienceDirect	"information service"	295
	"information integration"	347
	"cloud computing"	2212
	"cloud service"	293
EBSCO 数据库	"cloud computing" or "cloud service"	25 345
	"information integration"	602
	"information service"	4071
	"("cloud computing" or "cloud service") and ("information integration" or "information service")"	279

① 北京商报. 微软全球资深副总裁张亚勤：云计算不是忽悠[EB/OL]. (2012-09-20)[2012-04-09]. http://tech.qq.com/a/20120409/000014.htm.

续表

数　据　库	检 索 条 件	检索结果(条)
IEEE 数据库	"cloud computing" or "cloud service"	2846
	"information integration" or "Information Resources integration"	1710
	"cloud computing" and "information integration"	35
	"cloud computing" and "information service"	64

对于国内的相关研究成果，以 CNKI 全文数据库为主要目标资源库，选择中国期刊全文数据库、中国重要会议论文全文数据库、中国博士学位论文数据库、中国优秀硕士学位论文数据库 4 个主要数据库进行检索，将检索时间设定为 2002—2017 年，具体检索条件及结果见表 1-2。另外，通过趋势检索，得到图 1-1 和图 1-2。由图可知，信息资源集成的研究在 2006—2015 年收录量相对平稳，保持在 35 篇左右，2016 年开始明显下降；"云计算"的研究从 2007 年(收录量为 11 篇)开始一直处于快速上升状态，在 2015 年达到顶峰，收录量达到 10 004 篇，之后收录量呈快速下降趋势。可见，近 15 年来，"云计算"和"信息资源集成"是国内学术界的研究热点，而云计算下的信息资源集成与服务研究则较少。

表 1-2　国内相关研究检索设计及结果

数　据　库	检 索 条 件	检索结果(条)
中国期刊全文数据库	"云计算"	42 649
	"信息集成"或含"信息整合"	9600
	"信息资源集成"或含"信息资源整合"	3606
	("云计算"并含"信息集成")或者("云计算"并含"信息整合")	144
	("云计算"并含"信息资源集成")或者("云计算"并含"信息资源整合")	156
	"云计算"并含"信息服务"	1282
中国重要会议论文全文数据库	"云计算"	1046
	"信息集成"或含"信息整合"	652
	"信息资源集成"或含"信息资源整合"	130
	("云计算"并含"信息集成")或者("云计算"并含"信息整合")	9
	("云计算"并含"信息资源集成")或者("云计算"并含"信息资源整合")	3
	"云计算"并含"信息服务"	38
中国博士学位论文数据库	"云计算"	790
	"信息集成"或含"信息整合"	719
	"信息资源集成"或含"信息资源整合"	55

续表

数 据 库	检 索 条 件	检索结果(条)
中国博士学位论文数据库	(“云计算”并含“信息集成”)或者(“云计算”并含“信息整合”)	9
	(“云计算”并含“信息资源集成”)或者(“云计算”并含“信息资源整合”)	5
	“云计算”并含“信息服务”	59
中国优秀硕士学位论文数据库	“云计算”	8144
	“信息集成”或含“信息整合”	6065
	“信息资源集成”或含“信息资源整合”	848
	(“云计算”并含“信息集成”)或者(“云计算”并含“信息整合”)	56
	(“云计算”并含“信息资源集成”)或者(“云计算”并含“信息资源整合”)	29
	“云计算”并含“信息服务”	392

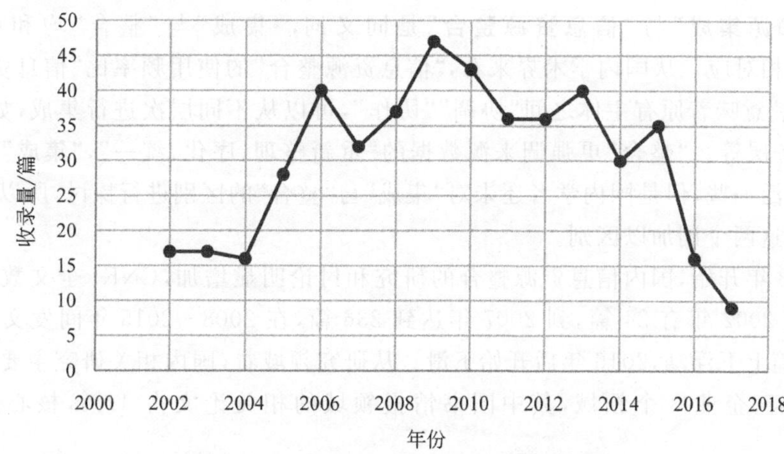

图 1-1　“信息资源集成”主题文献时序分布

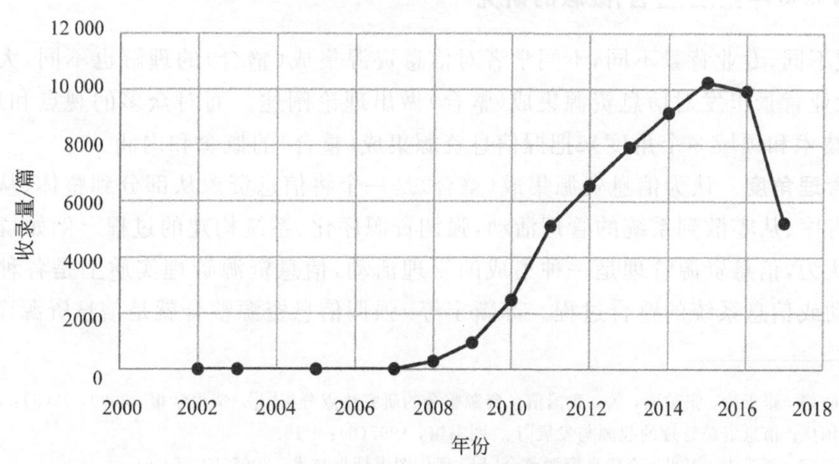

图 1-2　“云计算”主题文献时序分布

根据本课题的研究内容选择特定范围的文献，以文献资料内容、来源、权威专家、引用及被引情况来确定文献资料重要程度，对重要文献资料进行认真研读，作为本课题的研究基础。文献资料的获取主要来自中外文数据库，多种数据库配合使用，以保证收集资料的全面性。以布尔检索为主，辅助引用文献及类似文献参考、趋势检索等其他手段。本课题的研究在深入理解已有成果的基础上提出问题，分析问题，进而解决问题。

通过文献检索，信息资源集成、信息服务、云计算是当前国内外研究热点，信息资源集成与服务有很多研究成果，在具体的应用领域已有一些成功的信息资源整合系统。国外还研究了信息服务技术及评估标准。信息资源管理离不开技术的支持，技术的发展又为信息资源管理带来创新的机遇。国外较早地提出了云计算，并将云计算成功地应用于商业领域，云计算技术为信息资源集成管理带来新的机遇和挑战。下面对国内外信息资源集成与服务以及云计算环境下信息资源集成与服务已有的研究成果进行梳理和评价。

1.2 信息资源集成

“信息资源集成”与**“信息资源整合”**是同义词，“集成”与“整合”均和英文单词 Integration 相对应。从国内学术界来看，“信息资源整合”的使用频率比“信息资源集成”高[①]。“集成”意味着原有主体之间“协调”“协作”，可以从不同层次进行集成，如数据层、应用层、服务层等。“整合”更强调来源数据的“重新整理、序化、统一”，“**集成**”的意义比“整合”更广泛一些，但是国内学者还未对“集成”与“整合”的区别进行探讨，所以在此研究综述中不对这两个词加以区别。

从 2003 年开始，国内信息资源整合的研究和讨论明显增加，CNKI 全文数据库中的相关文献在 2002 年有 24 篇，到 2007 年达到 236 篇，在 2008—2015 年间发文量较为平稳，在 240 篇上下浮动，2016 年后开始下滑。从研究领域看，国内相关研究主要分布在图书情报、政府、企业 3 个领域，其中图书情报领域的相关论文占 44%，核心期刊更达到 46%。

1. 信息资源集成(整合)概念的研究

领域不同，专业背景不同，不同学者对信息资源集成(整合)的理解也不同，大多是从自身的专业背景出发对信息资源集成(整合)做出理论阐述。面对众多的观点和理论，可从管理、技术和领域 3 个角度来把握信息资源集成(整合)的概念和内涵。

- **管理角度**。认为信息资源集成(整合)是一个将信息资源从部分到整体、从无序到有序、从零散到系统的管理活动，强调资源序化、系统构建的过程。例如，霍国庆[②]认为，信息资源管理是一种集成的管理活动，信息资源管理实质上是各种信息活动或信息系统的整合过程。苏新宁等[③]强调信息资源整合就是信息资源序化的过

---

① 张晓娟，张于涛，张洁丽，等. 我国信息资源整合的研究热点分析[J]. 情报学报，2009，28(5)：791-800.

② 霍国庆. 信息资源管理的起源与发展[J]. 图书馆，1997(6)：4-10.

③ 苏新宁，章成志，卫平. 论信息资源整合[J]. 现代图书情报技术，2005(9)：54-61.

程，认为信息资源整合是将离散、多元、异构的信息资源组织为一个整体，使之有利于管理、利用和服务。与信息资源整合紧密相关，马文峰[①]对数字信息资源整合进行阐述，指出其是数字资源优化组合的状态变化，是将相对独立的数字资源系统中的对象重新组合为一个新的有机整体，进而形成一个新的数字资源体系，这也强调了系统组织过程中的状态变化。

- **技术角度**。强调信息资源整合的技术及其实现过程，重视对集成成果的利用。例如，黄晓斌等[②]认为，信息资源整合是利用集成技术将自主、分布、异构的数字资源集成在一起，搭建一个统一、易用的信息资源利用环境供用户使用。邹嘉麟等[③]从信息生命周期理论出发，认为 Web 信息资源整合是对 Web 上的特定信息源进行生命周期管理的过程，并在此基础上实现高效的比较、查询和检索。而对于信息资源整合的内容，主要从两方面进行阐述：一是信息活动流程层面，整合是对于加工活动及流程的重新组合；二是信息内容层面，例如不同载体信息、相同载体信息之间的重新组合等，涵盖了数据、内容和应用 3 个具体方面的整合[④]。
- **领域角度**。从自身领域的实际需要出发，阐述信息资源集成（整合）的内涵。例如，徐瑞鸿[⑤]从档案资源整合的角度出发，强调信息资源整合是进行二次开发利用的过程，通过对信息资源进行重新组织、深度加工，从而创造出新的知识。尚武[⑥]则从图书馆领域出发，认为信息资源整合是根据用户的需求进行不同层次、不同深度、不同方式的整合加工，其目的是使信息资源增值并以信息产品的形式提供给用户。赵冬梅[⑦]也对图书馆信息资源整合的含义进行了阐述，指出图书馆信息资源整合是在一定的规范标准指导下，将图书馆范围内多种载体类型、分散、异构的信息资源有机结合，从而融合图书馆内所有资源分类、编目、流通工作，目的是在统一的数据存取模式和统一的用户界面下提供对各种类型资源的检索、使用等服务。

无论是从管理角度，还是从技术角度或领域角度，都不难发现，进行信息资源整合的目的都是一致的：使信息资源能得到有效利用，如实现统一检索、知识创造和信息服务等。而三者之间又具有紧密关联，管理角度从宏观上调控信息资源集成（整合），技术角度是信息资源整合得以实现的基石，而领域角度则对其具体应用和存在意义进行较为完善的阐述。

2. 信息资源整合的内容研究

国内对于信息资源集成（整合）方面的研究分布较为集中，主要包括图书情报、企业信

---

① 马文峰. 数字资源整合研究[J]. 中国图书馆学报，2002，28(4)：64-67.

② 黄晓斌，夏明春，黄晓斌，等. 数字资源整合研究的现状及发展方向[J]. 情报理论与实践，2005(1)：75-77.

③ 邹嘉麟，陈家训. Web 信息资源整合系统模型和方法[J]. 计算机工程，2004(12)：175-177.

④ Hoang H H, Cung N P, Truong D K, et al. Semantic Information Integration with Linked Data Mashups Approaches[J]. International Journal of Distributed Sensor Networks，2014(1)：1-12.

⑤ 徐瑞鸿. 档案信息资源整合研究[J]. 兰台世界(17)：21-22.

⑥ 尚武. 网络信息资源整合与统一检索平台[J]. 中华医学图书情报杂志，2009，18(2)：28-29.

⑦ 赵冬梅. 图书馆信息资源整合[J]. 情报科学，2005，23(3)：362-366.

息管理和政府信息管理3个领域，其研究内容随着研究领域的不同而呈现出差异性。

- **图书情报领域**。主要对信息资源管理的理论体系和通用模型、方法与技术进行研究。例如，王琳等①将信息集成的层次分成两层，一是信息内容本身的集成，二是对信息资源主题检索点的集成，提出基于领域进行信息集成的范式。王善平②通过分析已有的数字信息资源整合案例，论述了信息资源整合的重要性，并提出关键在于标准化，进而从3层标准出发提出如何进行数字信息资源整合。庞馨悦等③阐述了信息资源整合与集成服务保障体系的必要性，通过实例分析了目前保障体系存在的问题，提出了完善保障体系的对策建议。胡昌平等④从发展的角度将信息资源整合分为文献信息资源整合、数字信息资源整合和知识信息资源整合3个阶段。崔瑞琴等⑤在探讨数字信息资源整合概念和特点的基础上，重点从基于机构信息资源的整合项目和基于内容的信息整合方式两个方面论述了数字信息资源整合的方式，并提出了应注意的问题。章成志等⑥设计了自下而上为基础层、数据层、服务层到应用层的4层体系结构用于图书馆信息资源的整合。李凌志等⑦在对传统信息集成技术的局限性进行分析的基础上，结合本体的特点，提出了本体在信息集成中应用的3种方法，并对国内外相关研究进行了详细介绍。刘萍⑧也运用本体论和相关技术设计了信息资源集成的原型系统并达到实现层面。李广建等⑨在对国外现有整合系统进行研究以后，分析了4种系统实现机制，包括数据仓库整合机制、代理整合机制、中介器封装器整合机制和P2P整合机制。胡昌平等⑩着重个性化的信息服务，主要采用J2EE技术架构和B/S模式构建了个性化服务的信息资源整合平台。彭洁等⑪构建了信息资源整合技术框架，分为4个层次：标准和规范层、基础设施层、数据管理层、整合平台层。
- **政府信息管理领域**。主要运用信息资源整合的理论和方法进行政府部门的业务的整合与优化。例如，吴占坤⑫结合政府部门的实际工作，将政府信息资源集成（整合）主要分为3个层面：数据层面的整合、业务流程层面的整合和应用系统层面的整合。
- **企业信息管理领域**。注重运用信息资源整合的理论与思想解决企业业务问题，尤

---

① 王琳，赖茂生．信息集成的领域分析研究[J]．图书情报知识，2007(5)：5-9.

② 王善平．论数字信息资源的整合与标准化[J]．情报资料工作，2002(6)：19-21.

③ 庞馨悦，李德昌．信息资源整合与集成服务的保障体系研究[J]．情报科学．2014(6)：47-50.

④ 胡昌平，汪会玲．信息资源整合的多视角分析[J]．情报科学，2006 (9)：1281-1285.

⑤ 崔瑞琴，孟连生．数字信息资源整合问题研究[J]．图书情报工作，2007，51(7)：35-37.

⑥ 章成志，苏新宁．信息资源整合的建模与实现方法研究[J]．现代图书情报技术，2005(10)：60-63.

⑦ 李凌志，张玉婷．基于本体的信息集成研究[J]．情报杂志，2008，27(1)：68-71.

⑧ 刘萍．基于本体的信息集成框架研究[J]．计算机技术与发展，2007(12)：34-36.

⑨ 李广建，汪语宇，张丽．数字资源整合的实现机制及关键技术——对国外数字资源整合系统的实证研究[J]．中国图书馆学报，2007，33(2)：75-80.

⑩ 胡昌平，汪会玲.个性化服务中的信息资源充足与整合平台构建[J]．情报科学，2006(2)：161-165.

⑪ 彭洁，赵辉，杨青峰．信息资源整合技术框架构建[J]．江苏科技大学学报(社会科学版)，2007，7(1)：46-48.

⑫ 吴占坤，安佳慧．浅谈我国电子政务中的信息资源整合[J]．黑河学刊，2007(3)：116-117.

其是平台的搭建、业务模型的构建等。例如，刘玉照等[①]通过引入信息集成，基于EAI技术，分析了企业信息集成与信息分享的问题。而齐国隆等[②]利用SOA体系架构解决医疗信息集成问题。吕希艳等[③]在分析企业信息资源整合存在的问题及挑战的基础上，主要讨论了如何利用SOA进行企业信息资源整合，分析了适用性、有效性与可行性，并提出了相应的建议。章峰等[④]建立了基于XML的企业信息集成平台，使用XML对异构数据进行集成，以XML的文档形式存储数据。

3. 信息资源整合的应用研究

通过对文献的梳理，发现信息资源整合应用方面的研究主要集中在4个细分领域：

- **电子政务信息资源整合**。鲁俊杰等[⑤]对面向信息资源整合的电子政务云平台进行了探索和设计。赵英等[⑥]运用知识管理的理念、技术和方法实现跨部门政府信息资源的整合与共享。罗贤春等[⑦]在分析已有整合模型的基础上，以个性化共享目录为出发点提出了构建什么样的电子政务信息资源整合模型，并在应用层面进行了相关分析。牛力等[⑧]基于政务信息资源整合及共享研究的文献进行综述分析，对发展中的阻碍因素、资源整合与共享模式、技术实现方法及模型等进行了研究，并进一步对政务信息资源整合共享的发展方向作了展望。杨兴凯等[⑨]对政府信息资源集成方法进行了回顾性研究，提出可以从信息资源集成的分布形式和异构信息资源的集成方法进行划分，而且指出了现有研究存在的不足。
- **档案信息资源整合**。张东华[⑩]在对网络环境下档案信息资源及其服务特点变化进行分析的基础上，提出了进行档案信息资源整合的方法和步骤，并从意识理念、标准规范、法律保障等方面论述了档案信息资源整合的具体措施。而蒋冠[⑪]以网络环境下档案信息资源整合的内涵、必要性等基本问题为出发点，探讨了其实现形式和目标取向，并进一步对瓶颈分析、实施策略、保障体系等具体实施环节进行了较为全面的论述。何军[⑫]从数据仓库和信息集成技术两个方面出发，对档案信息

① 刘玉照，杜言. 基于信息集成的信息资源共享[J]. 情报杂志，2003，22(7)：54-55.

② 齐国隆，孔令人，张超. 利用SOA体系架构解决医疗信息集成问题[J]. 医疗设备信息，2007，22(6)：26-28.

③ 吕希艳，张润彤. 基于SOA的企业信息资源整合[J]. 中国科技论坛，2006(2)：103-105.

④ 章峰，王军，王宏安，等. 基于XML的企业信息集成平台实现及应用[J]. 计算机工程与应用，2001(24)：123-125.

⑤ 鲁俊杰，侯卫真. 面向信息资源整合的电子政务云平台构建研究[J]. 图书馆学研究. 2012(13)：36-40.

⑥ 赵英，姚乐野. 跨部门政府信息资源整合与共享路径研究——基于知识管理视角[J]. 情报资料工作，2014，35(5)：62-68.

⑦ 罗贤春，姚明. 基于个性化共享目录的电子政务信息资源整合[J]. 情报理论与实践. 2014(9)：64-68.

⑧ 牛力，李月，韩小汀. 我国政务信息资源整合与共享研究综述[J]. 情报杂志，2013，32(5)：170-175.

⑨ 杨兴凯，刘畅. 政府信息资源集成方法研究综述[J]. 电子政务，2013(5)：81-87.

⑩ 张东华. 网络环境下档案信息资源整合探讨[J]. 档案学通讯，2005(3)：74-77.

⑪ 蒋冠. 网络环境下档案信息资源整合研究[D]. 湘潭：湘潭大学，2005.

⑫ 何军. 档案信息的集成管理与集成服务模式研究[J]. 档案学通讯，2006(2)：56-59.

资源的集成管理与集成模式进行了研究。王斌等[①]则基于网络信息资源整合的研究成果，对档案网站信息资源整合的实施提出4种方法，分别设计了整合方案。牛力等[②]通过引入云计算技术来解决档案资源共享问题，并提出了一种档案信息资源整合与服务模式。

- **图书馆信息资源整合**。张燕萍[③]通过调查北京大学图书馆、清华大学图书馆、复旦大学图书馆等国内20所大学图书馆信息资源整合的情况，分析了其中存在的问题，并从用户需求和技术发展的角度对信息资源整合的发展策略进行了研究讨论。张丹丹等[④]探讨了高校图书馆信息资源整合体系的层次构成和要素构成，从宏观、中观和微观3个层面提出了高校图书馆进行信息资源整合的思路。姜爱蓉等[⑤]以清华大学图书馆为实践案例，将数字资源整合与信息门户的建设相结合，阐述了建设思路、技术手段、期望效果等具体内容。欧石燕等[⑥]在对语义网进行研究的基础上，尝试将其应用到图书馆的信息资源整合之中，并且从本体层面对文献资源进行整合，从关联数据层面对图书馆信息资源进行整合，从与外界资源的关联方面也进行阐述，从而描述出3层架构的图书馆信息资源语义整合框架，形成了一个较为完善的资源整合体系。肖希明等[⑦]对国外图书馆、档案馆以及博物馆(LAM)数字资源的整合研究进展现状进行了综述，对LAM数字资源整合的政策和资金资助等背景情况、合作关系及开展形式、相关平台建设、面临的问题及发展趋势等主要问题进行了分析研究，为国内信息资源整合提供了借鉴参考。郑燃等[⑧]在关联数据的基础上对图书馆、档案馆以及博物馆的数字信息资源整合进行了研究，探讨了关联数据的作用及发展现状，并尝试构建了基于关联数据的数字信息资源整合模式。而基于知识服务，丁楠等[⑨]构建了面向知识服务的图书馆信息资源整合模型，主要从整合层、服务层、资源层3个层面进行了研究，并结合应用实例论证了该模型的可行性。
- **网络信息资源整合**。李富玲等[⑩]介绍了国外的一种新型信息资源整合工具——SFX，即网络电子资源无缝链接整合软件系统，并对其工作原理、工作方法、使用

① 王斌，吴建华. 档案网站信息资源整合方法与方案——"档案网站信息资源普查与整合研究"系列论文之二[J]. 档案学通讯，2010(1)：61-67.

② 牛力，韩小汀. 云计算环境下的档案信息资源整合与服务模式研究[J]. 档案学研究，2013(5)：26-29.

③ 张燕萍. 高校图书馆信息资源整合现状及发展策略分析[J]. 现代情报，2007，27(8)：29-33.

④ 张丹丹，刘松柏. 高校图书馆信息资源整合体系的构成及分析[J]. 图书馆学研究. 2013(10)：48-53.

⑤ 姜爱蓉，黄美君，窦天芳. 数字资源整合与信息门户建设——清华大学图书馆的探索与实践[J]. 现代图书情报技术，2006，1(11)：2-6.

⑥ 欧石燕，胡珊，张帅. 本体与关联数据驱动的图书馆信息资源语义整合方法及其测评[J]. 图书情报工作. 2014(02)：5-13.

⑦ 肖希明，郑燃. 国外图书馆、档案馆和博物馆数字资源整合研究进展[J]. 中国图书馆学报，2012，38(3)：26-39.

⑧ 郑燃，唐义，戴艳清. 基于关联数据的图书馆、档案馆和博物馆数字资源整合研究[J]. 图书与情报，2012(1)：71-76.

⑨ 丁楠，钟莉，潘有能. 面向知识服务的图书馆信息资源整合研究[J]. 图书馆研究与工作，2017(8)：54-57.

⑩ 李富玲，卢振波. SFX：信息资源整合新工具[J]. 现代图书情报技术，2002，18(6)：69-71.

现状和优势进行了分析，但是尚未涉及网络信息资源整合理论层面的研究。金燕[①]对网络环境下信息资源整合的步骤和方法进行了探讨，并且从网络信息的组织管理、信息资源的整合评价以及信息商品的定价等方面进行了分析研究。而近年来，马费成等[②]从关联数据的基本思想理念出发，提出了基于关联数据的网络信息资源集成框架，并进一步完成了针对免费网络学术资源的集成实验系统的设计实现。李雪梅[③]采用基于B/S架构的3层体系结构进行设计，将网络信息资源整合平台分为表现层、业务层和核心层。

从全球范围看，早在20世纪80年代，美国信息管理学家Horton便将集成思想纳入信息资源管理领域，Horton提出："信息资源管理是一个集成概念，它将不同的信息技术和领域融合为一体，这些技术和领域包括管理信息系统、记录管理、自动数据处理和电子通讯网络等。"[④]与此同时，M. Cooper认为信息资源管理意在学术、方法、职能和技术层面上的集成或协调[⑤]。从信息科学和管理科学的角度来说，信息资源集成是以信息技术为基础，向各个领域拓展开的创新管理活动。

国外信息资源集成的研究成果大都表现为信息系统集成的研究。N. W. Paton等[⑥]提出了一个信息集成系统框架，该框架包括用户交互接口、概念模型管理、资源集成和封装。M. C. Rousset等[⑦]认为，信息集成系统是用户和多种异构数据源之间的中介系统，信息集成系统提供一个统一的查询接口，需要经常收集和处理不同信息源的信息，因此作者建立了一个基于中介的信息集成代理框架。Jia-Lang Seng等[⑧]提到XML可以解决结构上异构数据源的集成，他针对语义上异构数据源集成提出了基于本体的信息集成系统框架，最后建立了系统原型，对提出的框架进行了验证。J. Wolfert等[⑨]建立了基于SOA体系结构的信息集成系统。Quix C等[⑩]探讨了科研信息管理(RIM)中的信息集成问题，论证了信息集成方法对科研信息管理的适用性，认为应将科研信息集成研究的重心放在数据模型与集成过程之间的映射上。Hanh H H等[⑪]研究了语义Web下数据混搭的集成

① 金燕. 网络信息资源整合研究[J]. 现代情报，2007，27(7)：40-43.

② 马费成，赵红斌，万燕玲，等. 基于关联数据的网络信息资源集成[J]. 情报杂志，2011，30(2)：167-170.

③ 李雪梅. 网络信息资源整合平台建设研究[J]. 图书馆学研究. 2012(14)：52-55.

④ 马费成. 信息资源管理[M]. 武汉：武汉大学出版社，2000.

⑤ 谢阳群. 信息资源管理[M]. 合肥：安徽大学出版社，1999.

⑥ Paton N W, Goble C A, Bechhofer S. Knowledge Based Information Integration Systems[J]. Information and Software Technology, 2000, 42(5): 299-312.

⑦ Rousset M C, Reynaud C. Knowledge Representation for Information Integration[J]. Information Systems, 2004, 29(1): 3-22.

⑧ Seng J L, Kong I L. A Schema and Ontology-aided Intelligent Information Integration[J]. Expert Systems with Applications, 2009, 36(7): 10538-10550.

⑨ Wolfert J, Verdouw C N, Verloop C M, et al. Organizing Information Integration in Agri-food—A method Based on a Service-oriented Architecture and Living Lab Approach[J]. Computers and Electronics in Agriculture, 2010, 70(2): 389-405.

⑩ Quix C, Jarke M. Information Integration in Research Information Systems[J]. Procedia Computer Science, 2014, 33: 18-24.

⑪ Hoang H H, Cung N P, Truong D K, et al. Semantic Information Integration with Linked Data Mashups Approaches[J]. International Journal of Distributed Sensor Networks, 2014, 2014(1): 1-12.

问题，系统地提出了信息集成中语义混搭研究与应用的方法，并提供了一个链接数据混搭应用程序作为方法的阐释。He L 等[①]通过研究领域本体的集成与共享问题来解决信息集成与共享的问题，并对该方法进行了案例证明。Meng Tao 等[②]针对多媒体信息，提出了一种基于概念关联的信息集成和多模型协作框架，用于增强多媒体数据的高级语义概念检测。Zheng J 等[③]对高等教育信息集成研究中不同部门之间的数据共享问题进行了研究，提出了一种基于教育信息集成的非结构化数据共享模型。

在信息集成系统实践方面，自 20 世纪 90 年代后期，国外图书馆和 IT 界相继开发了十几种信息资源整合系统，包括 EN Compass with LinkFinderPlus、MetaLib with SFX、Millennium Access Plus(MAP)、WebFeat、Chameleon iPortal、Ilink、iPort、xdirectory and xflow、Zportal、uPortal 等[④]。国外的信息资源整合系统由于起步早，功能比较完善，应用也比较成熟，但国外的信息资源整合系统比较贵。国外信息资源整合的系统还应用在电子政务领域，例如美国政府网站提供一站式服务平台。与此同时，企业界也在不断研发信息整合系统以提升生产力。Viljamaa E 等[⑤]提出了将基于本体的信息集成系统和通信与机器控制系统进一步结合，以提供更有效的信息整合，加强施工控制，实现实际施工工程更高效的流程管理。富士通(Fujitsu)实验室与爱尔兰国立大学戈尔韦数字企业研究所合作研发了 LOD 利用平台(LOD Utilization Platform)，用于收集和存储世界各地以链接数据形式发布的数据，并提供搜索功能[⑥]。Cordeiro K D F 等[⑦]针对复杂环境中数据异构和高度动态的信息流，基于 Draph Data 模型提出了 aDApTA 方法，用于信息集成及其相关架构的自适应。Pang L Y 等[⑧]针对企业内数据源的异质性，提出了一种数据源互操作服务(DSIS)，为异构数据源提供查询和信息集成服务，并附带一组可视化工具，供用户管理和配置企业内的不同数据源。Singh A K 等[⑨]研究了信息集成对供应链决策的影响，发

① He L, Ming X, Ni Y, et al. Ontology-based Information Integration and Sharing for Collaborative Part and Tooling Development[J]. Concurrent Engineering-Research and Applications, 2015, 23(3): 199-212.

② Meng T, Shyu M. Concept-concept Association Information Integration and Multi-model Collaboration for Multimedia Semantic Concept Detection[J]. Information Systems Frontiers, 2014, 16(5SI): 787-799.

③ Zheng J, Li X. Research and Application on Unstructured Data Sharing in Education Information Integration [C]//2015 7th International Conference on Information Technology in Medicine and Education (ITME). IEEE, 2015, Huangshan, China.

④ 王平，姜爱蓉. 国内外数字信息资源整合管理系统的对比研究与思考[J]. 上海交通大学学报，2003,(9): 164-170.

⑤ Viljamaa E, Peltomaa I. Intensified Construction Process Control Using Information Integration [J]. Automation in Construction, 2014, 39(4): 126-133.

⑥ Igata N, Nishino F, Kume T, et al. Information Integration and Utilization Technology Using Linked Data [J]. Fujitsu Scientific & Technical Journal, 2014, 50(1SI): 3-8.

⑦ Cordeiro K D F, Campos M L M, Borges M R S. aDApTA: Adaptive Approach to Information Integration in Dynamic Environments[J]. Computers in Industry, 2015, 71: 88-102.

⑧ Pang L Y, Zhong R Y, Fang J, et al. Data-source Interoperability Service for Heterogeneous Information Integration in Ubiquitous Enterprises[J]. Advanced Engineering Informatics, 2015, 29(3): 549-561.

⑨ Singh A K, Garg A. Impact of Information Integration on Decision-making in a Supply Chain Network[J]. Production Planning & Control, 2015, 26(12SI): 994-1010.

现对稳定和随机订单的信息进行整合能显著降低库存水平和牛鞭效应。Kang Y 等[①]提出了资本项目行业的信息整合成熟度模型，用于评估目前的信息整合状态，并帮助组织制定信息集成的系统规划。

1.3 信息资源服务

信息服务逐渐向以用户为中心、提供个性化服务的方向发展，注重与用户的交互，并产生以此为核心的相关模型与框架的研究。何丹青[②]在分析信息用户需求特点的基础上，进一步分析了图书馆信息服务模式与需求之间的矛盾，并探讨了图书馆信息集成服务的未来发展。周永红[③]对信息集成服务的含义及发展动因进行了分析，并进一步将其分为以资源为中心、以用户为中心、以机构为中心、以技术为中心4个主要类型进行了论述。王知津等[④]分析了信息服务的十大走向，包括信息服务理念从信息本位走向用户本位、服务目标从资源走向问题求解、服务对象从大众服务走向细分市场、服务内容从信息服务走向知识服务、服务方式从单一化走向多元化、服务人员从专门型走向复合型、服务环境从物理空间走向虚拟空间、服务时间从有限走向无限、用户角色从被动走向参与、用户经历从功能走向体验。胡昌平等[⑤]对交互式的信息服务进行了拓展研究，论证了其实现基础并构建了面向用户的交互式服务平台。陈建龙[⑥]分析了信息服务的基本模式和生成模式、网络信息服务模式以及信息服务模式发展机制，为信息服务的研究和发展提供了依据。郭海明等[⑦]论述了数字图书馆信息服务的一般模式和具体模式，其中具体模式主要包括以数字信息资源为主的产品中心模式、以信息集成为主的用户中心模式和以用户信息活动为主的自助信息服务模式。胡潜[⑧]将个性化的信息服务与信息资源整合利用相结合，基于用户为导向的原则，针对信息集成提出了个性化服务的知识门户构想。樊国萍[⑨]综述了个性化信息服务获得用户需求的手段、个性化信息服务的支撑技术和个性化信息服务模式。马文峰等[⑩]在对国内外数字资源整合现状的研究的基础上，系统梳理了数字资源整合的概念、理论、方法和技术，并构建了数字资源整合的研究框架。

在信息服务标准研究方面，Globus 提出了开发网格服务体系建议标准。OCLC 创建了《图书馆数字参考服务统计、测量和质量标准：指南及程序》和《QuestionPoint 知识库编辑指南》。VRD 项目组研发了 Question on Interchange Profile 标准，提出了11项服务

---

① Kang Y, O'Brien W J, O'Connor J T. Information-Integration Maturity Model for the Capital Projects Industry[J]. Journal of Management In Engineering, 2015, 31(040140614).

② 何丹青. 试论信息集成服务的需求及其发展[J]. 情报科学, 2001, 19(8): 850-852.

③ 周永红. 信息集成服务的含义、发展与主要类型[J]. 情报理论与实践, 2007, 30(5): 601-603.

④ 王知津, 徐芳. 论信息服务十大走向[J]. 中国图书馆学报, 2009, 35(1): 52-58.

⑤ 胡昌平, 李阳晖. 面向用户的交互式信息服务组织分析[J]. 图书馆论坛, 2006, 26(6): 188-193.

⑥ 陈建龙. 信息服务模式研究[J]. 北京大学学报(哲学社会科学版), 2003(3): 124-132.

⑦ 郭海明, 邓灵斌. 数字图书馆信息服务模式研究[J]. 四川图书馆学报, 2004, 23(6): 47-49.

⑧ 胡潜. 个性化服务中的信息资源整合分析[J]. 图书馆论坛, 2005, 25(1): 122-124.

⑨ 樊国萍. 我国个性化信息服务研究综述[J]. 新世纪图书馆, 2005(5): 22-25.

⑩ 马文峰, 杜小勇. 数字资源整合: 理论方法与应用[M]. 北京: 北京图书馆出版社, 2007.

质量评价指标，为信息交换的跨平台、跨媒介提供了通用的表达方法。开放源代码网格标准组织，提出开放网络服务体系建议标准①。ISO 9000 质量体系提出的《ISO 9000 在图书馆的实施程序》为图书情报机构服务质量管理提供了参考依据，规范了图书馆服务质量的管理体系②。

就目前而言，信息服务应用的研究主要集中在以下几个方面：

- **医疗卫生领域的应用**。利用临床数据等信息资源构建面向专家的临床决策模型③；通过对医护人员和患者的访谈调查，研究患者的信息需求，改善护理服务规划④；O'Sullivan，Julie 等⑤概述了一个创新的电子信息服务模式——资源中心(Resource Hub)，它包含大量临床相关信息，用于改善临床心理健康服务。
- **图书馆领域的应用**。Sin，Sei-Ching Joanna 等⑥研究了导致图书馆信息服务存在差异的原因，发现图书馆工作人员的教育背景、资金的多少是重要影响因素。Nzivo，Charles N 等⑦以武汉大学为例研究了留学生对中国大学图书馆资源，尤其是对图书馆服务和重要信息资源的认知和使用程度，结果表明留学生能够很好地利用中国学术图书馆。Popoola S. O 等⑧研究了图书馆信息资源和服务与社会科学家教学效果之间的关系，建议社会科学家努力应用图书馆资源和服务来提高教学效果。Wang 等⑨探讨了高校图书馆新的服务模式，将高校图书连接起来，建立区域信息中心，使高校图书馆的文献信息资源产生巨大的社会效益和经济效益。
- **政府办公与服务方面的应用**。霍忠文⑩从科技部门政策背景出发，对信息集成服务的概念、分类、策略等进行分析，回顾了部门信息集成服务的历史实例，并对集成服务的要旨、管理要义、逻辑策略、人才需求等方面进行了论述。Davenport，

---

① 焦玉英，罗栋. 网上协作式数字参考咨询服务的质量控制综述[J]. 情报理论与实践，2005 (1)：58-60.

② 罗曼. 图书馆 ISO 9000 认证研究[J]. 图书馆论坛，2004(6)：102-104.

③ Chorpita B F, Bernstein A, Daleiden E L. Driving with Roadmaps and Dashboards: Using Information Resources to Structure the Decision Models in Service Organizations[J]. Administration and Policy in Mental Health and Mental Health Services Research, 2008, 35(1-2): 114-123.

④ Cleary M, Freeman A, Hunt G E, et al. What Patients and Carers Want to Know: An Exploration of Information and Resource Needs in Adult Mental Health Services[J]. Australian and New Zealand Journal of Psychiatry, 2005, 39(6): 507-513.

⑤ O'Sullivan J, Powell J, Gibbon P, et al. The Resource Hub: An Innovative E-information Service Delivery Model Addressing Mental Health Knowledge Management[J]. Australasian Psychiatry, 2009, 17(5): 371-374.

⑥ Sin S J. Neighborhood Disparities in Access to Information Resources: Measuring and Mapping U. S. Public Libraries' Funding and Service Landscapes[J]. Library & Information Science Research, 2011, 33(1): 41-53.

⑦ Nzivo C N, Chen C. International Students' Perception of Library Services and Information Resources in Chinese Academic Libraries[J]. Journal of Academic Librarianship, 2013, 39(2): 129-137.

⑧ Popoola S O, Haliso Y. Use of Library Information Resources and Services as Predictor of the Teaching Effectiveness of Social Scientists in Nigerian Universities[J]. African Journal of Library Archives and Information Science, 2009, 19(1): 65-77.

⑨ Wang G, Gao J. Relying on University Library's Information Resources and Servicing the Development of the Regional Economy[Z]. 2013(7): 172-176.

⑩ 霍忠文. 信息集成服务管理论要[J]. 情报理论与实践，2000，23(1)：1-4.

Dee Dee 等①研究了国家电子政务对家庭暴力受害者的信息服务情况，认为政府相应机构应提供更多的信息服务。An 等②针对中国通过公共服务信息资源管理有效提升个人信息安全的问题在法律层面上的要求做了研究。

1.4 云计算环境下的信息资源集成

不同领域和专业背景的研究人员对云计算有不同的理解。本课题组认为不必要对其寻求定义上的统一，如何认识云计算应取决于云计算的使用者和使用目的。例如，在商业领域，云计算代表按需索取、按用计费、网络交付的商业模式；在计算机领域，云计算代表整合多种不同的技术来实现现行扩展、快速部署、多租户共享的 IT 系统，提供各种 IT 服务；在图书情报领域，云计算代表以用户为中心的按需服务、低成本的服务。图书情报领域认为云计算可以实现信息资源整合，具有无限的存储能力和计算能力，能降低信息资源管理的复杂程度和成本，可为用户提供适合的计算能力、更丰富的信息资源，并能实现随时随地的信息资源获取③。其侧重研究以下问题：云计算的概念、特征等基础问题，云计算对图书馆、数字资源共享的影响，云服务在图书馆的实现，等等。

在云计算对信息资源管理带来的影响和变革方面，朝乐门等④分别从信息管理生命周期、信息服务、处理模式、能源消耗、研究重点、研究目标等方面分析了云端信息资源管理和传统信息资源管理的区别，提出了云端信息资源管理的主要研究课题，为信息资源管理的实践提供了基于云计算的商业化出路。钱文静等⑤提出了云计算给信息资源管理带来的变革：信息资源将存储在网络中，不会因为个人用户的存储介质影响信息资源的使用，使 IT 产业向服务产业转变，解放终端设备。李征⑥、杨经华⑦、孔凡娟⑧、李兰⑨、胡莹⑩等也在此方面进行了论述。李东旭等⑪探讨了云计算环境下图书馆、读者、云、馆员、服务之间的关系，建议尽快展开云计划，整合国内信息资源，改变图书馆的现状。赵杰⑫、卢晓

① Davenport D D, Richey J, Westbrook L. E-government Access to Social Service Information: State Web Resources for Domestic Violence Survivors[J]. Journal of The American Society for Information Science and Technology, 2008, 59(6): 903-915.

② An X, Bai W, Sun S. Legal Requirements for Effective Personal Information Protection through Information Resources Management for Chinese Public Services[Z]. 2014(107): 427-432.

③ 钱文静，邓仲华. 云计算与信息资源共享管理[J]. 图书与情报，2009(0)：47-52，60.

④ 朝乐门，邢春晓，张勇. 云端信息资源管理研究[J]. 情报资料工作，2013，31(4)：44-49.

⑤ 钱文静，邓仲华. 云计算与信息资源共享管理[J]. 图书与情报，2009(4)：47-52，60.

⑥ 李征. 云计算在图书馆建设与信息服务中的潜在价值探析[J]. 大学图书馆学报，2011，29(1)：58-62，82.

⑦ 杨经华. 高校图书馆信息服务应用云计算的 SWOT 分析[J]. 情报探索，2011(3)：37-38.

⑧ 孔凡娟. 云计算带给图书馆的影响与思考[J]. 图书与情报，2010(2)：93-95.

⑨ 李兰. 基于云计算技术的图书馆研究[J]. 情报探索，2010(12)：118-119.

⑩ 胡莹，陈博. 云计算对数字图书馆的影响[J]. 佳木斯教育学院学报，2011(2)：447-448.

⑪ 李东旭，张惠君. 数字图书馆跃上云端——云计算在数字图书馆中的应用[J]. 数字图书馆论坛，2009(11)：44-48.

⑫ 赵杰. "云计算"环境下图书馆信息资源共建共享模式初探[J]. 情报杂志，2010(2)：85-87.

娟[1]探讨了云环境下信息资源建设与共享方面存在的问题，建议从数据位置、协议和接口、数据安全3个方面制定合理的计费模式、统一标准和版权保护方案。彭俊[2]前瞻性地提出云计算环境下图书馆数字资源保障链的构建，并对其优势进行了分析。吴华[3]提出了云计算环境下图书馆信息资源建设策略，指出应成立图书馆联盟整合资源，加强图书馆特色资源的建设和数字化，开展网络信息资源利用。

在云计算环境下的信息资源整合技术方面，刘永波等[4]认为，信息资源整合涉及信息资源的组织、处理、分类、标引、检索等方面，需要将传统信息资源整合技术和云计算技术相结合，传统信息资源集成技术有 Web Service、CORBA、Agent 技术、信息资源描述技术、资源索引技术等，云计算技术包括分布式存储与计算技术、虚拟化技术等。张军玲[5]从数据仓库整合机制、中介器封装器整合机制、代理整合机制3个方面研究了云计算环境下高校数字图书馆信息资源整合实现机制，并探讨了各种机制的实现目标。刘紫微等[6]从政府信息资源的特点出发，结合云计算技术，提出了包含保障机制、政府信息资源云化与集成管理层、云端安全基准等6部分的集成模式，将政府信息资源结构研究、政府云服务以及政府信息资源云化研究等研究层面相互关联。宋正德等[7]提出了云计算环境下基于本体的信息资源的融合与集成，他认为信息融合和集成的核心问题是信息描述的标准化，可采用本体进行异构信息表达，提出了基于本体的异构信息集成与互操作模型，解决信息的可理解性问题。

在云计算环境下的信息资源整合应用方面，王文清[8]基于 SaaS、Web2.0、SOA 等技术构建出 Nebula 平台模型，提出了 CALIS 云战略。王平[9]建立了基于云计算的信息资源增值利用模型，利用云计算 PaaS 服务整合计算资源并通过软件实现自动管理，最大限度地实现信息资源共享、互联和互操作。贺雪晴等[10]研究了基于云计算的数字图书馆资源存储问题，利用云存储的海量、动态、异构存储的特征，提出了数字资源整合的实现机制，并指出云存储数字资源时应注意安全性、容错性、性价比和存储版权问题。张肃[11]从内容构建和服务构建两个方面探讨了云计算环境下的信息资源共享模式，提出了云计算环境下的信息资源共享服务框架。吕元智[12]在分析云计算特性的基础上，探讨了云计算应用于电子政务信息资源共享领域的可行性，并从实现模型、处理方式、相关机构等方面

---

① 卢晓娟. 云计算与未来图书馆数字信息资源建设[J]. 四川图书馆学报，2009(2)：23-24.

② 彭骏. 基于云计算的图书馆数字资源保障链研究[J]. 大学图书情报学刊，2010(4)：49-52.

③ 吴华. 云计算环境下图书馆信息资源建设探讨[J]. 科技信息，2010(25)：644.

④ 刘永波，代君. 云计算环境下的信息资源整合技术研究[J]. 计算机光盘软件与应用，2012 (8)：24-25.

⑤ 张军玲. 云计算环境下高校数字图书馆信息资源整合机制研究[J]. 图书馆学研究，2012(7)：25-28.

⑥ 刘紫微，孙世强，刘春艳. 云计算环境下政府信息资源集成模式研究[J]. 现代情报，2012，32(10)：159-162.

⑦ 宋正德，魏震方. 云计算环境下信息资源的融合与集成[J]. 中国科技信息，2011(24)：95.

⑧ 王文清. CALIS 数字图书馆云服务平台模型[J]. 大学图书馆学报，2009(4)：13-18.

⑨ 王平. 基于云计算的信息资源增增值利用模型构建[J]. 情报杂志，2010(7)：144-148.

⑩ 贺雪晴，吴景海. 基于云计算的数字图书馆资源存储研究[J]. 情报探索，2010(12)：92-93.

⑪ 张肃. 云计算环境下信息资源共享模式研究[J]. 情报科学. 2010(10)：1476-1479，1495.

⑫ 吕元智. 基于云计算的电子政务信息资源共享系统建设研究[J]. 情报理论与实践，2010，33(4)：106-109.

提出了建设云计算环境下的电子政务信息资源共享系统的构建思路。祝庆轩等①结合云计算,从数字档案馆的建设和用户需求角度阐述了档案信息资源共享服务的模式框架,并从云存储、基础设施服务与软件服务平台、馆际云服务平台等角度对云档案馆的实现方式进行了论述。王长全等②提出基于云基础设施服务进行图书馆资源建设与服务,从基础平台、整合方式及创新服务3个层次构建图书馆资源建设与服务体系。魏晓萍等③通过总结云计算研究进展,讨论了将云计算与区域信息资源共享相结合的可行性,并提出了建设云职能机构、统一接口、区域私有云等具体的构建实施方案。曹丽英等④研究了云计算在农业信息资源整合模式中的应用,认为云计算数据中心的服务有虚拟存储服务、虚拟计算服务、数据安全服务、基于用户权限的分层隔离服务,提出了云数据中心内部体系框架图。陈敏克等⑤论述了将云计算应用于农业信息资源共享领域的可行性,同时提出了构建思路。刘志亮等⑥在分析我国教育信息资源共享现状的基础上,结合云计算技术,讨论了其在信息资源整合中的应用,并提出了从“服务维”和“数据维”两个维度构建二维教育信息资源整合框架,同时设计了“应用云”“处理云”“服务组合云”等相关云服务模型。张启来⑦研究了基于云计算的医疗信息系统,提出了基于云计算的医疗信息系统结构及实施过程中需要解决的问题,说明了云计算环境下医疗信息平台的优势。陈晨⑧提出了基于云计算的图书馆信息资源共享系统。李益骐等⑨建立了基于云计算的教育系统。刘旭勇⑩建立了基于云计算的信息资源库。

在云计算环境下的信息集成方面,Huang等⑪研究了基于云计算的医疗信息整合模型,用于帮助医疗工作者共享数据、集成资源和分析数据,他认为云计算技术可以提供巨大的存储资源和强大的计算能力,使用Hadoop作为分布式计算框架来实现医疗信息整合系统。Pang等⑫从业务模型、设备和服务集成架构以及信息系统集成架构3个要素出

---

① 祝庆轩,桑毓域,方昀.基于云计算的档案信息资源共享模式研究[J].兰台世界,2011(15):8-9.

② 王长全,艾雰.云计算环境下的数字图书馆信息资源整合与服务模式创新[J].图书馆工作与研究,2011(1):49-50.

③ 魏晓萍,杨思洛,刘波涛.云计算在区域信息资源共享中的应用探究[J].图书馆学研究,2011(6):26-30.

④ 曹丽英,张晓贤,赵月玲.云计算在农业信息资源整合模式中的应用[J].中国农机化,2012(3):141-144.

⑤ 陈敏克,王晋宁,逯张禹,等.基于云计算的农业信息资源共享系统建设研究[J].农业网络信息,2011(4):5-7.

⑥ 刘志亮,张金隆.基于教育云的教育信息资源整合框架研究[J].情报杂志,2013(10):164-167.

⑦ 张启来,丛培才.基于云计算的医疗信息系统研究[J].佳木斯大学学报(自然科学版),2012(4):570-572.

⑧ 陈晨.基于云计算的图书馆信息资源共享系统研究[J].现代情报,2011,31(10):169-172.

⑨ 李益骐,吴佳丽.基于云计算的新型远程教育系统设计[J].西北大学学报,2012(2):42-46.

⑩ 刘旭勇.基于云计算的信息资源库建设[J].计算机时代,2012(12):16-18.

⑪ Huang Q, Ye L, Yu M, et al. Medical Information Integration based Cloud Computing. 2011 International Conference on Network Computing and Information Security, 2011, Guilin, China.

Chen C P, Wang H J. Medical Information Integration Based Cloud Computing[J]. Information Engineering and Computer Science (ICIECS), 2010.

⑫ Pang Z, Zheng L, Tian J, et al. Design of a Terminal Solution for Integration of In-home Health Care Devices and Services Towards the Internet-of-Things[J]. Enterprise Information Systems, 2015, 9(1): 86-116.

发，制定了健康生态系统架构，基于云来整合家庭医疗保健服务。Bahga 等[①]探讨了利用云计算的分布式批量处理和并行计算能力在医疗保健应用的开发进行信息集成问题。Zhou 等[②]研究了基于云计算的信息服务管理模型，该模型包括物理层、平台层、接口层、逻辑层和应用层。Yuan 等[③]为 IaaS 建立了一个智能提供引擎，使得 IaaS 可以根据用户的需求自动地提供资源，需要解决分配、配置和活化异构信息资源问题，他提出了智能供应搜索引擎的体系结构。Wang 等[④]提出了基于云计算的多源信息服务系统体系结构，该系统具有经济价值和信息安全意义，可应用于金融、医疗、教育等领域。Lee 等[⑤]提出了一种基于云的智能家居管理系统，该系统通过物联网和智能终端设备深化社区与周边环境的整合，并提供电子信息服务，从而减少社区管理人员的工作量。Xu 等[⑥]针对智能汽车应用程序的内容难以扩展的问题，提出了一个基于云的信息集成平台，以提升智能汽车的灵活性。Jankovic 等[⑦]利用云计算 PaaS 服务提出了企业对企业(B2B)在交通安全领域的信息集成和门户网站集成框架。Lin 等[⑧]采用 Hadoop 生态系统来降低云平台移动大数据的复杂性。

综合国内外云环境下信息资源整合的研究现状来看，国内对云计算下信息资源整合的内涵和理论体系研究较多；国外主要关注云计算在信息资源整合中的应用研究，注重模型和平台的构建。国外较早地提出云计算，并将云计算成功地应用于商业领域，云计算在商业领域的成功运用，为信息资源集成与服务提供了创新管理和商业化发展思路。国外在云计算技术方面研究内容较多，有力地支撑了云计算的实施，已有成功的信息资源整合系统。在信息服务方面有信息服务技术研究及评估标准研究，提出了一些基于云计算的信息整合与服务体系结构或模型，但是对于云计算给信息资源管理带来的影响及变革较少提及，虽然建立了一些应用系统体系结构，但对于云计算下的信息资源管理和服务理论研究仍然欠缺，还应对这些体系结构和模型进行实证研究。因此，在我国信息资源集成与服务需求强烈的大背景下，本课题的研究将弥补国外相关领域研究的不足，具有深远的研

---

① Bahga A, Madisetti V K. Healthcare Data Integration and Informatics in the Cloud[J]. Computer, 2015, 48(2): 50-57.

② Zhou B, Liu W. Research on Information Service Management Mode Based on Cloud Computing[C]//Proceedings 2010 International Conference on Intelligent Computing and Integrated Systems, IEEE, 2010, Bangalore, India.

③ Yuan J B, Lee Y C, Wu W, et al. Building an Intelligent Provisioning Engine for IaaS Cloud Computing Services[C]//Network Operations & Management Symposium. IEEE, 2011, Quito, Ecuador.

④ Wang W, Lv T. Research on Multi-source Information Service System Architecture Based on Cloud Computing[C]//International Conference on Electronic & Mechanical Engineering & Information Technology. IEEE, 2011, Harbin, China.

⑤ Lee Y, Hsiao W, Huang C, et al. An Integrated Cloud-Based Smart Home Management System with Community Hierarchy[J]. Ieee Transactions on Consumer Electronics, 2016, 62(1): 1-9.

⑥ Xu Y, Yan J. A Cloud-Based Design of Smart Car Information Services[J]. Journal of Internet Technology, 2012, 13(2): 317-326.

⑦ Jankovic S, Milojkovic J, Mladenovic S, et al. Cloud Computing Framework for B2B Integrations in the Traffic Safety Area [J]. Metalurgia International, 2012, 17(9): 166-173.

⑧ Lin H, Harding J A, Chen C. A Hyperconnected Manufacturing Collaboration System Using the Semantic Web and Hadoop Ecosystem System[Z]. 2016(52): 18-23.

究价值。

1.5 云计算环境下的信息资源服务

对于云计算环境下的信息服务,不同开发商或运营商有不同的看法,Google公司认为云计算会极大地削弱终端性能;而微软公司则提出了"云+端计算"的概念,即"云"和终端都具备很强的计算能力;IBM公司的云计算主要服务于企业,构想出了新一代企业数据中心,而该中心将囊括企业相关的所有计算及数据处理能力。总结起来,云计算存在7种服务模式: SaaS软件服务、公用/效用计算、云计算领域的Web服务、平台服务、管理服务供应商、服务商业平台、云计算集成①。

国内对云计算环境下的信息服务研究成果大都集中在图书馆、情报与档案管理领域,可大致分为服务模式和用户需求两个方面。

1. 云环境下服务模式研究

孙坦等②剖析了云环境下图书馆建设与服务的策略,指出可从基础设施、SaaS服务、云存储、云平台和云安全等方面提供服务。袁红军③分析了云计算时代数字参考咨询服务策略的创新,主要讨论了云环境下用户体验为中心的DRS服务模式以及DRS个性化信息服务模式。冯静④认为云计算可以为图书馆信息服务提供泛在平台和低成本、高效率的服务,提高图书馆信息服务资源的利用率;服务模式有一站式服务、平台服务、个性化服务;同时应注意资源存放问题、版权和安全问题、有关的协议和接口问题。路正国等⑤认为基于云计算的信息服务模式有海量的知识服务模式、用户体验式信息服务和主动推送式信息服务。邸淑君⑥提出了云计算环境下的图书馆信息服务模式:云图书馆员的培养,适应云计算环境的个性化服务,适应个性化服务的院校图书馆系统平台。张秀等⑦在高校数字图书馆信息管理策略的大环境下,基于云计算技术,提出了高校数字化图书的主动服务模式,并从物联层、接口层、服务层、门户层等主动服务平台的架构建设层面具体进行了分析研究。王晓楠⑧在分析云计算技术的技术特点及应用影响的基础上,结合数字图书馆的研究发展,提出了云服务在数字图书馆中的应用策略,并从趋势发展、个性化服务模式、主动推送式服务模式、云平台服务模式等几个方面具体论述了云服务平台下数字图书馆的服务模式,同时对结构模型、流程方式也进行了研究设计。吕元智⑨基于云计算

① 欧阳钟辉. 云计算与信息集成[J]. 泉州师范学院学报, 2009, 27(2): 38-43.
② 孙坦, 黄国彬. 基于云服务的图书馆建设与服务策略[J]. 图书馆建设, 2009(9): 1-6.
③ 袁红军. 云计算环境下数字参考咨询服务模式创新[J]. 情报理论与实践, 2010(1): 89-91.
④ 冯静. 基于云计算的图书馆信息服务研究[J]. 农业图书情报学刊, 2012, 24(2): 197-201.
⑤ 路正国, 毛毳. 基于云计算的信息服务模式探析[J]. 科技信息, 2012(11): 122.
⑥ 邸淑君. 云计算环境下高校图书馆信息服务模式[J]. 中国信息界, 2011(9): 47-48.
⑦ 张秀, 蒋建军. 基于云计算的高校数字化图书信息主动服务[J]. 内蒙古科技与经济, 2010(23): 131-132.
⑧ 王晓楠. 基于云计算的数字图书馆服务模式研究[D]. 哈尔滨: 黑龙江大学, 2011.
⑨ 吕元智. 国家档案信息资源"云"共享服务模式研究[J]. 档案学研究, 2011(4): 61-64.

的特性，将其与档案信息资源服务领域相结合，提出了国家档案信息资源云共享服务模式，并对其内涵和实现策略进行了讨论研究。刘伟谦等①从云计算的特点和档案馆的实际情况出发，论述了公共云模式、私有云模式、政府主导的混合云模式等云计算在档案馆信息服务的应用模式，同时对档案馆的云计算安全进行了关注。郑华②基于领域工程方法，将其与云计算技术架构体系相结合，并充分考虑多样用户的信息服务需求，研究了面向领域的信息服务开发模式，充分结合了云计算技术和领域分析方法二者的优势。张斌等③研究了大数据环境下应当如何进行数字信息资源服务创新的问题，主要从 Web2.0 和云计算两个层面梳理数字信息资源服务研究现状，指出云计算环境下呈现的多源信息服务，并进一步基于关系网络，从“弱信息”、用户兴趣、深度开发 3 个方向讨论了创新服务模式。冯秀珍等④对云计算技术及其应用特征进行了分析，进一步对基于云计算的信息资源即服务的云服务体系框架进行了重点研究，探讨分析了其云服务模式。而在大数据浪潮之下，陈近等⑤将云计算和大数据相融合，并应用到图书馆信息服务创新之中，提出了云架构下的图书馆大数据服务系统架构，而且进一步从观念、经济、人才、技术等多个层面对其保障机制进行了阐述。丁静等⑥基于云计算能力和数据挖掘的服务需求，构建了云计算环境下数据挖掘服务的架构，并在流程、体系结构等方面对数据挖掘服务模式进行了论述。刘向等⑦从云计算环境下信息资源的特征和个性化服务需求的角度出发，提出构建以用户需求为驱动，包含信息资源层、控制层、用户访问终端等 5 层结构的信息资源集成与服务系统。刘海鸥⑧将用户情景信息引入个性化推荐服务，结合云计算技术提出了大数据知识服务的情景化推荐方法，并且通过计算情景相似度、构造情景集合、建立评分矩阵等具体实验方法论证、分析了其性能优化程度。而在其他领域，如农业信息服务，魏清凤等⑨对云计算在农业信息服务中的研究进行了总结分析，主要包括农业信息云基础架构研究、云环境下农业信息资源管理研究、云环境数据挖掘技术研究以及基于云计算的农业应用研究等方面。李广达等⑩对基于云计算的农业信息服务模式进行了研究，包括资源建设、资源利用、服务运作模式等内容，同时对“农科云”这一具体实践探索模式进行了介绍，并对未来云计算在农业信息服务中的应用进行展望。

---

① 刘伟谦，李华莹．云计算在档案馆中的应用模式初探[J]．档案学研究，2012，2011(2)：10-12.

② 郑华．基于云计算架构面向领域的信息服务开发模式研究[J]．图书情报研究，2011(1)：18-22.

③ 张斌，马费成．大数据环境下数字信息资源服务创新[J]．情报理论与实践，2014，37(6)：28-33.

④ 冯秀珍，郝鹏．云计算环境下的信息资源云服务模式研究[J]．计算机科学，2012，39(s2)：110-114.

⑤ 陈近，文庭孝．基于云计算的图书馆大数据服务研究[J]．图书馆，2016(1)：52-56.

⑥ 丁静，杨善林，罗贺，等．云计算环境下的数据挖掘服务模式[J]．计算机科学，2012，39(s1)：217-219.

⑦ 刘向，王伟军，李延晖．云计算环境下信息资源集成与服务系统的体系架构[J]．情报科学，2014(6)：128-133.

⑧ 刘海鸥．面向云计算的大数据知识服务情景化推荐[J]．图书馆建设，2014(7)：31-35.

⑨ 魏清凤，罗长寿，孙素芬，等．云计算在我国农业信息服务中的研究现状与思考[J]．中国农业科技导报，2013，15(4)：151-155.

⑩ 李光达，郑怀国，谭翠萍，等．基于云计算的农业信息服务研究[J]．安徽农业科学，2011，39(27)：16959-16961.

2. 云环境下用户需求研究

李培维[①]阐述了云计算时代环境下的用户信息需求，基于云计算的信息服务系统架构，基于云计算的信息服务模式新趋向：知识服务泛在化，以用户为中心的多维互动信息服务，主动推送的自适应信息服务，个性服务兼顾共性服务。云时代信息服务的问题有数据安全问题、云计算标准问题和相关法律问题，并提出解决对策。魏志鹏等[②]认为云计算的发展对图书馆信息服务产生了重要影响，并从泛在的信息服务平台、信息资源利用率、信息服务的延伸等方面进行了论述，从而体现了对用户需求的重视。杨霞[③]认为服务内容包括高质量的个性化服务、图书馆远程教育服务、信息资源共建共享服务、高性能的检索服务、不间断的安全服务。王华伟[④]通过介绍云计算技术在数字图书馆中的应用，重点提出了如何解决利用云计算进行数字化图书馆的个性化服务应用问题，主要从"读者私有云"的构建和资源机构的服务整合两个方面进行了较为全面的论述。胡秀云[⑤]对云计算和个性化信息服务的关键技术、服务方式、存在问题进行了介绍，主要研究了在云计算环境下数字图书馆个性化信息服务的策略，提出了构建混合云平台、相关框架模型及其解决方案的研究设计。

3. 云计算环境下的信息资源集成与服务问题研究

云计算或云服务的发展已较为成熟，并在继续发展变化中，但仍面临着大量的技术难题和工程问题，如资源整合技术、服务动态注册、分布式会话管理、分布式服务调度、海量数据存储、数据挖掘与分析、智能搜索引擎等。范并思[⑥]从图书馆学的角度出发，认为云计算环境下图书馆领域的理论研究中心包括云计算的基础理论问题、图书馆计算政策、标准与协议、管理体制和云计算案例研究等方面。王长全等[⑦]分析了云计算给数字图书馆带来的变革，并对云计算环境下云服务提供商、信息安全需求方面等数字图书馆信息资源面临的安全问题以及相应的安全策略进行了论述。尤春花[⑧]从信息资源共享的角度出发，分析了云计算环境下图书馆信息资源所面临的挑战，提出要从准则、检测能力、传输技术等方面进行应对策略的研究。李勇[⑨]以企业云计算产品为出发点，在对 Microsoft、Google、IBM 等企业云计算产品的分析基础上，指出了云计算产品在企业内部流程整合、用户自定义、安全与垄断、访问一致性等方面存在的问题。韩普等[⑩]总结分析了云计算在

---

① 李培维．基于云计算的信息服务研究[D]．湘潭：湘潭大学，2011.

② 魏志鹏，李慧佳，祖央．云计算影响下的图书馆信息服务研究[J]．图书馆，2010(2)：87-88.

③ 杨霞．利用云计算创新图书馆信息服务[J]．情报探索．2011(1)：112-114.

④ 王华伟．云计算技术在数字图书馆中的应用初探[J]．情报理论与实践，2011，34(8)：106-108.

⑤ 胡秀云．云计算环境下数字图书馆个性化信息服务研究[D]．武汉：湖北工业大学，2014.

⑥ 范并思．云计算与图书馆——为云计算研究辩护[J]．图书情报工作，2009，53(21)：5-9.

⑦ 王长全，艾雰，姚建文．云计算环境下数字图书馆信息资源安全策略研究[J]．情报杂志，2010，29(3)：184-186.

⑧ 尤春花．云计算环境下图书馆信息资源共享的挑战与对策[J]．图书与情报，2011(4)：66-68.

⑨ 李勇．云计算对信息服务的影响及存在的问题[J]．情报理论与实践，2009，32(12)：89-91.

⑩ 韩普，沈思，路高飞．云计算在国内外数字图书馆中的应用及进展[J]．现代情报，2012，32(5)：67-70.

国内外数字图书馆中的应用现状，指出云计算安全问题是最大的技术障碍，相关标准规范以及数据传输带宽方面也存在一定问题，同时对其未来态势进行了展望。张亚勤[①]表示应从上至下，以政府部门牵头、企业参与的形式成立专门的委员会，建立开放性的标准。陶新权等[②]探讨了云计算环境下信息服务的保障问题，认为云计算在可靠性、赔偿责任、安全性、匿名访问和使用限制等方面应制定明确的条款，这些条款的作用能很好地体现在馆际互借、电子资源服务、远程学习与资源获取等环节。毛剑等[③]对云计算环境下用户个人身份等隐私信息的保护进行研究，提出了云存储架构，并通过安全分析论证了其可行性。冯登国等[④]从技术角度出发，分析了云计算对技术、标准、监管等信息安全领域各方面的挑战，并进一步提出了云计算安全参考框架以及主要研究内容。钱杨等[⑤]从信息资源管理的视角出发，指出应该从信息服务的准确性、及时性、易用性原则评价云服务质量，对云计算性能进行反思、分析。

综上所述，国内对云计算和信息资源整合的研究是当前热点，但是对云计算环境下的信息资源集成和服务方面研究较少，尤其对云计算环境下创新服务模式、商业模式较少研究。国内在云计算方面已经有大量的实践成果，体现在云计算的基础设施建设已初具规模。借鉴国外经验，国内在信息资源整合概念、内容、原则和系统方面已有研究成果，但基于云计算的信息资源整合与服务研究较少，对信息资源整合与服务仅有较少的人认识到利用云计算环境、发挥云计算的优势的重要性。国内对于信息资源整合概念、技术、内容方面的研究较多。云计算的兴起促进了信息资源集成与服务技术的变革，但国内在云计算环境下的信息资源采集、识别、规范化、组织、存储、检索、服务等理论方面的研究以及云计算环境下的创新信息资源集成服务研究几乎是空白，缺乏对云计算环境下的信息资源集成服务系统技术和实践的研究，具体来说，待研究问题可以总结为以下几点：

- 云计算环境下的信息资源定义问题。云计算提供了一个虚拟化、高可靠性、高计算能力和海量存储的环境，正确理解云计算环境下的信息资源是基于云计算进行信息资源管理的前提。
- 云计算环境下的实时信息处理问题。在云计算环境下，信息的动态性更强，信息来源更广泛，信息资源集成需要考虑瞬时、实时信息处理能力。
- 云计算环境下的信息资源共享机制。在组织的信息资源管理领域已有一些云服务系统，在这些系统之间以及云与传统信息管理基础设施之间仍然存在信息共享、数据交换问题。
- 海量数据的组织问题。包括海量信息资源组织和存储模式的研究。
- 云计算环境下的信息资源集成与服务框架。包括云计算环境下的信息资源集成模式和创新的信息服务。
- 云计算环境下的信息资源安全问题。首先，从技术本身来看，云计算在标准设计、

① 张亚勤．与云共舞——微软云计算的新进展[J]．中国经济和信息化，2009(4)：12-13．

② 陶新权，孙青，王亚，等．云计算在图书馆中的应用[J]．大学图书馆学报，2010(2)：54-58．

③ 毛剑，李坤，徐先栋．云计算环境下隐私保护方案[J]．清华大学学报(自然科学版)，2011(10)：1357-1362．

④ 冯登国，张敏，张妍，等．云计算安全研究[J]．软件学报，2011，22(1)：71-83．

⑤ 钱杨，代君，廖小艳．面向信息资源管理的云计算性能分析[J]．图书与情报，2009(4)：53-56．

应用监管等方面存在安全隐患。其次，对于用户而言，云计算的使用基于虚拟化技术，用户并不清楚其所使用的数据的物理存储位置，这必然导致用户对信息安全有所顾虑，因此构建一套可行且可靠的方案来确保资源安全势在必行。

- 云计算环境下信息资源集成服务的绩效评估问题。云计算环境下应能提供比传统信息资源集成服务更便捷、成本更低的服务。需要对云计算环境下的信息资源集成服务绩效进行评估后才能做出判断。

1.6 主要挑战

云计算环境下的信息资源集成与服务研究面临以下主要挑战：

(1) 对信息资源集成与服务和云计算理论进行梳理和总结。融合计算机应用、信息资源集成、情报学等多个学科的知识，是一个交叉研究的新方向，对理论的整合有利于对信息资源管理学科领域未来的发展进行指导。

(2) 基于云计算的信息资源集成和服务平台的整体架构设计。系统需要集成不同来源的数据，并为不同用户提供多种个性化的服务，系统的结构比较复杂，要考虑诸多因素来设计系统。

(3) 基于云环境的不同来源和不同种类的信息资源数据的存储和集成。研究信息资源的数据采集和处理以及资源的合理存储格式，通过对数据种类的分析，制定数据表示格式和数据的元数据信息，方便数据的后续处理。

(4) 基于云环境的信息资源集成的个性化弹性服务的提供。研究系统用户对系统的个性化需求的不同，求同存异，对基于云计算的信息资源集成和服务平台要提供的服务进行分析。

(5) 云计算环境下的学科知识信息资源集成与服务平台架构与评估。将云计算下的信息资源集成和服务的架构与云计算环境下的学科知识信息资源集成和服务平台架构及评估相结合，来验证各个阶段提出的结论，并对本研究项目提出的方法理论进行验证和评估。

第2章 顶层设计

本章在梳理主流的云计算技术的发展现状与趋势的基础上，深入探讨云计算环境下的信息资源集成与服务基础平台的设计需求，并深入探讨其设计目的、基本流程、总体框架和关键技术。本章提出的云计算环境下的信息资源集成与服务基础平台的主要创新点如下：

(1) 定义了信息资源的碎片化利用及碎片信息资源的集成与服务的基本流程。

(2) 提出了一种面向云计算环境下信息资源的弹性集成与服务的数据模型——**iRDD**。

(3) 给出了一种云计算环境下信息资源集成与服务的统一的顶层框架体系。

(4) 采用广义信息资源的概念，引入了人机协同的信息处理模式。

(5) 提出了面向云计算环境下信息资源管理的数据连续性保障方法。

(6) 提出了碎片信息资源的数据对象的语义建模方法。

2.1 设计基础

2.1.1 MapReduce 1.0 及其局限性

除了自动实现分布式并行计算、支持大规模海量数据处理、借鉴函数式编程思路、简洁易用等基本特点外，MapReduce 1.0 还具备如下特征。

(1) 以主从结构的形式运行。MapReduce 集群分为两个角色——Master 和 Worker，较好地实现了数据流和控制流的分离。

(2) map()函数与 reduce()函数之间的数据处理。对 map()函数的返回值进行一定的处理后才传给 reduce()函数，其中的处理主要包括：

- **shuffle 处理**。为了确保每个 reduce()函数的输入都按键(key)排序，MapReduce 系统的执行过程需要一个特殊的过程——shuffle，即对 map()函数的数据结果进行排序。
- **combine()函数**。为了降低 map()函数与 reduce()函数之间的数据传递量，一般采用 combine()函数对 map()函数的数据结果进行合并处理。
- **partition()函数**。MapReduce 对 map()函数输出的中间键使用 partition()函数进行分区处理，为每个 Reduce 任务创建一个分区。

(3) ＜key, value＞类型的输入输出。MapReduce 模型的输入和输出均为＜key, value＞集，其中 map()函数的输出为 reduce()函数的输入，这两种函数的输入和输出也均为＜key, value＞集。MapReduce 框架中数据处理函数的输入输出如下：

map(K_1, V_1)→list (K_2, V_2)

combine(K_2, list(V_2))→list(K_2, V_2)

partition(K_2, V_2)→integer

reduce(K_2, list(V_2))→list(K_3, V_3)

(4) 故障处理及容错机制。MapReduce 故障可分为 Master 故障和 Worker 故障两类，并分别给出了不同的故障处理及容错机制。通常，Master 通过将数据周期性地写入磁盘，并启动另一个 Master 进程和利用检查点技术实现故障恢复。然而，当某个 Worker 发生故障时，正在运行或尚未运行完毕的任务的状态将重置为空闲状态，并将重新调度到其他 Worker 节点。

(5) **数据存储位置**的多样性。MapReduce 中的数据存储位置具有多样性，具体如下：

- 源文件：GFS。
- Map 处理结果：本地存储。
- Reduce 处理结果：GFS。
- 日志：GFS。

(6) **任务粒度**大小的重要性。为了更好地支持负载均衡和故障恢复，MapReduce 需要对 Map 任务和 Reduce 任务进行拆分处理。如何将 Map 任务(或 Reduce 任务)拆分成若干个片段是 MapReduce 的一个重要机制。通常，拆分后的片段个数为集群中的 Worker 节点的整数倍。

(7) 慢节点的处理及任务备份机制的必要性。由于 MapReduce 是在分布式集群环境中运行的，个别慢节点往往成为影响整个程序的运行速度的主要因素。在 MapReduce 中，慢节点的处理通常采用**任务备份机制**，如推测性的执行(speculative execution)。

除了上述特征之外，MapReduce 还采用了一些关键技术：跳过损坏记录、**本地执行**、**状态信息**、**计数器**等。

2.1.2　MapReduce 2.0 的优化

MapReduce 1.0 的主要局限性体现在可靠性及可扩展性差、资源利用率低以及计算模式的单一等几方面[①]。为此，人们将 YARN[②] 引入 MapReduce 之中，将 MapReduce 1.0 中的资源管理功能交由 YARN 完成，进而提出了**下一代 MapReduce** 计算框架——MapReduce 2.0，如图 2-1 所示。MapReduce 2.0 中资源管理和作业控制为两个独立的进程，不仅减轻了 Master 节点的负载，而且使 MapReduce 可以支持多种计算框架。

随着大数据时代的到来及计算技术的不断发展，人们针对不同需求提出了多种计算框架(MapReduce、Tez、Spark、Storm、Druid 等，见表 2-1)，这些计算框架进一步呈现出相互集成的发展趋势。其中，MapReduce 和 Spark 是现阶段最为广泛应用的计算框架。

---

① Dean J, Ghemawat S. MapReduce: Simplified Data Processing on Large Clusters[J]. Communications of the ACM, 2008, 51(1): 107-113.

② Vavilapalli V K, Murthy A C, Douglas C, et al. Apache Hadoop Yarn: Yet Another Resource Negotiator [C]//Proceedings of the 4th Annual Symposium on Cloud Computing, 2013, Santa Clara, USA.

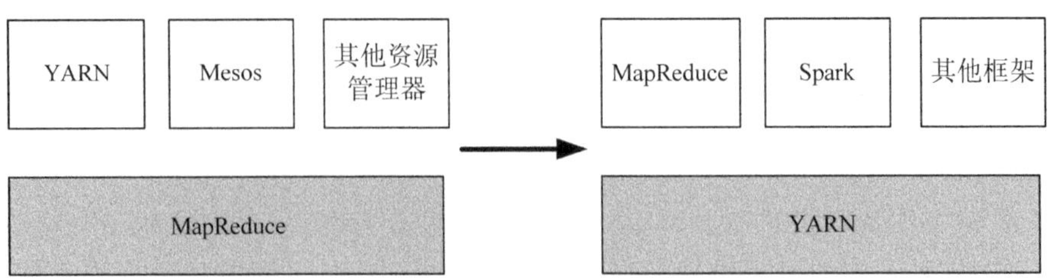

图 2-1　从 MapReduce 1.0 到 MapReduce 2.0

表 2-1　几种常用的计算框架

计算框架	提出者	特　点
MapReduce	Google	一种以主从结构的形式运行的分布式计算模型，是大数据时代的基本计算模型之一
Tez	Apache	一种构建在 Apache Hadoop YARN 之上的 DAG(Directed Acyclic Graph，有向无环图)计算框架，可以拆分、组合 Map 和 Reduce 过程，进而减少 Map 和 Reduce 任务之间的文件存储和运行时间
Spark	UC Berkeley	一种大规模数据处理的通用引擎，不仅可以实现 MapReduce 的功能，而且其运行速度更快，使用更为方便。目前，Spark 支持 Spark SQL 查询、流式处理、机器学习和复杂分析
Storm	Twitter	一种以大数据流的实时处理为目的的开源框架，可以实时处理 Hadoop 的批量任务
Druid	Metamarkets 等	一种主要为商务智能和 OLAP 设计的面向列的分布式数据存储系统，可支持海量数据的实时查询与分析能力

2.1.3　NoSQL 与关系云的出现

在大数据时代，关系数据库技术的优势与不足日益凸显，使得 NoSQL 数据库①和关系云②等新兴数据管理技术成为必要。

关系数据库的优点如下：

(1) 数据一致性高。由于关系数据库具有较为严格的事务处理要求，能够保持较高的数据一致性。

(2) 数据存储的冗余度低。由于关系数据库以规范化理论为前提，通常，相同字段的数据只能保存一处，数据冗余度较低，数据更新的开销较小。

(3) 处理复杂查询的能力强。在关系数据库中可以进行 join 等复杂查询。

(4) 成熟度高。关系数据库技术及其产品较为成熟，稳定性高，系统缺陷少。

关系数据库的缺点如下：

(1) 不善于处理大量数据的读写操作。在关系数据库中，为了提高读写效率，一般采

① McCreary D, Kelly A. Making Sense of NoSQL[M]. New York: Manning Publications, 2013.

② Curino C, Jones E P C, Popa R A, et al. Relational Cloud: A Database-as-a-Service for the Cloud[C]//Fifth Biennial Conference on Innovative Data Systems Research, 2011, Asilomar, USA.

用主从模式，即数据的写入由主数据库负责，而数据的读入由从数据库负责。因此，主数据库上的写入操作往往成为瓶颈[①]。

(2) 不适用于数据模型不断变化的应用场景。在关系数据库及其应用系统中，数据模型和应用程序之间的耦合度高。当数据模型发生变化(如新增或减少一个字段等)时，需要对应用程序代码进行修改。

(3) 数据的频繁操作代价大。为了确保关系数据库的事务处理和数据一致性，对关系数据库进行修改操作时往往需要采用共享锁(又称读锁)和排他锁(又称读/写锁)的方式防止多个进程同时对同一个数据进行更新操作。

(4) 数据的简单处理效率较低。在关系数据库中，SQL 语言编写的查询语句需要完成解析处理才能进行。因此，当数据操作非常简单时，也需要进行解析、加锁、解锁等操作，导致关系数据库对数据的简单处理效率较低。

为了实现 NoSQL 数据库的优势，需要以下关键技术的支持：

(1) **数据模型**。在关系数据库中，采用的数据模型是关系数据模型，其基本思想是将数据存放在多个关系(二维表)中，而关系表由多个元组(行)组成。关系数据库对元组的限制是比较严格的，例如不允许在元组中嵌套另一个元组，不允许存放列表等。但是，NoSQL 数据库改变了传统数据库中以元组和关系为单位进行数据建模的方法，开始支持数据对象的多样性和复杂性。例如，不仅支持数据对象的嵌套，而且支持存放列表数据等。NoSQL 数据库中采用的主要数据模型有 4 种：**Key-Value**、**Key-Document**、**Key-Column** 和**图存储**，如表 2-2 所示。

表 2-2　NoSQL 中常用的数据模型

数据模型	Key-Value	Key-Document[②]	Key-Column	图存储
基本思路	采用某种方法(如哈希表)在 Key 与 Value 之间建立映射	与 Key-Value 类似，其中 Value 指向结构化数据	以列为单位进行存储，将同一列数据存放在一起	采用图结构存储数据
应用领域	数据缓存及访问负载处理	Web 应用	分布式文件系统	社交网络、推荐系统和关系图谱
优点	查找速度快	不需要预先定义结构	可扩展性高，易于进行分布式扩展	可采用图论算法进行复杂运算
缺点	数据无结构	查询性能不高，缺少统一查询语法	功能相对有限	功能相对有限，不适用于分布式集群
实例	Dynamo、Redis、**Memcached**	CouchDB、MongoDB	Bigtable、HBase、Cassandra	Neo4j、GraphDB、OrientDB

(2) **数据分布**。为了实现负载均衡、提升服务器端的数据处理能力(横向扩展)、提高

① 人们容易想到两种似乎能解决主数据库的写操作瓶颈的简单方法。一种是复制主数据库，即增加主服务器的台数以降低其负载，但这会造成更新冲突、数据不一致性等新问题；另一种是数据分割，即将数据分割处理后放在不同主数据库服务器上，从而降低主数据库服务器的写入负载，但这会导致无法进行 join 操作等问题。

② 需要注意的是，Key-Document 数据库中的 Document(文档)并不是特指通常所说的 Word、PPT、电子表格等 Office 文档，而是包含松散结构的"键-值"对的集合，通常用 JSON、XML、YAML 等表示其松散结构。

故障恢复能力以及保证服务质量等目的，NoSQL 数据库采用了数据分布技术。在 NoSQL 中，**分片**(sharding)与**复制**(replication)是数据分布的两个基本途径。其中，复制机制又可以分为主从复制和对等复制两种，如图 2-2 所示。

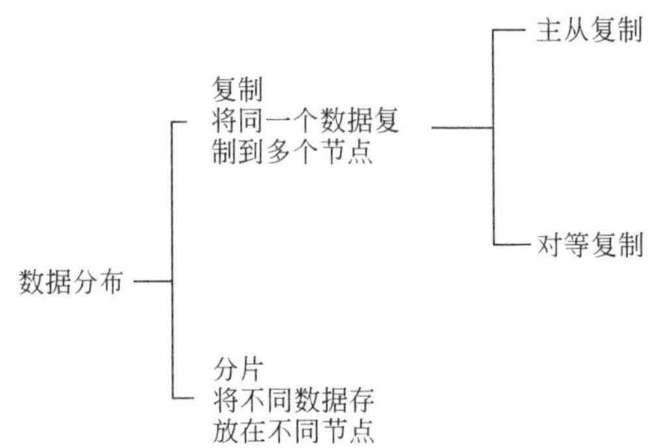

图 2-2 NoSQL 数据分布的两个基本途径

(3) **数据一致性**。在数据一致性处理方面，关系数据库和 NoSQL 数据库的实现方式不同。数据一致性是指用户读取的数据是否为正确数据。从数据分布，尤其是主从复制和对等复制技术可以看出，NoSQL 中容易产生数据不一致性的问题。以主从复制机制为例，如果用户 U_1 更新了主节点中的数据对象 x，但主节点尚未将数据更新情况通知从节点 b，用户 U_2 从从节点 b 中的副本读取数据对象时，读取结果为错误数据，即存在数据不一致现象，如图 2-3 所示。

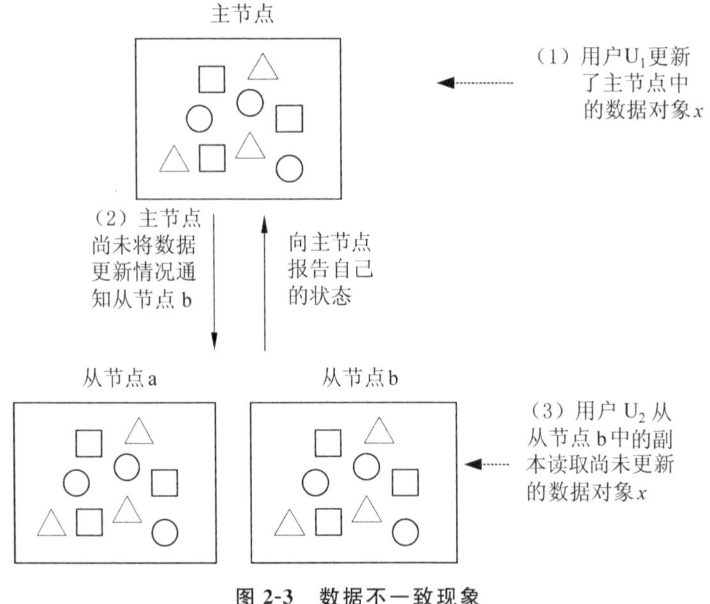

图 2-3 数据不一致现象

关系数据库通过**强一致性**来确保数据一致性。强一致性要求无论更新操作是在哪一个副本上执行的，其后所有的读操作都要能获得最新的数据。与关系数据库不同的是，NoSQL 数据库对数据一致性问题的认识出现了新的变化，并提出了多种一致性的观点，主要体现在 3 个方面：一是提出了弱一致性和最终一致性；二是针对不同一致性问题提出了不同的解决方案，如**更新一致性**、读写一致性和会话一致性；三是提出了 CAP 理论和 BASE 原则，放宽了对一致性的严格约束；四是采用有条件的事务机制和版本戳等方法解决 NoSQL 中的数据一致性问题。

(4) CAP 理论与 BASE 原则。NoSQL 数据库对数据管理的目的，尤其是数据一致性保障问题的认识发生了变化，而这些变化以两个重要理论为依据——CAP 理论①与 BASE 原则②。

(5) 视图与物化视图。

- 在关系数据库中，为了实现简化用户数据查询操作(尤其是跨多个表的查询)、保护部分机密字段以及提供更多的数据分析视角等目的，引入了视图技术。视图是从一个或几个基本表(或视图)导出的表。数据库只存放视图的定义，而不存放视图对应的数据内容。视图中的数据内容都是在视图被访问时临时根据对应的基本表计算出来的。因此，虽然视图属于虚表，但是，视图的访问与基本表没有差异，用户不需要区别对待视图和基本表。然而，视图技术带来的代价是增加了计算工作量。
- 在关系数据库中，生成复杂的视图往往需要大量的计算工作，其时间复杂度往往很高。因此，在数据读取速度要求高且读取内容相同的应用场景，NoSQL 数据库采用了另一种视图技术——物化视图。物化视图是指将视图内容预先计算好并存放在磁盘中，从而解决重复计算的时间成本。由于多数 NoSQL 数据库应用对查询响应时间要求很高，而且查询操作与其数据结构往往不一致，因此物化视图理念广泛应用于 NoSQL 数据库技术中。NoSQL 数据库技术主要以 MapReduce 方式计算物化视图。当 NoSQL 数据库中需要多次使用 MapReduce 计算结果时，一般将其存储为物化视图，并通过增量式 MapReduce 操作更新物化视图，即，只需要计算视图中发生改变的那部分数据，而不需将全部数据从头计算一遍。

(6) **事务**与版本戳。在关系数据库中，事务(transaction)是保证数据一致性的重要手段，可以帮助用户维护数据的一致性。在 NoSQL 数据库中，并没有完全放弃事务理念，而是通过定义多种数据一致性目标的方式对事务特征进行分解和组合。因此，NoSQL 数据库并不是无条件追求事务的 4 个特征，而是在前提条件(如规定延迟)下，在不同特征之间进行取舍和权衡。以数据更新的一致性为例，NoSQL 数据库通常采用条件更新和版本戳的方式确保数据更新的一致性。

- **条件更新**。客户端执行操作时，重新读取将要更改的数据，并检测该数据在上次读取后是否一直没有变动，如果没有变动，则读取该数据。除了条件更新之外，有些 NoSQL 技术还采用 CAS(Compare And Set)操作，通过直接比较被修改内容

① Han J, Haihong E, Le G, et al. Survey on NoSQL Database[C]//International Conference on Pervasive Computing and Applications, 2011, Port Elizabeth, South Africa.

② Tudorica B G, Bucur C. A Comparison between Several NoSQL Databases with Comments and Notes[C]//Roedunet International Conference, 2011, Iasi, Romania.

本身的方法来判断数据从读取到更新的时间内是否被其他人修改过。

- **版本戳**。它是一个字段，常用于条件更新中，每当记录中的底层数据改变时，其版本戳值也随之变化。在读取数据时可以记下版本戳，并在写入数据之前，先检查数据的版本戳是否有变化。

目前，典型的 NoSQL 产品有 Danga Interactive 的 Memcached、10gen 的 MongoDB、Facebook 的 Cassandra、Google 的 Bigtable 及其开源系统 HBase、Amazon 的 Dynamo、Apache 的 Tokyo Cabinet、CouchDB 和 Redis 等。

此外，关系云也是关系数据库在云计算环境下的另一个发展方向。关系云是在云计算环境中部署和虚拟化的关系数据库，进而使传统关系数据库具备云计算的弹性计算、虚拟化、按需服务和高经济性等特征。关系云代表了数据管理的一个重要发展方向，其关键在于实现事务处理、弹性计算和负载均衡等。关系云的一个重要功能是提供**"数据库即服务"**(Database as a Service，DaaS)。目前，较有代表性的云数据库类产品如表 2-3 所示。

表 2-3 典型云数据库产品

公　司	产　品
Amazon	SimpleDB、RDS
Google	Bigtable、FusionTable、GoogleBase
Microsoft	Microsoft SQL Azure
Oracle	Oracle Cloud
Yahoo	PNUTS
Vertica	Analytic Database for the Cloud
EnerpriseDB	Postgres Plus Cloud Database
Apache	HBase
Hypertable	Hypertable

2.1.4 发展趋势

可以从数据计算层和数据存储层两个方面讨论云计算环境下信息资源管理平台框架的主要发展趋势。

(1) 数据计算层的发展趋势。数据计算层的演变过程如图 2-4 所示，其计算模式经历了单机计算、对等计算、服务器计算、分布式计算、网格计算和云计算等不同阶段。从图 2-4 可以看出，随着计算模式的演变，信息资源将迁移至云端，云端信息资源的管理成为未来的研究重点。

(2) 数据存储与管理层的发展趋势。随着大数据时代的到来，上层数据处理应用系统的主要需求发生了新的变化，例如对简单查询操作的响应时间的高度重视、重视应用系统对动态环境的自适应能力等。然而，这些新需求的出现要求在底层数据管理中解决这些新兴的共性需求，进而减轻上层应用系统的研发者的负担。为此，人们在关系数据库等

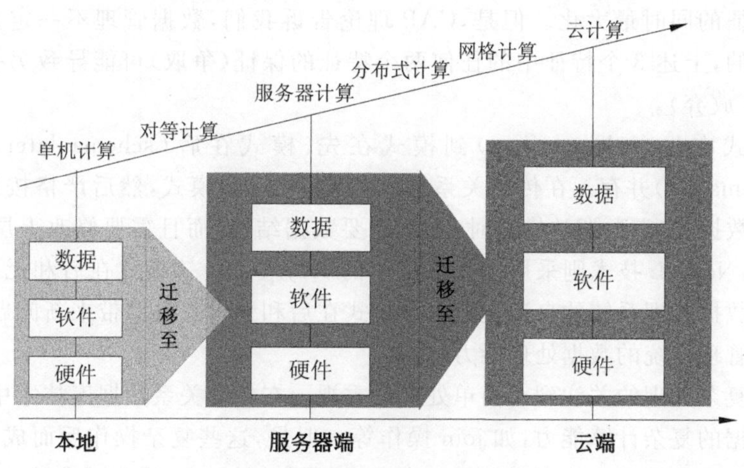

图 2-4 数据计算层的演变

传统数据管理技术的基础之上提出了新型数据管理技术——NoSQL 和关系云。然而，提出 NoSQL 和关系云等新型数据管理技术的目的并不在于彻底淘汰关系数据库等传统数据管理技术，而在于为传统数据管理技术提供互补性解决方案。因此，在今后很长时间内，关系数据库等传统数据管理技术不仅不会被淘汰，而且会得到进一步的拓展和优化，并与新兴数据管理技术并存。例如，人们常说的 NewSQL 技术就是新兴的关系型数据库管理系统，不仅具有 NoSQL 对海量数据的存储管理能力，而且保持了传统数据库支持 ACID 和 SQL 等特性。此外，我们还应关注另一种数据管理技术——数据仓库技术。数据仓库和数据库是两个不同的概念，针对的是不同的数据管理目的。

总之，大数据时代给数据管理技术带来了一些新的变化(图 2-5)，主要体现在以下方面：

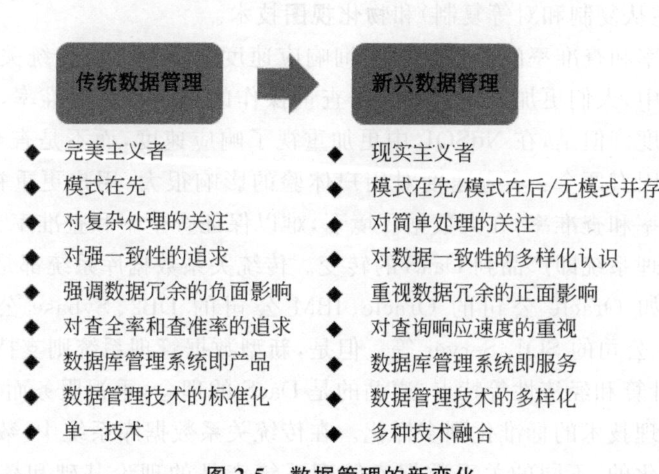

图 2-5 数据管理的新变化

- 从数据管理的完美主义者到现实主义者的转变。在传统数据管理中，对数据管理的认识是单一的，数据管理的目标往往是很完美的，其背后原因是不接受数据的复杂性。例如，传统数据管理中往往追求一致性、可用性和分区容错性 3

个特征的同时最大化。但是,CAP 理论告诉我们,数据管理不一定是理想的或完美的,上述 3 个特征中的任何两个特征的保证(争取)可能导致另一个特征的损失(放弃)。

- 从模式在先(schema first)到模式在先、模式在后(schema later)和无模式(schemaless)并存。在传统关系数据库中,先定义模式,然后严格按照模式要求存储数据;当需要调整模式时,不仅需要数据结构,而且需要修改上层应用程序。然而,NoSQL 技术则采用了非常简单的 Key-Value 等模式在后和无模式的方式提升数据管理系统的自适应能力。模式在后和无模式也会带来新问题,如降低了数据管理系统的数据处理能力。
- 从对复杂处理的关注到对简单处理的重视。在传统关系数据库技术中,更重视的是数据的复杂计算能力,如 join 操作等。但是,这些复杂操作反而成为关系数据库在提升数据管理能力方面的一个重要瓶颈,例如 join 操作要求被处理数据不能分布在不同服务器上。为此,NoSQL 放弃了 join 等复杂处理操作,而关注简单处理的效率和效果。
- 从强一致性的追求到数据一致性的多样化认识。传统关系数据库技术追求的是数据的强一致性,引入了事务机制,对并发操作和分布式处理给出了严格要求,虽然这样保证了数据质量,但影响了数据处理的效率。然而,NoSQL 数据库中对数据一致性问题的认识出现了新的变化,为了提升数据处理效率,在一定程度上放弃了数据的强一致性,并引入了弱一致性机制和最终一致性机制。
- 从强调数据冗余的负面影响到重视其正面影响。在传统关系数据库技术中,更加看重的是数据冗余可能带来的负面影响,如难以保障数据一致性。然而,NoSQL 技术则发挥了数据冗余带来的数据处理性能上的提升。例如,NoSQL 引入了副本技术(主从复制和对等复制)和**物化视图**技术。
- 从对查全率和查准率的追求到对查询响应速度的重视。在传统关系数据库技术及其应用中,人们更加关注的是数据查询操作的查全率和查准率,从而牺牲了一些响应速度。但是,在 NoSQL 中更加重视了响应速度,而不是查全率和查准率,其主要原因有两个:响应速度对用户体验的影响很大,用户更重视响应速度,而不是查全率和查准率;在大数据环境下,难以保证查全率和查准率。
- 数据库管理系统即产品到 DaaS 的转变。传统关系数据库系统都是以产品形式提供的,例如 Oracle 公司的 Oracle、IBM 公司的 DB2、Sybase 公司的 Sybase、Microsoft 公司的 SQL Server 等。但是,新型数据管理系统则支持云计算的虚拟化、弹性计算和经济性等特点,遵循的是 DaaS 的理念,重视服务而不是产品。
- 从数据管理技术的标准化到多样化。在传统关系数据库系统中,数据管理技术是高度标准化的,不同的关系数据库管理系统产品的理论基础和核心思想是一样的,如采用关系模型和 SQL 语言。但是,NoSQL 数据库代表的不是一个技术,而是包括基于不同的数据模型和查询接口的多种数据管理技术,如 Key-Value、Key-Document、Key-Column 和图存储模型等。
- 从仅靠单一技术到多种技术相互融合。在传统数据管理技术中,不同的数据管理系统和产品的界限是清楚的，依赖的技术是比较单一的，要么是关系模型，要么是层次模型或网状模型。但是，在大数据时代，需求的变化导致了数据管理技术必须相互借鉴和融合，数据管理系统往往集成了原本属于不同类型的多种技术，支持多种数据管理能力，产品不再依赖于某个特定技术①。

2.2 设计目的

2.2.1 碎片化阅读与传播

在大数据时代，信息资源的传播、阅读和利用行为呈现出碎片化趋势②。数据科学家收集到的以及需要分析处理的数据往往是碎片信息资源，而不是完整信息资源，如图 2-6 所示。因此，碎片信息资源的预处理不仅包括传统意义的数据预处理工作，而且还需要完成以下任务：

- 将每个碎片信息资源与其他相关数据碎片、背景信息、知识库或数据库关联。
- 将碎片信息资源的当前版本与其历史版本关联。
- 将每个碎片信息资源与其相关主体(包括人、计算机、应用、服务等)关联。

碎片信息资源的预处理工作的主要理论基础是数据连续性理论。该理论是以如何进行数据的碎片化处理、碎片信息资源的复原以及碎片信息资源的再利用为主要研究目标的新兴科学理论，其研究任务和内容可以用数据连续性保障模型来描述，如图 2-7 所示。**数据连续性**是指由数据的可关联性、可溯源性、可理解性及其内在联系组成的一整套数据保护措施，其目的是保障数据的可用性、可信性和可控性，降低数据的失用、失信和失控的风险。数据连续性理论的主要研究内容如下：

- 生成碎片数据。这是将原始数据(A)分解成多个碎片数据($a_1, a_2, \cdots, a_i, \cdots$)的过程，包括数据元的识别、抽取、转换和加载活动。在生成碎片数据时需要充分考虑后续操作的可行性和方便性。
- 碎片数据的传播、演化与跟踪。每个碎片数据(如碎片数据 a_i)在传播过程中不断增加新的元数据(如访问次数、用户标注等)，甚至其内容也会发生变化。因此，数据科学家需要掌握跟踪和分析碎片数据的方法，如版本控制、元数据管理、数据溯源和数据封装等。
- 碎片数据的关联。碎片数据预处理工作的主要难点之一，即将每个碎片数据与其他相关碎片数据、历史版本数据、相关主体及其他数据集(如知识库、规则库等)进行关联，以便进行碎片数据的可信度评估以及提升后续数据处理活动的效率与效果。目前，碎片数据的关联方法可以借鉴关联数据、语义 Web、数据映射和数据匹配等多种理论。

---

① 朝乐门. 数据科学[M]. 北京：清华大学出版社，2016.

② Liu Z. Reading Behavior in the Digital Environment: Changes in Reading Behavior over the Past Ten Years [J]. Journal of documentation, 2005, 61(6): 700-712.

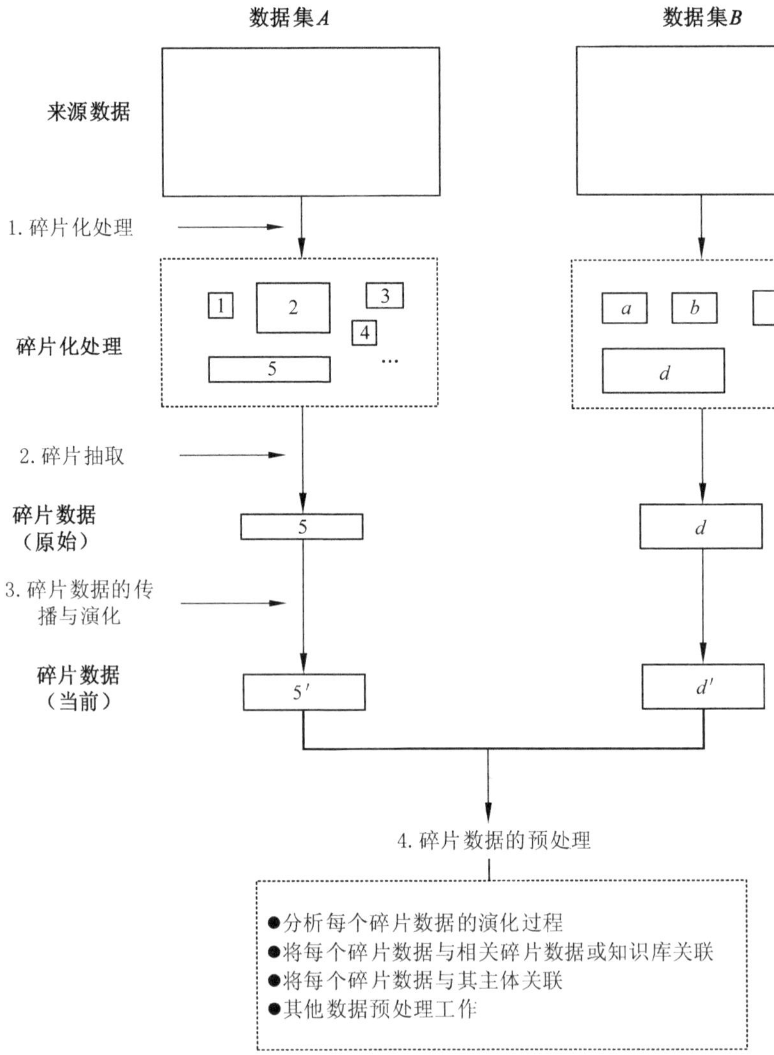

数据集A　　数据集B

来源数据

1. 碎片化处理

碎片化处理

1　2　3　4　5　…

a　b　c　d　e　…

2. 碎片抽取

碎片数据（原始）

5　d

3. 碎片数据的传播与演化

碎片数据（当前）

5′　d'

4. 碎片数据的预处理

- 分析每个碎片数据的演化过程
- 将每个碎片数据与相关碎片数据或知识库关联
- 将每个碎片数据与其主体关联
- 其他数据预处理工作

图 2-6　数据的碎片化处理与碎片信息资源的预处理工作

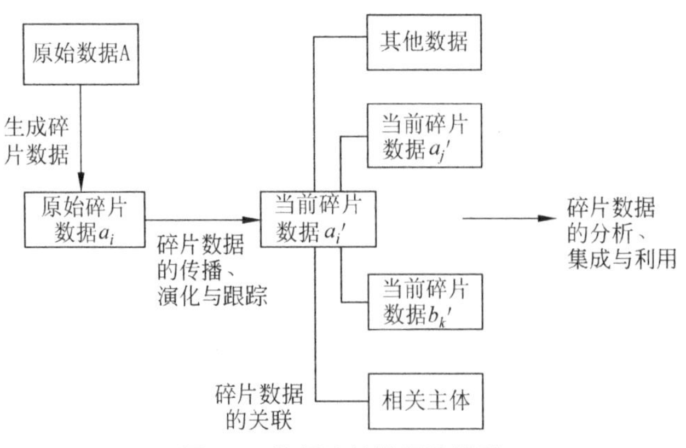

图 2-7　数据连续性保障模型

- 碎片信息资源的分析、集成与利用。在碎片数据的关联处理基础上,进一步进行数据分析、集成和利用工作。

2.2.2　人机协同

考虑到碎片化阅读和传播的需要,本章提出的平台(以下简称本平台)采取的是人际协同式数据处理模式。本平台中的主要人机协同方式如下:

- 信息资源的碎片化处理。采取"以人为主,以计算机为辅"的处理方法。以 MapReduce 为例,平台将信息资源碎片化处理任务提交给多个 map()函数进行初步的碎片化处理之后,将碎片数据提交给领域用户进行确认和优化。
- 碎片信息资源的集成处理。采取"以计算机为主,以人为辅"的处理方法。以 MapReduce 为例,平台采用 reduce()函数对数据进行集成处理,基于不同碎片数据定义新的信息资源,并由领域用户进行确认和优化。

2.2.3　分层实现

为了提升设计灵活性以及充分利用现有云计算技术,本平台的设计采用分层设计理念,将平台分为存储层、资源管理与调度层、集成层和服务层,如图 2-8 所示。不同层次之间遵守以下原则:

- 相对独立性。通过不同的接口技术保证上下层具有一定的独立性,即下层采用的技术和策略与上层无关,反之亦然。
- 下层向上层提供服务。上层功能的实现需要下层功能的支持。
- 统一的安全和信任原则。安全和信任贯穿于整个框架的每个层次,而不是仅靠某些特定层次来实现。

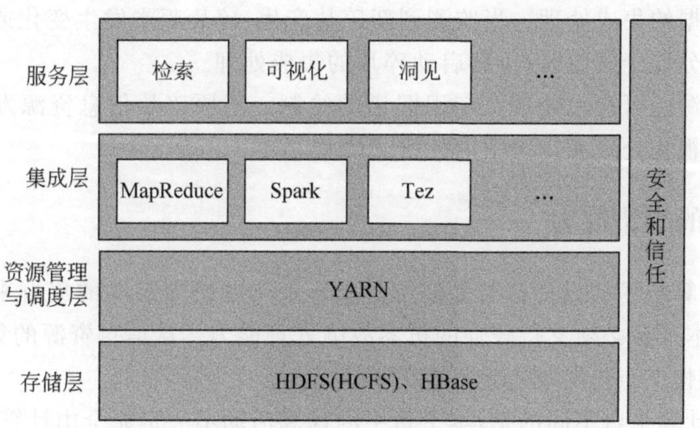

图 2-8　云计算环境下的信息资源集成与服务平台架构

图 2-8 中的各层的详细描述见 2.4 节。考虑到安全机制和信任计算的相对独立性和复杂性,本课题对安全机制和信任计算不作深入研究。

2.2.4 资源与碎片的统一管理

在本平台中,资源和碎片的概念是可以相互转化的。一个资源对象(如一篇论文)可以分解成若干个碎片(如若干段落),而每个碎片还可以进一步分解成若干个更小的碎片(如若干语句)。当一个碎片再次分解成更细粒度的碎片时,平台将原碎片当作资源来处理。

因此,在平台数据建模和操作定义过程中不需要区别对待完整信息资源和碎片信息资源,其主要依据如下:

- 符合信息资源的逻辑特征。完整信息资源和碎片信息资源是相对的概念,当参照对象发生变化时,二者可以相互转化。
- 降低 IT 实现的复杂度。完整信息资源和碎片信息资源的同等处理将不仅降低软件工程师的开发成本,而且可以减轻用户使用平台提供的 API 和 Web Service 的学习成本。

2.2.5 弹性集成与服务

本平台的设计目的之一是提供弹性的集成与服务。除了具备云计算本身的可扩展性、伸缩能力和按需服务特征之外,本平台的弹性计算特征还取决于其数据驱动的特点——信息资源的碎片化处理、碎片资源的集成、信息资源的可视化处理及知识图谱的绘制都是数据驱动的,而不完全是用户需求和目标驱动的。本平台中的数据驱动方式如下:

- 信息资源的碎片化处理。当新资源进入时驱动碎片化处理;当用户对某个(些)碎片的评分低于阈值时,重新启动资源的碎片化处理。
- 碎片数据的集成处理。当监测到新碎片产生、碎片版本发生变化或用户对集成结果的评分低于阈值时,重新启动碎片的集成处理。
- 信息资源的可视化处理及知识图谱的绘制。当原碎片信息资源发生变化时重新启动可视化处理和知识图谱的绘制活动。

2.2.6 较强的容错能力

通常,云计算技术的设计初衷是使用由成百上千的机器组成的集群来处理超大规模的数据,因此,本平台必须支持较强的机器故障处理能力。从信息资源的集成和服务角度看,故障节点和慢节点是实现容错机制的关键。

与其他云计算平台不同的是,本平台中的计算活动不一定完全由计算机自动完成,如信息资源的碎片化过程可以由人参与完成。也就是说,本平台的故障节点或慢节点可以是计算机,也可以是人。对于人来说,故障节点就是指那些可信度低,曾有过不良记录(如恶意操作)的人们;慢节点是没有及时完成任务的人们。本平台中的故障节点与慢节点如表 2-4 所示。

表 2-4　本平台中的故障节点与慢节点

节点类型	机　器	人
故障节点	发生故障的 Worker 或 Master 节点	没有及时完成任务的人
慢节点	速度慢的 Worker 或 Master 节点	可信度低，曾有过不良记录（如恶意操作）的人

2.3　基本流程

根据上述设计目的，本章提出了一种面向云计算环境下的信息资源集成与服务基本流程，如图 2-9 所示。从图 2-9 中可以看出，此流程主要包括资源加载、资源语义标注、碎片化处理、碎片语义标注、碎片的生命期管理、碎片集成及新资源定义、资源的序列化/洞见/可视化。从计算方式看，此流程可以进一步分为以下 4 个步骤：

(1) **粗粒度计算**。资源加载、资源语义标注、碎片化处理、资源的序列化/洞见/可视化主要以资源为单位，属于粗粒度计算。

(2) **细粒度计算**。碎片信息资源的语义标注、生命期管理、集成及新资源定义等活动以碎片为单位，属于细粒度计算。

(3) **惰性计算**。本流程中采用惰性计算的目的是用计算换来更多存储。资源加载、资源语义标注、碎片化处理、碎片语义标注、碎片的生命期管理、碎片集成及新资源的定义为惰性计算，其具体执行将推迟至用户提交序列化/洞见/可视化特定资源的请求。

(4) **弹性分布式计算**。碎片的全生命期管理、碎片之间的继承关系以及资源之间的继承关系采用弹性分布式计算模式。

2.3.1　资源加载

在本平台中，**资源加载**可以分为主动加载和被动加载两种。主动加载是指本平台主动从数据源中捕获一个或多个资源对象。被动加载是指本平台被动接收数据源提交的一个或多个资源对象。两者的实现方法虽不同，但对于后续的碎片化处理是透明的。

本平台的特征之一在于：完成资源加载活动的同时或之后，不是立即执行分区操作，而是鼓励和支持以资源为单位进行语义标注。需要注意的是，碎片的语义标签与其对应的资源的语义标签之间存在继承关系。

2.3.2　资源语义标注

资源语义标注活动可与资源加载活动同时进行，也可以是在加载活动完成后进行。前者一般由平台的数据捕获或登记人员完成，而后者可以由平台的其他用户完成。为了减少后续计算的复杂度，本平台维护的是资源与标注信息之间的松散耦合。也就是说，一旦生成资源的标注信息，本平台将维护资源与其标注之间的关联关系，而不是对资源与其标注信息进行封装处理。资源的语义标注需要领域本体的构建。本体的表示可以采用 RDF(S) 技术和 OWL 技术。

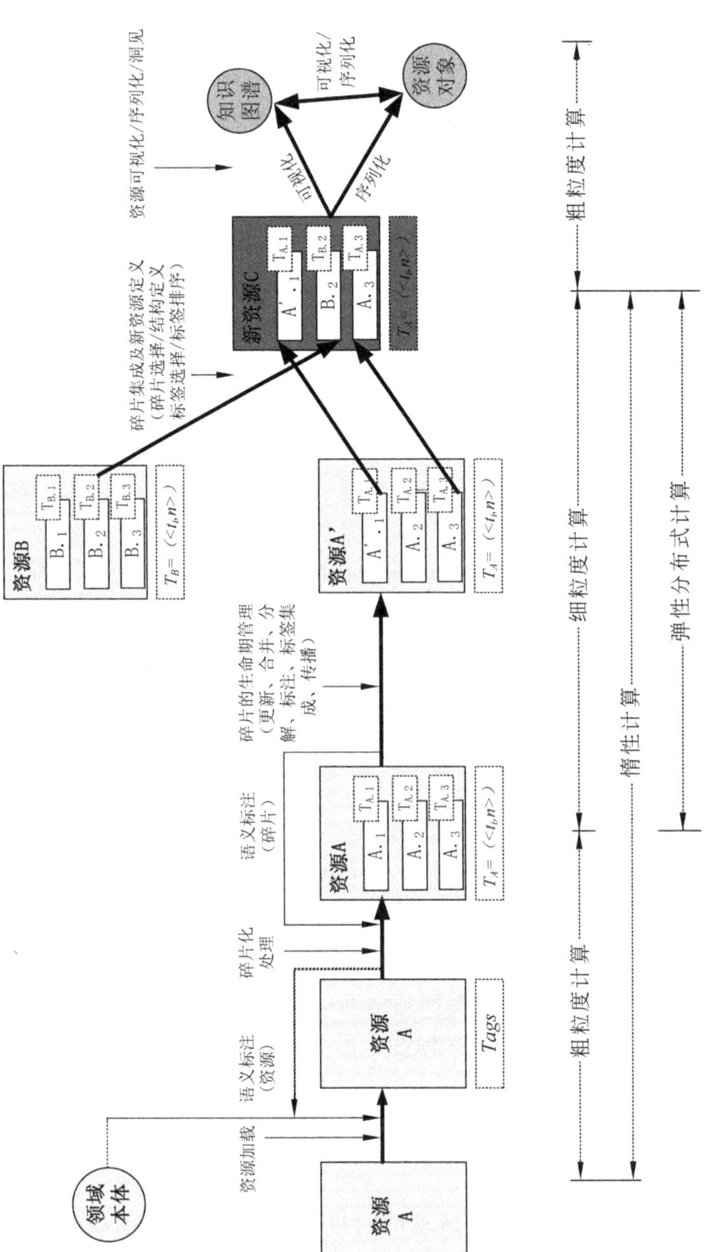

图 2-9 面向云计算环境下的信息资源集成与服务的基本流程

2.3.3 碎片化处理

接下来，平台将资源对象进行**碎片化处理**，即，将一个资源对象分解成若干个碎片，例如将一篇学术论文分解成 8 个碎片：术语、公式、图、表、研究结论、研究数据、研究方法、参考文献。

值得一提的是，本平台中的碎片化处理是从信息资源的阅读和传播角度提出的，而并不是从存储和计算角度提出的。因此，本平台中的碎片化处理(fragmenting)与云计算本身的切片(spliting)处理①及 NoSQL 技术中的分片(sharding)处理②之间存在一定的区别与联系，如表 2-5 所示。

表 2-5　碎片化处理与切片、分片的比较

策　略	碎片化处理	切　片	分　片
英文	fragmenting	spliting	sharding
应用场景	本平台	MapReduce	NoSQL
层次	人阅读与传播信息资源的行为	计算机完成数据计算任务	计算机完成数据存储任务
目的	方便(大数据时代)人们的阅读和传播信息资源行为	实现分布式计算	实现负载均衡、横向扩展，提高故障恢复能力以及保证服务质量
实现方法	在语义层面按人们的阅读和传播习惯进行分解	在语法层面按固定长度进行机械分解	根据数据的被访问规律，将不同部分分别存放在不同节点，进而分解单节点访问的负载，实现负载均衡，提升数据访问的速度
与碎片化处理之间的关系	本平台采用碎片化处理为基础的分片和分片处理方法	用碎片化处理来代替切片处理	用碎片化处理来代替 NoSQL 中的分片处理

- 在 MapReduce 框架中，切片是指当用户程序调用 MapReduce 框架时，将输入文件分成多个数据块。MapReduce 框架中的切片是从计算层面提出的输入数据的分解动作，其分解目的是完成分布式处理，而分解策略是在语法层面按固定长度进行机械分解。然而，本平台中的碎片化处理的目的是方便人类用户阅读和传播信息，其分解策略是在语义层面按人们的阅读和传播习惯进行分解。二者的关系是，碎片化处理可以成为分片处理的依据。本平台中改变了云计算的默认切片方法，用碎片化处理来代替切片处理。
- 在 NoSQL 技术中，采用分片策略实现数据分布，其基本思想是将不同数据存放在不同节点。通常，不同用户(群)访问同一个数据库的不同部分，也就是说数据库中的不同内容往往被不同用户访问。为此，NoSQL 采用分片技术——根据数据

① Dean J, Ghemawat S. MapReduce: Simplified Data Processing on Large Clusters[J]. Communications of the ACM, 2008, 51(1): 107-113.

② Cattell R. Scalable SQL and NoSQL Data Stores[J]. Acm Sigmod Record, 2011, 39(4): 12-27.

的被访问规律，将不同部分存放在不同节点，进而分散单节点访问的负载，实现负载均衡，提升数据访问的速度，如图 2-10 所示。根据分片技术的思想，NoSQL 数据库系统需要确保将同时访问的数据集中存放在同一个节点上，并事先组织好数据集。以 Bigtable 技术为例，Bigtable 按照字典顺序排列表中的“行”，以逆向域名(reversed domain name)为序来排列 URL。

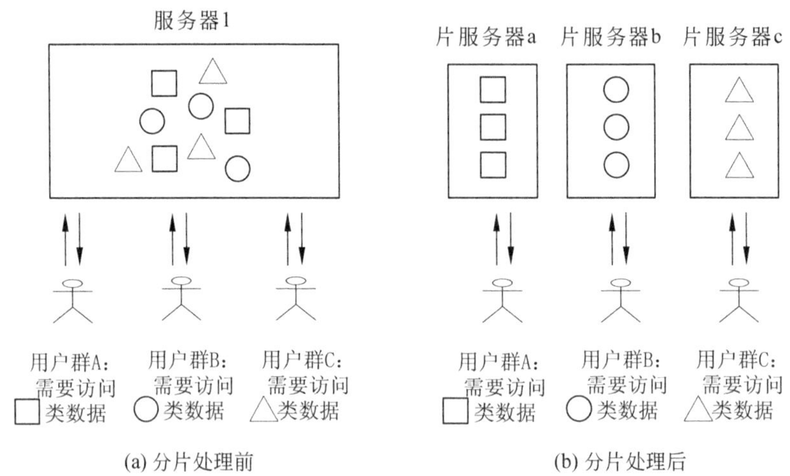

图 2-10　分片处理的示意图

在本平台中的碎片化处理的具体实现上，资源对象的碎片化处理可以采用全人工方法(如基于众包的 Amazon MTurk)、全自动化技术(如基于自然语言处理的 ETL 技术)或者二者相结合的人机协同方式完成。需要强调的是，在云计算环境下的信息资源集成和服务中，尤其是在碎片化阅读中，提倡的是基于众包的人工标注或人机协同的语义标注方法。Amazon MTurk 是 2005 年由 Amazon 公司研发的信息资源处理平台(图 2-11)。其名称来自 1769 年匈牙利发明家 Wolfgang von Kempelen 研制的会下棋的机器人——Mechanical Turk①。其实，Mechanical Turk 机器人只是一个道具，由躲在机器里面的下棋高手操纵，并没有依靠目前机器人中普遍采用的人工智能技术。

Amazon MTurk② 为信息资源处理中的知识提供方(Workers，又称 Turkers，以下简称供方)和知识需求方(Requesters，以下简称需方)之间提供了一个合作平台。与传统信息资源处理平台的根本区别在于 Amazon MTurk 信息资源处理的主体是人，而不是计算机。需方将信息资源处理需求分解成较具体的、易于完成的小任务——Human Intelligence Tasks(**HIT**)，然后，通过此平台向供方发布。供方选择自己擅长的 HIT，并完成指定操作。供方提交的结果经需方确认后，供方将得到一定数额的资金回报。此外，Amazon MTurk 平台还提供了编程接口，软件开发者也可以通过调用平台提供的接口构

① Amazon. Amazon Web Services LLC or its affiliates[EB/OL]. (2018-06-20)[2016-09-20]. http://aws.amazon.com/mturk/faqs/.

② Amazon. Amazon Web Services LLC or its affiliates[EB/OL]. (2018-06-20)[2016-09-20]. http://aws.amazon.com/mturk/ faqs/.

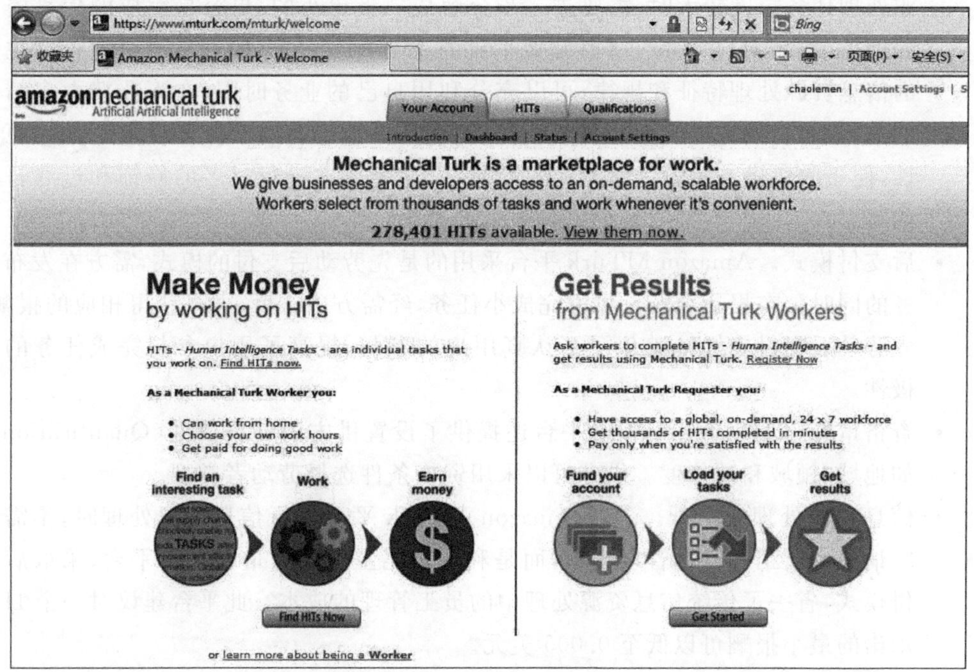

图 2-11　Amazon MTurk 平台

建自己的应用程序。相对于传统劳动力市场和小规模信息资源处理平台，Amazon MTurk 平台具有如下的特殊性：

- 参与者的长尾性。Amazon MTurk 平台的需方和供方均具备长尾性。一方面，此平台对信息资源处理任务的需求发布者不作任何限制，任何长尾主体注册和登录之后均可通过互联网在此平台上发布自己的信息资源处理需求；另一方面，此平台中的信息资源处理任务由人工完成，而且参与完成的长尾主体通过互联网选择信息资源处理任务和提交信息资源处理结果，一般对信息资源处理主体的身份和职业不作限制。因此，参与者的长尾性保证了 Amazon MTurk 平台的灵活性和低成本性。
- 获取劳动力的弹性。Amazon MTurk 平台中劳动力的规模具备弹性特点。在传统信息资源处理模式中，信息资源处理的劳动力的获得需要经过一系列的常规过程，如公布招聘信息、简历挑选、组织面试、岗位培训、职责分配、绩效考核等。因此，传统信息资源处理模式中获取劳动力的即时性较差，对劳动力的利用率较低。但是，Amazon MTurk 平台改变了这种做法，其劳动力获取是按需的、弹性的[①]，不仅可以很容易获得与特定信息资源处理任务对应的劳动力，而且可以根据任务量和完成情况调整劳动力的数量和范围。
- 小任务性。Amazon MTurk 平台发布的任务的粒度都是较小的，当需方的信息资

① Amazon. Amazon Web Services LLC or its affiliates[EB/OL]. (2018-06-20)[2016-09-20]. http://aws.amazon.com/mturk/faqs/.

源处理任务粒度较大时，需要进一步分解成一批更小的、更容易完成的信息资源处理任务，即 HIT。小任务性是此平台的主要特点之一，较好地吻合了长尾主体的信息资源处理特征和规律，可以充分利用自己的业务时间，在不花费太多精力的前提下，轻松完成供方的任务。此外，小任务性也有助于保证供方工作的原始性，便于收集供方的第一感觉或原始想法，避免供方进行过多的修饰和过滤自己的观点。

- 后支付模式。Amazon MTurk 平台采用的是先劳动后支付的模式，需方在发布任务的同时公布报酬金额。供方完成小任务，经需方确认后，方可获得相应的报酬。先劳动后支付较好地避免了不认真用户的参与，提高了用户参与完成任务的积极性。
- 资格审查。Amazon MTurk 平台还提供了设置供方的资格条件（Qualification），如地域、领域和诚信度。供方可以采用资格条件选择劳动者类型。
- 信息资源处理成本低。通过 Amazon MTurk 平台进行信息资源处理时，不需要聘请固定员工和日常管理成本，而是利用长尾主体的力量和网络平台，采取后支付模式，省去了传统信息资源处理中的员工管理的成本。此平台建议对一个 HIT 承诺的最小报酬可以低至 0.005 美元。

因此，当任务量不是太大、复杂度不够高时，通过此平台信息资源处理的成本小于传统信息资源处理的成本。但是，当需方信息资源处理任务非常复杂、工作量很大、参与完成的供方过多时，此平台上的信息资源处理成本可能超过传统模式。

2.3.4 碎片生命期管理

通过对资源对象进行碎片化处理后，平台将得到一个或多个碎片对象。在本平台中，**碎片的全生命期管理**包括以下活动：

(1) 定义。包括碎片的唯一表示、碎片与资源之间的继承关系的建立及碎片之间的结构关系的定义。

(2) 更新。碎片内容的更新。

(3) 合并。对两个以上的碎片进行合并处理，合并后将得到一个新的碎片或新的资源。

(4) 再分解。对一个碎片进行再分解操作，得到两个或更多的子碎片。父碎片和子碎片之间存在继承关系，子碎片可以继承父碎片的语义标注信息。

(5) 标注。对碎片进行语义标注。需要注意的是，当子碎片进行语义标注时，可能导致对应父碎片元数据被覆盖。

(6) **标签集成**。对同一个碎片给出的来自不同用户的标签进行集成处理，以及对子碎片的标签与其父碎片的标签进行集成处理。冲突检测与处理是标签集成处理的难点。

(7) 传播。跟踪碎片的传播过程及传播方式。传播过程可以用图的方式进行表示，传播方式可以是阅读、转发、点赞、评论及阻塞（放入黑名单）等。传播方式的分析是碎片信息质量评价的主要依据之一。

2.3.5 碎片集成及新资源的定义

碎片的集成是指将来自同一个(或不同)资源的若干碎片进行ETL操作后,定义一个新的资源对象。如何对新资源对象的结构进行定义及如何从子碎片的标签中生成新资源的标签是碎片集成活动的两个主要难点。

- 新资源对象的结构定义。需要对成员碎片之间的关系进行深入分析,如排序处理、来源分析、可信度评价、本体推理等。
- 新资源对象的标签生成。需要对成员碎片的语义标签进行一定的语义推理和选择操作,自动生成资源对象的语义标签。

2.3.6 资源的序列化

资源的序列化是指将(新)资源对象的状态信息转换为可以存储或传输的形式的过程。为了平衡序列化处理过程的时间复杂度、空间复杂度及碎片数据未序列化带来的计算代价,本平台中的碎片信息资源的序列化策略如下:

- 执行时间复杂度较高的动作之后进行序列化操作。
- 执行容易失败的动作之前进行序列化操作。

2.3.7 资源的检索和洞见

信息资源的检索和**洞见**是云计算环境下利用信息资源的两种主要方式,二者的区别与联系如下:

- 信息资源的检索是指信息资源的简单匹配性检索,相对于信息资源的洞见更为容易实现。在本平台中可以很容易实现两种检索技术:关键字检索和语义检索。
- 信息资源的洞见是指采用机器学习、数据统计和信息资源的可视化等方法从海量数据中找到"人们并未发现的且有价值的信息资源对象"的能力。本平台强调的是信息资源的洞见,即发现数据背后的信息、知识和智慧以及找到被淹没在海量数据中的未知数据。与数据挖掘不同的是,数据科学项目的成果可以直接用于决策支持。信息资源洞见力的高低主要取决于主体的数据意识、经验积累和分析处理能力。

2.3.8 资源的可视化利用

资源的可视化利用是指采用知识图谱方式可视化显示一个或若干资源对象及其内在联系。可视化处理是本平台的重要活动之一。从理论研究和实践应用看,今后信息资源的可视化工作的发展趋势如下(图2-12):

- 从通用技术到专业化技术的过渡。在传统可视化研究和实践中,一般追求的是通用的技术和方法。然而,随着通用方法与技术的不断完善,人们将不断提出面向特定问题的专业化可视化技术。例如,新闻地图(news map)主要用于新闻类数据的可视化,并产生了自己特有的制图方法。

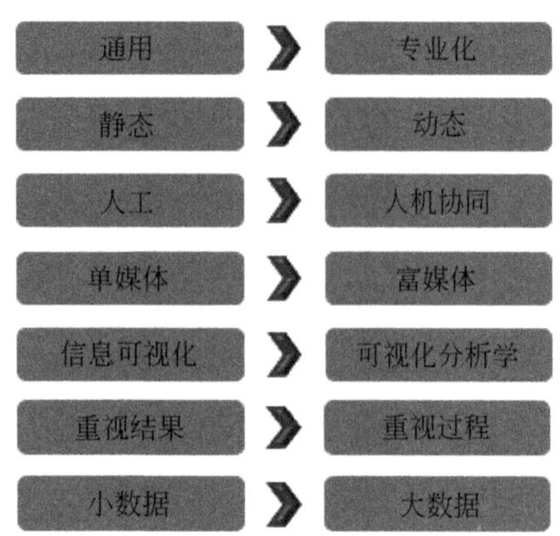

图 2-12　信息资源可视化工作的发展趋势

- 从一次性到交互式的过渡。在传统可视化研究和实践中，可视化的流程和参数是预定义的，一旦执行即不可调整或改变。然而，随着可视分析学的兴起，人们逐渐意识到以人机交互为基础的动态可视化的重要性，并提出了一些动态可视化方法与工具。
- 从人工处理到人机协同处理的过渡。在传统可视化研究和实践中，信息资源的可视化工作主要依赖于手工处理，人的经验和态度决定了可视化效果的好坏，可视化处理效果并不稳定。随着大数据时代的到来，人们开始注意到自动可视化的重要性，通过引入机器学习，信息资源的可视化过程更加智能化和自动化，人机协同及人机交互成为未来可视化处理的重要手段。
- 从单媒体到富媒体的过渡。在传统可视化研究和实践中，信息资源的可视化往往与人的其他感知器官处理分离，被认为是一个独立系统，只关注人的视觉感知和认知活动。但是，随着信息资源的可视化实践的深入，可视化将与动画、音频、视频等其他感知器官的处理活动融合在一起，以达到更好的继承效果。例如，虚拟现实技术的出现较好地体现了信息资源的可视化从单媒体向富媒体过渡的新趋势。
- 从信息可视化到可视分析学的过渡。可视分析学的出现扩大了信息可视化的研究范围，将统计学等相关学科引入信息资源的可视化中，突出目标用户的主动性以及可视化处理过程的互动性，重视从数据到知识的转换过程。
- 从重视结果到重视过程。从可视化工作的评估角度看，传统评估方法主要看重的是可视化工作的结果，而不是过程，容易导致个人英雄主义，可视化过程的规范化程度及可视化结果的质量难以控制。因此，人们开始重视可视化处理过程的规范性，通过过程成熟度水平的不断改进，达到可视化处理结果的有效控制目的。
- 从小数据到大数据的转变。从可视化处理对象看，传统信息资源的可视化主要关注的是小数据，而未来信息资源的可视化处理工作所面临的是海量、异构、不确定的大数据。因此，大数据环境下要求信息资源的可视化方法在算法可扩展性、容错能力和鲁棒性方面有新的突破①。

① 朝乐门. 数据科学[M]. 北京：清华大学出版社，2016：1-20.

2.4 总体框架

根据 2.2.3 节提到的分层设计理念设计本平台的总体架构，见图 2-8。本平台主要分为 4 个较为独立的层次：存储层、资源管理与调度层、集成层和服务层。

2.4.1 存储层

存储层主要用于存储信息资源。在云计算环境下可用于信息资源的技术和产品有很多种。本平台推荐采用如下技术和产品。

(1) HDFS 或 HCFS 是 Hadoop 生态系统中数据存储管理的基础①。早期的 HDFS 是按照 **GFS**(Google File System，Google 文件系统)的思想设计的，因此，HDFS 通常被认为是 GFS 的开源版本。但是，二者并不是完全相同的，例如 HDFS 不支持 GFS 的快照(snapshot)、记录追加操作、惰性垃圾回收策略等。HDFS 的主要特征如下：

- 支持超大文件。HDFS 的设计是面向大文件(TB 级，甚至 PB 级)的存储能力，因此，HDFS 对大文件的处理能力较强；但是对小文件，尤其是大量的小文件的处理能力却较弱。默认情况下，HDFS 将文件分割成若干个数据块(block)，每个数据块的大小为 64MB，将数据块按键值对形式存储，并将键值对的映射保存到内存之中。当小文件太多时，HDFS 会增加内存的负荷。
- 基于商用硬件。HDFS 的设计是面向廉价的、可靠性不高的普通商用硬件，而不是昂贵的高可靠性硬件。因此，HDFS 保存多个副本，具备较强的硬件容错能力。
- 流式数据访问。HDFS 的设计以“一次写入、多次读取”为主要应用场景，因此，HDFS 适用于批量流式处理数据，而不太适合随机定位访问。
- 高吞吐量。HDFS 的设计中重视数据的高吞吐量，因此其数据吞吐量高，然而也造成了其数据延迟访问的特征。

(2) **HBase**。HBase 是由 Fay Chang 等采用 Google 的 Bigtable 技术开发出的开源系统②。HBase 在 Hadoop 之上提供了类似于 Bigtable 的数据管理功能。HBase 也是 Apache 的 Hadoop 项目的子项目，如图 2-13 所示。从图 2-13 可以看出，HBase 在 Hadoop 项目中的 MapReduce 计算层和 HDFS 存储层之间，提供了二者之间的分布式数据管理功能。

与传统关系数据库不同的是，HBase 是非结构化的、多版本的、面向列的、开源的数据库。从逻辑上看，HBase 就像一张列式存储的关系表：

- 索引为行关键字、列关键字和时间戳。
- 数据列可以根据需要动态增加，同一张表中的每行数据可以含有不同的列。列名字的格式是＜family＞：＜qualifier＞(＜列簇＞：＜限定符＞)，都由字符串

---

① Shvachko K, Kuang H, Radia S, et al. The Hadoop Distributed File System[C]//Symposium on Mass Storage Systems and Technologies, 2010, Incline Village, USA.

② George L. HBase: The Definitive Guide[M]. Sebastopol: O'Reilly Media, 2011.

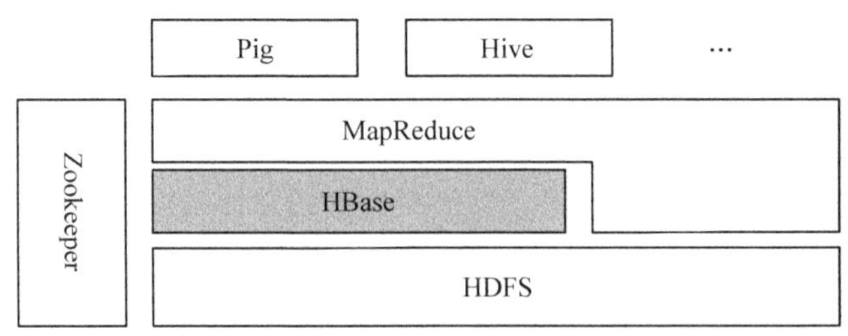

图 2-13　HBase 与 Hadoop 项目

组成。

- 数据单元的内容可以有带不同时间戳的多个版本。
- 数据表往往是稀疏矩阵,空列并不占用存储空间。
- 数据都是字符串,没有类型。

2.4.2　资源管理与调度层

资源管理与调度层主要用于将 MapReduce、Spark 中的资源管理与调度等基础工作独立出来,使 MapReduce 计算层更专注于信息资源的碎片化处理与集成处理。资源管理与调度层可以采用 YARN 等资源管理器。

YARN(Yet Another Resource Negotiator)是 Hadoop 2.0 中的资源管理系统,处于 YARN 应用的计算层①。该层位于存储层(HDFS 和 HBase)之上,而应用层(MapReduce、Spark 和 Tez 等)之下,是上层应用和下层存储之间的重要桥梁,如图 2-14 所示。

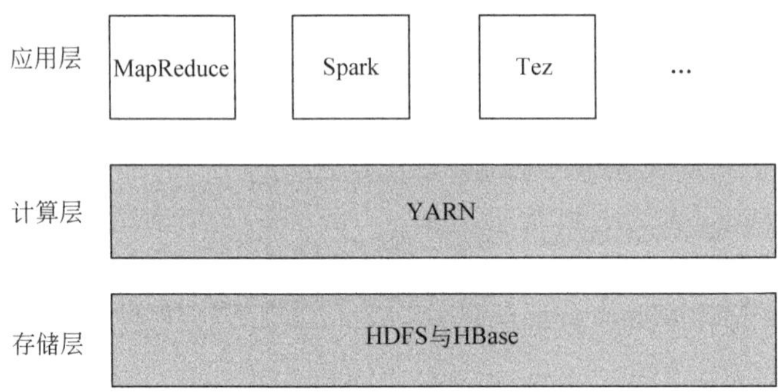

图 2-14　YARN 应用

YARN 的基本处理流程如图 2-15 所示,主要由 Application Master(AM)、Resource Manager(RM)、Node Manager(NM)和 Container 等几个角色组成。AM 负责应用程序的管理,RM 负责整个系统的资源管理,NM 负责管理每个节点的资源和任务,Container 封装了节点上的各种计算资源。

① Vavilapalli V K, Murthy A C, Douglas C, et al. Apache Hadoop Yarn: Yet Another Resource Negotiator [C]//Proceedings of the 4th annual Symposium on Cloud Computing, 2013, Santa Clara, USA.

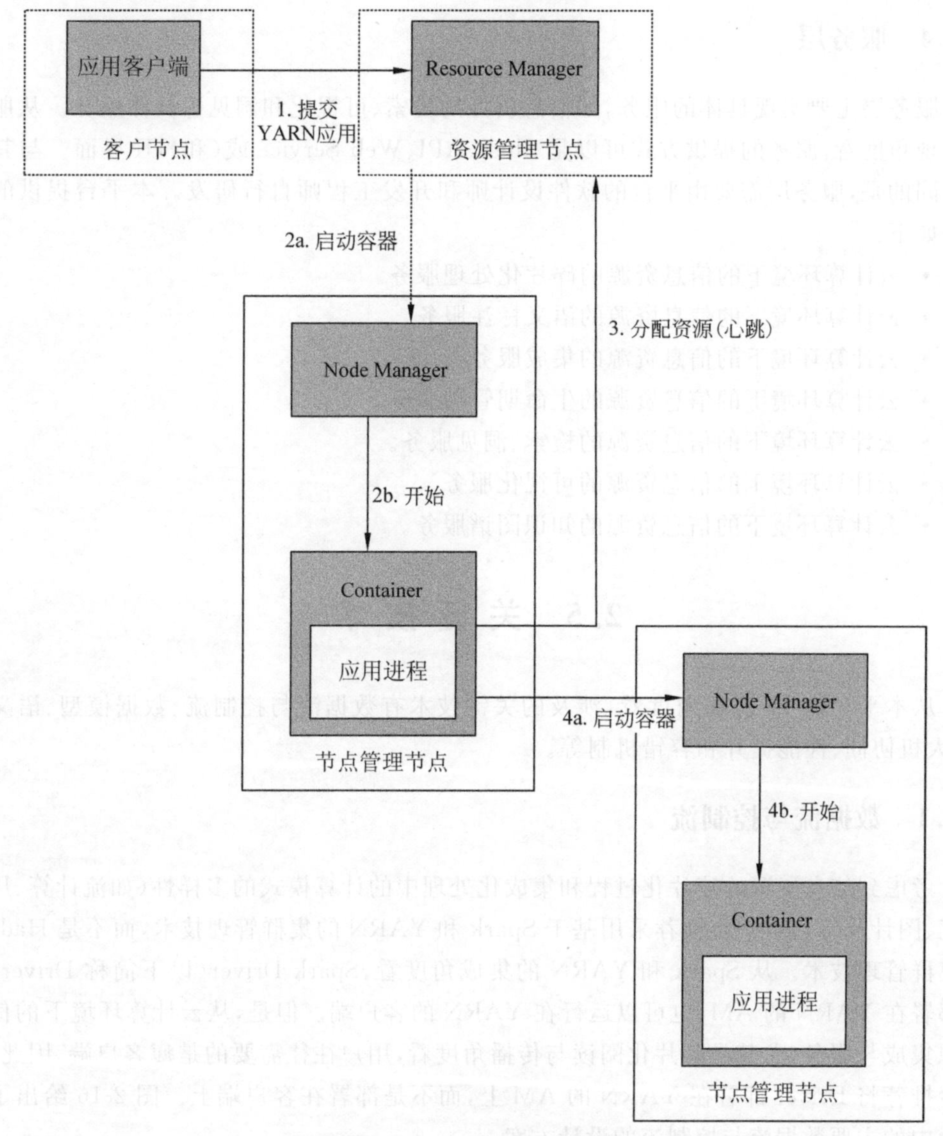

图 2-15　YARN 的数据处理流程

YARN 是一个通用的资源管理系统，其应用不仅限于 MapReduce，而且还可以用于其他计算框架，例如 Spark、Tez 和 Storm 等。YARN 的这一特征也体现了不同计算框架相互融合的趋势。

2.4.3　集成层

集成层主要负责信息资源的碎片化处理及碎片资源的集成处理。**Hadoop MapReduce** 和 **Spark** 是计算层的两个推荐技术。在具体实现过程中，用户可以根据自己的需求特征选择其中之一。通常，批处理任务采用 Hadoop MapReduce，而流处理与交互式处理采用 Spark。

2.4.4 服务层

服务层主要实现具体的服务，如信息资源的检索、可视化和洞见等具体服务。从服务的实现角度看，服务的提供方式可以是 Shell、API、Web Service 或(和)UI 界面。与其他层不同的是，服务层需要由平台的软件设计师和开发工程师自行研发。本平台提供的云服务如下：

- 云计算环境下的信息资源的碎片化处理服务。
- 云计算环境下的信息资源的语义标注服务。
- 云计算环境下的信息资源的集成服务。
- 云计算环境下的信息资源的生命期管理服务。
- 云计算环境下的信息资源的检索、洞见服务。
- 云计算环境下的信息资源的可视化服务。
- 云计算环境下的信息资源的知识图谱服务。

2.5 关键技术

从本平台的 IT 实现角度看，涉及的关键技术有数据流与控制流、数据模型、语义模型、人机协同、性能提升和容错机制等。

2.5.1 数据流与控制流

考虑到信息资源的碎片化过程和集成化处理中的计算模式的多样性(如流计算、用户交互、图计算等)，本平台推荐采用基于 Spark 和 YARN 的集群管理技术，而不是 Hadoop 的集群管理技术。从 Spark 和 YARN 的集成角度看，Spark Driver(以下简称 Driver)可以部署在 YARN 的 AM，也可以运行在 YARN 的客户端。但是，从云计算环境下的信息资源集成与服务，尤其是碎片化阅读与传播角度看，用户往往需要的是瘦客户端，因此，本平台推荐将 Driver 部署在 YARN 的 AM 上，而不是部署在客户端上。图 2-16 给出了本平台中的主要数据流与控制流的设计方案。

(1) 用户通过自己的客户端向 YARN 的 RM(资源管理器)提交数据和程序。在此，用户提交的数据可以是完整资源(待碎片化处理的信息资源)、碎片信息资源(待集成处理的信息资源)；用户提交的程序可以是以下代码：

- 复杂的碎片化处理或集成化处理代码。
- 简单的碎片化处理或集成化处理代码，如处理类型标识。
- 无程序代码：按此云平台的默认处理代码(先碎片化处理，后集成处理)。

(2) YARN 的 RM 选择一个 YARN 的 NM(节点管理器)，并将此 NM 指定为 YARN 的 AM。

(3) NM 启动 AM，并完成作业的初始化工作。

(4) AM 采用 Spark Context 创建一个 Driver，Driver 的本质是运行 main 函数并且

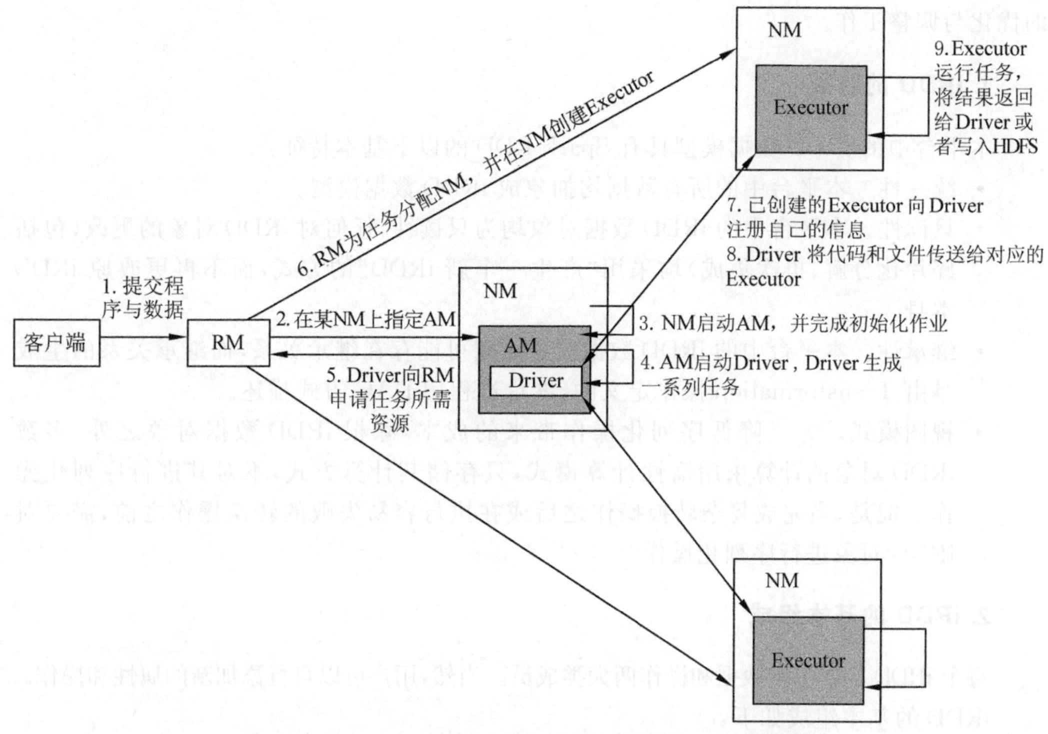

图 2-16　本平台中的主要数据流与控制流的设计方案

创建 Spark Context 的程序。Driver 采用基于 DAG 的执行引擎，根据 DAG 中 RDD 之间的世系关系(lineage)进一步将用户提交的作业转换为 Stages 以及更小粒度的任务。

(5) Driver 向 YARN 的 RM 申请运行任务需要的资源。

(6) YARN 的 RM 为任务分配满足要求的 NM，并在 NM 上创建 Spark Executor(以下简称 Executor)。

(7) 已创建的 Executor 向 Driver 注册自己的信息。

(8) Driver 将应用程序的代码和文件传送给对应的 Executor。

(9) Executor 运行任务，完成后将结果返回给 Driver 或者写入 HDFS 或其他介质[①]。

2.5.2　数据模型

本平台建议采用一种支持并行操作和具有较强容错能力的弹性数据模型。在具体实现上，可以借鉴 Spark 中的 **RDD**(Resilient Distributed Datasets)数据模型[②]。因此，本课题中采用的数据模型的名称为 **iRDD**，以表示该数据模型主要借鉴了 RDD 模型进行核心设计，并根据云计算环境下的信息资源的碎片化处理和碎片数据的集成需要进行了一定

① 朝乐门. 数据科学理论与实践[M]. 北京：清华大学出版社，2017.

② Zaharia M, Chowdhury M, Das T, et al. Resilient Distributed Datasets: A Fault-tolerant Abstraction for In-memory Cluster Computing[C]//Proceedings of the 9th USENIX Conference on Networked Systems Design and Implementation, 2012, San Jose, USA.

的优化与调整工作。

1. iRDD 的特征

本平台中的 iRDD 数据模型具有 Spark RDD 的以下基本特征：

- 统一性。本平台中的所有数据均抽象成 iRDD 数据模型。
- 只读性。本平台中的 iRDD 数据对象均为只读性，任何对 iRDD 对象的更改(包括碎片化分解、再次集成)均采用“产生一个新 iRDD”的方式，而不再更改原 iRDD 本身。
- 继承性。本平台中的 iRDD 数据对象之间可能存在继承关系，而继承关系的生成是由 Transformation 操作定义的，继承过程用 DAG 方式描述。
- 视图模式。为了降低序列化操作带来的成本，除根 iRDD 数据对象之外，多数 iRDD 对象的计算采用惰性计算模式，只存储其计算方式，不对其进行序列化操作。但是，当完成复杂转换操作之后或在执行容易失败的转换操作之前，需要对 iRDD 对象进行序列化操作。

2. iRDD 的基本组成

每个 iRDD 主要包括数据和操作两大类成员。当然，用户可以自行添加新的属性和操作。iRDD 的基本组成如下：

属性

- Fragments：碎片数据内容
- Tags：碎片的用户标签
- Dependencies：碎片数据之间的依赖关系
- PreferredLocations：碎片数据的位置偏好
- Partitioner：碎片数据的分发偏好

操作

- Fragmenting()：碎片化处理
- Integrating()：集成处理
- 其他：Spark 中的操作

iRDD 的属性如下：

- Fragments(碎片数据内容)。是本平台中信息资源处理的最小单位，对应于 Spark 的一个分区。本平台中分区操作是与碎片化处理一致的，而不是完全按照 Spark 的分区机制完成。当然，系统可以自动进行碎片化处理操作，但这种碎片化处理并不等同于分区操作。本平台中的碎片化处理与 Spark 自带的分区操作的主要区别在于：前者是语义层次上的，后者是语法层次上的。然而，就本平台而言，二者的联系在于分区操作是针对碎片化处理的结果进行的，也就是说本平台不再沿用 Spark 的默认分区机制。
- Tags(碎片的标签)。用户给出的碎片内容标签。用户标签有两种：一种是受控词汇，即基于语义 Web 和领域本体的语义标签；另一种是自然语言标签，即用户给出的自由文本标签，其选择不限于控制词汇的范围。

- Dependencies(碎片数据之间的依赖关系)。与 RDD 的依赖关系相似,本平台中的依赖主要用来记录 iRDD 之间的世系关系,可以进一步分为宽依赖和窄依赖,并分别采用不同的执行流程选择及故障节点恢复策略。
- PreferredLocations(碎片数据的位置偏好)。此属性为可选属性,用于指定碎片数据的存储位置偏好。
- Partitioner(碎片数据的分发偏好)。此属性也是可选属性,用于表示对于计算出来的数据结果如何分发。

iRDD 的操作如下:

- Fragmenting()(碎片化处理函数)。本平台提供针对碎片数据的再分解函数,属于 Transformation 类型的操作,采用惰性计算模式。用户可以直接调用系统提供的默认函数或者指定自己的碎片化处理函数。
- Integrating()(碎片集成处理函数)。本平台提供针对碎片数据的集成函数,也属于 Transformation 类型的操作,采用惰性计算模式。用户可以直接调用系统提供的默认函数或者指定自己的集成处理函数。

3. iRDD 之间的依赖关系

在本平台中,iRDD 之间的依赖关系是 iRDD 的流程设计、可信度评估、故障恢复、版本控制的重要依据。因此,iRDD 之间的依赖关系的设计与保障是本平台的关键技术之一。与 Spark 一样,本平台中的 iRDD 依赖关系分为两大类:

- 窄依赖(narrow dependencies)。是指父 iRDD 的每个分区都只被子 RDD 的一个分区所使用。
- 宽依赖(wide dependencies)。是指父 iRDD 的分区被多个子 RDD 的分区所依赖。从 iRDD 操作看,不同的操作依据其特性可能会产生不同的依赖。例如,map 操作会产生窄依赖,而某些 join 操作则可能产生宽依赖,如图 2-17 所示。

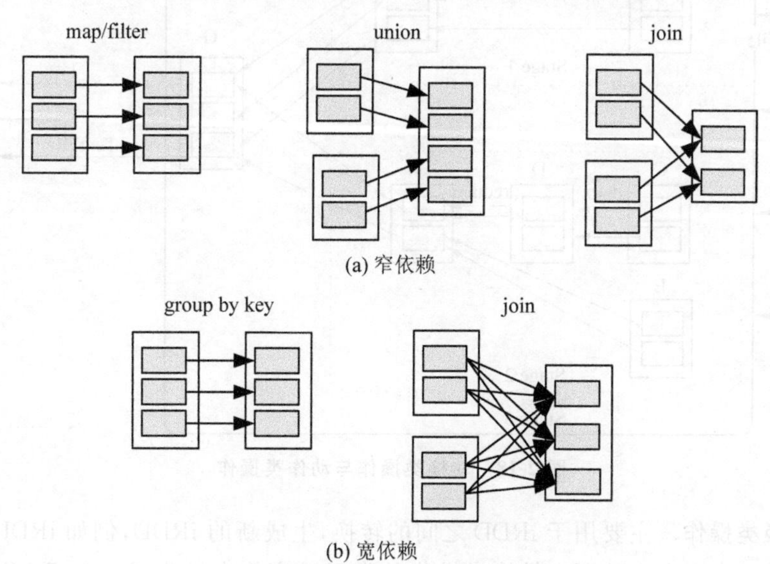

图 2-17　窄依赖与宽依赖

本平台针对不同的依赖关系给出了相应的含义、是否对父 iRDD 进行序列化、可信度评估以及故障恢复策略，如表 2-6 所示。

表 2-6　本平台中不同的依赖关系的差异性

依赖类型	窄　依　赖	宽　依　赖
含义	父 iRDD 的每个分区都只被子 iRDD 的一个分区所使用	父 iRDD 的分区被多个子 iRDD 的分区所依赖
是否对父 iRDD 进行序列化	是	否
可信度评估	子 iRDD 的可信度依赖于其多个父 iRDD 的可信度	子 iRDD 的可信度依赖于其唯一的父 iRDD 的可信度
故障恢复策略	当子 iRDD 中出现丢失现象时，首先试图从已序列化的父 iRDD 数据中恢复。如果父 iRDD 的数据也已丢失，那么需要重新计算其父 iRDD，以此类推	当子 iRDD 中出现丢失现象时，根据世系关系重新计算该 iRDD 的值

4. iRDD 的操作

与 Spark 类似，iRDD 操作分为两大类：转换（transformation）类和动作（action）类，如图 2-18 所示。本平台中定义的集成处理和碎片化处理均属于转换类操作。所有转换类操作均采用惰性计算模式。

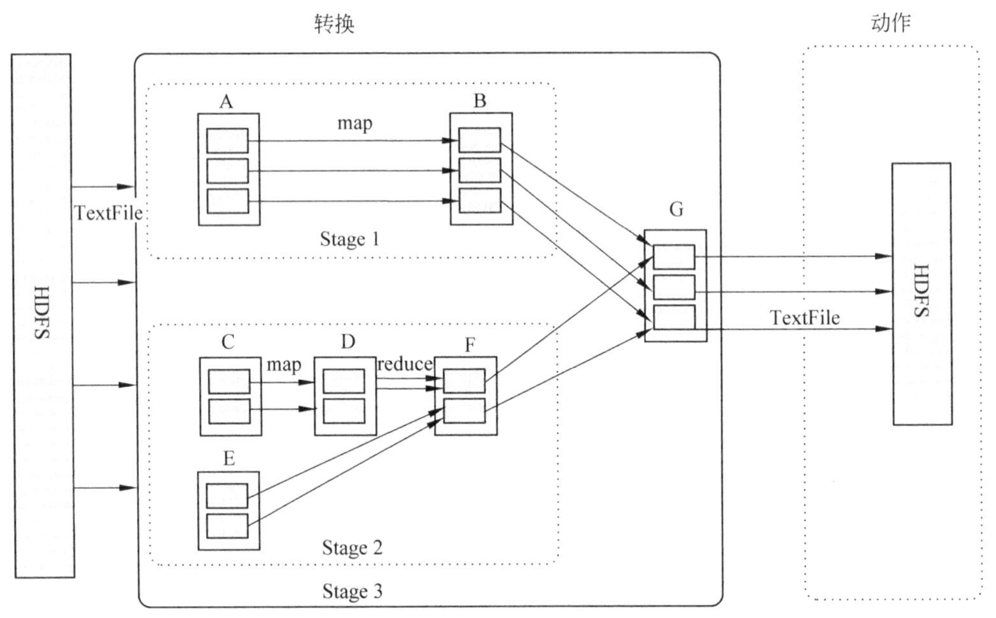

图 2-18　转换类操作与动作类操作

- **转换类操作**。主要用于 iRDD 之间的转换，生成新的 iRDD，例如 iRDD 的分解和集成。本平台中的所有转换类操作的先后顺序将自动生成一个 DAG，以便进行

iRDD 的版本跟踪。

- **动作类操作**。主要用于对 iRDD 进行计算,一般需要向 Driver 或 HDFS 返回一个值,例如计算均值和计数等。

2.5.3 语义模型

从语义层次看,本平台的对象模型由两部分组成:碎片对象和碎片对象之间的语义关联。

(1) 云计算环境下碎片信息资源的集成与服务所涉及的任何碎片内容,无论其格式、大小、存储方式和存放位置如何,都将封装成统一的对象,即碎片对象。

(2) 碎片对象之间的关联采用语义 Web 形式表示,以便进行语义计算。因此,本模型不仅支持异构碎片的统一管理,而且可以支持跨域数据的共享与集成。

定义 1(碎片对象的语义模型) 碎片对象 O_i 是一个 5 元组($\alpha_i,\beta_i,\gamma_i,\delta_i,\varepsilon_i$),其中 α_i、β_i、γ_i、δ_i、ε_i 分别为 URI、内容、标注、日志和关联。这 5 个元素的定义如下:

- α_i(URI 元素)用于唯一标识碎片对象 O_i,一般采用 URI(Uniform Resource Identifier)作为碎片对象的唯一标识。
- β_i(内容元素)是被封装成 O_i 对象的碎片的原始内容,可以是任何格式、大小、存储方式和存放位置的碎片内容。
- γ_i(标记元素)是 O_i 相关的标记,且 $\gamma_i=M\cup H$, $M\cap H=\varnothing$。

  式中:

  M 是计算机生成的标记,$M=\{m_1,m_2,\cdots,m_o\}$。

  H 是手工生成的标记,$H=\{h_1,h_2,\cdots,h_p\}$。
- δ_i(日志元素)是 3 元组(r,s,t)。式中:

  r 是操作主体的 URI。

  s 是操作完成时间。

  t 是操作类型。
- ε_i(关联元素)是碎片对象 O_i 与其他碎片对象之间的语义关系的集合,$\varepsilon_i=\{R_1,R_2,\cdots,R_j,\cdots,R_n\}$。式中,$R_j$ 是碎片对象 O_i 到 O_j 之间的语义关联,$R_j\subseteq Z$,其中 Z 是碎片对象之间的语义关联。

定义 2(碎片对象之间的语义关联) 碎片对象之间的语义关联 $Z=\{z_1,z_2,\cdots,z_{13}\}$,其中 z_i 的定义如表 2-7 所示。

表 2-7 对象之间的语义关联

元素	名　　称	描　　述	语 义 标 记
z_1	subClass	O_i 是 O_j 的子类	rdfs: subClassOf
z_2	equivalentClass	O_i 与类 O_j 等同	owl: equivalentClass
z_3	Property	O_i 是 O_j 的一个属性	rdf: Property

续表

元素	名　　称	描　　述	语义标记
z_4	subProperty	O_i 是 O_j 的子属性	rdfs：subPropertyOf
z_5	equivalentProperty	O_j 与属性 O_j 等同	owl：equivalentProperty
z_6	domain	O_i 是属性 O_j 的定义域	rdfs：domain
z_7	range	O_i 是 O_j 的取值范围	rdfs：range
z_8	Individual	O_i 是 O_j 的个体	Individual
z_9	sameAs	O_i 与 O_j 相同	sameAs
z_{10}	differentFrom	O_i 与 O_j 不同	differentFrom
z_{11}	intersection	O_i 是包括 O_j 在内的其他碎片对象的交集	intersectionOf
z_{12}	disjointWith	O_i 与 O_j 不相交	disjointWith
z_{13}	inverse	O_i 是属性 O_j 的反属性	inverseOf

定义 3（碎片对象的 DTD 表示） 碎片对象和对象之间的形式化定义如下：

```
<?xml version="1.0" encoding="UTF-8"?>
<!ELEMENT FragmentObject(Content+, Log+, Relation+, Tag+)>
<!ATTLIST FragmentObject
    uriOfDSObject ID #REQUIRED
>
<!ELEMENT Content(#PCDATA)>
<!ATTLIST Content
    id ID #REQUIRED
    isContentOf IDREF #REQUIRED
    contains CDATA #IMPLIED
    contentVersionNo CDATA #REQUIRED
    contentPriorVersionNo CDATA #REQUIRED
>
<!ELEMENT Log (#PCDATA)>
<!ATTLIST Log
    id ID #REQUIRED
    isLogOf IDREF #REQUIRED
    timeOfLog CDATA #REQUIRED
    enablerOfLog CDATA #REQUIRED
    typeOfLog (CONTENTINSERT | CONTENTUPDATE | CONTENTDELETE|QUERYEDBYCONTENT
|TAGINSERT|TAGUPDATE|TAGEDELETE|QUERIDBYTAS|RELATIONINSERT|RELATIONUPDATE|
RELATIONDELTE|QUERIEDELATION|AVANCEDQUERY) #REQUIRED
>
<!ELEMENT Tag (#PCDATA)>
<!ATTLIST Tag
    id ID #REQUIRED
    isTagOf IDREF #REQUIRED
```

```
    hasTagContent CDATA #REQUIRED
    tagVersionNo CDATA #REQUIRED
    tagPriorVersionNo CDATA #REQUIRED
>
<!ELEMENT Relation (#PCDATA)>
<!ATTLIST Relation
    id ID #REQUIRED
    from IDREF #REQUIRED
    to IDREF #REQUIRED
    typeOfRelation (z1 | z2 | … | z13) #REQUIRED
    relationVersionNo CDATA #REQUIRED
    relationPriorVersionNo CDATA #REQUIRED
>
```

从以上定义可以看出，碎片对象可以包含一个或多个内容元素、标记元素、日志元素和关联元素，但只能分配一个 URI，用于唯一标识碎片对象。其中：

- 内容元素<Content>可以是被封装内容本身，也可以是指向被封装对象的链接地址。
- 标记元素<Tag>记录碎片对象相关的标记数据，用于碎片对象的检索和推理。
- 日志元素<Log>包含碎片处理操作的主体、时间和类型，用于碎片对象的版本控制和内容恢复。
- 关联元素<Relation>包括相关对象的位置、URI 和关联类型。

为了进一步支持云计算环境下碎片信息资源的集成与服务中的碎片对象管理，本平台采用 RDF Schema 语法定义了面向云计算环境下碎片信息资源的集成与服务的碎片对象本体——CloudDataManagementOntology，其关键代码如下：

```
<?xml version="1.0" encoding="UTF-8"?>
<rdf:RDF xmlns:rdf="http://www.w3.org/1999/02/22-rdf-syntax-ns#"  xmlns:
rdfs="http://www.w3.org/2000/01/rdf-schema#" xmlns:xsd="http://www.w3.org/
2001/XMLSchema#">
    <rdfs:Class rdf:ID="FragmentObject" >
        <rdfs:label>FragmentObject</rdfs:label>
        <rdfs:comment>The class of all IR objects </rdfs:comment>
        <rdfs:subClassOf rdf:resource="#Thing"/>
    </rdfs:Class>
    <rdfs:Class rdf:ID="Content">
        <rdfs:label>Content</rdfs:label>
        <rdfs:comment>The class of all contents in an IR object </rdfs:comment>
        <rdfs:subClassOf rdf:resource="#Thing"/>
    </rdfs:Class>
    <rdfs:Class rdf:ID="Tag">
        <rdfs:label>Tag</rdfs:label>
        <rdfs:comment>The class of all tags for an IR object </rdfs:comment>
        <rdfs:subClassOf rdf:resource="#Thing"/>
```

```
</rdfs:Class>
<rdfs:Class rdf:ID="Log">
    <rdfs:label>Log</rdfs:label>
    <rdfs:comment>The class of all logs for an IR object </rdfs:comment>
    <rdfs:subClassOf rdf:resource="#Thing"/>
</rdfs:Class>
<rdfs:Class rdf:ID="Relation">
    <rdfs:label>Relation</rdfs:label>
    <rdfs:comment>The class of all relation between IR objects </rdfs:comment>
    <rdfs:subClassOf rdf:resource="#Thing"/>
</rdfs:Class>
<rdf:Property rdf:ID="uriOfDSObject">
    <rdfs:label>uriOfDSObject</rdfs:label>
    <rdfs:domain rdf:resource="#Literal"/>
    <rdfs:range rdf:resource="#FragmentObject"/>
</rdf:Property>
<rdf:Property rdf:ID="isContentOf">
    <rdfs:label>isContentOf</rdfs:label>
    <rdfs:domain rdf:resource="#Content"/>
    <rdfs:range rdf:resource="#FragmentObject"/>
</rdf:Property>
<rdf:Property rdf:ID="isLogOf">
    <rdfs:label>isLogtOf</rdfs:label>
    <rdfs:domain rdf:resource="#Log"/>
    <rdfs:range rdf:resource="#FragmentObject"/>
</rdf:Property>
<rdf:Property rdf:ID="isTagOf">
    <rdfs:label>isTagOf</rdfs:label>
    <rdfs:domain rdf:resource="#Tag"/>
    <rdfs:range rdf:resource="#FragmentObject"/>
</rdf:Property>

<rdf:Property rdf:ID="contains">
    <rdfs:label>contains</rdfs:label>
    <rdfs:domain rdf:resource="#Content"/>
    <rdfs:range rdf:resource="#Thing"/>
</rdf:Property>
<rdf:Property rdf:ID="contentVersionNo">
    <rdfs:label>contentVersionNo</rdfs:label>
    <rdfs:domain rdf:resource="#Content"/>
    <rdfs:range rdf:resource="#Literal"/>
</rdf:Property>
<rdf:Property rdf:ID="contentPriorVersionNo">
    <rdfs:label>contentPriorVersionNo</rdfs:label>
    <rdfs:domain rdf:resource="#Content"/>
    <rdfs:range rdf:resource="#Literal"/>
</rdf:Property>
    <rdf:Property rdf:ID="tagVersionNo">
```

```
        <rdfs:label>tagVersionNo</rdfs:label>
        <rdfs:domain rdf:resource="#Tag"/>
        <rdfs:range rdf:resource="#Literal"/>
    </rdf:Property>
        <rdf:Property rdf:ID="tagPriorVersionNo">
        <rdfs:label>tagPriorVersionNo</rdfs:label>
        <rdfs:domain rdf:resource="#Tag"/>
        <rdfs:range rdf:resource="#Literal"/>
    </rdf:Property>
        <rdf:Property rdf:ID="relationVersionNo">
        <rdfs:label>relationVersionNo</rdfs:label>
        <rdfs:domain rdf:resource="#Relation"/>
        <rdfs:range rdf:resource="#Literal"/>
    </rdf:Property>
    <rdf:Property rdf:ID="relationPriorVersionNo">
        <rdfs:label>relationPriorVersionNo</rdfs:label>
        <rdfs:domain rdf:resource="#Relation"/>
        <rdfs:range rdf:resource="#Literal"/>
    </rdf:Property>
    <rdf:Property rdf:ID="timeOfLog">
        <rdfs:label>timeOfLog</rdfs:label>
        <rdfs:domain rdf:resource="#Time"/>
        <rdfs:range rdf:resource="#Log"/>
    </rdf:Property>
    <rdf:Property rdf:ID="enablerOfLog">
        <rdfs:label>enablerOfLog</rdfs:label>
        <rdfs:domain rdf:resource="#Literal"/>
        <rdfs:range rdf:resource="#Log"/>
    </rdf:Property>
    <rdf:Property rdf:ID="typeOfLog">
        <rdfs:label>typeOfLog</rdfs:label>
        <rdfs:domain>
            <rdf:Bag>
                <rdf:_1 rdf:resource="CONTENTINSERT"/>
                <rdf:_2 rdf:resource="CONTENTUPDATE"/>
                <rdf:_3 rdf:resource="CONTENTDELETE"/>
                <rdf:_4 rdf:resource="QUERIEDBYCONTENT"/>
                <rdf:_5 rdf:resource="LOGINSERT"/>
                <rdf:_6 rdf:resource="LOGUPDATE"/>
                <rdf:_7 rdf:resource="LOGDELETE"/>
                <rdf:_8 rdf:resource="QUERIEDBYLOG"/>
                <rdf:_9 rdf:resource="RELATIONINSERT"/>
                <rdf:_10 rdf:resource="RELATIONUPDATE"/>
                <rdf:_11 rdf:resource="RELATIONDELETE"/>
                <rdf:_12 rdf:resource="QUERIEDBYRELATION"/>
                <rdf:_13 rdf:resource="ADVANCEDQUERY"/>
            </rdf:Bag>
        </rdfs:domain>
```

```
        <rdfs:range rdf:resource="#Log"/>
    </rdf:Property>
    <rdf:Property rdf:ID="hasTagContent">
        <rdfs:label>hasTagContent</rdfs:label>
        <rdfs:domain rdf:resource="#Tag"/>
        <rdfs:range rdf:resource="#Literal"/>
    </rdf:Property>
    <rdf:Property rdf:ID="from">
        <rdfs:label>from</rdfs:label>
        <rdfs:domain rdf:resource="#FragmentObject"/>
        <rdfs:range rdf:resource="#FragmentObject"/>
    </rdf:Property>
    <rdf:Property rdf:ID="to">
        <rdfs:label>to</rdfs:label>
        <rdfs:domain rdf:resource="#FragmentObject"/>
        <rdfs:range rdf:resource="#FragmentObject"/>
    </rdf:Property>
        <rdf:Property rdf:ID="typeOfRelation">
        <rdfs:label>typeOfRelation</rdfs:label>
        <rdfs:domain>
            <rdf:Bag>
                <rdf:_1 rdf:resource="subClass"/>
                <rdf:_2 rdf:resource="equivalentClass"/>
                <rdf:_3 rdf:resource="subProperty"/>

            </rdf:Bag>
        </rdfs:domain>
        <rdfs:range rdf:resource="#Relation"/>
    </rdf:Property>
</rdf:RDF>
```

在实际应用中，可以通过 CloudInformationResourceManagementOntology 创建一个碎片对象的实例，并用 RDF/OWL 语言表示。碎片对象的 RDF/OWL 表示有助于实现碎片表示的计算机可理解性，不仅可以进行碎片推理，而且也可以进行碎片挖掘，从而提高计算机碎片处理的效率。

本平台主要采用基于领域本体对信息资源及其碎片进行语义标注的方式支持语义 Web 中的唯一标识、语义标注、语义推理等基本能力。

1. 唯一标识

命名空间和 URI 机制是语义互联的重要手段。在语义 Web 中声明命名空间时，可以运用 URI 实现唯一标识碎片资源的目的。但是，URI 中并不一定要记录其指向的碎片资源的实际地址。因此，目前的命名空间和 URI 技术水平有时只能实现碎片之间的互联关系，不能保证碎片的互通性。语义 Web 中的逻辑互联可以进一步分为显性互联和隐性互联。以 OWL 为例，除了通过碎片元间的嵌套关系来表达碎片的语义关联之外，还可以通过指定的元素、属性来建立互联关系，详见表 2-8。

表 2-8　OWL 中表示碎片互联关系的方法

互联关系	对应标记或属性
类之间的继承、等同、交叉关系	<rdfs: subclassOf> <owl: equivalentClass> <owl: disjointWith>
属性之间的继承、等同、互逆关系	<rdfs: subPropertyOf> <owl: equivalentProperty> <owl: inverseOf>
属性与类之间的关系	<rdfs: domain> <rdfs: range>
类与实例之间的关系	<rdf: Description> <rdf: type>
碎片间的传递、对称、函数和反函数关系	<owl: TransitiveProperty> <owl: SymmetricProperty> <owl: FunctionalProperty> <owl: InverseFunctionalProperty>
碎片间的集合运算关系	<owl: unionOf> <owl: intersectionOf> <owl: complementOf>
同一个碎片的不同版本间的关系	<owl: priorVersion>

2. 语义标注

本平台中碎片信息资源的语义表示采用的是语义 Web 技术。语义 Web 中碎片表示的语法基础是 XML。但是，在 XML 文档中缺少语义信息，主要原因在于 XML 本身并没有提供任何领域的碎片建模方法，而 RDF(S)模型和 OWL 为此问题的解决提供了新思路。

- RDF(S)模型。基于 XML 的 RDF 文档采用计算机可读的 XML 元素和属性代替 RDF(S)模型中的各种概念及其关系，例如，采用<rdf: Description>元素标记一个碎片原子，通过修改<rdf: type>元素的 rdf: resource 属性为碎片原子指定对应 RDF Schema，运用<rdfs:subClassOf>和<rdfs: subPropertyOf>属性表示继承机制，通过<rdfs: domain>和<rdfs: range>属性可以对资源元素进行有效性限制。但是，基于 XML 的 RDF(S)的语义表达能力和推理能力非常有限。RDF 局限于二元常谓词，而 RDF(S)则仅限于表示类(或属性)之间的继承关系以及属性的定义域和值域的限定，不能表达更复杂的语义信息，例如类之间的交叉关系、逻辑运算等。
- OWL。OWL(Ontology Web Language)是改进基于 XML 的 RDF(S)模型的语义表达能力和推理能力的方案之一。OWL 不但继续沿用了基于 XML 的 RDF(S)语法，且以继承的方式重新定义了 RDF(S)的部分元素，还新增了诸多语义元素。例如，OWL 的<owl: Class>类继承了 RDF(S)的<rdfs: Class>；继承后的

<owl: Class>类中可通过元素<owl: disjointWith>表示类之间的不可交叉性，通过元素<owl: equivalentClass>表示类之间的等同关系；元素<owl: Restriction>可以限定一个类；元素<owl: complementOf>、<owl: unionOf>、<owl: intersectionOf>表示类之间的逻辑关系。

近年来，语义 Web 和 Web Service 技术的交叉应用——**语义 Web 服务**（Semantic Web Service，SWS）的研究越来越多。文献①和文献②较全面地总结了语义 Web 服务的发展现状及其趋势。文献③提出的 **SESA**（Semantically Enabled Service-oriented Architecture）语义 Web 服务的框架结构在碎片的语用层次表示方面具有较高的借鉴价值。

3. 语义推理

平台可以支持 SWRL（Semantic Web Rule Language，语义 Web 规则语言）等语义推理技术。SWRL 是结合了 RuleML 和 OWL 的语义 Web 规则语言。SWRL 通过有效整合 OWL DL、OWL Lite 语言与 RuleML 语言中的一元 Datalog、二元 Datalog，将 Horn 逻辑放入 OWL 公理中。在 SWRL 中，规则由前件（antecedent 或 body）和后件（consequent 或 head）两部分组成，表示二者之间的蕴涵关系。前件和后件均由多个（可以为 0 个）原子组成。后件中的多个原子之间存在逻辑 and 关系。原子常以 $C(x)$、$P(x,y)$、sameAs(x,y)或 differentFrom(x,y)或 builtin$(r,x,y,\cdots)$的形式出现。其中，C 和 P 分别代表 OWL 描述和 OWL 属性，x、y 是变量、OWL 实例或 OWL 数据值，r 表示内置联系。swrl. rdf 和 swrl. owl 分别提供了 SWRL 的 RDF 模式和 OWL 本体，但是表示能力均受限制。在 SWRL 中，分别采用元素<swrlx: ontology>、<rule: imp>、<ruleml: _head>、<ruleml_body>、<swrl: classAtom>、<swrl: atom>、<ruleml: var>分别表示本体、蕴涵、后件、前件、类原子、原子和变量。此外，为了提供可扩展性和互操作性，SWRL 还提供了多种插件（built-ins），主要包括以下几种类型的插件：比较插件（如<swrlb: equal>、<swrlb: notEqual>、<swrl: lessThan>、<swrl: greaterThan>等）、数学插件（如<swrlb: add>、<swrlb: substract>、<swrlb: multiply>、<swrlb: devide>等）、字符串处理插件（如<swrlb: stringConcat>、<swrlb: stringLength>、<swrlb: normalizeSpace>等）、日期处理插件（如<swrlb: yearMonthDuration>、<swrlb: dayTimeDuration>、<swrlb: dateTime>、<swrlb: date>等）和 URI 处理插件（<swrlb: resolveURI>、<swrlb: anyURI>）等。具体的语义推理方法将在第 4 章中解释。

---

① Martin D, Domingue J, Brodie M L, et al. Semantic Web Services: Part 1[J]. IEEE Intelligent Systems, 2007(5): 12-17.

② Kashyap V, Bussler C. The Semantic Web: Semantics for Data and Services on Web [M]. Springer Press, 2008: 1-322.

③ Fensel D, Kerrigan M, Zaremba M. Implementing Semantic Web Services The SESA Framework [M]. Springer, 2008: 1-322.

2.5.4 人机协同

本平台采用**人机协同**的信息资源碎片化处理与集成处理模式。当然,本平台还支持完全自动化处理和完全人工处理。从人机协同的实现方式看,本平台主要采用 3 种方式:

- 手工碎片化处理+自动化集成(+人工调整集成结果)。信息资源的碎片化阶段主要采用人工处理,而碎片资源的集成阶段采用自动化处理。此种方式主要用于碎片化处理难度高或碎片化要求很高的信息资源的碎片化处理。当然,在自动化集成处理之后,还可以人工调整集成结果,进而达到更好的继承效果。
- 自动化碎片化处理(+人工调整碎片化处理结果)+手工集成处理。采用自动化方式对信息资源进行碎片化处理,并采用人工方式进行集成处理。同样,对于自动化碎片化处理结果,可以进行人工评价与优化,并决定是否需要重新进行碎片化处理及如何进行碎片化处理。此种方式主要用于集成处理难度高或集成处理要求很高的信息资源的集成处理。
- 增强学习式碎片化处理和集成处理。通常,特定领域信息资源的碎片化处理和集成处理可以采用机器学习方式获得。在机器学习,尤其是增强学习中,机器在云计算环境中完成每个碎片化处理或集成处理任务时,由人工提供奖赏或惩罚信息,以表示结果状态的正确与否。

2.5.5 性能提升

本平台的性能提升需要综合考虑以下 5 个方面的问题:硬盘的 I/O 成本、冗余计算成本、网络传输成本、作业调度和慢节点的处理。

(1) 降低硬盘 I/O 的成本。由于硬盘 I/O 的成本过高,本平台中 iRDD 的生成采用惰性计算模式,只在进行信息资源的利用(如碎片图谱的绘制或可视化处理)时才计算对应的 iRDD,即 iRDD 的生成推迟至其实际应用时。

(2) 降低冗余计算带来的成本。由于 iRDD 的计算采用的是惰性计算模式,当某个 iRDD 被多次调用时会加大平台的计算成本,进而降低性能。为此,可以采用缓存技术和检查点技术,对该 iRDD 进行序列化处理,以便在后续操作中直接访问,避免重复计算。从计算角度看,导致冗余计算成本高的主要原因有两个:

- iRDD 之间的继承关系过长或过于复杂。
- iRDD 本身的计算复杂度过高。

(3) 降低网络传输带来的成本。为了减少网络传输带来的成本,本平台采用本地化计算方法,使计算靠近数据,进而降低数据传输的成本。本地化计算的具体实现方法有两种:

- 让计算优先访问本地存储的数据或就近存储的数据。

- 用广播计算的方式，让计算“找到”数据，从而实现本地化计算的目的。

（4）作业调度。作业调度机制的设计和选择对于系统整体性能的提升有一定影响。对于本平台而言，作业调度的主要实现方法有两种：

- **FIFO Scheduler**。这是 Hadoop 默认的调度方法，使用 FIFO 调度算法来运行作业，并且可以设置优先级。但是 FIFO 调度并不支持抢占，所以后来的高优先级的作业仍然会被先来的低优先级的作业所阻塞。
- **Fair Scheduler**。其目标是让每个用户公平地享有集群中的资源。多个作业提交过来后，空闲的任务槽资源可以按“让每个用户公平共享集群”的原则被分配，某个用户一个很短的作业将在合理时间内完成，即便另一个用户有一个很长的作业正在运行。一般作业都放在作业池当中，默认时，每个用户都有自己的作业池，当一个用户提交的作业数超过另一个用户时，不会因此得到更多的集群资源。另外，Fair Scheduler 支持抢占，如果一个作业池的资源未在一段时间内公平地得到集群资源，那么 Fair Scheduler 会终止得到多余集群资源的任务，分给前者。

当然，也可以考虑引入其他作业调度方式，如 Capacity Scheduler。在 Capacity Scheduler 中，集群资源会有很多队列，每个队列有一定的分配能力，在每个队列内会按照 FIFO Scheduler 去分配集群资源。

（5）慢节点的处理。慢节点会导致本平台的整体性能下降。为此可以采用**推测执行**(speculative execution)机制。推测执行机制是为了解决 Hadoop 中出现某些缓慢任务拖延整个作业运行的问题，推测执行会针对那些落后于平均进度的任务启动推测任务(Speculative Task)，此时如果原任务在推测任务前完成，则推测任务会被终止；同样，如果推测任务先于原任务完成，则原来的任务会被终止。

2.5.6 容错机制

iRDD 的容错处理主要采用 Spark RDD 的容错技术——重新计算与设置检查点。其基本思想如下：

采用**世系**记录 iRDD 之间的继承关系。如果在某个数据处理过程中出现错误，可以根据世系进行容错恢复。

具体容错技术根据世系中记录的 iRDD 之间的继承关系来决定。正如 2.5.2 节中讨论的，iRDD 之间的继承关系有两种：宽依赖和窄依赖。

如果是**窄依赖**，其故障恢复相对简单。当子 iRDD 的计算失败（如对应分区数据丢失）时，只需要重新计算其父 iRDD 即可，不必重新计算其他的 iRDD。可见，窄依赖中的 iRDD 恢复计算的开销较小。

如果是**宽依赖**，其故障恢复相对复杂。当子 iRDD 的计算失败（如对应分区数据丢失）时，从理论上说应重复计算其每个父 iRDD 的每个分区的所有数据。但这种容错机制的计算成本过高，而且存在大量的冗余计算。因此，可以考虑引入检查点技术来降低宽依赖中的 iRDD 容错成本。

当然，本节讨论的容错机制与 2.5.5 节讨论的性能提升之间具有内在联系，二者不可完全分离。为了综合解决性能提升和容错处理问题，对于以下两种特殊情况，应分别采用检查点技术和缓存技术。

- 重新计算 iRDD。当世系很长时，处于世系尾部的 iRDD 所需的计算成本会很大，需要引入检查点技术。所谓检查点技术是指通过将 iRDD 写入硬盘的方式创建检查点，并优先读取检查点。这种方式可以避免重新计算所带来的计算成本过高问题。
- 频繁访问某个 iRDD。当某个 iRDD 被后续操作多次访问时，应考虑将其存入缓存，避免为了进行容错处理而重复计算该 iRDD 导致的计算成本的提升。

2.5.7 其他技术

除了上述关键技术之外，碎片信息资源的集成技术和服务提供也是本平台的主要技术，详见第 4 章和第 5 章的内容。

云计算环境下的信息资源集成与服务需要统一的顶层设计，即一整套集成化的解决方案。本章提出的基础平台主要满足云计算环境下的碎片化阅读与传播活动的需求，支持人机协同式信息处理模式，具有较强的弹性计算能力和容错能力。

从流程角度看，云计算环境下的碎片信息资源管理主要涉及资源加载、资源标注、碎片化处理、碎片的生命期管理、碎片集成及新资源的定义、资源的序列化/洞见/可视化利用。从计算方式看，本平台涉及粗粒度计算与细粒度计算、热情计算与惰性计算、集中式计算与分布式计算等不同计算类型。

本平台的设计采用了分层设计理念，主要分为 4 个较为独立的层次：存储层、资源管理与调度层、集成层和服务层。本平台需要解决的关键问题有数据流与控制流的分离、数据模型、语义模型、人机协同、性能提升、容错处理等。

本章主要讨论的是碎片信息资源的集成与服务基础平台。图 2-19 给出了云计算环境下的碎片信息资源管理的流程示意图。从图 2-19 可看出，碎片信息资源的集成在一定程度上依赖于信息资源的碎片化处理过程。因此，碎片信息资源的集成与服务研究不能脱离其碎片化过程。信息资源的碎片化处理过程处于碎片信息资源管理的前端，其规范化水平将直接影响后续集成与服务的质量。另外，领域本体工程也是云计算环境下的信息资源集成与服务活动的重要辅助工程，可以提升语义集成与语义服务的效果。

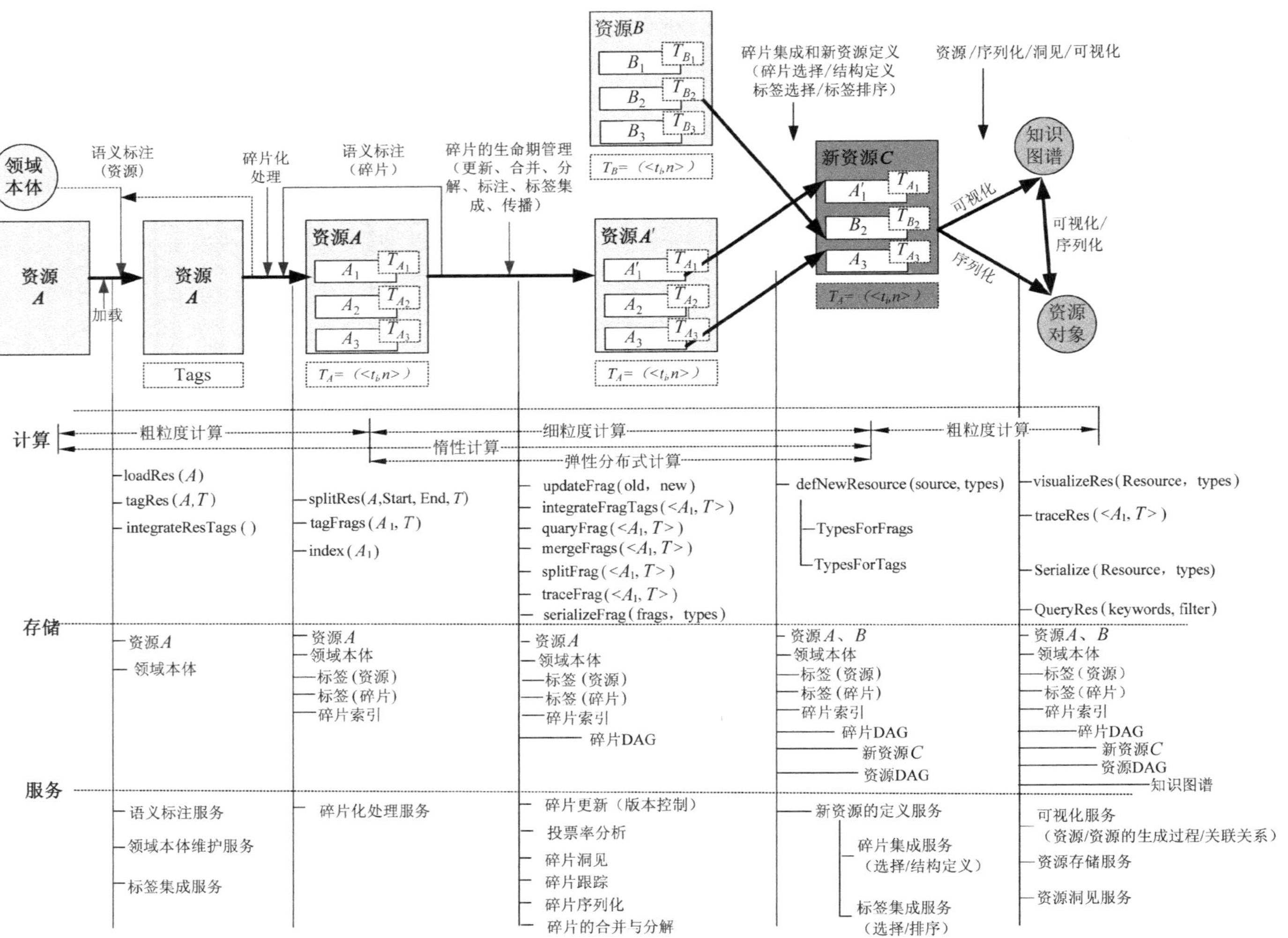

图 2-19 云计算环境下的碎片信息资源管理流程

第3章 集成方法

本章在梳理国内外相关研究的基础上，结合课题研究目标，提出了云计算环境下的信息资源的集成方法，并探讨了其基本特征、主要类型及关键技术。本章提出的云计算环境下的信息资源集成方法的主要创新点如下：

(1) 从资源、碎片、标签3个不同层次提出了云计算环境下的信息资源集成方法。

- 碎片层次。提出了碎片信息资源的**集成算子**：filter、union、groupByKey、join、reduceByKey、cartesian。
- 资源层次。提出了碎片层次的集成方法：资源的URI标识、资源内部结构的定义、与其他资源关联关系的标识和序列化处理方案。
- 标签层次。提出了标签层次的集成方法：资源(或碎片)的语义标签之间的集成方法。

(2) 本章提出的集成方法具有弹性集成和惰性计算的特点，不仅避免了中间iRDD数据对象的I/O成本，而且确保了信息资源集成活动中的数据一致性。

(3) 提出了一种数据驱动型信息资源的集成方法，改变了传统的目标驱动和模型驱动的信息资源集成方法。

(4) 提出了信息资源集成与服务中的结果呈现方法——数据可视化和故事化描述。

3.1 集成特征

考虑到云计算环境下的碎片化信息资源的集成与服务目的，本平台的信息资源的集成具有如下特征：惰性集成、分层实现、人机协同、弹性集成、个性化集成和数据驱动。

3.1.1 惰性集成

从计算模式看，本平台具有惰性集成的特点。惰性集成在本平台中的主要表现方式是所有iRDD数据对象的转换类操作都采用惰性计算方式，平台只记录其世系关系，而不进行直接计算。当动作类操作中需要某个iRDD数据对象时，平台按其继承关系实际计算其具体值。平台中采用惰性集成的目的有3个：

- 减少由多次I/O操作带来的时间成本，尤其是避免中间iRDD数据对象的I/O成本。
- 保证数据一致性。由于数据对象之间存在世系关系，当上游节点发生变化时，为了确保数据一致性，需要重复计算和更新所有下游节点，保证数据一致性的成本很大。

- 实现 iRDD 操作的管道化(pipeline)。管道化的操作可以直接在单节点完成,避免多次转换操作之间数据同步的等待。

当然,在以下两种特殊情况下,需要对特定 iRDD 数据对象进行缓存和设置检查点处理:一是 iRDD 数据对象之间的继承关系过长或过于复杂,导致计算成本提升;二是 iRDD 数据对象本身的计算复杂度过高,导致计算成本提升。

3.1.2 分层实现

从集成层次看,本平台的集成层次可以分为碎片层、资源层和语义标签层的集成,不同层的集成所处理的数据粒度不同。

- 碎片层的集成包括碎片之间的集成、碎片与资源的集成、碎片标签之间的集成、碎片与标签的集成。
- 资源层的集成包括资源之间的集成、资源与碎片的集成、资源标签之间的集成、资源与标签的集成。
- 语义标签层的集成是对特定资源(或碎片)的语义标签数据进行集成。计算资源(或碎片)的语义标签的难点来自两个方面:一是领域本体所描述的语义标签之间的继承关系;二是 iRDD 数据对象之间的世系所记录的 iRDD 数据对象之间的继承关系。因此,在生成特定资源(或碎片)的语义标签时,需要综合考虑上述两个问题。

3.1.3 人机协同

从参与者的角度看,本平台中的信息资源集成具有人机协同的特点,具体表现在以下两点:

- 从集成流程看,本平台首先采用计算机自动进行集成,然后人工进行优化与调整。
- 从集成方法看,本平台采用增强学习式集成方法,在计算机自动学习集成方法的过程中,可以人工提供一些有益反馈。

3.1.4 弹性集成

从集成目的看,本平台具有弹性集成的特点。本平台遵循最大努力原则,即,在规定响应时间范围内,尽可能地完成 iRDD 资源的集成工作。也就是说,通过本平台生成的面向同一个需求的知识图谱可能随着时间生成不同的结果。本平台采用弹性集成的原因有 4 个:

- 保证信息资源集成的响应速度。对于信息资源的集成处理来说,响应速度往往比集成效果更为重要。
- 由于 iRDD 数据对象的世系分布在多个不同的 Worker 上,实时计算成本较低,可以从缓存和检查点快速获得数据。
- Executors 节点可能出现故障或出现慢节点的现象。
- 由于人机协同,可能出现机器等待人的现象。

3.1.5　个性化集成

从集成效果看，本平台的信息资源集成支持个性化集成。为了实现个性化集成，本平台需要捕获和学习用户集成需求和偏好，并从集成视角对其进行**画像**(profiling)，将集成结果按用户个性化需求进行可视化表示。对于本平台来说，除了用户信息的个性化建模之外，个性化集成的关键在于两个方面：

- iRDD 数据对象的个性化过滤。综合考虑用户输入条件、行为偏好和画像特点过滤不必要的 iRDD 数据对象，将与用户需求无关的数据排除在集成范围之外。
- 集成结果的个性化展示。从检索结果的展示策略的选择看，按照不同用户的信息资源利用习惯和爱好生成不同的结果显示方式，如用图、表或文本表示。

3.1.6　数据驱动

数据驱动(Data-driven)①是相对于决策驱动、目标驱动、业务驱动、任务驱动和模型驱动的一种提法。也就是说，数据驱动主要以数据为触发器(出发点)、视角和依据，进行观测、控制、调整和整合其他要素(包括决策、目标、业务和模型等)，如图 3-1 所示。数据驱动是大数据时代的一种重要思维模式，也是业务数据化之后实现数据业务化的关键所在②。

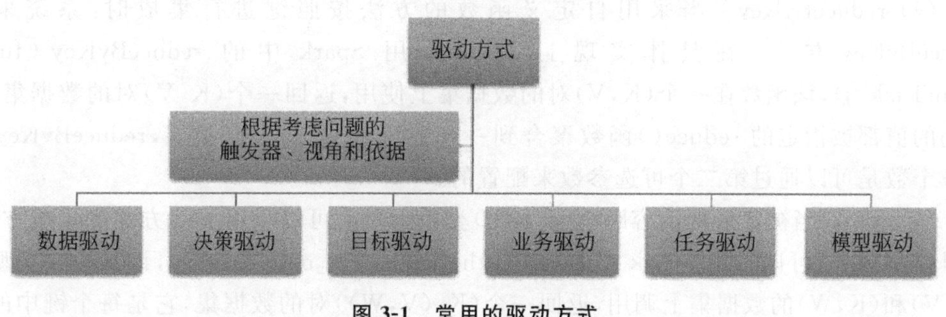

图 3-1　常用的驱动方式

本平台的数据驱动特点体现在两个方面：一是本平台中对于检查点技术和缓存碎片信息资源的更新是数据驱动的，进而提升被集成信息资源的数据一致性；二是当信息来源和碎片信息资源本身发生变化时，自动生成个性化的信息资源视图。

3.2　集 成 模 式

从集成的要素看，本平台所涉及的集成要素有信息资源、碎片、语义标签及其他元数据。由于信息资源和碎片信息资源是可以相互转化的概念，从集成对象进行分类的意义

① Darema F. Dynamic Data Driven Applications Systems: A New Paradigm for Application Simulations and Measurements[C]. International Conference on Computational Science, 2004, Berlin Heidelberg.

② 朝乐门. 数据科学[M]. 北京：清华大学出版社，2016.

不大，因此，下面从集成目标的角度分析集成类型。

3.2.1 碎片层的集成

碎片层的集成是指将某个(或某些)碎片集成为另一个碎片。在本平台中，碎片信息资源的存在形式为 iRDD 数据对象。因此，从计算层次看，碎片信息资源的集成属于 iRDD 的转换类的操作，采用惰性计算模式，并灵活运用缓存技术和检查点技术提升系统效率。从集成内容看，碎片信息资源的集成算子有以下几个：

(1) filter。当被集成内容源自同一个碎片时，系统采用 filter 方式的集成方法。在具体实现上，可以采用类似于 Spark 中的函数 filter(func)，该函数返回一个新的数据集，由经过 func 函数后返回值为 true 的元素组成。

(2) union。当被集成的内容为两个或多个碎片并直接进行合并处理时，系统采用 union 方式集成，并注册成新的 iRDD 数据对象。在具体实现上，可以采用类似于 Spark 中的 union(otherDataset)，该函数返回一个新的数据集，由原数据集和参数联合而成。

(3) groupByKey。当按照键采用直接聚集方式将碎片集成为一个新的碎片时，系统采用 groupByKey 方式的集成方法。在具体实现上，可以采用 Spark 中的 groupByKey([numTasks])，该函数在一个由(K,V)对组成的数据集上调用，返回一个(K,Seq[V])对的数据集。

(4) reduceByKey。当采用自定义函数的方法按照键进行集成时，系统采用 reduceByKey 方法。在具体实现上，可以采用 Spark 中的 reduceByKey(func, [numTasks])，该函数在一个(K,V)对的数据集上使用，返回一个(K,V)对的数据集，键相同的值都被指定的 reduce()函数聚合到一起。和 groupByKey 类似，reduceByKey 的任务个数是可以通过第二个可选参数来配置的。

(5) join。当被集成的内容跨多个 iRDD 数据对象时可以采用 join 方式的集成方法。在具体实现上，可以采用 Spark 中的 join(otherDataset, [numTasks])，该函数在类型为(K,V)和(K,W)的数据集上调用，返回一个(K,(V,W))对的数据集，它是每个键中的所有元素都在一起的数据集。

(6) cartesian。当对两个 iRDD 数据对象进行笛卡儿积方式的集成时可以采用 cartesian 方法。在具体实现上，可以采用 Spark 中的 cartesian(otherDataset)，该函数在数据集 T 和 U 上调用时，返回一个(T,U)对的数据集，其中所有元素交互进行笛卡儿积。

3.2.2 标签层的集成

标签层的集成主要是指资源或碎片的语义标签之间的集成。标签集成方法主要由被集成标签之间的语义关系决定，如图 3-2 所示。

(1) 父子类语义标签的集成。当被集成标签之间存在某种继承关系(如父子或间接继承)时，可以直接用子标签来代替父标签。例如，标签 A_{21} 与标签 A_{31} 集成时，可以直接用标签 A_{31} 代替标签 A_{21}，即

$$\text{tag}(A_{21})=\text{tag}(A_{31})$$

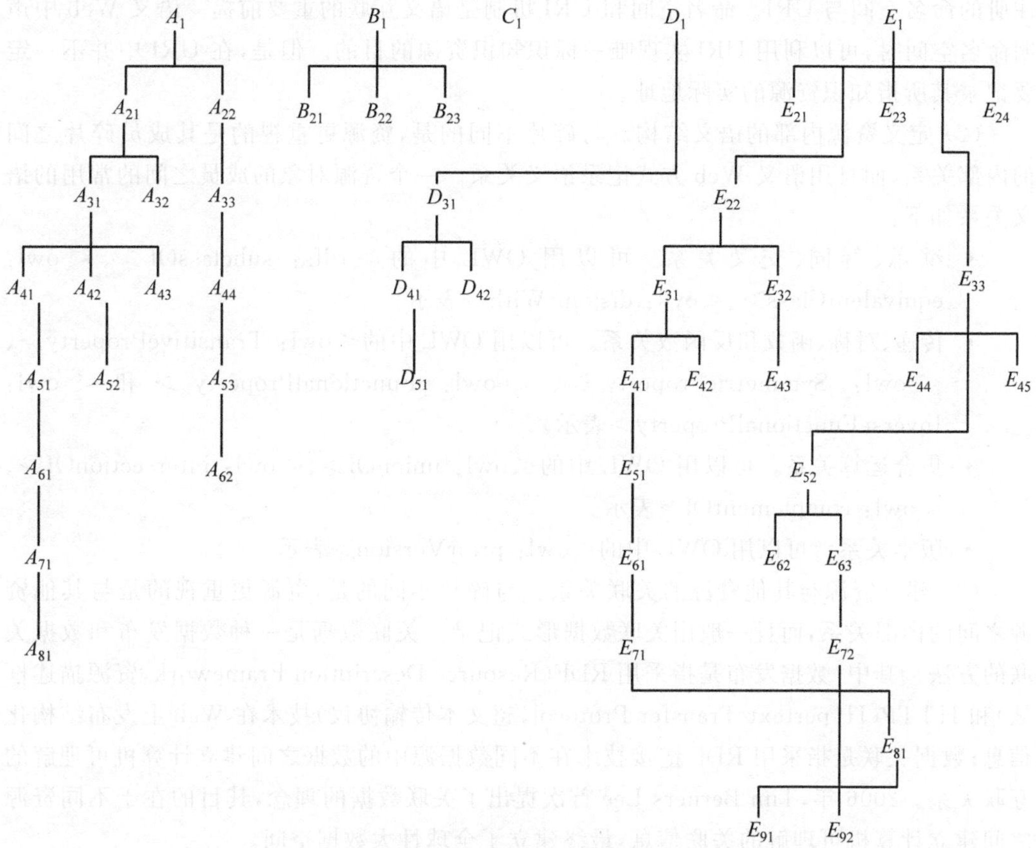

图 3-2　标签之间的语义关系

(2) 兄弟类语义标签之间的集成。可以用父标签＋被集成节点的新属性的方法集成，并生成新的子标签。例如，标签 A_{41} 和 A_{42} 有共同的父标签 A_{31}，因此，集成后的标签为一个新标签 A_{45}，它将是 A_{31} 的一个新子标签。标签 A_{45} 的计算方法为

$$\text{tag}(A_{45}) = \text{tag}(A_{31}) \cap (\text{attr}(\text{tag}(A_{41})) \cup (\text{attr}(\text{tag}(A_{42}))$$

(3) 其他标签之间的集成。当被集成标签之间不存在继承关系或兄弟关系时，可以采用直接合并标签的方法生成新标签。例如，标签 A_{31} 与 D_{31} 的集成可以按直接合并的方式进行，将生成新标签 L_{45}。标签 L_{45} 的计算方法为

$$\text{tag}(L_{45}) = \text{tag}(A_{31}) \cup \text{tag}(D_{31})$$

3.2.3　资源层的集成

资源层的集成是指将不同资源或碎片集成为新的资源。在本平台中，资源和碎片的概念是可以相互转化的。二者的集成方式既有相同之处，又有一定的区别。二者主要的相同之处在于集成方法相同。二者主要的区别是，资源层的集成不仅需要进行碎片层次的集成，而且需要进行资源层特有的 4 个操作：

(1) 声明资源的命名空间与唯一标识符(URI)与碎片不同的是，资源具有平台统一

注册的命名空间与 URI。命名空间和 URI 机制是语义互联的重要前提。语义 Web 中声明命名空间时，可以利用 URI 实现唯一标识知识资源的目的。但是，在 URI 中并不一定要记录其所指知识资源的实际地址。

(2) 定义资源内部的语义结构。与碎片不同的是，资源更重视的是其成员碎片之间的内部关系，而且用语义 Web 方式记录语义关系。一个资源对象的成员之间的常用的语义关系如下：

- 继承、等同、交叉关系。可以用 OWL 中的<rdfs: subclassOf>、<owl: equivalentClass>、<owl: disjointWith>表示。
- 传递、对称、函数和反函数关系。可以用 OWL 中的<owl: TransitiveProperty>、<owl: SymmetricProperty>、<owl: FunctionalProperty>和<owl: InverseFunctionalProperty>表示。
- 集合运算关系。可以用 OWL 中的<owl: unionOf>、<owl: intersectionOf>、<owl: complementOf>表示。
- 版本关系。可以用 OWL 中的<owl: priorVersion>表示。

(3) 建立资源与其他资源的关联关系。与碎片不同的是，资源更重视的是与其他资源之间的内部关系，而且一般用关联数据形式记录。关联数据是一种数据发布和数据关联的方法。其中，数据发布是指采用 RDF(Resource Description Framework，资源描述框架)和 HTTP(Hypertext Transfer Protocol，超文本传输协议)技术在 Web 上发布结构化信息；数据关联是指采用 RDF 链接技术在不同数据源中的数据之间建立计算机可理解的互联关系。2006 年，Tim Berners-Lee 首次提出了关联数据的理念，其目的在于不同资源之间建立计算机可理解的关联信息，最终建立了全球性大数据空间。

Tim Berners-Lee 提出的关联数据技术中的数据发布和数据关联的 4 项原则如下①：

- 采用 URI 技术统一标识事物。
- 通过 HTTP URI 访问 URI 标识的事物。
- 当 URI 被访问时，采用 RDF 和 SPARQL 标准，提供一些有用信息。
- 提供信息时，也提供指向其他事物的 URI，以便发现更多事物。

(4) 资源的序列化处理。与碎片不同的是，资源需要及时进行序列化操作，以便存档与再利用。在本平台中，碎片数据的计算一般采用惰性计算模式，并结合检查点技术和缓存技术，一般不进行序列化处理。

3.3 集成活动

从信息资源集成的具体过程看，云计算环境下的信息资源集成所涉及的主要活动包括资源识别与组织、碎片资源的集成、可视化与故事化处理、序列化处理、检索与利用，如图 3-3 所示。

① Tim Berners-Lee. Linked Data[EB/OL]. [2016-9-08]. http://www.w3.org/DesignIssues/LinkedData.html.

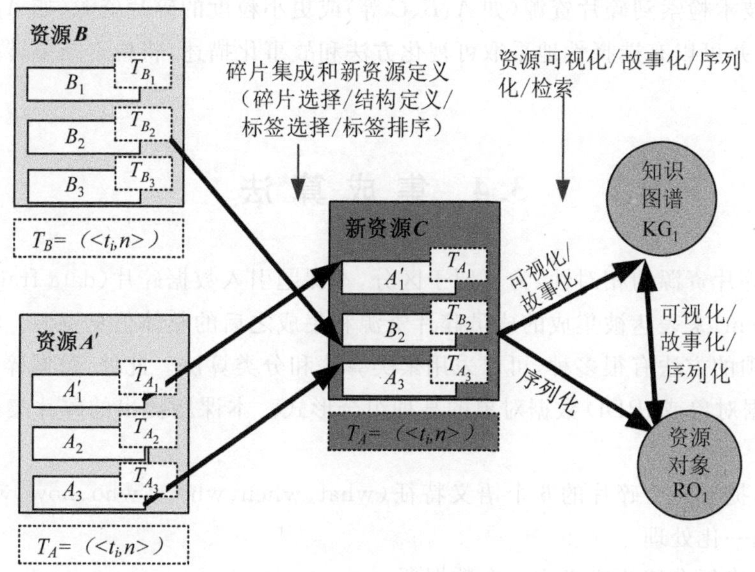

图 3-3 云计算环境下的信息资源集成中的主要活动

(1) 碎片资源的识别与组织。本课题中的碎片资源是一个泛指概念，任何信息资源，如网页、图书、论文及其组成部分，都可认为是碎片资源。碎片资源的识别与组织是云计算环境下的信息资源集成与服务的第一步。碎片资源的识别与组织主要涉及碎片资源的ETL、URI、元数据标注及用户标注。以图 3-3 为例，碎片资源的识别和组织的主要任务是从资源 B 中发现更小的碎片 $B_1 \sim B_3$，并通过 ETL 技术将碎片信息 $B_1 \sim B_3$ 从其来源资源(B)中抽取，经一定的加工处理(如标注基本元数据)后加载到本地资源库。在此基础上，支持用户对碎片资源进行语义标注(如 T_{B_1}，T_{B_2}，T_{B_3} 等)。

(2) 碎片资源的集成。资源的集成包括元数据集成、内容集成和碎片对象(或数据项)集成 3 种不同类型。元数据集成主要涉及元数据的语义分析及基于领域本体的语义集成；内容集成主要涉及内容的相似度计算、聚类分析、结构定义和新元数据的定义；碎片对象集成则同时包含上述两种集成活动。以图 3-3 为例，碎片资源的集成可以将来自不同的碎片资源(如 T_{A_1}、T_{B_2} 和 T_{A_3})集成为一个新的碎片资源 C。

(3) 资源的可视化和故事化描述。为了使碎片信息资源便于理解和记忆，需要引入可视化技术和故事化描述方法，将碎片信息资源转换为知识图谱。以图 3-3 为例，可以采用可视化表示或故事化描述方法将碎片资源 C 转换成知识图谱 KG_1。

(4) 资源的序列化。为了降低计算代价，需要将计算成本较大的碎片及其知识图谱序列化成资源对象，存放在云计算环境中，以实现再次利用和防止重复计算。以图 3-3 为例，根据计算复杂度，对碎片资源 C 及其图谱 KG_1 进行序列化处理，成为资源对象 RO_1。当然，当碎片资源 C 及其图谱 KG_1 的计算成本很低时，可以采用惰性计算机制，从而确保数据集成的动态性和及时性。

(5) 资源的检索与利用。为了方便用户利用信息资源，需要提供资源及其碎片的检索功能，并支持采用知识图谱的形式显示检索结果。以图 3-3 为例，用户可以通过关键字或语义检索技术检索到碎片资源(如 A、B、C 等)或更小粒度的碎片资源(如 $A_1 \sim A_3$)及其某种聚合体,并可以有选择性地采取可视化方法和故事化描述,将检索结果转换成知识图谱 KG_2。

3.4 集成算法

考虑到碎片资源的相对性,为了便于区分,本课题引入数据碎片(data fragment)和数据项(data item)来表达被集成的成员碎片资源和集成之后的整体信息资源。将数据碎片集成为数据项的方法有很多种,可以采用聚类算法和分类算法。此处,数据碎片可以理解为 iRDD 数据对象或 iRDD 数据对象的某种组合形式。本课题提出的碎片集成的基本思路如下:

第 1 步,提取每个碎片的 6 个语义特征(what、when、where、who、how、why)的绝对值,并进行归一化处理。

第 2 步,将每个碎片定义为一个数据项。

第 3 步,计算每一个数据项与其他数据单元的距离,并生成距离矩阵。

第 4 步,将距离最短的两个数据项合并成新的数据项,将数据项的个数减 1。

第 5 步,重复步骤 2~4,直到所有碎片合并成一个数据项或者达到用户定义的迭代次数或数据项个数时为止。

第 6 步,对同一个数据单元中的碎片,按 6 个语义特征(what、when、where、who、how、why)值的高低依次排序。

计算语义距离的方法可以有很多种,如表 3-1 所示。

表 3-1 语义距离的计算方法

方法	说明
单联动方法	一个数据项中的数据碎片与另一个数据项中的数据碎片的最小距离
全联动方法	一个数据项中的数据碎片与另一个数据项中的数据碎片的最大距离
均值联动方法	一个数据项中的数据碎片与另一个数据项中的数据碎片的平均距离
质心距离方法	两个数据项中的质心(变量的均值向量)之间的距离
Ward 方法	两个数据项之间所有变量的方差的平方和

表 3-1 中的 5 种语义距离计算方法的特点如下:

- 单联动方法适用于发现细长的、链式的数据项,对异常值的敏感度大。
- 全联动方法适用于发现大致相等的直径紧凑类,对异常值的敏感度大。
- 均值联动方法的特性处于单联动和全联动之间,可以在一定程度上降低对异常值的敏感度。
- 质心距离方法的优点是定义简单、易于理解。
- Ward 方法适用于少量碎片的集成,可以找到与碎片数大致相等的数据单元。

3.4.1　碎片的集成过程

通过一种特定的语义距离计算方法(如均值联动方法),可以很容易地计算出碎片的集成过程,如图 3-4 所示。从图 3-4 可以看出,碎片的集成过程是自底向上的,从数据碎片到数据项,再到信息资源的不断迭代过程。其中,数据项和信息资源是分别相对于数据碎片和数据项的提法,均属于相对概念,三者之间可以相互转化。

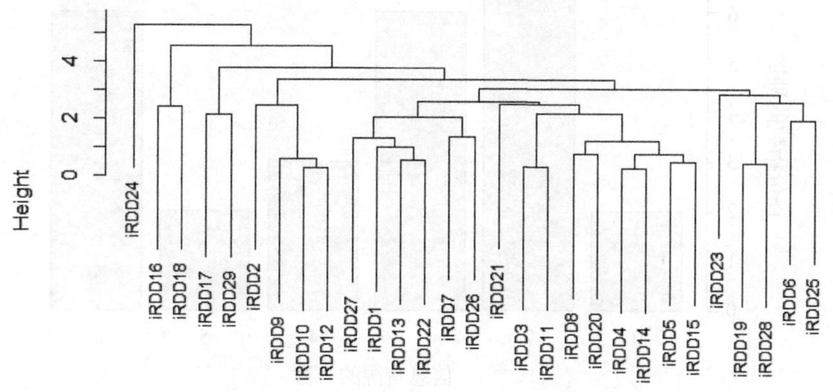

图 3-4　基于均值联动的碎片集成过程

(1) 碎片 iRDD10 和 iRDD12 可以合并成一个新的数据单元 DataItem01。

(2) 数据单元 DataItem01 与碎片 iRDD09 集成在一起,形成另一个数据单元 DataItem10。

(3) 数据单元 DataItem10 与 DataItem13 合并在一起,产生更高层次的数据单元 DataItem20。

(4) 同理,产生数据单元 DataItem30～DataItem40。

(5) 数据单元 40 与数据碎片 iRDD24 集成在一起,形成最终的数据单元 DataItem50,即信息 InformationResource01。

3.4.2　选择最佳目标信息资源的个数

当然,信息集成的目的不一定是把所有数据碎片合并成一个信息资源,即目标信息聚合体的个数可以根据以下方案之一来选择:

- 已知的领域知识或经验数据。
- 集成过程所需的迭代次数。
- 被集成的碎片数据的特征。

其中,前两种方案的实现相对简单,本节重点关注的是第三个方案,即如何根据碎片数据的特征选择最佳的目标信息资源的个数。根据统计学中的知识,可以选择的评价指数有很多种，如 Halkidi 指数[①]、Beale 指数[②]、Duda 指数[③]、Milligan 指数[④]、Marriott 指数[⑤]等。

在具体的集成过程中，既可以选择其中的一个评价指数算法，也可以对多种指数值进行比对，以得出目标信息资源的个数。当然，不同评价指数算法所推荐的最佳目标信息资源的个数不一定相同，如图 3-5 所示。

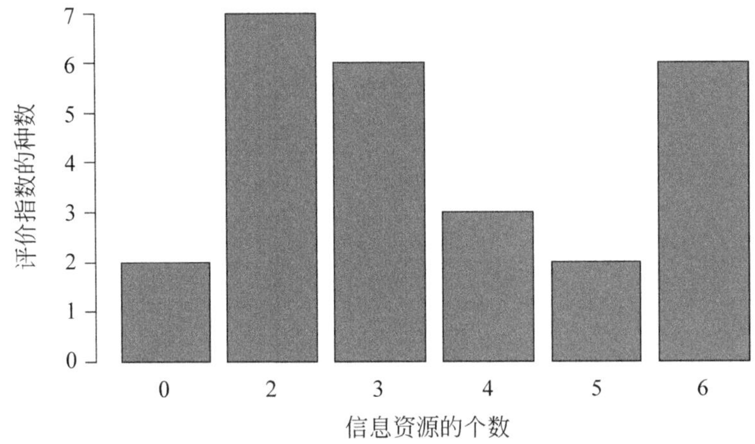

图 3-5　不同评价指数给出的目标信息资源的个数

从图 3-5 可以看出，有 7 种评价指数认为最佳目标信息资源的个数为 2，有 6 种评价指数认为最佳目标信息资源的个数为 3，有 6 种评价指数认为最佳目标信息资源的个数为 6。综合考虑投票次数和集成目的，本例采用的最佳目标信息资源的个数为 6，即将本例中的 30 个数据碎片集成为 6 个目标信息资源。计算结果如图 3-6 所示。

从图 3-6 可以看出，如果将数据碎片 iRDD01～iRDD30 合并成 3 个信息资源，建议方案如下：

- 数据碎片 iRDD24 独立成为信息资源 InformationResource01。
- 合并数据碎片 iRDD16 和 iRDD18 产生 InformationResource02。
- 合并数据碎片 iRDD17 和 iRDD29 产生 InformationResource03。
- 合并数据碎片 iRDD10 和 iRDD12 产生数据单元 DataItem01，再合并数据单元 DataItem01 和数据碎片 iRDD 09 产生数据单元 DataItem11，最后将数据单元

① Halkidi M, Batistakis Y, Vazirgiannis M. On Clustering Validation Techniques[J]. Journal of Intelligent Information Systems, 2001, 17(2): 107-145.

② Shim Y, Chung J, Choi I C. A Comparison Study of Cluster Validity Indices Using a Nonhierarchical Clustering Algorithm[C]. Computational Intelligence for Modelling, Control and Automation, 2005 and International Conference on Intelligent Agents, Web Technologies and Internet Commerce, International Conference on. IEEE, 2005, Washington, D C, USA.

③ Duda R O, Hart P E, Stork D G. Pattern classification[M]. Wiley: 1973.

④ Milligan G W, Cooper M C. An Examination of Procedures for Determining the Number of Clusters in a Data Set[J]. Psychometrika, 1985, 50(2): 159-179.

⑤ Marriott F H C. Practical Problems in a Method of Cluster Analysis[J]. Biometrics, 1971: 501-514.

DataItem11 和数据碎片 iRDD02 合并产生信息资源 InformationResource04。

- 同理,InformationResource05 和 InformationResource06 分别由其余数据碎片按照图 3-6 所示的过程自底向上逐层集成的方式得到。

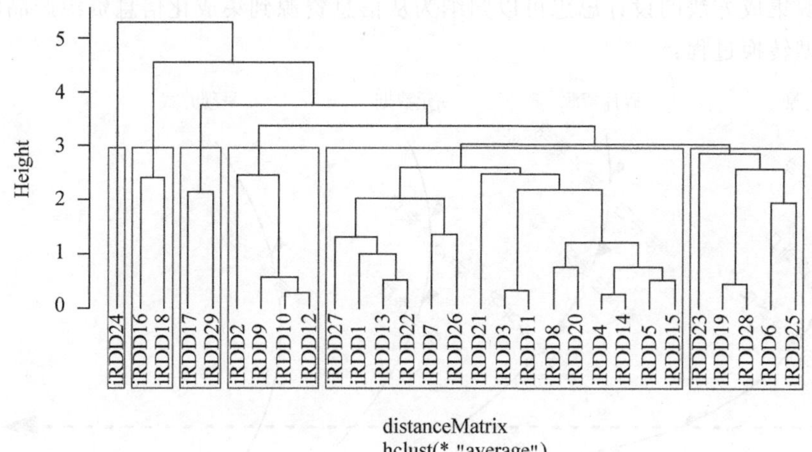

图 3-6 碎片集成方案

3.4.3 同一个信息单元中的碎片的遍历方法

通过以上介绍的方法可以确定一个数据单元或信息资源(统称为信息单元)的组成部分(即碎片),但上面并未讨论这些碎片的遍历方法。本课题推荐的遍历方法如下:

- 不同层次的节点的遍历采用**深度优先的后序遍历**(postorder traversal),即先遍历子节点,后遍历父节点。
- 同一个父节点下的子节点的遍历可以由用户自己定义,如 what 优先(碎片所指客体之间的语义层次关系)、when 优先(碎片所包含时间点的先后关系)、where 优先(碎片所涉及的地理位置的关系)、who 优先(碎片所指主体之间的语义层次关系)、how 优先(是否为解释原理型内容)以及上述评判标准的某种组合。

3.5 数据驱动

数据驱动是相对于决策驱动、模型驱动和目标驱动的一种提法,是大数据时代的重要原则之一。在大数据时代到来之前,作为一种设计范式,数据驱动的核心思想在自动控制[①]、模拟仿真[②]、动态发现[③]等问题的解决中得到了初步应用。例如,动态数据驱动型应

① 侯忠生,许建新. 数据驱动控制理论及方法的回顾和展望[J]. 自动化学报,2009,35(6):650-667.

② Computer & Information Science & Engineering (CISE). DDDAS Workshop 2006[EB/OL]. (2018-06-20)[2016-9-10]. http://www.nsf.gov/cise/cns/dddas/2006_Workshop/index.jsp.

③ 钟宁,梁佩鹏,秦裕林,等. 数据驱动的科学发现的神经机制:一项 fMRI 研究[J]. 中国科学:生命科学,2009,39(3):271-278.

用系统(Dynamic Data Driven Application System,DDDAS)①是数据驱动在计算机科学领域的代表性应用之一。

本课题所提出的数据驱动型信息资源集成方法的基本思想如图 3-7 所示。数据驱动型信息资源集成方法的设计思想可以归纳为从信息资源到集成化信息资源产品的一系列数据驱动型转换过程:

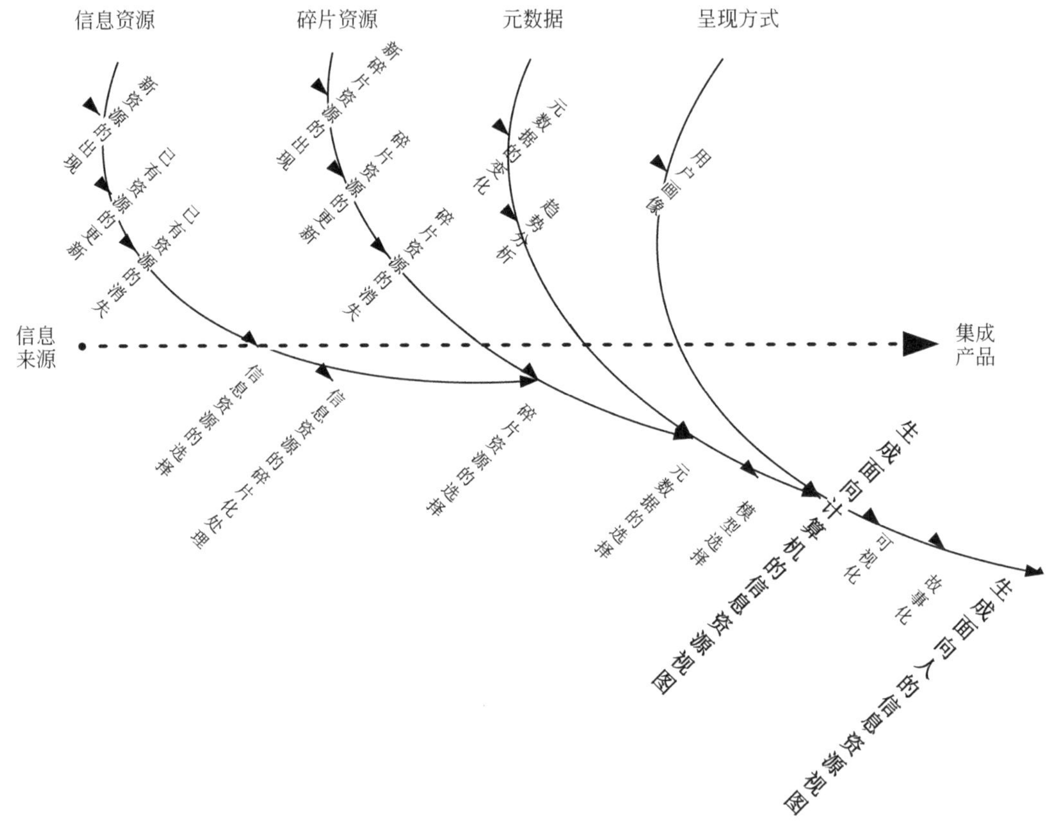

图 3-7 数据驱动型信息资源集成方法的基本思想

(1) 当信息来源中发现新增信息资源、已有信息资源更新以及已有信息资源消失时,触发信息资源选择和碎片化处理活动,并驱动一次信息资源的集成流程。

(2) 当新的碎片资源出现、已有碎片资源发生变化或消失时,触发碎片资源选择活动,并进一步驱动信息资源的集成流程。

(3) 当新碎片信息资源的元数据(包括结构、日志和语义关联等)发生改变时,触发重新选择和评估碎片资源的元数据的活动,并进一步驱动信息资源的集成流程。

(4) 对用户信息资源的消费行为进行画像,并根据用户特点和资源动态,自动选择个性化集成模型,生成面向计算机的信息资源视图,并进一步驱动信息资源的集成流程。

(5) 根据资源特点和用户需求,采取数据可视化或数据故事化方法,将面向计算机的

① 周云,黄柯棣,胡德文. 动态数据驱动应用系统的概念研究[J]. 系统仿真学报,2009,21(8):2138-2141.

信息资源视图转换成面向人的信息资源视图。

可见，本课题提出的数据驱动型信息资源集成方法具备动态性、实时性、自适应性和集成性特点，可应用于数据密集型、数据敏感领域的信息资源集成。

3.6　可视化表示

本平台的可视化处理应遵循可视分析学的基本原理。可视分析学的出现进一步推动了人们对数据可视化的深入认识。作为一门以可视交互界面为基础的分析推理学科，可视分析学将人机交互、图形学、数据挖掘等引入可视化之中，不仅拓展了可视化的研究范畴，而且改变了可视化研究的关注点。因此，可视分析学的活动、流程和参与者也随之改变，比较典型的模型是 Keim 等于 2008 年提出的**可视化分析学模型**[①]，如图 3-8 所示。

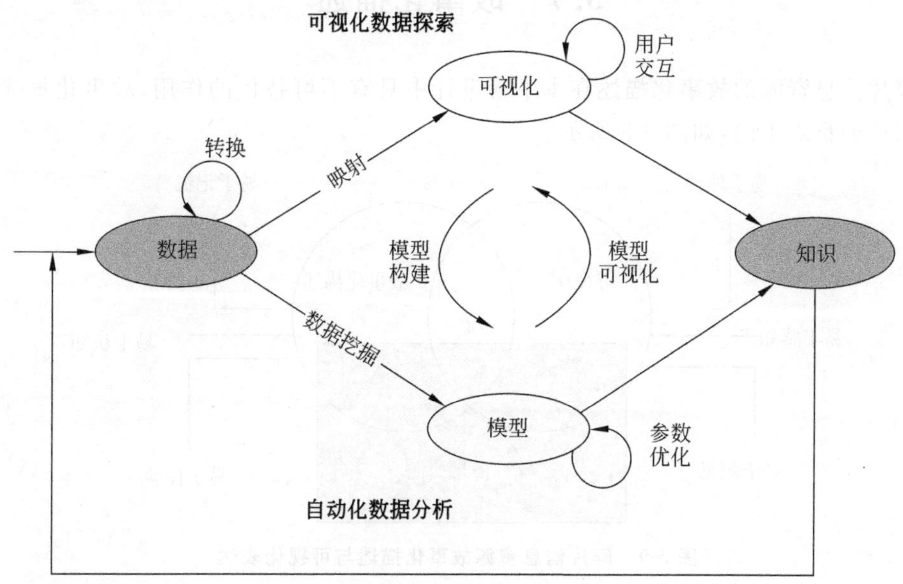

图 3-8　可视化分析学模型

从图 3-7 可以看出，可视分析学的流程具有如下特点：

- 强调数据到知识的转换过程。可视分析学中对数据可视化工作的理解发生了根本性变化——数据可视化的本质是将数据转换为知识，而不能仅仅停留在数据的可视化呈现层次上。图 3-8 给出了两种从数据到知识的转换途径：一是可视化分析，二是自动化建模。
- 强调可视化分析与自动化建模之间的相互作用。二者的相互作用主要体现在两方面：一方面，可视化技术可作为数据建模中的参数改进的依据；另一方面，数据建模也可以支持数据可视化活动，为更好地实现用户交互提供参考。

---

① Keim D, Andrienko G, Fekete J D, et al. Visual Analytics: Definition, Process, and Challenges[M]. Berlin: Springer-Verlag, 2008.

- 强调数据映射和数据挖掘的重要性。从数据到知识转换的两种途径——可视化分析与自动化建模分别通过数据映射和数据挖掘两种不同的方法实现。因此，数据映射和数据挖掘技术是数据可视化的两个重要支撑技术。用户可以通过这两种方法的配合使用实现模型参数调整和可视化映射方式的改变，尽早发现中间步骤中的错误，进而提升可视化操作的信度与效度。
- 强调数据预处理工作的必要性。在进行数据可视化处理之前一般需要对数据进行预处理（转换）工作，且预处理活动的质量将影响数据可视化的最终效果。
- 强调人机交互的重要性。可视化过程往往涉及人机交互操作，需要重视人与计算机在数据可视化工作中的互补性。因此，人机交互以及人机协同工作也将成为未来数据可视化研究与实践的重要手段。①

3.7 故事化描述

碎片信息资源的**故事化描述**在本平台设计中具有不可替代的作用，故事化描述和可视化表达的特点不同，如图 3-9 所示。

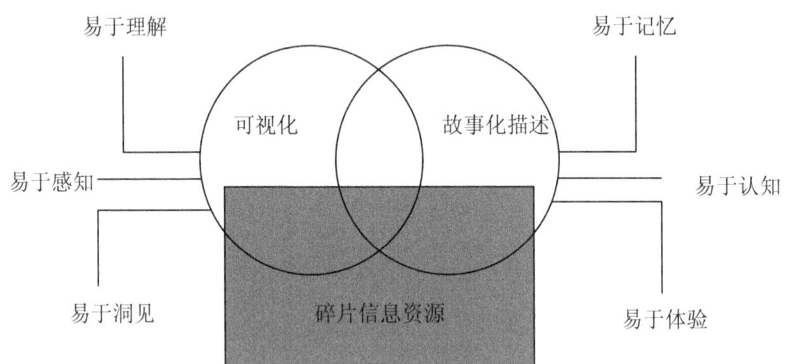

图 3-9　碎片信息资源故事化描述与可视化表达

- 易于记忆与易于理解。斯坦福大学的一项研究发现，在受调查的人群中，能够记住故事的人数可以达到 63%。但是，能够记住孤立的统计数据的人数只有 5%。可见，故事化描述更容易被人们记住。与此相对的是，由于人类的视觉能力最为发达，可视化表示可以提升碎片信息资源的可理解性。
- 易于认知与易于感知。在一项"拯救孩子们"（Save the Children）的公益活动中，研究者通过对两种不同版本的宣传手册（一种是基于故事化描述的版本，另一种是图表式可视化表达的版本）产生的效果进行比较之后发现——拿到基于故事化描述的宣传册的捐赠者会多捐出 1.14～2.14 美元。相对于可视化表达的高感知性，故事化描述具有高认知性。因此，碎片信息资源产品的展现过程往往是：先采用可视化方式引起人们的感知活动，然后通过故事化描述达到进一步认知的

① 朝乐门. 数据科学[M]. 北京：清华大学出版社，2015.

目的。

- 易于体验与易于洞见。相对于碎片信息资源的可视化表达的高洞见性，碎片信息资源的故事化描述往往具有更高的参与性和体验性。碎片资源故事化描述的高体验性往往通过两种方式实现：一种是故事的讲述者与倾听者之间共享相同或相似的情景；另一种是对故事的具体表现形式及情节进行设计。

本平台中碎片信息资源的故事化描述应遵循以下基本原则：

- 忠实于原始碎片信息资源原则（简称**忠于数据原则**）。碎片信息资源的可视化必须忠实于原始碎片信息资源，不得扭曲或捏造碎片信息资源。也就是说，在碎片信息资源的故事化描述过程中，不得以提升故事化描述的生动性为借口，扭曲原始碎片信息资源，甚至捏造原始碎片信息资源。因此，碎片信息资源故事化描述的前提是理解原始碎片信息资源，只有正确理解原始碎片信息资源，才能达到忠实于碎片信息资源的目的。
- 设定**共同情景原则**。在碎片信息资源的故事化描述过程中，讲述者尽量与目标倾听者共享相同或相似的情景，将故事内容与倾听者的经验和知识关联起来，进而达到与倾听者共鸣的目的。需要注意的是，讲述者应避免因过于追求共同情景，而导致倾听者在故事中仅仅看到了讲述人，而找不到新信息和知识。因此，在对碎片信息资源进行故事化描述之前需要了解目标倾听者，只有真正了解目标倾听者，才能达到与目标倾听者共享相同或相似情景的目的。
- **个性化定制原则**。故事情景的选择及讲述方式应根据目标倾听者的知识能力、兴趣爱好、利益焦点来决定，避免由于“一个故事走天下”而导致的目标倾听者对故事不感兴趣甚至听不懂的情况出现。

本章主要讨论了云计算环境下的碎片信息资源的集成方法。本章提出的集成方法具有惰性集成、分层实现、人机协同、弹性集成、个性化服务和碎片信息资源驱动等特点。从集成的要素看，云计算环境下的碎片信息资源的集成方法所涉及的集成要素涉及信息资源、碎片、标签 3 个不同层次，本章分别针对这 3 个层次提出了不同的信息资源集成解决方案。此外，本章还讨论了云计算环境下的信息资源集成所涉及的主要活动（可视化处理、语义计算、碎片信息资源驱动和个性化显示）及对应的关键技术（新信息资源的定义、故障节点与慢节点的处理和存储级别的选择）。①

① 朝乐门. 数据科学理论与实践[M]. 北京：清华大学出版社，2017.

第4章 集成技术

本章在深入分析云计算环境下的信息资源集成的底层技术的基础上，探讨了面向云计算环境的信息资源集成的形式化表示技术，并提出了一种碎片信息资源的集成方法。此外，本章还提出了针对云计算环境下信息资源集成的参考框架体系，并探讨了其中的若干关键性技术问题，如故障/慢节点的处理、存储级别的选择等。本章的主要创新性工作如下：

（1）本章提出了一种面向碎片化信息资源的数据模型——iRDD的形式化表示方法。

（2）本章提出了一种将碎片信息资源 iRDD 集成为数据对象的算法，并探讨了碎片的集成策略及选择最佳目标信息资源个数的方法及同一个信息单元中的碎片对象的排序方法。

（3）本章提出了一种基于 Spark 的信息资源碎片化利用和集成的技术参考模型，并分别从流程、计算、存储和服务 4 个层面探讨了其实现细节。

4.1 相关技术

通常，集成技术的选择和实现取决于底层计算技术。从云计算技术的发展现状与趋势看，云计算环境下的信息资源的集成所涉及的底层计算技术有两种——Hadoop MapReduce 和 Spark。

4.1.1 Hadoop MapReduce 及其局限性

Hadoop MapReduce 是 MapReduce 的具体实现，主要用于批处理。其关键技术如下：

（1）失效处理。在 Hadoop MapReduce 中失效处理分为 JobTracker 失效和 TaskTracker 失效两种，并分别采用了不同的失效处理机制[①]。

（2）作业的调度。主要实现方法参见 2.5.5 节。

Capacity Scheduler。Capacity Scheduler 中，集群资源会有很多队列，每个队列有一定的分配能力，在每个队列内会按照 FIFO Scheduler 去分配集群资源。

（3）shuffle 和排序。在 Hadoop 作业运行时，MapReduce 会确保每个 Reduce 的输入都按键排序，并且执行这个排序过程，即 shuffle 处理。

- Map 端。MapTask 有一个环形的内存缓冲区。当缓冲区被占用的空间达到一定

---

① White T. Hadoop: The Definitive Guide[M]. California: O'Reilly Media, 2012: 1-20.

比例时，会启用 spill 线程将缓冲区中的数据写入磁盘。在写入磁盘前，spill 线程根据最终要送达的 Reduce 将数据划分为相应的分区，每个分区中，线程会按照键进行内排序，当 spill 线程处理完最后一批 MapTask 的输出结构后，启用 merger 合并 spill 文件，如果设置了 Combiner，那么接下来执行 Combine 函数，合并本地相同键的文件。

- Reduce 端。接下来运行 ReduceTask，其中的 fetch 线程会从 Map 端以 HTTP 方式获取相应的文件分区，完成复制 Map 的输出后，Reduce 就开始排序，最后运行 merger 把复制过来的文件存储在本地磁盘中。

(4) 任务的执行。Hadoop 为 MapTask 和 ReduceTask 提供了运行环境相关信息。例如，MapTask 可以找到它所处理文件的名称，通过为 Mapper 和 Reducer 提供一个 configure()方法的实现，即可获得作业的配置信息。Hadoop 设置作业时的配置参数可以作为 Streaming 程序的环境变量，具体如表 4-1 所示。

表 4-1 作业执行时的配置参数

名 称	类型	描 述
mapred. job. id	string	表示作业 id
mapred. jar	string	job. jar 在作业路径下的位置
job. local. dir	string	作业共享路径
mapred. tip. id	string	当前任务的第几次尝试
mapred. task. id	string	task 任务 id
mapred. task. is. map	boolean	是否是 map 任务
mapred. task. partition	int	任务在作业中的 id
map. input. file	string	Map 输入文件路径
map. input. start	long	Map 输入 split 的起始偏移量
map. input. length	long	Map 输入分片的字节数
mapred. work. output. dir	string	任务临时输出路径

- 推测执行。该机制的提出是为了解决 Hadoop 中出现缓慢任务拖延整个作业运行的问题，推测执行会针对那些落后于平均进度的任务启动推测任务。此时，如果原任务在推测任务前完成，则推测任务会被终止；如果推测任务先于原来的任务完成，则原来的任务会被终止。
- Output Committers。Hadoop MapReduce 利用 commit 协议确保在作业或者任务运行期间的操作完整性，无论它们成功完成或者失败。在新的 API 中 OutputCommitter 由接口 OutputFormat 决定。当将要运行作业时运行 setupJob()方法；当作业运行成功后调用 commitJob()方法，并且输出目录后缀_SUCCESS；当作业运行失败时，则调用 abortJob()，并且删除相应的输出文件。类似地，任务执行成功时调用 commitTask()方法，任务执行失败时调用 abortTask()方法，并

且删除相应的生成文件。

- 任务 JVM 重用。启动 JVM 重用后,可以让不同任务重用一个 JVM,节省了重建和销毁 JVM 的时间,在 Hadoop 2.0 中默认情况下不提供这种功能。
- 跳过坏记录。在大数据中经常有一些损坏的记录,当作业开始处理这个损坏的记录时会导致作业失败。如果这些记录并不明显影响运行结果,就可以跳过损坏记录,让作业成功运行。一般情况下,当任务失败两次后会启用跳过模式(skipping mode)。对于在处理某记录时一直失败的任务,NM 或者 TaskTracker 将会运行 TaskAttempt。

4.1.2 Spark 的兴起

从以上分析可以看出,Hadoop MapReduce 是一种典型的批处理系统。其主要局限有两个:一是在 MapReduce 中直接编程的难度较大;二是不适合处理除批处理计算模式之外的其他计算模式,如流计算、交互式计算、图计算等。

针对 Hadoop MapReduce 的上述两个局限,人们提出了两种新思路:一种是采用面向特定任务的专用系统,如 Storm、Impala、Giraph 等;另一种是采用融合式通用系统,如 Spark。Spark 是一个快速、通用和易于使用的计算平台。相对于 Hadoop MapReduce, Spark 有如下特点:

- 速度快。与 Hadoop MapReduce 的硬盘计算不同的是,Spark 采用的是内存计算模式,并采用"让计算靠近数据"的方式减少硬盘读写 I/O 及网络传输带宽,达到了快速计算的目的。通常,Spark 性能可以达到 Hadoop MapReduce 的 10 倍以上。
- 通用性。Hadoop MapReduce 主要用于批处理。与 Hadoop MapReduce 不同的是, Spark 更为通用,可以很好地支持流计算、交互式计算、图计算等多种计算模式。
- 易用性。Spark 的易用性主要体现在以下 4 个方面。第一,与 Hadoop MapReduce 无缝衔接。只关注计算层的问题,资源管理交由 Mesos、YARN 处理,可以访问存储在本地文件系统、Amazon S3、HBase 等多种资源。第二,提供了丰富的操作。Hadoop 只提供了 map()和 reduce()两种操作。但是,Spark 提供了 map()、filter()、union()、join()、groupByKey()、cartesian()、collect()、count()等 20 余种操作。第三,提供了 4 种应用库:处理结构化数据的 Spark SQL 模块,创建可扩展和容错性的流式应用的 Spark Streaming,可扩展机器学习库 MLlib,Spark 的并行图计算库 GraphX,如图 4-1 所示。第四,支持多种编程语言。Spark 支持 Java、Python 和 Scala 的 Shell,方便了编程工作。

1. Spark 基本处理流程

Spark 只关注计算层的问题,其底层的资源管理工作一般由 YARN、Mesos 和 Standalon Scheduler 等资源管理器完成,因此,Spark 的运行流程会涉及两种不同平台。一种是 Spark 本身,包括两种角色——Driver Program 和 Executor。也就是说,从 Spark 用户视角看,其应用程序由两部分组成,即一个 Driver Program 和若干个 Executors。另一种是集群资源管理器(如 YARN、Mesos 和 Standalone Scheduler 等),也涉及两种角

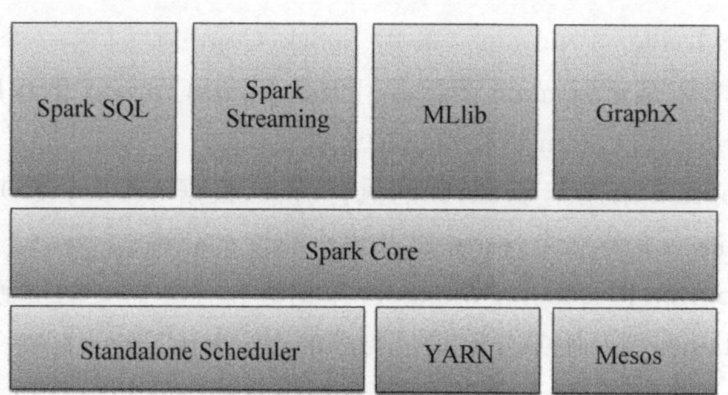

图 4-1　Spark 技术架构

色——Cluster Manager 和 Worker Node。Spark 用户的应用程序在一个 Worker Node 上只会有一个 Executor，Executor 内部通过多线程的方式并发处理应用的任务。因此，Spark 的运行基本流程如下(图 4-2)：

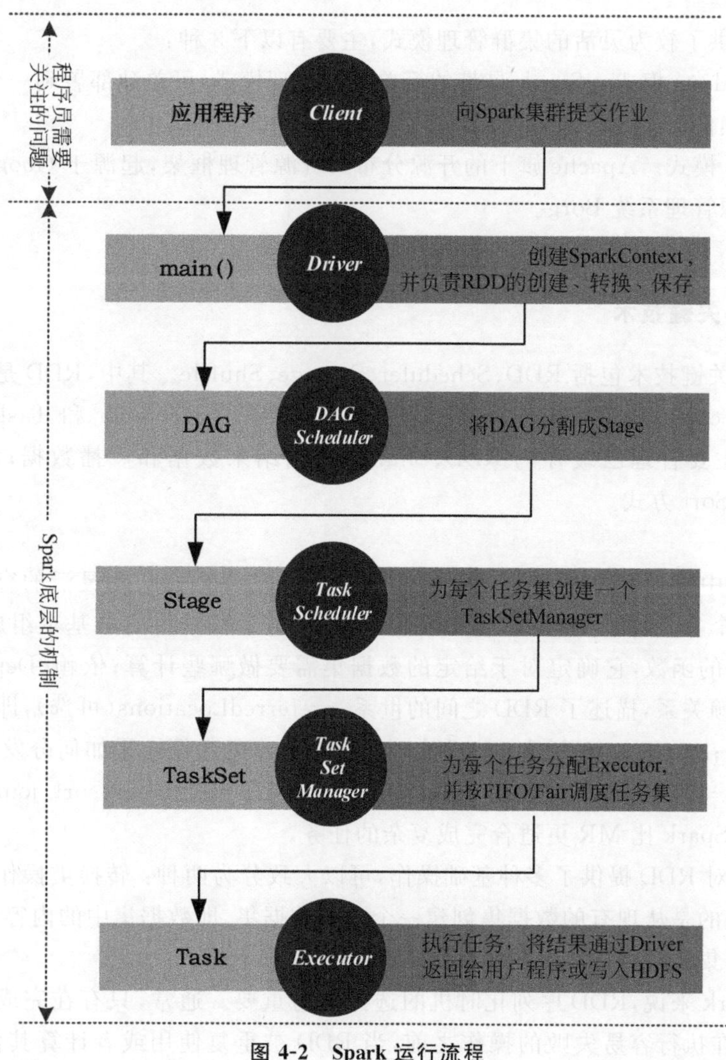

图 4-2　Spark 运行流程

(1) 建立一个 Driver Program。采用 Spark Context 创建一个 Driver Program。Driver Program 的本质是运行 main 函数并且创建 SparkContext 的程序。

(2) 用户向 Driver Program 提交自己的作业。

(3) Driver Program 采用基于 DAG 的执行引擎,根据 DAG 中 RDD 之间的依赖关系将用户提交的作业进一步转换为 Stage 以及更小粒度的任务。

(4) Driver Program 向 Cluster Manager 申请运行任务需要的资源。

(5) Cluster Manager 为任务分配满足要求的 Worker Node,并在 Worker Node 上创建 Executor。

(6) 已创建的 Executor 向 Driver Program 注册自己的信息。

(7) Driver Program 将 Spark 应用程序的代码和文件传送给对应的 Executor。

(8) Executor 运行任务,完成后将结果返回给 Driver 或者写入 HDFS 或其他介质。

2. Spark 的集群管理

Spark 提供了较为灵活的集群管理模式,主要有以下 3 种:

- Standalone 模式。Spark 自带的简单集群管理模式,可单独部署到一个集群中,无须依赖任何其他资源管理系统。
- Mesos 模式。Apache 旗下的开源分布式资源管理框架,起源于 Google 的数据中心资源管理系统 Borg。
- YARN 模式。Hadoop 2.0 中的资源管理系统。

3. Spark 关键技术

Spark 的关键技术包括 RDD、Scheduler、Storage、Shuffle。其中,RDD 是 Spark 的抽象数据模型;Scheduler 是 Spark 的调度机制,分为 DAG Scheduler 和 Task Scheduler;Storage 模块主要管理已缓存的 RDD、Shuffle 中间结果数据和广播数据;Shuffle 分为 Hash 方式和 Sort 方式。

1) RDD

在 Spark 中引入 RDD 概念的目的是实现 Spark 的并行操作和灵活的容错能力。每个 RDD 有 5 个主要的属性:一组分片(Partition),它是数据集的最基本组成单位;一个计算每个分片的函数,它确定对于给定的数据集需要做哪些计算;依赖(Dependencies),即 RDD 的依赖关系,描述了 RDD 之间的世系;preferredLocations(可选),即对于数据分片的位置偏好;partitioner(可选),它确定对于计算出来的数据结果如何分发。RDD 拥有的操作比 MR 丰富得多,不仅包括 map、reduce 操作,还包括 filter、sort、join、save、count 等操作,所以 Spark 比 MR 更适合完成复杂的任务。

Spark 针对 RDD 提供了多种基础操作,可以大致分为两种:转换类操作和动作类操作。前者代表的是从现有的数据集创建一个新的数据集,即数据集中的内容会发生更改;后者是在数据集上运行计算后,将结果提交给 Driver Program。

对于 Spark 来说,RDD 序列化时机的选择尤为重要。通常,只有在完成成本比较高的操作之后,在执行容易失败的操作之前,当 RDD 被重复使用或者计算其代价很高时,才考虑对其进行序列化处理。RDD 提供了多种存储级别，如 MEMORY_ONLY、MEMORY_ONLY_SER、DISK_ONLY、MEMORY_AND_DISK、MEMORY_AND_DISK_SER、XXX_2、OFF_HEAP 等。

在 Spark 中，RDD 之间的依赖关系用世系表示。为了方便 RDD 的执行流程和故障恢复的分类实现，依赖关系分为窄依赖和宽依赖，并采取不同的计算流程和故障恢复机制。从 RDD 操作来看，不同的操作可能会产生不同的依赖。

2）Scheduler

Spark 中的 Scheduler 充分体现了 Spark 与 MapReduce 的不同之处，Spark 采用了基于 DAG 的执行引擎。Scheduler 模块分为两个部分：**DAG Scheduler** 和 **Task Scheduler**。从整体上看，Spark 中的 Scheduler 的执行可以分为 3 个步骤：创建 RDD 对象，DAG Scheduler 创建执行计划，Task Scheduler 分配任务并调度 Worker 的运行，如图 4-3 所示。

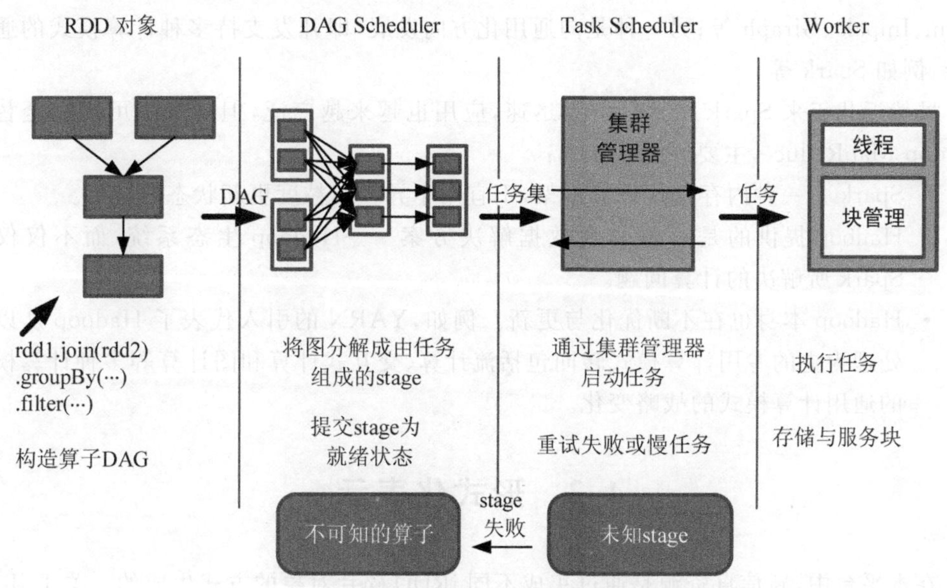

图 4-3　Spark 中的 Scheduler 的执行步骤

- DAG Scheduler 创建执行计划。Spark 会尽可能地管道化，并基于是否要重新组织数据（如执行 Shuffle 或从外存中读取数据）来划分 Stage，并产生一个 DAG 作为逻辑执行计划。
- Task Scheduler 分配任务并调度 Worker 的运行。Task Scheduler 将各阶段划分成不同的任务，每个任务由两部分组成：数据和计算。

3）Storage

Spark 的 Storage 模块提供了统一的操作类 BlockManager，外部类与 Storage 模块打交道都需要通过调用 BlockManager 的相应接口来实现。Storage 模块存取的最小单位是数据块（block），数据块与 RDD 中的分片一一对应，所以所有的转换类或动作类操作最终都是对数据块进行操作。

4）Shuffle

在 Spark 的 Shuffle 中，Map 任务产生的结果会根据 partitioner 算法填充到当前执行的任务所在的机器的每个桶中。Reduce 任务启动时，会根据任务的 ID、任务所依赖的 Map 任务 ID 以及 MapStatus 从远端或本地的 BlockManager 获取相应的数据作为输入进行处理。由于 Shuffle 产生数据移动及影响 Stage 的划分，在 Spark 编程中需要特别关注 Shuffle 操作。在 Spark 中导致 Shuffle 的操作有很多种，如 aggregateByKey()、reduceByKey()、groupByKey()等都会导致 RDD 的重排及移动。在 Spark 中，不同 Stage 一般由 Shuffle 来划分①。

4.1.3 发展趋势

从以上分析可以看出，云计算环境下的信息资源集成所依赖的计算平台有两个发展趋势：一种是向专业化方向发展，即针对特定任务的特殊需求研发出专用系统，如 Storm、Impala、Giraph 等；另一种是向通用化方向发展，即开发支持多种计算模式的通用平台，例如 Spark 等。

虽然近几年来 Spark 技术的发展迅速，应用也越来越广泛，但未来不可能完全替代 Hadoop MapReduce，主要原因有 3 个：

- Spark 是一种内存迭代计算框架，不宜用于异步细粒度更新状态的应用。
- Hadoop 提供的是一整套大数据解决方案——Hadoop 生态系统，而不仅仅是 Spark 所解决的计算问题。
- Hadoop 本身也在不断优化与更新。例如，YARN 的引入代表了 Hadoop 从以批处理为主的专用计算模式转向包括流计算、交互式计算和图计算等多种计算模式的通用计算模式的战略变化。

4.2 形式化表示

在本平台中，新信息资源是通过集成不同 iRDD 碎片对象的方式生成的。关于 iRDD 碎片对象的集成方法在前文中已讨论过。本节主要探讨如何形式化地表示一个碎片信息资源（iRDD 碎片对象）。

4.2.1 结构定义

通常，一个信息资源由多个 iRDD 碎片对象组成，并且这些 iRDD 碎片对象之间存在一定的结构关系。因此，结构关系的定义是信息资源区别于 iRDD 碎片对象的重要操作。本平台中定义的结构关系如下：

- **属性约束**。每个成员在特定资源中的约束条件，例如，是必选成员还是可选成员，是可重复成员还是不可重复成员，等等。

① 朝乐门. 数据科学理论与实践[M]. 北京：清华大学出版社，2017.

- **有序关系**。同一个资源中的不同碎片之间存在一定的顺序关系，可以用OWL中的<rdf：Seq>元素表示。
- **替代关系**。同一个资源中的不同碎片之间存在相互替代关系，可以用OWL中的<rdf：Alt>元素表示。
- **等价关系**。同一个资源中的不同碎片之间存在等价关系，可以用OWL中的<owl：equivalentClass>元素标记。
- **不相交关系**。同一个资源中的不同碎片之间存在互不相交的关系，可以用OWL中的<owl：disjointWith>元素表示。
- **继承关系**。同一个资源中的不同碎片之间存在继承关系，可以用OWL中的<rdfs：subClassOf>元素表示。
- **相交关系**。同一个资源中的不同碎片之间存在相交关系，可以用OWL中的<owl：intersectionOf>元素表示。
- **枚举关系**。资源与碎片之间存在枚举关系，可以用OWL中的<owl：oneOf>元素表示。

4.2.2 标签选择

标签选择问题主要讨论的是如何根据成员iRDD属性自动生成信息资源的标签信息。标签选择应由资源中各成员碎片之间的以下结构关系决定：

- 属性约束。标签的约束属性应与成员的标签属性应一致，即必选成员的标签将成为资源的必选标签，可选成员的标签将成为资源的可选标签。
- 有序关系。如果同一个资源中的不同碎片之间存在一定的顺序关系，其标签保留这种顺序关系。
- 替代关系。如果同一个资源中的不同碎片之间存在相互替代关系，资源的标签之间也存在替代关系。
- 继承关系。如果同一个资源中的不同碎片之间存在继承关系，资源的标签之间也存在替代关系。
- 枚举关系。如果资源与碎片之间存在枚举关系，资源的标签之间也存在枚举关系。

4.2.3 属性设置

可以用6个指标刻画每个碎片，分别为what、when、where、how、who、why，取值由用户输入的初始参数确定，表4-2和表4-3分别给出了碎片iRDD001～iRDD030的绝对值及其标准化后的结果。当然，上述属性的取值也可以由用户直接给出，例如，表4-2中的who属性的取值是用户自定义的。

- what代表的是碎片所指客体相对于用户查询中给出的关键词的语义距离。语义距离的计算法方法可以有很多种，例如可以计算关键词和客体在同一个本体上的语义距离。

- when代表的是相对于用户查询中给出的特定时间点的距离，单位可以为年、月、日、时、分和秒等时间单位。
- where代表的是相对于用户查询中给出的特定地理位置的距离，单位可以为km、m、dm、cm和mm等长度单位。
- who代表的是碎片所指主体相对于用户查询中给出的关键词的语义距离。语义距离的计算法方法可以有很多种，例如可以计算关键词和主体在同一个本体上的语义距离。
- how代表的是碎片内容是否涉及做事的方式，是为1，否为0。
- why代表的是碎片内容是否涉及对原理的解释，是为1，否为0。

1. 碎片信息的表示

碎片信息可以用绝对值表示，也可以用其标准化结果表示，分别如表4-2和表4-3所示。

表4-2 碎片信息的绝对值

碎　片	what	when	where	who	how	why
iRDD001	34	20	28	9	0	1
iRDD002	24	21	17	9	1	1
iRDD003	42	15	39	7	0	0
iRDD004	37	19	32	9	1	0
iRDD005	18	22	10	17	1	0
iRDD006	11	20	3	8	1	0
iRDD007	17	25	7	12	0	1
iRDD008	16	26	5	14	1	1
iRDD009	26	20	20	9	1	0
iRDD010	30	18	25	9	0	1
iRDD011	34	20	28	9	0	1
iRDD012	34	19	29	9	1	0
iRDD013	35	19	30	9	0	1
iRDD014	20	18	14	7	1	1
iRDD015	18	23	9	9	1	0
iRDD016	13	22	4	25	1	0
iRDD017	70	11	1	82	0	0
iRDD018	45	7	1	74	1	1
iRDD019	90	14	2	38	0	1

续表

碎　　片	what	when	where	who	how	why
iRDD020	13	16	5	15	0	0
iRDD021	20	19	13	5	1	0
iRDD022	15	16	9	157	1	0
iRDD023	19	16	11	14	1	1
iRDD024	12	17	5	159	0	1
iRDD025	18	22	9	367	0	1
iRDD026	17	25	7	7	0	0
iRDD027	11	23	1	98	1	1
iRDD028	10	16	3	12	1	1
iRDD029	11	14	4	17	0	0

表 4-3　碎片信息的标准化结果

碎片	what	when	where	how	who	why
iRDD001	−0.08	0.58	0.47	−0.44	0.83	0.95
iRDD002	0.91	−0.73	2.48	−0.46	−1.17	−1.02
iRDD003	0.63	0.14	1.84	−0.44	0.83	−1.02
iRDD004	−0.40	0.80	−0.17	−0.33	0.83	−1.02
iRDD005	−0.78	0.36	−0.81	−0.45	0.83	−1.02
iRDD006	−0.46	1.45	−0.44	−0.40	−1.17	0.95
iRDD007	−0.51	1.67	−0.63	−0.37	0.83	0.95
iRDD008	0.03	0.36	0.74	−0.44	0.83	−1.02
iRDD009	0.25	−0.08	1.20	−0.44	−1.17	0.95
iRDD010	0.47	0.36	1.47	−0.44	−1.17	0.95
iRDD011	0.47	0.14	1.56	−0.44	0.83	−1.02
iRDD012	0.52	0.14	1.65	−0.44	−1.17	0.95
iRDD013	−0.29	−0.08	0.20	−0.46	0.83	0.95
iRDD014	−0.40	1.01	−0.26	−0.44	0.83	−1.02
iRDD015	−0.68	0.80	−0.72	−0.22	0.83	−1.02
iRDD016	2.43	−1.60	−0.99	0.53	−1.17	−1.02
iRDD017	1.07	−2.47	−0.99	0.42	0.83	0.95
iRDD018	3.53	−0.95	−0.90	−0.05	−1.17	0.95

续表

碎片	what	when	where	how	who	why
iRDD019	−0.68	−0.51	−0.63	−0.36	−1.17	−1.02
iRDD020	−0.29	0.14	0.10	−0.49	0.83	−1.02
iRDD021	−0.57	−0.51	−0.26	1.52	0.83	−1.02
iRDD022	−0.35	−0.51	−0.08	−0.37	0.83	0.95
iRDD023	−0.73	−0.29	−0.63	1.55	−1.17	0.95
iRDD024	−0.40	0.80	−0.26	4.30	−1.17	0.95
iRDD025	−0.46	1.45	−0.44	−0.46	−1.17	−1.02
iRDD026	−0.78	1.01	−0.99	0.74	0.83	0.95
iRDD027	−0.84	−0.51	−0.81	−0.40	0.83	0.95
iRDD028	−0.78	−0.95	−0.72	−0.33	−1.17	−1.02
iRDD029	−0.84	−2.03	−0.99	−0.44	0.83	0.95

2. 距离矩阵

计算碎片的距离矩阵,结果如图 4-4 所示。

	RDD	RDD	RDD	RDD	RDD	RDD	RDD	RDD	RDD	RDD	RDD	RDD	RDD	RDD	RDD	RDD	RDD	RDD	RDD	RDD	RDD	RDD	RDD	RDD	RDD	RDD	RDD	RDD	RDD
RDD1	0.00	3.81	2.54	2.11	2.46	2.39	1.61	2.00	2.25	2.31	2.36	2.44	0.74	2.17	2.39	4.69	3.67	4.61	3.26	2.06	3.11	1.25	3.21	5.21	3.10	2.05	1.84	3.48	3.09
RDD2	3.81	0.00	2.29	3.88	4.34	4.36	5.02	2.99	2.52	2.50	2.40	2.33	3.86	4.03	4.37	4.01	4.87	4.73	3.49	3.44	4.20	4.00	4.52	6.17	3.89	5.22	4.66	3.62	4.96
RDD3	2.54	2.29	0.00	2.35	3.01	3.99	3.68	1.27	2.91	2.84	0.32	2.81	2.73	2.50	2.95	4.38	4.43	5.00	3.49	1.97	3.18	2.99	4.46	6.02	3.48	4.00	3.67	3.70	4.33
RDD4	2.11	3.88	2.35	0.00	0.87	2.89	2.20	1.11	3.30	3.39	2.05	3.53	2.19	0.26	0.62	4.38	4.24	5.19	2.44	0.73	2.27	2.36	3.59	5.41	2.12	2.43	2.49	2.73	3.57
RDD5	2.46	4.34	3.01	0.87	0.00	3.05	2.38	1.75	3.63	3.82	2.69	3.96	2.30	0.93	0.51	4.38	4.01	5.32	2.19	1.06	2.23	2.31	3.51	5.57	2.33	2.40	2.15	2.39	3.10
RDD6	2.39	4.36	3.99	2.89	3.05	0.00	2.02	3.27	2.35	2.39	3.80	2.66	2.60	2.84	2.90	4.76	4.76	4.68	2.79	3.14	3.93	2.82	2.63	4.75	1.97	2.42	2.85	3.13	4.07
RDD7	1.61	5.02	3.68	2.20	2.38	2.02	0.00	2.78	3.31	3.33	3.46	3.55	1.94	2.11	2.16	5.30	4.51	5.22	3.55	2.60	3.51	2.25	3.40	5.17	2.82	1.37	2.21	3.84	3.73
RDD8	2.00	2.99	1.27	1.11	1.75	3.27	2.78	0.00	2.88	2.93	0.96	2.99	2.11	1.27	1.69	4.19	4.09	4.96	2.67	0.75	2.44	2.33	3.83	5.63	2.61	3.06	2.79	2.92	3.66
RDD9	2.25	2.52	2.91	3.30	3.63	2.35	3.31	2.88	0.00	0.56	2.84	0.57	2.30	3.40	3.63	4.08	3.99	4.00	2.87	3.06	3.83	2.48	2.88	5.07	3.06	3.52	3.06	3.06	3.72
RDD10	2.31	2.50	2.84	3.39	3.82	2.39	3.33	2.93	0.56	0.00	2.81	0.29	2.53	3.47	3.77	4.31	4.38	4.10	3.22	3.22	4.06	2.80	3.20	5.14	3.10	3.67	3.41	3.46	4.18
RDD11	2.36	2.40	0.32	2.05	2.69	3.80	3.46	0.96	2.84	2.81	0.00	2.80	2.52	2.20	2.64	4.28	4.28	4.96	3.24	1.65	2.94	2.77	4.27	5.90	3.25	3.76	3.41	3.46	4.10
RDD12	2.44	2.33	2.81	3.53	3.96	2.66	3.55	2.99	0.57	0.29	2.80	0.00	2.61	3.62	3.92	4.30	4.34	4.11	3.31	3.31	4.12	2.86	3.30	5.23	3.31	3.85	3.51	3.52	4.19
RDD13	0.74	3.86	2.73	2.19	2.30	2.60	1.94	2.11	2.30	2.53	2.52	2.61	0.00	2.30	2.38	4.47	3.13	4.55	2.98	1.98	2.88	0.53	2.99	5.26	3.26	2.07	1.22	3.11	2.35
RDD14	2.17	4.03	2.50	0.26	0.93	2.84	2.11	1.27	3.40	3.47	2.20	3.62	2.30	0.00	0.61	4.51	4.41	5.26	2.55	0.95	2.49	2.50	3.71	5.51	2.05	2.44	2.58	2.86	3.73
RDD15	2.39	4.37	2.95	0.62	0.51	2.90	2.16	1.69	3.63	3.77	2.64	3.92	2.38	0.61	0.00	4.48	4.25	5.35	2.39	1.15	2.23	2.47	3.49	5.35	2.14	2.22	2.37	2.65	3.47
RDD16	4.69	4.01	4.38	4.38	4.38	4.76	5.30	4.19	4.08	4.31	4.28	4.30	4.47	4.51	4.48	0.00	3.24	2.41	3.43	4.09	3.96	4.29	4.09	5.69	4.35	5.01	4.54	3.41	4.44
RDD17	3.67	4.87	4.43	4.24	4.01	4.76	4.51	4.09	3.99	4.38	4.28	4.34	3.13	4.41	4.25	3.24	0.00	3.55	3.93	3.82	3.48	2.70	3.66	5.69	5.16	3.96	2.86	3.78	2.14
RDD18	4.61	4.73	5.00	5.19	5.32	4.68	5.22	4.96	4.00	4.10	4.96	4.11	4.55	5.26	5.35	2.41	3.55	0.00	4.68	4.98	5.26	4.47	4.60	6.15	5.08	5.20	4.83	4.75	4.94
RDD19	3.26	3.49	3.49	2.44	2.19	2.79	3.55	2.67	2.87	3.22	3.24	3.31	2.98	2.55	2.39	3.43	3.93	4.68	0.00	2.26	2.77	2.87	2.75	5.24	1.98	3.39	2.81	0.46	3.22
RDD20	2.06	3.44	1.97	0.73	1.06	3.14	2.60	0.75	3.06	3.22	1.65	3.31	1.98	0.95	1.15	4.09	3.82	4.98	2.26	0.00	2.16	2.08	3.59	5.60	2.45	2.75	2.33	2.47	3.18
RDD21	3.11	4.20	3.18	2.27	2.23	3.93	3.51	2.44	3.83	4.06	2.94	4.12	2.88	2.49	2.23	3.96	3.48	5.26	2.77	2.16	0.00	2.74	2.84	4.16	3.44	2.72	2.81	2.80	3.26
RDD22	1.25	4.00	2.99	2.36	2.31	2.82	2.25	2.33	2.48	2.80	2.77	2.86	0.53	2.50	2.47	4.29	2.70	4.47	2.87	2.08	2.74	0.00	2.86	5.25	3.44	2.14	0.88	2.94	1.84
RDD23	3.21	4.52	4.46	3.59	3.51	2.63	3.40	3.83	2.88	3.20	4.27	3.30	2.99	3.71	3.49	4.09	3.66	4.60	2.75	3.59	2.84	2.86	0.00	3.00	3.32	2.54	2.80	2.80	3.33
RDD24	5.21	6.17	6.02	5.41	5.57	4.75	5.17	5.63	5.07	5.14	5.90	5.23	5.26	5.51	5.35	5.69	5.69	6.15	5.24	5.60	4.16	5.25	3.00	0.00	5.20	4.17	5.31	5.36	5.93
RDD25	3.10	3.89	3.48	2.12	2.33	1.97	2.82	2.61	3.06	3.10	3.25	3.31	3.26	2.05	2.14	4.35	5.16	5.08	1.98	2.45	3.44	3.44	3.32	5.20	0.00	3.15	3.46	2.44	4.52
RDD26	2.05	5.22	4.00	2.43	2.40	2.42	1.37	3.06	3.52	3.67	3.76	3.85	2.07	2.44	2.22	5.01	3.96	5.20	3.39	2.75	2.72	2.14	2.54	4.17	3.15	0.00	1.91	3.59	3.27
RDD27	1.84	4.66	3.67	2.49	2.15	2.85	2.21	2.79	3.06	3.41	3.41	3.51	1.22	2.58	2.37	4.54	2.86	4.83	2.81	2.33	2.81	0.88	2.80	5.31	3.46	1.91	0.00	2.84	1.54
RDD28	3.48	3.62	3.70	2.73	2.39	3.13	3.84	2.92	3.06	3.46	3.46	3.52	3.11	2.86	2.65	3.41	3.78	4.75	0.46	2.47	2.80	2.94	2.80	5.36	2.44	3.59	2.84	0.00	3.02
RDD29	3.09	4.96	4.33	3.57	3.10	4.07	3.73	3.66	3.72	4.18	4.10	4.19	2.35	3.73	3.47	4.44	2.14	4.94	3.22	3.18	3.26	1.84	3.33	5.93	4.52	3.27	1.54	3.02	0.00

图 4-4　碎片的距离矩阵

4.3 参考模型

本课题设计了一种基于 Spark 的碎片信息资源的集成系统模型。Spark 是云计算环境下的一个快速而通用的集群计算平台，具有以下 3 个主要特点：

- 处理速度快。Spark 在扩展了 MapReduce 计算框架的同时，采用基于内存的计算方式，相比于基于磁盘的计算方式处理速度得到极大的提高，在处理大规模数据集时尤为明显。
- 应用场景广。Spark 是一个通用的计算框架，可用于多种场景和模式的计算，包括批处理、迭代算法、交互式查询、流处理、机器学习等。将不同的计算模式整合到统一的框架中，统一调度并优化计算资源配置，减轻了原先对各平台分别管理的负担。
- 接口丰富。除了提供基于 Python、Java、Scala、R 和 SQL 多种内建程序和简单易用的 API 接口外，Spark 还能与其他大数据处理工具密切配合。例如 Spark 可运行在 Hadoop 集群上，并调度 HDFS 文件系统中的数据集等。快速的处理速度有利于信息资源集成系统高效运行，保证计算速度。多计算模式的集成利于对信息资源的多维度处理。丰富的接口便于信息资源集成系统的开发和后期功能的拓展。

综上所述，本课题提出基于 Spark 的信息资源集成系统模型，以构建高效、多功能、拓展性强的信息资源集成系统，如图 4-5 所示。

为表述一致，该模型中定义了一些基本术语。下面对这些术语的内涵进行阐释。

1. 信息资源库

信息资源库(information resource base)是指按照一定规则和结构来组织、存储和管理信息资源的仓库。信息资源库包含两个层面的含义：一是指信息资源本身，即纯粹的信息资源集合；二是指信息资源库的整体架构和组织方法，即对信息资源的组织。此处所述的信息资源是指信息本身或信息内容，即经过加工处理、对决策有用的数据，而不包括广义上的信息技术、资金、人、设备等信息活动要素。

信息资源库主要是基于数据库来实现的，在解决数据存储问题的基础上才有对信息资源的组织、管理和加工。传统的信息资源库主要依托于大型关系型数据库，信息资源多以结构化数据的形式存储；在大数据时代，关系型数据库很难胜任海量数据的存储，为此，出现了一批新型的 NoSQL 数据库及以 HDFS 为代表的分布式文件系统，用于解决海量异构数据的存储问题。在云计算环境下，这些存储服务被服务商封装为云存储，用户只需租赁并使用其存储服务即可，使用户可以专注于数据的管理、使用和开发，而无须自行搭建与管理存储平台。

常见的信息资源库主要是特定领域的信息资源库，即根据某个具体范围或主题构建相应的信息资源库，如档案资源库、法学资源库、教学资源库等。也可制定相关主题，使用爬虫从互联网上爬取某主题的信息资源，以此构建一个信息资源库。信息资源库一般提

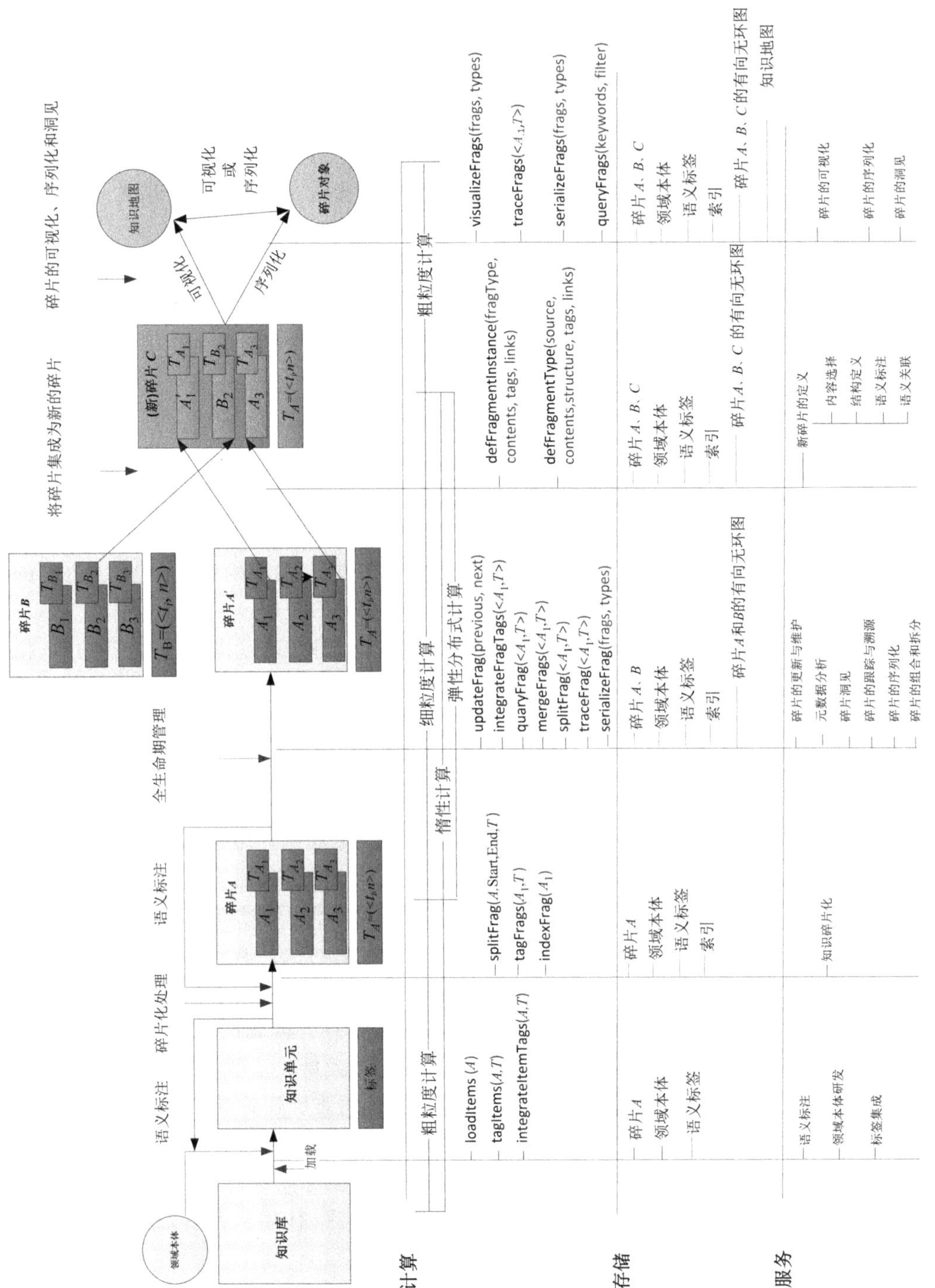

图 4-5 基于 Spark 的信息资源集成系统模型

供信息资源的上传、下载、检索、共享等基本功能，这些功能多是对信息资源的直接利用，仅有少量信息资源库具有信息集成的功能，提供加工后的二次信息服务。依照不同的领域特色和专业需求，不同的信息资源库还会提供该领域的一些特色功能。

从信息管理学科的角度出发，可将信息资源分为馆藏信息资源和网络信息资源两个大类。馆藏信息资源主要是图书馆、档案馆等公共信息服务机构存储的信息资源的总和。在漫长的信息化和数字化建设中，馆藏信息资源经过整理序化后主要以结构化数据的形式存储于关系型数据库中。网络信息资源泛指互联网上信息资源的总和。随着网络的普及和快速发展，电子商务、电子政务、社交网站、社会媒体、搜索引擎等产生了大量的信息资源，这类信息资源具有量大、动态、异构、多源的特征，往往是存储在 NoSQL 中的半结构化或非结构化数据。馆藏信息资源得益于其结构化的存储方式，已有相对完善的信息集成解决方和实践；而“数据爆炸”的网络信息资源逐渐成为人们研究的焦点。本章主要以网络信息资源的集成为例探讨基于 Spark 的信息资源集成系统模型。

2. 领域本体

本体是语义网信息组织中的关键技术，其目的是构建一套共用的概念体系，使得不同计算机之间能相互理解语义。本体具有 4 个基本特点：

- 概念模型：指客观世界抽象化形成的该概念体系。
- 明确：概念及概念之间的关系都被明确定义。
- 形式化：精确的数学描述，使计算机可读。
- 共享：本体所反映的概念是得到公众认可的。

本体的具体表现形式为本体语言词汇表(ontology vocabulary)，该词汇表规定了一整套用于描述某一领域知识的术语体系，同时明确规定了术语特性及术语间的关系，并可用计算机能理解和处理的形式化语言表示。

在基于 Spark 的信息资源集成系统模型中，领域本体(domain ontology)用于对资源项、资源碎片和碎片标签进行语义标注，揭示数据间的前后关系。使用领域本体标注信息资源及碎片资源的主要有 3 个方面的好处：

- 直接体现语义。领域本体能将人类理解的语义直接转化为计算机能理解并处理的形式化语义，能直接体现出被标注对象的语义，而不是一个简单的元数据。此外，领域本体对术语有明确而严格的描述，使标注过程更加规范。
- 揭示多维网状的关系。领域本体所描述的术语体系是由术语及术语间关系构成的语义网络，这种对信息资源多维网状的描述与揭示有利于不同类型、不同结构的信息资源的集中与整合。
- 支持推理。领域本体的实现是基于逻辑语言的，计算机可遵循逻辑规则进行推理，能发现更多的联系，并提供一些智能化的服务。

3. 资源项

把信息资源库看成一个信息资源的集合，资源项(resource item)则是集合里的一个元素。该元素(资源项)与一般的集合元素有两点不同：

- 该元素(资源项)满足一般的集合元素的确定性和无序性,但不满足互异性。这是因为出于存储策略考虑或一些其他因素,信息资源库里可能存在资源项的冗余现象。
- 该元素(资源项)不能是集合。在该模型中,资源项是被抽取和拆分的对象,所以资源项是一个具体的信息资源,而不是一个信息资源库。但这并不代表信息资源库里不能包含其他信息资源库。信息资源库里包含两类元素:信息资源库和资源项。信息资源库元素又能包含资源项。信息资源库与资源项的关系如图 4-6 所示。

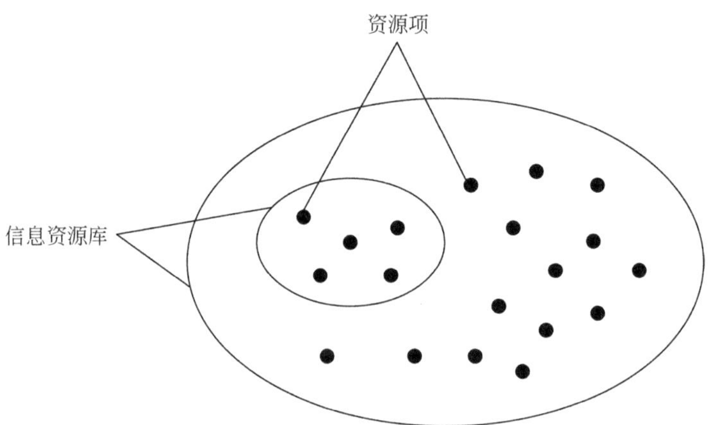

图 4-6 信息资源库与资源项的关系

从信息资源库与资源项的关系可以看出,资源项是信息资源库里最小的信息资源单位,泛指一项具体的信息资源。值得注意的是,资源项是从人类利用的角度来描述信息资源的,是人类可理解、可利用、有价值的信息资源对象,如一篇新闻、一篇论文、一份报告、一段视频等,而不是面向计算机的数据结构和编码等。在利用资源项时,关注的重点也是人类可理解的语义层面的逻辑。例如,一篇论文可分为摘要、关键词、正文和参考文献 4 个部分,这 4 个部分从计算机层面考虑,其实现的方法可能是一样的,但从人类理解层面考虑却是迥然不同的 4 个部分。

在基于 Spark 的信息资源集成系统模型中,资源项将会被拆分和抽取成资源碎片,然后进行集成重组。将资源项按照语义逻辑拆分或抽取为各个资源部分(即资源碎片),用领域本体对资源项和拆分、抽取出来的资源碎片进行语义标注,使得计算机所理解的形式化语义与人类所理解的语义保持一致,从而使整个信息资源集成过程建立在语义层面上。

4. 资源碎片

资源碎片(resource fragment)是指从资源项中按照一定的规则抽取或拆分出来的具有语义的部分,例如从一篇论文中抽取的摘要、关键词、正文、参考文献等。按照不同的语义维度,部分资源碎片可继续被拆分和抽取,例如可从论文的正文部分中抽取图表、公式、定义等。这体现出资源碎片具有资源项的特点,说明资源碎片和资源项在一定条件下是能相互转化的。在基于 Spark 的信息资源集成系统模型中,资源碎片只是相对于碎片化处理操作而言的,碎片化处理操作产生的便是资源碎片,表示信息资源存在的一种状态。从信息资源集成的角度来看,资源项和资源碎片本质上是一样的。粒度较小的资源项可以直接作为资源碎片用于信息资源集成,粒度较大的资源碎片需要再次进行碎片化处理,形成小粒度的资源碎片,才能用于集成过程,只是在粒度大小的分布上,大粒度的资源项较多,而资源碎片的粒度一般较小。资源项和资源碎片粒度大小的分布关系如图4-7所示。

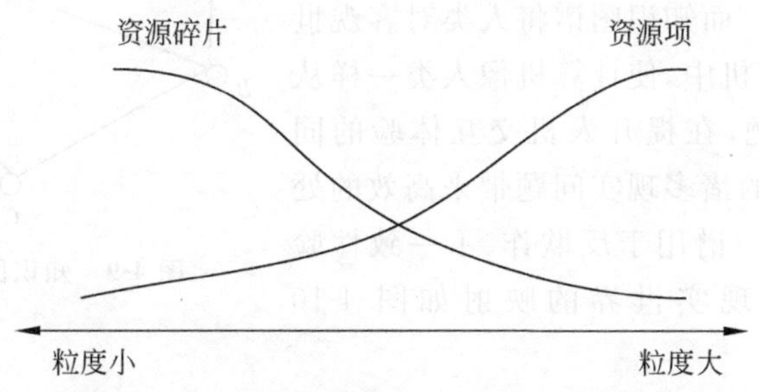

图4-7 资源项和资源碎片粒度大小的分布关系

资源碎片和资源项的关系类似于面向对象编程中的对象-属性模型。把资源项看作一个对象,资源碎片则是这个对象的属性;与此同时,该对象(资源项)也可以作为其他对象(资源项)的属性,该对象的属性(资源碎片)也可以是一个对象(资源项)。资源项和资源碎片两个概念间并没有严格的界限,而是描述信息资源在碎片化处理操作前后的两种状态,碎片化处理操作前的信息资源是资源项,碎片化处理操作后的信息资源是资源碎片。它们是两个相对的概念,在一定条件下可以相互转化。两者的关系如图4-8所示。

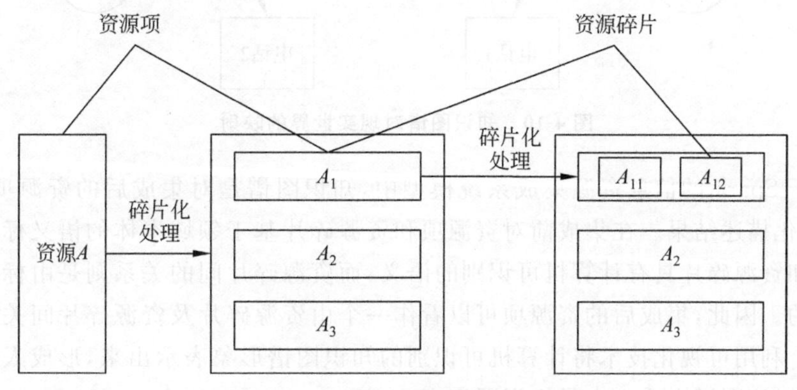

图4-8 资源项与资源碎片间的关系

5. 知识图谱

知识图谱(knowledge graph)本质上一个语义网络,于2012年由Google公司率先提出,用于提升搜索引擎的检索质量。随后,百度和搜狗公司也相继推出了知识图谱产品"知心"和"知立方",应用到各自的搜索引擎中。知识图谱是图论在计算机科学里的一项应用,用图论的思想和原理将现实世界中所有实体与实体间关系表示出来,然后在计算机中形式化地实现,使计算机和人在语义层面达到相互理解。知识图谱的图论基础如图 4-9 所示。

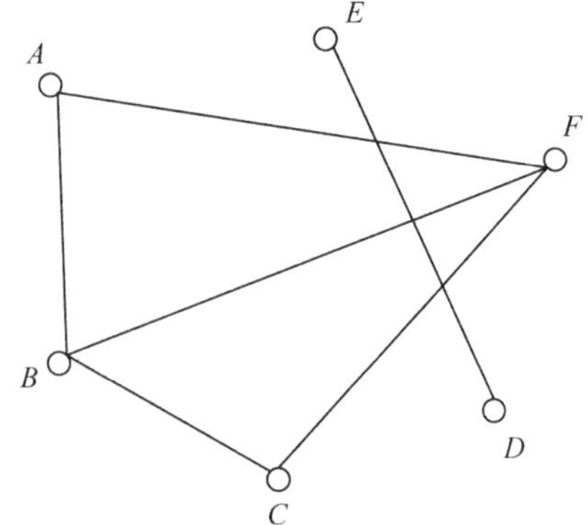

图 4-9 知识图谱的图论基础

知识图谱是由实体及实体间关系构成的语义网络,其最大的特点是对关系的有效表达和揭示,这种关系是人类认知世界中客观事物间的普遍联系,计算机无法理解。而知识图谱将人类对客观世界的认知映射到计算机中,使计算机像人类一样从关系的角度分析问题,在提升人机交互体验的同时,也为人类社会中的诸多现实问题带来高效的处理方法,例如将知识图谱用于反欺诈、不一致性验证等。知识图谱对现实世界的映射如图 4-10 所示。

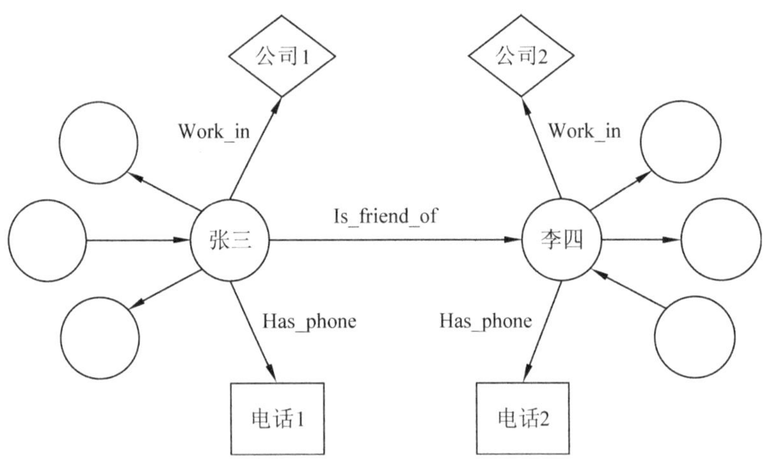

图 4-10 知识图谱对现实世界的映射

在基于 Spark 的信息资源集成系统模型中,知识图谱是对集成后的资源项(资源碎片)的可视化描述结果。在集成前对资源项和资源碎片基于领域本体的语义标注使得每个资源项和资源碎片具有计算机可识别的语义,而资源碎片间的关系则是由标注它们的本体定义的。因此,集成后的资源项可以看作一个由资源碎片及资源碎片间关系组成的知识图谱。利用可视化技术将计算机可识别的知识图谱形象表示出来,形成人类视觉可识别的图谱,该图谱本质上也是知识图谱。

6. 碎片对象

碎片对象(fragment object)是集成操作后形成的新资源碎片的序列化结果。序列化将新资源碎片的状态信息临时存储在内存中或者永久存储在硬盘中,形成一个碎片对象,以封装这些状态信息,以便再次调用该资源碎片或访问、修改该资源碎片的状态信息。从存储器中读取或者反序列化该碎片对象,可以重新创建相应的资源碎片。将集成结果序

列化,形成碎片对象,主要出于两方面的考虑:

(1) 存储。将集成过程形成的使用频率较高的中间资源碎片以序列化的方式存储,不仅在需要时调用方便,而且节约了 Spark 计算框架的计算资源。

(2) 传输。序列化后的资源碎片可通过网络传输,这对于在分布式系统中实现资源共享和合理配置有重要的意义。

资源碎片的序列化与反序列化如图 4-11 所示。

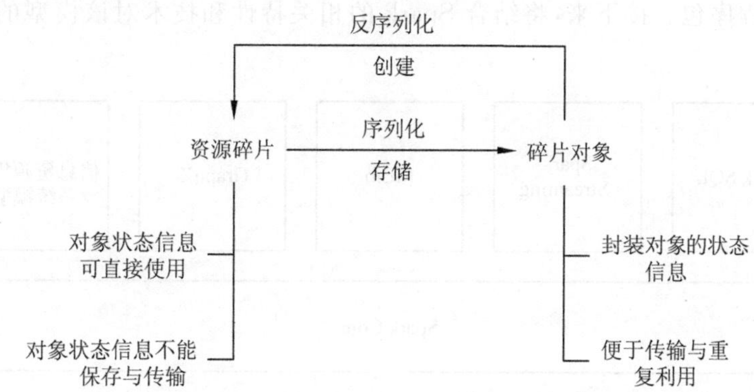

图 4-11 资源碎片的序列化与反序列化

下面从 4 个层次介绍基于 Spark 的信息资源集成系统模型的具体实现、基本原理和提供的服务,这 4 个层次从上往下分别是流程层、计算层、存储层和服务层,如图 4-12 所示。流程层描述该模型的实现逻辑和前后步骤,从业务的角度说明该模型的工作原理。计算层和存储层则是从计算机的角度出发,描述流程层中各个步骤执行时计算机底层提供的功能和发生的变化。服务层是面向用户的 API 接口,开发者可调用该模型(框架)的函数,根据实际需求进行信息资源的集成。总之,流程层是该模型的实现逻辑,计算层和存储层是该模型实现的基础,服务层则是该模型提供给上层应用的 API 接口。

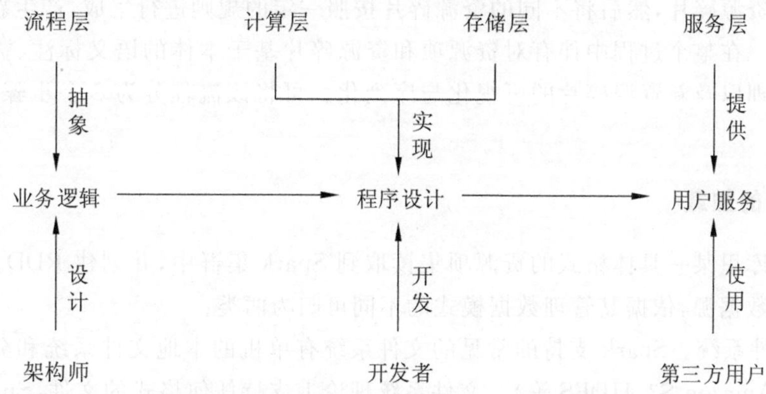

图 4-12 该模型的 4 个层次及其面向的对象

值得注意的是,该模型是在 Spark 分布式计算框架的基础上构建的,Spark 框架提供的功能和接口是该模型得以实现的保障,二者关系如图 4-13 所示。该模型在 Spark 框架的基础上,将信息资源集成的通用功能和步骤封装为函数接口,以方便用户使用。这相当于在 Spark Core 的基础上开发了一个用于信息资源集成的应用组件，并提供相关的功能，类似于 Spark SQL、Spark Streaming、Spark MLib 和 Spark GraphX。因此，该模型具有 Spark 集群的所有优点，包括 Spark Core 的基本功能，如任务调度、内存管理、错误恢复、与存储系统交互等模块，以及 Spark 特有的编程抽象弹性式分布数据集 RDD。与此同时，该模型也是 Spark 上层应用的组件，当 Spark 底层升级带来性能上的提升时，也能直接作用到该组件。从程序开发的角度来讲，该模型具体表现为 Spark 下的一个用于信息资源集成的程序包。接下来，将结合 Spark 的相关特性和技术对该模型的 4 个层次作一一介绍。

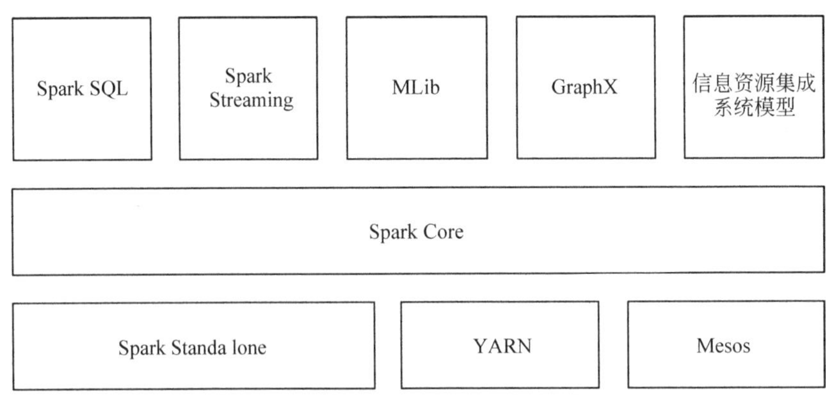

图 4-13　信息资源集成系统模型与 Spark 框架的关系

4.3.1　流程层

流程层是基于 Spark 的信息资源集成系统模型组件的实现逻辑，是该模型的灵魂和指导思想。其总的思路是：从信息资源库中加载资源项，对资源项进行碎片化处理，形成粒度更小的资源碎片，然后将不同的资源碎片按照一定的规则进行集成，产生新的资源碎片（资源项）。在整个过程中伴有对资源项和资源碎片基于本体的语义标注、资源碎片的生命周期管理以及新资源碎片的可视化与序列化。可将该流程分为 8 个步骤，下面逐一加以介绍。

1. 资源的加载

将资源库里某一具体格式的资源项集读取到 Spark 集群中，并创建 RDD。Spark 广泛支持多种数据源，依据其管理数据模式的不同可归为两类：

（1）文件系统。Spark 支持的常见的文件系统有单机的本地文件系统和分布式的文件系统（如 Amazon S3、HDFS 等）。文件系统理论上支持任何格式的文件，Spark 能良好地兼容多种文件系统，支持广泛的文件格式，范围囊括结构化数据、半结构化数据和非结构化数据，常见的文件格式有文本文件、JSON 文件、CSV 文件、SequenceFiles 文件、对象文件等。

（2）数据库。常见的数据库系统提供 Hadoop 连接器或 Spark 连接器，使得 Spark 能通过连接器访问数据库里的结构化数据，例如支持 Java 的关系型数据库连接器 JDBC，用于访问 DataStax 数据的 Cassandra 连接器；又如，通过 Spark SQL 访问 Apache Hive 中的结构化数据和具有一致结构的 JSON 数据，以及通过 Hadoop 提供的接口访问 HBase 的数据。Spark 对多种数据源和数据格式的支持，为多源异构的信息资源的集成提供了便利和可操作性。读取到 Spark 集群中的资源将会创建为 RDD 对象，进入下一阶段的编程。

Spark 支持的数据源及数据的结构化程度如图 4-14 所示。

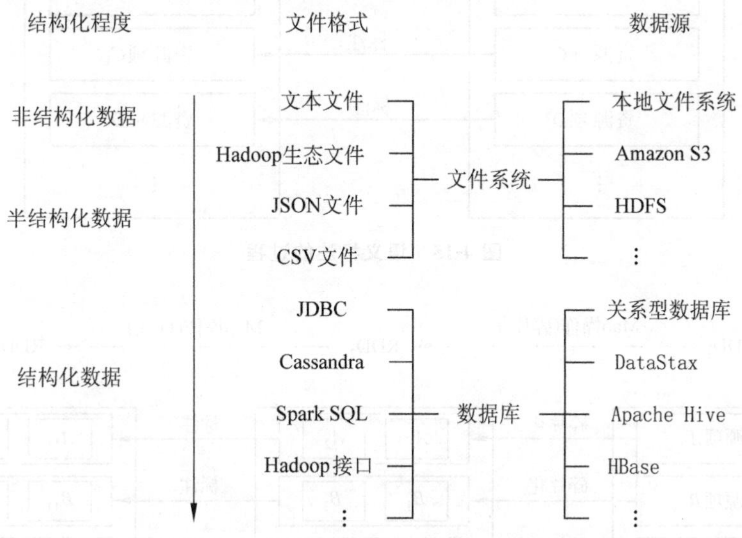

图 4-14　Spark 支持的数据源及数据的结构化程度

2. 资源项的语义标注

用领域本体标注资源项，使计算机理解资源项的语义。具体表现为将实现资源项语义标注的功能函数通过 Map 操作作用到 RDD 的每个元素（即每个资源项）上，实现资源项的批量标注，生成各元素均具有语义含义的新 RDD。值得注意的是，Spark 只是提供一个通用的计算框架，要实现具体的操作（如标注等），需要用户针对 RDD 元素自行构建相关功能函数。该步骤本质上是 RDD 的转换型操作，生成新的 RDD。语义标注过程如图 4-15 所示。

3. 将资源项分解成资源碎片

按照一定规则对资源项进行碎片化处理，形成资源碎片。此处的规则指资源项拆分和抽取的方法，不同结构的资源项，碎片化处理的规则也有所不同。对于结构化和半结构化资源项，可以根据其结构化特征进行抽取或拆分；对于非结构化资源项，如文本节件等，需要人工定义新的规则或使用数据挖掘类的方法进行抽取。将碎片化处理规则的功能函数通过 Map 操作作用到资源项集 RDD 的每一个元素，把资源项拆分为一组能表征该资源项的资源碎片的集合。该步骤将资源项拆分为粒度更小的资源碎片集合，新 RDD 中的元素由被标注的资源项变为整体被标注的资源碎片集合，具体如图 4-16 所示。

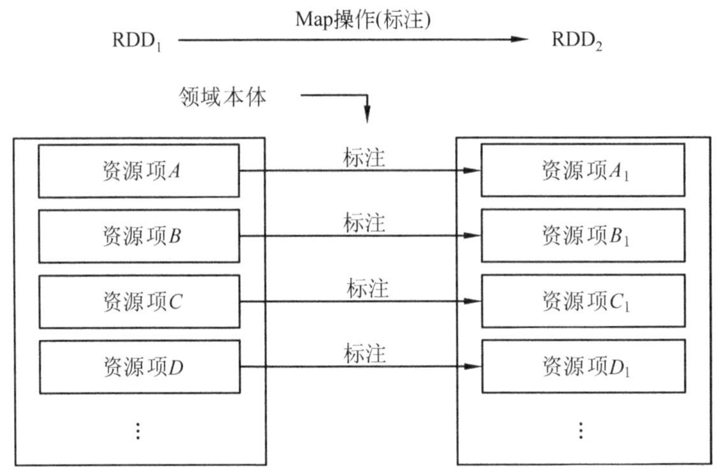

图 4-15 语义标注的过程

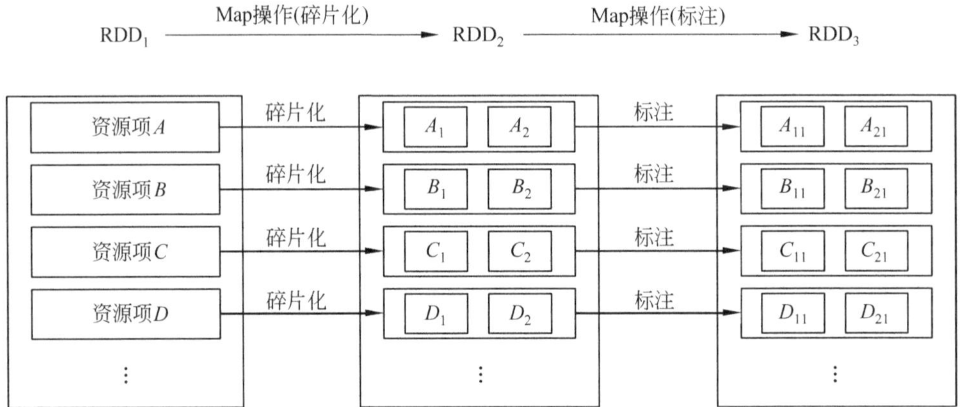

图 4-16 资源项分解为资源碎片过程中 RDD 的变化

4. 资源碎片的语义标注

用领域本体标注资源碎片，使计算机理解资源碎片的语义。对 RDD 元素中各资源碎片进行语义标注，其实现过程与资源项的标注类似，该过程可看作对资源项细粒度的语义层次的标注。

5. 资源碎片管理

该过程是在资源碎片层面上的一系列状态管理和维护的操作，主要包括资源碎片的更新、组合、分解、标注等操作，如图 4-17 所示。更新操作是指对资源碎片的内容的更新，可以对一个具体的资源碎片进行更新，也可以对一个或多个资源碎片集合进行批量更新。组合操作是根据实际需要或标记间的语义关系，将多个资源碎片组合成一个具有一定结构和语义的整体。可以对单一 RDD 元素内的资源碎片进行组合，也可以对不同 RDD 元素内的资源碎片进行组合。分解操作主要用于对资源碎片的进一步拆分和抽取，形成粒度更小的资源碎片集合，在此过程中伴随着对粒度更小的资源碎片集合的标注操作。资源碎片的生命周期管理主要有两方面的作用：一是对资源碎片状态进行管理和维护；二是通过资源碎片的生命周期管理，根据实际需求对资源碎片作相应的变换，构建出集成操作所需的"算子"，为资源碎片的集成奠定基础。

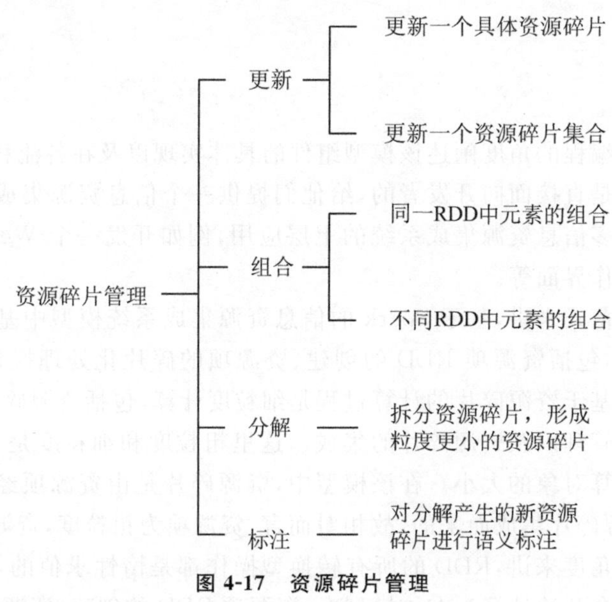

图 4-17　资源碎片管理

6. 资源碎片的集成

集成操作是该模型最关键的节点，根据用户对集成结果的定义，通过语义关系生成集成的资源项（资源碎片）。在该步骤中，用户需要对进行定义，包括内容、结构、标记和链接 4 个方面。内容指集成结果的主题，给定内容后，可根据内容间的语义关系集成相关资源。结构指集成结果表示的逻辑架构，根据用户自身的需求确定即可。标记用于指定集成操作的标签范围。链接指集成资源碎片的存储位置。用户定义好集成结果后，该模型框架可根据标签及标签之间的语义关系进行资源碎片的整合，形成满足用户需求的资源项。值得注意的是，该步骤是一个动作型操作，其返回的结果不再是 RDD，而是一个具体的资源项。在计算时只调用用户定义中需要的数据内容和标签，对与集成结果无关的数据则不会进行计算。并且返回的集成结果里保留着语义标签，是一个真正意义上的知识图谱，为数据可视化提供了良好的基础。

7. 知识图谱的绘制

利用可视化技术，将计算机能识别的知识图谱转化为人类视觉可识别的知识图谱。使用 D3.js 等技术将知识图谱可视化，并采用 B/S 架构的模式展示可视化结果。在基于 Spark 的信息资源集成系统模型中，可将可视化图谱序列化为图谱对象，其中保存与该图谱相关的状态信息；其他用户可直接读取该图谱对象，便可重新创建该图谱，而无须重新绘制该图谱。

8. 资源碎片的序列化

将集成的资源碎片序列化为资源对象，存储在内存或文件系统里。资源碎片的序列化便于集成结果的重复利用和传输。在 Spark 中，可用多种编程语言实现资源碎片的序列化。

4.3.2 计算层

计算层主要从编程的角度阐述该模型组件的具体实现以及在各流程阶段封装的功能和函数接口。该层是直接面向开发者的，给他们提供一个信息资源集成的框架。开发者可基于该层创建更多信息资源集成系统的上层应用，例如开发一个 Web 接口，给普通用户提供一个图形操作界面等。

从粒度计算的范式来讲，基于 Spark 的信息资源集成系统模型中基于资源项的计算过程为粗粒度计算，包括资源项 RDD 的创建、资源项的碎片化处理操作、集成资源项的可视化与序列化。基于资源碎片的计算过程是细粒度计算，包括资源碎片的语义标注、资源碎片的生命周期管理以及资源碎片的集成。这里粗粒度和细粒度是一组相对的概念，判断的依据是被计算对象的大小。在该模型中，资源碎片是由资源项经碎片化处理而成的，资源项是由资源碎片集成而来的，故相对而言，资源项为粗粒度，资源碎片为细粒度。

从惰性计算的角度来讲，RDD 的所有转换型操作都是惰性求值的，只有在调用动作型操作时 Spark 才会开始计算。在该模型中，资源项 RDD 的创建、资源项的语义标注、碎片化处理操作、资源碎片的语义标注、资源碎片的生命周期管理均是基于 RDD 的转换型操作，对 RDD 执行这些操作后，Spark 不会计算操作的结果，而是保存操作的元数据，在调用动作型操作的时候再从头开始计算。Spark 惰性求值的特点可以有效节省计算资源，将一些转换型操作合并到一起来减少计算步骤，从而避免了每次转换型操作中对全体数据进行计算造成的浪费。但是惰性求值也有一个弊端，由于是每次调用动作型操作时从头开始计算，如果对同一 RDD 执行多种动作型操作，每个动作型操作都会从头开始计算，增加了计算资源的开销。这时应采用缓存的策略，对使用频率较高的 RDD 执行缓存操作，将其计算结果保存在内存中，以便动作型操作调用。

下面对计算层封装的函数及其功能作相关说明。

1. 资源加载阶段

资源加载阶段主要是对资源项的处理，包括加载资源项、标记资源项以及资源项标签的集成 3 项操作。模型分别将 3 项操作封装为 3 个函数，提供相应的处理功能，如表 4-4 所示。loadItems(A)函数用于加载资源项，并在 Spark 集群中创建 RDD。其参数 A 有两种形式：一是程序存在的资源项数据集合，二是文件系统中的资源项文件。tagItems(A, T)函数用于资源项的语义标注，是一个 RDD 转换函数，返回一个新的 RDD，其目的是对 RDD 各资源项元素增加语义标签。该函数接收两个参数，A 表示集群中的资源项 RDD，T 表示用于标记 RDD 元素的标签。integrateItemTags()函数用于对资源项标签进行集成，其返回结果也是 RDD，其主要作用是根据领域本体推理规则对资源项的多个标签进行整理合并。该函数没有参数，调用该函数时会依据预定义的领域本体对资源项 RDD 各元素的标签进行推理合并。

表 4-4　资源加载阶段函数的功能与特征

函　数　名	功能	参　　数	返回结果	备注
loadItems(A)	加载资源项	A 表示资源项数据集合或文件系统中的资源项文件	资源项 RDD	
tagItems(A,T)	语义标注资源项	文件系统中的资源项文件	标注后的 RDD	
integrateItemTags()	集成资源项标签	无参数	标签集成后的 RDD	

2. 资源分解阶段

该阶段主要是对资源碎片的初步处理，包括 3 项操作，分别是拆分资源项、标注资源碎片和索引资源碎片，具体函数功能与特征如表 4-5 所示。splitIFrag(A,Start,End)函数用于拆分资源项，生成资源碎片集合。tagFrags(A_1,T)函数用于标记资源碎片，其功能类似于 tagItems(A,T)函数，区别在于 tagFrags(A_1,T)函数是作用在更细粒度的资源碎片的 RDD 上。indexFrag(A_1)用于索引资源碎片，返回资源碎片的存储信息。

表 4-5　资源分解阶段函数的功能与特征

函　数　名	功能	参　　数	返回结果	备注
splitIFrag(A,Start,End)	拆分资源项，生成资源碎片	A 表示资源项，Start 表示拆分的起始位置，End 表示拆分的结束位置	返回资源碎片集合	
tagFrags(A_1,T)	标记资源碎片	A_1 表示拆分出来的资源碎片，T 表示用于标注该资源碎片的语义标签	返回带有语义标签的资源碎片	类似于 tagItems(A,T)函数
indexFrag(A_1)	索引资源碎片	A_1 表示资源碎片	返回资源碎片 A_1 的索引位置，便于对资源碎片进行管理	

3. 资源碎片管理阶段

该阶段主要完成对资源碎片的维护和使用。包括资源碎片的更新、查询、合并、拆分、追踪、序列化以及对资源碎片标签的集成。该阶段函数的功能与特征如表 4-6 所示。updateFrag(previous,next)函数用于对资源碎片的内容进行更新，其接收两个参数，previous 表示旧资源碎片的存储位置，next 表示新资源碎片的内容。该函数无返回值，直接作用在调用该函数的 RDD 上。integrateFragTags()用于集成碎片资源的标签，其原理与 integrateItemTags()函数相似，区别在于 integrateFragTags()作用在更细粒度的资源碎片上。queryFrag(A_1,T)函数用于查询资源碎片，其接收两个参数，A_1 表示待查询的资源碎片,T 表示待资源碎片 A_1 的标签。在 RDD 上调用该函数时将会对资源碎片 RDD 中的 T 标签进行查询,返回匹配的资源碎片。mergeFrags(A_1,T)函数用于合并资源碎片,其原理是在资源碎片 RDD 上按照给定的标签将资源碎片合并。splitFrag(A_1,T)函数用于拆分资源碎片,生成粒度更小的资源碎片。traceFrag(A_1,T)用于追踪资源碎片,返回该资源碎片产生及变化过程的相关元数据。serializeFrag(frags,types)函数用于序列化资源碎片,它接收两个参数:一是资源碎片 frags,二是资源碎片的存储格式 types。该函数返回一个资源碎片对象。

表 4-6 资源碎片管理阶段函数的功能与特征

函数名	功能	参数	返回结果	备注
updateFrag(previous, next)	更新资源碎片的内容	previous 表示旧资源碎片的存储位置,next 表示新资源碎片的内容	无返回值	直接作用在调用该函数的 RDD 上
integrateFragTags()	集成碎片资源标签	无参数	返回新的 RDD	类似于 integrateItemTags()函数
queryFrag(A_1,T)	查询资源碎片	接收两个参数,A_1 表示参与合并的资源碎片,T 表示资源碎片 A_1 的标签	返回匹配的资源碎片	
mergeFrags(A_1,T)	合并资源碎片	接收两个参数,A_1 表示参与合并的资源碎片,T 表示资源碎片 A_1 的标签	返回合并后的资源碎片	
splitFrag(A_1,T)	拆分资源碎片	接收两个参数,A_1 表示参与合并的资源碎片,T 表示资源碎片 A_1 的标签	返回更小粒度的资源碎片	
traceFrag(A_1,T)	追踪资源碎片,探寻资源碎片的产生过程		返回该资源碎片生成、转化的世系过程元数据	
serializeFrag(frags, types)	序列化资源碎片	接收两个参数:一是资源碎片 frags,二是资源碎片的存储格式 types	返回资源碎片对象	

4. 资源集成阶段

信息资源集成阶段是基于 Spark 的信息资源集成系统模型的关键环节,提供了信息资源集成的核心功能。该阶段函数的功能与特征如表 4-7 所示。defFragmentInstance(fragType, contents, tags, links)用于定义集成资源实例,需要传入的参数有资源碎片类型 fragType、集成的主题 contents、集成的标签 tags 以及实例存储的位置 links,该函数将返回一个集成后的资源碎片实例。defFragmentType(source, structure)函数用于定义集成资源类型,它接收的参数有资源来源 source 与集成资源结构 structure,该函数返回一个集成资源的类型。

表 4-7 资源集成阶段函数功能与特征

函数名	功能	参数	返回结果
defFragmentInstance(fragType, contents, tags, links)	定义集成资源实例	fragType 表示集成资源的类型，contents 表示集成资源的主题，tags 表示用于集成的标签，links 表示集成资源的存储位置	返回一个集成后的资源碎片实例
defFragmentType(source, structure)	定义集成资源类型	source 表示集成资源的来源，structure 表示集成资源的结构	返回一个集成资源的类型

5. 可视化与序列化阶段

该阶段函数的功能与特征如表 4-8 所示。visualizeFrags(frags,types)用于实现集成资源的可视化，以图谱的形式直观展示集成资源。traceFrags(A_1,T)用于追踪集成资源，类似于资源碎片管理阶段的 traceFrags(A_1,T)函数，返回集成资源的产生及其变化过程的元数据信息。serializeFrags(frags,types)用于序列化集成资源，将集成资源按照一定的数据格式序列化为碎片对象，便于集成资源的重复利用和传输。queryFrags(keyword, filter)函数用于查询集成资源，它接收两个参数，keyword 表示查询的关键词，filter 表示查询的过滤条件。

表 4-8 可视化与序列化阶段函数的功能与特征

函数名	功能	参数	返回结果	备注
visualizeFrags(frags, types)	可视化集成资源碎片	frags 表示集成资源，types 表示集成资源的类型	返回集成资源的可视化图谱	该方法借助于可视化技术
traceFrags(A_1,T)	追踪集成资源碎片	接收两个参数，A_1 表示集成资源，T 表示集成资源的标签	返回集成资源产生及变化过程的元数据信息	
serializeFrags(frags, types)	序列化集成资源碎片	frags 表示集成资源，types 表示集成资源的类型	返回集成资源的序列化对象	
queryFrags(keyword, filter)	查询集成资源碎片	keyword 表示查询的关键词，filter 表示查询的过滤条件	返回查询结果	

4.3.3 存储层

存储层主要从存储的角度来说明各阶段中数据在计算机中的存在形式及状态。在 Spark 中存储层是被封装的，完全由 Spark 内部机制管理和调度，对用户和开发者都是透明的。但是了解各阶段计算机内部状态的变化及其与计算层各操作间的对应关系，能很好地帮助用户理解整个模型框架及其特点，便于高效地利用或者二次开发该模型框架。

接下来介绍各阶段内存和硬盘中存储的对象。

(1) 资源加载阶段。加载的资源项被创建为RDD存在于Spark集群的内存中，利用领域本体标注资源项，故语义标签和领域本体也存在于集群内存中。该阶段结束后，内存中存在的有领域本体和带有标签的RDD。值得注意的是，由于Spark支持惰性计算的特性，此处的RDD并未被计算出来，严格来讲，集群的内存中只存在计算RDD操作的元数据，即内存中保存的是计算RDD谱系图(DAG)。如果对此RDD调用了缓存操作，则RDD将会被计算出来，存在于集群的内存中。

(2) 资源分解阶段。资源项拆分为资源碎片、有语义标注的资源碎片和索引资源碎片，均是基于RDD的转换型操作，内存中谱系图节点不断增加，产生新的谱系图。如果调用缓存操作，内存中将会存在被标注的碎片资源RDD以及资源碎片的索引。

(3) 资源碎片管理阶段。该阶段中除了序列化操作是动作型操作外，其他各项操作均为RDD的转换型操作。执行序列化操作，RDD将会被计算出来，并将相应的资源碎片序列化为资源碎片对象保存于内存中。在执行其他操作时，RDD不会被计算出来，而是在RDD的谱系图上继续增加相关操作的节点。

(4) 资源集成阶段。在定义新碎片资源的数据类型后，RDD将会被计算出来，并将最终操作结果返回给用户。在该阶段中，内存中存在计算出来用于集成的碎片资源RDD、集成后的带有语义标签的资源碎片、领域本体和RDD的谱系图。

(5) 可视化与序列化阶段。可视化操作将集成资源碎片用人类视觉可识别的图谱形式表现出来，但是在计算机中可视化图谱依然以特定数据结构的对象存在于内存中，此处的内存不再是集群内存，而是Spark驱动程序所在节点的内存。序列化操作将集成资源碎片序列化为资源碎片对象，存在于内存中；与此同时，集成资源碎片也存在于内存中。

4.3.4 服务层

服务层主要包括模型框架向用户提供的服务。这些服务是从逻辑层里提炼出来并在计算层实现的。在理解该模型框架的逻辑结构和编程实现的基础上，理解模型框架提供的服务，能更深刻、全面地认识该模型，为模型框架的熟练使用打下基础。在基于Spark的信息资源集成系统模型中，服务层提供的服务被封装为接口供其他程序或开发者调用。信息资源集成各阶段提供的服务具体如图4-18所示。由于逻辑层和计算层对具体服务实现逻辑和具体功能都有阐述，现从服务层的角度出发，对各阶段所提供的服务进行介绍。

1. 资源加载阶段

资源加载阶段的主要任务是加载并标注资源项，提供3项服务：

- 语义标注服务。用领域本体对资源进行语义标注。
- 领域本体开发服务。语义标注是基于领域本体实现的，在具体的标注过程中，会遇到一些新的资源项无法用领域本体来归类并标注，此时可扩充领域并完善领域本体。领域本体开发服务便是在使用领域本体标注资源项的过程中不断完善丰富领域本体，并将新的领域本体用于语义标注。
- 标签集成服务。同一资源项可以有多个标签，或是同一个人标记的，或是多个人

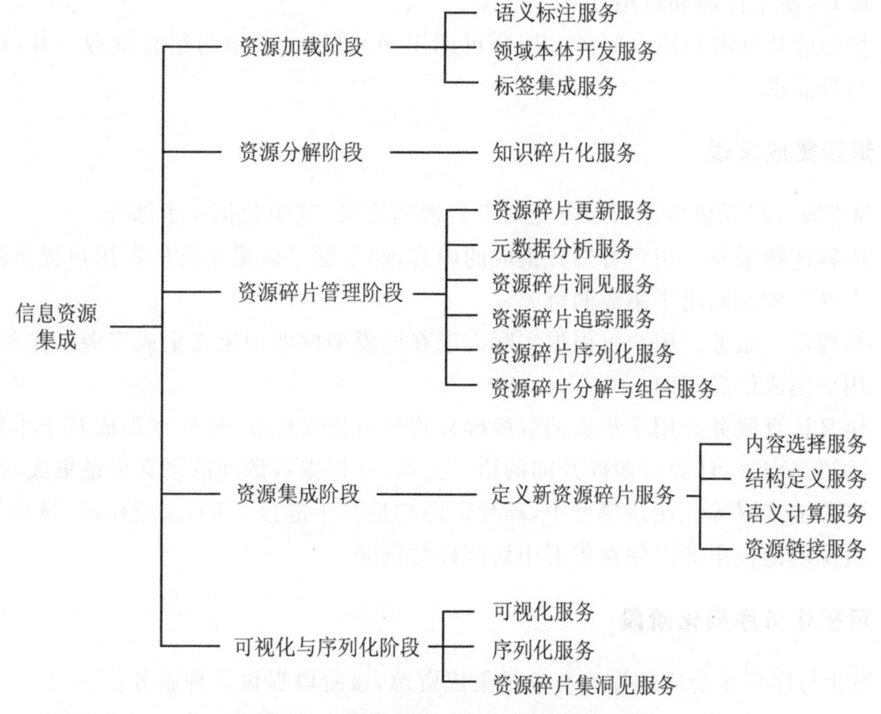

图 4-18 信息资源集成各阶段提供的服务

标记的。标签集成服务利用领域本体的推理机制，对多个标签进行集成，排除冗余与不一致的标注，提升语义标注的质量。

2. 资源分解阶段

资源分解阶段主要是将资源项分解为资源碎片，并对资源碎片进行语义标注和索引，该阶段提供的服务是知识的碎片化服务。将资源项按照一定的结构或规则抽取或分解为多个单独的知识项，并对知识项进行标注和索引，便于知识项的开发利用。

3. 资源碎片管理阶段

资源碎片管理阶段主要完成资源碎片层面上的一系列管理和维护活动，该阶段提供 6 项服务：

- 资源碎片更新服务。更新服务包括对资源碎片内容的更新和对资源碎片标签的更新，用户可根据实际需求对资源碎片进行更新。
- 元数据分析服务。描述资源碎片状态的信息称为资源碎片的元数据信息。可对元数据进行分析，探寻资源碎片间的关系。
- 资源碎片洞见服务。在资源碎片的层次上运用数据分析方法发掘资源碎片价值。
- 资源碎片追踪服务。该模型框架基于 Spark，对 RDD 的各种操作都保存在谱系图中，通过对谱系图的解读可追踪 RDD 发生的变化和资源碎片的产生过程。
- 资源碎片序列化服务。序列化服务将资源碎片及其状态信息封装起来，形成资源碎片，便于传输和重用。

- 资源碎片分解与组合服务。用户可调用函数接口，分解与组合资源碎片，以满足自身需求。

4. 资源集成阶段

资源集成阶段提供的主要服务是对新资源的定义，其中包括 4 个部分：

- 内容选择服务。用户可选择集成的内容，即主题。该模型将依据用户提供的主题去寻找相关的用于集成的资源。
- 结构定义服务。用户可根据实际需求在该模型框架中定义集成资源的结构信息，用于集成信息资源。
- 语义计算服务。用于集成的资源碎片均带有语义标签，该模型集成基于本体推理的语义引擎，计算资源碎片间的语义关系，并根据资源间的语义关系集成新资源。
- 资源链接服务。在该模型中，碎片资源均是基于链接 URL 来定位的，该模型提供资源的链接服务以便在集群中访问碎片资源。

5. 可视化与序列化阶段

可视化与序列化阶段的操作对象是集成资源，该阶段提供 3 种服务：

- 可视化服务。结合可视化技术，以人类视觉感知的方式展现集成资源。
- 序列化服务。便于资源碎片的重复利用和传输。
- 资源碎片集洞见服务。挖掘集成碎片资源的价值，为决策服务。

4.4 故障/慢节点的处理

故障节点和慢节点的存在是云计算环境下的信息资源集成的速度和效果的主要影响因素之一。通常，可以用于故障/慢节点处理的技术有两种：

(1) Hadoop MapReduce 中的推测性执行(Speculative execution)[①]的容错机制。当作业中大多数的任务都已经完成时，系统在几个空闲的节点上调度执行剩余任务的副本，并在多个 Worker 上同时进行相同的剩余任务。

(2) Spark 中的基于世系[②]的容错机制。通过世系记录了各个 RDD 之间的变换关系，一旦某个数据处理过程出现错误，Spark 可以根据世系图快速进行容错恢复。特别是对于 map 操作来说，当某个节点的任务失败时，Spark 只需要重新计算相应分区的数据，不必重新计算整个任务。

---

① Zaharia M, Konwinski A, Joseph A D, et al. Improving MapReduce Performance in Heterogeneous Environments[C]. USENIX Symposium on Operating Systems Design and Implementation, 2008, San Diego, California, USA.

② Zaharia M, Chowdhury M, Franklin M J, et al. Spark: Cluster Computing with Working Sets[C]. USENIX Conference on Hot Topics in Cloud Computing, 2010, Boston, USA.

本课题采用的数据模型——iRDD是一种基于RDD模型提出的面向云计算环境下碎片信息资源的集成与服务任务的数据模型。因此，在本平台中优先采用Spark中的基于世系的容错机制。

4.5　存储级别的选择

存储级别的选择是云计算环境下的信息资源集成的速度和效果的另一个影响因素。从存储级别的选择看，需要区别对待中间iRDD和最终iRDD。

(1) 中间iRDD。默认情况下，在集成过程中产生的中间iRDD的生成采用惰性计算方式，即在它之上执行一个动作时被重新计算。只有当中间iRDD被重复使用或者计算代价很高时，才需要对其进行序列化处理。当然，经过复杂操作(如shuffle)之后生成的中间iRDD也应进行序列化，以便降低再次集成时需要的计算成本。在具体存储级别的选择上可以借鉴Spark中的存储级别选择策略，如表4-9所示。

表4-9　存储级别选择策略

存储级别	说明
MONLY(默认)	将iRDD以Java对象形式保存至内存
MONLYSER	将iRDD以序列化的Java对象形式保存至内存
DONLY	将iRDD持久化至硬盘
MANDD	将iRDD数据集以Java对象的形式保存到JVM内存中，如果有些分片太大，不能保存到内存中，则将其保存到磁盘上，并在下次用时重新从磁盘读取
MANDDSER	与MONLYSER类似，但当分片太大，不能保存到内存中，会将其保存至磁盘中

(2) 最终iRDD。为了减少再次计算的成本，提升集成的响应速度，系统需要对最终iRDD进行序列化操作。最终iRDD的序列化操作按照就近计算原则存放在离Driver Program最近的存储介质。该存储介质主要用于流式数据查询服务类操作，不承担集成类计算任务。

(3) 集成后生成的新资源。通常，当某个信息资源所涉及的iRDD对象(包括中间iRDD)较多或计算成本较大时，系统需要将新信息资源进行序列化处理。序列化处理方法不仅遵循就近计算原则，而且遵循集成与服务分离原则，即，将集成计算和服务计算分别部署在不同节点上，从而提升每个节点的运行效率，确保系统的响应速度。

第5章 服务模式

本章以用户信息行为理论、信息技术采纳理论、创新扩散理论以及可信计算理论为理论基础，分析信息资源服务现状及趋势，着重探讨了云计算环境下信息资源服务模式的4个应用：政务信息管理、商业数据分析、大数据信息分析及科研知识挖掘，并给出了云计算环境下信息资源服务的优化对策。本章的主要创新性工作如下：

(1) 研究方法的创新。引入用户信息行为理论、信息技术采纳理论、创新扩散理论以及可信计算理论，系统研究云计算环境下的信息资源服务模式。

(2) 提出了云计算环境下构建政务信息网络生态服务管理模式的3个维度：业务质量、数据管理和权益保障。

(3) 提出了云计算环境下构建商业数据分析服务实践模式的3个主要技术层次：数据存储、数据处理和数据组织与管理。

(4) 提出了云计算环境下构建大数据信息分析服务保障模式的关键问题、主要挑战及应对建议。

(5) 以云服务背景下的科研工作为例，提出了知识挖掘应用的要素及模型构建框架。

5.1 理论基础

云计算是当前人们谈论较多的一种信息技术，指基于可配置的共享资源池来提供便利的、按需的服务模式[①]。由于云计算具有经济、便利以及资源整合等优势，已成为信息应用领域重要的实现途径。目前，从事云计算环境下信息服务研究的学者普遍关注云计算对信息服务的影响。例如，石美清[②]探讨了云计算技术在数字图书馆领域内的资源操作、推荐和利用等方面带来的影响。多数学者认为，在信息服务领域，云计算技术具备技术层面的共享特性，还具备各种信息资源整合的功能，并且具备减少信息服务成本和丰富信息服务广度的特征，因此，应用云计算技术可在信息服务中为网络用户提供个性化的、泛在的信息工具和信息服务[③]，有助于实现信息服务产业的规模化、专业化，信息服务项目的多样化、个性化，以及自助式的便捷的信息服务[④]，进而促进信息服务效益的提升。还有学者从信息资源管理的角度探讨了云计算对信息服务的影响。例如，钱文静等[⑤]通

---

① Mell P, Grance T. The NIST Definition of Cloud Computing[J]. NIST Special Publication, 2011, 145(6): 1-2.

② 石美清. 云计算对图书馆数字信息资源建设的影响[J]. 图书馆理论与实践，2010(5)：65-67.

③ 李勇. 云计算对信息服务的影响及存在的问题[J]. 情报理论与实践，2009，32(12)：89-91.

④ 路正国，毛毳. 基于云计算的信息服务模式探析[J]. 科技信息，2012(11)：122.

⑤ 钱文静，邓仲华. 云计算与信息资源共享管理[J]. 图书与情报，2009(4)：47-52，60.

过系统地构建高校应用背景下的共享数据库云架构，解决了图书馆建设过程中的信息资源应用问题，同时也从实践角度提升了高校信息资源共享、信息资源利用和信息资源服务等诸多能力。可见，云计算环境下的信息服务已成为近年来学术界关注的热点。

关于云计算环境下信息服务的概念，目前尚未形成一致的定义。多数学者倾向于从信息服务的内涵出发，将云计算视为信息服务实现的外在条件或外部环境，探讨云计算环境下的信息服务模式。例如罗贺[①]等在现有多源信息服务模式的基础上，从安全性角度提出了基于可信第三方监管的云计算环境下的多源信息服务模式等。也有学者将云计算环境下的信息服务视为云服务[②]、云服务工程[③]或信息资源云服务[④]。从已有研究成果角度分析，依据信息服务已有的概念内涵和外延来确定云计算情境下的信息服务已成为主流趋势，即将云计算的思想应用到信息资源管理领域，从而形成一种新兴的服务业态。所谓信息服务，通常情况下是指信息工作单位或者其他相关部门在信息收集阶段后，对信息进行分析、甄别、组织、加工等多种处理，然后运用各种方法和途径向社会媒介和一定范围内的组织机构提供信息加工产品及服务，以便满足各方面的信息需求，帮助用户解决问题。云计算环境下的信息服务是基于云计算技术或云平台基础设施提供信息服务。它整合了数字资源和 IT 资源，其关注焦点在于用户的行为需求，分析其需求背后的内在发展趋势，挖掘用户思维层次和意识阶段特点，识别用户的表象需求和隐性诉求，并且针对用户的需求对信息资源进行分析拆解、整合重构和监督评价，从而构建基于云计算架构的知识服务模式。

通过较低的信息应用成本获得较为理想的信息服务收益，这即是最优的信息服务状态。云计算所具备的优势特征，如低成本、高性能、低维护费、实时更新、无限的计算能力与存储空间、更好的兼容性、便利的合作机制等，有助于促进信息服务最佳状态的实现[⑤]。云计算环境下信息服务的特点可以归纳为以下 4 个方面：

- 规模化。在互联网时代，数据存储规模、用户访问频次、信息增长量级等急速增长。云计算技术实现了计算规模化、网络泛在化等技术要求，海量数据与云计算技术的结合让互联网逐渐演变为互联云架构，互联网的触及领域和波及范围均获得了极大提升。云计算背景下信息服务的广度和深度远超传统的信息服务模式，以软件公司的产品信息服务为例，在云计算环境下，软件公司可通过客户端程序提供在线软件服务收费功能，而不必再将产品制作成光盘，这不但避开了复杂的销售渠道管理，还显著提高了受众广度，扩大了信息应用规模。同时，数据存储海量性和处理高并发性的云计算架构具备业务管理、日常维护和开发专业化的技术条件，云平台为了统一各种服务器中不同种类的信息资源的存储性能标准，通过

① 罗贺，李升．面向云计算环境的多源信息服务模式设计[J]．管理学报，2012，09(11)：1667-1673.

② 李培维．基于云计算的信息服务研究[D]．湘潭：湘潭大学，2011.

③ Tai S. Cloud Service Engineering [C]. IEEE International Workshops on Enabling Technologies: Infrastructures for Collaborative Enterprises, 2009, Netherlands.

④ 邓仲华，汪宣晟，李志芳，等．信息资源云服务的质量评价指标研究[J]．图书与情报，2012(4)：12-15.

⑤ Miller M. Cloud Computing: Web-based Applications that Change the Way You Work and Collaborate Online [M]. Seattle: Que Publishing Company, 2008.

专业知识仓库的整合采纳形成了存储一致性，从而实现了信息服务层面的专业保障，并且对于信息检索复杂操作、数据挖掘深入探索和知识发现广度整合均起到了巨大的推动作用。

- 个性化。云计算用户可以根据自身的实际使用需求获取适合的个性化服务，也可以按照预期的使用时间定制相应的云服务。云制造信息平台的服务模式应该是按照用户需求来组织网上的制造资源和制造能力，为用户提供按需服务①。在云计算 IT 架构下，IT 平台赋予用户更多的服务选择渠道和更明晰的服务需求控制，“按需而用、即需即用、快速聚合”②。将用户作为服务设计流程的中心环节即是个性化服务的核心概念，对用户的现实需求、理念行为和使用习惯进行量化的分析、识别是个性化服务的实现途径，最终目的是实现匹配式的用户信息组织和推送。研究显示，将情境背景和情境感知的技术方法引进个性化信息服务应用，可以明显提升个性化信息服务的精准匹配能力和高效处理能力，例如能够发现用户实际信息需求的 NAMA 原型系统，其开发者 KWON 等的设计初衷即是分析用户所在情境与所需描述，最终将个性化信息推送给用户③。信息服务的个性化功能借助于广泛的数据挖掘和信息分析技术手段，力求仿真并还原用户的使用场景，同时云计算技术为海量用户数据的分析挖掘提供了技术支持，使得精准定位用户需求变为可能，从而促进不同种类的信息服务实现，满足复杂多变的用户需求。
- 自助化。云计算平台的用户交互服务可以给用户带来更多的自助可能，基于这种平台的交互服务可以实现用户需求匹配的灵活对接。云计算平台的交互自助特性将自主性更强的自助服务空间提供给用户，从而缩短了信息服务孕育和准备的流程周期与成本，因此用户可以将主要精力集中于新的信息服务项目。如果将传统的信息服务方式比作集贸市场的商品选择，即顾客在市场中进行的商品选购都需要商家参与，那么与此相对，云计算环境下信息服务的自选自助属性就可以比作超市选购模式。用户在云计算服务技术平台“选购”所需“商品”以完成自助选择，这就使一般意义上的人工干预选择变为网络平台的自助选择，这就需要云服务提供商根据业务需要提升自动化水准和服务水平，而且还需要云服务计费标准化。另外，云计算技术可以将信息服务以模块子单元的形式进行拆解，拆解后的子单元为模块的自由重组提供了可能性，即可以根据用户的不同需求完成不同条件下的模块重组，这种拆解与重组瓦解了传统信息服务单一化的基本属性，使得服务适配更为高效。以高校图书馆信息服务为例，可利用云技术架构的数字咨询分析服务，将云端的数字资源辐射至高校图书馆个体，从而将信息需求对接至各种类型的高校图书馆，以形成云式信息服务联盟④，读者可通过多种终端设备，自

---

① 李伯虎，张霖，王时龙，等．云制造——面向服务的网络化制造新模式[J]．计算机集成制造系统，2010，16(1)：1-7.

② 王萍，张际平．云计算与网络学习[J]．现代教育技术，2008，18(11)：81-84.

③ 王雯琦．云计算环境下图书馆信息资源管理研究[J]．图书馆研究，2010，40(4)：28-30.

④ 顾金媛，胡新平．基于云计算的图书馆信息服务管理模式研究[J]．新世纪图书馆，2012(7)：44-46.

助选择此服务联盟下的图书馆信息服务。

- 大众化。云计算时代按需配置计算资源的主题特点为无力自行建设 IT 架构的中小企业提供了新的发展契机。在降低信息服务成本的过程中,微小组织和个人可以实现从基础信息服务到高级知识服务的跨越,使传统的高级 IT 应用大众化。云计算按需配置计算资源,在集成后的高效存储和计算能力架构基础上,信息服务系统架构的运行成本大幅降低,机构组织可以根据 IT 需求选择对应的云计算资源和服务并付费,从而完成采购。例如,传统本地技术架构中企业的 CRM 项目需要先期投入大量的预算以进行长周期的 IT 基础设施建设和架构部署,而 Salesforce 平台"在线 CRM 服务"中的云服务项目——Groupedition 面向企业用户只需 9 美元/月,企业版的 CRM 全部功能(15 种语言、800 多种应用程序)仅需 65 美元/月①。在云服务架构背景下,软件与硬件的维护升级服务均可以在云端平台实现成本低廉性,个人和组织用户的信息服务可以获得持续的技术支持和保障②。

实现信息资源匹配和用户信息需求的途径即为信息服务。云计算背后的技术支撑是互联网中计算实体资源与 IT 服务的系统整合,这就形成了灵活、自适应的 IT 架构服务体系。云计算特有的 IT 架构服务体系为信息服务的持续创新增添了新的发展动力,这种发展动力推动信息服务在服务内容、服务资源和服务方式等属性层面持续完善和优化。在不断发展的云计算技术的推动下,信息服务的内涵也在不断扩容,交互式、一体化正在成为信息服务模式发展的方向,呈现出以下特点:

- 以一体化为核心的交互式信息服务。在云计算技术的支撑下,信息服务提供者可以实现在同一技术平台上进行账户认证、信息检索、费用结算等操作的一体化服务模式。云技术还可实现不同数据库内信息资源的跨库服务,以便让用户在同一个服务界面进行服务费用结算。在这样的背景下,信息服务已不单单是进行信息交互,更是知识共享与交流的重要渠道,因此,促进信息在提供者与接收者之间的双向流动、交互流动,就变得十分重要。例如,图书馆依托云计算服务平台提供的信息服务可以让用户在云上无限制地调用图书、期刊、电子文献等数据资源以及获得借阅、延期、还书等服务。通过这样的统一虚拟平台提供信息服务,用户在平台上的点击行为又积累成点击流数据,可供图书馆信息服务提供者及时分析和发现用户需求内容、用户行为规律,使个人知识转化为群体知识。另外,当前较为流行的 Web2.0 服务,如即时通信、微博、维基百科、知乎等,也可在云计算平台上提高服务开放性和用户参与度。在云服务平台上,分散在不同地域的网络用户也可实现分工协作,使得信息资源质量的提升可自动实现。
- 以满足个性需求为目标的用户服务。云服务模式较大地增加了用户使用信息资源的深度与广度,让用户在选择所需的信息内容时有了更多的选择,是**以用户为中心的个性化信息服务**。一方面,在云计算环境下,资源可以动态部署,服务可以

① 李勇. 云计算对信息技术发展的影响[J]. 医学信息学杂志, 2010, 31(3): 1-5.

② 储节旺. 寄心海上云:云计算环境下的知识管理[J]. 情报理论与实践, 2013, 36(1): 1-5.

任意组合，服务供应者可以自由选择，一切信息服务都可从用户需要出发；另一方面，云计算技术较好地降低了数据存储与处理的成本，推动了大数据时代的发展①。云计算技术可用于存储与处理用户行为数据，记录用户行为轨迹，提供支持识别用户需求的分析服务，以此实现对用户需求的精确判断。在云服务技术架构背景下，学者在以往的研究中提倡的有针对性的信息检索、信息推送以及信息界面和服务内容的个性化，均有了实现的应用条件。例如图书馆信息服务中的图书推荐系统，借助云计算技术可以更好地分析用户行为，不但可以掌握用户搜索了什么，还可探测用户多个搜索行为间的逻辑关系，进而判断用户的需求偏好和专业特长等，从而为用户推荐更符合需求的图书资料。但云服务的个性化特点并不是忽略用户群体的共性需求，也不是排斥一般的、常规化的共性服务，云服务模式的优势是提高分散的、个性化的创造活动的价值②。将云计算技术应用到信息服务领域，对个性化服务和共性服务都有促进。

- 以集成耦合为途径的多元信息内容服务。在一般意义上的信息内容服务实施流程中，通常要借助多种途径，用户的信息内容需求才能得以实现，单一的用户需求极少存在。云计算技术提供了不同渠道的信息资源融合的技术手段，即便这些信息资源分散在不同的数据存储空间，也可通过云技术实现相互链接。当前，多源异构的数据资源已经开始成为研究重点，对这类信息资源的组织、分析、应用、构建等已成为基于多源主体内容的信息服务范畴中的关键与难点。已有研究表明，借助多源主体内容的信息资源体系构建，可以形成一种基于云计算的多源信息资源即服务③。基于云技术手段融合不同来源的信息资源体系，是运用虚拟化技术的体现，这一技术的应用不考虑多种来源的信息资源间的异构性，不考虑不同数据库的技术复杂性，只是将这些分散在不同物理空间的信息资源网络化为一个统一的资源池，进而通过集成化的信息服务方式，实现对多源资源的统一分配与调度。云计算环境下的多源信息服务是对多源信息的高效运用，不同的研究视角对此持有不同的观点。例如在以用户导向的研究中，多源信息服务被认为向用户提供了多种来源的信息、知识，因此，在对信息服务质量进行评价时，应坚持以云服务为主体的思想，构建一套兼顾多源信息资源有效管理与用户体验改善的全面质量评价体系。

5.1.1 用户信息行为理论

信息行为一直是管理学、心理学、社会学等学科的主要研究内容。其中，以信息资源管理为领域主体的图书馆学情报学关于用户信息行为的研究成果一直领先于其他学科。

---

① Erickson S, Rothberg H. Big Data and Knowledge Management: Establishing a Conceptual Foundation[J]. Electronic Journal of Knowledge Management, 2014, 12(2): 108-116.

② 姜奇平. 技术推动个性化[J]. 互联网周刊, 2010(13): 68-69.

③ Alabbadi M, Mohssen M. Cloud Computing for Education and Learning: Education and Learning As a Service(ELaaS)[C]. IEEE 14th International Conference on Interactive Collaborative Learning, 2011, Piestany, Slovakia.

在20世纪80年代前，信息行为的探索路径仍是以系统为中心的研究范式；而20世纪80年代之后，以用户为主导的研究变得日益显著。

对于用户信息行为，不同学者从不同角度产生了不同理解，并从不同维度进行了定义。迄今为止，代表性最强的定义如下："信息行为是人类特有的一种行为，指主体为了满足某一特定的信息需求，在外部作用刺激下表现出的获取、查寻、交流、传播、吸收、加工和利用信息的行为。"①用户信息行为可以细分为信息的检索行为（查询行为）、甄别行为、选择行为和利用行为等。

经过多年的研究实践，用户信息行为领域已形成诸多理论模型，且理论体系日益完善，对此类研究的实践应用起到了很好的指导作用。从国内外的研究来看，国外的研究起步较早，并已尝试构建了多个成熟的理论模型体系。目前，国内外学者引用较多的用户信息行为理论模型大多源自研究者 Wilson 在20世纪80年代初提出的包括信息需求内涵、信息行为表现类型和影响因素3个层次的信息行为理论模型②。从诸多理论模型的创建背景来看，心理学的相关理论起到了较大的支撑作用。一般认为，行为产生于动机，即需求，因此，在研究用户信息行为规律时，作为产生信息行为根源的信息需求成为不可忽略的研究内容。

用户信息行为研究方法可分为两类：一类是偏重于人文学科视角的方法，多从心理学、行为学的视角对用户心理、行为规律等进行推理、分析、观察等，或从社会学的视角，采用社会调查统计方法，如问卷调查法等，对用户需求、用户行为进行分析、归纳；另一类则是基于计算机技术的IT方法，包括系统日志分析、历史数据分析和实验比对法等③。这些研究方法以定量分析为主要内容，但也不乏定性分析。无论应用何种研究方法，首先都要进行用户数据采集。目前国内外学者所应用的用户行为数据最普遍的获取方式是问卷调查和网络信息采集，其中网络数据客观性强，日益成为用户行为数据的重要组成部分，且随着云计算、大数据时代的到来，网络数据量呈爆发式增长，用户行为数据开始以诸多相关的行为展现，采用传统方法采集行为数据的真实性开始受到质疑，且数据分析结论也难以全面反映用户行为的整体规律，而用户在网络上的各类行为数据的采集、存储成为可能，且云计算技术在处理非结构化数据上具有较大优势，使得运用相关数据对用户行为进行分析预测成为可能，因此已成为用户信息行为研究的重要方向。

用户信息行为理论对云计算环境下信息服务质量的改进和运作方式优化具有重要的参考价值和理论意义。信息服务的个性化是用户信息行为研究的主要内容之一，在此类研究中，系统地分析用户信息行为的影响因素、主客观环境等，尤其是个性化信息服务的实现层面。有不少学者认为，技术因素是个性化信息服务实现的关键要素，技术优劣关系到个性化信息服务实现的成本高低。而云计算技术恰恰填补了个性化信息服务的技术空白，有助于实现个性化信息服务。以政府网站的个性化信息服务为例，网站内容管理系统运行中产生并积累了有关用户访问行为的日志数据，如网站站内搜索关键词等，这类数据

① 胡昌平. 现代信息管理机制研究[M]. 武汉：武汉大学出版社，2004.

② Wilson T D. On User Studies and Information Needs[J]. Journal of Documentation，2006，62(6)：658-670.

③ 魏群义，霍然，侯桂楠. 用户信息行为理论研究与实践综述[J]. 图书馆工作与研究，2012(2)：16-19.

是用户访问行为最真实的反映。但在云计算技术出现之前,分析这类数据几乎是不可能的。而随着云计算技术的应用,海量的用户访问数据可以随时调取,再加之数据挖掘模型的构建,自然语言分析方法的应用,用户访问需求可以及时呈现。政府网站管理人员通过对用户访问行为数据的挖掘,可以有针对性地匹配政府信息服务内容,如通过对用户站内搜索关键词的分析来设置搜索词的推荐词云等,预测并及时满足用户需求。还可以对用户行为数据进行分析,建立个性化的个人访问界面,将用户关心的栏目、新闻等置于显要位置。

5.1.2 信息技术采纳理论

一项信息技术所能产生的应用效果,离不开个人或组织对这项技术的接受程度。而这项信息技术在被个人和组织接受、应用的过程中,有哪些主客观因素或者可能会产生哪些问题,即是信息技术采纳理论的研究范畴。对于信息技术采纳理论的构建和提出来说,支撑信息技术采纳领域的框架理论是理性行为理论,此理论是由技术采纳领域的学者 Fishbein 与 Ajzen 共同提出的①,其理论的主要应用关注点为影响个体行为的现象与态度分析,关注阶段涉及从信息感知到意识态度的形成。理性行为理论将个人或组织的行为影响理解为意愿的干预,即先有意愿,后有行为,这从信息技术使用主体的角度规范了信息技术采纳理论的研究视角,为日后的相关研究奠定了一定的理论基础。

信息技术采纳理论的发展可以大致划分为 3 个时期:

- 理论初步形成时期。采纳理论受到信息技术研究者的关注是在 20 世纪 90 年代初,以研究者 Davis② 构建的信息技术接受模型为标志,该模型建立在社会心理学理论研究的基础上,其理论基础即为理性行为理论。由于它是社会心理学研究成果在信息技术研究领域的第一次尝试,该模型一经提出,便受到学术界的关注,掀起了信息技术采纳实证研究的热潮。同时期的不少学者也开始尝试应用心理学理论研究信息技术采纳问题,计划行为理论、社会认知理论等都是这一时期的代表成果。
- 理论发展与修正时期。随着实践的深入发展,信息技术接受模型越来越难以满足理论研究的需要,该模型所提出的变量及其结构关系也不能准确描述信息技术被用户接受与使用之间的复杂关系。因此,信息技术接受模型的实际可操作性不断受到学者的质疑,对其进行不断的修正、完善成为 1995—2003 年这段时间的研究主题,这一时期被认为是信息技术采纳理论的发展与修正时期。
- 多元应用发展时期。以互联网技术快速普及的 2003 年为起始,IT/IS 的采纳研究开始步入多元应用发展阶段,主要体现为 4 个方面:使用类型的不同分析、使用层次的不同探究、文化背景的差异分析和多元的研究方法应用。

---

① Fishbein M., Ajzen I. Belief, Attitude, Intention and Behaviour: An Introduction to Theory and Research [J]. Philosophy & Rhetoric, 1975,41(4): 842-844.

② Davis F D. Perceived Usefulness, Perceived Ease of Use, and User Acceptance of Information Technology [J]. MIS Quarterly, 1989, 13(3): 319-340.

信息技术采纳理论的研究客体是信息技术、信息系统等物理存在，研究导向是以用户为出发点，研究路径是通过分析用户在使用技术过程中的各类影响因子，探讨影响信息技术被广泛采纳的主客观原因，进而提出信息技术改进策略，提升信息技术被用户采纳的效果与效用。云服务离不开云计算这一信息技术的基础支撑。为了提高云服务水平，云计算技术被用户的采纳程度是关键要素，开展云计算的组织采纳和个体采纳研究，找到实践中用户采纳云计算技术的关键影响因子，是必要而有意义的。所谓云计算采纳行为，是指用户对基于云计算的应用和服务的采纳行为和选择决策[①]。当前，云计算作为一项新兴技术，无论是组织还是个人，对其采纳程度都是有限的。这是因为，云计算技术在降低信息服务成本的同时，也带来了用户隐私信息泄露的风险。例如，要真正实现云计算环境下的个性化服务，离不开丰富的个人数据作为支撑，需要描绘出精准的用户画像，这无疑会与某些信息服务平台的用户隐私保护条例发生冲突。因此，对于信息服务领域的云计算技术采纳及其影响因素，应结合具体的应用场景具体分析。

5.1.3　创新扩散理论

创新扩散理论(Diffusion of Innovation Theory)主要研究创新在社会系统中传播、扩散的过程。自工业革命以来，电报、电话、无线广播等创新技术不断产生，信息的传播媒介与传播速度日新月异，新产品、新理念、新技术等从发明者到使用者的传播速度不断加快，其被接受程度也各有不同，创新扩散理论正是在这一背景下产生的。该理论的研究高潮出现于 20 世纪 60 年代，标志性事件是《创新的扩散》一书的出版。该书的作者埃弗雷特·M. 罗杰斯(Everett M. Rogers)因此被认为是创新扩散理论的代表人物和集大成者[②]。在此基础上，罗杰斯与休梅克于 1973 年又提出了创新扩散模式，对这一领域的研究成果进行了经典的修正与综合。在罗杰斯对创新产品传播路径的研究中，其对教育、农业、医学、市场等领域的各类创新都做了扩散研究，发现创新产品在各类渠道的传播路径呈现出诸多相似点，创新扩散曲线均呈近似 S 形曲线的正态分布。因此，创新扩散理论又称为 S 形曲线理论。

一般情况下，创新的决策过程会经历认知、劝说、选择、决策、实施、确认等阶段。在采用创新产品的开始阶段，创新扩散的速度较慢；当决定采用创新产品的总人数扩大到总人数的一半时，扩散速度会加快；而当其接近最大饱和点时，扩散速度又慢下来。这一过程可以描述成 S 形曲线。创新产品扩散的过程并不是线性的，而是一个复杂的过程。罗杰斯在研究中发现，采纳者的个人特性、社会特征、创新属性、传播渠道、沟通环境等均会影响创新产品的被接纳程度。干预创新传播行为的控制变量除了以上因素外，还包括创新行为自身决定传播程度与速度的某些特征变量，例如创新的相对优势(相比其他方法的优势)、相容性(与现有价值观、潜在接受者的融合性)、复杂性(创新被理解或使用的难易程度)、可试性(创新被实现的可能性)、可观察性(在多大程度上创新成果可以被观察到)等。如果某产品的创新有较高的可观察性，而且这种创新本身具备较好的相容性、易操作性和

① 卢小宾，王建亚. 云计算采纳行为研究现状分析[J]. 中国图书馆学报，2015(1)：92-111.

② 罗杰斯. 创新的扩散[M]. 辛欣，译. 北京：中央编译出版社，2002.

可试性特点，那么该产品的创新扩散速度一般快于其他产品。

创新扩散理论作为传播效果研究中的重要理论基础，为考察各种创新产品的扩散过程提供了一个可操作性很强的理论框架和方法体系。对于信息服务研究而言，云计算不仅带来了信息服务模式的创新，其本身也是一项创新技术。如果将云服务的发展置于创新扩散理论的研究范畴中，云服务是否具有相对优势，是否可与现有服务模式相容，云服务的成效是否可观察，以及云服务用户的个人特征、社会特征等均会影响云计算下的信息服务实施效果。基于创新扩散理论的云服务特性如表 5-1 所示。

表 5-1 基于创新扩散理论的云服务的特性

特 性	含 义	表现形式
相对优势 (relative advantage)	云服务创新相对于以往同类技术所具备的优势	云计算使信息服务获得便利优势：信息服务的资源整合能力、资源利用效能、数据信息的存储能力和服务器运作稳定指标均获得显著提高，IT/IS 基础设施(如软硬件、机房和服务器等)成本投入显著降低，从而实现信息资源协同共享和信息用户的协同交互
相容性 (compatibility)	云服务的创新特性与现有 IT 服务价值标准、目标用户的以往使用经验以及准用户采纳需求的匹配程度	无论对于最终的信息服务用户还是服务的提供者来说，云服务都能在很大程度上满足需求。对用户而言，其多样化需求可以更好地被满足；对提供者而言，其提供服务的成本可较大幅度降低
复杂性 (Complexity)	云服务创新被理解或被使用的难易程度	随着互联网的飞速发展和应用普及，云计算的应用方式更为简便。且云计算下信息服务的主要模式使得云服务提供者可以选择接受云服务提供商的云服务，也可以通过自建云来使用云计算技术给服务，使得云计算环境下的信息服务更易被理解和推广
可试性 (trialability)	云服务创新在某些特定条件下能够被尝试的程度	已有国内外研究对于信息服务领域的云计算试验性探讨较为普遍。例如，云计算三阶段工程 CALIS、DuraCloud 美国国会图书馆 IT 项目、Amazon Web Service 云服务应用于 OhioLink 图书馆联盟托管其公共数字资源的某一部分、Google 云文档服务 Docs 应用于东肯塔基大学图书馆的网页数据收集和网站回复等①
可观察性 (observability)	云服务创新产品能被个体观察到的程度	信息服务应用云计算能带来看得见的效益。从信息服务提供者的角度来看，信息服务的提供无须依靠服务器物理存储空间，可以实现存储能力释放和资源节约。从成本和收益角度来分析，采购实体软硬件设施的投入和维护费用远高于购买云计算服务的费用

① 张凌超. 基于"云计算"的数字图书馆建设模式初探[J]. 图书馆学研究，2010(21)：39-42.

5.1.4 可信计算

随着网络安全问题的日益严峻,可信计算成为网络安全领域的研究热点。所谓可信计算,是指由安全可控的硬件系统支持的可信任的计算平台,一般由信任根、硬件平台、操作系统和应用系统等组成。在可信计算平台上,从最初的信任根到最后的应用系统,每一环节都需要基于前一环节的信任验证来确保平台上信息流的真实可信。当前,世界互联网巨头,如微软、IBM 等,建立了一个涵盖 200 家信息技术公司的可信计算组织(TCG),目的就是增强计算机系统的安全性。而现阶段,可信计算组织的首要任务是确保数据存储的安全性、数据应用的完整性以及远程证明平台的可信性。

现有可信计算技术架构从平台架构体系角度可分为 4 个层次——硬件层、内核层、服务层和应用层,接口种类包括安全芯片管理、密码服务和完整性管理。具体来看,实施可信计算平台的基础是硬件层;安全密码芯片及其程序库的驱动部件构成了内核层与 TPM 的直接交互;上层应用程序既需要服务层提供密码管理服务的接口,也需要服务层具备线程管理能力。服务层为适应这两种需求,其运行部件一般将操作系统作为服务的主要存在形式。从应用层次角度,借助 TPM 提供的多类型支持功能,可信计算平台可以实现多类型安全服务,包括 VPN、可靠邮件服务、存储加密和芯片安全管理等。技术架构管理服务中的数据完整性、密钥和证书构成了可信计算的平台支撑。可信计算平台的完整性保证由 4 个阶段完成——创建完整性值、收集完整性度量值、创建完整性判断和评估完整性。现有密钥类型中的存储根、存储、加密和签名等构成了密钥管理的一般对象。密钥依据迁移属性还可分为可迁移密钥与不可迁移密钥两类。

基于新型计算架构下的信任模式研究以属性度量为主要研究路径来完成高效的完整性度量,因此现有研究主要是针对以往可信计算架构的缺点和评价方法的局限进行的,当前的热点研究方向是可信计算架构的应用模式研究。企业界和学术界持续不断地推进可信计算的实践与理论进步。可信计算的发展动力既来自实践和理论的相互联系,又来自自身的应用价值。

云计算是一种颠覆性的 IT 服务供给方式,它凭借网络互通、资源集聚共享、配置灵活弹性、按需服务和收费等诸多优势,在各领域中快速普及。用户的数据通过计算规划和任务转移至云服务商的存储服务器端,这种运作方式能够降低用户的数据处理成本和计算、存储负担。另一方面,这种操作方式使用户在一定程度上丧失了数据和计算任务的控制权,因此,在云计算研究领域,研究者最关切的问题即是其自身特性造成的安全问题。为了应对这种安全问题,研究者构建了立体、多维的应对方案,这就保证了在技术维度上为可信计算搭建了安全的云计算环境,同时,基于认证机制和组合方案的远程访问用户认证方式为云计算平台的安全实施提供了较好的技术保障。具体措施如下:

- 云计算架构下用户访问的可信计算技术控制。由于云计算平台负载了海量数据,导致用户对于云服务的瞬时巨量数据请求,并且不同用户的数据请求目的和请求方式均存在差异,这种情况不仅会使访问路径异常复杂,也会使云服务面临安全性风险。可信计算对于上述问题的处理方式可以归纳为用户分类,即,制定基于客户分析策略的相应访问控制规则,规定用户只可以根据自身注册的分类来获得使用云服务的信任授权。另一方面，用户分类的处理方式可以为用户提供基于可信计算技术平台的隐私保护和权限，还可以对处于交流互通中的数据进行加密保护。此外，由于可信计算平台具有线程和处理逻辑独立的硬件特点，能够帮助用户抵御来自软硬件的网络攻击，因此基于可信计算平台的云计算身份验证是保护用户权益的可靠技术手段①。

- 云计算架构下用户行为的可信计算平台追溯。云计算架构系统中会保留每个云用户的完整身份数据信息，所以采用某种机制对于用户行为进行追溯是平台的必要措施。云用户进行身份验证时，需要可信计算平台识别其密码，防止用户隐瞒身份信息，所以云平台会在用户登录前自动认证和记录用户的身份数据信息，验证后的数据信息会存储在云平台的每个数据节点。这种追溯机制保证了可信计算平台可以参与云计算架构的用户操作流程，并对用户访问和资源获取进行监控，杜绝参与用户的恶意访问，如果发生恶意访问，即启动追溯惩罚机制。
- 基于可信计算技术的云计算安全架构构建。可信计算技术为云计算平台的架构安全提供了一种可行的操作途径。解决个人业务平台和可信计算业务平台中的信任提供问题和隐私保护问题，是可信计算模型架构设计的初衷。从 20 世纪开始一直沿用的互联网基础架构由计算机或网络计算构成的，而且这一过程中主要的架构建设目的即是完成计算，所以在当前的系统环境，尤其是分布式系统环境中，可信计算模型正逐步发展为网络计算。现有的电子商务运作日益依赖云计算，所以考虑到云计算在电子商务中的特殊地位，可以将可信计算机制整合进商业云计算平台中，进而扩展可信计算的应用范围。

5.2 政务网络信息生态的服务管理模式

由于网络技术的日益普及，当前政府内部部门之间的工作方式正悄然改变。原来各自独立的政务单元借助网络技术互联，形成了政务信息网络，进而完善和优化了政务信息的业务操作、管理架构和服务效果。利用网络技术互联后的政务信息平台重构了原有的政务运作流程，这种改造不仅提高了政务系统的运行效率，而且降低了运行成本，更为关键的是从根本上改善了政府与民众的互动方式，提高了政府的服务质量。网络技术的持续发展变化不仅推动了政务网络变革，还影响了政务网络的生态演进。由此可见，构建良好的政务网络所使用的 IT 技术需要具备高效率和低成本两大关键功能特征。

大量的计算资源、存储资源以及软件资源可以借助云计算技术变为可封装的 IT 服务，进而形成规模可观的虚拟 IT 资源共享池，以此共享基础向用户提供源源不断的 IT 云服务②。鉴于云计算服务具备诸多优势特点——低成本的平台搭建、高效率的运作机

① Shen Z, Tong Q. The Security of Cloud Computing System Enabled by Trusted Computing Technology[C]. International Conference on Signal Processing Systems, 2010, Dalian, China.

② Armbrust M, Fox A, Griffith R, et al. A View of Cloud Computing[J]. Communications of the ACM, 2010,53(4): 50-58.

制和可扩展的架构基础，因此政务信息处理与业务广泛采用了云计算服务。政务网络所需要的高效率与低成本的生态经济性也可以通过云计算服务的部署实施来实现。

但是，目前的政务网络忽视了采用云服务可能带来的流程变化，因而未能实现生态服务标准所要求的稳定可靠和风险可控诉求。要使政务信息处理要求的安全性和保密性可以借助非本地的云架构管理实现，需要云计算服务提供商介入后的第三方政务网络模式替代原有的政府-公众二元政务结构。这种第三方政务网络模式应确保公众政府权益和政务工作质量。综上所述，生态经济特征和服务特征的平衡即是云服务架构下政务网络信息生态链运行稳定的关键。

云计算服务提供商向信息用户提供可信云服务的条件和能力即是可信云服务的应用实现。这种应用实现需要在满足信息用户使用预期的情况下实现云服务的可信运作，同时在确保系统稳定与干扰可控的前提下体现云服务的可信特征，这就意味着安全可靠成为这种应用实现的评价标准。其中，云服务安全性需要具备排除服务运行期间的可能危险和潜在灾害的能力，还要具备提供完整、保密、可用和真实信息的保障能力。云服务可靠性需要具备有限环境和时间内的服务有效运行能力、抗干扰攻击能力、无效状态时的服务连续提供能力以及在有限时间内恢复服务的能力①。由此可见，要实现政务网络的生态经济性与生态服务性的平衡，需要利用可信云服务对政务网络进行整体重构。那么如何进行重构和如何选择合适的重构标准，即是本领域目前亟待解决的核心问题。

本节将重点探讨云服务背景下政务网络生态失衡的成因、表现特征和服务管理模式的构建维度。

5.2.1 分析框架

信息的生产、传递与消费共同构成了政务网络信息生态链的核心功能②，其功能的具体实现依靠信息流与服务流的运作来完成。服务与信息的运作流程包含业务、数据与服务 3 个要素，同时，政务信息系统与技术架构协助三要素完成具体的业务处理、数据传递和服务实现。图 5-1 展示了政务网络信息生态链的功能、要素与实现关系。

可以看到，在政务网络信息生态链中，作为基础的底层生态由信息系统与技术架构来支撑，因此 IT/IS 架构的应用直接关系到服务流与信息流的运作效率，另一方面又决定了信息生态链的功能稳定水平，这种结构性的运作机制形成了政务网络信息生态平衡的基本原则——政务网络信息生态链的运作效率与功能稳定水平的平衡依靠 IT/IS 的采纳得以实现，这种平衡需要兼顾生态经济性和生态服务性。

1. 采用云服务引发的政务网络信息生态失衡

在以本地 IT/IS 架构为基础的政务运作流程中，政府可以视为信息生产者，电子政务

---

① 沈昌祥，张焕国，王怀民，等. 可信计算的研究与发展[J]. 中国科学：信息科学，2010(2)：139-166.

② 赵云合，娄策群. 政务信息生态系统的功能[J]. 情报理论与实践，2012，35(5)：36-40.

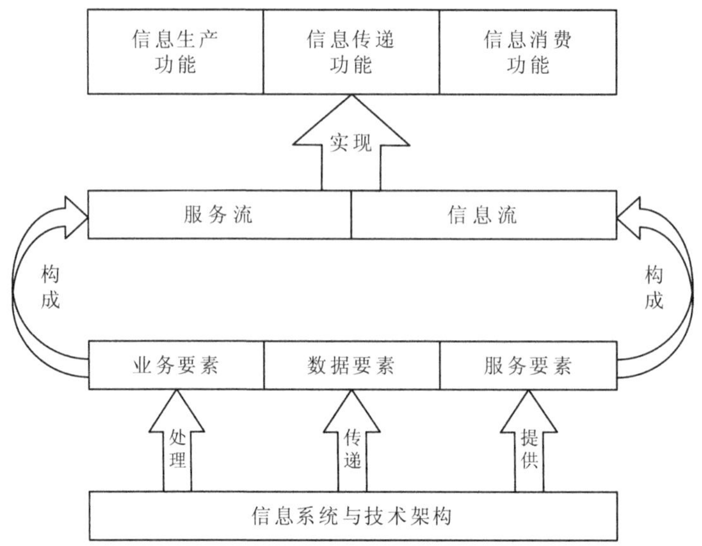

图 5-1 政务网络信息生态链的功能、要素与实现关系

部门与 IT 运营商可以视为信息传递者,公众用户可以视为信息消费者①。以本地计算资源架构为 IT 基础,政务网络信息生态链的功能定位、运作流程和资源交付等规则是明确的,而且其交付与处理方式也是可控的。基于这种本地资源架构的操作流程,政务网络信息生态链可以在一定范围内平衡功能稳定水平(生态服务性)与运作效率(生态经济性)之间的属性冲突。

IT 发展进入云计算时代,由于云服务自身的诸多优势——成本低廉、运作高效和架构可扩展,原有的本地计算资源架构逐步被非本地的云服务架构取代,而且取代速度持续加快,这就导致了云服务架构成为政务网络信息生态链的首选应用模式。另一方面,政务信息网络中的数据信息传递至云服务平台进行处理,则政府部门不需要关注具体的资源处理规则与技术方式。此外,政务网络可以根据需要购置具体的云服务,这不仅使政务网络的业务处理成本降低,也使节省后的资源可用于政务网络的功能拓展。

然而,非本地 IT 基础架构的云服务应用封装了具体资源的交付处理方式,这又给政务网络造成了生态服务性不可控的稳定风险问题。首先,传统本地 IT 架构的政务网络运作主体是政府部门,其负责将服务流传递至社会公众,而非本地 IT 架构的云服务提供商作为运作主体负责将服务流传递至政府部门与社会公众;其次,传统本地 IT 架构的政务网络负责将信息流与数据传递至社会公众,而非本地 IT 架构的云服务提供商承担政府与公众间的信息流传递,并获取相应的数据信息使用权限。传统本地 IT 架构与云服务架构中服务流与信息流的运作如图 5-2 所示。综上所述,这种底层 IT 架构基础变迁导致各政务生态角色发生变化,打破了原有的生态经济性(运作效率)和生态服务性(功能稳定水平)的平衡,进而引发了政务网络信息生态的失衡。

① 谢佳,邓小昭,颜新祥. 电子政务信息生态系统失衡及其应对措施[J]. 西南师范大学学报(自然科学版),2013,38(3):138-142.

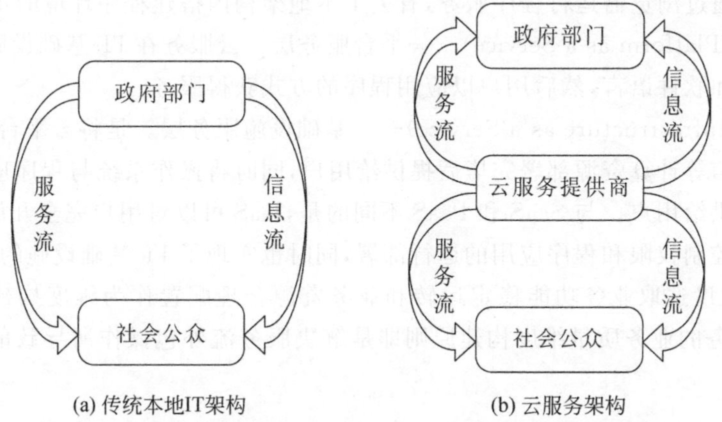

图 5-2 传统本地 IT 架构与云服务架构中服务流与信息流的运作

2. 可信云服务管理模式的构建维度

云服务架构下的政务业务操作由云服务提供商完成，而政府部门在这一业务框架下的生态角色由信息生产者变为信息用户与消费者，云服务架构下信息业务外包的操作方式造成了业务质量的可信问题，因此业务质量维度需要纳入可信云服务管理模式的范畴。

云服务架构下的政务信息数据需要由云服务提供商操作和传递，而政府部门在这一技术框架下将原本完全拥有的对数据的控制权限在一定程度内让渡给了云服务提供商，这种第三方介入的控制权限变化导致了数据管理的可信问题，因此数据管理维度需要纳入可信云服务管理模式的范畴。

云服务架构下的权益保障操作需要由云服务提供商完成，而政府部门在这一业务框架下将原本自身负责的权益保障责任在一定程度内转移给云服务提供商，而云服务提供商在服务出现中断或失败后，如何维护和保证政务业务的公众服务特殊权益，这是在具体操作层面产生的权益救济问题，因此权益保障维度需要纳入可信云服务管理模式的范畴。

综上所述，可信云服务管理模式构建将从业务质量、数据管理和权益保障 3 个维度进行探讨。

5.2.2 业务质量

云计算服务在具体提供流程中涉及硬件平台、软件系统和开发工具等资源①。云计算架构一般分为 3 层：软件服务层、平台服务层和基础设施层，政务网络信息生态链中的云服务亦可参照上述分类标准，具体包括：

- SaaS(Software as a Service)——软件服务层。云服务为 IT 用户提供可以直接使用的软件程序服务，同时用户既可以在自终端设备上通过客户端使用程序服务，

① Armbrust M, Fox A, Griffith R, et al. Above the Clouds: A Berkeley View of Cloud Computing[J]. Eecs Department University of California Berkeley, 2009,53(4): 50-58.

也可通过浏览器运行程序服务，省去了本地架构内搭建程序环境的步骤。

- PaaS(Platform as a Service)——平台服务层。云服务在IT基础设施内搭建开发工具和软件语言，然后用户以应用程序的方式获得服务。
- IaaS(Infrastructure as a Service)——基础设施服务层。是将云平台的存储、处理和通信等计算资源部署完毕后提供给用户，同时将操作系统与程序应用等软件程序提供给用户。与SaaS和PaaS不同的是，IaaS可以对用户完全开放计算资源的管理控制权限和程序应用的运行部署，同时也实现了IT基础设施的完整交付。

从工程角度选取业务功能稳定运转和业务资源合理配置作为维度构建指标抽取特征，可信云服务的业务质量维度构建原则即是解决服务流外包操作所导致的业务质量可信问题。

1. 业务功能的稳定运转

政务业务功能稳定运转的关键影响因素是可靠性与时效性。云服务对接用户需求并完成服务的可能程度即为可能性，云服务响应用户需要的即时速度和时间即为时效性。可信云服务为服务提供商和信息用户搭建了服务水平协议(Service Level Agreements, SLA)，明确了服务的各项指标与参数，使SLA成为业务功能可靠性和时效性的有效保障①。可信云服务的SLA参数指标体系如表5-2所示。

表5-2 可信云服务SLA的参数指标体系

服务类型	服务参数	服务说明
SaaS	Customizability	自定义
	Terminal Support	终端支持
	Availability	可用性
	Usability	简易性
PaaS	Transferring Bandwidth	带宽
	Throughout	吞吐量
	Scalability	可扩展性
	Latency	延迟
	Integration	继承性
IaaS	CPU Capacity	CPU能力
	Storage	存储性
	Calls Per Second	呼叫频率
	Security	安全性
	Response Time	响应时间

① 鲍冬梅. 云服务质量度量和测量方法研究[D]. 济南：山东大学，2011.

然而,在异构非可靠的IT架构环境、自治分布式的管理环境和快速变化的网络环境下,云计算平台会受到通信失效、网络变化和设施变更等诸多威胁影响①,云服务的稳定运转面临着不容忽视的现实困境。另外,政务网络需要具备运行效果良好和完成质量较高的云服务,来确保政务业务的社会属性和社会事物处理主体角色的稳定,因此政务业务中的云服务应尽量避免各类网络和流程故障所引发的业务中断问题。因此,可靠的性能管理是保证可信云服务业务功能稳定运转的现实基础。性能管理的具体实施内容如下:

- 故障排除。分析和发掘云服务性能历史数据,以帮助云平台快速确定问题的原因和故障位置,取代维护管理人员的主观经验推断。
- 预防性管理。分析、预测云服务功能的承载边界,在防止故障和问题出现的前提下增强云服务的预防故障能力。
- 提高资源利用率。实时监测云服务的资源调度,通过资源优化策略改善现有计算、网络和存储的资源配置。
- 准确计费。依据SLA评判云服务的完成效果与质量,分析已使用的存储与带宽等资源的运行情况,实现云服务的准确计费。

综上所述,将SLA引入政务可信云服务,通过构建参数指标体系和性能管理规则保证业务功能的稳定运转,满足政务网络信息生态链的云服务功能需求。

2. 业务资源的合理调度配置

政务网络需要原有本地IT资源架构为某一具体的政务业务配置专用的IT资源,这种处理机制很难适应日益变化的政务资源调度与配置趋势。政府网络建构在云服务架构下,需要面对架构的业务托管机制所导致的混合体系政务业务群,而且需要云服务为这种集群提供业务资源的解决方案。另外,政务业务群还存在动态性和实时性的业务要求,云服务为适应这种处理要求,需要完善按需所需的特性,因此制定合理有效的业务资源调度配置策略是需要解决的现实问题。

可信云服务业务资源调度策略的制定应从经济角度出发,调度策略目标选取能耗、服务质量和资源利用率,综合各项指标完善策略的具体制定。从能耗角度可以分析服务器资源优化的现状,筛选出闲置服务器,尽可能减少数据中心的物理能耗;从服务质量角度可以配置大数据处理组件、性能适宜的处理器和存储硬件,尽可能满足用户的资源调度需求和服务质量要求;从资源利用率角度可以分配合理的计算任务虚拟机,以满足动态负载的物理服务器优化需求。

5.2.3　数据管理

通过以上分析可知,政务网络借助云服务将信息数据传递至云端平台进行存储与处理,这意味着政府部门作为信息生态链数据管理的主体地位发生了改变,在一定程度上让渡了信息数据的完整控制权限,从而使云服务提供商变为运作主体,这就导致云服务数据

① 张小云. 云计算环境中可信服务模型及其关键问题研究[D]. 武汉:武汉大学,2013.

管理的可信隐忧。云服务架构要求数据管理能够形成政府部门(数据所有者)和云服务提供商(数据服务者)之间的数据信任约束,借助技术与信用的约束规定,协作促进数据的正常、合法利用,防范盗用与损坏①。本课题采取身份认证体系和数据存储保护来构建云服务架构下政务网络数据的管理维度。

1. 身份认证体系

云平台的身份认证一般由加密服务提供者(CSP)完成。政务网络的数据传输处理不仅需要经过 CSP,还需要访问控制策略在一定范围内辅助数据信息的获取。云服务的身份认证体系和访问控制策略是保证数据隐私性和安全性的关键。政务网络处理的各种业务需要不同的身份标注,因而易引发无序认证和管理漏洞。另外,由于多个云服务提供商参与政务网络的业务流程,数据在多个服务商间的共享传输也需要经过点对点的身份认证。可信云服务身份认证体系选取单点登录和联合身份认证的方式来确保数据管理的安全性与隐私性。

- 单点登录。在云安全联盟(Cloud Security Alliance,CSA)安全指南中对单点登录(Single Sign-On,SSO)的解释是:在安全保密的环境下,将身份信息属性传递至云服务。政务网络云服务可以将某一具体的业务流程用户身份认证协同扩展到相关的云服务,省去复杂的账号认证,仅需一次认证,即可对用户开放相关的云服务。密钥、数据签名、验证信息与通道加密构成了单点登录的安全认证措施。
- 联合身份认证。在云安全联盟安全指南中对联合身份认证的解释是:关联多种不同云服务提供商的身份信息库。云服务身份验证只需在某一业务的身份信息库中进行一次,政务网络中其余的云服务提供商就可以对用户开放信任访问,省去重复认证的烦琐步骤。多个云服务之间的简化访问操作和不同云服务之间的协同认证机制是确保联合身份认证有效实施的关键。

2. 数据存储保护

依托虚拟化技术和分布式存储,云服务将众多成本低廉的存储硬件集聚为海量存储资源池,而且还将涉及的硬件基础、数据配置和备份容灾等资源封装后部署至用户端。基于云服务架构,政务网络可以允许用户远程访问和操作云端的存储数据。通常,政务网络存储的数据可分为静态数据和动态数据两类,其中绝大多数的云端存储数据为静态数据,只有少数业务流程中的数据是动态数据,在流程处理周期结束时也会转变为静态数据。云服务架构下政务网络数据保护的核心即是保证静态存储数据的保密性和完整性,可信云服务的存储数据保护也是基于这种考虑而展开的。

- **数据加密保护**。一般来说,最直接的加密方法是对数据进行加密,操作环境在云存储数据库中,但这样会导致密文检索问题。在云存储数据库完成数据加密后,加密密码被转移到政务网络客户端,网络的检索方法将会影响处理效率、数据管理和优化密文检索策略。这种处理虽然满足了政务网络的实际需求,但并不适合

① 刘婷婷. 面向云计算的数据安全保护关键技术研究[D]. 郑州:解放军信息工程大学,2013.

云存储的政务网络数据库敏感数据加密。可信云服务的数据在应用程序层(即管理网络客户端)上进行了加密。管理网络客户端根据安全级别和敏感级别执行数据加密,而解密也在客户端执行。密钥还存储在客户端中,该客户端对数据进行加密,并确保数据和密钥的安全性。云存储数据库服务器只负责数据的存储、管理和查询,不涉及数据加密,这保证了云存储数据管理的隐私性。此外,在应用层中,客户端数据加密以及网络数据管理提供了更好的可伸缩性和灵活性,网络数据管理可以基于实际需要制定相应的加密和保护策略。

- **数据完整性保护**。可信云服务的数据完整性保护分为两个方面:一是确保政府网络数据的可取性,二是避免数据的损坏。尽管云存储服务可以提供更好的数据保存技术和能力,但数据损坏的可能性很大。大规模分布式集群中的节点故障是电子政务系统数据丢失的主要风险之一。为此,在电子政务系统建设中,往往采用副本技术来避免或减少这种风险带来的损失。如果传统的容错技术仍然不能避免单点故障和数据丢失,那么云服务提供商很可能会为自己的业务利益隐藏事故。因此,通过验证数据的完整性,确保政府网络数据的安全性和审查机制的安全性,从而避免事故的发生。

5.2.4　权益保障

商业云服务的问责补偿机制一般是根据服务水平协议来规定云服务提供商和信息用户之间的权利和义务,如果发生业务崩溃、数据损坏或者隐私泄露等事故,商业云服务用户可以根据 SLA 中的责任赔偿条款进行申诉,这种问责机制在商业云服务模式中较为普遍。

由于云服务提供商(第三方)介入了政务网络信息业务,导致政务网络信息生态链的各运作角色发生变化,云服务提供商取代政务部门成为主体,而政务部门与信息用户都是信息消费角色。政务部门舍弃本地 IT 资源架构后,将数据信息的控制权限转交给云服务提供商,云服务提供商再将政务信息数据开放给社会公众,这种政务部门信息数据的权限转移实质上是公共受托责任的转移,云服务提供商转变为责任主体。公共受托责任的商业法律解释为参与运营受托管理的组织或个人承担接受委托的财产经营责任,这些组织或个人负有相关公共财产和相关利益的报告责任①。与商业法律问题类似,云服务提供商承担了原有政务信息网络的部分政务职能与社会义务,同时云服务提供商也为社会公众提供政务信息数据的稳定服务。政务信息网络对于云服务提供商的责任托付与信任建立在云技术架构稳定运转的基础之上。如果因为缺乏可信技术保障而导致频繁的业务中断和数据事故,不仅会降低政务部门的职能质量,亦会有损政务部门公信力,间接引起社会公众信任危机。由此可见,商业角度的云服务问责补偿机制并不适用于云服务架构下的政务业务,政务信息网络更需要云服务提供商的业务功能补偿配套措施和公众社会责任救济措施。

① 曾小青. 公司治理、受托责任与审计委员会制度研究[D]. 厦门:厦门大学,2003.

针对云服务架构中政务信息网络的社会责任保障问题，本课题引入动态协商的SLA机制，从动态救济角度构建可信云服务的权益保障维度。商业角度的云服务SLA一般在发起服务前由信息用户与服务商共同制定明确的服务内容协议，其中涉及提供何种服务、如何计费、如何监控、如何惩罚违规和如何补救等具体条款，服务内容协议一旦确立，就无法在云服务发起过程中更改。与之相对，政务信息网络云服务的SLA确立需要采用动态协商机制，这样可以在云服务实施过程中针对服务出现的损坏和中断问题，供需双方可以再次协商SLA的内容修改和条款变更，重启运行稳定的云服务，直至服务生命周期结束。

云服务架构取代原有本地IT设施架构以后，政务网络信息生态链的信息流与服务流运作主体由政务部门变为云服务提供商，这种生态主体角色的变化导致了政务网络信息生态链的失衡，原有的效率与功能平衡、生态经济性和生态服务性平衡被打破。本节主要探讨了可信云服务管理模式的构建维度问题，构建维度包括业务质量、数据管理和权益保障，并具体探讨了基于以上3个维度的构建策略和架构方案。通过维度构建，最终实现了政务网络信息生态链在云服务架构下的生态再平衡。

5.3 商业数据分析的服务实践模式

商业数据分析将数据与信息的知识化处理与形成作为关注重心，目的在于借助各类分析方法从原始数据与信息中提炼出高价值、支撑决策的关键知识，即数据信息到知识的转化处理模式。这种转化处理模式在历经了逻辑分析处理阶段、统计定量处理阶段和计算机辅助处理阶段的发展后，使商业数据分析不仅在运作效率上能够负载复杂任务分析，而且在预测结果的信度和效度上也能够逐渐满足商业决策支持的精准化需求。但是，建立在本地计算资源与服务基础之上的传统商业数据分析处理资源运作模式和服务组织架构等方面并不能完全胜任海量数据与信息的分析任务。

云计算技术的出现改变了计算资源与服务的交付模式。通过网络获取和访问非本地的计算资源与服务不仅具备显著的成本优势，而且具有灵活的按需提供的服务架构，同时云端百万台级服务器的超大规模也赋予了用户前所未有的计算能力。借助非本地虚拟化的云计算技术，商业数据分析处理可以实现海量信息和大数据背景下从信息到知识的转化与形成。

架构在云计算技术环境下的海量商业数据分析是一种需要预载大量数据集（如科技情报预测数据、市场行业跟踪数据、政策咨询数据、金融股票数据和气象数据等）的数据计算处理。这种商业数据分析需要分析者从私有和公共环境中获取尽可能多的有用数据，并且高价值信息需要从结构化数据、半结构化数据或异构数据中抽取分析。因此，依托于云计算技术的海量商业数据分析处理需要具备3种功能：海量商业数据分析的存储和访问、海量商业数据分析的管理与组织以及海量商业数据分析的并行处理。Google公司研发出的云计算技术因其具有实时服务、海量处理和协同工作的特点，所以在商业数据分析应用领域具备代表性。本节首先从Google三大云计算技术——GFS、MapReduce和Bigtable入手，探讨云计算环境下海量商业数据分析服务实践模式的改进和功能实现，如图5-3所示。

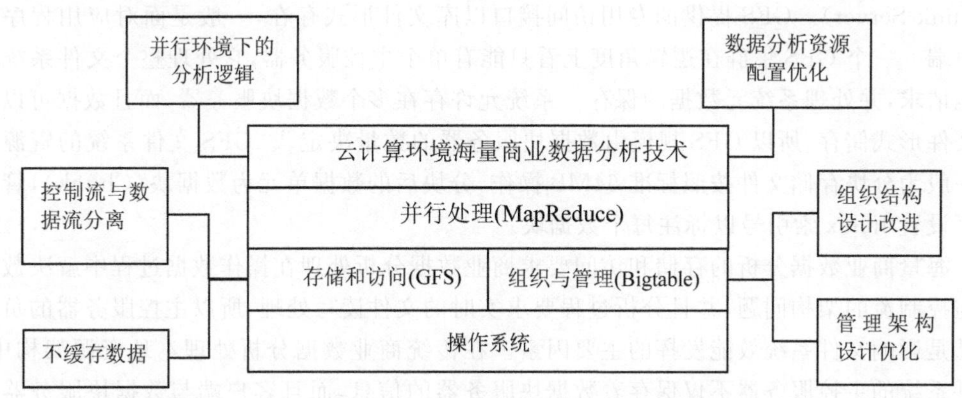

图 5-3　基于 Google 云计算技术的海量商业数据分析服务实践模式

5.3.1　数据存储

云计算技术环境下的商业数据分析是一种面向海量数据集的商业数据分析处理，所以这种商业数据分析在运作过程中首先需要具备针对海量数据的存储和访问功能。Google 云计算的文件管理平台系统(Google File System，GFS)是以分布式架构为基础的大型文件系统，它的设计功能是为 Google 云平台部署海量存储功能而准备的。GFS 与 Google 公司开发的 MapReduce 和 Bigtable 一起构成了 Google 公司的核心计算技术，其中 GFS 作用于底层，其正确运行是其他技术正常运行的保证，它在整个 Google 公司的分布式系统平台中处于基础地位，是实现云计算服务的基础①。

传统商业数据分析处理的应用领域包括数学统计、计算机辅助分析、图书情报分析和社会学分析。这些传统商业数据分析处理主要依托本地资源架构进行，即无论是硬件设施还是文件系统都需要专门配备，从而保障商业数据分析的可靠性，但也存在着架构的容错性过低和成本过高等问题。另外，对于传统本地化商业数据分析资源架构的标准来说，文件系统中的文件容量如果都是 TB 级的，就变得难以处理，这在功能性上限制了海量数据的分析处理。

目前已经设计出的 GFS 是针对庞大的数据密集型应用的文件系统。当商业数据分析处理运行于廉价的硬件环境时，GFS 具有一定的容错能力，并且可以向商业数据分析工作平台传递高集成度的执行结果。成本低廉的商用服务器机群构成了 GFS 的技术架构，其操作机制赋予文件处理容错任务的能力，其架构特性决定了系统可靠性可以通过软件应用解决②，因此以往对于商业数据分析的成本投入成倍减少。

1. 控制流与数据流的分离

GFS 中节点的组成部件包括客户端(Client)、主控服务器(Master)和数据块服务器

① 陆嘉恒，文继荣，毛新生，等. 分布式系统级云计算概论[M]. 北京：清华大学出版社，2011：107-108.

② 刘鹏. 云计算[M]. 2 版. 北京：电子工业出版社，2011：17-19.

(Chunk Server)。GFS 提供的专用访问接口以库文件形式存在，一般是面对应用程序的客户端。一个 GFS 集群在逻辑角度上看只能有单个主控服务器，它处理整个文件系统的功能请求，并处理系统元数据的保存。系统允许存在多个数据块服务器，而且数据可以通过文件形式储存，所以 GFS 规模由数据块服务器的数量决定[①]。GFS 文件系统的资源管理一般为分块存储文件按照标准 64MB 操作，分块后的数据单元为数据块(Chunk)，管理排序设置 Index 索引号以标注每个数据块。

海量商业数据分析的存储和访问要求商业数据分析处理在操作数据过程中解决数据流与控制流的架构问题，并且分析过程要求实时的文件读写处理，所以主控服务器的负载设计是影响文件系统效能发挥的主要因素。在传统商业数据分析处理本地资源架构中，文件系统的主控服务器不仅保存着数据块服务器的信息，而且客户端与数据块服务器间传输的数据仍要通过主控服务器分配资源处理来完成，即传统模式下的控制流与数据流都是由主控服务器参与运行的。这种架构设计虽然保证了文件系统的稳定性，但是无形中增加了主控服务器的负载，从而制约了文件系统的效能发挥。

GFS 的系统设计实现了控制流与数据流的分离。客户端发出信息请求至数据块服务器，主控服务器接到请求后启动操作，然后客户端直接访问这些数据块服务器完成数据的存取工作和读写操作，即，客户端与主控服务器之间只有控制流，客户端与数据块服务器之间直接传输数据流。这种架构设计方式不仅极大地降低了主控服务器的负载，同时由于 GFS 可以将文件以多个数据块的形式分布存储，多个数据块服务器可以同时被某一客户端访问。

GFS 中控制流与数据流相分离的设计优势使商业数据分析在操作海量数据时的信息搜集和实时分析的处理效率显著提高。由于 GFS 的存储和访问可以高度并行，数据搜集不仅能以极高的频率更新，而且可以长时间地跟踪某一数据对象的属性状态；由于 GFS 中控制流与数据流并不相关，所以商业数据分析过程可以根据实时分析任务和数据量的负载情况来动态扩展与伸缩数据块服务器，从而使文件系统的资源分配能够适应实时分析的处理要求。

2. 不缓存数据

文件系统缓存是一种尽量减少文件系统访问磁盘次数的机制，它用提高文件系统性能的方法来弥补磁盘性能的不足[②]。缓存设计遵循了计算机系统设计中应用最广泛的准则——加快经常性事件[③]，其设计理念是将要操作的文件块保存在内存中。一方面，这种文件系统的文件块在首次被访问时需要从磁盘读取，以后的访问则可以直接从缓存读取，读操作的性能因此提高；另一方面，操作修改后的数据块保存在缓存中，其在需要时由系统写回磁盘，写操作的性能也因此提高。

---

① Ghemawat S, Gobioff H, Leung S T. The Google File System[C]. Proceedings of 19th ACM Symposium on Operating Systems Principles, 2003, Bolton Landing, NY, USA.

② 林运章. 并行文件系统缓存技术研究[D]. 武汉：华中科技大学，2004：4-7.

③ Patterson D A, Hennessy J. Computer Architecture A Quantitative Approach[M]. 北京：机械工业出版社，1999：14-39.

在考虑了应用功能特点和系统结构特点的前提之下，GFS 采用了不缓存数据的操作机制。从应用功能角度看，客户端只有少部分的重复读写操作，其大部分应用均是流式读写操作，因此系统效能的整体性提升不能依赖可重复读写数据的少量缓存；数据块服务器对于特定数据块的频繁读取需求的处理机制是将本地文件系统以合作缓存的方式进行缓存。从系统结构角度看，在无法完全保证数据块服务器的稳定性和高速网络访问持续性的情况下，GFS 不仅要维护缓存与实际数据之间的一致性，而且由于读写操作的数据量远远高于内存容量，GFS 无法完全实现数据缓存；另外，由于主控服务器管理着客户端发起的所有操作，所以主控服务器需要频繁地操作元数据，因此通过缓存主控服务器存储的元数据和压缩元数据的缓存空间，GFS 进一步优化了数据缓存策略。

依托于本地资源架构的传统商业数据分析在处理分析预测和决策支持问题时，通常将历史数据和已有文献资料作为分析素材，这不能满足大数据时代和云计算环境下实时数据搜集与信息分析的功能需要。同时，依托于本地资源架构的传统商业数据分析首先需要通过数据缓存提高文件系统的读写效率，然后再开始具体的数据文件分析处理。然而，这种处理机制在面对海量商业数据分析的巨量数据缓存需求时，就会因为本地资源架构的存储容量局限而无法进行，而且并非所有海量商业数据分析中的实时数据都具备重复访问的缓存价值。

GFS 不缓存数据的系统设计提高了商业数据分析应用于海量实时商业数据分析与监测的运作效率与处理质量。第一，由于客户端应用一般都为流式读写而无须缓存数据，所以这种应用功能设计很适合海量数据的实时分析与监测，而且也并非所有采集到的实时数据都有缓存的价值。第二，如果某些实时分析的数据需要频繁地进行读写操作，那么数据块服务器的本地文件系统会将其缓存，而且 GFS 架构下的数据块服务器可以动态加载与伸缩，并不存在缓存容量局限的问题。

5.3.2 数据处理

在当下信息数据爆炸式增长的时代，数据量规模的持续扩张引发了数据处理流程向海量化和并行化转变，集群搭建底层系统的数据处理架构，并以非结构数据和结构数据重塑数据格式，这种不同于传统并行数据处理方法的处理操作对网格计算和以 DBMS 为代表的传统并行处理提出了新要求[①]。海量商业数据分析的并行处理可以借助 Google 云计算平台 MapReduce 进行模型简化处理，同时，通过 Hadoop 云计算平台的技术架构可以满足海量商业数据分析需求。

MapReduce 模型是通过 map 函数和 reduce 函数对一个输入<key,value>对集进行计算处理，最后生成一个新的输出<key,value>对集[②]。其中，map 操作将一个输入对集处理为一个中间<key,value>对集，然后再由 reduce 操作通过合并操作处理相同 key 的

① 易小华，刘杰，叶丹．面向 MapReduce 的数据处理流程开发方法[J]．计算机科学与探索，2011，5（2）：161-169．

② Dean J，Ghemawant S．MapReduce：Simplified Data Processing on Large Clusters[J]．Communications of the ACM，2008，51（1）：107-113．

value 值，最后产生<key,final_value>的数据结果集，即所有 reduce 操作的结果合并在一起即为最终结果。

1. 并行处理下的商业数据分析逻辑实现

MapReduce 的处理模型将海量商业数据分析任务先切分成小的分析单元和数据块，而后由各处理节点分布计算，最后再将各计算结果汇总。这种并行计算的处理方式非常适合商业数据分析方法的运作逻辑和思维模式。

从基础方法论角度看，商业数据分析方法处理模式与并行计算的运作特征存在一定程度的相似性。商业数据分析方法在处理某一概念实体或事物时，首先要完成的步骤就是将实体或事物从逻辑角度分解为各个组成要素或部分[①]，然后通过比较判断得出这些要素中影响客观事物发展变化的要素，再通过推理解析出事物之间以及构成事物内部的各要素之间的关系，如因果关系、表象和本质关系、一般和特殊关系、主要矛盾和次要矛盾关系、目标和途径关系以及其他相关关系等，最后将要素和关系的处理结果汇总，从而揭示事物的本质规律和内在联系。可以看出，商业数据分析方法处理模式与并行计算在执行过程上都经过分解、处理、汇总、完成这 4 步，所以将并行计算，尤其是云计算的技术架构应用于商业数据分析处理模式，这在实践角度是可行的。

2. MapReduce 商业数据分析的资源配置优化

传统信息分析方法遵循简便、固定的处理原则，分析内容包括数据的内容、模式和处理环节，而且数据收集与定位是传统方法的首要处理目标，并行处理以及其他应用因素并不作为首要考虑。由此可见，减少数据收集、定位的处理时间是传统信息分析方法资源配置的主要优化策略，而且其资源配置优化策略通常涉及布局数据存储、操作数据逻辑和物理处理数据等静态统计分析环节，并归纳梳理信息分析方法的内在规律。然而，海量数据环境下的信息分析所面对的困境是：数据的模式、内容和处理方法等在分析启动前均是未知的，并且存在实时变化的可能（数据倾斜与特征变化），所以传统信息分析方法的静态布局和处理属性并不能很好地适应这种变化。

信息用户定制的 MapReduce 以及排序、归并、读写文件等系统默认操作这两方面的多数据处理微阶段构成了 MapReduce 商业数据分析任务，而且待处理数据集的计算任务与资源配置计划都会影响各微阶段个体的衔接效果[②]。然而，商业数据分析的处理框架预先确定了数据集的操作规则，并不能按实际情况动态调整，所以集群资源的合理配置和参数集的协调设置即是商业数据分析执行效能的优化宗旨。使商业数据分析操作与最优效能的资源配置计划匹配，这是 MapReduce 商业数据分析资源配置的核心关注点。

5.3.3 数据组织与管理

海量商业数据分析要求在商业数据分析处理中数据组织与管理的存储系统能够实现

---

① 卢小宾，郭亚军．信息分析理论与实践[M]．北京：清华大学出版社，2013：60-61.

② 韩海雯．MapReduce 计算任务调度的资源配置优化研究[D]．广州：华南理工大学，2013：29-32.

批处理，以提高数据吞吐量，并能够对操作请求保持低延时，以实现实时信息服务。但是由于建立在本地资源平台上的传统商业数据分析处理中的数据模型与框架在很大程度上依赖关系数据架构，从而导致了系统效能不能完全满足海量多类型数据处理(非结构化、半结构化数据，如图像、视频、音频以及文档)、复杂信息查询功能实现以及长事务支持(多种记录类型的大段数据操作)等功能需求。

Bigtable 是 Google 基于 GFS 文件系统和 Chubby 锁服务所开发的用于管理大规模结构化数据的分布式存储系统①。Bigtable 的技术策略是将很多传统关系数据库的技术结合起来，并且在满足系统高性能、可扩展性、可靠性和可信性设计标准的基础上，实现商业数据分析处理中的海量商业数据分析的存储要求和实时信息的服务请求。然而，Bigtable 的功能实现也与传统的关系数据库不同，Bigtable 不完全支持关系数据模型，即，它在提供简单数据模型的基础上动态控制数据部署和数据格式，同时为了避免数据特征无法获知而允许用户推断底层存储数据的局部属性。Bigtable 的技术实现为 Google 网页索引、Google 地球和 Google 金融等众多 Google 应用提供了灵活、高效的数据存储服务。

1. 数据模型组织结构的设计改进

为了使分布式存储架构能够运行于由上千台机器构成的集群上，并且可以高效、可靠地处理 PB 级海量数据，设计者将 Bigtable 设计为分布式多维映射表，表中的数据通过一个行关键字(row key)、一个列关键字(column key)以及一个时间戳(time stamp)进行索引，因此，从本质上来说，Bigtable 是一个基于键值对的存储系统②。基于这种不同于传统关系数据库映射方式的设计理念，设计者对于 Bigtable 数据模型组织结构进行了若干设计改进。

- 行的设计改进。Bigtable 的行关键字是最大可达 64KB 的任意字符串。区别于传统的关系型数据库，Bigtable 不支持一般意义上的事务，但可以保证每次对单行数据的读写操作在执行完毕之前不会被任何其他任务或事件中断，即具有原子性。为了使用户能够通过少数计算机通信而高效读取短的连续行，Bigtable 在按行关键字的字母顺序排列数据的基础上，将数据倒排。例如将 information.analysis.com 倒排成 com.analysis.information。这种倒排设计使得同一行关键字下的行数据是连续的。当商业数据分析在进行数据访问时，这种行数据的连续存储位置可以提高查找和分析的效率；当商业数据分析在进行数据存储时，这种倒排便于数据压缩，从而可以提高数据存储压缩率。
- 列的设计改进。不同于传统关系型数据库将所有的列关键字进行简单存储，而是由列关键字组成的集合——列族构成存储访问控制的基本单元。同一列族下的数据不仅类型相同，而且被一起压缩存储。列族概念下列关键字的定义语法格式

① Chang F, Dean J, Ghemawat S, et al. Bigtable: A Distributed Storage System for Structured Data[J]. ACM Transactions on Computer Systems, 2008, 26(2): 1-26.

② 沭云龙. 云计算平台下的数据挖掘研究[D]. 南京：南京邮电大学，2013：5-6.

为(族名：限定词)。族名必须限定概念，而限定词可任意。基于这种列的设计改进，商业数据分析处理的访问控制和存储操作都在列族层级完成，而不用涉及繁多的列关键字，因此面对海量数据时，这种清晰、简单的数据结构组织形式使得分析方法的处理效率大幅提升。

- 加入时间戳。商业数据分析处理中实时数据的操作服务要求存储系统的每个表项都可以存储一种数据的不同版本，然而传统关系型数据库的结构规则并不能很好地实现这些不同版本的索引功能。为了实现不同版本的索引功能，Bigtable 在数据模型设计中加入了时间戳。Bigtable 的时间戳是 64 位整数，并可由系统分配赋值或用户自定义。

加入时间戳的 Bigtable 数据存储系统与传统关系型数据库相比，在海量商业数据分析上具有以下优势：

- 弥补了传统关系型数据库忽略事务时间特性的缺陷，适应了海量商业数据分析应用服务的实时变化特点①。
- 传统商业数据分析处理难以通过传统关系型数据库识别数据项间的价值关联，而时间戳层次发现的价值关联可能会提供普遍意义的知识。
- 传统关系型数据库顺序处理大量的磁盘 I/O 操作，很难适应大规模、可扩展的海量商业数据分析；而时间戳的非顺序处理方式弥补了这一不足。

2. 数据管理架构的设计优化

Bigtable 的数据管理是通过分布式任务调度器 WorkQueue、分布式文件系统 GFS 和分布式锁服务 Chubby 3 个云计算组件实现的。其中，WorkQueue 负责分布式系统队列分组和任务调度，GFS 负责日志和数据文件的存储，Chubby 负责管理元数据和服务器信息。

Bigtable 数据管理的具体架构包括客户端程序库(client library)、一个主服务器(master server)和多个子表服务器(tablet server)。在进行数据管理时，客户端通过打开锁操作实现和子表服务器的通信，而不用和主服务器通信；主服务器主要负责元数据操作和子表服务器的负载调度，而数据则存储在子表服务器中。这种控制流与数据流相分离的数据管理架构模式降低了主服务器的负载，提高了商业数据分析处理中数据管理的效率。

- 主服务器的控制监测设计优化。Bigtable 的系统功能目标是实现分布式存储系统良好的扩展性。基于这种设计理念，子表服务器的加入和撤销操作必须由主服务器通过监控子表服务器状态来进行。Bigtable 中主服务器对子表服务器的监控通过 Chubby 运作完成。在 Chubby 为初始化的子表服务器分配独占锁的过程中，子表服务器的信息即被保存在 Chubby 的服务器目录中。通过监测 Chubby 的服务器目录，主服务器就可识别出最新的子表服务器信息和各个子表服务器中

① 任家东，任东英. 基于时间戳数据库的分布式多层时态关联规则挖掘[J]. 计算机工程，2004，30(16)：63-64.

子表存储资源的分配状况。当监测过程确认个别子表服务器负载过重时，主服务器便会自动执行负载均衡操作。商业数据分析处理的海量性不仅体现在某次分析处理的数据量较大，也可能体现在某一时间过程中需要分析、处理的数据总量过多，而在这种情况下无法在分析操作前限定要分配的系统资源，因为需要处理的瞬间数据量是动态变化的。为了适应这种瞬间数据量的变化特征，数据管理架构必须具备高效的资源控制监测功能，因此 Bigtable 这种中心式的控制监测设计为海量商业数据分析的动态数据管理提供了可行途径。

- 子表服务器的存储操作设计优化。Bigtable 的子表服务器在运行存储操作时，按照时间远近将数据存储在不同的区域：较早的数据以 SSTable 格式存储在 GFS 中，较新的数据则存储在子表服务器的内存表中。这种技术使得商业数据分析在操作海量数据时能够依据数据的产生时间来选择不同的存储方式：较新的数据需要频繁地处理操作，所以将其存储在内存中便于系统随时调取；而较早的数据由于没有太大的处理价值，将其存储在文件系统中并不占用存储系统过多资源，便于存储系统合理分配资源。同时，由于子表服务器的内存表空间毕竟有限，因此当数据存储量达到一定程度时，已存储的内存表就会停止操作并被压缩为 SSTable 文件，这就进一步优化了 Bigtable 存储系统的资源配置。

Hadoop 是一个基于 Google 三大云计算技术——GFS、MapReduce 和 Bigtable 所开发出的开源分布式计算平台。Hadoop 能够帮助程序开发者快速编写分布式并行程序，其本质是一种将海量数据计算部署在计算机群上的载体。

作为 Apache 开放软件基金下的开源项目，Hadoop 由很多子项目构成。持续出现的新功能体现了 Hadoop 平台强大的可扩展性。Hadoop 的核心部分是以 Google 分布式文件系统 GFS 为技术背景并具备海量数据存储与访问功能的 HDFS 和以 Goolge 分布式计算系统为开发框架并提供具有海量数据并行处理功能的全新计算模型 MapReduce。Hadoop 还提供了在 HDFS 和 MapReduce 之上可扩展的分布式数据存储系统 HBase。HBase 是 Google Bigtable 的开源实现，它是采用与 Bigtable 相同的数据模型开发的基于 Hadoop 的数据查询系统，因此实现了海量数据的组织管理功能。

与传统本地资源架构相比，Hadoop 更适合分析整个数据集，并以批处理的方式进行商业数据分析；同时 Hadoop 适合一次写入和多次读取数据的应用。此外，Hadoop 更适合操作半结构化或非结构化的商业数据，例如图像、文本以及音视频，而传统本地资源处理商业数据分析时往往需要数据规范，以保证分析的完整性。表 5-3 列出了传统本地资源架构与 Hadoop 计算平台在处理商业数据分析时的区别，比较了商业数据分析量、分析方式等重要维度。

表 5-3　传统本地资源架构与 Hadoop 商业数据分析比较

维　　度	传统本地资源架构	Hadoop
商业数据分析量	GB 级	PB 级
分析方式	交互式和批处理	批处理

续表

维　　度	传统本地资源架构	Hadoop
更新	多次写入	一次写入，多次读取
结构	静态模式	动态模式
集成度	高	低
伸缩性	非线性	线性

在商业方面，Hadoop 技术广泛应用于互联网商业数据分析领域。互联网公司通常需要存储海量数据并对其进行分析处理，而这正是 Hadoop 技术的长处所在。以下是具有代表性的应用 Hadoop 商业数据分析案例：

- 雅虎实时服务系统中更新个性化网页的主要技术是 Hadoop。Hadoop 从数据库中读取 user 和 interest 间的映射，并且每 5min 基于最新数据重新排列内容、每 7min 更新主页内容。雅虎还将 Hadoop 用于垃圾邮件分析与邮件投递。Hadoop 计算平台以计分方式分析垃圾邮件，并且以数小时为间隔改进反垃圾邮件模型。Hadoop 系统平台还处理每天 50 亿次的邮件投递。
- 百度的海量数据处理需求量大且集中，不仅要分析线下数据，还要将处理结果在规定时间内返回控制平台。Hadoop 既能满足互联网公司的平台需求，又具备云平台数据处理的优秀能力，因此成为百度海量数据处理的最佳解决方案。Hadoop 应用于百度的以下数据处理领域：数据日志的存储和统计操作；开发平台网页和网络资源分析；用户行为分析和商业广告关注度；在线广告的实时点击状况和用户在线数据的反馈；网页的用户聚类情况、网页的用户推荐热度和推荐关联强弱分析。
- 知名的社交网络服务运营商 Facebook 的日常活跃用户超过 3 亿，而且每日至少有约 3000 万用户更新主页状态一次以上。Facebook 数据存取和交换的统计情况为：注册用户月上传照片的规模为 10 亿张，上传视频超过 1000 万个，注册用户共享的网络信息（新闻、链接、日志、微博）内容每周共计 10 亿条。综上所述，Facekook 具备海量数据存储和处理需求，具体表现为：4TB/天的压缩数据新增量，135TB/天的数据扫描量，7500 次/天的集群 Hive 执行需求，8 万次/小时的数据计算量，因此 Facebook 对于高性能云计算数据处理平台的需求是非常强烈的。Hadoop 平台主要应用于 Facebook 的日志处理、系统推荐和数据仓库。

随着信息技术的发展，商业数据分析在商业和政务领域的发展和决策中所起的作用越来越大。随着用户数量、数据量以及商业数据分析深度的增加，依托于本地资源架构的传统商业数据分析处理日益不能胜任数据的海量发展趋势。本节介绍的云计算技术环境下的商业数据分析以面向海量数据集的分析处理为逻辑起点。针对海量商业数据分析的存储和访问、组织与管理以及并行处理这 3 种流程在传统本地资源架构上的缺陷与不足，本节从理论角度提出了 Google 三大云计算技术——GFS、MapReduce 和 Bigtable 应用于海量商业数据的服务实践模式，以期为商业数据分析微观层面的处理细节优化和分析效率提高提供参考。同时，出于对商业数据分析处理流程的实践角度考虑，今后还应对基于 Google 云计算技术框架下的商业数据分析处理具体的改进效果、实践应用以及分析方法范式加以研究。

5.4　大数据信息分析的服务保障模式

2012 年，美国奥巴马政府在白宫网站上发布了《大数据研究和发展倡议》，旨在提升利用大量复杂数据集合获取知识和洞见的能力。美国六大联邦政府机构达成一致，宣布为此投入 2 亿美元以上经费，大力发展对数字化数据的接入、组织和挖掘的工具和技术①，并进一步扩展，形成了包括联邦政府 12 个部门或机构的多项研究计划②。2014 年初，英国大学与科学国务大臣大卫·威利茨（David Willetts）表示，英国政府计划投资 7300 万英镑资助 55 个政府商业数据分析项目。这些资金除了用于在地方大学建立 4 个大数据研究中心，还将用于分析、解决运输及医疗保健等领域存在的问题③。在当前大数据快速发展的社会环境下，信息分析的根本目标始终没有改变，即针对特定的需求，对信息进行深度分析和加工，提供有用的信息和情报，为管理、决策等活动服务。但在大数据的背景下，如何构建信息分析工作中数据管理、知识决策和技术应用的服务保障模式，成为研究者亟待解决的现实问题。

5.4.1　大数据信息分析的研究现状

本节对国内外信息分析领域发展现状进行分析，以便更好地发现当前大数据环境下信息分析发展中的问题，厘清信息分析中的挑战，有针对性地提出应对大数据时代信息分析问题和挑战的策略与建议。

图书情报领域较早进行的大数据相关的研究包括 2008 年发表于《自然》杂志的系列论文，其中包括《大数据：欢迎进入拍字节处理中心》《大数据：你的数据如何增长》和《大数据：生物物种保护的未来》等，这些研究构成了对大数据关注的起始阶段。已有研究包括对大商业数据分析与情报分析关系的辨析④，对大数据对情报研究带来的影响和挑战⑤,⑥的梳理，对大数据时代的情报工作模式⑦,⑧的探讨。随着大数据的快速发展，人们需要理

① Kalil T. Big Data is a Dig Deal[EB/OL]. (2018-06-20)[2014-03-21]. http://www.whitehouse.gov/blog/2012/03/29/big-data-big-deal.

② Executive Office Of The President. Big Data Across the Federal Government[EB/OL]. (2018-06-20)[2014-03-21]. http://www.whitehouse.gov/sites/default/files/microsites/ostp/big_data_fact_sheet_final_1.pdf.

③ 通信世界网. 英国投资 7300 万英镑发展大数据[EB/OL]. (2018-06-20)[2014-03-21]. http://cww.net.cn/news/html/2014/2/19/20142191007531064.htm.

④ 李广建，化柏林. 大数据分析与情报分析关系辨析[J]. 中国图书馆学报，2014(5)：14-22.

⑤ Chen H，Chiang R H L，Storey V C. Business Intelligence and Analytics：from Big Data to Dig Impact[J]. Mis Quarterly，2012，36(4)：1165-1188.

⑥ Arnold S E. Big Data：The New Information Challenge[J]. Online，2011，35(2)：27-29.

⑦ 顾涛. 基于大数据的竞争情报协作分析研究[J]. 情报科学，2013，31(12)：114-118，135.

⑧ 吴金红，陈强，张玉峰. 基于众包的企业竞争情报工作模式创新研究[J]. 情报理论与实践，2014(1)：90-93.

解大数据环境下计算社会科学范式的转变[①]。也有研究者将数据、信息和分析作为服务看待，对服务导向的管理决策制定流程提供了概念框架，介绍了基于服务的架构和云计算对数据、信息和分析的潜在影响[②]。

在大数据环境下的信息分析方法探索方面，有学者对大数据时代情报分析技术与方法[③,④]进行了创新。包括对大数据预测建模进行了研究[⑤]，构建了适用于大数据的基于本体的可视化查询生成方法[⑥]，开发了处理大数据的高效和安全的云存储系统[⑦]。

在大数据环境下信息分析方法应用方面，领域情报分析成果丰富，如公安情报和技术竞争情报分析等。在医学和生物信息分析方面成果较多，有学者运用统计文本分类识别健康信息技术事件的发生[⑧]，基于大数据产生了一些新知识和应用，如数据驱动药物研究的出现，甚至呼吁建立生物领域的大数据系统[⑨]。

总体而言，对大数据环境下信息分析的研究刚刚起步，在新的信息环境下信息分析方法、技术和工具、工作模式等方面已经有了一些成果，但还缺乏更多更深入的研究。

5.4.2 大数据信息分析面临的关键问题

大数据的快速发展也伴随着大量的问题。本课题通过对大数据环境下信息分析核心环节的梳理分析，总结出大数据时代信息分析中亟待解决的 5 个关键问题，涉及信息分析思维革新、信息分析资源保障体系构建、信息分析方法创新、信息分析工具开发和信息分析工作模式探索。

- 信息分析思维有待革新。信息分析思维方式是人们进行信息分析活动时所采取的思维方式。其具体含义是信息分析思维主体在一定理论、观念、方式和手段的基础上所形成的反映和把握信息分析对象的方法[⑩]。信息分析人员的逻辑思维对信息分析工作的开展以及信息分析任务的完成都具有重要的作用和意义。在大数据时代背景下，大数据是公众获得新的认知、创造新的价值的源泉，大数据还是

---

① Chang R M, Kauffman R J, Kwon Y O. Understanding the Paradigm Shift to Computational Social Science in the Presence of Big Data[J]. Decision Support Systems, 2014, 63: 67-80.

② Delen D, Demirkan H. Data, Information and Analytics as Services[J]. Decision Support Systems, 2013, 55(1): 359-363.

③ 李越. 基于离群点数据挖掘的情报分析方法探析[J]. 信息通信, 2013(3): 132-133.

④ 蒋苏蓉, 蓝江桥, 杨玉海. Hadoop 框架下的情报分析大数据调度超时预测方法[J]. 计算机科学, 2014, 41(Z6): 409-413.

⑤ Fox B. Using Big Data for Big Impact. How Predictive Modeling Can Affect Patient Outcomes[J]. Health Management Technology, 2012, 33(1): 32.

⑥ Soylu A, Skjaeveland M G, Giese M, et al. A Preliminary Approach on Ontology-based Visual Query Formulation for Big Data[C]. 7th Metadata and Semantics Research Conference, 2013, Thessaloniki, Greece.

⑦ Kumar A, Lee H J, Singh R P. Efficient and Secure Cloud Storage for Handling Big Data[C]. IEEE 6th International Conference on New Trends in Information Science, Service Science and Data Mining, 2012, Taipei, China.

⑧ Chai K E K, Anthony S, Coiera E, et al. Using Statistical Text Classification to Identify Health Information Technology Incidents[J]. Journal of the American Medical Informatics Association, 2013, 20(5): 980-985.

⑨ Boyle J. Biology Must Develop Its Own Big-Data Systems[J]. Nature, 2013, 499(7456): 7.

⑩ 卢小宾, 郭亚军. 信息分析理论与实践[M]. 北京: 清华大学出版社, 2013: 1.

改变市场、组织机构以及政府与公民关系的方法[①]。大数据环境给信息分析人员的工作模式和业务内容都带来了巨大的改变，信息分析人员如何适应新的信息技术环境和数据科学范式是大数据时代信息分析工作人员亟待解决的问题。因此，信息分析人员在着手新的信息分析任务或课题时，必须采用全新的思维方式，信息分析呼唤大数据思维。

- 信息分析资源保障体系有待完善。随着时间和信息技术条件的改变，信息资源体系经历着一个动态变化的过程。在一定时间范围内，情报分析人员要想完成高水平的信息分析任务或课题研究，必须尽可能多地搜集不同信息来源的情报分析资源，而在大数据环境下，不同来源的数据必须由计算机系统进行集成与资源整合，才能更好地为情报分析人员所用。多源数据集成与信息资源整合的概念在国内出现较早，1995年就有文献提出了多源数据库的集成[②]，后在地理、遥感测绘等领域普遍应用。在2001年，情报分析领域探讨了学术信息资源整合体系的问题[③]。信息资源整合与信息资源保障体系构建是情报分析任务完成的重要条件保障。但从实际来看，情报研究机构在大数据环境下对情报资源的整合利用还不够，还没有构建出能够满足情报分析任务的资源保障体系。
- 信息分析方法亟待创新。信息分析方法创新是信息分析工作的核心和信息分析学科发展的动力。在过去的信息分析实践中，人们更多地关注文献分析，采用信息分析的方法主要有基于内容分析法、引文分析法、共现分析法以及网络链接分析法等科学计量分析方法，因子分析、聚类分析、回归分析、时间序列分析等统计分析方法，以及数据仓库、OLAP、数据挖掘等计算机辅助分析方法。卢小宾、郭亚军对信息分析方法进行了系统总结，将信息分析方法划分为信息分析的哲学方法、基础方法、一般方法和特殊方法4类[④]。在大数据时代，这些信息分析方法本身没有问题，但它们已经不能适应大数据环境下多源数据融合、社会网络结构分析、空间信息分析、可视化分析、大数据批量分析与流式分析的需要。因此，在大数据时代，信息分析工作需要信息分析方法创新。
- 信息分析工具亟须开发。随着信息技术的发展及其在信息分析工作中的广泛应用，信息分析工具的软件化与系统化使得信息分析工作效率得到了巨大的提升。由于大数据时代来临，大数据环境下的专业信息分析软件工具的缺乏成为当前信息分析领域亟待解决的重要问题之一。大数据时代信息分析的难点不在于数据量大，而在于对海量、复杂非结构化数据的分析，不借助于专业的分析工具很难在规定的时间内完成大数据的分析任务，或者很难在较短的时间范围内更多地发现

① 维克托·迈尔-舍恩伯格，肯尼思·库克耶. 大数据时代：生活、工作与思维的大变革[M]. 周涛，译. 杭州：浙江人民出版社，2013：9.

② 张迎红，罗志武. 多源数据库集成系统中查询技术的研究[J]. 辽宁大学学报(自然科学版)，1995(3)：65-68.

③ 范爱红，姜爱蓉. 基于知识管理的学术信息资源整合体系——对ISI Web of Knowledge的评介[J]. 现代图书情报技术，2001(6)：43-46.

④ 卢小宾，郭亚军. 信息分析理论与实践[M]. 北京：清华大学出版社，2013：1.

大数据里潜藏的情报价值。互联网公司、大型零售集团、科学实验机构、政府管理部门等是大数据的主要拥有者，尤其是大型零售企业，较早地累积了大量的数据，但其对大数据的开发利用水平仍然有限。其他机构则主要因为互联网和物联网等新兴技术的运用，快速地累积了海量的数据。但由于适应大数据时代信息分析的专业工具的不足，使得大数据的潜在价值远远没有显现，拥有处理大数据的能力和有效分析大数据的工具，正成为一种必需的竞争优势。

- 信息分析工作模式有待探索。信息分析工作模式是对信息分析实践过程中隐藏的规律或行为方式的概括总结。通过长期的信息分析工作实践，可以对其中的工作规律进行总结，反过来指导新的信息分析工作，从而起到事半功倍的效果。从当前的情报研究实践来看，各个情报研究机构的业务内容和业务水平参差不齐。例如，中国科技信息研究所是科技部直属的国家级科技信息研究机构。该所组建了信息资源中心、战略研究中心、资源共享促进中心、情报方法研究中心和信息技术支持中心，通过5大中心的协同配合，将情报分析各环节所需的资源支撑、方法运用、战略指导和技术支持进行了有效组合与优化配置。国家图书馆是国家总书库、国家书目中心、国家古籍保护中心、国家典籍博物馆，其服务包括文献提供、科技查新、馆际互借、文献查证、检索证明、翻译中心、社科咨询、科技咨询、企业资讯和掌上国图10项。从上述两家图书情报机构的部门设置来看，前者强调情报研究，后者侧重文献信息服务。在新的信息环境下，情报研究机构虽然都对信息分析工作进行了一定程度的优化与技术革新，但对信息分析工作模式的探索显得仍有不足，今后需要结合大数据发展的实际，在管理实践的指引下，探索微观业务或课题层面的信息分析工作模式。

5.4.3 大数据信息分析的四大挑战

由于人们对大商业数据分析的重视，以及计算机处理技术的革新，使得基于大数据的信息分析正在成为人们关注焦点，逐步地转变成了现实。大数据的快速发展为信息分析提供了更多的信息源，也使得信息分析工作不得不面对大数据带来的挑战。本节梳理出大数据发展给信息分析带来的4大挑战。

第一，信息分析即服务的出现。大商业数据分析是大数据时代的关键任务，在巨大的数据量驱动下，大数据信息分析正在成为一种新的服务内容和服务方式。美国著名知识管理学者达文波特①于2013年12月在《哈佛商业评论》上发表 *Analytics3.0* 一文，提出将分析嵌入产品生产与服务的过程中，这是对这一趋势的权威预测。大商业数据分析包括文本商业数据分析、多媒体商业数据分析、流式商业数据分析等，而当前的热点分析应用领域有社交网络商业数据分析、金融商业数据分析、医疗健康商业数据分析、移动与互联网商业数据分析、科学与工程商业数据分析，其他还包括商业、交通、教育、电信等领域的大商业数据分析。2013年中国产生的数据总量超过0.8ZB，2倍于2012年，相当于

① Thomsa H D. Analytics 3.0[J]. Harvard Business Review, 2013(12): 65-72.

2009年全球的数据总量。预计到2020年,中国产生的数据总量将是2013年的10倍,超过8.5ZB[①]。IBM公司研究发现,企业领导经常做出一些无数据支撑的决策,或者他们的决策是基于置信度不高的信息作出的。更令人惊讶的是,半数企业领导者表示,他们尚未找到可以让工作效率提高的信息途径[②]。由此可见,企业管理活动对基于商业数据分析的决策具有较大的需求。相反,作为大商业数据分析的探路者与领导者,从战略资产定义,到实施分析,到阐述大商业数据分析基本原理,再到《分析:价值的蓝图》的发布,IBM公司正式揭示了企业如何从数据和分析中提取价值,获得显著回报的过程。在研发投入方面,2014年初,IBM公司投入10亿美元组建独立的Watson部门,率先步入前瞻认知计算实践,并于2014年3月6日的IBM大数据新闻发布会上正式宣布推出强大的大数据与分析平台Watson Foundations。从行业实践来看,IBM公司端到端大数据与分析能力已帮助全球超过3万家客户获取了更大的商业回报。IBM公司将继续深入在电信、医疗、金融、零售和制造等各行业的实践[③]。IBM作为大商业数据分析行业的领导者,用行业最佳实践表明信息分析即服务正在成为商业竞争领域的一大发展趋势。

第二,信息分析目标的转变。在大数据时代,基于总体或者接近总体的源数据的信息分析逐渐成为人们开展信息分析活动的新目标。随着用户生成内容和基于感知的数据采集方式的日益普及,大商业数据分析为信息分析提供了前所未有的数据保障。此时,基于大数据的信息分析呈现两方面的主要转变。一是分析逻辑由追求因果关系转向相关关系。大数据时代的信息分析不是沿着学者们描述的"从数据到信息再到知识和智慧"的研究思路走,而是走了"从数据直接到价值"的捷径。和数值数据的统计分析一样,大商业数据分析能够对将来的模式或规律进行预测,从而辅助人们的管理与决策。这里的价值或模式主要体现为对相关关系的探寻,尤其是在对多媒体信息的分析过程中,由于分析成本的增加以及技术水平的限制,已经不能对海量的非结构化数据进行精确分析,转而通过相关性的分析寻找业务增长之间的相互关联,从而挖掘新的利润源泉。二是分析动机由精确分析转而追求信号发现。在大数据时代,竞争格局瞬息万变,抢占先机才能获得竞争优势。通过大商业数据分析,对组织未来发展模式与规律的预测则显得尤为重要,其最终目标是帮助管理和决策。从企业发展的角度来看,现代社会企业的竞争更多地表现为"快鱼吃慢鱼"的竞争,在如今强调信息分析速度的过程中,在事物初现端倪时,通过大量数据源的实时监测与分析,预测用户需求、合作伙伴的遴选、新的发展方向等非常重要。沈固朝将对事件出现的各种迹象进行解释、质疑、假设、数据补充、验证和评价的过程称为信号分析,通过有效的技术手段进行数据处理,帮助企业抢占竞争优势。大数据是一个高度业务价值驱动的商业命题。IBM公司的商业价值研究院和牛津大学的塞德商学院联合完成的一个全球大数据的调研报告显示,在全球1100多家大型企业和机构的负责人中,有

① 张广彬,盘骏,曾智强. 数据中心2013:硬件重构与软件定义[EB/OL].(2018-06-20)[2014-01-05]. http://ftps.zdnet.com.cn/files/3/24234.pdf.

② 新华网. 智慧城市大数据想要落地需破除三大障碍[EB/OL].(2018-06-20)[2013-08-27]. http://news.xinhuanet.com/info/2013-08/27/c_132667486.htm.

③ 比特网. IBM大数据与分析再升级大步迈进认知计算时代[EB/OL].(2018-06-20)[2014-03-06]. http://soft.chinabyte.com/393/12878393.shtml.

75%的企业和机构明确表示已经在着手做大数据的分析工作①。

第三，非结构化数据为主的分析。从数据结构的角度来看，可以将数据划分为结构化数据和非结构化数据。通过对数据产生方式的分析发现，对计算机系统而言，结构化数据的处理是相对简单和易于实现的，而非结构化的数据才是大数据时代关注的焦点和处理的难点。非结构化数据是当今大数据的主体，针对非结构化数据管理平台构造中的数据表示、数据操作与数据处理效率等关键问题，郎波和张博宇②提出并论述了四面体数据模型、非结构化数据查询语言（UQL）及数据分布式存储与并行处理架构，并将上述技术在非结构化数据管理系统（AUDR）中进行了应用。Web 数据是大数据的重要形式。如今，基于 Web 形式的信息总量和信息交互量已经变得非常巨大，而对于大量非结构化的信息形式，传统数据挖掘方法已经不能很好地发挥作用，基于 Web 的大商业数据分析成为大商业数据分析领域的重要内容之一。如何从海量的非结构化 Web 数据中挖掘出有价值的信息，已经成为数据挖掘领域一个新的热点③。

第四，集成化分析的兴起。当前，大量的数据正以被动、主动和自动 3 种方式快速地生成，这些数据是人类生产和生活的记录。反过来，通过对它们的分析研究，能够更好地把握人类生产和生活的特点和规律。面对当前大数据环境给信息分析工作带来的巨大影响，集成化分析既是应对大数据复杂问题的一种分析哲学，也是解决大数据复杂问题的一种行之有效的具体操作办法。数据的广泛存在性使得数据越来越多地散布于不同的数据管理系统中，为了便于进行商业数据分析，需要进行数据的集成④。如果将信息分析作为一个完整的事件来看，则对信息分析的集成化处理就包括事前、事中和事后 3 个阶段的处理。与之对应，可以将信息分析的集成化分解为数据源的集成、信息分析方法的集成、信息分析工具的集成以及信息分析结果的集成。在新的数据生成环境、新的分析需求的驱动下，信息分析的集成化趋势也日益明显。例如，Teradata 公司发布了大数据综合分析平台 Teradata Aster，该平台将开源 Apache Hadoop 和 Teradata Aster 整合至高度集成和优化的单一平台中，采用 Teradata Aster 的 SQL-MapReduce 和 Aster SQL-H 专利技术，支持用户透明访问 Hadoop 平台，为知识型员工提供独特的业务分析功能。通过预先封装多项开启即用的分析功能，Teradata Aster 能够在数小时内快速实现数字营销优化、社交网络分析、欺诈侦测以及机器生成数据的分析等⑤。

5.4.4 大数据信息分析的服务保障模式建议

针对大数据时代信息分析过程中存在的 4 个挑战和 5 个关键问题，本节提出了关于服务保障模式的 5 点建议。

---

① 新华网．全球大数据分析：75%的企业在做数据分析工作[EB/OL]．(2018-06-20)[2014-02-17]．http://news.xinhuanet.com/info/2014-02/17/c_133120556.htm? prolongation=1.

② 郎波，张博宇．面向大数据的非结构化数据管理平台关键技术[J]．信息技术与标准化，2013(10)：53-56.

③ 王泽彬，金飞，李夏，等．Web 数据挖掘技术及实现[J]．哈尔滨工业大学学报，2005，37(10)：1403-1405.

④ 孟晓峰，慈祥．大数据管理：概念、技术与挑战[J]．计算机研究与发展，2013，50(1)：146-169.

⑤ 至顶网．Teradata 发布业内首款整合大数据分析平台 Teradata Aster[EB/OL]．(2018-06-20)[2014-06-09]．http://ec.zdnet.com.cn/managesoft/2012/1129/2133617.shtml.

第一，培养大数据思维。大数据正以惊人的速度增长，互联网公司更是要被数据淹没了。Google 公司每天要处理超过 24PB 的数据，这意味着其每天的数据处理量是美国国家图书馆所有纸质出版物所含数据量的上千倍。Facebook 公司每天更新的照片量超过 1000 万张，每天人们在网站上点击“喜欢”（按钮）或者写评论大约有三十亿次。社交网站和其他互联网应用是大数据的重要来源。大数据思维即大数据技术的哲学基础或内在逻辑。澳大利亚卧龙岗大学图书馆开展的“图书馆立方”这一具体项目折射出来的大数据思维视角，对于图书馆信息服务整合与创新的意义重大。有研究者甚至提出，大数据时代最重要的不是大数据，也不是大数据技术，而是大数据思维①。信息分析思维包括信息分析思维主体、客体和工具，具体指的就是信息分析人员、信息分析任务或课题、信息分析工具与技术。在大数据时代，由于信息分析客体和技术工具的变化，使得信息分析主体应主动适应客体和技术工具的变化，才能更好地胜任信息分析任务或课题研究。而且，信息分析思维与客体和技术工具本身具有相互融合、相互促进的作用，信息分析主体认知客体和使用技术工具的同时，信息分析客体和技术工具环境反过来作用于信息分析主体。已有研究表明，信息挖掘技术、海量信息处理技术、大数据技术、云计算技术等新的信息技术手段的出现，从不同侧面提高了信息分析思维能力②。此外，大数据环境下信息分析任务或课题研究实践也是培养大数据思维的有效手段。

第二，构建大数据环境下的信息资源保障体系。信息资源保障体系是指一个国家或地区通过信息资源整体化建设，建立能在一定范围内有效地满足社会在科学、文化、经济等方面信息需求的信息资源和服务系统③。1986 年 11 月在南宁召开的全国文献资源布局学术讨论会在我国信息资源保障体系建设方面具有里程碑意义。经过 30 多年的发展，我国信息资源保障体系的建设经历了从文献资源到信息资源，再到信息服务和信息消费几个阶段，取得了长足的进展。实践中形成了全国和各个省市县的信息资源保障体系建设的探索，如中国高等教育文献保障系统（CALIS）的成功建设，形成了全国中心、地区中心、省中心、成员馆和数字图书馆基地的服务体系。在 CALIS 三期中，已经开始探索基于云计算的 CALIS 平台建设与服务。也发表了《论国家文献信息资源保障体系建设》《西部落后地区信息资源保障体系建设研究》《河北省科研信息资源保障体系的优化对策》等研究成果。信息资源保障体系应该是系统化、综合化的资源体系和管理体系，尤其是在新一代信息技术环境和大数据背景下，本节提出在国家层面的宏观信息资源保障体系下构建基于专题和产业的微观和中观信息资源保障体系。在这方面已有理论探讨，如我国生物医学信息资源保障体系建设的战略构想和战略性新兴产业信息资源保障体系建设。对于情报研究机构而言，构建基于专题和产业的信息资源保障体系具有重要的意义，尤其是在大数据环境下，应该将多源数据充分地集成，将各种类型的信息资源进行有效整合，进而形成信息资源建设与情报研究的良性互动。

第三，创新大数据环境下的信息分析方法。从大数据发展的实践来看，在大数据时代

① 和婷. 大数据思维对图书馆信息服务工作的启示[J]. 图书馆建设，2014(01)：64-68.

② 李佳佳. 基于开放数据和云计算的商业信息分析模式构建[J]. 图书情报工作网刊，2010(6)：17-22.

③ 罗爱静，向英明. 信息资源保障体系建设的哲学基础[J]. 情报探索，2007(8)：3-4.

的信息分析任务中，最大的变化是突出实时数据、动态数据和关联数据的分析和应用。从信息分析对象的类型来看，则包括文本、图像、视频、音频等多媒体信息。从信息分析对象来源看，则包括互联网大数据、物联网大数据和科学研究大数据等。以往的基于小数据的信息分析方法已经不能适应大数据时代信息分析任务的需要，单独用情报学的研究方法、统计学的方法或计算机科学的方法也不能处理大数据环境下的情报分析课题。2011 年 5 月，麦肯锡全球研究院(McKinsey Global Institute)发布研究报告《大数据：创新、竞争和生产力的下一个前沿领域》，其中讨论了 26 种适用于众多行业的分析方法，包括 A/B 测试、关联规则学习、分类、聚类分析、众包(crowdsourcing)、数据融合和数据集成、数据挖掘、集成学习、遗传算法、机器学习、自然语言处理、神经网络、网络分析、优化、模式识别、预测建模、回归、情感分析、信号处理、空间分析、统计、监督学习、模拟、时间序列分析、无监督学习和可视化①。这些方法大多数是已有的方法，小部分是随着互联网和人工智能技术的日益成熟而提出的新方法。在这些方法中，有的是一类方法的统称。针对大数据环境下具体的信息分析任务，也可以按照实际需要进行创新，找到更好的分析方法。在当前云计算和大数据快速发展的背景下，基于云计算的技术和方法，开展大商业数据分析处理是摆在信息分析人员面前最佳的选择方案。例如，MapReduce 是一种简洁的并行计算模型，它在系统层面解决了扩展性、容错性等问题，通过接受用户编写的函数，自动地在可伸缩的大规模集群上并行执行，从而可以处理和分析大规模的数据②。

第四，研发大数据环境下的信息分析工具。大数据集成分析平台是大数据时代信息分析的重要组成部分。前面介绍了 Teradata 在大商业数据分析集成分析平台方面的研发成果。大商业数据分析与应用不断深化，对专业的大商业数据分析工具将产生巨大的需求。根据 2014 年 6 月 IDC 最新全球半年软件追踪报告，结构化数据管理、协同应用和数据访问、分析和交付解决方案预计将在未来 5 年内出现强劲增长，年复合增长率接近 9%。在大商业数据分析软件市场的快速发展过程中，以云计算作为主要技术手段，架构和开发大数据时代信息分析工具，将更好地支持大商业数据分析工具的研发，从而更好地服务大数据时代情报分析工作。具体来看，专业化的大商业数据分析工具应该具有强大的数据仓库支持，把海量的结构化数据和非结构化数据用并行数据库和分布式文件系统分别进行存储；然后用数据可用性③的 5 个方面的标准去衡量搜集的原始数据的数据质量，将基于弱可用的商业数据分析方法整合进信息分析工具的功能之中，实现对弱可用数据的清洗和预处理；进而调用大商业数据分析工具的分析模型对新产生的数据进行分析处理，找出数据中隐藏的情报信号或已有重大问题的相关影响因素等，满足人们及时处理大数据的目标。IDC 全球软件、服务及执行顾问研究高级副总裁 Henry Morris 表示："对互联网社交层面的利用将不断推动协同板块的增长，其中大部分是以软件即服务的形式。与之相辅相成的是，人们对大数据和分析解决方案越来越关注，这有助于企业了解客

① 李广建，杨林. 大数据视角下的情报研究与情报研究技术[J]. 图书与情报，2012(6)：1-8.

② 黄晓斌，钟辉新. 大数据时代企业竞争情报研究的创新与发展[J]. 图书与情报，2012(6)：9-14.

③ 李建中，刘显敏. 大数据的一个重要方面：数据可用性[J]. 计算机研究与发展，2013，50(6)：1147-1162.

户行为并做出行为预测,得到可靠的产品洞察力。"[①]因此,大商业数据分析工具将作为重要的服务内容向社会提供,帮助人们在大数据时代创造新的有价值的分析成果,辅助管理与决策。

第五,改变大数据环境下的信息分析模式。信息分析模式是对信息研究机构所从事工作的高度概括的抽象和总结,它从宏观上指导信息研究机构和信息分析人员开展信息研究工作,反过来,信息研究过程中细微的改革与创新都将促进信息分析工作模式的调整和优化。沙勇忠等提出了计算机辅助的信息分析方略,在专用数据库的支持下,利用选择的软件工具和方法,展开具体的信息分析过程[②],其流程如图5-4所示。

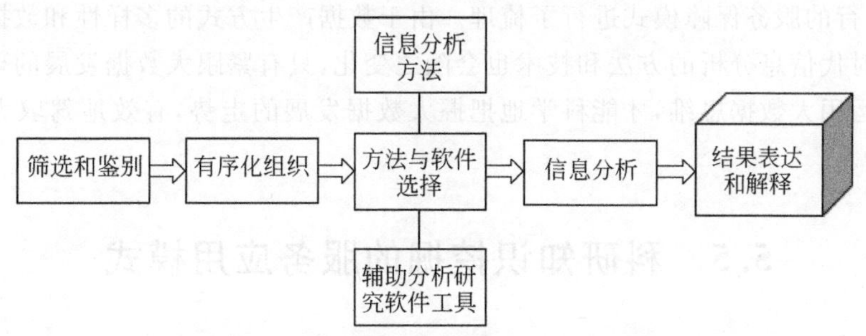

图5-4 传统的计算机辅助信息分析流程

本节在前述内容的基础上,结合信息研究实践的特点和当前信息研究的精细化发展的需要,提出了以信息分析任务或课题为导向的基于大商业数据分析处理平台,以信息机构知识库建设为保障,以专题信息分析为核心的信息机构信息分析模式,如图5-5所示。

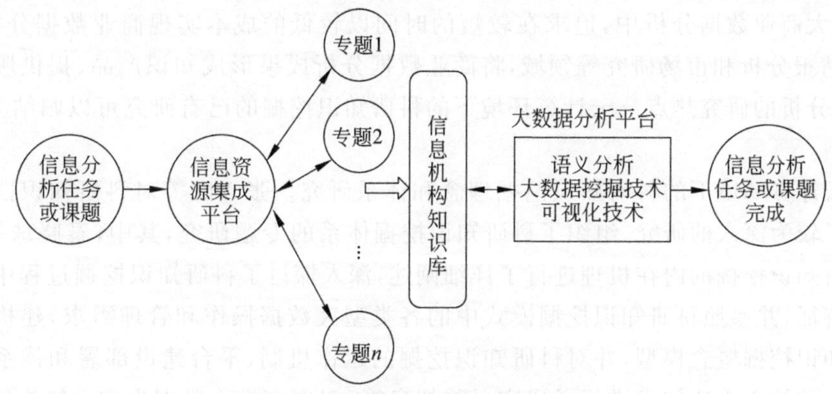

图5-5 大数据环境下信息分析模式

此外,信息分析模式是一个动态变化的过程,信息研究机构或信息研究人员可以根据特定任务或课题的需要,结合特殊资源获取的条件与机构或研究人员个体技术水平的差异等,构建适合自身特定情境的信息分析模式。

① 通信世界网. IDC:未来5年大数据分析类软件复合年增长率达9%[EB/OL].(2018-06-20)[2014-06-10]. http://www.cww.net.cn/tech/html/2014/6/9/201469723572421.htm.

② 沙勇忠,肖仙桃,赵波. 计算机辅助信息分析论略[J]. 情报杂志,2005,24(7):74-77.

大数据时代已经来临，社会各行各业都面临着前所未有的数据量和商业数据分析需求。商业数据分析已经成为一种服务，伴随着数据量的不断膨胀和数据复杂程度的日益提高，大数据时代的信息分析将会受到社会越来越多的关注，并取得越来越大的成就和社会效益。在大商业数据分析与大数据应用的大背景下，美国著名知识管理学者达文波特在《哈佛商业评论》上发表文章对商业数据分析进行了深入剖析，提出了 Analytics 1.0、Analytics 2.0 和 Analytics 3.0 等概念。他指出，在云计算和大数据时代，商业数据分析将完全融入企业产品的开发和服务的过程中，商业数据分析的价值需要得到更深层次的挖掘，并真正将商业数据分析的结果用于辅助企业的管理决策。本节对大数据信息分析领域现今可行的服务保障模式进行了梳理。由于数据产生方式的多样性和数据的动态演变，大数据时代信息分析的方法和技术也会随之变化，只有紧跟大数据发展的理论前沿和实践需要，运用大数据思维，才能科学地把握大数据发展的走势，有效地驾驭大数据时代的信息分析。

5.5 科研知识挖掘的服务应用模式

云计算环境下的科研知识挖掘是以科研知识挖掘人才为核心，以大数据思维和理念为主线，以科研知识挖掘平台和大数据资源为条件保障，对知识挖掘需求进行准确抓取，始终以大数据理念和技术为支撑，最终实现知识挖掘的全过程的新型服务。

云计算为知识挖掘带来了巨大的机遇，同时也为知识挖掘带来了巨大的挑战。云计算作为新一代信息技术产业的重要内容，应用于经济、金融、政治、医疗、生物和科学研究等领域的大商业数据分析中，追求在较短的时间以较低的成本实现商业数据分析目标。例如，在情报分析和市场研究等领域，将商业数据分析成果形成知识产品、提供服务已经成为情报分析的研究热点。云计算环境下的科研知识挖掘的已有研究可以归纳为如下 3 个方面：

- 云计算环境下的科研知识挖掘理念和体系研究。张兴旺等对科研知识挖掘进行了较为深入的研究，组织了科研知识挖掘体系的专题研究，其中，秦晓珠等①对科研知识挖掘的内在机理进行了详细阐述，深入探讨了科研知识挖掘过程中的关键特征，并参照科研知识挖掘模式中的各类型大数据操作和管理需求，建构了科研知识挖掘概念模型，并对科研知识挖掘的运作机制、平台建设部署和体系建构涉及的核心方法技术进行了研究。陈超泉等②对图书馆大数据生态系统进行了深入分析，对科研知识挖掘的框架体系进行了初步的尝试和探索。
- 云计算环境下的科研知识挖掘方法研究。随着数据快速增长，为大规模数据挖掘和知识发现提出了新的挑战，粗糙集理论被成功引入数据挖掘的知识获取中，

① 秦晓珠，李晨晖，麦范金. 大数据知识服务的内涵、典型特征及概念模型[J]. 情报资料工作，2013，34(2)：18-22.

② 李晨晖，崔建明，陈超泉. 大数据知识服务平台构建关键技术研究[J]. 情报资料工作，2013，2(01)：3.

Zhang Junbo 等[①]提出基于并行大规模粗糙集的运用 MapReduce 的知识获取方法,从大数据中挖掘有效知识,并在 Hadoop、Phoenix 和 Twister 3 个 MapReduce 运行平台上试验,证明了该并行方法的有效性。蒋勋等[②]认为对大数据进行数据清洗是最终获取知识的有效途径,给出了数据清洗的基本框架模型及其局限,从而进一步提出非清洁数据的清洁度的机制,对云计算环境下面向知识挖掘的数据清洗进行了深入的研究。刘海鸥[③]将用户情景信息引入个性化推荐过程,结合云计算技术提出了一种科研知识挖掘方法。事实上,科研知识挖掘是一项系统工程,涉及众多的复杂问题,尤其是非结构化数据的处理技术仍然不够成熟,大商业数据分析的深入探索与实践仍需更多的付出与努力。

- 云计算环境下的科研知识挖掘应用研究。科研知识挖掘本身是一项高智力密集型、复杂度较高的服务领域,Greco Albert N 等[④]认为大数据与预测已经形成了一个不小的产业市场。在出版行业,在线零售商利用大数据系统捕获了大量的消费者及其购买行为的数据,然后运用预测分析和协同过滤系统为消费者提供购买建议。作者建议加拿大和美国的大学出版社建立大数据系统,不断采集销售和营销数据,利用大数据和预测分析获取有效知识。Cai Dongfeng 等[⑤]提出了基于大数据处理技术的知识挖掘平台,指导了工业化和信息技术应用融合在中国沈阳的项目实施。国内外已经开展了大数据情报分析和知识挖掘应用方面的探索。科研知识挖掘的实践价值将会催生更多的知识挖掘应用领域和模式的创新。

目前的研究对云计算环境下的科研知识挖掘的概念内涵和科研知识挖掘平台技术框架等进行了初步探索,也有研究人员对大数据处理的具体技术或方法进行了一定的研究,但仅仅是从技术框架、数据清洗、具体方法等角度研究科研知识挖掘中的一个或某些具体问题,缺乏从宏观上对科研知识挖掘所涉及的主要因素进行统筹规划的研究,不能从宏观上指导知识挖掘机构开展科研知识挖掘的顶层规划与内容设计。

5.5.1 要素分析

图书馆知识挖掘是国内知识挖掘的重要研究方向。戚建林[⑥]从社会发展环境、信息政策法规、知识挖掘理论、知识挖掘人才 4 个方面论述了图书馆知识挖掘的主要影响因

① Junbo Z, JianSyuan W, Tianrui L E. A Comparison of Parallel Large-Scale Knowledge Acquisition Using Rough Set Theory on Different MapReduce Runtime Systems[J]. International Journal of Approximate Reasoning, 2014, 55(3): 896-907.

② 蒋勋,刘喜文. 大数据环境下面向知识服务的数据清洗研究[J]. 图书与情报,2013(5):16-21.

③ 刘海鸥. 面向云计算的大数据知识服务情景化推荐[J]. 图书馆建设,2014(7):31-35.

④ Greco A N, Aiss C G. University Presses in the Twenty-first Century: The Potential Impact of Big Data and Predictive Analytics on Scholarly Book Marketing[J]. Journal of Scholarly Publishing, 2015,46(2): 105-140.

⑤ Cai D, Bai Y, Zhang G, et al. The Knowledge Service Project in the Era of Big Data[C]. IEEE International Congress on Big Data, 2013, Santa Clara, CA, USA.

⑥ 戚建林. 图书馆知识服务的影响因素及其发展[J]. 图书馆工作与研究,2003(1):11-12.

素,并对未来的知识挖掘进行了展望。王曰芬等①从要素结构因素和关联结构因素两个角度,对图书情报机构知识挖掘的影响因素进行了分析和调研。内部要素结构主要指实物资源、人力资源、财务资源和无形资产,外在关联因素主要指用户、竞争者、社会的科技环境、人文环境、经济环境、政策法规等。司莉②认为实现知识挖掘的关键要素在于知识挖掘用户的迫切需求、知识挖掘人员成为内容主题专家、建设基于本体的知识库与交互功能较强的知识挖掘平台,还必须有行之有效的战略学习机制。

科研知识挖掘是随着大数据技术的出现而出现的新的变革与发展。云计算环境下的科研知识挖掘仍然与传统知识挖掘一样,受知识挖掘需求、知识挖掘制度政策、知识挖掘人员素质、知识挖掘资源建设和知识挖掘平台等因素制约,大数据技术将对这 5 方面的因素进行全新的变革,进而对知识挖掘全流程和业务服务模式等带来彻底的变革与重组。

1. 需求分析

科研知识挖掘需求可以从两个层面去理解,一是传统的知识挖掘需求,二是由于大数据技术驱动产生和出现的知识挖掘需求。传统的知识挖掘需求用以往的知识挖掘经验或实践模式能够较好地应对,不属于科研知识挖掘的主要内容。而科研知识挖掘的重点和难点在于如何通过用户的行为轨迹或活动规律,发现用户潜在的知识挖掘需求,这也体现了大数据不仅是对用户需求的变革,而且是对用户服务需求、过程以及效果等全过程的革新,既要从大数据记录中挖掘用户的需求,也要通过大数据实现用户的需求。在市场经济环境下,服务科学尤其强调用户的主动地位和核心主导作用。科研知识挖掘作为知识密集型的服务之一,以大商业数据分析技术为手段,挖掘出用户的真实需求,并最终满足用户需求将是其最理想的状态。

大数据对知识挖掘的所有环节进行了变革,科研知识挖掘需求具有数据密集性、隐蔽性和动态性等特征。云计算环境下用户知识挖掘需求首先具有数据密集性的特点,在大数据时代,通过传统的小商业数据分析方式完成知识挖掘的做法已经成为历史,用户知识挖掘需求已经必然地与大数据的搜集、组织和分析挖掘相联系,数据密集型的知识挖掘已经或正在改变知识挖掘模式与过程。在海量知识用户构成的服务对象中,单个用户的知识挖掘需求有时候并非直接表达出来或很容易被发现,而是隐藏在用户的行动轨迹、用户浏览历史或其社交网络环境中,需要对用户的网络行为进行跟踪分析和挖掘,才能找出用户的知识挖掘需求;科研知识挖掘需求的动态性体现为数据环境的快速变化,使得用户知识需求随之改变,以及用户所处角色、所在社会媒体和所需完成的任务或研究课题等的快速改变,这些都要求对知识挖掘内容进行动态更新。

知识需求是知识挖掘的前提,在产品开发需求方面,有研究提出:在全球化分布式产品成功开发过程中,知识工程起着核心的作用,通过考察全球软件开发不同利益主体的知识需求,能够帮助确立全球软件开发项目成功的经验,并提出了成功开展全球软件开发项

① 王曰芬,吴婷婷,张蓓蓓.图书情报机构知识服务的战略管理与影响因素研究[J].情报理论与实践,2009,32(12):1-6.

② 司莉.基于知识构建的知识服务的实现[J].图书馆论坛,2009,29(6):216-219.

目的条件[①]，对知识需求的获取将影响知识挖掘的整体效果。科研知识挖掘需求的数据密集性、隐蔽性和动态性决定了科研知识挖掘需求获取的复杂性，从实践来看，可以从两个方面获取用户的知识挖掘需求：一方面是直接获取，例如可以向用户询问来获取其知识需求；另一方面是间接获取，例如可以通过对用户网络行为的分析来获取用户的知识需求。

2. 资源建设

从信息管理理论看，信息服务的前提是有足够的信息资源保障。肖希明[②]将信息资源建设延伸至社会哲学层面进行探讨，指出这种活动是人类处理无序状态媒介信息的重要行为，涉及信息选择、信息采集、信息组织和信息开发等环节，这些环节构成了信息资源体系可利用的全过程。同样，在科研知识挖掘的背景下，科研知识挖掘资源就是云计算环境下开展知识挖掘最基本的条件保障。只有在大数据信息资源充足的条件下，才有可能在知识挖掘人员的知识加工和情报分析基础上形成知识产品，满足云计算环境下的知识需求。

大数据知识资源建设具有数据规模大、数据结构复杂、数据价值密度低等特点。大规模的数据资源为云计算环境下的知识挖掘提供了重要的资源保障。知识资源结构的复杂性是大数据资源建设关键的问题之一，在资源建设过程中，可以从结构化资源、非结构化资源和半结构化资源的分类入手进行资源建设。大数据知识资源的第三个特征即数据价值密度低，大数据知识资源的价值隐藏在众多数据中，局部数据价值含量较低，甚至与总体数据包含的价值信息相悖。

云计算环境下，信息源的自动生成主要由各种传感器和RFID等手段实现，吴斌等[③]设计了一种采集传感器节点数据，对其处理形成知识并提供API接口供上层服务调用的方法。通过传感器自动捕获数据、搜集社交网络中用户生成数据和信息系统主动采集数据是大数据的3种主要产生方式，科研知识挖掘的资源建设是没有尽头的，只要社会向前发展，用户的知识挖掘需求也会随之动态更新和演变，知识挖掘机构的资源建设和储备就必须紧跟用户需求和时代发展，尤其是在大数据理念和技术支持下，知识挖掘机构所积累的数据资源和信息资源越多越好。因此，在实践中，知识资源的建设需要在考虑各个知识挖掘机构自身资源和能力的基础上，持续不断地投入人力、财力和物力进行建设，从而为科研知识挖掘提供资源支持。

3. 人员培养

知识挖掘专业人员是知识挖掘的核心，知识挖掘质量很大程度上取决于知识挖掘人员的专业化水平。英国国防科技研究院大力发展深度信息服务和现场专家服务，营造有

① Parviainen P, Tihinen M. Knowledge-related Challenges and Solutions in GSD[J]. Expert Systems, 2014, 31(3): 253-266.

② 肖希明. 信息资源建设：概念、内容与体系[J]. 中国图书馆学报，2006,32(5)：5-8.

③ 吴斌，王俊峰，覃毅芳，等. 一种面向自主服务的知识网络构建方法[J]. 四川大学学报(自然科学版)，2013,50(5)：973-978.

利于员工学习交流的软硬件环境和学习文化，培养了一批由信息专家、信息科学家和知识代理组成的知识挖掘队伍①。在云计算环境下，对知识挖掘人员的专业化水平要求更高，不仅要求知识挖掘专业人员熟悉文献资源和数字信息资源的组织和利用，而且在计算机能力和数据统计分析能力等方面都对知识挖掘人员提出了新的更高的要求，知识挖掘机构需要多方面的高水平人才共同组建专业化的知识挖掘团队。

知识挖掘专业人员在进行知识加工和情报分析的过程中，关键在于知识挖掘能力的培养和体现。知识构建能力是知识挖掘能力的根本保障。大量文献或信息中所包含的知识元及相关信息间的链接将产生极大的知识增值。在云计算环境下，通过对知识元的提取和标引，基于关联数据进行知识组织、基于本体的语义知识挖掘、知识推送与个性化推荐，实现云计算环境下全流程的知识挖掘。随着云计算技术的日益成熟，应探索基于MapReduce的分布式知识处理平台技术，并整合大商业数据分析的具体方法，进而将其完全融入满足用户知识需求的全过程，形成动态可控的知识挖掘所需的知识产品与服务生成机制，将极大地提升科研知识挖掘人员的知识挖掘能力。

4. 技术选择

科研知识挖掘平台是一个大数据获取、存储、组织、分析和决策服务资源和服务能力共享、交易和协作的智慧平台②。科研知识挖掘平台保障科研知识挖掘全生命周期过程服务的有效运作。从科研知识挖掘的宏观视角来看，本课题认为，科研知识挖掘平台是集用户知识挖掘需求采集、大数据获取与知识组织、大商业数据分析与挖掘、大数据服务提供与推荐、科研知识挖掘评价与反馈、知识挖掘专业人员与用户沟通互动等功能于一身的综合知识挖掘系统。

从实践来看，知识挖掘系统平台积累了海量的结构化、半结构化和非结构化的数据资源，对这些资源的充分挖掘和深度分析，将极大地改善知识挖掘的水平。从知识挖掘研究和平台建设实践来看，集成多项知识挖掘技术和功能的平台是科研知识挖掘平台的主要建设思想。在分析当前知识挖掘系统的基础上，司莉③从知识构建角度提出知识挖掘的4项关键技术：知识元标引与链接技术、主动推送的知识导航与服务技术、支持语义的知识检索技术、知识重组与整合技术，这些技术同样适用于云计算环境下的知识挖掘。从目前的技术发展来看，知识挖掘平台具体应该是由针对不同数据源的智能采集终端与技术、数据格式标准和数据存储系统、数据清洗与处理技术、数据挖掘与知识发现技术、预测性分析与个性化服务等技术构成的完整技术体系。在云计算环境下，由于数据类型的多样性和复杂性，需要从大数据本身出发，构建能够处理大数据的分析模型和知识发现技术，结合用户个性化的需求对大数据进行深度挖掘，更好地保证用户需求的实现。在社交媒体的冲击下，信息传播的广度和深度都得到巨大的提高，社会网络大数据成为一种主要的大

---

① 赵悦，蔡超，丛姗. 稳固信息服务 开拓知识服务——英国国防科技研究院知识服务部转型启示[J]. 情报理论与实践，2011,34(10)：28-31.

② 李晨晖，崔建明，陈超泉. 大数据知识服务平台构建关键技术研究[J]. 情报资料工作，2013，2(01)：3.

③ 司莉. 基于知识构建的知识服务的实现[J]. 图书馆论坛，2009,29(6)：216-219.

数据来源,从社会网络的视角对用户知识挖掘需求进行分析和满足已经取得了一些重要成果,并且将是科研知识挖掘平台的发展趋势。

5. 制度建设

科研知识挖掘规范是从制度设计的角度对科研知识挖掘全生命周期进行约束和保护的重要手段。对科研知识挖掘从战略规划的制定入手,明确知识挖掘发展的短期、中期、长期目标,能够更好地指导知识挖掘活动的开展。而其他一些针对大数据背景的技术标准的制定和过程管理规范等同样是科研知识挖掘顺利进行的必要保证。

大数据属于新兴的技术领域,大数据给知识挖掘过程中知识产权的管理和用户隐私保护都带来了巨大的挑战。在云计算环境下,知识资源通过社交媒体、移动互联网等渠道快速地传播,如果不对这些渠道下的资源传播进行合理规范,将不利于知识挖掘和知识创新。应该从科研知识挖掘战略规划的顶层设计出发,制定科研知识挖掘平台建设的标准,制定科研知识挖掘的过程管理制度和科研知识挖掘的评价反馈机制,从而形成适应科研知识挖掘全过程的政策制度支撑体系,确保科研知识挖掘稳定运行。

5.5.2 模型构建

知识采集-知识处理-知识存储-知识挖掘-知识转换构成了知识挖掘供应链结构,对整个知识挖掘具有宏观上的统领作用和指导意义。此外,从情报研究的角度来看,科研知识挖掘是情报研究产品或结果的应用过程。在情报理论方面,经典的竞争情报过程模型——Herring 模型由竞争情报规划、情报源采集、情报加工、情报服务与情报反馈 5 大阶段构成,与上述知识挖掘供应链有一定的对应关系,因此,知识挖掘和情报研究具有较强的内在关联,能够以知识挖掘供应链和竞争情报 Herring 模型等对科研知识挖掘进行理论指导,同时,应用大数据思维对情报研究进行革新,结合知识挖掘供应链对服务过程中所有环节与关键要素进行合理规划,能够提高科研知识挖掘的效果。

1. 构建目的

科研知识挖掘模型是科研知识挖掘的核心指南。该模型对科研知识挖掘过程中涉及的关键要素进行了梳理,并对关键要素之间的关联关系进行了呈现和展示,能够指导知识挖掘活动的顺利开展。本节将在前文科研知识挖掘关键要素梳理的基础上,对科研知识挖掘的概念模型进行初步勾画,供知识挖掘机构借鉴和参考。

科研知识挖掘要素是构建科研知识挖掘模型和开展科研知识挖掘实践的基础。云计算环境下的知识挖掘是一项系统工程,需要在科学的科研知识挖掘战略规划指导下,通过科研知识挖掘要素之间的协同配合,共同创造开展科研知识挖掘的需求采集机制、资源保障机制、人才支持机制、技术平台支撑和制度规范机制,从这五大方面构建基于科研知识挖掘全生命周期的协同工作模式。其中,掌握大商业数据分析的专业知识挖掘团队是科研知识挖掘得以开展和顺利实现的最根本保证。本节从科研知识挖掘构成要素的视角,对科研知识挖掘模型进行构建,其中,对知识挖掘要素之间的关联关系进行了高度概括,以知识供应链和竞争情报 Herring 模型为主线,通过大商业数据分析技术完成知识深度组织和挖掘,是科研知识挖掘的顶层理论设计和实践指南,丰富了科研知识挖掘的理论内容。

2. 过程与实现

科研知识挖掘是一项高度智力密集型和技术密集型的工作,需要知识挖掘机构投入大量的人力、财力和物力进行科研知识挖掘相关资源的建设和条件保障。如图 5-6 所示,知识挖掘需求、知识挖掘资源、知识挖掘技术平台、知识挖掘制度和知识挖掘专业人员共同构成了科研知识挖掘 5 个维度的核心内容,是科研知识挖掘全生命周期过程中的主体框架。在传感器终端的自动生成、用户主动生成和业务处理系统被动生成这 3 种方式交替作用下,快速地累计了海量的数据资源。大数据平台首先需要实现对这些海量数据的采集和存储,这些资源构成了科研知识挖掘的前提;由于资源的类型和复杂度等差异,对海量数据资源进行分类和清洗处理是科研知识挖掘平台的基础性工作,从而得到不同的资源存储供分析挖掘使用;通过知识元的标引和链接分析、知识重组与整合技术对知识资源进行深度组织,并支持语义的知识检索技术和关联数据技术,实现内部资源与外部资源的融合,将深加工所得的知识资源作为组织的知识资产存储在知识库中,在组织内部按不同的知识挖掘需求最大限度地进行授权和共享,运用社交媒体平台进行知识挖掘导航与推送,如 RSS 订制服务、Wiki、Blog。

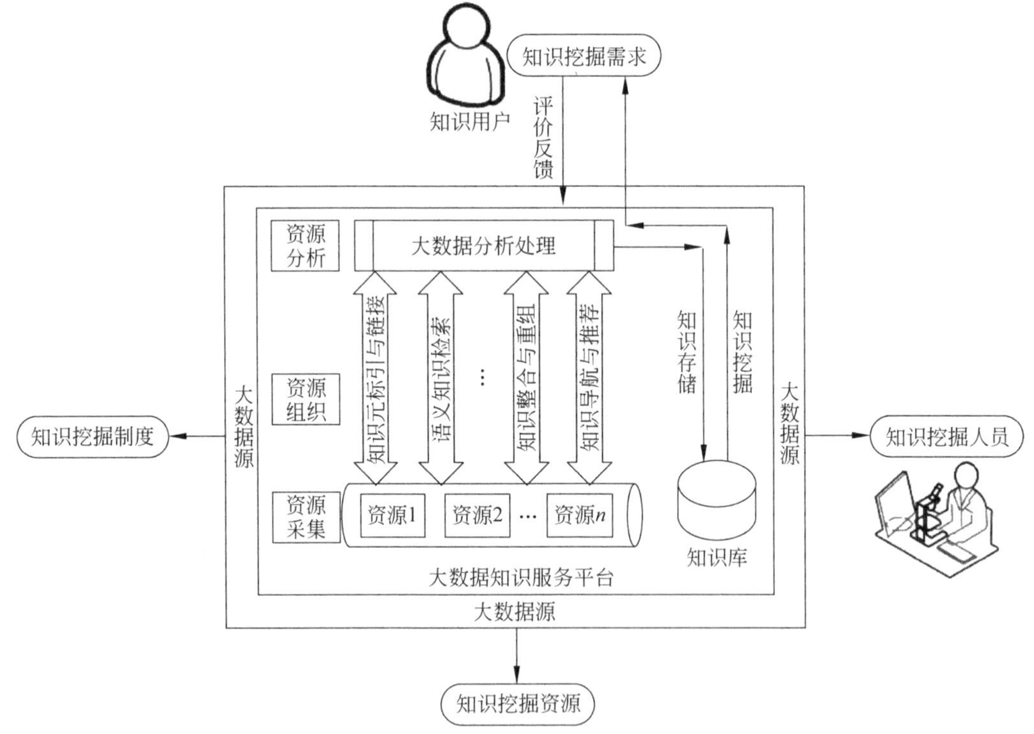

图 5-6　科研知识挖掘要素关系框架模型

在知识用户的知识挖掘需求的牵引下,知识挖掘专业人员在知识挖掘的各项制度规范的约束和监督下，利用内部知识库积累的知识资源和外部大数据作为信息源，在科研知识挖掘平台集成的多项知识挖掘技术的支持下，以知识挖掘用户的需求为导向，对大数据资源进行有序加工和深度分析，实现知识挖掘全生命周期的管理和服务。

知识挖掘是一项智力密集型和技术密集型的创新性活动。科研知识挖掘是建立在对大数据的有效处理和预测分析的基础上的服务，云计算技术是进行大规模数据处理和复杂计算的强有力的技术手段，Ibrahim Abaker Targio Hashem 等①对基于云计算的大数据的定义、特征和分类进行了探讨，并对大数据和云计算的关系进行了辨析，也讨论了大数据存储系统和 Hadoop 技术的关系，并提出包括可扩展性、数据有效性、数据整合、数据清洗、数据质量、数据异构性、隐私、法律和政策规范以及治理方面的问题。大数据时代对知识挖掘而言既是机遇也是挑战，知识挖掘机构应该以知识用户的科研知识挖掘需求、专业的科研知识挖掘人员、科研知识挖掘资源建设、大数据知识挖掘技术平台和科研知识挖掘制度规范五位一体的科研知识挖掘实现机制为核心，从这 5 个方面进行科研知识挖掘核心要素的构建和完善，从而保证科研知识挖掘的有效运作与实现。要真正实现科研知识挖掘，必须对知识挖掘的每一个过程和环节进行深入的研究与实践。本节只对科研知识挖掘的服务应用模式的宏观框架和核心构成要素进行了梳理，缺少对知识挖掘资源建设、人才培养、方法技术、政策制定等的具体而深入的研究，今后需要结合实践对这些内容进行补充和完善。

本章主要讨论了云计算环境下主要领域的信息服务模式，包括政务管理领域、商业数据领域、大数据分析领域和科研知识挖掘领域，并提出了上述几种领域中信息服务的管理模式、实践模式、保障模式和应用模式，系统探讨了这些模式的要素构成、维度层面、运作机理和实践应用。此外，本章还讨论了云计算环境下信息资源服务的总体趋势、现状、存在问题及发展对策。

---

① Hashem I A T, Yaqoob I, Anuar N B, et al. The Rise of "Big Data" on Cloud Computing: Review and Open Research Issues[J]. Information systems, 2015, 47: 98-115.

第6章 服务采纳

本章以个人和企业组织为例，在较为系统地研究个人用户和企业用户的云服务采纳行为的基础上，重点探讨了云计算环境下信息服务采纳的模型、模式及影响因素。本章的主要创新性工作如下：

（1）以信念-态度-行为理论、技术接受采纳理论、网络外部性理论、信任理论和创新扩散理论为理论基础，分析个人云存储采纳行为的影响因素，并提出了个人云存储的采纳模型。

（2）以企业资源观、企业信息化阶段理论、组织技术采纳理论为理论基础，提出了企业云服务采纳模式。

（3）以传统技术采纳理论背景下企业信息化阶段发展特征为基础，结合云服务采纳的技术特殊性，提出了云服务采纳背景下企业信息化阶段发展特征。

（4）以近年的企业云服务采纳案例为基础，从采纳主体、客体、环境和中介4个方面梳理了企业云服务采纳的影响因素。

6.1 个人用户的服务采纳理论

在网络时代信息用户数量激增、网络程序应用持续创新的发展趋势下，我国个人云存储服务快速崛起。虽然总体市场情况处于初级阶段，但根据工业与信息化部2012年9月的统计数据，我国公有云计算服务达到35亿市值规模，增长比例超过70%。另一方面，中国云服务规模占全世界1.9%的规模，还不及亚马逊公司云服务的1/3①。根据网络流量统计调查机构DeepField 2012年度统计数据表明，约1/3的美国网络至少每天会接触、使用亚马逊公司的一项云服务②。根据艾瑞咨询、北大市场与媒介研究中心、CNNIC和德勤卓越等主流咨询公司的个人云服务行业调查报告显示，2014年手机APP应用中的电子商务平台类应用增长速度几近一倍，网民手机应用中的手机地图使用率接近50%，与此相对，国内手机用户有近40%的用户知晓个人云存储服务，但只有不到20%的用户使用过个人云存储服务③，其他手机APP应用的使用率远高于个人云存储；国内云服务消费者态度调查表明，用户使用云服务的首要担忧即是安全性和隐私性，仅有3%的用户

---

① 中国信息产业网. 2012年中国公共云服务试产规模35亿，增长率73%[EB/OL].（2014-06-19）[2013-04/17]. http://www.cnii.com.cn/2013-04/17/content_1128053.htm.

② 牛华网. 1/3北美网民每天使用Amazon云服务[EB/OL].（2014-6-20）[2012-4-20]. http://www.newhua.com/2012/0420/155971.shtml.

③ 中国互联网信息中心. 中国移动互联网调查报告[EB/OL].（2018-6-20）[2014-08-26]. http://www.cnnic.cn/hlwfzyj/hlwxzbg/201408/P020140826366265178976.pdf.

认可云服务的方便性。用户采用云服务的首要依据是云服务公司的知名程度,而且用户使用习惯表明,如果云服务采取免费推广策略,将会有更多的潜在用户选择云服务①。艾瑞咨询的国内云存储服务市场的调查报告显示,云存储市场中用户的付费程度极低,甚至不高于万分之一,而且 2012 年、2014 年和预计 2015 年的用户规模分别为 2300 万、3.8 亿和 4.5 亿,用户规模增长较快的原因在于云服务提供商采取专门的用户导入策略,如百度利用百度搜索推广云服务,电信通过已有的电信手机用户推广天翼云,腾讯通过 QQ 软件推广微云服务,360 公司通过 360 安全卫士推广云服务。但是从用户使用倾向角度分析,U 盘存储文件的使用比例有 80.3%,智能终端存储的使用比例有 57.8%,邮箱存储的使用比例有 44.3%,而使用云存储的用户比例仅有 33.6%②。与此相对,国外云存储发达市场的服务规模显著高于我国的个人云存储市场发展水平,国内个人云服务的商业采用并不普遍。值得欣慰的是,国内云存储服务市场的快速发展已经引起国内 IT 市场咨询组织的关注,并开始组织调研力量深入分析个人云存储的使用情况。我们可以做出总结判断,国内个人云存储服务行业正在快速发展,但是深层次的用户普及需要培养,可以从云存储的 IT 功能优势出发,深入发掘用户使用价值,提高社会效益,还需从用户行为角度关注用户的使用心态,为产业发展层面提供个人云服务的发展决策建议。

从领域发展需求角度分析,梳理出个人云存储服务的用户使用态度与行为,然后分析并确定个人云存储服务领域的发展规划,这一研究思路已经被商业咨询组织广泛关注。从信息技术角度分析,观察信息用户的采纳行为规律并探索信息技术悖论的解决途径,这一研究思路构成了 IT/IS 领域重要的研究视角。从现有的研究资料和文献角度分析,未来的研究重点和热点将是云服务采纳研究,但针对个人云存储服务的采纳行为研究还并不深入,而且已有的理论体系对于个人云存储采纳研究来说则显得过于一般化,针对性较弱。综上所述,本节将针对个人云存储用户采纳行为理论及现状开展研究,通过构建采纳行为的理论体系,从理论角度梳理用户行为规律,选择合适的理论,增强个人云存储服务的理论解释力。

IT 的作用是推动社会生产力发展,提高社会工作效率,满足 IT 用户的多种需求,提高用户的 IT 使用体验。IT 的价值体现不仅需要研发技术的推动,还需要用户的认可与采纳,因此信息技术领域一直将信息技术采纳作为主要的研究方向。与此相似,个人云存储服务的快速发展也得益于信息用户的态度认可和采纳行为。创新 IT 促进了个人云存储采纳行为,而且使用环境、使用心理和认知态度也会影响个人云存储行为。本课题将个人云存储视为创新信息技术采纳与个人信息管理工具的二元采纳行为,选择信念-态度-行为理论、技术接受采纳理论和创新扩散理论、网络外部性理论、信任理论构成本课题的理论体系。其中,理性行为理论揭示了使用者心理和环境影响的行为机理,理性行为是行为研究领域的基础理论;技术接受采纳理论来源于 IS 用户使用行为的长期观察分析,该理论广泛应用于信息用户采纳行为和信息技术采纳研究,其理论模型经过多次修改、演

① 德勤卓越研究中心. 2013 TMT 十大趋势预测八:云服务安全易用是王道[EB/OL]. (2018-6-20)[2013-1-22]. http://labs.chinamobile.com/mblog/1033757_199751.

② 艾瑞网. 2014 年中国个人云存储行业及用户为研究报告[EB/OL]. (2018-6-20)[2014-12-30]. http://www.cctime.com/html/2014-12-30/20141230141292654.htm.

进,形成了多个版本,不仅增强了理论解释力,而且拓宽了应用范围;网络外部性理论研究交互网络环境对用户行为的影响;信任理论从个体心理解释采纳行为;创新扩散理论揭示了影响创新技术扩散速度的技术因素,侧重于对创新技术特性的影响研究。这些理论来源于研究观察和行为归纳,考虑了使用技术特征、使用者心理和使用环境等因素对采纳行为的影响,符合本课题的视角;同时它们也被广泛应用于云计算的采纳行为研究中,个人云存储具有与云计算类似的技术和应用特性。基于以上考虑,本课题选择这 5 个理论作为理论基础。

6.1.1 信念-态度-行为理论

理性行为理论(Theory of Reasoned Action,TRA)是 20 世纪 70 年代学者 Ajzen 和 Fishbein 提出的可以分析、预测使用个体行为的定性理论①。如图 6-1 所示,行为意向的某个具体因素影响了用户的实际行为,行为态度和主观规范可以影响行为意向。个体想要开始实施某一行为的倾向即为行为意向,个体对行为的认知反馈即为行为态度,个体经历、营销推广、社会灌输、人格养成等因素都会影响某个具体行为的好坏评判;个体对于行为后果的感知即为行为信念,个体对于行为后果的影响效果评估即为行为结果评价;周边关键的人或环境对个体施加的影响即为主观规范,而且主观规范受规范信念和遵守愿望的影响;个体感知并判断施加影响的对象意愿期望是否选择即为规范信念,个体对施加影响的对象意见的认同程度即为遵守愿望②。

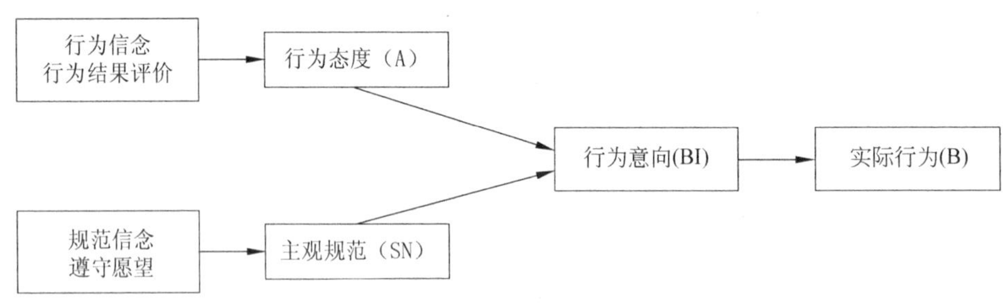

图 6-1 TRA 模型

1985 年,在已有 TRA 模型的架构基础上,Ajzen 将感知行为控制纳入了模型中,将行为意向抽象为影响因素,建构了**计划行为理论**(Theory of Planned Behavior,TPB)③,解释个体不能完全掌控其行为的情况,完善后的 TRA 理论模型如图 6-2 所示。个体判断自身实现目标行为的难易程度即为感知行为控制,其逻辑是:个体对象判断可用于行动的资源越多,那么它就具备越强的控制力,进而行为意向就会越强烈。Ajzen 将感知行为控制力理解为持续变化的作用变量,前端是行为能力的完全控制,后端是行为能力的非完全控制。

---

① Fishbein M, Ajzen I. Belief, Attitude, Intention and Behaviour: an Introduction to Theory and Research[J]. Philosophy & Rhetoric, 1975,41(4): 842-844.

② Ajzen I, Fishbein M. Understanding Attitudes and Predicting Social Behavior[M]. Englewood: Prentice-Hall, 1980.

③ Ajzen I. From Intentions to Actions: A Theory of Planned Behavior[M]. Berlin: Springer, 1985: 11-39.

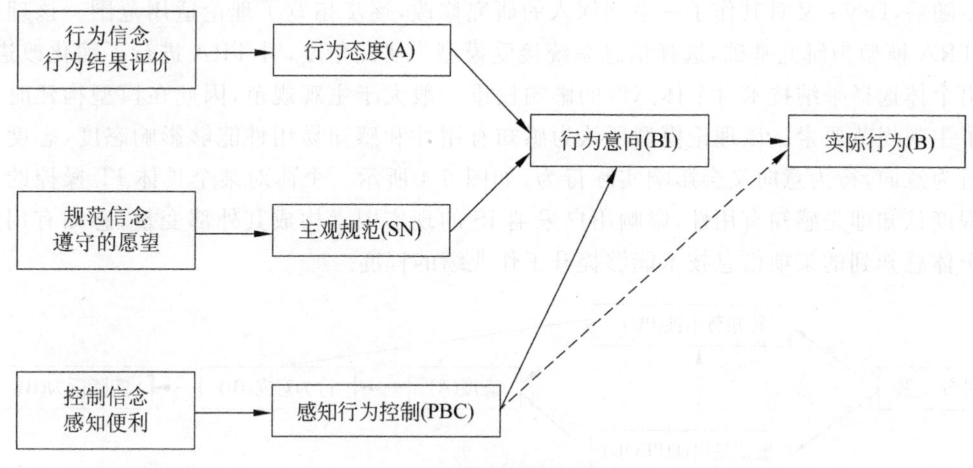

图 6-2 TPB 模型的优化

社会认知理论(Social Cognitive Theory,SCT)也是一个应用很广的行为模型,是由Bandura 在 20 世纪 80 年代提出的。三因素——认知和个人因素、行为和环境影响构成了该模型的基本框架,三因素存在相互影响、相互作用的关系,如图 6-3 所示。SCT 描述了复杂的行为人过程,其理论功能是分析改变环境的过程中如何预测对象主体采纳行为结果。SCT 关注个体的社会学习行为,因而其核心是学习理论。另一方面,个体或组织的行为影响社会学习行为,甚至能够改变个体行为,因此这些改变可以影响创新技术的采纳。SCT 不仅考虑了个体之间的不同,也考虑了内外部环境因素如何影响行为,其理论认可个体认知影响行为的效果。

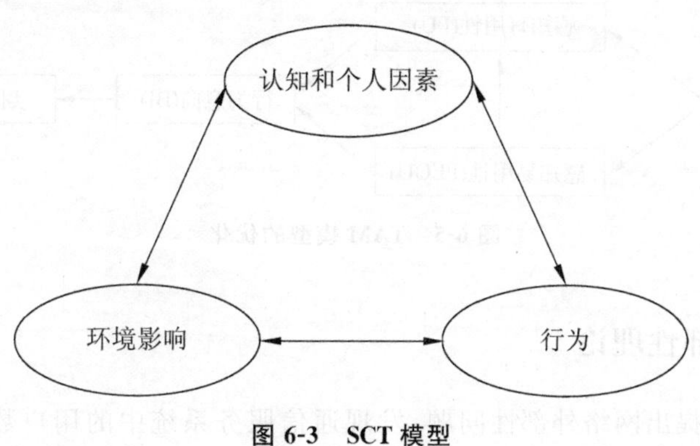

图 6-3 SCT 模型

6.1.2 技术接受模型

20 世纪 80 年代,学者 Davis 开始关注企业信息系统的用户采纳研究,提出**技术接受模型**(Technology Acceptance Model,TAM)①,其理论价值体现在 IS 认可接受行为的研

① Davis F D. A Technology Acceptance Model for Empirically Testing New End-User Information Systems: Theory and Results[D]. Boston: Massachusetts Institute of Technology, 1985.

究。随后,Davis 又对其作了一系列深入的研究修改,逐步拓宽了理论适用范围。该理论以 TRA 模型为研究基础,选择信息系统接受模型为研究角度,对 TRA 进行了简化改进,指出个体选择采纳技术时个体态度的影响权重一般大于主观规范,因此在模型构建时去除了主观规范要素。该理论模型还认为感知有用性和感知易用性能够影响态度,态度决定行为意向,行为意向又会影响实际行为,如图 6-4 所示。个体对某个具体 IT 操控的难易程度认知即是感知有用性,影响用户采纳 IS 的现实因素构成其外部变量,感知有用性指个体感知到的某项信息技术能够提升工作业绩的程度。

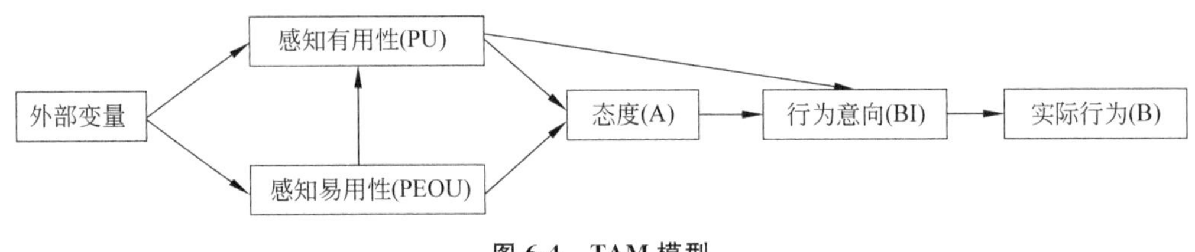

图 6-4 TAM 模型

TAM 模型的解释力和简洁性受到了领域内学者的广泛认可和广泛应用,逐步发展为经典模型,信息技术接受研究领域对其进行了大量多次的实证研究。1996 年,Davis 和相关学者经过多次探讨分析,并且多次修正了 TAM 模型,最终重构了 TAM 模型并去除了模型中的态度因素①,如图 6-5 所示。做出上述改动的原因在于:学者们认为态度是个体对象在主观意愿上对技术的喜好,而实际中的感知有用性和感知易用性并不能完全由态度决定,例如组织单位强制员工使用某信息系统,虽然员工在态度上表现出不情愿,但这并不意味着员工可以不使用该信息系统。

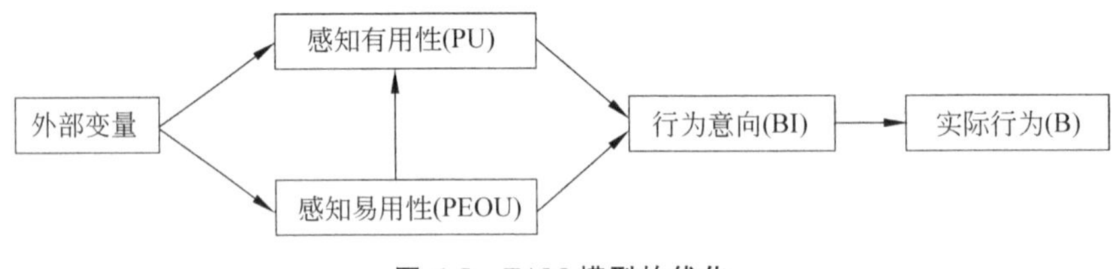

图 6-5 TAM 模型的优化

6.1.3 网络外部性理论

Rohlfs② 最先提出网络外部性问题,发现通信服务系统中的用户数量增长会促进用户获得的系统效用。Katz③ 也发现了类似的效用增加的现象,即,使用产品的消费者数量增加会提高产品赋予消费者的效用。**网络外部性理论**描述的是某个产品的使用者数量增

---

① Davis F D, Venkatesh V. A Critical Assessment of Potential Measurement Biases in the Technology Acceptance Model: Three Experiments[J]. International Journal of Human-Computer Studies, 1996,45(1): 19-45.

② Rohlfs J. A Theory of Interdependent Demand for a Communications Service[J]. Bell Journal of Economics & Management Science, 1974,5(1): 16-37.

③ Katz M L, Shapiro C. Network Externalities, Competition and Compatibility[J]. American Economic Review, 1985, 75(3): 424-440.

加这一现象与产品赋予使用者的效用成正相关性。网络外部性分为直接网络外部性和间接网络外部性。其中，直接网络外部性的发生情境通常为网络社区等双向网络环境中，由于使用产品的消费者增加会直接影响产品效用价值，所以这可以视为直接网络外部性的应用案例。间接网络外部性强调的是产品的互补属性，即，互补产品增多会增加相关的使用者数量和降低使用成本等效用。

6.1.4　信任理论

Rousseau① 指出，信任是个体对象认知并承担风险的意愿，具体是指信任客体之于主体的认知、愿望和认可接受，信任主体主动认可并承担可能面临的损益，而无须第三方参与或干预。

信息用户的 IT 信任不仅来源于技术功能本身的信任，还来源于技术提供商的可靠信任。技术功能本身的信任涉及技术自身的完整和可靠保障，也包括用户对技术的熟悉和了解程度。技术提供商的信任涉及商业品牌、承诺履行和业务熟悉等维度，信息用户能够产生提供商履约的认知，相信对方可以提供用户利益保障。

心理学与社会学一直将信任研究作为领域热点。Gefen② 指出，消费者建立对网络商家的信任，可以直接干预消费者搜索与付费购买意愿，网络商家的信任受了解、熟悉程度的影响。Lee 和 Turban③ 认为电子商务的卖方可信度、信息媒介可信度及其信息背景等因素构成了电子商务的信任概念，个体信任直接调节、影响了电子商务信任概念与以上因素之间的作用关系，电子商务卖家的可信度与电商购物行为之间的信任关系通过实证研究得到了验证。

6.1.5　创新扩散理论

创新扩散理论④(Innovation Diffusion Theory，IDT；Diffusion of Innovation，DOI)是学者 Rogers 在 20 世纪 80 年代提出的，是用于研究传播创新技术机理规律的理论。创新扩散理论的应用领域包含个人的创新采纳模型和机构组织的创新过程模型。认知、需求、选择、采纳和确认构成了个人创新采纳模型的 5 个阶段。

创新扩散理论认为个体认知、创新属性特征与社会环境等因素影响了创新的传播效果。其中，以往经验、个体需求及问题、创新理念和个体性格等构成了个体认知，相对优势、兼容性、复杂性、可观察性和可试用性组成了创新属性特征。Moore 和 Benbasat⑤ 对

---

① Rousseau D M，Tijoriwala S A. Assessing Psychological Contracts：Issues，Alternatives and Measures[J]. Journal of Organizational Behavior，1998，19(S1)：679-695.

② Gefen D. E-commerce：the Role of Familiarity and Trust[J]. Omega，2000，28(6)：725-737.

③ Lee M K O，Turban E. A Trust Model for Consumer Internet Shopping[J]. International Journal of Electronic Commerce，2001，6(1)：75-91.

④ Rogers E M. Diffusion of Innovations[J]. Journal of Continuing Education in the Health Professions，1997，17(1)：62-64.

⑤ Moore G C.，Benbasat I. Development of an Instrument to Measure the Perceptions of Adopting an Information Technology Innovation[J]. Information Systems Research，1991，2(3)：192-222.

Rogers 的创新扩散理论进行了改进，将自愿性、形象、相对优势、兼容性、易用性、可试用性、效果明显性和可见性 8 个因素纳入改进后的创新理论模型。

6.2 个人用户的服务采纳模型构建

6.2.1 影响因素

个人云存储采纳行为模型是将能够影响个人云存储采纳的因素进行抽象、概念化、理论化、体系化表述，用于针对个人云存储采纳行为的解释和预测。该模型主要由影响采纳行为的影响因素和因素之间的关系构成，因此需要先通过理论梳理出可操作的影响因素，然后通过实证与定性研究构建影响因素模型。通过理论层面的分类讨论和比较分析，力图找寻对当前研究更有指导意义，能够确保模型解释力的影响因素。

1. 技术类影响因素

1）感知有用性和感知易用性

感知有用性和感知易用性是 TAM 采纳模型中的两个关键因素，感知有用性指用户能够感知信息系统的采用可以帮助其提高绩效和工作效率。感知易用性指用户感觉到使用某一信息系统的操作简便与困难程度。TAM 模型将感知有用性和感知易用性作为主要的研究因素对象，二者对采纳意愿都有正向影响，而且感知易用性对感知有用性存在正向影响。由此可见，感知易用性可以正向影响感知有用性，对采纳行为意愿存在间接正向影响。

个人云存储服务属于新型的计算技术服务，与传统的本地桌面应用和网络服务不同，个人云存储服务需要使用者具备一定的 IT 技能和知识，能够体系化地进行信息管理、安全管理和功能应用。另外，云存储服务不是本地化的数据存储体系，用户需要面对数据文件损坏的情况和服务中断这些非人为的不可控情况，因此要求使用者具备一定的信息素养和信息保障常识，以便发生情况时能够维护自身权益。现阶段个人云存储服务的技术架构与企业云存储架构类似，个人云存储对于个人工作效率的提高程度也受所在工作单位的 IT 环境影响，例如协同工作和云数据技术的共享效率。因此个人云存储的感知易用性和感知有用性受到现阶段软件和硬件诸多因素的直接影响，这些因素导致感知易用性和感知有用性直接干预云存储服务的采纳意愿和实施。

2）创新技术特性

经典的创新扩散理论论述了关于创新技术关键的 5 个要素：相对优势、兼容性、复杂性、可试性和可察性，并探讨了这 5 个要素影响技术创新传播速度的规律和途径。另外，创新扩散理论的诸多实践案例也表明风险感知也会影响创新扩散。信息用户面对个人云存储服务表现出明显的创新应用特点，因此创新技术特性对采纳行为意愿存在影响。相对优势指用户采纳创新技术时感觉到的与被替代的技术相比的优势，是创新技术采纳行为的重要影响因素。一般认为，用户感觉相对优势越明显，越容易采纳新技术，相对优势与技术扩散速度之间还存在正向关系，即相对优势越明显，技术扩散速度越快。云计算可以为个人或组织创造优势。对企业来说，可以为其带来能力、可靠性和灵活性的优势，降低中小企业获得大规模计算资源的成本和时间，许多云计算采纳行为研究证明了相对优势因素的影响；对个人来说，云计算具有协同办公、便于分享、随时随地访问等优势，能够提高个人信息管理能力。

- 兼容性。指创新技术在经验认知、需求判断和价值观匹配等方面是否与采纳者自身的经验、需求和价值观一致。如果一致程度较低，则技术采纳与扩散速度较慢；如果一致程度较高，则技术采纳与扩散速度较快。个人云存储服务能够快速推广得益于使用习惯、应用界面和操作流程与用户以往使用的本地存储服务的相似程度较高，用户使用云端发布信息、操作文件和传输数据的处理流程能够兼容用户以往的使用经验，因此较好的兼容性能够驱动用户快速接受个人云存储服务。
- 复杂性。指信息用户感知某项技术与服务使用的简便与困难程度。复杂性较高的创新技术需要信息用户具备较高的操作知识和信息素养，需要付出更多的学习成本，才能掌握创新技术的使用，因此创新技术的复杂性越高，越不易被采纳。个人云存储服务由于其非本地架构的特点，用户不用关心底层的技术参数和特征，只需适应客户端的操作流程与界面即可，因此经过技术简化的复杂性特征对个人云存储采纳意愿存在正向影响。
- 可察性。指创新技术被采纳并使用后被其他个体了解、认知和熟悉的程度。一般情况下，其他个体或组织采用创新技术后的效果和优势被周边个体和行业内组织的感知程度即为可察性。个人云存储服务采纳后的好处与正面效果可以通过个人朋友间的口碑评价传递，可以通过领域内先进经验的介绍和学习获得，因此可察性有助于个人云存储服务的意愿采纳。
- 可试性。可试性指创新技术在限定范围和限定时间内可供待采纳使用者体验、了解的程度。采纳者在做出采纳决策前，都会通过各种渠道对创新技术进行了解，并尝试进行实际使用体验，以全面深入地了解其技术特性。由于个人云存储服务具有非本地数据处理和使用的特点，用户的数据信息不能由用户自主操作完成，因此云存储服务商在推广过程中给用户一定的免费流量，引导用户使用云存储服务进行数据处理，降低用户对云存储服务的不信任感，以增强用户的采纳意愿。
- 风险。指使用者面临创新技术的负面效果程度，通常可以将风险理解为推广创新技术的阻碍。风险涉及技术、政策、管理、安全等多个维度。个人云存储服务的非本地架构特点导致信息交互和数据传递都需经过云服务服务商（第三方），这种处理方式可能会面临数据泄露、服务中断和文件损坏等风险，如果约束和保障不能完全抵消这类风险，那么对用户采纳个人云存储服务的意愿是有消极作用的。

已有的云计算采纳研究对创新技术的分析比较深入，已有研究大多针对相对优势、复杂性、兼容性，而针对可察性、可试性的较少。

3）云计算技术特性

个人云存储是云计算在个人用户领域的应用拓展和延伸，从已有的云计算采纳行为文献和云存储研究文献分析，已有研究主要关注安全性、移动性和共享性 3 方面。

- 安全性。在云计算技术推广的过程中，安全问题作为云存储服务采纳的首要考虑因素一直伴随着用户采纳决策。云存储服务提供商也通过多种技术和管理手段提高云存储服务的安全保障。例如，在数据隐私保护方面，启用单点登录和联合身份认证；在签订的SLA等级协议中追加权益保护与损失补偿条款；制定统一的云存储服务、云计算评价与认证标准，推广已被认证的云存储服务、云计算以满足用户对技术安全性的需求。

- 移动性。个人云存储服务支持多终端无时间地点限制的用户访问功能，用户只需通过互联网和移动终端即可获取信息和服务，所以移动性是移动云存储服务最便捷、最首要的功能优势。不同云存储服务提供商的移动使用功能和用户政策各有不同。例如Microsoft公司的Office365云办公软件支持平板电脑、智能手机、PC的跨平台使用，甚至包括不同操作系统之间的使用；Apple公司推出个人云存储服务iCloud支持iOS平台的多硬件设备共同使用，但PC桌面使用频率却不及移动设备。
- 共享性。共享性是指个人云存储服务的数据信息跨平台、跨用户共享协同使用。企业的协同办公要求员工向云平台上传已有的工作数据和文件，其他员工可以在平台上操作和编辑这些已上传的数据文件，并且能够在不同设备硬件之间切换，这种协同办公的共享性切实提高了云存储架构下的办公效率。

2. 环境类影响因素

本课题选择主观规范和网络外部性作为环境类影响因素进行分析。

1）主观规范

主观规范作为理性行为理论中的重要研究要素是由学者Fishbein[①]在1975年首先提出的，后续研究者将主观规范构建持续引入此后的研究模型（如TPB、TAM2、UTAUT等）中，主观规范用来解释以下行为：采纳决策者受到周边的人际影响，驱使其采用多数人推荐的某项技术，Taylor和Todd的个人行为遵从意见领袖的研究就很好地证明了这一点[②]。已有研究中社会影响的构念解释与主观规范类似，因此本研究将社会影响和社会规范等构念统一合并为主观规范。

2）网络外部性

网络外部性用于解释以下现象：用户获得某产品后，使用该产品的用户规模增长会促使产品效用提升。这种规模效应导致的个体产品效用增加现象被称为网络外部性。IT领域的网络外部性研究集中在网络通信[③]和Email信息传递等方面，其网络外部性的增益效果被多次研究证实。现有研究虽未展开网络外部性在个人云存储服务领域的系统

---

① Rawal A. Adoption of Cloud Computing in India[J]. Journal of Technology Management for Growing Economies, 2011, 2(2): 65-78.

② Taylor S, Todd P A. Understanding Information Technology Usage: A Test of Competing Models[J]. Information Systems Research, 1995,6(2): 144-176.

③ Wang C, Hsu Y, Fang W. Acceptance of Technology with Network Externalities: An Empirical Study of Internet Instant Messaging Services[J]. Jitta Journal of Information Technology Theory & Application, 2005,6(3): 15-28.

研究，但通过实践案例可以发现，个人云存储服务的增加和拓展表现出了人际聚落和功能集聚的特点。例如，同一工作环境下的员工和同事倾向于使用同一云服务商提供的云服务，而且办公时间使用的云服务一般集中于少数几项云存储服务。

3. 个体类影响因素

个体类影响因素主要针对影响采纳决策过程中的个体思想、认知和心理等因素。在已有的云计算采纳行为研究中，个体类影响因素主要集中于个人创新精神、隐私顾虑、信任、自我效能和人口统计学特征，这些因素一般以控制变量的途径介入采纳行为的影响研究中。

1）个人创新精神

创新技术采纳研究中的个人创新精神在领域内具有重要的研究地位。创新技术采纳领域的知名学者 Rogers 在 1983 年提出创新技术的采纳受个体创新精神因素的影响，可以解释为用户尝试新生技术的意愿越强，越勇于尝试，越敢于承担后果，其采纳新技术的过程越顺利。

在已有的云计算采纳研究中，许多学者研究了个人创新精神对于采纳意愿的影响，其结论大多证实了个人创新精神对采纳意愿有正向促进作用。Behrend 等[①]研究了线上社区的高校云计算采纳问题，提出了以下结论：感知易用性受个人创新精神影响，实际使用感受及未来使用意愿受感知易用性间接影响。Lian 等[②]研究了云计算采纳在医院机构的问题，提出了医院机构采纳云计算的意愿受主观 CIO 自身创新精神的影响的结论。Sang 等[③]研究了网络终端用户的云计算采纳决策问题，将个人创新精神引入云计算采纳行为意向模型中，并作为中间变量进行验证，提出了云计算采纳行为受个人创新精神显著影响的结论。

2）隐私顾虑

隐私顾虑来源于用户对隐私权益是否得到保障的关心、重视。现有云计算采纳研究中较多地关注了隐私顾虑。本课题将隐私顾虑从中抽取出来，用以研究个人云存储服务的采纳问题。Culnan[④] 指出个体理解隐私不应被他人知晓或干预。消费者行为研究中的隐私关注较多，在消费过程中商家会收集用户的年龄、性别、居住地等个人信息，还有可能获取消费喜好和历史消费等记录信息。隐私在消费者行为研究中使用较多，在消费过程中，消费者的隐私包括个人信息、偏好、消费记录等信息。在没有法律介入和规范的前提

---

① Behrend T S, Wiebe E N, London J E, et al. Cloud Computing Adoption and Usage in Community Colleges [J]. Behaviour & Information Technology, 2011,30(2): 231-240.

② Lian J W, Yen D C, Wang Y T. An Exploratory Study to Understand the Critical Factors Affecting the Decision to Adopt Cloud Computing in Taiwan Hospital[J]. International Journal of Information Management the Journal for Information Professionals, 2014,34(1): 28-36.

③ Sang C P, Ryoo S Y. An Empirical Investigation of End-users' Switching Toward Cloud Computing: A Two Factor Theory Perspective[J]. Computers in Human Behavior, 2013,29(1): 160-170.

④ Culnan M J. Consumer Awareness of Name Removal Procedures: Implications for Direct Marketing[J]. Journal of Direct Marketing, 1995,9(2): 10-19.

下，基于经济利益商家很有可能滥用上述信息。Glen 等[①]提出信息感知控制、信息收集感知和信息感知二次使用构成了隐私顾虑模型。Dinev 等[②]指出 B2C 网站自动接收消费者个人数据信息，会导致消费者隐私顾虑增大。总之，个人隐私信息一定程度开放获取引发了隐私顾虑。

在云计算服务采纳中，用户需要考虑以下问题：数据信息不是存储在本地服务器，而是存储在第三方云服务平台的服务器里，这让渡了部分数据存储和使用的权限。因此，用户的隐私顾虑会阻碍云存储服务的运行和推广。

3）信任

信任是心理学、社会学和管理学的综合概念，一般指双方之间的依赖关系，并认可其中一方负面行为造成伤害的意愿。信任研究一般与风险相联系，信任一般在存在风险的情况下产生。信任影响个体的行为，在很多信息技术采纳行为研究中被引用和实证。

个人云存储服务以虚拟化技术为基础架构，这种架构导致用户与服务商的直接联系减少，用户无须知晓云计算平台的计算资源、数据资源和网络资源的运作方式，这就改变了长期本地化业务和资源的操作机制，再考虑互联网环境本身的不稳定因素，那么信任问题如何解决在个人云存储服务采纳中就显得尤为关键。

4）自我效能

学者 Bandura[③] 在 1977 年首先提出自我效能理论，此后该理论逐步完善，其标志性完善是在 1986 年引入社会认知理论，之后该理论被广泛研究和引用。自我效能是指个体在应对项目任务时对自身能力能够完成任务的确信程度，其具有实现行为目标的主观认知判断特性，自我效能代表个体对自身能力的信心。

个人云存储服务要求用户具备一定的网络操作和计算机使用能力。由于其云平台的非本地存取允许用户在不同设备间切换使用，需要用户具备驾驭从桌面 PC 到移动设备、从桌面软件到移动 APP 的能力，而且自我效能来源于用户以往的使用经验和技术知识，效能强弱直接影响了个人云存储服务的采纳。

5）人口统计学特征

人口统计学特征一般指用户的年龄、性别、职业、教育背景等。已有的 IT 采纳行为研究也涉及用户的人口统计学特征。其中，研究较多的是性别因素，多数结论支持男性面对采纳决策时坚持理性判断，更愿意承担收益风险，而女性面对采纳决策时容易被情绪影响，对风险、收益更保守。

个人云存储服务属于新生的 IT 服务，年轻人经常接触 IT 技术和应用，智能化手机设备终端更为年轻人所喜爱。2014 年 3 月中文互联网数据中心的报告指出，年轻一代更喜欢利用云存储服务进行学习和办公操作，而具备一定经济基础条件的中年人更青睐多

---

① Glen J N, Joseph P. Understanding Privacy Concerns. An Assessment of Consumers' Information-related Knowledge and Beliefs[J]. Journal of Direct Marketing, 1992,6(4): 28-39.

② Dinev T, Hart P. Internet Privacy Concerns and Social Awareness as Determinants of Intention to Transact [J]. International Journal of Electronic Commerce, 2005,10(2): 7-29.

③ Bandura A. Self-efficacy: Toward a Unifying Theory of Behavioral Change[J]. Psychological Review, 1977, 84(2): 191-215.

屏硬件设备。可见，人口统计学特征是区分云存储采纳用户群体的关键特征。

6.2.2 模型构建

1. 质性研究

通过前文的理论梳理，整理出了信息技术采纳行为研究领域关于个人云存储采纳的影响因素，但是这些影响因素是否能够具备足够的解释力去分析个人云存储采纳的内在机理和规律，是否能够成为个人云存储采纳的关键影响因素，还需经过进一步的分析论证。为了契合实践案例中的采纳规律，筛选出更能够描述实际操作并且具备关键属性的个人云存储采纳行为的影响因素，首先采用质性研究方法，对使用过个人云存储的用户进行访谈调查和质性判断分析，以期筛选、识别出影响采纳行为的关键因素。

基于梳理归纳个人云存储采纳行为的关键影响因素，对访谈信息和数据进行转录编码和理论分析。访谈调查涉及 23 位受访者的谈话记录，然后梳理、总结出涉及使用体验的关键语句，这些语句能够代表访谈对象的真实想法，能够挖掘个人云存储采纳的关键因素，进而展开上述语句的语义分类，抽取因素，依托构建的理论体系将因素进行概念抽象操作。经过对关键语句的抽取、细化和归纳操作，本课题抽取了共享性、移动性、可靠性、安全、隐私、任务需要、易用性、信任、社会影响、认知、网络外部性、个人创新精神 12 个因素，下一步展开对以上因素内容含义的分析探讨。

易用性作为信息技术采纳领域的普遍关注因素，可以验证 TAM 模型中的感知易用性，还可以验证创新扩散理论的复杂性论述——如果个人云存储服务使用户认知其使用和学习成本过高，则采纳意愿相应降低。用户都表示技术复杂会影响其使用个人云存储。同时感知易用性也使用户认为自身信息素养能力可以驾驭个人云存储服务，其学习水平可以应对个人云存储服务的学习使用，因此可以将易用性、技术复杂性和自我效能统一抽象为感知易用概念。

任务需求侧面验证了 TAM 模型中感知有用性和创新扩散理论架构中的相对优势。用户使用云服务是为了提高自身学习和工作效率，用户使用个人云存储时可以在不携带存储设备的情况下上传和分享工作中的数据文件，还可以利用云存储服务访问和浏览经授权的数据和文件，这种不需要硬件设备的存储访问方式节省了硬件设备的投入。访谈研究发现个人云存储对用户的工作助益越大，用户对个人云存储的使用也就越积极，其采纳效率也就越高。本研究将任务需要、感知有用性、相对优势统一抽象为感知有用性。

社会影响验证了 TAM 模型中的主观规范对技术采纳的影响作用。本课题在访谈调研中发现，个人云存储采纳受到调研对象周边的人际关系和社交环境的影响。个体的工作环境中使用云存储服务的人越多，工作氛围越倾向于协同办公，其采纳个人云存储服务的意愿越强烈。本研究将社会影响、主观规范统一抽象为主观规范。

安全和隐私在访谈中受到了所有访谈对象的一致关切。个人云存储服务将用户的数据和信息通过网络传输到云平台进行处理，用户面对每天繁杂的信息，一般很难做到有效区分隐私信息和非隐私信息，这就依赖云平台建立合理的数据管理机制、安全存储规范和合理的访问获取权限。本研究将安全和隐私统一抽象为感知风险。

共享性与移动性在已有研究文献中的含义基本相同，二者在概念内涵上都可归因于云存储特性。然而在访谈调查中大多数用户均提到了这两个因素，并且叙述逻辑联系紧密，二者在用户认知中具有极强的相关性。在用户看来，移动互联时代的数据服务以共享访问的形式获取，这就意味着可以通过网络跨硬件设备在任何地点进行获取，即实现移动性。本课题通过访谈调查得出共享性与移动性极为相关的结论，因此将两因素统一抽象为云存储特性。

信任因素在访谈调查中也获得了验证。访谈时有用户提到云服务平台数据的删除操作是否与本地操作一样能够物理删除数据，如何确保云端数据的删除的有效执行，服务商是否会利用数据另作他用而用户无法知晓和控制，等等，用户对云存储服务的数据处理提出了可信性质疑。另一方面，调查对象也谈到了如何构建信任，他们认为，一般对大厂商、大品牌的云服务有信任感，而且一般通过厂商推广和广告来辨别厂商和服务的可靠性。本课题将信任因素抽象为感知信任。

网络外部性在访谈中也获得了验证。用户采用个人云存储的使用价值和效用随着云存储服务的使用人群扩大而增加。访谈中多数用户提到微软办公云服务，其中 Word 和 PowerPoint 软件都发布了云存储应用。随着越来越多的本地办公人群迁移到云端存储服务，受访对象表明可以通过协同共享的云端服务提高工作和办公效率。综上，本研究将网络外部性视为个人云存储采纳行为的关键影响因素。

个人习惯和偏好在访谈对象的谈论中被提及。大多数访谈对象认为云存储服务是一种新型的 IT 服务，这种服务的推广理念——按需使用和灵活配置可以激发用户的自主应用和探索欲，用户可以根据自身的创新想法改造办公和学习环境，可以创造或改造出适合自身的数据 IT 处理方式。根据个人习惯和偏好在云存储服务中的独有特性，本课题将其抽象为个人创新精神。

除了以上在访谈中发现的影响因素外，本课题还发现构建理论体系中未涉及的个人云存储认知因素。本次访谈发现不同类型的用户对个人云存储的认知程度迥然不同，尤其是将个人云存储作为一种创新技术采纳，亲身体验过的人数并不多，有价值的评价也不多，只有少部分用户对云存储服务认识全面。由此可见，用户对云存储服务越缺乏系统认知，对云存储服务越缺乏了解，用户采纳云存储服务的意愿越低，因此本课题将个人云存储认知作为关键的影响因素。

通过以上访谈结果分析，本课题将感知有用性、感知易用性、主观规范、感知信任、感知风险、网络外部性、云存储特征、个人创新精神和认知度作为影响个人云存储采纳行为的关键影响因素，以这些关键影响因素为基础，构建个人云存储的影响因素模型。

2. 影响因素模型构建

影响因素模型主要由原因因素和结果因素组成。原因因素包括前文所述的技术因素、环境因素和个人因素，采纳行为意向可以作为结果因素（简称采纳意向），而不是用实际行为表示。调研过程中的受访对象对于云服务创新技术的实际使用体验较少，在调研中使用客观问卷反映客观采纳行为是存在难度的，因此已有研究大多将行为意向作为因变量，本课题也将采纳意向作为因变量。根据已有领域的研究分析，模型的构建可以从研究对象特征出发，合理地规划原因要素和结果要素间的逻辑关联，这样可以提高模型的解释力并扩大模型的解释范围。

该模型(图 6-6)具有可实证性。本课题的数据收集方法采用调查研究，进而采用结构方程模型对数据进行拟合。然后对该模型和现实的拟合程度进行判断，并确定要素之间的路径系数和显著性。模型中的 10 个变量都是潜变量，首先要设计量表，然后为每个潜变量设计观测变量，基本原则是每个潜变量的观测变量至少为 3 个，所有的观测变量能代表对应潜变量的全部含义，每个观测变量只能测量一个潜变量，因而不存在概念交叉。

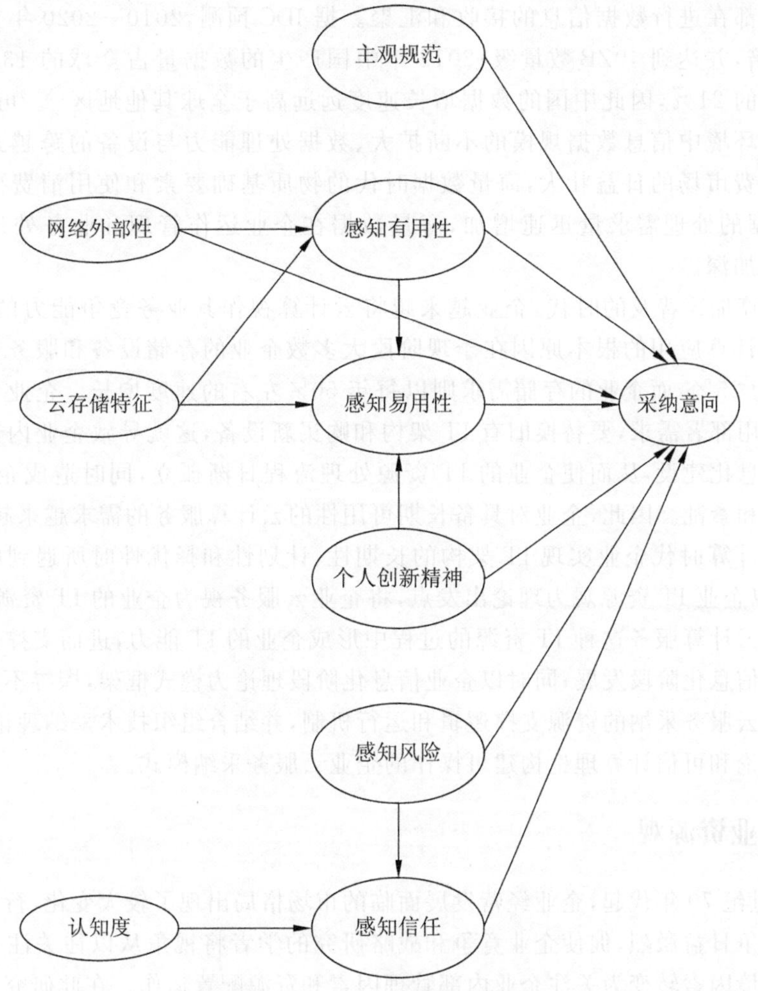

图 6-6　个人云存储采纳行为模型

变量的类型又分为内生变量和外生变量，至少被一个变量影响的变量是内生变量，只影响其他变量而不被其他变量影响的变量是外生变量。采纳意向、感知有用性、感知易用性和感知信任可以构成本模型的内生变量。主观规范、网络外部性、云存储特征、个人创新精神、感知风险和认知度构成了本模型的外生变量。

本模型用 14 条路径表示 14 个影响关系。在实证中需要通过路径的显著性判断这

14个影响关系是否成立。如果路径显著,说明影响关系成立;如果路径不显著,说明影响关系不成立。关系的紧密程度用路径系数大小表示,因素影响力的大小用不同路径的路径系数大小来比较。

6.3 企业用户的采纳现状及理论

随着物联网、传统互联网、移动互联网持续不断地产生数据,身处海量数据环境中的企业时刻都在进行数据信息的接收和汇聚。据IDC预测,2010—2020年全球数据量会增长50倍,并达到40ZB数量级;2012年中国产生的数据量占全球的13%,而2020年将占全球的21%,因此中国的数据增长速度远远高于全球其他地区①。可以看出,随着社会整体环境中信息数据规模的不断扩大、数据处理能力与设备的跨越式发展以及电子信息消费市场的日益壮大,海量数据时代的物质基础要素和使用消费要素已经形成,海量数据的处理需求量迅速增加,海量数据在企业运作管理和业务处理等各方面的应用不断加深。

在云计算加速普及的时代,企业越来越将云计算视作其业务竞争能力的关键因素。企业加快云计算应用的根本原因在于现阶段大多数企业的存储设备和服务器利用率较低,平均仅为25%,而企业的存储需求则以每年50%左右的速度增长。企业为了适应每个阶段的应用部署需求,要替换旧有IT架构和购买新设备,这就导致企业内部重复和频繁地进行信息化建设,从而使企业的IT资源处理流程日渐孤立,同时造成企业IT架构设施的膨胀和紊乱。因此,企业对具备长期可用性的云计算服务的需求越来越迫切。

针对云计算时代企业实现IT架构的长期性、计划性和择优性时所遇到的技术采纳困局,本节以企业IT资源观为理论出发点,将企业云服务视为企业的IT资源进行考虑,提出在采纳云计算服务这种IT资源的过程中形成企业的IT能力,进而支撑企业的竞争优势形成与信息化阶段发展;同时以企业信息化阶段理论为模式框架,探寻不同信息化发展阶段企业云服务采纳的资源支撑逻辑和运行机制,并结合组织技术采纳理论、信息资源增值开发理论和可信计算理论构建可操作的企业云服务采纳模式。

6.3.1 企业资源观

自20世纪70年代起,企业经营发展面临的市场格局出现了较大变化,行业内部和企业之间的竞争日益激烈,促使企业竞争和战略研究的学者将视角从以往关注企业物质因素与外部环境因素转变为关注企业内部管理因素和资源配置运作。在此研究背景下产生的企业资源观将企业竞争优势归因于企业的内部驱动因素,同时提出企业内部驱动的资源能力构成了企业的基础竞争优势。该理论的出现为企业战略管理和产业经济学提供了全新的研究视角。

---

① 中国IDC圈. 大数据时代推动数据中心变革[EB/OL]. (2015-10-29)[2013-11-25]. http://www.csdn.net/article/a/2013-11-25/15817260.

Wernerfelt[①]在论文中首次提出"企业资源观"理论(resource-based view of the firm),其后Stalk等[②]和Prahalad等[③]从能力竞争和核心竞争力的角度细化了企业资源观,并拓展了理论外延,推动了企业资源观理论的发展。企业资源观的发展是以理论体系逐渐丰富为基础的。其理论框架主要由以下3方面内容构成:①企业的可持续竞争优势来源于其核心竞争力;②企业的关键核心资源决定了企业的核心竞争力;③核心资源的获得不仅与企业自身有关,而且与企业长时间的学习积累、不同资源的紧密结合、资源导致竞争优势的不确定性和特定历史条件下产生的特定资源等有关。

随着信息技术应用的机会持续增加,越来越多的企业希望通过创新信息技术的采纳获得竞争优势,因此其视角不可避免地转向如何有效地采纳IT技术以提高企业内部和外部资源的整合和运作效率问题上。企业的IT采纳规划不仅要考虑企业所处的行业环境和领域特点,还要顾及企业资源运作现有水平和信息技术应用能力现状,这种水平和能力直接反映了企业信息化的程度和现状。因此,本课题将企业云服务视为企业IT资源,通过分析企业云服务IT资源对不同信息化阶段企业的支撑和推动作用,探寻不同企业信息化阶段对于云服务采纳的机理和模式。

已有的云计算采纳研究都是将技术接受模型理论、创新扩散理论和T-O-E模型理论作为最主要的理论支撑,其最根本的理论起点是将云计算作为一种新技术进行采纳,但现实情况是:从Google提出三大云计算技术模型到现在,云计算已经历经了10年的时间,其技术应用早已从初创期发展至成熟阶段,这已经不能很好地解释处于不同信息化阶段的企业的不同需求。与将云计算服务采纳作为技术采纳的传统视角不同,本课题依托企业资源观将企业云服务视为企业IT资源,能够更好地解释企业在不同信息化阶段跨越和发展过程中的资源运作机制和模式构建。研究视角的转变如图6-7所示。

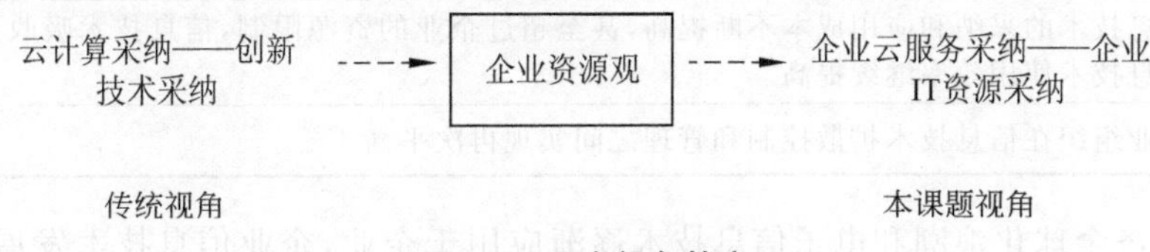

图6-7 研究视角转变

6.3.2 企业信息化阶段理论

基于因素研究范式的技术接受和创新扩散理论都将信息技术作为创新技术进行研究,这种研究方式是静态的。为了更深入地探究组织采纳、转化、吸收信息技术过程中的动态进展,学术界逐渐将研究视角转向企业信息化阶段理论及模型。已有企业信息化阶段理论及模型一般都将具体信息化过程中实际情境的特征识别作为研究起点,并通过分

① Wernerfelt B. A Resource-based View of the Firm[J]. Strategic Management Journal, 1984,5(5): 171-180.

② Stalk G, Evans P, Shulman L E. Competing on Capabilities: The New Rules of Corporate Strategy[J]. Harvard Business Review, 1992,70(2): 57-69.

③ Prahalad C K., Hamel G. The Core Competence of the Corporation[J]. Harvard Business Review, 1993, 68(3): 275-292.

析、归纳实际情境与信息化结果间的逻辑关联，发掘信息化不同阶段之间的转化途径和驱动机制，而且已有的理论模型都将企业信息化过程理解为采纳后的信息技术在企业内的扩散、吸收。

20 世纪 70 年代，信息系统理论研究领域学者 Nolan 经过深入的理论研究和实证分析后，提出了对企业信息化建设和成长影响十分广泛的经典理论——Nolan 信息化阶段模型①。Nolan 信息化阶段模型建立在对大量不同类型企业的历史观察基础上，借助统计定量分析的方法获得研究结果，其结论为：企业领域内信息技术扩散和吸收、转化作用于企业的业务运作与经营，而且其作用方式是分阶段进行的。处于不同发展阶段的企业，在信息化过程中具有不同信息技术管理的成熟度特性。企业信息化水平的提高一般是动态发展和演进的，其最终的发展目标是过渡到信息化的成熟阶段。Nolan 信息化阶段模型的逻辑基础是企业信息化过程中的资源投入，该理论对企业信息化发展过程中的各阶段特征及阶段间跨越的变化表现进行了阐述，并概括归纳出企业发生信息化变革时信息技术的作用途径和信息技术环境下企业信息化的演变过程。

经过不断的实证分析和调查，Nolan 以美国企业为研究对象，于 1973 年提出将企业中信息技术的渗透扩散过程划分为初始（initiation）、传播（contagion）、控制（control）和集成（integration）4 个阶段②，如表 6-1 所示。

表 6-1　Nolan 的 4 阶段理论模型

阶段	特　　征
初始	企业组织开始大量接触计算机数据处理业务，业务的特点为事务性、规范性
传播	信息技术被广泛应用于企业业务部门，信息技术采纳投入持续增长，引起信息技术吸收、应用速度的提升，引发信息技术使用频率迅速增加，但信息技术管理总体上是分散、低效的
控制	信息技术的采纳和应用成本不断提高，甚至超过企业的资源限制，信息技术吸收过程放缓，信息技术使用效率继续提高
集成	企业组织在信息技术扩散控制和管理之间实现再次平衡

随着经济全球化浪潮和电子信息技术逐渐应用于企业，企业信息技术发展出现了根本性变革，导致 20 世纪 70 年代初 Nolan 提出的企业信息化 4 阶段理论模型已不能从理论角度全面解释企业信息化发展的变化动因，因此，1979 年 Nolan 将已有的 4 阶段理论模型扩充为 6 阶段理论模型③。国内学术界在引入 6 阶段理论模型后，许多企业信息化的论文、著作迅速将 6 阶段理论模型作为其研究的理论基础而经常引用，因此 6 阶段理论模型也成为企业信息化领域的经典理论之一。6 阶段理论模型将信息技术在企业的扩散过程分为初始、扩展、控制、集成、数据管理和成熟 6 个阶段，如表 6-2 所示，同时，信息技术应用在企业可用资源中的占比也随着这一扩散过程而呈现特定的变化规律，其相关性轨迹呈 S 形曲线。

---

① Nolan R L. Managing the Computer Resource: A Stage Hypothesis[J]. Communications of the Acm, 1973, 16(7): 399-405.

② 陈国青. 信息系统的组织·管理·建模[M]. 北京：清华大学出版社，2002.

③ Nolan R L. Managing the Crises in Data Processing[J]. Harvard Business Review, 1979, 57(3): 115-126.

表 6-2　Nolan 的 6 阶段理论模型

阶段	作用	具 体 表 现	特　点
初始	降低组织中的一部分成本	信息技术系统和设备逐渐取代人力劳动,这种趋势在企业的业务辅助部门和职能部门的业务运作部门尤为明显	成本投入逐步上升,缺乏统一的信息系统管理调控,管理仅覆盖到硬件和软件范围,缺少共享协同,仅重视组织业务的自动批量操作和处理效率较高的功能设备
扩展	在企业运营成本的降低和业务运作效率的提高之间获得平衡	基于网络互联的在线业务系统在企业中大量应用,信息技术广泛应用于企业各个部门的业务操作层	
控制	形成信息系统的管理机制和规范模式	控制信息技术采纳成本,增强投资回报率(ROI),优化决策方案和计划	IT 应用扩展部署至用户端的基础上,企业内部的信息管理系统应用数据库技术进行优化,同时逐步改进系统的可靠性,企业、组织和个体逐渐意识到数据驱动业务的发展前景,在利用信息技术加工数据的过程中逐步加强数据处理的效果和增值开发利用
集成	提供体系化和全面的 IT 服务	整合信息系统的应用体系,通过建立全面的信息技术解决方案和 IT 应用架构部署,向用户提供一体化的信息服务	
数据管理	信息协同与共享	在确保已有业务操作功能稳定的基础上,借助信息技术中的数据开发和分析模块,对企业内部的运作信息和外部的经营与竞争信息进行分析开发,以辅助组织决策,同时加强企业内部的信息协同,以促进组织知识层面的共享开发	信息资源开发利用的功能目标着眼于信息系统中信息流的集中优化和分散获取之间的平衡,企业组织内部将数据资源开发管理整合为专门机构部门,企业、组织和个体积极利用数据开发系统进行具体业务数据的增值开发利用
成熟	从辅助支持过渡到直接支撑企业业务运作	企业数据和信息的分析开发流程目标上升至企业战略层面,企业的发展规划与竞争资源配置策略通过信息资源的增值开发利用完成	

6.3.3　组织技术采纳理论

组织作为现代社会经济活动的重要组成部分,其对创新技术的采纳问题得到众多专家学者深入而广泛的研究。组织虽然从形式上可以看作由有限个体组成的集合,但是组织领域的信息技术采纳并不能由众多个体领域的信息技术采纳的概念、方法和理论进行简单的叠加,组织领域的信息技术采纳应从由特例到一般的研究思路着手,对组织领域的信息技术采纳模式进行范式研究。组织层面的技术采纳理论主要包括创新扩散理论、潮流压力理论和 T-O-E 模型理论。

1. 创新扩散理论

在近十几年中,针对组织层面的创新技术扩散研究非常活跃,吸引了包括经济学、管理学、管理信息系统等众多领域在内的学者们的关注,产生了丰富的交叉性研究成果,显示出广阔的研究前景,其中比较有代表性和影响力的是 Rogers 和 Fichman 的研究。

Rogers[①] 提出的创新扩散过程模型是最早阐述创新技术在组织中的接受、吸收和转化过程的理论模型。组织创新技术扩散过程从运作流程角度可以分为前期的启动阶段和后期的实施阶段。其中，启动阶段主要包括组织对于技术信息的收集并探寻组织运营过程中的实际信息技术需求，还包括分析、判断符合组织需求目标的信息技术，并通过组织内部和外部环境的匹配查找最终发现适合的信息技术，因此可以将启动阶段细分为目标识别、目标匹配创新方案。实施阶段的操作内容如下：确定采纳方案后，组织需要在考虑整体外部环境与组织战略的前提下评估已确定的采纳方案，并对方案中的不适宜部分进行调整，最终定义两者的适配关系(目标再调整/定义)，将采纳方案的既定目标和创新措施的实施内涵贯彻于组织人员，并使其意识到方案的意义和价值(目标阐述)，在完成组织对于创新方案的转化吸收后，最终转变为组织体系运作的制度内容(制度化)。因此，可以将组织创新扩散过程分为 5 个阶段：目标识别、目标匹配创新方案、目标再调整/定义、目标阐述、制度化。

2. 潮流压力理论

近几年来，许多研究者针对社会压力或制度压力对创新技术采纳的影响开展了相关的研究，提出组织采纳创新技术有可能不是在经济或效率因素的驱动下才决定的，而主要来自组织外部的需要同其他组织或媒介形成共同作用环境的压力。Abrahamson 等[②]于 1993 年提出已采用创新技术的组织数量规模直接影响了某组织采纳该创新的决策意愿，这种影响程度甚至超过了组织自身对该创新技术应用前景的评估，他们将这种压力采纳现象定义为潮流压力。潮流压力可分为两类：规范潮流压力和竞争压力。

规范潮流压力主要指组织在认同感的驱动下希望与群体内的其他组织保持一致，从而做出采纳某项创新的决策，组织希望在风险规避的驱动下尽可能减少创新所带来的不确定性，在规避不确定性的压力下不会做出独立的理性思考而决定采纳创新。

竞争压力主要指未采纳某创新的组织担心失去竞争优势，为避免由于未采纳创新而落后于行业内的平均绩效水平，在这种压力下而决定采纳创新。在规范潮流压力和竞争压力的一致驱动背景下，在将创新技术采纳理解为热点领域和发展趋势的基础上，组织极有可能采纳创新并且模仿其他组织的采纳行为。

3. T-O-E 模型理论

组织领域内的信息技术采纳具备两个维度的属性：从采纳主体的维度分析其具备技术吸收过程的属性，从采纳客体的维度分析其具备社会接受过程的属性，因此其采纳的最终结果受到多方面因素的共同影响。Tornatzky 等[③]在系统分析了既有创新扩散理论的

---

① Rogers E M. Diffusion of Innovations[J]. Journal of Continuing Education in the Health Professions, 1997, 17(1): 62-64.

② Abrahamson E, Rosenkopf L. Institutional and Competitive Bandwagons: Using Mathematical Modeling as a Tool to Explore Innovation Diffusion[J]. Academy of Management Review, 1993, 18(3): 487-517.

③ Tornatzky L G, Fleischer M, Chakrabarti A K. Processes of Technological Innovation[M]. Lexington Books, 1990: 360-376.

缺陷,并且优化和拓展了创新扩散理论模型框架外延的基础上,建立了研究体系上更加综合、全面的组织技术采纳研究框架,即构建了创新技术采纳的技术-组织-环境(Technological-Organizational-Environmental,T-O-E)模型框架。T-O-E 模型框架认为,影响组织领域内创新技术采纳的要素主要有 3 个:技术特征、组织环境和外部环境,如图 6-8 所示。

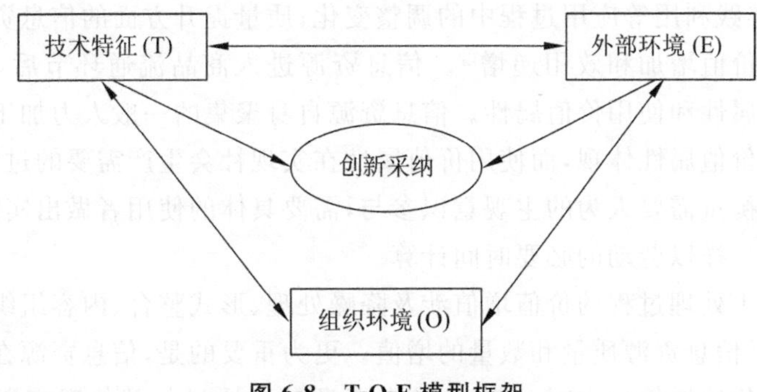

图 6-8　T-O-E 模型框架

- 技术特征。主要是技术本身的特点和功能,以及技术可以帮助组织获得竞争优势和实现效益提高。组织的采纳意愿受技术自身的优势和价值影响是技术特征分析考虑的主要方面。另外,组织对于新技术的创新采纳认知也由组织自身的技术应用水平决定,组织采纳某项创新技术所能获取的预期收益也与组织自身采用技术的能力水平呈正相关。
- 组织环境。组织自身所具备的因素特征也极大地影响着创新技术采纳,具体表现为组织的规模体量、职能分布情况、体系结构和组织个体的知识存量水平。
- 外部环境。环境因素对组织采纳技术的决策也会产生重要的影响。环境因素主要包括企业的外部竞争态势、资源利用程度、具体行业特征、所处产业制度规则以及政策调控干预等。外部市场的未知演变态势和相对激烈的行业内竞争形势是决定企业创新技术采纳过程的主要驱动力量。

T-O-E 模型在针对不同领域的技术采纳研究中被大量的实证研究所验证,并被认为在解释企业创新活动的系统性视角研究方面具有特长①。King 等②对不同层次的创新影响因素进行了总结,发现:工作团队的创新认知受团队的决策机制、团队个体、团队组织文化、团队权力结构和团队领导方式影响,组织层面的创新前景受组织自身的体系结构、竞争战略、体量规模、可调用资源和创新文化氛围等因素影响。

4. 信息资源增值开发理论

社会生产活动中的信息资源有效应用涉及调用相关的人力、财力和物力投入,信息资源的应用价值在于使较小的实物资源投入获取较高的经济收益和社会回报,因此从投入

① Chau P Y K, Tam K Y. Factors Affecting the Adoption of Open Systems: An Exploratory Study[J]. Mis Quarterly Management Information Systems, 1997, 21(1): 1-24.

② King N, Anderson N. Innovation in Working Groups[M]. West, 1990.

产出角度可以看出信息资源应用具备价值增值属性。信息资源通过社会实践应用获得价值体现是信息资源的基本属性。

人们将信息资源运作过程中普遍意义上的价值提高、数量增加和质量提升称为信息资源增值①，其具体特征为信息资源的价值整合与内容载体优化。

数量增加方面的信息资源增值具体表现为信息数量在处理加工、整合组织、协同集成、共享交流和实践利用等应用过程中的调整变化；质量提升方面的信息资源增值具体表现为信息资源的价值增加和效用递增②。信息资源进入商品流通环节后，其自身的价值衡量便具备价值属性和使用价值属性。信息资源自身聚集的一般人力加工和处理工作投入是信息资源的价值属性体现，而使用价值属性在实现社会生产需要的过程中得以实现。信息资源的价值衡量需要人为的主观意识参与，需要具体的使用者做出实际评判，而不是像其他一般商品一样以劳动的必要时间计算。

信息资源加工处理过程的价值增值涉及降噪处理、形式整合、内容组织和技术集成等环节，因此实现了信息资源质量和数量的增值。更为重要的是，信息资源在社会经济活动的过程中也存在价值增值的空间。首先，信息资源可以通过与其他现实资源进行集成整合的形式进行价值增值，例如企业在充分研判信息资源态势和发展形势的基础上调用可支配的人力、资金和物力资源以实现最优的发展战略并取得最大收益。其次，信息资源还能刺激个体创新思维、独有知识和经验技巧，但这一增值渠道需要较高水平的信息资源整合加工，而且这种方式的增值效应需要以实际应用和最终效果进行验证，因此存在滞后性。而信息资源被广泛应用于学术科研、生产经营和商业创新等社会活动时，其潜在作用效果才会促使实际应用产出最大经济收益和社会效益。最后，信息资源应用于企业管理运作，能够促使企业的发展规划和业务决策具备前瞻性和可操作性，而且在合理配置技术资本和人力资本的基础上，实现生产效率和经营产出的投入平衡，最终完成企业既定的发展战略。

5. 可信计算理论

可信计算是一种保障信息系统安全性的全新信息技术。可信计算的构建思想来自现实社会，其将被社会管理认可的成功经验应用于计算机网络及系统运作，其应用目标是保障计算网络和系统业务的可信安全。可信计算组织（Trusted Computing Group，TCG）指出：提高计算网络和系统业务的安全性并保证安全性的可持续是可信计算的总体应用目标，数据清洗后的完整性保障、数据存储后的安全性保障和平台可信的数字证明是可信计算现阶段的首要技术目标③。

可信计算产品的主要应用领域如下：降低安全事件发生时的损失程度，力图使之降至最低，这是在安全风险控制领域的应用；能够及时预测、发现网络攻击，并采取应对安全措施，这是在安全监测和事故响应领域的应用；减少交易风险，保障电子交易的正常实施，

---

① 乌家培. 信息资源与信息经济学[J]. 情报理论与实践，1996(4)：4-6.

② 马费成. 信息资源开发与管理[M]. 北京：电子工业出版社，2014.

③ 沈昌祥，张焕国，王怀民，等. 可信计算的研究与发展[J]. 中国科学：信息科学，2010(2)：139-166.

这是在电子商务领域的应用；防止数字出版物的非法传播与复制，这是在数字版权管理领域的应用。

可信计算的核心技术思路是：首先在计算系统的基础层设立技术单位信任根，通过硬件安全、软件管理和技术控制来保障信任根的可信性；然后从计算系统的应用层往上一直延伸到管理层，构建纵向的信任链，其体系包括信任根→硬件平台→操作系统→应用，进而扩展到整个计算系统，最终确保计算和系统的整体可信。

6. 企业云服务采纳理论关联及实践作用

首先，理性行为理论及扩展、技术接受模型及扩展提供了一般信息技术采纳行为的理论支撑，从普遍的技术特征和主体心理认知的视角解释了信息技术从了解、感知到接受、使用的一般采纳过程。这些技术采纳领域的经典理论能够很好地解释被采纳技术特征和采纳主体客观需求之间的关联形成，即具备何种特性的技术能够符合采纳者的期望和预期，却不能很好地诠释企业在采纳技术后的竞争优势形成问题，即适合的技术是否会产生实际的优势和能力。因此，本课题将企业资源观理论引入企业云服务采纳理论体系，将企业云服务视为企业 IT 资源，从而探寻企业 IT 资源（企业云服务）采纳与企业 IT 能力（竞争优势）形成之间的运作机理。另一方面，企业 IT 能力与企业信息化发展阶段存在天然的因果关系，所以可以进一步探讨企业 IT 资源采纳与企业信息化发展阶段之间的支撑机制，进而从理论上丰富企业云服务采纳模式的内涵。

其次，企业云服务的技术发展历程已经接近 10 年，从技术生命周期角度考虑，企业云服务已经不是新兴技术，其应用阶段应处于成长阶段和成熟阶段之间，以创新技术接受和采纳为主体视角的组织技术采纳理论已不能很好地解释企业云服务采纳的应用特点，而且实践领域中的云服务提供商已经根据不同企业的信息化程度和信息需求推出了不同功能类型和不同应用途径的企业云服务，因此将企业信息化阶段理论引入企业云服务采纳理论体系，可以从企业自身的信息化程度、信息需求和组织要素等采纳主体特征出发来解释企业云服务采纳的实践应用。

再次，企业内外信息环境是企业信息技术采纳选择的主要考虑维度。传统的本地数据环境决定了企业在选择信息技术的决策和实践过程中，其考虑的方案是本地办公、信息系统使用和传统商务智能应用。在海量数据环境下，数据驱动业务已成为企业发展的首要命题，企业内部和外部海量数据的分析技术和处理系统已成为企业信息化的主流趋势，因此企业云服务作为企业信息化的具体实践方式，也必须将信息资源的开发增值纳入已有的理论体系，才能更好地诠释海量数据环境下企业云服务的采纳实践。

最后，数据安全和业务稳定等风险控制问题一直是企业云服务采纳应用的阻碍因素，非本地的数据处理架构导致企业的数据控制权限在一定程度上让渡于云服务提供商，企业对于云服务提供商及其云服务技术的信任也影响着企业云服务的采纳实践。因此，本课题将可信计算理论引入企业云服务采纳理论体系，将第三方可信云服务认证应用于企业云服务的采纳过程实践，从而使企业在选择云服务时可以参照相关的认证信息，以解决企业和云服务提供商之间的采纳信息不对称的问题。

6.4 企业用户的采纳模式构建

现有云计算采纳研究的主流方法都是在技术接受模型(TAM)和组织技术采纳的T-O-E模型理论基础上研究云计算的采纳机理和影响要素。例如,Oliveira① 提出在综合创新扩散和T-O-E模型理论的前提下研究制造企业的云计算采纳,而且在假设提出和定量验证的过程中应用了TAM及其扩展中的影响因素;Low等②以T-O-E模型理论为基础研究高科技企业采纳云计算过程中的影响因素,在分析技术的研究假设时参考了Rogers的创新扩散理论;Misra等③认为云计算是一种能够改变计算时代的颠覆性范式,并研究了迁移云计算架构的投资回报问题。

技术接受模型、创新扩散理论和T-O-E模型理论的逻辑起点均是研究新技术在采纳者使用过程中的扩散和传播,分析何种技术特征能够满足现有个人与组织的技术需求。这种理论体系造成了企业云计算采纳理论解释力的3点缺陷:一是技术周期角度的云计算技术是动态发展的,其采纳前提不可能总是新型技术的应用;二是这种理论体系仅能解释企业现在和现阶段的技术特征与需求的契合问题,并不能解释企业长期发展和信息化阶段跨越过程中的IT需求解决问题;三是云计算本身按需配置的特性和虚拟化的技术特点可以实现企业信息化阶段非线性跨越,例如初创公司可以采用云计算实现商业数据分析和增值的高阶IT应用,信息化程度较高的高科技公司不必借助已有的IT架构,可以应用云计算实现新业务和新部门的基础IT建设,这种企业信息化阶段非线性跨越的支撑机理和逻辑并不是传统技术接受模型和T-O-E模型理论所能解释的。

有鉴于此,区别于传统技术采纳理论,本课题将企业云服务理解为企业IT资源,并在以企业资源观和企业信息化阶段理论为理论主体的框架下,结合典型案例,探讨企业云服务采纳模式的构建问题。

6.4.1 云服务采纳背景下企业信息化阶段发展特征

1. 传统理论背景下的企业信息化阶段发展特征

根据6.3节中对Nolan信息化阶段模型的论述,可以归纳出传统理论背景下企业信息化发展的4个特征:

- 企业信息化呈线性发展趋势,其信息化功能由IT基础设施建设逐渐向信息资源的价值增值发展过渡,其信息化功能的外延逐步扩大、完善,即呈现信息化发展由

---

① Oliveira T, Thomas M, Espadanal M. Assessing the Determinants of Cloud Computing Adoption: An Analysis of the Manufacturing and Services Sectors[J]. Information & Management, 2014, 51(5): 497-510.

② Low C, Chen Y, Wu M. Understanding the Determinants of Cloud Computing Adoption[J]. Industrial Management & Data Systems, 2011, 111(7): 1006-1023.

③ Misra S C, Mondal A . Identification of a Company's Suitability for the Adoption of Cloud Computing and Modelling Its Corresponding Return on Investment[J]. Mathematical & Computer Modelling, 2011, 53(3-4): 504-521.

低阶向高阶发展的态势,其信息化发展阶段不能实现逆向发展和跨越式发展。

- 企业信息化发展的每个阶段特征都需要IT的架构支撑。
- 企业信息化发展的驱动力来源于IT的转变和提升。
- 企业IT能力的形成决定企业信息化各阶段的完成。

为了便于分析论述,本节根据成熟的 Nolan 6 阶段理论模型将企业信息化阶段分为初级阶段、中级阶段和高级阶段,其中,初级阶段包括6阶段理论模型中的初始和扩展阶段,中级阶段包括控制和集成阶段,高级阶段包括数据管理和成熟阶段。这种划分的原因在于:Nolan 6 阶段理论模型中初始和扩展阶段的主要IT任务在于平衡企业IT建设的成本投入和效益产出,控制和集成阶段的主要IT任务在于企业内部信息资源的管理和组织,数据管理和成熟阶段的主要IT任务在于企业信息资源的开发和利用。传统技术采纳理论背景下企业信息化阶段发展的特征如图6-9所示。

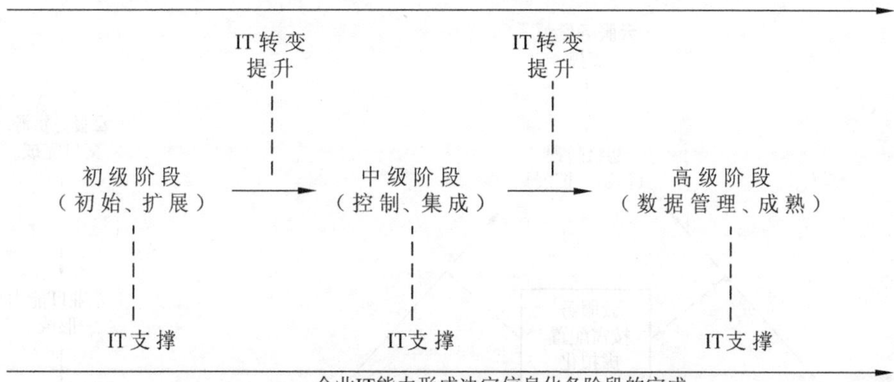

图6-9 传统技术采纳理论背景下企业信息化阶段发展特征

传统技术采纳理论背景下对于IT的理论认知导致了企业信息化阶段的线性发展。一方面,传统理论中的创新扩散理论认为IT均是作为新技术被企业感知和接受的,因此对这种扩展需要时间来进行学习和调整,才能形成企业IT能力,从而避免"信息技术悖论"的产生,因此,这种理论背景下的信息化阶段发展是逐步进行和逐步建设的,所以不能实现逆向发展;另一方面,传统理论中的技术接受模型及扩展的理论前提是:技术只有满足企业现阶段的诸多需求特征时,技术才能被采纳,进而形成IT能力,但其忽略了企业信息化需求是动态发展的这一特点,仅以某一阶段具体的需求指标来分析技术采纳并不能将企业的长期需求涵盖于其中,因此不能实现跨越式发展。

云服务采纳背景下的企业信息化阶段发展凸显出传统技术采纳理论框架解释力不足的问题。

首先,云计算服务的虚拟化仅是将技术部署在非本地化环境,而非实现了IT功能创新,所以从新技术角度理解云计算服务是不合适的;而且云计算服务可以在非本地架构下为企业提供IT,并提供包含多种不同IT功能的一体解决方案,消除了传统采纳理论中信息化建设逐步学习、逐步推进和逐步采纳的瓶颈,因此企业云服务采纳可以实现信息化阶段的逆向发展。

其次，云计算服务的按需配置为企业信息化发展提供了长远规划的资源支撑，企业可以根据自身的战略设计和竞争态势选取适合自身长期发展的云计算服务，部署超越自身信息化水平的IT和应用，这种云计算服务的灵活组配（云服务方案的功能增加或减少）取代了传统理论背景下IT的转变和提升，为信息化阶段跨越提供了动力支撑，因此企业云服务采纳可以实现信息化阶段的跨越式发展。

最后，云计算服务本质上是一种新型的IT资源服务交付方式，而非新的IT和应用架构。传统技术采纳理论下IT支撑企业信息化阶段发展变为云服务资源支撑企业信息化阶段发展，同时云计算服务资源的交付和部署完成意味着企业IT能力的形成，进一步促进了企业各信息化阶段的发展，这种资源交付属性符合企业资源观的理论思路，因此以企业资源观理论将企业云计算服务采纳理解为企业IT资源采纳，而不是传统技术采纳理论背景下的IT采纳，这样能够更好地解释企业云服务采纳与企业IT能力形成之间的因果关系。云服务采纳背景下的企业信息化阶段发展特征如图6-10所示。

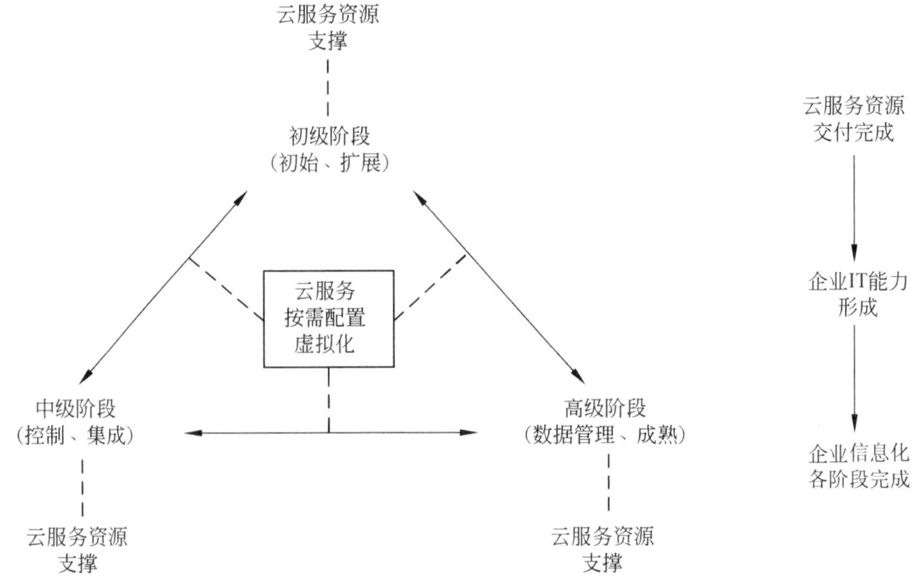

图6-10　云服务采纳背景下的企业信息化阶段发展特征

2. 企业云服务采纳模式构建

前文针对以企业资源观和企业信息化阶段理论为理论体系的云服务采纳背景下的企业信息化阶段发展特征进行了系统分析，可以得出以下3个特征：

- 企业云服务采纳可以实现信息化阶段的逆向发展。
- 企业云服务采纳可以实现信息化阶段的跨越式发展。
- 云计算服务资源的交付和部署完成意味着企业IT能力的形成，进一步促进了企业各信息化阶段的完成。

云服务采纳背景下的企业信息化阶段发展特征使建立统一的、可操作的企业云服务采纳模式成为可能。一方面，区别于传统技术采纳理论背景下的企业信息化阶段发展特征，无须研究每一个具体阶段的 IT 采纳与信息化发展之间的支撑和对应关联，云服务采纳背景下的企业信息化阶段的逆向发展和跨越式发展特征提供了自成体系的环形结构，而非传统技术采纳理论背景下的线性结构，因此可以建立统一体系的企业云服务采纳模式；另一方面，可以从云服务采纳与 IT 能力形成角度挖掘已有企业云服务采纳案例的成功机理，进而从实践层面形成可操作的企业云服务采纳模式。

企业资源观、企业信息化阶段理论、组织技术采纳理论、信息资源增值开发理论和可信计算理论为企业云服务采纳提供了理论框架，企业云服务采纳模式构建可在已有理论的基础上展开。企业信息技术采纳需要经过调研信息、分析方案、甄别优劣和需求确定等决策过程，这种组织层面的信息技术采纳不同于个人层面的采纳行为。个人层面的信息技术采纳行为通常表现为临时性、短期性和偏好性，而企业层面的信息技术采纳具有计划性、长期性和择优性；个人信息技术采纳研究思路一般是通过统计定量方法分析大量采纳行为背后的影响因素，而企业信息技术采纳需要从已有的采纳成功案例中分析采纳的一般范式及过程机理，再从一般范式中提炼相关的影响因素并用实践定量方法检验。因此，以既有理论为基础，结合已有的采纳成功案例，从而构建企业信息技术采纳模式，是研究企业信息技术采纳影响因素的必要前提。由于企业云服务也具备企业层面信息技术采纳的诸多特点，在概念外延上从属于企业信息技术采纳，因此上述研究思路也同样适用于构建企业云服务采纳模式。

本节结合前文的理论和实践案例，归纳总结企业云服务采纳模式。依照信息技术采纳的一般规律，采纳过程需要由采纳主体主导，采纳客体被选择，环境影响采纳过程实施，中介会辅助采纳主体评价采纳客体，因此企业云服务采纳模式将从采纳主体分析、采纳客体分析、环境分析和中介分析 4 个维度进行构建。

6.4.2 采纳主体分析

企业云服务中的采纳主体为企业组织，决策群体包括企业领导层、CIO、企业信息化负责人及运维人员。企业的云服务采纳群体在采纳过程中确定企业现阶段与具体业务需要的云服务和云服务提供商。为实现这一采纳目标，首先根据企业的组织情况，如硬件建设情况、软件使用情况、人员的 IT 使用经验和采纳经费资源等组织特征来确定企业采纳云服务的基本情况；然后根据企业所处的信息化阶段和业务的主要职能，确定云服务采纳的基本需求。根据已分析确定的基本情况与需求，云服务和云服务提供商的可选范围和目标就有了判断依据。

1. 组织特征

案例一：企业信息化现状的考量——Z 集团数据中心项目

- 云服务采纳与 IT 能力形成

首先，Z 集团 IT 管理较分散，大多数系统分散在各子公司的数据中心；各子公司的 IT 发展现状不均衡，分散的 IT 架构日益制约 Z 集团 IT 能力的整体发展。其次，Z 集团的股权架构和管理体系庞大而复杂，旗下诸多上市公司的关联交易与管理操作需要监管、约束，所以子公司现有IT架构的分散、独立现状导致准确而及时地获取各种真实经营信息存在困难。最后，为应对日趋激烈的外部竞争，Z集团决策需要快速而准确，但现有的IT架构的信息收集和分析处理能力不能有效地支撑Z集团决策。

经过充分调研，Z集团采纳了数据中心云服务方案。这套云服务方案如下：考虑Z集团旗下有较多公司的特点，设计了两地三中心的数据中心架构；根据Z集团国际化业务的战略和进度，提出了数据中心的三阶段规划方案；依据金融贸易行业数据安全要求高的特点，设计了基于身份认证的统一终端管理方案；制定了统一数据中心的IT架构和数据迁移方案，为今后的云服务信息化建设提供了参照标准。数据中心云服务方案交付后，Z集团不仅形成了统一基础架构的IT规划能力，还形成了统一数据中心管理体系运维的IT能力，最终使Z集团的IT系统由分散走向统一。

- 案例分析

在本案例中，首先从组织特征维度分析出Z集团在信息化建设过程中存在缺乏统一规划、信息汇聚困难、重复建设、成本过高、运维难度大、可用性不高等问题，这些问题出现的原因在于Z集团各部门的信息化成熟度参差不齐。由于Z集团发展时间较长，集团下各部门信息化发展水平存在差别，业务部门的IT建设水平滞后于信息技术部门，所以在协同业务信息以供领导层分析时没有足够的信息支撑决策；另外，从Z集团整体角度实施的信息化建设需要确立统一的应用标准，但由于各部门目前信息化建设的水平不一，容易出现重复建设和成本问题。针对这种情况，提出了两地三中心的云平台数据中心服务建设思路和基于身份认证的统一端认证方案。由此可见，企业信息化建设现状是企业采纳云服务时需要考虑的重要方面。

案例二：企业IT使用知识经验及理念的考量——P公司的广告技术优化改善

- 云服务采纳与IT能力形成

P公司是一家以互联网广告平台为业务主体的互联网科技公司。P公司的IT架构是以Hadoop技术为基础搭建的商业数据分析平台，为数据技术预测广告投放提供技术支撑。随着广告客户的日益增多，逐渐形成了海量的广告曝光请求，P公司每天需要处理的请求数量超过100亿次，所以P公司原有的Hadoop分析平台在计算、带宽和运维管理方面均出现瓶颈。数字化营销的海量广告投放要求广告商平台具备高效的处理速度，尤其是在实时竞价领域，如果从请求的发出到最终的响应无法在100ms以内完成，广告商就无法获得预期收益，从而影响业务发展。因此，P公司需要建立具备高效计算、分析能力和大容量带宽的IT架构平台，以降低海量竞价处理的延迟，进而提升交易成功率。

首先，由于公有云比传统数据中心有更好的I/O性能，P公司将业务平台中的所有Linux虚拟机部署在公有云中；其次，根据不同客户的需求和地域特征，将客户所需的广告平台部署至与客户地理位置最近的数据中心；再次，将云服务与客户的业务系统对接，并采用消息队列处理，使客户请求的响应时间缩短至10ms以内；最后，利用混合云部署模式，将自身原有Hadoop分析平台的私有云平台通过虚拟专用网与公有云互联，将公有云资源池中的计算和存储资源作为企业已有私有云架构的补充和扩展，并通过一致化管理降低操作复杂性，从而提升运作性能和安全性。

在采纳公有云服务后，P公司的客户请求响应时间被严格控制在10ms以内，形成了支撑业务快速响应的IT能力。此外，P公司将已有的数据中心与公有云进行互联，不仅保持了原有的IT架构投资的有效性，而且整合了本地集群技术优势和公有云弹性资源扩展优势，形成了混合IT部署的能力，因此全面提高了业务平台的性能和数据可靠性。

• 案例分析

P公司作为互联网广告技术公司，其业务主要依靠商业数据分析和挖掘技术实现，因此数据处理技术的创新和改善是其业务发展壮大的根本。从P公司较早在广告技术领域使用大商业数据分析技术、并用Hadoop搭建云计算平台的创新举动可以看出，企业的IT使用理念是主导企业采纳云服务的重要影响层面；创新技术的不断使用和积累，使P公司能够搭建起自主研发的商业数据分析系统，又使在其业务发展到瓶颈阶段时及时考虑云服务应用，由此可见，企业IT的使用经验和知识积累也是主导企业采纳云服务的关键层面。因此，企业IT使用的知识经验及理念是企业采纳云服务时需要考虑的重要方面。

案例三：企业IT采纳资源考量——H公司的成本收益

• 云服务采纳与IT能力形成

H公司是一家提供客户关系管理(CRM)服务方案与咨询服务的IT企业。H公司已有的传统IT架构模式产生了高昂的成本投入，日常运维工作量巨大而且存在不稳定因素，对业务的高效运转形成了严重挑战。企业门户网站、CRM系统以及定制化的移动APP都需要IT基础架构的支持。但是由于传统数据中心会带来高昂的成本投入，企业需要花费大量的资金用于机房建设、软硬件采购、带宽租用，并在后期的运维和管理中也会产生相当的人力资源成本，因此传统IT模式已经无法很好地满足企业IT成本需求。

鉴于这种情况，H公司逐步将业务与应用向公有云迁移，现有的业务应用无须修改代码即可直接部署到公有云上。具体迁移要求包括：公有云的虚拟机服务与本地服务器的应用环境能够一致，IT人员只需将本地已配置好的操作系统迁移至公有云服务平台，即可实现部署和运行；通过公有云的管理系统，H公司的IT运维人员借助系统界面即可完成操作系统、内核数量、内存、硬盘空间等参数的设置，然后在极短时间内方便而快捷地配置运行稳定的应用平台，从而灵活地满足公司网站和APP应用的业务需求。

H公司通过将应用平台后端迁移至公有云，实现了大幅度的成本节约。H公司不仅可以避免自行管理服务器、存储设备等硬件设施所需的人力和财力，也消除了日常进行服务器监控、兼容性处理和故障恢复所需的时间，省去了物理服务器的折旧与处理工作。经过比较，在公有云平台上运营业务可降低超过24%的成本，H公司形成了轻资产、低成本和高效运营的IT能力，也让公司更加专注于主营业务的发展。

• 案例分析

企业采纳信息技术的成本包括信息系统硬件设施的建设成本、软件的使用成本，还包括日常技术与系统运作的维护成本和人工成本。成本的支付和供给需要从企业总的资金预算中划拨，而且企业需要考虑其业务运行的投入成本，所以随着IT应用成本的增长速度逐渐高于业务的增长速度，企业有必要考虑采用成本收益比更高的IT技术替代现有技术。因此，企业的IT采纳资源是企业采纳云服务时需要考虑的重要方面。

创新扩散理论认为，组织的内部结构特征包括组织的权力集中程度、组织制度的正规化程度、组织成员的知识水平、组织资源的富余程度和企业规模 5 个因素。T-O-E 模型理论认为，组织本身的特性(例如公司规模、集中化程度、组织结构、人员技术水平等)与技术采纳有较强的相关性。这两个组织层面技术采纳理论从不同角度论述了企业的组织特征对于信息技术采纳的影响。这些特征可以归纳为两类：一是组织结构特征，如权力架构、组织结构等；二是组织资源特征，如组织规模、技术知识水平、资源富余程度。从以上的案例分析可以看出，企业在考虑云服务采纳决策时都是从企业信息化建设的总体情况出发，均是以创新技术采纳和已有技术优化为基础，而且决策群体包括组织结构中与 IT 运作相关的各类人员，其在采纳思路和利益愿景上存在一致性，因此，在企业云服务的采纳过程中，组织结构特征的重要程度并不显著。以上案例中的企业 IT 使用经验及理念、企业 IT 应用成本直接构成了企业资源特征，而 T-O-E 模型提到了组织规模特征，但组织规模特征在概念外延上过于宽泛，没有考虑到企业信息化发展至一定阶段就不能很好匹配企业业务的实际需要的情况，所以将企业规模特征替换为企业信息化发展现状较为合适。采纳主体分析中的组织特征如图 6-11 所示。

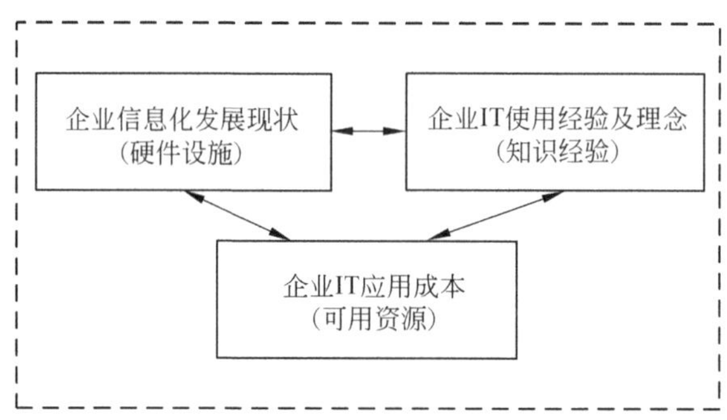

图 6-11　采纳主体分析中的组织特征

2. 需求特征

1) 基础需求分析

案例四：基础需求分析

W 公司是一家为物流业提供 IT 服务的初创公司。W 公司推出的物流协同管理平台向货运企业提供一站式云计算解决方案，能够根据企业的具体要求，提供一系列的定制化服务，帮助货运企业实现上下游业务的整合、跟踪、对账与管理等，让货运企业从软件即服务(SaaS)这种 IT 模式中得到价值。凭借良好的解决方案，W 公司很快赢得了市场的认可，在短时间内实现了用户的大规模增长。

• 云服务采纳与 IT 能力形成

W 公司作为一家初创企业，出于降低基础设施成本的考量，在成立之初就将 SaaS 平台托管于云端。但随着用户规模的不断扩大，W 公司在使用云端托管服务时用户网络访问延迟的发生频率不断增高。这种网络延迟不仅影响了货运企业的用户体验，而且还会进一步造成 SaaS 平台中断，从而影响业务运营。

为应对因客户规模急剧增长而导致的 IT 挑战，W 公司将物流协同管理平台 SaaS 服务迁移至运作更为稳定的云服务平台。其中，云服务平台的虚拟机服务提供了W公司所采用的Linux+MySQL+Java架构，使原有的物流管理SaaS软件可以快速地配置和部署Linux服务器，还可以使W公司根据企业客户量和当前访问量动态调整虚拟服务器的数量和IT资源配置；云平台中的云存储服务可以让W公司将数据存储于公有云中，无须在本地IT架构中部署存储方案，而且云存储服务中的存储密钥配置可以确保数据在传输和存储中的加密状态，从而保护物流协同管理平台中客户的数字资产和商业敏感信息。W公司在云平台迁移的服务交付过程中形成了成本优势和运作稳定的IT能力。

• 案例分析

初创企业由于预算资源有限，在业务运营初期不可能将有限的资源投入到IT系统建设和技术采用上，所以其对于信息技术应用的考量主要集中在运作效率和成本价格上。W公司将SaaS服务迁移至运作更为稳定的云平台中，确保了SaaS客户系统的服务质量，节省了运维支出和人员费用，而且进一步提升了对客户需求的响应速度。因此，运作高效和节省成本是企业考虑云服务采纳时的基础需求特征。

2) 进阶需求分析

案例五：进阶需求分析

A公司是一家从事移动互联网和电子商务的信息科技公司，主营业务为网店系统和网店建站。根据业务需求，A公司主要在云平台上使用网站服务与虚拟机服务。

• 云服务采纳与IT能力形成

云平台为各种规模的Web应用提供安全且灵活的开发、部署和扩展选项，用户可以利用现有工具创建和部署Web应用，而无须管理基础结构，即云平台网站服务为用户提供了一体的网站运行环境，用户部署网站后不用关心和维护网站环境。A公司的网店系统是基于开源软件开发的，其所选择的云服务平台对开源软件的支持主要体现在两方面：一方面，云服务平台支持Linux操作系统，其云平台虚拟机默认可选SUSE Linux Enterprise和Ubuntu Server两个Linux服务器操作系统，也支持用户自定义Linux系统镜像文件；另一方面，云服务平台支持主流的开源编程语言，如Java、Node.js、Ruby、Python。云平台与开源软件良好的结合有利于开源开发者社区将应用移植到云平台，使企业形成了迁移云平台后系统兼容的IT能力。

A公司采纳公有云服务最关键的考量指标是云主机的稳定性和可靠性，数据与系统的稳定是其面向客户提供软件服务的主营业务的关键。其所采纳的云服务提供商定义了一整套服务等级协议(Service Level Agreement，SLA)，服务备份和还原功能的可用性至少达到99.9%；在云服务实施过程中，当用户将两个以上的角色实例部署在不同的故障域和升级域中时，面向Internet的角色将至少在99.95%的时间内具有外部连接；对于虚拟网络，保证99.9%的虚拟网络网关可用性；在"标准"级别运行的网站将在给定账单月的99.9%时间内响应客户端请求。A公司采纳的云平台提供了完善的备份恢复机制，并严格定义了服务等级协议，使A公司在云服务交付过程中形成了稳定、安全的IT能力。

• 案例分析

企业在已有的本地信息系统架构基础上完成日常业务运行和组织管理工作。在这种情况下如果考虑引入云服务，在技术维度要完成云服务与已有信息技术系统的对接和兼容，在功能维度要保证数据存放于非本地环境中的存取稳定和访问安全。A 公司在采纳云平台的虚拟机服务后实现了系统的对接、兼容和数据的安全、稳定。因此，系统兼容和稳定安全是企业采纳云服务时的进阶需求特征。

3）高阶需求分析

案例六：高阶需求分析

L 公司的移动支付业务包括电子商务、终端支付和金融信息服务等领域。L 公司逐渐发展成为跨领域的综合型企业。2012 年，L 公司整体业务收入增长达到 20%以上。

• 云服务采纳与 IT 能力形成

L 公司的业务综合了金融和通信两个领域，因此其在业务数据组成上具备多维度、高复杂性和强实时性等多种特征。2012 年，在上线数据中心之前，L 公司使用的是基于传统数据仓库的经营分析系统。然而，已有系统架构中的各子系统分散存储着庞杂的 TB 级数据，所以快速响应的查询支持和数据整合关联无法在传统的关系型数据库中进行；多线程业务交叉环境下的商业数据分析支持和组织内部管理标准细化等业务要求已经使原有的经营分析系统功能大为落后，因此亟待出现能够处理精细化、多维度和面向业务个体的 IT 应用部署。L 公司对于基于各类数据的业务应用的需求不断增加，因此需要一个综合型的数据处理架构，具备高容量的数据预载能力和快速的商业数据分析能力，能够高效地整合企业业务数据，并在统一处理标准的基础上实现决策分析、经营管理和数据利用。

L 公司采纳了云服务服务提供商的 PureData for Analytics 进行数据中心建设。自 2012 年 5 月系统正式上线至今，L 公司根据自身业务需求与云服务提供商共同打造平台建设总体规划，建立了目前这一易操作、低冗余、成本较低的海量商业数据分析处理平台。PureData for Analytics 为 L 公司数据中心建设提供了强大的数据仓库解决方案和高效的商业数据分析基础。

在 PureData for Analytics 的支持下，数据中心为业务人员提供前一日的报表，充分保证了数据的实时价值，对业务洞察具有高度的驱动意义。此外，数据中心能够在一个小时内实现汇总和报表的统计，这种功能在此前的经营分析系统中需要靠人工提取数据工单来实现，至少需要一周的时间才能完成。PureData for Analytics 的云服务交付使 L 公司形成了增值开发的 IT 能力。

PureData for Analytics 具有极为友好的用户接口和灵活的部署能力，因而能够把数据挖掘平台工具整合到数据中心系统中，帮助 L 公司搭建更加有竞争力的数据中心，同时也很好地实现了复杂数据的优化和管理。PureData for Analytics 的云服务交付使 L 公司形成了功能扩展的 IT 能力。

• 案例分析

在数据驱动业务的发展趋势下，企业越来越将内部组织和外部环境中的数据资源增值开发视作获取竞争优势的核心途径，以云计算为技术基础的企业大商业数据分析服务成为企业在完成基础办公系统需求和已有系统技术兼容情况下的首选云计算服务。同时，云服务的功能扩展属性也为企业整合了已有的数据处理工具和业务系统，并为将来可能的新技术采纳提供了扩展接口和操作空间。L 公司正是基于这两点考虑，选择了企业云服务 PureData for Analytics。因此,功能扩展和增值开发是企业考虑云服务采纳时的高阶需求特征。

4) 理论总结分析

企业信息化阶段理论的 Nolan 6 阶段模型将 IT 在企业中的渗透分为初始、扩展、控制、集成、数据管理和成熟 6 个阶段。信息资源开发利用理论也认为,在组织管理和运作过程中,信息资源经历了内容整合和载体优化等诸多变化,因此信息资源作为处理加工对象实现了再创造。信息资源的开发利用贯穿于企业管理和控制的整个过程,在这一过程中,信息资源因开发利用而实现价值增值,进而实现企业的收益增加,而 Nolan 的 6 阶段模型中数据管理和成熟阶段的特点也很好地印证了这一点。

初始和扩展阶段、控制和集成阶段、数据管理和成熟阶段的信息技术特点在技术维度和功能维度上较为全面地解释了企业信息化阶段过程中的基础需求、进阶需求和高阶需求。因此,企业云服务的需求特征划分为上述 3 项在理论上是可行的。企业云服务采纳主体分析中的需求特征如图 6-12 所示。

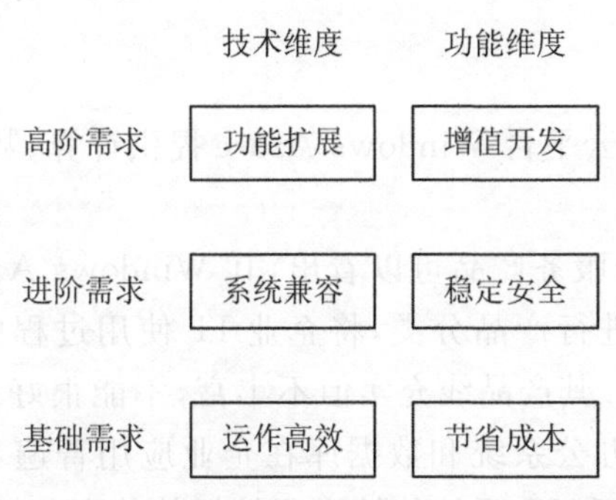

图 6-12　企业云服务采纳主体分析中的需求特征

6.4.3　采纳客体分析

企业云服务采纳客体是指提供云服务的云服务提供商。有些研究将采纳客体限定为信息技术和信息服务,但这种观点忽略了供应这些技术和服务的提供者的评价属性,如相关的配套服务、厂商的技术特长、竞争优势以及商业信誉等,因此本研究将企业云服务采纳客体的研究对象界定为云服务提供商。

T-O-E 模型中的技术特性观点认为,技术本身的特点和功能也能够帮助组织获得绩效性。本课题从厂商产品、厂商方案和厂商价格 3 个维度进行采纳客体分析,选定的分析范围为主流的云服务提供商。由于 Google 公司因为政策原因没有参与面向中国的云服务业务,因此将 Amazon、Microsoft 和阿里云这 3 家占有较大比例市场份额的企业云服务提供商作为研究对象。这 3 家云服务提供商业代表了云计算服务商的典型: Amazon 作为云计算领域的领军者,一向重视云计算基础架构的设计和优化,因此其云服务技术种类全面,功能完善;Microsoft 因其在企业办公系统和软件架构的天然优势,其云服务平台的技术兼容和对接较适合企业,因此其云服务在企业办公软件领域具有很强的竞争力;阿里云在电商领域积累了较多的技术资源和数据资源,在转向企业云服务领域时能够快速推广市场业务，能够根据企业的不同需要设计和推出个性化的云服务产品和方案，能够快速响应客户需求，因此在企业云服务领域显示出较强的上升势头。可以看出，这3家云服务提供商代表了厂商中的技术系典型、软件系典型和服务系典型。

1. 厂商产品

1) Amazon

Amazon 通过统一的云计算平台 Amazon Web Services(AWS)提供计算、存储和内容传输、数据库、联网、开发人员工具、管理工具、安全和身份、分析、物联网、移动服务、应用程序服务、企业应用程序、AWS Marketplace 软件共13大类云服务产品。

从 Amazon 的具体云服务产品可以看出，AWS 云平台将云服务产品的功能和技术进行了细分。其产品线从基本的计算、存储、数据库应用，到开发和管理工作的生产工具，再到商业数据分析、移动服务、物联网等专业应用，全面涵盖了企业 IT 办公、开发、应用的需求，并且对每项需求和功能进行了细分，使企业云服务可以形成购买组合，实现个性化的企业云服务产品策略。

2) Microsoft

Microsoft 通过统一的云平台 Windows Azure 提供计算、数据服务、应用服务和网络服务等云服务产品。

从 Microsoft 的具体云服务产品可以看出，其 Windows Azure 云平台从一般企业云计算服务的应用需求角度进行产品分类，将企业 IT 使用过程中较为实用和普遍的一般性技术功能融入产品设计。其产品线充实但不丰富，不能很好地形成企业云服务的购买组合，但由于 Microsoft 的办公系统和数据库在企业应用普遍，因此 Microsoft 的云服务产品与企业原有的 IT 技术和 IT 系统能够实现较好的兼容和扩展。

3) 阿里云

2009年进入市场的阿里云是现今国内最大的云服务平台，已在世界200多个国家和地区开展了云服务。阿里云的服务理念是为企业和政府等机构组织提供安全、高效和可靠的云计算服务和数据分析处理服务，使云服务广泛应用于大众科技与社会，使云计算成为普惠科技和公共服务，为互联、共享的互联网世界注入源源不断的发展动力。阿里云向用户提供云盾、大规模计算、存储于 CDN、数据库、网络、弹性计算、管理与监控、应用服务、互联网中间件、移动服务、域名与网站等云服务产品。

从阿里云的具体云服务产品可以看出，阿里云较重视应用性云计算服务，并针对企业用户的需求设计云服务产品的功能，在产品推广过程中并不过多强调产品的技术属性，而是关注产品所能解决的企业实际 IT 问题，因此阿里云的云服务产品形成了清晰的云服务采纳策略。

2. 厂商方案

1) Amazon

Amazon 通过统一的云计算平台 AWS 提供网站和 Web 应用程序、备份存储、大数据 HPC、金融服务、游戏、数字媒体、保健与生命科学、业务应用程序等云服务解决方案。

从 Amazon 的具体云服务解决方案可以看出，AWS 云平台将云服务解决方案设计定位为技术导向，即通过技术来实现业务的不同功能。其方案的应用架构细化到每项技术模块所针对和解决的具体业务问题及其能够实现的业务功能，而且还能够为涉及大量业务数据处理的行业提供个性化的服务解决方案，并将自身的技术优势和强项应用其中。Amazon 的云服务解决方案设计思路很好地体现了其技术系厂商的典型优势。

2）Microsoft

Microsoft 通过统一的云计算平台 Windows Azure 提供两大类解决方案——应用解决方案和通用解决方案。其中，应用解决方案包括云端游戏开发、云端移动开发、广告数字影像和在线数字营销；通用解决方案包括基础结构服务、数据管理、Web 应用程序、开发与测试、存储和恢复、开源软件等。

从 Microsoft 的具体云服务解决方案可以看出，其 Windows Azure 云平台将服务解决方案分为应用类和通用类。其方案的基本设计思路是：在 Windows Azure 云平台中构建能满足企业 IT 需求的公有云、私有云或混合云，即，将企业原有的办公软件和业务软件迁移至云平台，再通过 Windows Azure 实现其业务功能。Microsoft 的云服务解决方案偏重于 SaaS，这种方案思路很好地契合了 Microsoft 在企业办公软件领域的传统优势。

3）阿里云

阿里云向用户提供两大类解决方案——通用解决方案和行业解决方案。其具体的云服务方案如表 6-3 所示。

表 6-3　阿里云的具体云服务方案

具体方案	类　　型
网站解决方案	通用解决方案
安全解决方案	
云存储解决方案	
移动 APP 解决方案	
中小型应用容灾方案	
电商解决方案	行业解决方案
金融解决方案	
医疗解决方案	
渲染解决方案	
O2O 解决方案	
多媒体解决方案	
游戏解决方案	
物联网解决方案	

从阿里云的具体云服务解决方案可以看出，其方案的基本设计思路是：在对通用解

决方案和行业解决方案进行细分的基础上，尽可能多地提供个性化服务。例如，阿里云针对金融解决方案提出的咨询服务包括安全咨询服务、架构优化咨询服务、大促保障咨询服务和应急护航咨询服务；医疗解决方案包括医疗健康问诊咨询、医疗智能穿戴、医疗影像管理平台、远程医疗平台和药品销售方案等服务。

3. 厂商价格

1）Amazon

由于 Amazon 云计算平台中的云服务种类繁多，所以 AWS 为企业用户提供了超过 50 种云服务的定价。AWS 的云服务定价基于每个单独的云服务，用户只需支付所使用的云服务内容，而不必考虑依赖关系、复杂的许可或终止费用。

AWS 的定价方案灵活，其范围不仅包括大型企业，还辐射到新创业公司。其定价优势如下：

（1）按使用付费。企业可以根据需要并且仅在使用云服务的期间购买。AWS 定价没有前期费用、终止罚款或长期合同。

（2）降低成本。AWS 可以帮助企业减少或消除资本密集型投资（如硬件和设施），同时显著削减管理和维护领域的费用。

（3）优化规划。AWS 使企业能够满足功能需求，保留付费更少，并参与即时型市场，通过从预测模型转变为需求驱动模型提高了效率。

（4）以本地货币支付。AWS 支持本地货币支付，帮助企业根据当地市场情况进行预算，其服务定价模型在世界各地是一致的，消除了区域或地方定价的复杂性。

2）Microsoft

Microsoft 的云服务定价不针对具体技术，而是按企业业务运作所涉及的计算、数据服务、应用服务和网络服务的具体使用量计费。由于不针对具体技术，因此微软的云服务定价较为清晰、一致，具体到数据量和使用时间，其定价规则根据企业业务需要具有很强的操作性。

3）阿里云

由于阿里云的云服务特点在于个性化的云服务产品和服务方案，因此其云服务定价的策略和规则相对繁多、精细，具体规定了每项服务的价格计算方式和操作规则，甚至会根据企业的地理位置不同而有不同的收费标准，因此企业在选用以个性化服务为特点的云服务提供商时，需要考虑企业自身的实际需要和其他外部因素条件，切实可行地采用云服务方案，从而实现价格成本控制。

6.4.4 环境分析

在企业服务采纳过程中，对于外部环境的判断和分析是企业选择云服务的又一重要环节。企业从内部的技术和组织需求角度出发分析研判出自己需要的云服务类型和技术，对云服务提供商进行分析筛选，确定符合自身需求的服务厂商。但是，这两个环节仅产生了可用的云服务和云服务提供商集合，在这一基础上还需要进行环境因素的影响约束分析，进而确定具体的云服务和云服务提供商。

1. 资讯环境

资讯环境的信息分析与研判是企业选择云服务过程中应该首先进行的。云服务提供商存在内部动力大力推广云服务应用。一方面，云服务提供商属于企业，有动力推动云服务产品的销售、使用和维护，以实现自身的商业利润和价值；另一方面，云服务提供商也属于IT企业，这一性质决定了云服务提供商会通过各类信息渠道推广云服务产品，例如举办推广会议、新产品发布、公司网站和企业实地推广等。

2. 行业环境

云服务作为企业信息的发展趋势和替代传统信息技术的首选，已被越来越多的企业接受和认可，各类企业也在积极进行云服务采纳的规划和研判。决策效率较快的企业在使用云服务的过程中逐渐积累起应用经验和技术认知，而且其采纳云服务所节省的额外资源可以投入业务运作和信息技术再采纳，同时云服务应用所产生的企业信息和业务运作的高效率也会使企业业绩和工作质量迅速提高，因此企业采纳云服务后的短期收益能够迅速被同行业企业感知，形成示范效应。同时，行业内的竞争态势会促使其他企业学习优先采纳云服务企业的信息技术经验和运作方式，进而选择适合自身信息技术需要的云服务和云服务提供商，最后形成行业内逐渐趋同的云服务采纳策略和方案。因此，对于企业云服务采纳的行业环境分析包括同行使用和行业竞争。

3. 社会环境

企业的经营和生产活动时刻处在社会因素的影响之下。对于云计算服务这类信息技术的选择，企业的采纳选择也要遵循一般的社会认知规范。社会规范是指全社会各方，包括企业自身、参与信息技术采纳的各类人员和第三方机构所共同认可和赞同的行为规范。企业的云服务采纳行为决策须在各方认同的框架内进行，因为云服务从概念角度仍属于信息技术，当信息技术被使用者认可和接受时，其本身的应用价值方能体现。

另一方面，政府层面的政策制定也影响着云服务在企业中的应用。云计算服务的功能优势所产生的直接的经济和管理效益使政府能够从经济宏观层面制定倾斜政策和战略政策以推动云服务的应用发展。《国务院关于促进云计算创新发展培育信息产业新业态的意见》[①]中指出，云计算是集合信息技术应用和服务的创新发展模式，是当今电子信息产业重要的发展趋势，其在推动创新发展的过程中具有极高的社会应用价值，由此产生的经济和效率收益使世界各国都积极推动云计算应用，从而实现抢占新信息技术变革的先机。云计算的加速发展极大地提高了全社会的信息化水平和技术创新能力，对于现阶段刺激经济内需、充实新兴产业格局、加快经济增长方式转变具有重要的战略和经济价值。生产制造领域和信息服务领域广泛使用云计算，将加快传统信息处理方式向网络协同、数字经济和生产智能方向转变，最终实现产业结构的优化升级。

---

① 国务院. 国务院关于促进云计算创新发展培育信息产业新业态的意见[EB/OL].（2015-10-20）[2015-1-30]. http://www.gov.cn/zhengce/content/2015-01/30/content_9440.htm.

由此可见，对于企业云服务采纳的社会环境分析包括社会规范和政府政策。

6.4.5 中介分析

根据工业和信息化部电信研究院对国内云计算市场的调研显示，2013 年我国公共云服务市场增速接近 35%，其总体规模约为 47.6 亿；与之相对的是，云计算的非本地架构所导致的数据安全、数据迁移完整性、隐私访问等方面存在疑虑的企业用户占 50%以上，这些应用隐忧的存在极大地阻碍了云计算的进一步发展和实施。造成这种情况的原因在于云服务非本地架构的技术特点导致企业用户在一定程度上将数据的所有权和使用权让渡于云服务提供商，同时业务和数据迁移至云平台造成了企业 IT 系统运转主要依赖云服务提供商，但在应用云服务前，企业很难实际了解云服务提供商的具体服务质量，因此造成了企业云服务采纳主体与采纳客体间的信息不对称。针对这种情况，需要第三方认证机构对云服务及云服务提供商的可靠性和稳定性进行认证，即需要中介保障介入企业云服务采纳过程。

可信云服务的认证目的如下：

- 为用户解答云服务应用过程中的专业问题，评估、鉴定用户普遍担忧的共性问题，在减少云服务使用成本基础上，降低云服务的应用障碍，增加云服务提供商与用户间的沟通渠道，加快市场培育。
- 将云服务的运作具体指标上升到执行标准高度，同时统一执行标准的解释细节，进而统一云服务认证的解释标准，规范云服务的管理运营过程和服务质量，最终实现规范云服务市场的目标。

可信云服务认证中的数据安全认证包括数据存储持久性、数据可销毁性、数据可迁移性、数据私密性、数据知情权和数据可审查性共 6 项指标认证；业务质量认证包括业务功能、业务可用性、故障恢复能力、服务资源调配能力、网络接入性能和服务计量准确性共 6 项指标认证；权益保障认证包括服务变更和终止条款、服务赔偿条款、用户约束条款和服务商免责条款 4 项指标认证。

6.4.6 企业云服务采纳模式

基于以上主体分析、客体分析、环境分析和中介分析的论述，本课题构建了企业服务采纳模式，如图 6-13 所示。具体操作流程为：可选云服务通过主体分析中的组织特征和需求特征确定；可选云服务提供商通过客体分析中的厂商产品、厂商方案和厂商价格确定；至此得到可选云服务和云服务提供商集合；通过环境分析中的资讯环境、行业环境和社会环境形成环境约束，作用于可选云服务和云服务提供商集合，得到具体的云服务和云服务提供商；经过中介分析中的第三方可信云服务认证确定具体的可信云服务和云服务提供商。确认其可信后，签署服务水平等级协议，即采纳成功；未确认可信，即采纳失败，回滚以上流程。

本章主要从个人和企业两个层面讨论了云计算服务的个体采纳和组织采纳。在个人采纳层面，论述了个人用户的采纳现状及应用理论（信念-态度-行为理论、技术接受模型、

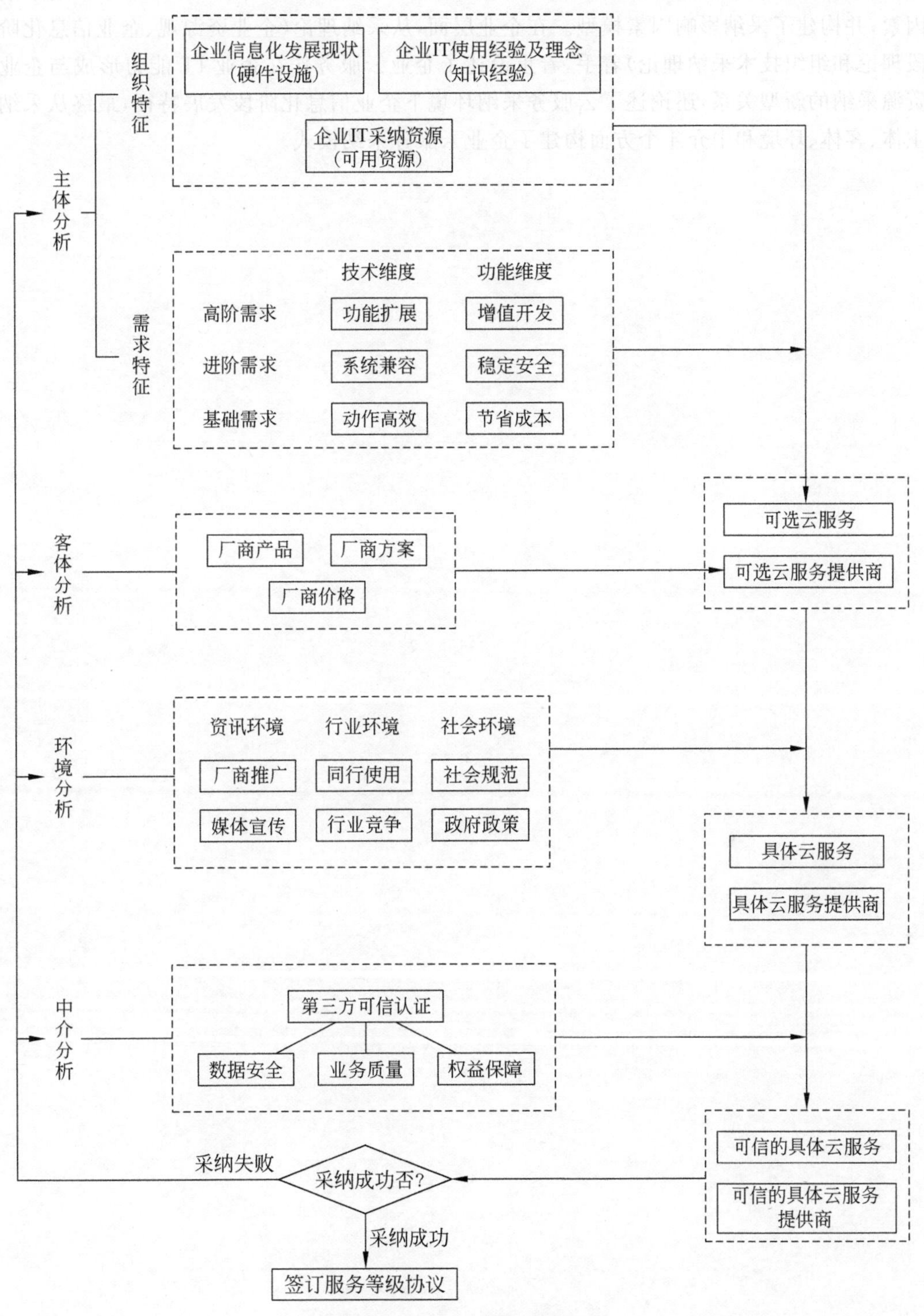

图 6-13　企业云服务采纳模式

网络外部性理论、信任理论及创新扩散理论），还具体阐述了个人用户的云服务采纳影响因素，并构建了采纳影响因素模型。在企业层面，从采纳理论（企业资源观、企业信息化阶段理论和组织技术采纳理论）着手，着重论述了企业云服务作在企业 IT 能力形成与企业资源采纳的新型关系，还论述了云服务采纳环境下企业信息化阶段发展特征，最终从采纳主体、客体、环境和中介 4 个方面构建了企业云服务采纳模式。

第7章 典型系统

本章主要介绍两种典型的云计算环境下的信息资源集成与服务平台——新闻热点事件的发现与跟踪系统和法学学科资源服务平台。在构建以上平台的过程中,针对云计算环境下信息资源集成与服务所面临的诸多问题,本课题提出了多种解决方案,相关的研究成果已分别在高水平的国际期刊 *Decision Support Systems*、*Information Systems* 发表,获得 WISE2013 国际会议最佳挑战论文奖(Best Challenge Paper Award),并申报了多项国家发明专利。本章的主要创新性工作如下:

(1) 结合两种典型系统的研发需要,分别讨论了云计算环境下信息资源集成和服务的关键技术。

(2) 提出了一种云计算环境下的信息资源集成和服务平台的通用架构。

(3) 研发了新闻热点事件的发现与跟踪系统,并给出了其关键技术和新闻正文自动化抽取算法流程。

(4) 研发了法学学科资源服务平台,并给出了其信息资源集成策略和服务类型。

7.1 主要技术

随着互联网技术和智能终端的普及,数据的产生速度呈几何级数增长,网络中累积了规模越来越大的巨量信息。例如,在 2014 年北京媒体两周两媒体沟通会上,百度公司副总裁李明远表示百度云数据存储达 5EB;IDC 在研究报告《数字宇宙》中也提到,2020 年全球信息量预计将超过 40ZB。信息量的迅速增长并不意味着用户获取信息效率的提高;相反,由于信息的高速增长和累积远远超过用户接收、处理信息的速度,用户很难精确地定位自己的需求,也很难快速地从大量信息中挑选自己需要的信息,从而导致"信息迷航"现象的产生。同时,随着生活节奏的加快,时间和效率要求也越来越高,如果仅仅对信息进行罗列展示,让用户自己去筛选、寻找、处理和提取需要的知识,无疑是繁重且低效的。

数据不仅规模大,而且具有动态、异构、多源的特征。随着 Web 2.0 技术的广泛应用,人们工作与生活中需要的许多信息都蕴含在海量的 Web 信息中,微信、微博、博客、信息聚合(RSS)、维基百科、即时通信等网络应用和服务为人们的生活带来了诸多便利,同时由于数据源和数据结构存在差异,信息组织、检索与分析等活动也面临许多挑战。另外,人们对搜索引擎的期望已经从过去的查全逐渐转到精确度上,从"以信息为中心"逐渐转到"以人为中心"。人们需要更多个性化的知识服务,而不是单纯在一个给定的类别框架下爬取特定网站或者目录下的网页信息,再进行索引与排序。

构建基于云计算环境的信息资源集成与服务平台(Cloud Computing based

Information Resource Integration & Service Platform)是解决上述问题的一种有效方法。自 Amazon 2006 年 3 月 14 日发布 Amazon S3 以来，云计算技术得到广泛应用，它改变了人们存储、处理和分析信息的过程，开启了一个新的计算时代。

云计算是一种基于互联网的计算模式，其共享的软硬件资源和数据可以按需分配给各终端设备。用户不再需要了解云中软硬件环境的具体实现细节，也不需要相应的专业知识对软硬件环境进行维护，而是直接使用云中通过虚拟技术封装好的软硬件资源。这种模式不但可以解决海量数据的存储和计算问题，降低了用户的 IT 成本，还能对异构数据进行统一处理，使用户更加专注于自身的业务逻辑，并向用户提供个性化服务。

目前，主要的云计算平台既有开源的系统，也有商业化的系统。从服务层次看，云计算平台主要有以下 3 种模式：

(1) 软件即服务(SaaS)。为用户提供云基础架构上运行的应用程序，应用程序可以通过客户端接口或程序接口从各客户端设备进行访问。而对于网络、操作系统、服务器等位于底层的云基础设施，用户并不涉及相关操作。具体而言，软件服务供应商通过租赁方式提供服务，例如通过账号密码为客户提供应用服务，而用户只需要支付租用费便可通过网络享受到相关服务，用户拥有软件使用权，并可获得相关升级服务。有代表性的 SaaS 平台主要有 Microsoft CRM、Google Apps 和 Salesforce. com。

(2) 平台即服务(PaaS)。为用户提供部署在云基础设施上的编程语言、库、开发工具、数据库、网络服务器等，用户可以控制并部署应用程序的托管环境，进而使用应用程序。在这种模式下，应用开发人员无须关心应用的底层硬件和应用基础设施，即可开发、部署和运行应用。在 PaaS 提供云基础设施资源的前提下，技术工作人员可以利用熟知和值得信赖的技术打造一个受控的操作环境，并且可以根据应用需求动态扩展应用系统所需的资源。有代表性的 PaaS 平台主要有 Google App Engine、Microsoft Azure 和 Hadoop。

(3) 基础设施即服务(IaaS)。为用户提供存储、计算、网络组件等基础计算资源，用户可以在上面部署并且运行软件，如各种应用程序等。用户操作虽然不涉及底层基础架构，但对于部署的应用程序可以进行各种相关操作。在这种模式下，将存储、计算和网络等资源转化为标准化服务，用户通过网络便可以从既有的基础设施获得服务。为了有效地管理和应用资源，一般来说，IaaS 通过运用虚拟化技术来整合相关服务器资源。有代表性的 IaaS 平台主要有 Amazon AWS、Rackspace。

根据应用需求的不同，需要采用不同的服务模式。除了服务模式之外，互联网中蕴藏着海量的信息资源，要从互联网中识别和抽取结构化数据并集成到云计算平台，挖掘用户的信息需求以提供满足用户需求的各类知识服务，还需要运用云计算环境下信息资源集成与服务中的多项技术。

7.1.1 信息资源集成技术

信息资源集成通常是指运用集成的思想和方法，对各种信息资源进行优化，并按照一定的集成模式将信息资源构造成一个有机的整体，从而更好地为用户提供服务。这里所讨论的主要是基于互联网的信息资源集成技术，这类技术在国内外一直受到广泛关注。

国际上一些著名的高校、研究机构及我国的一些科研单位都开展了相关的研究工作，像斯坦福大学、UIUC、CMU、Microsoft 研究院、Google 研究院、Yahoo 研究院等一直走在该研究工作的前列，它们都把信息资源集成作为一个重要研究课题进行研究。下面对一些主要的技术加以介绍。

1. 信息抽取

集成系统的绝大部分资源来自互联网，特别是一些高质量的结构化信息。对于从互联网页面中抽取结构化信息的问题，在过去的十几年中已经有了广泛的研究。早期的方法①往往是方便程序员编写抽取规则的，而后来的方法则引入了机器学习等方法来自动生成规则。Web 信息抽取的方法包括人工构造包装器进行抽取、人工标注部分数据进行有监督的学习抽取、利用其他结构信息进行无监督的自动抽取以及利用种子数据集的 Bootstrapping 抽取等。因此，Web 信息抽取主要有以下 5 类方法：早期的人工构造包装器的方法、利用标注集的有监督学习的抽取方法、无监督的自动抽取方法、利用种子数据集的 Bootstrapping 方法和针对特定结构的抽取方法。

- **人工构造的方法**。早期的人工构造的方法是由程序员编写包装器，这些方法有 TSIMMIS②、Minerva③、Web-OQL④、W4F⑤ 和 XWRAP⑥。但这些方法仍需要用户（程序员）使用某种通用编程语言（如 Java）或特别设计的语言为每个网站编写一个特定的包装器。所以，这些方法需要用户有扎实的计算机和编程基础，这使得这些方法的使用成本非常高。
- **有监督学习的方法**。有监督学习的信息抽取方法首先需要有一些网页作为输入，在这些网页中标注了需要抽取的数据，然后通过机器学习等方法输出一个包装器。有监督学习的抽取方法得到了广泛的研究，既有基于规则学习和模式识别的

---

① Sparck K. A Statistical Interpretation of Term Specificity and Its Application in Retrieval [J]. Documentation, 1972, 28(1): 11-21.

② Hammer J, McHugh J, Garcia-Molin H. Semi-structured data: the TSIMMIS experience[C]. Proceedings of the First East-European Symposium on Advances in Databases and Information Systems (ADBIS'97), 1997, St. Petersburg, Russia.

③ Crescenzi V, Mecca G. Grammars have exceptions [J]. Information Systems, 1998, 23(8): 539-565.

④ Arocena G O, Mendelzon A O. WebOQL: Restructuring Documents, Databases and Webs[C]. IEEE 14th International Conference on Data Engineering, 1998, Orlando, FL, USA.

⑤ Sahuguet A, Azavant F. Building Intelligent Web Applications Using Lightweight Wrappers[J]. Data & Knowledge Engineering, 2001, 36(3): 283-316.

⑥ Liu L, Pu C, Han W. XWRAP: An XML-Enabled Wrapper Construction System for Web Information Sources[C]. Proceedings of the 18th International Conference on Data Engineering (ICDE), 2002, San Jose, CA, USA.

SRV[①]、RAPIER[②]、WHISK[③]、WIEN[④]、STALKER[⑤]、SoftMealy[⑥]、NoDoSE[⑦]、DEByE[⑧]、IEPAD[⑨]、OLERA[⑩] 和 Thresher[⑪] 方法，也有利用统计模型的 HCRFs[⑫]、MESMM[⑬]、MLNs[⑭]，WIEMLNs[⑮] 和 Softmealy[⑯] 方法。

- **Bootstrapping 方法**。该方法需要一个种子数据集，然后从该种子数据集出发，从页面中抽取更多的相关信息来扩充该数据集，以上的步骤会一直继续到该种子数据集收敛或达到一个给定的阈值。Bootstrapping 方法的已有工作有

---

① Freitag D. Information Extraction From HTML: Application of a General Learning Approach [C]. Proceedings of the 15th National Conference on Artificial Intelligence, 1998, Madison, WI, USA.

② Califf M E, Mooney R J. Relational Learning of Pattern-match Rules for Information Extraction[C]. 16th National Conference on Artificial Intelligence & the Eleventh Innovative Applications of Artificial Intelligence Conference Innovative Applications of Artificial Intelligence, 1999, Orlando, Florida, USA.

③ Califf M E, Mooney R J. Relational Learning of Pattern-match Rules for Information Extraction[C]. 16th National Conference on Artificial Intelligence & the Eleventh Innovative Applications of Artificial Intelligence Conference Innovative Applications of Artificial Intelligence, 1999, Orlando, Florida, USA.

④ Kushmerick N, Weld D S, Doorenbos R B. Wrapper Induction for Information Extraction[C]. Proceedings of the 15th International Joint Conference on Artificial Intelligence (IJCAI 1997), 1997, Nagoya, Japan.

⑤ Muslea I, Minton S, Knoblock C. A Hierarchical Approach to Wrapper Induction[C]. Proceedings of the 3rd International Conference on Autonomous Agents, ACM, 1999, Seattle, WA, USA.

⑥ Muslea I, Minton S, Knoblock C. A Hierarchical Approach to Wrapper Induction[C]. Proceedings of the 3rd International Conference on Autonomous Agents, ACM, 1999, Seattle, WA, USA.

⑦ Adelberg B. NoDoSE—A Tool for Semi-automatically Extracting Structured and Semistructured Data from Text Documents[J]. ACM SIGMOD Record, 1998, 27(2): 283-294.

⑧ Laender A H F, Ribeiro-Neto B, Silva A S D. DEByE—Data Extraction By Example[J]. Data & Knowledge Engineering, 2002, 40(2): 121-154.

⑨ Chang C H, Lui S C. IEPAD: Information Extraction Based on Pattern Discovery[C]. Proceedings of the 10th International Conference on World Wide Web, ACM,2001, Hong Kong, China.

⑩ Chang C H, Kuo S C. OLERA: Semisupervised Web-Data Extraction with Visual Support [J]. IEEE Intelligent Systems, 2005, 19(6): 56-64.

⑪ Chang C H, Kuo S C. OLERA: Semisupervised Web-Data Extraction with Visual Support [J]. IEEE Intelligent Systems, 2005, 19(6): 56-64.

⑫ Zhu J, Nie Z, Wen J R, et al. Simultaneous Record Detection and Attribute Labeling in Web Data Extraction [C]. Proceedings of the 12th ACM SIGKDD International Conference on Knowledge Discovery and Data Mining (KDD-2006), 2006, Philadelphia, PA, USA.

⑬ Mengel S, Jing Y. Extracting Structured Data from Web Pages with Maximum Entropy Segmental Markov Model[C]. Proceedings of the 10th International Conference(WISE 2009), 2009, Poznan, Poland.

⑭ Yang J M, Cai R, Wang Y, et al. Incorporating Site-level Knowledge to Extract Structured Data from Web Forums[C]. Proceedings of the 18th International Conference on World Wide Web(WWW 2009), 2009, New York, USA.

⑮ Satpal S, Bhadra S, Sellamanickam S, et al. Web Information Extraction Using Markov Logic Networks[C]. Proceedings of the 17th ACM SIGKDD International Conference on Knowledge Discovery and Data Mining (KDD-2011), 2011, San Diego, CA, USA.

⑯ Hsu C N, Chang C C. Finite-State Transducers for Semi-Structured Text Mining [C]. Proceedings of International Joint Conference on Artificial Intelligence (IJCAI) Workshop on Text Mining, 1999, Stockholm, Sweden.

GRAZER[①]、BIEP[②]、ECR[③]。和有监督学习的方法类似，该种子数据集往往是通过标注得到的，但该种子数据集不需要随着网站模板的变化而变化，所以比有监督学习的方法的可用性好。这种方法的效果往往与种子数据集质量直接相关。

- 针对特定结构的抽取方法。信息抽取还有许多针对特定结构或数据的抽取方法，这里主要介绍两类：一类是针对“属性-值”对进行抽取的方法[④]；另一类是针对网页中的表结构进行抽取的方法[⑤]，[⑥]，[⑦]，[⑧]，[⑨]，[⑩]，[⑪]，[⑫]。后一类方法的缺点是应用范围窄，只能处理特定结构的网页，大部分网页不符合其特定的结构。Yakout 等人使用了 Web 表格基于实例的抽取方法[⑬]。
- **无监督的自动抽取方法**。无监督的信息抽取方法不需要使用任何标注的训练样本页面，也不需要和用户之间的交互，就能生成包装器。在已有的工作中，

① Zhao S, Betz J. Corroborate and Learn Facts From the Web[C]. Proceedings of the 13th ACM SIGKDD International Conference on Knowledge Discovery and Data Mining(KDD-2007), 2007, San Jose, CA, USA.

② Carlson A, Schafer C. Bootstrapping Information Extraction From Semi-Structured Web Pages [C]. Proceedings of the Joint Conference on Machine Learning & Knowledge Discovery in Databases, 2008, Antwerp, Belgium.

③ Gulhane P, Rastogi R, Sengamedu S H, et al. Exploiting Content Redundancy for Web Information Extraction[J]. Proceedings of the Vldb Endowment, 2010, 3(1-2): 578-587.

④ Wong Y W, Widdows D, Lokovic T, et al. Scalable Attribute-Value Extraction from Semi-structured Text[C]. Proceedings of the 2009 IEEE International Conference on Data Mining Workshops, 2009, Washington DC, USA.

⑤ Cafarella M J, Halevy A Y, Zhang Y. Uncovering the Relational Web[C]. Proceedings of the 11th International Workshop on the Web and Databases(WebDB 2008), 2008, Vancouver, Canada.

⑥ Cafarella M J, Halevy A Y, Wang D Z, et al. WebTables: Exploring the Power of Tables on the Web[J]. Proceedings of the VLDB Endowment, 2008, 1(1): 538-549.

⑦ Gatterbauer W, Bohunsky P, Herzog M, et al. Towards Domain-independent Information Extraction from Web Tables[C]. Proceedings of the 16th International Conference on World Wide Web, 2007, Banff, Alberta, Canada.

⑧ Lerman K, Getoor L, Minton S, et al. Using the Structure of Web Sites for Automatic Segmentation of Tables[C]. Proceedings of the ACM SIGMOD International Conference on Management of Data(SIGMOD 2004), 2004, Paris, France.

⑨ Pinto D, Mccallum A, Wei X, et al. Table Extraction Using Conditional Random Fields[C]. Proceedings of the 26th Annual International ACM SIGIR Conference on Research and Development in Information Retrieval (SIGIR 2003), 2003, Toronto, Canada.

⑩ Cohen W W, A Flexible Learning System for Wrapping Tables and Lists in HTML Documents[C]. Proceedings of the 11th International Conference on World Wide Web, ACM, 2002, New York, USA.

⑪ Embley D W, Hurst M, Lopresti D, et al. Table-processing Paradigms: A Research Survey [J]. International Journal on Document Analysis and Recognition, 2006, 8(2-3): 66-86.

⑫ Lopresti, Daniel P, Nagy G, et al. A Tabular Survey of Automated Table Processing[C]. Selected Papers from the 3rd International Workshop on Graphics Recognition(GREC '99), 1999, Jaipur, India.

⑬ Yakout M, Ganjam K, Chakrabarti K, et al. InfoGather: Entity Augmentation and Attribute Discovery by Holistic Matching with Web Tables[J]. ACM SIGMOD Record, 2012: 97-108.

RoadRunner[①]、EXALG[②]用于解决页面层次的抽取任务(抽取页面中的所有有用信息),而DeLa[③]、DEPTA[④,⑤,⑥]和TPC[⑦]则用于解决记录层次的抽取任务(抽取一个页面中的多条记录信息)。Bing等人设计了一种自动从网上发现和提取半结构化数据记录集的框架[⑧],采用一种基于条件随机场模型的半监督学习模型,解决抽取学习和来自种子实体标记示例数量有限的问题。对于有监督的抽取方法来说,抽取对象是由用户指定的;而在无监督的方法中,抽取对象则是由输入页面中的数据决定的,也就是那些用于生成页面的数据库或富含信息的文本内容。对于这类方法,如果并非抽取到的所有数据都是需要的,则需要用户进行后处理来选择相关的数据并给每一块数据取一个合适的名字。也有学者提出结合多个数据源的方法,如使用查询日志和查询会话,同时结合了多种结构化的数据源,包括Web表格、搜索命中数、DBpedia和Wikipedia做结构化数据抽取[⑨]。

大多数方法是记录层次的方法,只能抽取包含多条数据记录的页面,而更多的信息往往展现在这些记录对应的具体页面中。而现有的针对具体页面的算法存在着两方面的缺点:一是效率低,不能满足处理大规模页面的要求;二是噪声处理能力较差。Kondreddi等人提出了一种称为Higgins的系统架构[⑩],其思想是利用群体智慧的人力计算(human computing)方式进行信息抽取。Higgins可产生一些游戏问题,让玩家选择或填写缺少的主、客体三元组关系。他们还利用WordNet、ConceptNet这样的语义资源构建处理关联词组的统计语言模型。该方法依赖于用户的参与度,否则群体智慧将无法利用。

---

① Crescenzi V, Mecca R, Merialdo P. Towards Automatic Data Extraction from Large Web Sites[C]. Proceedings of the 27th International Conference on Very Large Data Bases, 2001, Roma, Italy.

② Arasu A, Garcia-Molina H. Extracting Structured Data from Web Pages[D]. Palo Alto: Stanford University, 2002: 298.

③ Wang J, Lochovsky F H. Data Extraction and Label Assignment for Web Databases[C]. Proceedings of the 12th International Conference on World Wide Web. ACM, 2003, Budapest, Hungary.

④ Liu B, Grossman R L, Zhai Y. Mining Data Records in Web Pages[C]. Proceedings of the 9th ACM SIGKDD International Conference on Knowledge Discovery and Data Mining, 2003, Washington, DC, USA.

⑤ Zhai Y, Liu B. Web Data Extraction Based on Partial Tree Alignment[C]. Proceedings of the 14th international conference, 2005, Chiba, Japan.

⑥ Liu B, Zhai Y. NET—A System for Extracting Web Data from Flat and Nested Data Records[C]. Proceedings of the 6th International Conference on Web Information Systems Engineering(WISE 2005), 2005, New York, NY, USA.

⑦ Miao G, Tatemura J, Hsiung W P, et al. Extracting Data Records from the Web Using Tag Path Clustering[C]. Proceedings of the 18th International Conference on World Wide Web(WWW 2009), 2009, New York, USA.

⑧ Bing L, Lam W, Wong T L. Wikipedia Entity Expansion and Attribute Extraction from the Web Using Semi-supervised Learning[C]. Proceedings of the 6th ACM International Conference on Web Search and Data Mining (WSDM 2013), 2013, Rome, Italy.

⑨ Kopliku A, Boughanem M, Pinelsauvagnat K. Towards a Framework for Attribute Retrieval[C]. Proceedings of the 20th ACM International Conference on Information and Knowledge Management(CIKM 2011), 2011, Glasgow, Scotland, UK.

⑩ Kondreddi S K, Triantafillou P, Weikum G. Combining Information Extraction and Human Computing for Crowdsourced Knowledge Acquisition[C]. Proceedings of the IEEE 30th International Conference on Data Engineering (ICDE 2014), 2014, Chicago, IL, USA.

2. 模式匹配

模式匹配是信息集成中比较关键的问题[①,②]，该问题曾得到广泛研究，特别是在关系模式、XML模式、本体描述等传统数据应用中都对其进行过相关的研究。

在传统的模式匹配研究中，大多数是有关两种数据源的匹配问题。利用字段名(field name)、类型(type)、实例(instance)、约束(constraint)和其他的模式信息能够由输入模式明确地获得对应的字段，通常使用的技术有机器学习[③,④]、基于规则/约束的方法[⑤]、图匹配[⑥,⑦]或混合的方法[⑧]。例如，Cupid4 利用了语言学相似度和元素间的结构化相似度，并使用一个加权的公式来组合这两个相似度；LSD1 应用了机器学习的技术将新的数据源匹配到先前已确定的全局模式上，得出一个1∶1的原子层的映射。Ma 等人提出了采用一种特定的子类型键和值的无监督方法解决实体匹配问题[⑨]。COMA[⑩] 采用一种适应性的策略，允许用户对于给定的问题选取一种组合的匹配算法，包括最大、最小、平均和加权策略，它还通过用户回馈机制来改进匹配结果。GLUE[⑪] 采用机器学习的方法找出语义映射，它主要由3个模块构成：分布式评估器(distribution estimator)，相似度评估器(similarity estimator)和松弛标示器(relaxation labeler)，通过人工智能中的定向搜索技术和域约束的松弛标示法来处理复杂的映射。

---

① Rahm E, Bernstein P A. A Survey of Approaches to Automatic Schema Matching[J]. VLDB, 2001, 10(4): 334-350.

② Shvaiko P, Euzenat J. A Survey of Schema-based Matching Approaches[J]. Journal on Data Semantics, 2005,4(10): 146-171.

③ Doan A H, Domingos P, Halevy A Y. Reconciling Schemas of Disparate Data Sources: A Machine-learning Approach[C]. Proceedings of the 2001 ACM SIGMOD international conference on Management of data, 2011, Santa Barbara, CA, USA.

④ Li W S, Clifton C. SEMINT: A Tool for Identifying Attribute Correspondences in Heterogeneous Databases Using Neural Networks[J]. Data & Knowledge Engineering, 2000, 33(1): 49-84.

⑤ Zohar S, Milo T. Using Schema Matching to Simplify Heterogeneous Data Translation[C]. Proceedings of 24rd International Conference on Very Large Data Bases(VLDB 1998), 1998, New York City, NY, USA.

⑥ Madhavan J, Philip A B, Rahm. Generic Schema Matching with Cupid[C]. Proceedings of the 27th International Conference on Very Large Data Bases, 2001, Roma, Italy.

⑦ Melnik S, Garcia-Molina H, Rahm E. Similarity Flooding: A Versatile Graph Matching Algorithm and Its Application to Schema Matching[J]. IEEE Computer Society, 2002.

⑧ Do H H, Rahm E. COMA: A System for Flexible Combination of Schema Matching Approaches[C]. Proceedings of the 28th International Conference on Very Large Data Bases, 2002, Hong Kong, China.

⑨ Ma Y, Tran T. TYPiMatch: Type-specific Unsupervised Learning of Keys and Key Values for Heterogeneous Web Data Integration[C]. Proceedings of the 6th ACM International Conference on Web Search and Data Mining (WSDM 2013), 2013, Rome, Italy.

⑩ Gu Y, Yan J, Liu H, et al. Extract Knowledge from Semi-structured Websites for Search Task Simplification[C]. Proceedings of ACM International Conference on Information & Knowledge Management (CIKM 2011), 2011, Glasgow, Scotland, UK.

⑪ Doan A H, Madhavan J, Dhamankar R, et al. Learning to Match Ontologies on the Semantic Web[J]. The VLDB Journal, 2003, 12(4): 303-319.

近年来有一些关于Web资源模式匹配的研究工作。WISE-Integrator[①]利用存在于Web搜索界面中特殊的元信息(meta-information)来识别不同搜索界面上的匹配属性。Su等人设计了一种基于计数的贪婪算法来标识哪些属性更可能与查询界面上的相匹配[②]。Su等人还提出了一种在基于实例的查询结果相似数据中理解和支持模式匹配的框架[③],特别是在多数据源集成的情况下。该框架考虑了很多类型的约束,如字段分布(exist)、时间和日期比较(num>=,time>=)、位置(pos>,first,last,adjacent)等,以改进性能。Su等提出一种无监督的、在线的记录匹配方法,它可以从多个Web数据库的查询记录中有效地识别重复项,其关键思想是:①在计算两个记录的相似性时将重点放在调整记录字段的权重上;②使用一个由来自不同数据源的记录对构成的通用数据样本作为负训练集,如基于无标签数据集的分类问题。

3. Web资源的分类/聚类

对于海量网络信息资源而言,运用分类和聚类技术进行资源的集成是非常重要的一个方面。Web资源的分类和聚类将传统数据挖掘的思想和方法应用于Web,从中获取用户感兴趣的、潜在的、有用的模式和隐藏信息,是对网络信息资源进行整理并从中获取知识的过程,是网络信息集成和知识服务的重要组成部分。

在分类方面,目前有很多成熟的分类算法被应用到Web文本分类中,主要有KNN方法、贝叶斯分类法、支持向量机方法和神经网络方法、最大熵(maximal entropy)方法、梯度提升树(gradient boosted tree)方法、Logistic回归方法等。

聚类也是一种常见的数据分析与处理技术。主要的聚类算法有基于层次的方法、基于划分的方法、基于模型的方法、基于密度的方法等。研究人员提出了诸多的解决各类不同问题的聚类方法,例如:

- 在给定数据集中使用相关性比较,学习文本间潜在差异性的半监督聚类算法[④]。
- 通过基于词组的文档相似性计算,采用后缀树文档模型计算文档相似性的层次凝聚聚类算法[⑤]。
- 根据博客中每一特定的主题都和一个关键词集合相关联的特征,通过对特定时间段中大量博客文本进行关键词聚类来识别不同主题,找出随时间进化稳定存在的

① He H, Meng W, Yu C, et al. Automatic Integration of Web Search Interfaces with WISE-Integrator[J]. The International Journal on Very Large Data Bases, 2004, 13(3): 256-273.

② Su W, Wang J, Lochovsky F. Holistic Schema Matching for Web Query Interfaces[J]. Lecture Notes in Computer Science, 2006, 3896: 77-94.

③ Su W, Wang J, Lochovsky F H. Record Matching over Query Results from Multiple Web Databases[J]. IEEE Transactions on Knowledge & Data Engineering, 2010, 22(4): 578-589.

④ Kumar N, Kummamuru K. Semisupervised Clustering with Metric Learning using Relative Comparisons[J]. IEEE Transactions on Knowledge and Data Engineering, 2008,20(4): 496-503..

⑤ Chim H, Deng X. Efficient Phrase-Based Document Similarity for Clustering[J]. IEEE Transactions on Knowledge and Data Engineering, 2008, 20(9): 1217-1229.

簇的聚类方法[①]。

这些方法在进行信息资源集成时都是非常有效的。

4. 基于海量 Linked Data 的集成

网络信息资源的集成离不开各种网络数据的集成。2006 年，Tim Berners-Lee 提出了 Linked Data（链接数据）的概念，并于 2007 年正式启动了 The Linked Open Data Project（链接开放数据项目）。该项目使得语义网上多个数据源（如 BBC Music、W3CWordNet、SemanticWeb.org、Wikicompany 等[②]）的数据逐渐被互相链接起来，由此构成一个庞大的网络结构。该网络涉及诸多网络资源的集成问题，因而在形成之后，吸引了大量研究人员对其加以研究。

7.1.2 信息资源服务技术

本节讨论的信息资源服务是基于互联网特别是云计算环境下的信息服务技术，是指通过挖掘用户需求，在云计算环境中合理组织资源，将有价值的信息传递给用户，帮助用户解决信息需求问题的相关技术。由此可见，信息资源服务实际上是运用各种技术以不同的方式向用户提供其所需信息的一项活动。信息资源服务通常还应满足有针对性、及时性、易用性、成本/效益原则等要求。下面概述相关的一些技术。

1. 用户信息需求挖掘

信息资源服务应以用户的信息需求为导向，因而对用户信息需求的挖掘也是一个重要的研究内容。对用户信息需求的挖掘研究多数是基于对用户查询意图的理解展开的。已有的研究工作主要集中在两个方面。一方面的研究主要是针对问答系统而开展的[③],[④],[⑤],[⑥]，通常借助句法分析，结合特定领域内的问句特征，将问句转换为 SQL 语句，或者基于问句之间的相似性度量以及关键词距离的方法找到答案。这类方法是面向特定领域并针对问答系统的，不适用于面向所有领域的非问答式查询处理。另一方面的研究主要利用查询日志。其中一部分研究利用外部知识库（如 WordNet 或 Wikipedia）对查询

① Laender A H F, Ribeiro-Neto B A, Da Silva A S, et al. A Brief Survey of Web Data Extraction Tools[J]. ACM SIGMOD Record, 2002, 31(2): 84.

② W3C. TaskForces/CommunityProjects/LinkingOpenData/DataSets[EB/OL]. (2018-6-20)[2010-2-1], http://esw.w3.org/topic/TaskForces/CommunityProjects/LinkingOpenData/DataSets.

③ 黄莉. 基于受限域常问问答库的中文问答系统研究[D]. 昆明：昆明理工大学，2007.

④ 张梅，段建勇. 基于常用问题集的问答系统设计与实现[J]. 数据分析与知识发现，2011，27(9)：83-87.

⑤ 王凤林. 受限域问答式自然语言数据库查询研究[D]. 昆明：昆明理工大学，2010.

⑥ 陈玉. 基于关键词距离的中文问答系统研究[J]. 电脑开发与应用，2011，24(1)：30-34.

进行分类[①,②];另一部分研究面向命名实体,发现一类实体可能的各种查询意图[③,④,⑤],以提供多样化查询结果页面。

2. 个性化搜索服务

个性化搜索服务旨在根据用户行为与特征,提供满足用户需求的搜索服务。传统的搜索服务模式是:搜索引擎从爬取的 Web 信息中匹配用户检索词,并按照相关度的高低排序,然后将结果返回给用户。随着互联网的发展和普及,用户不再满足于千篇一律的搜索结果,需要更多个性化和垂直化的信息,最好是与自身需求密切相关的信息。个性化搜索技术通过采集用户信息、记住用户的行为偏好、对用户进行大数据画像等,了解用户的特点和需求,为用户提供符合其个人行为偏好的搜索结果。该技术有 3 个关键点:采集用户信息,建立用户描述文件,对搜索结果排序。用户信息采集一般为隐式采集,不会对用户的操作形成干扰;根据采集的信息建立用户描述文档,这一步由服务商进行,旨在给出用户"画像";最后根据用户描述文件对搜索结果进行排序,返回用户感兴趣的结果。采集的用户信息越多,形成的用户描述文件越详细,越能提供个性化的搜索结果。但是,个性化搜索技术仍然存在用户信息采集不准确、用户对自身信息被采集不知情等问题。一些学者做了很多相关的研究工作。例如,Agichtein 等通过搜集用户的搜索行为,结合原有用户的特征模型来提高搜索的准确率[⑥];Dupret 等通过搜索引擎的点击日志分析,提出一套用户浏览行为的假设,以估计推荐文档阅读的概率,从而提供一个关联文档的无偏估计[⑦]。

3. 个性化推荐技术

在信息爆炸和信息过载的背景下,个性化推荐是一个重要的信息服务需求。提供个性化的推荐已经成为学术界的研究热点之一。根据采用的潜在假设和算法思想的差异,个性化推荐技术的经典推荐算法大体上分为基于内容的推荐、协同过滤以及社会化推荐 3 类,涉及的技术有数据挖掘、人工智能、机器学习、信息检索、统计学以及模式识别等多

① Zohar S, Milo T. Using Schema Matching to Simplify Heterogeneous Data Translation[C]. Proceedings of 24rd International Conference on Very Large Data Bases(VLDB 1998), 1998, New York City, NY, USA.

② Melnik S, Garcia-Molina H, Rahm E. Similarity Flooding: A Versatile Graph Matching Algorithm and Its Application to Schema Matching[J]. IEEE Computer Society, 2002.

③ Yin X, Shah S. Building Taxonomy of Web Search Intents for Name Entity Queries[C]. Proceedings of the 19th International Conference on World Wide Web, 2010, Raleigh, NC, USA.

④ Sadikov E, Madhavan J, Wang L, et al. Clustering Query Refinements by User Intent[C]. Proceedings of the 19th International Conference on World Wide Web, 2010, Raleigh, NC, USA.

⑤ Cheng Z, Gao B, Liu T Y. Actively Predicting Diverse Search Intent from User Browsing Behaviors[C]. Proceedings of the 19th International Conference on World Wide Web, 2010, Raleigh, NC, USA.

⑥ Agichtein E, Brill E, Dumais S. Improving Web Search Ranking by Incorporating User Behavior Information[C]. Proceedings of the 29th Annual International ACM SIGIR Conference, 2006, Seattle, Washington, USA.

⑦ Dupret G E, Piwowarski Bl. A User Browsing Model to Predict Search Engine Click Data from Past Observations[C]. Proceedings of the 31st Annual International ACM SIGIR Conference on Research and Development in Information Retrieval(SIGIR 2008), 2008, Singapore City, Singapore.

方面的内容。

基于内容的推荐[①]是信息过滤的延续,也是出现得最早的推荐算法。它假设每个用户有一个物品兴趣档案,需要为用户推荐与兴趣档案相似的物品。用户兴趣档案既可以由用户填写,也可以从用户与物品的交互记录中学习而来。当物品特征构成大量的文本描述(如新闻推荐[②])且用户兴趣相对稳定时,基于内容的推荐更为适用。其优点是不存在冷启动问题,可以为特殊兴趣的用户提供推荐服务;其缺点是要求物品特征和用户档案能有效地表达到向量空间中。

协同过滤是最著名且应用最广泛的推荐方法,主要包括以下几个方面的内容:基于用户的协同过滤、基于物品的协同过滤、基于模型的协同过滤以及基于图的协同过滤等。基于用户的协同过滤通过用户-物品评分矩阵为每个用户找到相似的用户,推荐相似的用户喜欢但目标用户未使用的物品[③,④]。其缺点是新用户的加入和用户与物品的交互变化都将导致用户相似度矩阵的频繁更新,这增加了计算代价。为了解决这一问题,Sarwar 等[⑤]提出了基于物品的协同过滤。基于物品的协同过滤为用户推荐与其喜欢的物品相似的物品,从而可以维护一个相对稳定的物品相似度矩阵,减小了计算代价,在亚马逊图书推荐服务上收到了较好的效果[⑥]。尽管基于用户的推荐和基于物品的推荐都较为简单、高效,但难以处理数据稀疏性的问题。基于模型的协同过滤描述用户和物品之间更复杂的关系,在处理数据稀疏性问题上有更好的表现。最流行并受到广泛认可的方法是潜在因子模型(latent factor model),通过矩阵分解等方法将物品和用户映射到共同的低维隐式因子空间,分别构成物品特征档案和用户兴趣档案,从而预测用户对物品的评分[⑦,⑧]。与上面 3 种协同过滤基于用户-物品评分矩阵不同,基于图的协同过滤采用图的数据表达方式,将用户、物品看作图上的节点,将用户和物品之间的交互(如评分)看作图上的边,采

---

① Belkin N J, Croft W B. Information Filtering and Information Retrieval: Two Sides of the Same Coin? [J]. Communications of the ACM, 1992, 35(12): 29-38.

② Billsus D, Pazzani M J. User Modeling for Adaptive News Access[M]. Den Haag: Kluwer Academic Publishers, 2000: 147-180.

③ Breese J S, Heckerman D. Empirical Analysis of Predictive Algorithms for Collaborative Filtering[C]. Proceedings of the 14th Annual Conference on Uncertainty in Artificial Intelligence, 1998, Madison, WI, USA.

④ Breese J S, Heckerman D. Empirical Analysis of Predictive Algorithms for Collaborative Filtering[C]. Proceedings of the 14th Annual Conference on Uncertainty in Artificial Intelligence, 1998, Madison, WI, USA.

⑤ Sarwar B. Item-based Collaborative Filtering Recommendation Algorithms[C]. Proceedings of the 10th international conference on World Wide Web, ACM, 2001, Hong Kong, China.

⑥ Sarwar B. Item-based Collaborative Filtering Recommendation Algorithms[C]. Proceedings of the 10th international conference on World Wide Web, ACM, 2001, Hong Kong, China.

⑦ Hofmann T. Latent Semantic Models for Collaborative Filtering[J]. ACM Transactions on Information Systems, 2004, 22(1): 89-115.

⑧ Wu M. Collaborative Filtering via Ensembles of Matrix Factorizations[J]. Proceedings of Kdd Cup & Workshop, 2007, 30: 29-38.

用基于用户之间的最短距离①或随机游走②等方法计算用户之间的相似度。基于图的协同过滤有利于发现新的物品和解决评分稀疏的问题，但也存在计算代价较大的问题。

社会化推荐是一种基于社交网络的信息过滤技术，以社交网络（如微信、微博、博客等）中的数据为基础，利用数据挖掘、机器学习、自然语言处理等方法挖掘其中的社会关系和相关关系，然后通过这些社会关系和相关关系向特定群体准确推荐他们感兴趣的信息。与传统信息推荐技术不同的是，社会化推荐以社会网络和社交媒体为基础，在具体的推荐过程中，可以使用户之间形成交流，从而促进用户间隐性知识的交流与传递。

4. 其他的相关技术

除上面所提到的这些技术外，还有很多相关的研究也属于信息资源服务中的技术。例如，人们还要设计排序模型来解决推荐中的排序问题，如基于机器学习的 Learning to rank 算法。在有些推荐服务中需要随着用户行为而实时调整推荐结果，这通常采用时序混合算法策略来实现，即在不同的阶段采用不同的算法。此外，单一的算法模型都存在局限性，为了解决复杂的社会化推荐问题，通常会采用模型融合的方法来实现模型间的优势互补，以获取最佳的推荐结果，其中应用较多的是分层模型融合和分片线性模型。

7.1.3 云计算环境下的信息资源集成与服务平台

云计算具有超大规模、弹性服务、资源池化、高可扩展、按需服务、自动化、泛在接入、运维机制完善等特点。云计算涉及分布式计算、信息资源管理、互联网、数据库等技术。从应用角度来看，一般将云计算平台分为 3 类：以数据存储为主的存储型云平台、以数据处理为主的计算型云平台、兼顾数据存储和处理的综合云平台。

云计算平台的通用框架一般分为 3 个层次：核心服务层、服务管理层与用户接口层，如图 7-1 所示。

核心服务层提供云计算平台的核心功能，包括软件即服务（SaaS）、平台即服务（PaaS）和基础设施即服务（IaaS）3 种服务模式。核心服务层将硬件基础设施、软件运行环境和应用程序抽象封装成可靠性强、可用性高、规模可伸缩的服务，给用户提供强大的云计算能力和友好的操作界面。软件即服务将应用作为服务提供给用户，用户只需连入网络，即可随时随地通过浏览器直接使用云上运行的应用，如 Google Apps、邮件服务、OA 系统和内容管理系统等，而无须考虑硬件维护及软件安装部署等环节。平台即服务将一个开发平台作为服务提供给用户，主要提供 REST、多租户、并行处理、应用服务器、服务器和分布式缓存 5 项功能，如 Google App Engine、Microsoft Azure、AWS，以及国内的阿里云、腾讯云、百度云等。用户可在平台上开发、部署和运行自己的应用，而服务器、

① Aggarwal C C, Wolf J L, Wu K L, et al. Horting Hatches an Egg: A New Graph-Theoretic Approach to Collaborative Filtering[C]. Proceedings of the 5th ACM SIGKDD International Conference on Knowledge Discovery and Data Mining(KDD-99), 1999, San Diego, CA, USA.

② Pucci A, Marco M, Marco G. A Random-Walk Based Scoring Algorithm Applied to Recommender Engines[J]. Lecture Notes in Computer Science, 2006, 4811: 127-146.

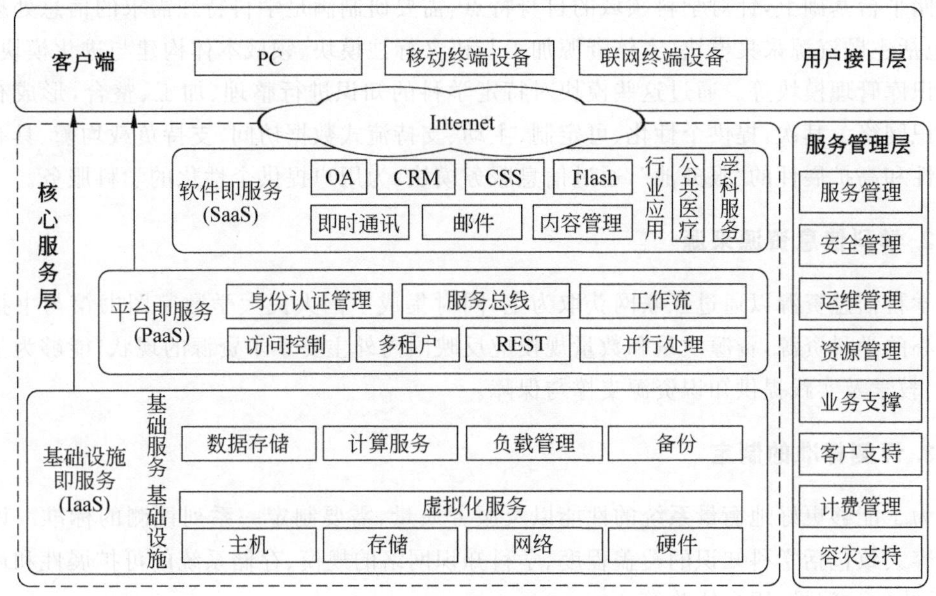

图 7-1　云计算平台通用架构

操作系统、网络和存储资源的管理和调度由平台负责。基础设施即服务将虚拟机和存储等资源作为服务提供给用户，主要采用虚拟化技术、分布式技术和数据库技术来虚拟化计算和存储资源。

为了保证核心服务的可靠、安全、可用，服务管理层的主要目的是为云计算核心服务层的 3 种服务模式提供管理和优化功能。服务商提供 7 项基本功能，用于调度和管理服务。

用户接口层的主要功能是实现用户从客户端到云的访问，具体是指通过 PC、移动终端设备、联网终端设备（如 TV）等获取云计算服务。

1. 云计算环境下的学科信息资源集成与服务平台建设

传统的信息资源集成系统主要从信息组织的角度进行架构，属于信息资源驱动型，在系统架构的设计上是以信息资源为中心。云计算环境下的信息资源集成与服务平台属于需要同时提供存储和计算功能的云平台，基于云计算环境的信息资源集成与服务系统更强调服务导向，属服务需求拉动型。建设的长远目标是要建成一个集学科知识和主要学术资源于一体的、体现学科知识体系的、可持续动态增长的学科知识网络系统平台，并在此平台基础上提供有特色的学科知识服务。另外，需要根据制定的评价体系对整个系统进行评估，以检验研究成果是否符合预期目标，并评测系统的整体性能。

我们在信息资源集成与服务理论研究的基础上，结合特定学科知识的特点，搭建实际的学科知识信息资源集成与服务平台，构建学科知识网络，为用户提供个性化的学科语义服务。

首先，需要搭建基础的存储平台，在此采用基于云环境的分布式文件系统存储数据，提供安全、高效的数据共享平台，提供具有集成化的、支持大数据的、虚拟化的“资源池”。

在存储平台基础上，针对学科领域的自身特点，需要研制满足学科特殊需求的信息处理模块，包括主题资源采集模块、本体资源加工与语义标注模块、领域本体构建与进化模块、本体知识库管理模块等。通过这些模块对特定学科的知识进行整理、加工、整合，形成有机的知识网络。其次，提供个性化、可定制、主动、支持流式数据访问、支持负载均衡、具有高可靠性和高扩展性的“服务池”，通过信息服务模块，为用户提供个性化的学科服务。

2. 学科信息资源来源

学科信息资源以通过互联网获取为主，同时集成中国人民大学数字图书馆与书报资料中心的学科资源，资源质量和数量规模应反映国内外主要学术资源的现状，能够为学科研究、教学及实践提供知识资源支撑与保障。

3. 评测标准的制定

为了能够更好地衡量系统的性能以及服务质量，需要制定一系列评测的标准。评测的内容大致包括学科知识的覆盖程度、学科知识网络的规模、存储系统的可扩展性和可用性、系统的访问量、用户体验等。

基于上述考虑，本课题搭建了两个系统。一是新闻热点事件发现与跟踪系统，这是一个基于互联网资源发现和跟踪热点事件的系统，该系统集成不同信息源的互联网资源，并使系统能够为管理决策提供支持。二是法学资源集成与服务系统，该系统集成与法学相关的互联网资源，为法学研究、教学和司法实践提供服务支持。

7.2 新闻热点事件发现与跟踪系统

随着互联网的发展，人们能接收到的包含新闻、微博等社交媒体在内的信息量呈爆炸式增长，现实生活中发生的各种事件以多种形式在 Web 数据中得到体现，互联网已经成为现实生活的感应器①。比如，新闻网站每天会定时发布国内外的一些热点新闻；网络用户将自己关注的一些事件的相关信息（如图片、观点、评论等）在自己的在线社交网络中分享。另一方面，相对于电视、报纸等传统媒介，Web 数据形式更加丰富，更新也更快，互联网已经成为人们获取事件信息的重要途径。据统计②，国内的主流新闻网站每天的浏览量超过百万次，而传统媒体订阅人数逐年减少，这充分说明已经有相当数量的用户每天通过互联网来获取事件信息。因此，构建云计算环境下的事件发现与跟踪系统有着重要的意义。首先，将有关同一事件的各种形式的 Web 数据集成起来，可以发现不同数据之间的相关性，进而将互联网信息资源更好地组织起来；其次，以服务的形式将热点话题和事

① Zhao Q, Liu T Y, Bhowmick S S, et al. Event Detection from Evolution of Click-through Data[C]. Proceedings of the 12th ACM SIGKDD International Conference on Knowledge Discovery and Data Mining (KDD-06), 2006, Philadelphia, PA, USA.

② 中国互联网协会. 中国网站排名[EB/OL]. (2018-6-20)[2018-6-20]. http://www.chinarank.org.cn/category/Rank.do?categoryid=23196.

件展现给用户，能够帮助用户更快、更全面地了解事件的内容及其发展脉络，更好地满足用户的信息需求。

7.2.1　热点事件与话题

热点事件是指人们在现实生活中关注的重要事件，指某个时间发生在某个地点的引起人们关注的事情。例如，2016 年 6 月 23 日发生在英国的“脱欧公投”就是一个热点事件。

相对于热点事件，话题可以看作一系列相关事件的集合。例如，持续多年的与英国脱欧相关的事件可以形成一个以英国脱欧为主的话题，历年发生在世界各地的海啸事件可以形成海啸话题，等等。热点事件有一个具体的时间点，并且从理论角度应该包含新闻的 5 要素（Who、Where、When、What、Why）①，而话题则不包含确定的时间点，是由发生在一段时间内的相关事件组成的。话题内各个事件的联系也比较灵活，话题有层次性，不同的层次代表了不同的话题粒度。

与之前许多非互联网环境下的研究相比，在 Web 数据中进行事件发现和话题跟踪面临许多新的问题和挑战。首先，Web 数据内容繁杂，包含许多与热点事件不相关的信息，如何从 Web 数据中选择与热点事件相关的信息是研究的基本问题。其次，Web 数据中与事件相关的信息类型多种多样，如新闻页面、新闻图片、用户微博等。这些数据往往从不同角度提供了事件的相关信息。例如，新闻页面从网络媒体的角度提供一些比较正规的热点新闻报道；而微博、微信、博客这类社交网络则体现了网络用户对于事件的观点或评论，即网络舆情。因此，如何将互联网中与事件相关的各种类型的信息集成在一起，并以服务的形式展现给用户，也是一个新的挑战。再次，Web 数据规模巨大，同时更新速度快，如何进行高效而适当的事件发现和话题跟踪是一个有实际应用价值的研究问题。

7.2.2　系统框架与关键技术

EventTeller 系统基于云平台环境。底层由分布式系统支持，采用开源 Hadoop 集群，提供了从非结构化数据到结构化数据的转换，存储系统用到了开源的 Hbase 数据库；中间层主要提供了由分布式数据库到 MySQL 数据库的转换，抽取必要的信息到 MySQL 数据库，以支持上层数据挖掘应用；上层设计了 Web 网页展示，为用户提供相关的资源服务。该系统总体框架如图 7-2 所示。

1. 系统模块

本系统包含多个模块，如图 7-3 所示，其中用到了数据库、Solr 索引、关键词倒排索引等技术，并通过 Web 网站来展示本系统的相关功能。下面介绍 EventTeller 系统的一些模块的功能：

① Sparck K. A Statistical Interpretation of Term Specificity and Its Application in Retrieval [J]. Documentation, 1972, 28(1): 11-21

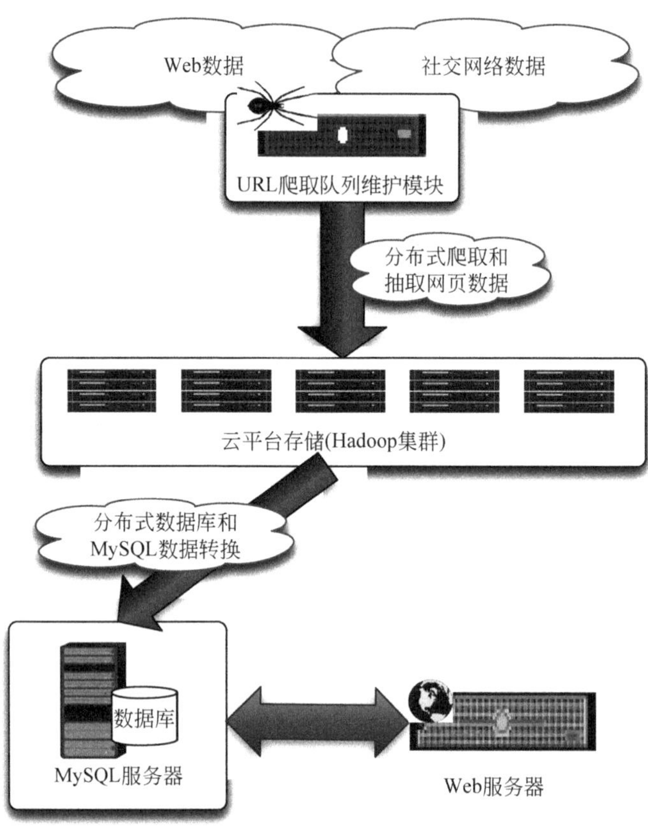

图 7-2　EventTeller 系统总体框架

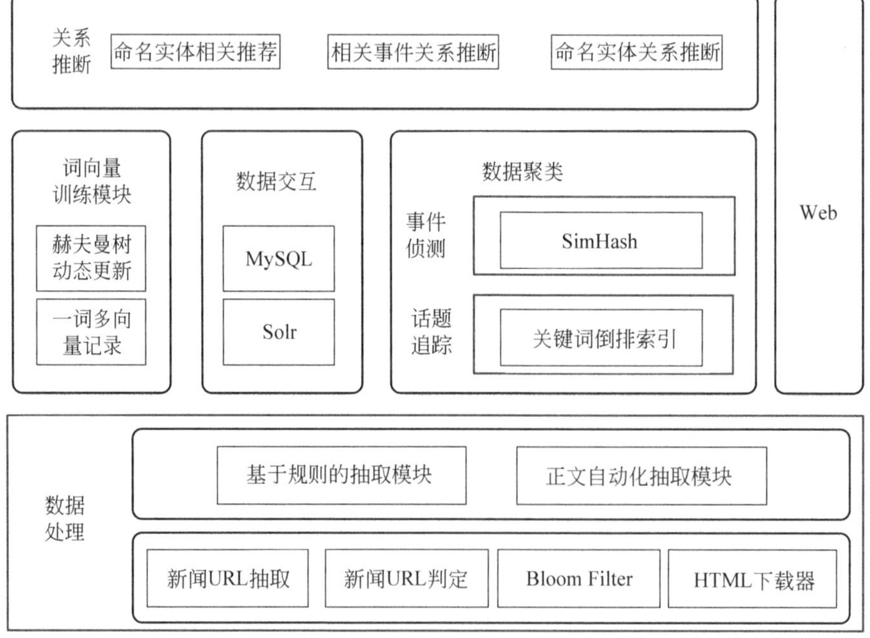

图 7-3　EventTeller 系统各模块间关系

1) 分布式数据抓取模块

该模块负责从现有的数据源实时抓取新闻数据的URL,并把新增加的数据更新到数据库中。结合常规的网页源码下载与分布式集群(Hadoop集群),可以进行分布式HTML源码下载,任务分配由Hadoop集群统一管理。该模块是系统的基础模块,只有实现稳定的抓取,才能为系统提供连续、可靠的数据。在本系统中,使用了基于Java语言的JSOUP库进行新闻网页链接抽取,并对新抓取的网页集合进行重复网页过滤,把过滤后的网页URL更新到数据库中。基于经验,本模块的运行间隔设置为30min,从而保证数据抓取的实时性。

2) HTML下载模块

此模块从数据库中读取新添加的URL,然后下载相应的新闻网页源码,自动判断HTML编码格式并转换成UTF8,按照合适的路径保存在磁盘上。由于不同的新闻网站的网页编码格式不一样,此模块会自动检测网页编码,并把下载的源码统一转换成UTF8编码格式的文本,按照特定的路径存储在本地磁盘上,目前系统中下载的网页文件每天以1.2GB的速度增长,这为事件追踪及话题分析提供了良好的支持。

3) 新闻数据抽取模块

此模块同样利用了JSOUP库进行网页源码DOM Tree结构的转换,并利用抽取算法从网页源码中抽取包括新闻标题、发布时间、正文、图片链接等在内的元数据。此模块中的两种抽取算法相互补充,可以提升数据的抽取覆盖率。

4) 分布式数据抽取模块

使用Hadoop的MapReduce,在分布式下载网页源码的同时进行相关信息的抽取。抽取规则可以由用户定义,例如,可以抽取网页标题、正文、相关图片、发布时间等。

5) 事件侦测模块

此模块对于新抽取到的数据进行在线事件侦测,并根据标题的分词结果建立基于关键词的内存倒排索引结构。此模块构建了内存多份SimHash查询表结构。当抽取到新的新闻数据后,此模块首先计算其SimHash值,然后查询内存中的SimHash查询表,查看是否是重复新闻。如果是重复新闻,在更新数据库的时候,只改变相应事件的热度信息;否则,在数据库中添加一个新的事件。此模块在侦测新事件的同时也会更新内存中的关键词倒排索引结构,进而为话题追踪模块提供数据基础。同时,此模块会把新侦测到的事件信息添加到Solr索引中以供Web网站模块快速调用。

在此模块中,针对不同的数据类型进行分类事件侦测,这样一来,在系统中对每一个事件都会有相应的类别标签,例如国内、国外、社会、体育等,用户可以分类浏览其感兴趣的类别。

6) 相关性推断模块

此模块根据用户输入的查询词,利用训练完成的一词多向量来计算相关的命名实体,并通过Web模块展示给用户。此模块主要包含两部分功能:一部分为话题中相关事件的关系展现,计算相关事件间的相似度,并把其更新到数据库中;另一部分为命名实体间的关系推断,此部分根据话题和词向量两部分的数据推断命名实体之间随时间变化的关系。

7）话题追踪模块

此模块可以对新侦测到的事件进行基于关键词的话题追踪，并动态更新话题的相关信息，包括关键词、起止时间等。此模块从数据库中读取新生成的事件，然后根据事件的标题生成关键词对，并查询内存中的关键词倒排索引，找到候选的事件集，再依次与候选集中的每个事件做相似度计算，找到最相似的一个事件，判断相似度是否超过阈值，如果超过，则这两个事件属于同一个话题，否则更新当前事件为新的话题。

在话题追踪的同时，针对关键词对，建立了内存中的多层级索引结构，主要包括命名实体、话题号、发生的时段、相关实体及类型等，此索引可以向 Web 模块提供相关性推荐方面的展示内容。此模块在本系统中的默认运行间隔是 30 分钟，以保证话题生成的实时性。

8）词向量训练模块

此模块根据算法动态地训练词向量，并记录不同时间点的一词多向量。本系统基于 Java 语言编写了词向量训练模块，并利用近一年的新闻数据训练了相关的词向量，利用数据库与其他模块进行耦合，定时查询数据库中是否有新的事件生成，如果有，则批量选取，然后定时做赫夫曼树的重构，并进行新事件语料的词向量训练。在训练词向量的同时，此模块也记录了不同时间点与当前语义环境相比变化较大的同一单词的不同向量，并构建了索引文件，主要包括词语、主要向量、时间及与时间相关的向量。

9）URL 动态增量更新模块

动态解析的 URL 会与数据库中现有的 URL 进行查重，只保留数据库中不存在的 URL，然后将查重后的 URL 加入到数据库中。整个过程是实时增量更新的。

10）多源数据库连接模块

此模块主要提供 HBase 数据库和 MySQL 数据库中数据的相互转换，例如，把分布式下载所需的 URL 从 MySQL 数据库提取到 HBase 数据库中，为分布式下载模块提供输入数据源。

11）分布式存储模块

在分布式数据抓取模块下载完网页源码后，分布式存储模块把相应的数据存储到 HBase 数据库中。

12）倒排索引模块

在进行事件侦测之前，利用该模块对数据库中现有的事件和相应的网页文章建立倒排索引，并且进行实时的增量更新。

13）事件展示模块

此模块主要由多个动态网页组成，可以在线进行可视化方面的展示。

2. 关键技术

接下来介绍系统中使用的关键技术。

1）基于 DOM Tree 的新闻正文自动抽取算法

大多数的 HTML 页面均可以使用一个 DOM Tree 来表示，通常需要抽取的新闻正文就在此 DOM Tree 的一个内部标签下，如图 7-4 所示。该自动抽取算法的目标是找到这个标签。

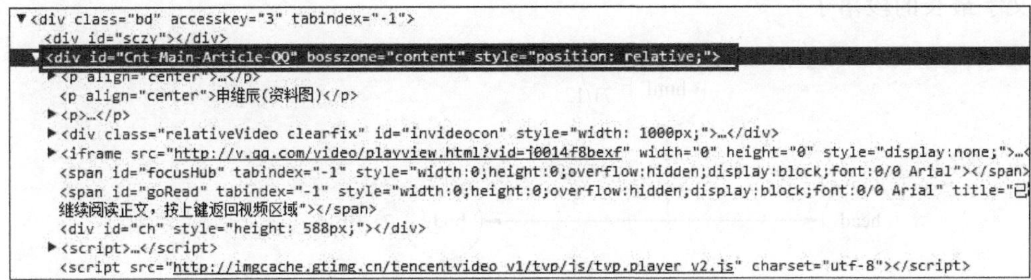

```
▼<div class="bd" accesskey="3" tabindex="-1">
  <div id="sczy"></div>
 ▼<div id="Cnt-Main-Article-QQ" bosszone="content" style="position: relative;">
   ▶<p align="center">…</p>
    <p align="center">申维辰(资料图)</p>
   ▶<p>…</p>
   ▶<div class="relativeVideo clearfix" id="invideocon" style="width: 1000px;">…</div>
   ▶<iframe src="http://v.qq.com/video/playview.html?vid=j0014f8bexf" width="0" height="0" style="display:none;">…
    <span id="focusHub" tabindex="-1" style="width:0;height:0;overflow:hidden;display:block;font:0/0 Arial"></span>
    <span id="goRead" tabindex="-1" style="width:0;height:0;overflow:hidden;display:block;font:0/0 Arial" title="已
    继续阅读正文，按上键返回视频区域"></span>
    <div id="ch" style="height: 588px;"></div>
   ▶<script>…</script>
    <script src="http://imgcache.gtimg.cn/tencentvideo_v1/tvp/js/tvp.player_v2.js" charset="utf-8"></script>
```

图 7-4　新闻正文的内部标签

本系统采用的新闻正文自动抽取算法基于文献[81]。首先使用 JSOUP 库把网页源码解析成 DOM Tree，然后从叶子节点到根节点，分别计算每一个节点的文字密度值，此处的文字密度值是指节点中包含的文字数除以节点中标签的数目。文字密度值越高的节点，越有可能为正文的父节点。这种算法对新闻等包含大段文字的网页适用性很好，因为新闻的正文段往往包含大量的文字和少量的标签，而导航栏、广告栏等包含较多的标签和较少的文字，这样一来，正文段的文字密度值将超过其他模块的文字密度值。当然，除了文字密度值外，还可以利用一些辅助的规则来提升抽取的精度，例如<p>标签的比例、超链接条目的数目等。通过实验数据分析，上述算法有较高的抽取精度。算法框架如算法 7-1 所示。

算法 7-1　新闻正文自动抽取算法流程

输入：一篇 HTML 文档源码
输出：抽取的新闻正文
步骤：
1. 用 JSOUP 库把 HTML 源码转换成 DOM Tree 对象文档
2. for $i=1:N$（N 为文档中的标签个数）
3. 　　计算当前标签的子标签数 T_N
4. 　　计算当前标签包含的文字数目 W_N
5. 　　计算当前标签的文字密度值：W_N/T_N
6. 找到文字密度值最大的标签 T_M
7. for $i=1:N$（N 为 T_M 的子标签数目）
8. 　　如果当前标签及子标签包含<p>，则抽取其内容
9. 将抽取的文字段组合为正文，并输出正文

上述算法只包含了主要算法流程，其附加的详细规则可参考文献[81]中的相关描述。

图 7-5 给出了正文自动抽取算法的样例。此图包含了一个简化的 HTML 源码的 DOM Tree 结构，根节点包含两个子标签，分别为 head、body，body 标签包含多个子标签，从结构上看，正文段在第三层标签的第二个 div 标签下，算法的目标即是找出这个标签。图 7-5 中标签下方的两个数字分别代表文字数和标签数，通过自动抽取算法，可以看到文字密度最大的标签是第三层的第二个 div 标签，其文字密度值为 71/5。至于此标签的父标签，由于文字数没有增加，而标签数增加了，所以文字密度值反而降低了。还有一点需要注意，文字密度值的计算不包括叶子节点的<p>标签等，因为其文字很长，但只有一个标签，所以如果把叶子节点的<p>标签等包含在内，找到的就不是正文的父标签，而

是文字最长的段落了。

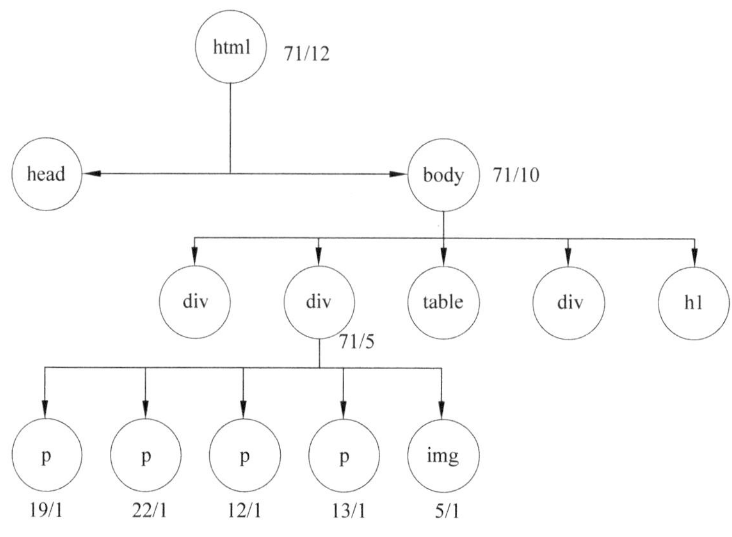

图 7-5 正文自动抽取样例

2）热点事件发现

本系统所关心的热点事件是指在某个时间发生在某个地点的特殊的新闻事件。一个事件的发生会伴随着多个相关新闻的产生，这些新闻具有共同的五要素，即 Who、Where、What、When、Why，只有包含相同五要素的新闻才算同一个事件。这就涉及如何从现有新闻中抽取事件的五要素的问题。虽然国内外对此有不少的相关研究，但没有成型的、高效可用的系统。

国内的新闻具有原创少、转发多的特点，同一事件的新闻大多是从一个数据源转发而来的，其新闻内容基本相同。因而热点事件发现的第一个工作便是对新闻进行去重操作。此处的新闻去重具体是指去除内容基本相同的新闻。在新闻去重的同时，记录重复新闻的条数，重复新闻的条数可作为热点事件的热度，重复条数越多的新闻越被大家重视，所以也就越热。

进行文本的去重操作时，可以将新文本与原有的文本集中的每一个文本进行重复度计算，但是此种算法不适用于文本量较大的情况，当文本量较大时，效率会直线下降。本系统设计的去重算法基于 SimHash 算法（见参考文献[82]）来判断文本是否相似。SimHash 算法是 Hash 函数的一种，它利用文档中的各个特征来计算代表文档的 SimHash 值（通常是一个 N 位二进制字符串），一篇文档用一个 SimHash 值来代表，这样在进行重复判断时，只需要比较两个 SimHash 值的海明距离（见参考文献[83]）的远近，相似文档的 SimHash 值的海明距离较小。

新闻的一个特点是时效性强，同一个事件的相关新闻均会在短时间内发布，所以当抓取一个新闻集合后，只需要对此集合中较近的一段时间内的新闻进行重复判断即可，这样可以减少内存资源的占用量以及计算量等。根据实践经验，在本系统中新闻去重的最大时间间隔设置为 7 天。

有了新闻的 SimHash 值以后，还需要判断当前集合中是否存在相似的 SimHash 值。简单的算法是，用当前文档的 SimHash 值和集合中所有的 SimHash 值对比，查看每一对 SimHash 值的海明距离，找到海明距离最小的对。如果该海明距离小于预定的阈值，则可以判定找到了相同的新闻页面；如果该海明距离大于阈值，则当前页面是一个新的新闻页面。此种算法需要扫描新闻集合，随着数据量的增大，算法效率将直线下降。

因为相同文档的 SimHash 值的海明距离为个位数，例如本算法中 SimHash 值使用 64 个二进制位表示，相似文档的阈值设置为 7。如果两个文档相似，其二进制位最多有 7 个位不同。如果把这 64 个二进制位分成 8 段，那么可以保证相似的文档至少有一段是相同的。根据这个特点，可以设计一个算法来加速相似文档的查询。

加速查询算法利用空间换时间的概念，对现有集合中的所有 SimHash 值按照段数来建立多个备份，本系统中建立了 8 个备份，每个备份均使用段索引结构来存储符合条件的 SimHash 值，如图 7-6 所示。这样，当一个新的文档需要进行相似性查询时，只需要按段号查询相应备份中相同段中的 SimHash 值即可。

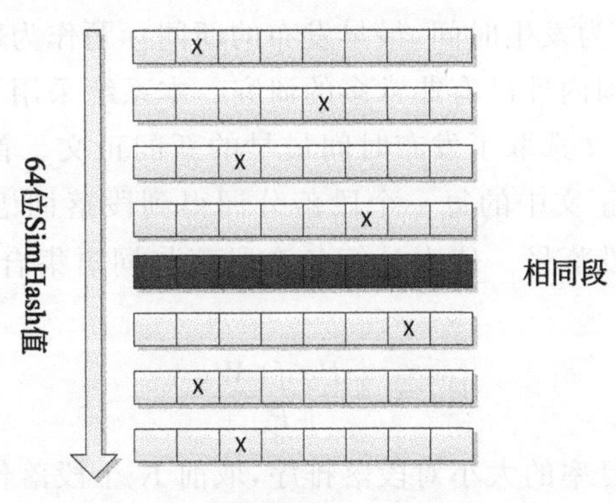

图 7-6　SimHash 值的分段查询

下面计算加速查询算法与原算法的复杂度，来看一下新算法的效率如何。例如，原集合中有 2^{34}（约 10 亿）个文档。采用原算法，需要 10 亿次比对；而采用加速算法，把 10 亿篇文档按照 8 段建立相应的备份，当进行相似查询时，对每个备份最多查询 2^{26} 次，由此可见，整体复杂度降低了许多。

使用 SimHash 进行新闻去重的算法适用于两个新闻的内容基本相同的情况。目前也存在着多个原创新闻报道同一个事件的情况，在这种情况下，基于 SimHash 值的去重算法将不再适用。针对这种情况，本系统设计了基于 VSM 的新闻再聚类算法，与基于 SimHash 值的去重算法结合使用，提升了事件发现的精确度。

3）基于 VSM 的新闻再聚类

该算法基于 VSM 模型，当新闻内容重复率小于固定的判重阈值时，会自动对新闻内容进行再聚类。

首先，再聚类的对象是超过判重阈值且海明距离在 10 以内的文档对。当进行去重查询时，把符合此条件的新闻文档加入集合 S_N 中。去重查询完毕后，如果未找到相似文档，那么接下来针对集合 S_N，计算当前文档与此集合中每个文档的相似度。本系统采用余弦相似度测量方式，使用VSM模型来代表文档，其中文档向量中每个元素是正文中的词语，权重为词语的词频(TF)。在计算完相似度以后，如果发现最大的相似度大于设定的阈值(本系统的阈值设置为0.75)，那么就认为这两个文档描述了同一个事件；如果未超过阈值，那么当前文档 $D_{current}$ 即为一个新的新闻。

在本算法中，词语的权重只用到了TF，而未采用与IDF相结合的方式，其原因是，候选文档集合 S_N 已经是海明距离与当前文档 $D_{current}$ 较接近的文档集合，所以只采用TF作为词语权重依然能保持较高的精确度。

4) 热点事件相关信息生成

前面讨论了如何根据现有的新闻数据进行热点事件的发现，接下来介绍如何生成热点事件的相关信息，此处的相关信息主要包括事件标题、事件摘要、事件相关命名实体、事件发生时间、事件相关图片等。

对于事件标题及发生时间来说，由于本系统处理的热点事件主要由去重后的新闻构成，同一个事件的大多数新闻均采用了基本相同的标题，根据这一特性，本系统使用相关新闻中最早的发布时间作为发生时间，最早发布的新闻标题作为事件的标题。

关于事件摘要生成，国内外已有非常多的研究。本系统采用了一个比较简单、高效的摘要生成算法。事件的正文选取了发布时间最早的新闻正文。首先将事件标题分词，得到词语集合 W，对于事件正文中的每一个段落分词得到段落词语集合 $P_i\{1\leqslant i\leqslant N\}$，其中 N 为段落的数量，i 为段落号。依次计算各个段落与词语集合 W 的重复率 R，其中 R 的计算公式如下：

$$R_P=\frac{|P_{is}\cap W_S|}{|P_{is}|}$$

计算完成后，按照重复率的大小对段落排序，取前 K 个段落作为事件摘要，本系统中的 K 设定为2。

当前，在国内外有不少对于命名实体识别(NER)的研究。本系统中新闻热点事件的相关命名实体识别主要用到了开源的识别工具Ansj_seg(见参考文献[84])，此工具在对文本进行中文分词的同时，可以给出每个词语的词性，在词性中，对于人名、地名、机构名称均有特殊的标记。本系统使用Ansj_seg对事件摘要和标题做分词处理，然后选取词性标记为人名、地名、机构名的词语作为事件相关的命名实体，并建立命名实体和事件的倒排索引。

5) 话题追踪及展示

话题是指发生在一段时间内，由一系列相关的事件组成的集合。例如“马航失联”这个话题从2014年3月8日开始，至今还未结束，包含“马航370航班失去联系”“马航370航班疑似被劫持”等相关事件。当用户浏览到一个事件时，会产生想要了解此事件的相关事件等需求，这就是话题追踪的目标。

前面提到，话题有不同的层次，因而话题的粒度是话题追踪中的一个重要问题。话题追踪的另一个问题是如何有效地将话题展示给用户。事件可以使用标题和摘要来展示，但话题是一系列事件的集合，怎样进行适宜的展示也是话题追踪中的一个重要问题。

针对以上问题，本系统设计了一个基于关键词的多层次话题追踪算法，该算法在进行追踪前会聚焦于多个命名实体，一个话题均是围绕这几个命名实体展开的。该算法还设计了一种基于时间轴的话题展示方式。

当新的事件到来后，需要判断此事件是否属于原有的话题。如果属于，还要判断属于哪一个话题；如果不属于，则为一个新的话题。本系统设计了基于关键词的在线数据话题追踪算法，其框架如图 7-7 所示。首先需要抽取新事件的关键词对，然后依次使用关键词对查询已经建立的关键词倒排索引，找到包含相同关键词的事件，此处需要根据候选事件的发生时间进行过滤，只留下日期晚于当前事件的候选事件，因为数据抓取以及事件侦测算法并不能严格保证新到来的事件在时间上一定是最晚的。

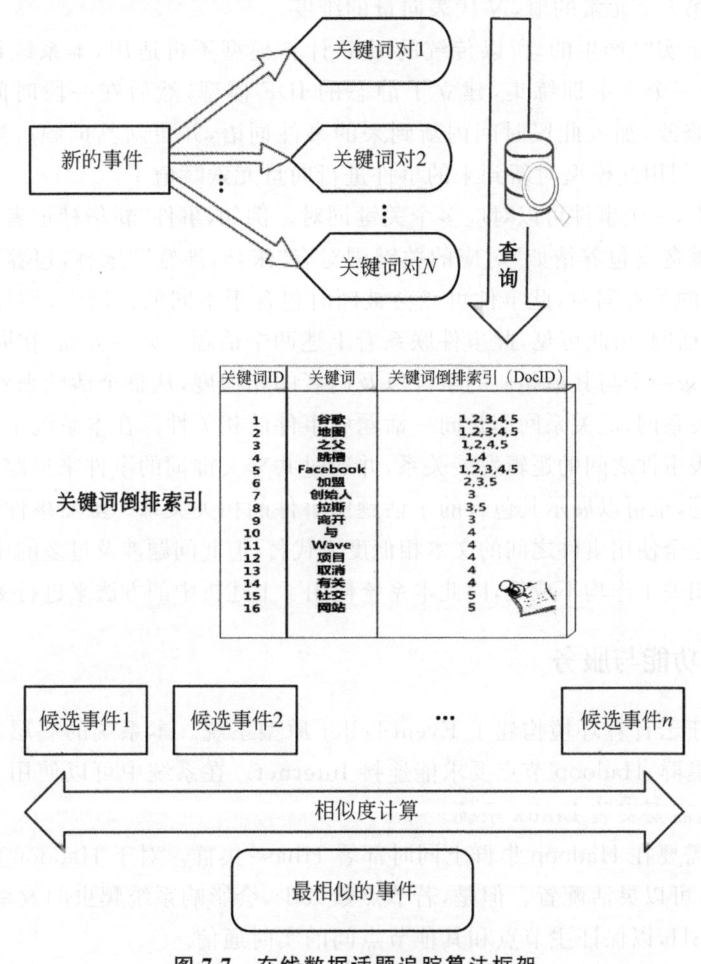

关键词ID	关键词	关键词倒排索引（DocID）
1	谷歌	1,2,3,4,5
2	地图	1,2,3,4,5
3	之父	1,2,4,5
4	跳槽	1,4
5	Facebook	1,2,3,4,5
6	加盟	2,3,5
7	创始人	3
8	拉斯	3,5
9	离开	3
10	与	4
11	Wave	4
12	项目	4
13	取消	4
14	有关	4
15	社交	5
16	网站	5

图 7-7　在线数据话题追踪算法框架

在进行相似度计算之前，首先需要明确如何表示事件，传统的方式使用 VSM 来代表事件，每一个事件都可以用一个向量来表示，向量中每一个元素是文本空间中相应词语的权重，这种模型具有简单、计算方便的优点，但同时丢失了文本中词语上下文的关系。本系统设计了基于新闻数据的词语向量训练模型，该模型利用词语的上下文关系进行训练，关系近的词语在向量维度上距离更近。下面讨论如何结合这两种方式来进行事件相似度的计算，并给出具体方案。

本系统使用 VSM 模型将事件表示成一个词语的集合。对于集合中的每个词语的权

重,使用 TF-IDF[87] 进行赋值。使用余弦相似度计算两个事件向量之间的相似度,相似度计算公式如下:

$$\mathrm{Sim}(\boldsymbol{P}_x,\boldsymbol{P}_y)=\frac{\sum_{i=1}^{N}(W_{xi}\times W_{yi})}{\sqrt{\sum_{i=1}^{N}W_{xi}}\times\sqrt{\sum_{i=1}^{N}W_{yi}}}$$

其中 $\boldsymbol{P}_x$、$\boldsymbol{P}_y$ 代表两个事件向量,W_{xi}代表 x 事件的向量中第 i 个元素的值,W_{yi}代表 y 事件的向量中第 i 个元素的值,N 代表向量的维度。

由于事件是实时产生的,所以传统的 IDF 计算模型不再适用,本系统设计了增量型 IDF 模型,基于一个文本训练集,建立了静态的 IDF 模型,然后在一段时间内对静态的 IDF 模型进行修改,加入此段时间内新到来的事件词语,并更新其词频。当 IDF 模型更新完毕后,就可利用此模型对新到来的事件进行向量元素赋值了。

在本系统中,一个事件可以对应多个关键词对。例如,事件"新华社记者再次举报华润董事长宋林涉嫌贪腐包养情妇"对应的关键词对有"宋林,涉嫌""宋林,包养""华润,宋林"等,针对于不同的关键词对,此事件可能会被同时包含于不同的话题中,例如"宋林,包养""宋林,贪腐"等话题,由此可见,此事件联系着上述两个话题。另一方面,在同一话题中,根据追踪算法,记录一个与其最相似的事件以及两者的相似度,从整个话题来看,这种事件对可以形成一个关系网,此关系网即是同一话题中事件的相关性。在本系统中使用事件之间的相似度来代表事件之间的逻辑发展关系,并通过共享关键词的事件来追踪话题。对于共享关键词的话题,也可以展示其包含的子话题中事件的相关关系。虽然事件之间的逻辑发展关系并不能完全使用事件之间的文本相似度来代替,但此问题涉及过多的中文语义内容,目前国内外的相关工作均不成熟,因此本系统使用了上述折中的方法来进行关系展现。

7.2.3 系统功能与服务

本课题基于云计算环境构建了 EventTeller 原型系统。本系统的底层基于 Linux 系统和 Hadoop 集群,Hadoop 节点要求能连接 Internet。在系统中可以使用 PC,也可以使用服务器,但是需要安装 Linux 系统。

本系统还需要在 Hadoop 集群上同时部署 Hbase 集群。对于 Hadoop 集群节点数没有硬性的要求,可以灵活配置。但是,若节点数太少,会影响系统爬虫的效率,节点间还应该安装 OpenSSH,以保证主节点和其他节点间的实时通信。

由于本系统数据挖掘部分使用 MySQL 数据库,所以至少部署一台 Linux 服务器,安装 MySQL,并且对数据库做一些优化配置等。此系统配有展示网页,所以还需要配置相应的 Apache 服务器。因为本系统将直接面对最终的用户,用户界面以及用户体验直接决定了系统的成败。基于本系统的特点,在设计用户界面时重点考虑了如下要求:

- 用户界面简洁,重点突出。
- 操作简便。
- 交互性强,可供用户评论。
- 富媒体(如图片)可作为有效补充,但不宜喧宾夺主。

- 机器自动生成的事件或者话题摘要可读性强。
- 数据来源可追踪,数据统计可显示。
- Web 2.0 编辑、分享性质强。

在本系统设计之初,确定将整个系统划分为多个模块分别实现。而由于数据的实时性和数据量的庞大,无法利用单机以及一个开发者来开发和运行系统,因此底层结合了传统关系数据库和分布式技术来构建系统平台,这样可以应对实时性和大数据量的需求。

EventTeller 系统包含多个模块。下面介绍本系统所提供的主要功能及服务。

1. 数据抓取

数据抓取主要实现新闻爬虫和微博爬虫,负责从现有的数据源实时抓取新闻数据的 URL,并把新增加的数据更新到数据库中。其实现细节如下:

- 新闻爬虫使用了 Java 语言实现的 HTML Parser 来抓取新闻主页、新闻页面和新闻图片。
- 新闻爬虫利用 HTML Parser 对新闻主页进行分析,抽取其中的超链接标记以及在新闻页面中抽取图片标记。
- 在抽取与新闻相关的图片时,新闻爬虫使用了 IKAnalyzer 作为分词组件来分析图片的 Alt 和 Title 属性与所在新闻页面的新闻标题之间的相关性。
- 基于经验,本系统将新闻主页的抓取频率设置成每 30min 一次。

2. 事件数据存储

事件数据存储模块的功能是存储爬虫抓取的数据。本系统结合关系数据库 MySQL 和列存储数据库 Hbase 来存储事件相关信息。对于爬虫抓取的每一种类型的数据,建立一个表格进行存储。主要表格如下:

- 新闻标题表。该表主要存储新闻爬虫抓取的新闻标题信息。
- 新闻页面表。该表主要存储新闻页面数据以及事件和话题抽取模块从新闻页面中抽取的信息。
- 新闻图片表。该表主要存储从新闻页面中抽取的新闻图片信息。
- 用户微博表。该表主要存储用户微博信息。

3. 索引构建

索引构建功能是对新闻文本信息实时构建索引,对事件发现和话题追踪模块提供支持。在本系统中,由于事件发现和话题追踪算法同时用到了新闻标题和新闻页面内容两部分信息(统称为新闻文本),因此,本系统对新闻标题和新闻页面内容分别建立了倒排索引;同时,基于对话题和事件摘要抽取模块的支持,对用户的微博内容也进行了索引。在本系统中,使用了全文搜索引擎开源框架 Lucene 对新闻文本进行索引。

4. 事件和话题摘要

事件和话题摘要模块的功能是:在事件发现和话题追踪的基础上,对事件和话题相关的信息进行自动摘要，为用户提供话题和事件的概括信息。下面详述模块的功能实现。

- 关键词摘要。其目的是从话题和事件相关的信息中抽取一组关键词，以此来为用户提供话题和事件的简要描述。用 P 表示事件和话题的新闻页面集合，关键词摘要的目标是从 P 中抽取一组关键词 KW(P)，这组关键词概括了整个话题或者事件各个方面的信息。
- 重要句子摘要。基于关键词的摘要已经能够为用户提供话题和事件的关键信息，但是由于关键词的语义往往并不完整，导致其提供的信息也比较琐碎，而且可读性较差。因此，仅仅通过关键词，用户还是难以了解整个事件较为完整的信息。本系统可生成重要句子摘要，即通过找出能够较好地表示话题和事件的一组句子来概括事件和话题的信息。
- 微博信息集成。与新闻页面信息不同，微博是从用户的角度提供对于话题或者事件的观点或者评论信息。

5. 可视化展示

本系统设计并实现了丰富的 Web 展示功能，主要由多个动态网页组成，可向用户进行以上功能的展示。EventTeller 系统的主界面如图 7-8 所示。

图 7-8　EventTeller 系统主界面

事件是整个可视化模块的核心。系统为话题构建事件演化图，使同一话题之下不同事件发生的时间先后顺序以及事件之间的相关性可视化。用户还可以查看事件所包含的新闻。统计功能实时展示了页面爬取数、聚合事件数和话题生成个数。系统还提供了按时间轴线显示的各个事件标题，单击标题就可以显示详细的事件信息。人物关系图展示了不同人物间的关联关系。

7.3 法学学科资源服务平台

随着我国改革开放和现代化建设的稳步推进，社会主义民主与法制的工作也取得了极大的进展。从我国法律法规体系来看，我国现行法律达 250 多个，而行政法规也有 800 多个，地方性法规更是达到 9000 多个，这些法律法规形成了一个完善的体系，内容涉及社会关系的方方面面。从公民角度来看，我国公民的法律素质不断提高，依法维权的能力不断增强，也更自觉地履行法律义务；同时，不同阶层的人士对法律资源的需求呈现出个性化的特征。随着我国法制建设的日益完善，民众对法律资源的需求不断增长。

7.3.1 学科资源

学科资源指与某学科相关的各方面实体与信息资源。目前学科资源的组织、管理和服务，通常是以信息技术为核心，通过构建信息资源平台来实现的。例如各高校图书馆通过构建图书馆的分类导航系统，将各种学科的馆藏纸质资源、馆藏电子资源和网上免费资源组织起来，为教学及科研人员提供各类资源查找、推送等服务。

以法学学科资源为例，图书馆的网站会提供馆藏法学纸质资源分布、馆藏法学纸质资源检索、馆际互借及文献传递，提供有关法学方面的期刊、会议论文、学位论文、事实数据、电子图书等馆藏电子资源，提供导航及门户网站、法学搜索引、法学社区、期刊资源、学位论文、论坛工具书等方面的网络免费资源。

随着互联网技术的普及，网上与法制相关的信息资源也呈几何级数增长，不仅出现了各种与法制相关的信息网站，而且很多与法制相关的信息也存在于各种非专业的法制信息网站中，形式多种多样。专业的信息网站通常分散于立法部门、司法机构、传媒、政府、大学、法律专业协会、律师事务所、研究机构等，但与法制相关的信息资源实际上分布于互联网的各个角落，凭借其特色优势，电子信息资源逐渐成为传统文献信息资源的一种有效补充来源。有必要集成这些海量的法学学科资源，为从事法学教学与科研的人员、法律专业人士、法学学生以及参加司法考试、学习法学知识、查询法律法规和司法案例等的用户提供相关的信息服务。因此，建设一个云计算环境下的法学学科资源集成与服务平台，以满足学生和从事法律教学、科研、司法实践工作的人员的信息需求，成为我们建设该平台的初衷。同时，我们也希望通过该平台的建设，探索云计算环境下其他学科信息资源集成与服务平台建设的经验。

7.3.2 关键技术与系统框架设计

与法学相关的资源，除了专业网站外，大量分布在互联网的各个角落——各种门户网站、社交网络、电商网站等。由于 Web 信息的异质性和结构的缺乏，集成这类资源时遇到了很多问题，其中也有相当一部分资源可以依靠一定的信息抽取技术将它们转换成结构化数据，存储在云平台环境下。在构建法学学科资源服务平台时，我们运用一些关键技术解决了诸如高效地从互联网中自动抽取结构化数据的方法、基于网页结构的聚类集成算法等问题，同时设计了系统框架。

1. 半结构化页面的数据集成

半结构化页面通常是根据网站背后的数据库依照一定的模板自动生成的，所以其包含了数据库中的结构信息，相比于无结构的自然语言页面(如新闻页面)，半结构化页面包含更加丰富的结构化信息，因此，从这类页面中能更加高效地集成结构化数据。半结构化页面广泛存在于互联网中，各种学术论文、期刊网站以及 Amazon、IMDB、淘宝、豆瓣等网站都包含了大量的半结构化页面。因此，从互联网中的半结构化页面中能抽取出大规模的结构化数据。在自然语言处理领域，曾提出过 NELL 和 YAGO-NAGA 等从自然文本中抽取知识的方法。也有研究人员试图从网页中直接抽取其包含的表结构的信息。我们在本平台中设计了一种从半结构化页面中自动抽取结构化数据的方法。

现有两个算法能从半结构化页面中自动抽取结构化数据。RoadRunner 是一个能从页面层次进行自动抽取的方法，它的输入是一个网站中拥有相同模板的多个页面。EXALG 是一个改进的页面层次的自动抽取方法。RoadRunner 一次只能考虑两个页面，而 EXALG 能对所有输入页面中的标签和字符串同时进行处理来生成包装器。这两个算法都存在不能处理噪声页面和效率不高等问题，鉴于此，我们设计了一种针对半结构页面的可用性更高的信息抽取方法。

为了解决从半结构页面中抽取结构化数据所面临的各种问题，我们提出通过如下 3 个步骤抽取结构化数据的算法：模板归约、基于模板的数据抽取和数据后处理。第一步解决如何高效地从详细页面中通过学习得到模板，该步骤是我们设计的方法中最关键的步骤。第二步利用归约得到的模板从页面中抽取对应的数据域。第三步处理抽取得到的数据，使数据具有更高的质量。这 3 个步骤是全自动的，不需要任何人工干预。

1）模板归约

为了高效地归约模板，我们采取了一种类似分治策略的方式，使用自顶向下的方式进行归约。我们设计的模板归约方法基于这样的一种观察：所在区域越特定，模板和数据域越容易被区分。该方法的关键思想是：首先通过归约得到部分可信的模板，然后利用部分可信的模板将整个模板切分成多个部分，继续在各个部分中归约，以得到更特定的模板。

进行自顶向下的模板归约时，由于学习一个好的模板是 NP 完全问题，为了使归约方法高效，我们基于对真实网站页面的观察作了两个模板归约问题的假设。第一个假设是：在具有相同结构的不同页面中，不变的部分是模板，而变化的部分是页面包含的数据域。

第二个假设是：在同一个网站的页面中，不同的数据域是按照相同的顺序显示的。也就是说，如果在一个页面中数据域A显示在数据域B之前，那么在这个网站的其他页面中，不存在一个页面使B出现在A之前。这两个假设中，第一个假设比较强，所以它在一些真实的页面中可能会不符，当该假设不符的时候，要么不能抽取到不变的数据域，要么将变化的模板抽取为数据域。然而，通过我们的观察，真实网站中绝大多数的数据域在不同的页面中是不同的，因而该假设不符的情况比较少。当第二个假设不符的时候，我们会通过数据后处理步骤来缓解其引起的问题。

该方法主要用于抽取具有表结构的结构化数据，也就是说我们主要研究将网页抽取得到的数据组织成表结构，其中每一行表示一个详细页面所描述的实体，每一列表示该实体的一个属性。我们只抽取3种类型的数据域：单个tag中的数据域、具有列模式的数据域和跨多个tag的数据域(称为数据块)。每一个数据域都会被组织到抽取得到的表中的一列里。

我们的自顶向下模板归约算法包括两个主要步骤：首先它会识别出多个数据块，组成一个初始的模板，称为根模板；然后在每个数据块中，进一步识别出更特定的数据域和数据库来得到更详细的模板。第二步会持续在新学习得到的模板上进行，直到无法再通过学习得到更详细的模板信息为止。

2）基于模板的数据抽取

有了归约之后的模板，就可以直接从tag路径表示的页面中抽取结构化的数据，对每个页面使用模板以得到多个数据域，并将结果组织成表结构，其中表的每一行是一个详细页面描述的实体，每一列就是实体的一个属性，表中列的个数根据模板中数据域的个数决定，表中的每一单元格对应行的实体的一个属性值。

第一种类型的数据域(即单个tag中的数据域)能够直接存放在表结构数据的一个单元格中，因为它们就是不同属性的单个值。而对于第二种类型的数据域(即具有列模式的数据域)，将它们看作具有多个值的属性，当将一个属性的多个值存放在表的一个单元格中时，用特定的分隔符分隔不同的值，这样可以更直接地标准化表格，使抽取得到的结构化数据能更方便地存取和检索。对于最终模板中的数据块，也将其作为一个属性存放在一个列中，这么做的原因是：在网站中也会将一个数据域存放在多个文本节点上(例如电影网站，经常会将属性storyline的数据域存放在多个文本节点上)。

3）数据后处理

在抽取得到结构化数据之后，为使数据具有更高的质量，需要对抽取得到的数据进行后处理。原因有两个。首先，对于那些将多个数据域编码在单个tag内的网站，模板归约算法无法发现这种情况。例如，如果网站背后数据库的两个数据域1.10和Game被编码在HTML页面的一个文本节点中：<div>Price：$1.10 Category：Game</div>，模板归约算法会将这个文本作为同一个数据域，这显然是不正确的。其次，在模板归约算法抽取得到的数据域中，很多可能不包含有价值的信息。因此，希望通过后处理进一步解析混合数据域的情况并过滤抽取到的噪音。

为了进一步解析每一个文本节点，我们会识别抽取到的表数据中的每一列中的共同标记符。如果一个列中具有共同的标记符，可以帮助我们进一步切分列。如果这些标记符是列的共同前缀或后缀,可以帮助我们过滤这些标记符。同时,我们也会在每个列中检测一些共同的分隔符(如":"),如果这样的分隔符存在,就可以帮助我们区分属性名和属性值,这样一个列就可以切分成由其属性名组成的多个列。在上面的例子中,文本节点中的两个部分 \$1.10 和 Game 会被切分开,同时 Price 和 Category 会分别作为这两部分的属性名。接下来,在 Price 列中,如果网站中只有 \$(美元符),我们可能会过滤该符号。

还应注意到,由于前述第一个假设并不是经常能满足,我们的方法可能会抽取那些变化的模板作为一个数据域,此时通过一个启发式的规则来过滤这些噪声列,就是那些只包含一个不同值的数据域会被过滤掉。对于输入页面集合中的噪声页面,对应的行可能不包含数据域或只有很少的数据域,对于这样非常稀疏的行也会进行过滤。

2. 基于网页结构的聚类集成算法

一个网站中的页面往往是由多种模板生成的,如主页、查询结果页面、详细页面。应该区分不同结构的页面并将相同结构的页面聚在同一个簇中,只有这样,在每个簇中才可能以无监督的方式学习其背后的模板。对于基于结构的页面聚类问题已经有了一定的研究①,②,我们借鉴已有的工作,采用页面 DOM 树中的 tag 信息作为特征。已有的工作[1,2]将 URL 作为一个重要的特征来进行页面聚类。然而根据我们的经验,虽然基于 URL 的聚类能在部分网站上很好地应用,但由于有的网站 URL 非常复杂,很难解析其结构,所以这类方法的适用性较差。例如,Amazon 网站的 URL 具有非常复杂的形式并具有很多隐性信息,很难通过页面的 URL 来对页面进行聚类。因此我们提出基于页面的结构特征来对网页聚类以进行模板归约的方法。

为了计算页面之间的相似度,我们将页面 p 表示成向量形式 $\boldsymbol{W}_p=[w_1,w_2,\cdots,w_l]$,其中 l 是输入网站中的所有不同的 tag 路径个数,w_i 是页面 p 中的第 i 个 tag 路径的权重。有了这样的向量之后,就可以直接计算余弦相似度来度量页面之间的结构相似性。但此时仍有一个问题,就是如何得到 tag 路径的权重,我们利用 TFIDF 的基本思想对不同的 tag 路径进行加权来计算相似度,称之为 TFIPF(Term Frequency Inverse Page Frequency)。w_i 可以由下面的公式计算得到:

$$\mathrm{ipf}(q_i)=\frac{|P|}{\mathrm{count}(q_i)}$$

$$w_i=\mathrm{tf\_ipf}(q_i,p)=\mathrm{tf}(q_i,p)\times\mathrm{ipf}(q_i)$$

其中,P 是输入网站的所有页面,q_i 是第 i 个 tag 路径,$\mathrm{count}(q_i)$表示 P 中出现的 q_i 的个数。所以 $\mathrm{ipf}(q_i)$表示的是 q_i 的反页面频率,而 $\mathrm{tf}(q_i,p)$表示的是 q_i 在页面 p 中的频率。第 i 个 tag 路径的权重 w_i 就可以通过 $\mathrm{tf}(q_i,p)$和 $\mathrm{ipf}(q_i)$的乘积得到。每个页面表示成多个 tag 路径和对应的权重,就可以利用经典的余弦相似度来衡量页面之间的相似度。

由于一个网站很可能包含多达上百万个页面,传统的聚类算法往往效率不够高。我

① Crescenzi V, Mecca G, Merialdo P. Wrapping-oriented Classification of Web Pages[C]. Proceedings of the 2002 ACM symposium on Applied computing, 2002, Madrid, Spain.

② Blanco L, Tre S R, Dalvi N, et al. Highly Efficient Algorithms for Structural Clustering of Large Websites[C]. Proceedings of the 20th International Conference on World Wide Web(WWW 2011), 2011, Hyderabad, India.

们采用一种简化但高效的聚类算法来处理这样的数据量，只通过一遍页面扫描来进行聚类，同时保证一定的聚类效果。算法的基本思想是：将每个页面看作一个簇，并将簇中的首个页面作为质心来计算簇间相似度，对符合阈值的簇进行合并，否则作为新簇。再过滤掉较小的簇，经过一遍聚类就能得到多个簇。通过这样的方式，我们的聚类算法的复杂度为 $O(m\times n)$，其中 n 是网站中页面的个数，m 是聚类后簇的个数，该值远小于 n。算法 7-2 给出了聚类算法的详细步骤。

算法 7-2 ClusterPages

```
Input: P—A set of input HTML pages, γ—a similarity threshold
Output: C—a set of clusters
Steps:
Go through P to get all distinct tag path and their counts;
Initialize clusters C=∅;
for each page p in P do
    get weight vector W_p;
    Initialize flag f=false;
    for each cluster c in C
      get weight vector W_c of the first page in C
      if cos_sim(W_p, W_c)≥γ then
         add p to c;
         f=true;
         break;
      end if
  end for
  if f=false then
      Initialize new cluster c={p};
      add c to C;
  end if
end for
filter small clusters from C;
return C;
```

3. 系统框架

云计算环境下的法学学科资源服务平台是我们在原中国教育科研网格二期项目“法学知识网格示范应用”的基础上，运用一些新的信息集成和服务技术，重新规划、设计及实现的。我们希望该平台能够为用户提供不同层次的法学学科资源知识服务，如法律知识检索、法律专题学习、司法考试自助学习。我们希望集成尽可能多的法律法规、司法解释、政府公报等相关文件，遴选人民法院公报案例、全国各级法院判决文书，获取来源于期刊、辑刊、报纸、学位论文库、会议的各类法律文献。

我们在调研了国内外相关的法学系统后，针对国内外法学系统的优缺点，同时结合了当前的计算技术，完成了系统的各功能模块的开发以及整合工作。我们还调查了网站常用的服务排列方案，采用用户比较容易接受的服务展示和服务推送方案。最后，我们确定了用户能够在该平台中享受的服务：

- 新用户注册,老用户登录。
- 用户查看法规信息,查看平台推荐的法规信息,查看平台统计的查看次数较多的法规信息。用户可以查看详细信息。
- 用户查看案例信息。用户可以查看详细信息。
- 用户可以搜索案例信息,查看搜索结果,查看结果详情。平台向用户推荐相关的搜索结果,向用户推荐热门搜索。
- 通过词云向用户展示热点事件关键词和热点事件的新闻。
- 向用户展示热点事件的微博情绪变化和人们的评论。

在确定了上述的系统功能之后,我们通过分析网站系统架构,设计了一套基于服务化的系统框架,在传统系统的前端、后台的设计方案之上加上服务化的概念,即将后台通过服务划分为客户端和服务器端,前端在传统的 MVC 框架基础上,通过调用客户端来实现系统和服务分离。由于服务器端主要完成数据库的连接以及算法的调度,所以系统的稳定性以及高性能主要取决于服务器端的设计。

服务器端包含以下 6 个模块:

- 爬虫模块。主要负责数据的爬取工作。
- 数据库管理模块。主要完成对数据库的增、删、改、查等功能。例如,每次计算热点事件时,需要将计算的结果存入数据库,爬虫爬取的结果也需要存入数据库。
- 算法服务模块。主要包括推荐算法、新闻热点事件涉及的算法等计算模块。
- 搜索模块。主要完成搜索的计算,包括索引的建立、查询语句的搜索等。当用户在搜索栏中输入关键词后,系统将在所有的法律信息数据库中进行查询,并将查询的结果按照模块的形式进行展示。当推荐模块中有模块并未搜索到关键词信息时,将会寻找已搜索到关键词信息的模块与该模块之间的联系,从而把间接联系的信息作为搜索意图提示给用户,起到个性化推荐服务的作用。
- 推荐算法模块。用户登录系统后,系统会在用户信息中查询该用户以确定是否为老用户。经常有游客型用户,只登录几次就不再访问。对于这类用户,系统将他们也划分在新用户群体中,不会进行推荐。对于老用户,使用推荐算法进行信息模块推荐。因此,针对每个老用户,系统均会得出其可能感兴趣的大模块和各个大模块下子模块的名称以进行后期的展示。
- 点击查询模块。有时候,当用户仅仅进行了点击操作,并未向系统提供关键词时,系统以模块作为表现方式,按照各个模块内部的子模块的分类方式从数据库中提取。在展示时,会将结果结合用户个人资料、他人评价、信息评分等进行知识度量,排序后呈现给用户。除此之外,大模块也会按照推荐模块和未推荐模块进行展示。

法学学科资源服务平台采用 UI 层、业务逻辑层和数据访问层的 3 层系统架构。UI 层即信息展示层,展示平台的数据;业务逻辑层用于实现平台中的各个功能;数据访问层主要用于数据库中数据的存取。本系统在传统的 3 层框架的基础上还增加了服务化层以及 Redis 缓存数据库。本系统通过服务化层可以将不同用户的不同服务转发到不同的服务器上,保证了系统的高可用、高性能等。Redis 缓存数据库用于缓存用户的查询信息,当用户下次使用本系统时，如果用户的查询和上次的行为相同，用户便可以通过 Redis 直接获得数据，加快系统的访问速度，用户的使用体验。本平台的系统框架如图 7-9 所示。

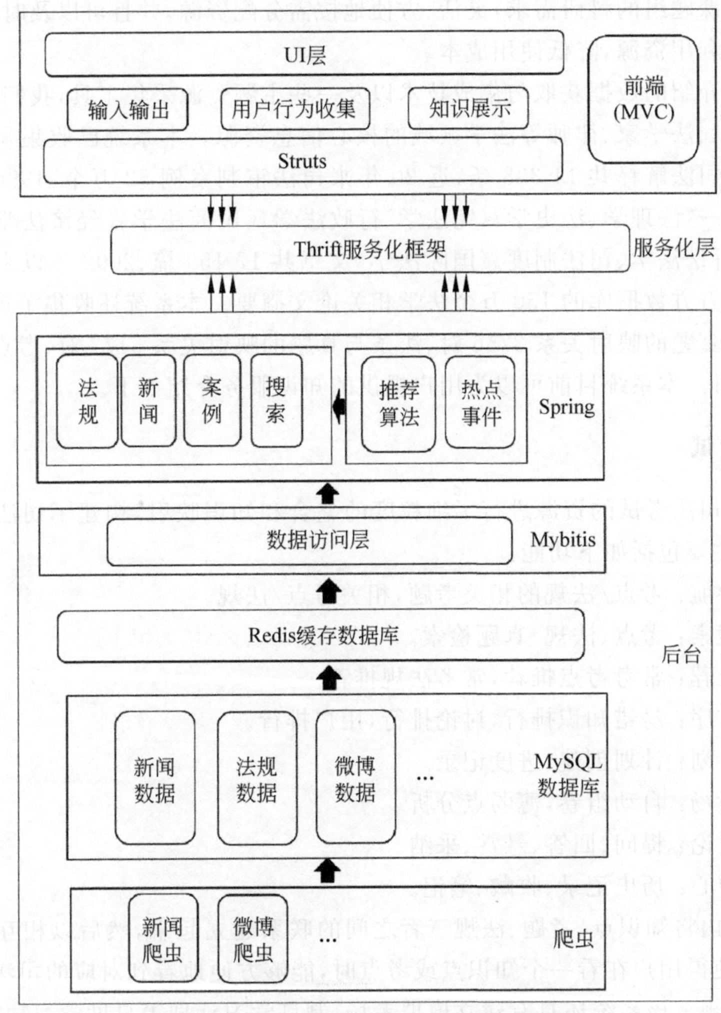

图 7-9 法学学科资源服务平台系统框架

7.3.3 系统功能与服务

本系统的构建基于“人大行云”计算平台，这是数据工程与知识工程教育部重点实验室基于开源的 Openstack 搭建的云计算平台。目前经过三期建设，云平台的服务器节点数达到 106 个(其中刀片式服务器 32 台，2U 机架式服务器 74 台)；聚合计算能力达到 13Tflops；存储能力达到 770TB。

“人大行云”计算平台目前可提供标准化 IaaS 服务，即经由互联网可以向用户分配诸如存储、网络、服务器以及其他一些基本的计算资源。用户操作不涉及任何云计算的底层基础设施，能够在此基础设施上部署和运行操作系统和应用程序。通过该计算平台，一方面，用户可以快速部署全虚拟化环境；另一方面，可以进一步通过此环境使多个虚拟服务器互联，用户可以在虚拟机上快速部署应用。该计算平台通过资源的虚拟化管理和分配，可以根据不同课题组的科研需求，灵活、方便地按需分配资源，并且可以及时回收资源，从而更加有效地利用资源，降低使用成本。

运用上面介绍的数据获取与集成技术以及一些主题资源采集工具，我们集成了法规、案例、法学文献、法学家、律师等法学领域的核心信息资源。本系统已收集司法考试涉及的法律法规及司法解释共 14 338 条，近 20 年来司法审判案例 52 万个，1996 年以来的 7 种法学报刊——《法理学、法史学》《宪法学、行政法学》《民商法学》《经济法学、劳动法学》《刑事法学》《诉讼法学、司法制度》《国际法学》文章共 17 159 篇、2002 年以来《法学文摘》文章 1737 篇，万方数据库的 150 万个法学相关论文摘要。本系统还收集了近十年来司法考试的考点与真题的映射关系 3756 对、法条与真题的映射关系 5172 对、考点与法条的映射关系 7993 对。本系统目前可以为用户提供的知识服务介绍如下。

1. 司法考试

本系统对司法考试的资源进行了细粒度的整合和知识映射，构建了司法考试自助学习系统，系统主要包括如下功能：

- 知识导航：考点/法规的相关考题，相关考点/法规。
- 知识搜索：考点、法规、真题检索。
- 知识推荐：常考考点推荐，常考法规推荐。
- 知识排序：易错知识排行，讨论排行，用户排行。
- 学习计划：计划创建，进度记录。
- 模拟考场：自动组卷，薄弱点分析。
- 社区讨论：提问、回答、悬赏、采纳。
- 个人中心：历史记录、收藏、笔记。

在该系统内将知识点、考题、法规三者之间的联系建立起来，然后以相互关联的方式展现给用户，使得用户在看一个知识点或考点时，能够方便地看到对应的司法考试考题和与之关联的法规。该系统还具有建立模拟考场、制订学习计划等自助学习功能。

2. 法学专题学习

本系统根据法学教学科研体系，设置了法学理论、宪法与行政法、民商法、经济法、刑法、国际法、法律史、诉讼法、环境与资源保护法等若干专题，为用户提供知识推送服务。每个专题包括必备法律法规、相关论文推荐、相关案例推荐、知识点推荐、相关学者推荐、研究机构推荐、期刊推荐、研究热点、实务指导等栏目。

3. 法学论文、期刊导引

本系统提供专业法学期刊在线阅读平台，提供百种法学期刊、几十种法学核心期刊、多种法学辑刊、学报、综合类期刊的在线全文阅读，使用户能及时获取法学前沿动态，更新知识。

4. 法学学位论文库

本系统提供法学硕士、博士学位论文的查找、摘要等法学论文信息，方便用户查找、跟踪、对比最新进展，辅助创新研究，有利于提高学生的创新能力与论文质量。

5. 法律法规、案例、合同文本

本系统收录近万篇国家法规和地方法规、多篇行业指导合同范本、万篇案例文书和案例评选文献。针对法学教学科研的应用特点，构建了法律条文检索和应用平台，独创"法条检索"功能，可在海量数据中准确查找到具体的法律条文，并为法律条文配备法条解释、相关案例、专家解读等知识，方便学习者进行细致的学习和分析。

6. 政报公报库

本系统提供法律制度和实施情况的权威记录，用户可以拓展阅读政府报告、公报、公告、文告类文献，以正确理解立法意图和政策，核查政策法规的颁布情况，为法学研究提供最为翔实的参考依据。

本节介绍了云计算环境下的法学学科资源服务平台获取并集成各种法学学科资源的相关技术方案、系统功能模块的设计、系统功能及服务等内容。本系统在基于优化的协同过滤推荐算法基础上，对法律信息进行了再整合，并利用数据库合理存储法律资源。当用户有需求时，可以高效、快速地为用户提供个性化推荐和准确的搜索信息，增强了交互性，也改善了用户体验。可以说，该平台既具备传统法学网站的资料查询功能，也体现了知识服务所倡导的信息共享、个性化服务的理念。可以说，这种顺应互联网技术发展的智能化学科系统将逐渐取代单一的法学网站，成为更受用户欢迎、资源利用率和共享率更高的新一代学科资源服务系统。

第8章 示范应用

本章以上海交通大学图书馆思源探索资源发现系统为例，剖析图书馆的新型服务模式，它可以实现个性化、可定制、主动服务的目标。本章以示范应用为基础，为云计算环境下的信息资源集成服务给出一套完整的应用评价体系和应用模式。

8.1 应用场景

信息资源的碎片化特征在图书馆领域的表现尤为明显。由于电子资源类型繁多，又包含了读者访问记录、下载记录等多源碎片化数据，因此图书馆的信息资源整体上呈现碎片化、多源、异构、海量和动态等大数据的特征，利用大数据分析能实现很多主动式、个性化的服务。在此特征的背景下，利用云计算中的集群化和分布式架构的处理技术，图书馆引进云计算平台来对数据进行处理分析，生成相应的知识图谱，方便读者进行访问。

8.1.1 图书馆信息资源特征

信息资源是由信息和资源两个概念整合后衍生而成的新概念，是各种信息资源化的产物。对图书馆信息资源有两种理解：狭义上是指信息内容本身；广义上是指除内容本身外，还包括与其紧密相关的信息人员、信息网络、信息设备、信息系统等[①]。图书馆信息资源是一个正在演进发展中的概念，包含多种形态的、经过处理的学术信息，呈现出多源、异构、海量、动态和碎片化的特点。由于图书馆信息资源在知识内容、生产方式、载体形态、使用方法等多个方面具有不同的特点，因此，可以依据不同的划分标准，将信息资源划分为不同的类型。

图书馆信息资源具有以下3个特征。

(1) 类型多样化，载体形式丰富化。

信息资源类型多样化。图书馆信息资源的划分标准丰富多样。按照信息资源的存在状态和开发程度，可以将信息资源划分为潜在的信息资源与现实的信息资源两大类型；按照信息资源载体形式又可将信息资源分为载体信息资源、文献信息资源、实物信息资源和网络信息资源。

实际工作中，图书馆信息资源分为文献信息资源和数字化信息资源两大类型。文献信息资源主要包含刻写型文献、图书、连续出版物、科技报告、政府出版物、会议论文、学位论文、专利文献、标准文献、产品资料、缩微文献信息资料、视听资料、机读文献以及其他零

---

① 代根兴. 数字图书馆信息资源建设[M]. 北京：北京图书馆出版社，2006.

散资料。数字化信息资源包含网络信息资源和非网络信息资源。其中，非网络信息资源可划分为联机公共目录、参考工具书、数据库以及其他类型信息。图书馆将不同信息资源类型的各种各样的信息存放在不同的信息资源库中，如图书馆的数据库、资源发现系统、联机公共检索目录(Online Public Access Catalog，OPAC)、资源搜索系统、搜索引擎、资源导航、Libguides 平台、博客、微信等。基于学科主题、字顺、资源类型等逻辑，图书馆能将各种信息源进行组织，使用户能快速寻找到目标资源，为用户提供个性、快速、高效和便捷的服务。

(2) 内容海量化、复杂化、分散化、广泛化。

图书馆的信息资源相当丰富。随着信息技术的不断发展，图书馆积累了大量的文献信息资源和数字信息资源，涵盖了丰富的学科知识和社会知识。对于信息资源内容的划分，不同学者提出了不同的观点。基于信息的多种属性将信息资源内容划分为准确的内容、完整的内容、一致的内容和及时的内容。从可用性的角度将信息资源内容划分为可存取性内容、可理解性内容、有用性内容、可信性内容。从读者使用的角度将信息资源内容划分为内在信息质量内容、情景信息内容、可存取性信息内容和外在信息内容。从服务属性的角度可将信息资源内容划分为健全性信息内容、可信赖性信息内容、有用性信息内容和可用性信息内容。信息资源内容呈现海量化、复杂化的趋势。

随着时代的发展，信息资源的信息量在飞速增长，信息内容在不同载体上反复呈现、多次重复，不仅读者获取信息的体验不好，也降低了读者获取信息的效率，影响了读者对信息资源的使用感受。针对目前信息资源的现状和读者的体验，图书馆积极挖掘馆藏信息资源利用过程中存在的诸多问题，整合信息资源，调整信息资源的形态，进一步深层次开发馆藏信息资源；同时，考虑读者的个性化需求，深入研究学术信息资源与读者需要的信息资源之间的关联关系，为读者提供有针对性的知识服务，并将其聚合、聚类，满足读者对信息资源服务的需求。

学术信息资源的深度聚合，既有横向的信息资源跨学科整合的广度，也有具体某一学科的信息资源纵向聚合的深度。信息资源聚合广度表现为：采用多种方法，通过不同途径，将查询到的同一主题的不同层面的信息资源聚合起来，广泛聚集同一主题的方方面面的学术信息资源；信息资源聚合深度表现为：通过专业的方法对馆藏的信息资源进行深度挖掘，从更深层次挖掘出信息资源之间更本质的内在联系，将大量的信息资源进行深度聚合。以上海交通大学图书馆为例，各种信息资源加起来有近 100TG，多样化、分散式存在。图书馆将印刷文献、缩微文献、视听文献等传统介质的文献经过多媒体技术处理、自建数据库技术、数据压缩技术等手段转化为计算机能够识别的二进制编码的数字化信息，再加上直接购置的数字化制品以及 400 多个电子图书和电子期刊数据库，提供个性化、可定制、主动、流式数据访问服务，为读者构建具有高可靠性和高扩展性的资源服务池。

(3) 老化加快，竞争共享并存。

随着科学技术的快速发展，新理念、新观点、新技术、新产品层出不穷，信息资源新陈代谢频繁，旧的文献很快就被新的文献所取代，文献资源的老化加快，时效性缩短，文献信息资源的选择、收集与剔旧变得日益困难。为了解决这一问题，信息资源的保存与利用更替速度加快。随着时间的推移，只有经典的文献保留下来。图书馆信息资源内容不仅包括数量快速增长的网络信息资源,还包括原本记录在传统介质上的、经过数字化处理后的其他信息资源。云计算的重要用途之一就是以读者为中心,为读者提供信息整合、共享和存储等交互式服务。其采用的虚拟化技术、分布式计算、效用计算等能够有效整合现实中的海量资源,扩大资源共享的范围,为读者提供一个无限可扩展的庞大资源池,大量同类型的信息资源组成同构或接近同构的资源池,例如数据资源池、计算资源池等,融汇、集成为用户所需要的资源。云计算环境下的大规模服务器集群有着极强的计算能力,云端存储又有海量空间可以使用,再加上强大的数据管理和分析能力,一起构成了大数据挖掘开发的基础。

8.1.2 需求分析

学术信息资源的多源、异构、海量和动态的特征,使读者期望搜索和使用信息资源时能得到个性化、可定制的有价值的内容,概括地说,读者对信息内容的需求具有综合化、多元化、精深化、高效化和普遍化的发展趋势。从访问方式来看,读者期望检索界面具有友好、个性化和及时化的发展趋势,在内容上具有个性化、可定制、主动、高效化、高可靠性和高扩展性的特征。

1. 信息资源需求

随着信息技术及网络技术的快速发展,多源、异构、海量和动态的碎片化信息资源形成分布式呈现的特点,读者对信息资源的需求具有综合化、多元化、精深化、高效化和普遍化的发展趋势。图书馆信息资源集成服务的一个突出特点是流式数据访问,即一次写入、多次读取,供不同读者反复多次使用。

(1) 信息内容综合化。大数据时代读者获取信息的内容呈现多样化、复杂化的特点。随着学科的深度发展,不同学科之间的相互渗透、交叉融合已成为发展趋势,从广度上来说,读者需要获得的信息具有全面性的特点。在现代信息环境与科学技术条件下,学科交叉渗透、融合发展已成为主流趋势,科学研究体现出明显的综合性。在研究过程中,最为需要的是将信息资源依据内在逻辑关系融合于研究实践中,将学科交叉的精髓渗透融合,形成新的学科。新理论、新学科、新技术的出现常常是多门学科的边缘渗透和交叉的结果。读者深刻认识到,信息在某个领域里具有相对确定的意义,信息资源有其独特的重要性,因此,读者对信息资源的需求越来越凸显其研究的个性化需求,传统模式的信息服务无法满足读者深层次的学科研究需求,如何从时空上、内容上和形态上整合庞大的信息资源并挖掘出有用的价值,日益成为图书馆情报界关注的问题。

(2) 信息资源获取方式多元化。读者获取的信息资源方式呈现多元化特点。从文献类型上看,读者不仅需要传统的印刷型文献,还需要其他类型的文献,如会议录、科技报告、产品样本、专利文献、技术标准等,这些文献的时效性和针对性都较强。从信息资源获取渠道来看,读者需要图书馆提供的数据库资源,也需要网络公开的免费资源,还需要非公开发表的会议文献或者政府的内部统计资料等;从研究领域来看,既需要本学科的信息资源,还需要相关学科或者交叉学科的信息资源;从信息资源的形态来看,既需要纸质资源,也需要电子数据库资源,还需要多媒体资源;从获取信息资源的时空来看,读者可以从本地获取，也可以通过网络异地获取，既需要最新的一手资料，也需要早期研究成果。

(3) 信息资源精深化。图书馆为读者提供的信息资源与知识产品呈现精深化的特点。随着网络信息的高速发展，专业分工的细化更加明显，读者需要不断地更新、完善自身知识结构，汲取新知识、新养料以获取灵感和补养。由于信息更替的速度加快，工作节奏变快，读者对信息资源的需求具体化，期望得到系统化、专深的知识信息。随着生活节奏的加快，人们也期望得到贴切、实用的信息资源，拿来即用。在检索过程中选择检索词具体、明确，聚焦于目标，期待高效、快速的信息获取过程；在检索结果上预期得到专业、具体合适的检索结果。读者采用上网查找的方式，期望通过百度学术等一站式信息资源检索系统或者通过图书馆提供的检索平台一次性获取相关的期刊论文、学位论文、图书等全面、精确的结果。

(4) 信息资源质量高效化。挖掘隐藏于大量纸质资源和数字化资源内部的学科知识单元，组合异构资源，发现免费网络学术信息资源，提供高效、实用的信息资源，是图书馆一直努力实现的目标。随着生活节奏的加快，读者一般都希望找到的信息能够快速满足需求。因此，他们更看重实用的技术类信息，而不仅仅是抽象的基本理论。随着网络的发展和整个社会节奏的加快，科技不断创新，使得知识更新速度加快，内容新颖的信息资源是读者最迫切的需求。同时学科交叉与学科渗透越来越普遍的现实，学科分支越来越精细，读者期望图书馆为其提供专题文献资料，并对信息资源进行分析、归纳、综合，提供高效的信息服务。

(5) 信息资源共享普遍化。在大数据和互联网时代，读者已不再局限于仅在图书馆查找信息，而是期望在最短的时间内随时随地查找到所有相关的信息资源，大多数读者更愿意通过网络方式获得信息资源。为了顺应时代的发展，开放免费共享的信息资源越来越成为潮流。

2. 信息系统需求

信息系统需求体现在以下3个方面：

(1) 检索内容全方位个性化。从读者检索的方式来看，信息搜索行为是由信息需求驱动的有目的、有意识的信息行为。在云计算环境下，流式数据访问、支持负载均衡、高可靠性云计算底层的基础物理架构体系是分布式计算图书馆学术资源的集成与服务的一个重要突出特点，将不同地区、不同类型、不同性能的资源整合到一个虚拟资源池进行统一管理，方便读者反复使用。它所采用的虚拟化技术、分布式计算、效用计算等能够有效整合现实中图书馆的海量资源，扩大资源共享的范围，为读者提供一个无限可扩展的庞大资源池。友好的检索界面更受读者欢迎和喜爱。检索的个性化定制程度、个性化互动服务功能的水平、检索精炼程度、聚合检索和检索范围满意度等直接影响读者的需求满足度。云计算构建思想与图书馆服务理念高度吻合，通过云计算将图书馆数据存储起来，构建专门的云端图书馆管理服务平台，使所有的图书馆连成一个统一体，实现读者个性化服务。读者在互联网的任何地方提交一个查询请求时，云计算服务平台都将调用成千上万台计算机同时搜索信息资源，满足读者的信息需求，搜索速度和搜索质量都有了质的飞跃，使读者能在最短的时间内对海量异构信息资源去粗取精，找到合适的信息资源。对图书馆而言，有助于简化图书馆的工作流程，节约图书馆的时间成本，提高图书馆的工作效率。

（2）检索系统多层次一体化。读者希望能尽快找到检索结果，图书馆有着最齐全的学术检索工具，实现快速、准确检索，并对采集到的检索结果进行分析、加工处理，保证信息资源的无缝连接，实现不同服务阶段之间的有机结合，并将分布式存储的数据库资源与一站式的检索界面结合起来，通过对信息资源进行整合，为读者提供统一的入口，实现一站式服务，使读者在相对稳定的信息资源空间中得到一个一致、连贯、到位的检索体验。图书馆从读者的感受出发，保证对资源的无缝接入和获取。图书馆的服务系统和信息资源内容必须随需求而变，而图书馆需要考虑更多类型的数据格式和内容获取的便捷程度，云计算技术恰恰能满足上述要求，把计算资源通过网络进行统一的调度与管理，并形成统一的资源池提供给读者，实现按需服务，如 Primo、Summon 等一站式数字资源发现系统与获取平台。云计算环境下的资源服务平台系统改善了读者的搜索体验，从技术上将分布式存储的数据库和一站式检索界面结合起来，实现统一的数字资源及一站式入口。读者通过台式计算机、笔记本电脑或便携设备访问图书馆，进行服务个性化定制，图书馆主动进行服务推送。图书馆服务器在云端可提供各种资源的访问接口，便利读者访问，并保存读者的访问信息，通过强大的计算能力和存储资源来满足读者个性化定制的需求，并将结果反馈到读者使用的终端设备上，按照读者的检索时间序列完成推送，实现读者对图书馆的随时随地访问和使用。

（3）检索方式开放性专业化。在全球信息化、网络化环境中，信息资源获取是个人基于信息需求和信息利用预期设想而搜寻目标信息源并取得信息资源的过程。通过云计算构建合作的馆藏、数字化资源，以及合作的导航服务平台、阅读推广内容、信息资源等，构建一个庞大的共享数据池。读者搜寻信息资源需求时不局限于某一个图书馆，而是访问云端共享的数据，大大扩大了读者的搜索范围。云端根据读者搜索习惯、个人兴趣、研究偏好、知识积累等差异，提供不同的信息检索结果，读者感受到不一样的检索体验，这样就会吸引更多读者参与云端数据的重复使用，实现图书馆信息资源的开放效应。

8.1.3 资源的集成融汇

随着图书馆的发展，学术信息资源的种类和内容日益丰富，图书馆的主页、数据库、一站式资源发现系统、书目检索（OPAC）系统、资源搜索平台、搜索引擎、资源导航、Libguides、博客、微信等资源汇集融合成资源池。普通的学术图书馆引进几十个数字资源系统已属平常，拥有几百个数据库的图书馆也非罕见。然而，图书馆购买的数据库和自建的平台之间存在着一定的检索屏障，由于不同的数字系统结构存在不同的检索界面和检索使用方式，形成一个个孤立的信息源，造成读者检索时的困惑。而云计算及云服务正好能够满足此需求，提供集成化的、支持大数据的、虚拟化的资源池，形成一个庞大的一体化资源池服务系统，提供具有个性化、可定制、主动、流式数据访问、支持负载均衡、高可靠性和高扩展性等特征的资源池和服务池，关注读者的需求与期望，提供差异化服务，实现各类学术资源的融合，具备搜索、发现与获取一键式服务功能，提升了读者利用资源的效率与便捷度。

（1）信息资源加工。对于信息资源整合与加工，数字图书馆学者从信息集成的视角提出自己的云计算构架系统，将各种异构、碎片化、多源、海量资源放入资源池，形成统一的服务池提供给广大读者使用。例如上海交通大学图书馆的OPAC(联机公共目录查询系统)是以馆藏纸质资源为基础加工的目录级别的整合，对馆藏资源进行了有效的揭示。为了进一步揭示期刊、图书和论文等多种资源，该馆又开发了思源探索发现系统，形成了馆藏资源和网络资源归并和统一展示的系统。目前，常见的资源整合形式有目录级别、数据库级别、导航系统等形式，这样多层面的链接把不同分散、异构的数据库组合起来，形成一个新的有机整体，按需为读者提供虚拟与实时的服务，满足读者服务的个性化、弹性化需求，从而把图书馆的信息服务提高到一个新的水平。

(2) 信息资源整合。信息资源整合包括数据库整合、系统整合、检索方式整合、技术整合、协议标准整合。数据库整合是将不同分散、异构的数据库无缝链接，去除数据库中的重复信息内容，形成一个新的虚拟数字资源体系。系统整合是将不同的数字资源应用系统进行分解和重组，使不同信息资源在组织结构和表达方式等方面趋于一致，形成一个相对统一的数字资源管理平台。检索方式整合是将多种检索运算符以及组合检索运用到数据库检索服务平台，提供全方位的检索方式，方便读者精确定位信息资源。技术整合是将对多种应用于信息资源整合的技术合并，有效解决信息孤立的问题。协议标准整合是将不同访问协议、不同数据标准的数据库放在同一界面内检索，针对各种不同的数据组织方式和网络通信协议，通过中间技术手段形成整合检索或者集成检索。其中，有以纸质资源为基础的数字资源整合；有基于资源导航系统的数字资源整合；有基于链接服务器的数字资源整合，主要解决检索结果到全文的链接问题；还有基于整合本馆资源的跨库检索系统的数字资源整合，可将检索结果进行统一归并展示。

(3) 信息资源应用。信息资源应用是针对大数据的动态、易用性以及海量内容的特点来操作的，一般是通过和要整合的资源对象的互操作来取得对象资源数据与元数据，再搭建一站式操作界面来透明访问不同资源。典型做法是搭建一个中间层，即通过中间件来完成不同系统平台间的数据共享和交换。中间件是一种独立于系统外的软件或程序，分布式的软件通过中间件在不同的平台间共享资源。中间件一般放置于服务器和客户机的系统上，用于管理网络通信与计算资源。中间件有通用的、标准化的接口协议，从而实现各种不同平台和硬件下的数据互操作。中间层的系统对内容给出了分布式的交叉深度关联，而且一般参照用户的使用习惯，对不同平台的资源实现透明访问，这种方式在一定程度上解决了跨平台资源存在的各自孤立、互不关联、内容交叉等问题。应用层的资源整合往往借助于参考链接技术或跨库检索技术等来提升整合范围，并深化整合效果。跨库检索技术可以将分布式的信息资源做成一站式访问，而参考链接技术则是能把多个信息源的内容相互关联起来。应用层的资源整合一般不直接变更底层的元数据，而是通过互操作方式来进行，基于标准接口与数据源，所以资源对象的接口必须是标准的，接口对整合效果影响很大。

不同读者对资源的获取需求不同，所以中间层系统的形式也有差异，如为集成融汇各种电子文献而开发的各种电子文献导航系统。为了解决资源跨库问题而设计的异构统一检索技术给读者的检索带来了便利，当前高校使用的CALIS西文期刊目次数据库就是一个典型的具备强大功能的中间层，能把各类馆藏资源(如电子资源、纸质资源)及不同深度的资源（如全文型、文摘型的资源）整合到一起，只要直接访问这个数据库，读者就能直接获取各种资源，并链接到全文。

基于读者获取信息的有效性视角，上海交通大学图书馆构建了思源探索发现系统来实现资源集成与融汇，将海量的信息资源通过网络统一管理和调度，以便于读者的使用。这恰好符合云计算的核心思想，使云计算和图书馆服务耦合，构成一个计算资源池，按需向读者提供信息资源服务。图书馆在平台页面基础上将不同网络空间的资源通过各种技术手段进行资源互融揭示，是一种页面的云资源集成服务，由图书馆对其进行个性化服务组配。读者在检索资源时，系统不仅提供馆藏书目信息，而且从网络即时采集百科信息、书评、目录、封面、摘要等网络资源，并嵌入平台揭示界面，利用网络资源补充系统本身的信息资源，利用已有的资源和服务提高读者需求满足率，为读者提供多维一体化的信息资源服务。

该系统的目标是实现以下的功能：

(1) 方便的跨库整合功能。平台能把本地资源与数据库提供商的资源进行有效整合，达到弹性化、个性化目标，实现一站式检索。

(2) 界面交互功能。平台具备多维度的信息揭示功能，拓展资源的获取路径，用户能看到个性化的平台界面与定制功能。

(3) 系统框架功能灵活。图书馆根据读者的需求特点与行为开发更适合他们使用的检索平台，包括单点登录、个性化界面以及多系统数据融合等。

(4) 可持续性优化和稳定的技术支持。云计算提供了可靠、安全的数据存储中心，从技术上保障读者信息资源的安全性，读者不用担心数据丢失、软件更新、病毒入侵等问题。

这种类型的平台是图书馆学术信息资源的深度整合和便捷获取的路径之一。系统将各种元数据和对象数据通过收割、导入等方式预收集，并进行预聚合，通过一站式搜索引擎提供统一检索和服务。

图书馆界一直在探索并思考下一代图书馆管理系统的界面与内容，而基于云计算的智慧型系统从目前看是趋势所在。思源探索发现系统可以说是对下一代检索系统的一次尝试，在技术层面上解除了后端与前端系统的耦合，展现了图书馆界摆脱传统观念、满足新时代读者新需求的热情①。云计算环境能够保障用户数据的安全性，提供可信任的、安全的数据存储功能；同时，系统中的用户之间可以共享信息资源。云计算环境还能有效减少图书馆的IT设备投资与维护成本，改善用户的使用体验，随时进行软件更新，减少软件上的开支与维护。用户不管身在何处，只需要有一台接入互联网的计算机或手机等终端设备，即可直接编辑存储在云端的文档。用户可以在任意时间与地点都获得云中的相关信息资源或服务，而且方便、快捷、安全。用户通过统一的服务界面或接口，使用云端的资源与服务就像使用本地计算机一样便捷。云计算环境还解决了不同设备之间的应用与数据共享问题。在云计算环境中，核心数据永远都只有一份，保存在云端，所有具备权限的终端都能同时访问并使用。

---

① 聂华，朱玲. 网络级发现服务——通向深度整合与便捷获取的路径[J]. 大学图书馆学报，2011，29(6)：5-10.

这样,各种信息资源汇集融合,放入不同的资源池,如数据资源池、网络资源池、计算资源池等,通过资源加工、整合形成统一的服务池,就能提供给广大读者应用。在图书馆中,海量的学术信息资源不可能存储在一台独立的计算机上,而是以大量分布式的资源库形式存放在不同地理位置的计算机上,通过云计算技术和云服务来管理学术信息资源,以实现读者的信息访问需求。

8.2 系统部署

8.2.1 建设需求与特征

1998年,Google Scholar 系统推出,极大地吸引了网民的兴趣,他们非常乐意利用 Google Scholar 去发现资源。Google Scholar 系统检索速度快,呈现的资料内容丰富,准确率也较之前有所提高。原本图书馆检索系统的用户在做某个检索课题时往往要利用多个检索系统来完成,而 Google Scholar 系统能很好地满足一部分图书馆用户的需求,既简单又方便,这使一部分用户放弃图书馆检索系统,转而投向 Google Scholar,这对图书馆界提出了极大的挑战。

图书馆检索用户的快速流失引起了图书馆界领导层的密切关注,根据 OCLC 机构在2005年对本科生和研究生的调研显示,用户群体中仅有1%是通过图书馆的检索系统来获取资料的。

在大数据和云计算的大环境下,基于图书馆信息资源的特征与访问需求,同时为了拉回飞速流失的用户,上海交通大学图书馆向 Google Scholar 学习,准备将图书馆近400个数据库组合成一个数据资源池,将100多个检索系统组合成服务池的一部分,形成一个统一的云系统平台——思源探索发现系统,一个检索入口简洁而检索结果非常全面的一站式资源发现系统。该图书馆在系统建设的前期思考过程中发现,自建数据库和检索系统的整合技术相对容易,但是商业数据库和检索系统平台很难实现无缝对接。

在思源探索发现系统的设计与整合的过程中,由于遇到了异构数据和跨平台检索等整合问题的技术瓶颈,该图书馆调研了一些国内外比较成熟的资源发现系统。当时国外流行的资源发现系统有以下几个:

- Summon。2009年,Proquest 旗下的 Serials Solution 公司推出了 Summon 系统,它涵盖了7000多个出版商,收录了近8亿条数据记录。它与中国的 CALIS、APABI 达成合作协议,允许其使用学术文章的元数据。
- **Primo**。Ex Libris 公司在2010年1月推出了 Primo 测试板,将系统集成到 Primo Central 和馆藏目录系统上。它收录了世界上绝大部分外文电子期刊、电子书元数据和部分报纸,并与国内的维普网签订了合作协议。
- **WorldcatLocal**。是 OCLC 机构在2007年推出的第一款一站式检索系统,集成了元数据搜索功能。随着数据库合作商的不断加盟,该系统于2010年开始提供网络发现服务,现在元数据量已经达到了20亿条。
- **EDS**。是 EBSCO 公司发布的一款发现系统,全称是 EBSCO Discovery Service。

它覆盖了全球9万多家期刊和出版社的资源，学术期刊接近18万种，数据条目达到10多亿条，并且与APABI公司签订了合作协议，可以使用电子书元数据。[①]

通过对各个系统的比较与了解，上海交通大学图书馆最后选择了资源配置相对灵活的Primo系统作为思源探索发现系统的后台支撑平台。整个Primo系统的架构分成5层：

- **前端表现层**(presentation layer)。也叫用户界面层，负责用户与系统交互的一切操作活动。Primo的前端表现层可以根据实际需求来自定义界面。
- 应用服务层(application layer)。这一层的职责是定义数据的逻辑关系，它是前端表现层和发现引擎之间的桥梁。
- **发现引擎**(discovery engine)。系统中有3种引擎：①Primo Central，是Primo系统本身的元数据搜索；②MateLib引擎，提供与其他整合系统平台的联合检索；③API接口，Primo系统通过该接口搜索网络上的资源，如读秀、Google Scholar等。
- **来源知识库**(source repository)。包括Primo系统本身的元数据库和其他加入Primo系统的外部数据库，这些数据库的覆盖面决定了Primo系统的全面性。
- 后台管理系统(management office)。管理系统正常运行的配置，包括数据库的配置、用户参数的配置、CPU和内存的监控配置等。

8.2.2 环境部署与数据准备

思源探索发现系统是基于云计算的系统，本身存储少量数据，大多数据分布在各个子系统上，物理位置相对分散，数据的传输都是基于网络的，这就要求系统本身和网络环境相对稳定，且有比较大的吞吐量。服务器操作系统选择了Linux。网络带宽要求千兆网络到子节点、万兆网络到核心的基本配置。

云系统服务器的选择要注重的几个重要指标如下：

- 中央处理器的处理能力。思源探索发现系统是基于云计算的发现系统，需要进行复杂的路由选择、策略均衡、多线程并发任务处理等，这些任务都是需要由CPU来处理的，形成一系列符合通信协议的数据在网络上传递。
- 数据快速存储与交换能力。基于云计算的发现系统的服务对象相当广泛，每个用户都有自己的用户数据，且都是即时性要求非常高的数据，这就要求服务器配置相当高级别的数据交换内存。
- **数据灾难恢复能力**。云系统本身存储的数据很少，并不代表不存储数据，在云服务器上存储的重要数据(如云节点信息、路由信息等)一旦被破坏，将直接影响到某个或者某些云节点数据的正常访问。为了提高系统的健壮性，选择一个优良的数据备份节点并做好恢复策略是关键。
- 网络带宽。在基于云计算的思源探索发现系统中，每一次服务都需要通过网络的

① 孙翌，李芳．基于Primo的一站式资源获取平台实践与思考[J]．图书馆学研究，2012(16)：23-28.

多次交互才能完成。在大用户量的条件下，网络状况的优劣直接影响到思源探索发现系统的正常运行，也直接影响到用户的体验。

基于以上几点考虑，上海交通大学图书馆在 2008 年开始部署思源探索发现系统的硬件环境，在资金和性能的权衡下，最终选择了 Dell PowerEdge R900，具体参数如下：

- CPU：Intel E7440 2.40GHz，4 颗 CPU，共 16 核。
- 内存：4GB×8，最高可以插 32 个 4GB(共 128GB)内存。
- 硬盘：250GB SAS 硬盘。
- 操作系统：Red Hat Enterprise Linux Server (2.6.18-92.el5)。
- 网络：万兆光模块＋千兆网卡。

在组建思源探索发现系统的过程中，共使用了 4 台 R900 服务器：一台 Matelib 服务器，架设了 MateLib 数据库检索系统；一台 SFX 接口服务器，它将期刊的各种元数据组合起来，翻译成一个链接，直接指向期刊全文；一台 PrimoFE 服务器，是前端应用服务器；一台 PrimoBE 服务器，是后台服务器。思源探索发现系统程序发布在 PrimoFE 服务器上，4 台服务器协同工作，共同完成云检索服务。

硬件环境配置完成后，就需要准备思源探索发现系统的基础数据。将这么多分散在各个子系统的数据收归己用，是相当复杂的工作。自建系统平台的对接相对来说比较方便，只需要花费一定的工作量；对于各种商业系统平台，则必须辅以政策来推进整合。初步考虑方案是：自建系统平台由图书馆相应开发人员做数据交互接口，并完成测试。对于商业系统平台，由图书馆出面与供应商协调，由供应商定制开发数据交互接口。若供应商不愿意提供接口，而数据库又在图书馆的系统平台中，则由馆内开发人员尝试自行数据抽取；数据库在云端的，思源探索发现系统无法与该商业系统对接，则寻找可以替代的数据库供应商。

思源探索发现系统与各种数据库对接时，多数采取数据接口的方式，如 OAI、JSON、X-Service、OpenSearch 等。OAI 是 Open Archives Initiative 的缩写，即“开放档案计划”，它是整合分布式存放文献的框架标准，在 2000 年初逐步应用到数字图书馆领域。针对馆藏资源、检索系统和自建数据库，思源探索发现系统使用数据库直连或者 OAI 接口的方式收割元数据等。JSON(JavaScript Object Notation)接口是一个轻量级数据的交换格式，它沿用了 C 语言的设计风格，这使它成为目前最易上手的工具之一。上海交通大学图书馆与超星公司建立了合作关系，经过多次协调，超星公司开发了 JSON 接口，供上海交通大学图书馆获取超星公司的电子资源。上海交通大学图书馆还与学校网络中心协调，提供了 X-Service 接口，供思源探索发现系统获取用户信息等使用。

8.2.3 系统构建

1. 总体设计与规划

上海交通大学图书馆经过多年的建设发展，已经拥有相当数量的数据库和检索系统。以前，用户在查询资料前需要清楚地了解图书馆的数据库和检索系统情况，才能比较精确地查找到所需资料，所以迫切需要精简检索平台，向用户提供一站式检索服务平台。建设如此庞大的一个发现系统平台，从用户对资源的发现和获取角度来看，主要应注重以下 3

方面的内容：

1）数据的全面性

不同的数据库、检索系统的资源存在交集且各有特色，图书馆将这些系统平台作为服务向读者推广时，需要介绍每一个平台的功能和学科覆盖面，并阐述每个系统平台的侧重点，由用户根据自身需求选择使用哪些系统平台。

数据的全面性是一站式发现系统的基础，是用户选择该系统的核心原因之一。如果用户使用某个发现系统，得到的结果集不如 Google Scholar 的结果集全面，质量也没有明显提高，那么就没有理由让用户放弃 Google Scholar，转而使用图书馆的发现系统。

经过调研发现，现有的比较热门的发现系统本身所涵盖的元数据量相差不大，这就使得整合现有的数据库和检索系统成为建设发现系统的重中之重。

2）检索的智能性

信息检索从严格意义上说包含了两个过程，即信息存储和信息检索，具体流程如图 8-1 所示。信息存储是先行工作过程，只有拥有了数据，才能进行检索。

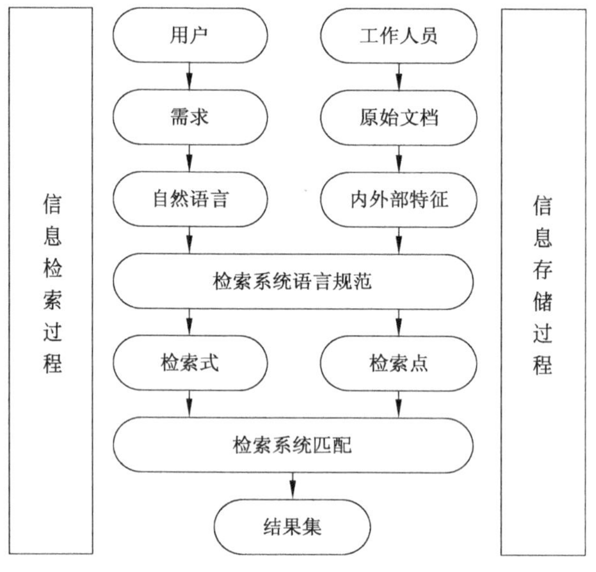

图 8-1　信息存储和信息检索

检索系统最理想的情况是根据用户需求返回的数据全部是正确的或用户想要的。但系统的实际情况与期望往往存在差距，究其原因在于语义的二义性和检索语言定义的不确定性。衡量一个检索系统的优劣，查全率与查准率是两个重要的评价指标，但它们之间是矛盾的，两者很难兼顾，往往只能在两者之间找一个平衡点，以达到最优状态。

在这天平无法完全达到平衡的时候，一个新技术概念的出现与推广使得评价天平往查全率这个指标方向倾斜，它就是“按相关度排序”。该技术是将检索结果文档按照某种智能学习策略参数规则重新排序，使得系统认为与检索课题最相关的文档排在最前面。用户如果注重查准率这个指标，只阅读前面几篇文档就可以满足检索需求；用户如果注重查全率，则需多阅读几篇，甚至阅读完所有文档。

检索系统还应保存用户的检索词，对每个检索词进行智能归类处理。当某个用户输入某个检索词时，系统提示其他用户使用过的相同或相近检索词，供当前用户参考，以提高查准率和查全率。随着系统的运行，该智能库的内容将越来越丰富，理论上将无限接近用户的实际需求。

3）图书馆检索社群

网络社群是通过网络应用连接在一起的，在同一个网络社群中，每个成员都有相同或者相近的目的，交流方便。图书馆用户希望一站式检索系统能有一个用户社群，以便分享、交流信息，例如书评、评分、标签和书架等。系统应该对于图书馆用户社群里活跃度较高的用户给予一定的支持、帮助和激励。

图书馆检索社群把各个年龄层次的、在世界各个角落的用户联系到一起，他们利用智能通信工具，例如智能手机、平板电脑等终端，随时随地进行交流。在这个社群里，大家都是使用思源探索等图书馆发现系统的用户，对各种发现系统有着不同的理解和看法，通过这个社群平台，相互交流，有利于用户更好、更快地掌握发现系统的使用技巧，也有利于拉近人与人之间的距离，交流的内容经过整理后，也有利于对发现系统的不断完善。只需要将社群中反映的信息归类整理，就能及时了解图书馆用户的实际需求，及时调整发现系统策略；针对用户反映比较普遍的问题，及时修改发现系统。

2. 实施过程

思源探索发现系统建设的规划目标是将现有的检索系统有机整合，充分发挥各自的优势，做好思源探索发现系统的基石。这种整合既不是简单的罗列堆砌，也不是彻底抛弃原来已经开发好的系统，而是将各个系统的优势有机整合，协同工作，并产生新的服务增值功能。

1）资源内容整合

上海交通大学图书馆经过多年的系统建设，已经形成一系列的系统平台，思源探索发现系统必须另辟蹊径，除了将现有的系统数据尽数收纳进来，还新增了 Primo 系统的数据源，这样就使前期的劳动结晶成为思源探索发现系统的数据基础支撑。

在整合现有系统平台的过程中，充分考虑了用户的检索习惯和数据库元数据的覆盖面，按照用户偏好度高低的顺序依次整合，最后形成如图 8-2 所示的整体结构。①

由图 8-2 可以看出，思源探索发现系统处于多个系统的最高层，也可以称为最终表现层，它本身并不生产数据，只是通过各种接口或者直连方式与各个系统进行交互，它基于 SaaS 的服务模式。

思源探索发现系统的数据资源分散在各地，通过网络传输服务请求和返回服务结果，而服务器本身不存储数据，或者只存储少量数据。绝大部分数据分散在各自的系统内，数据库结构不同，存储的地方也不同，但对于图书馆终端用户来说，是感觉不到数据的离散性的，用户体验得到了提升。

采用这种服务模式，要求思源探索发现系统与各个检索系统之间的通道畅通无阻，这

① 孙翌，郭晶．上海交大图书馆资源发现与获取平台建设[J]．图书馆杂志，2013，32(6)：70-75.

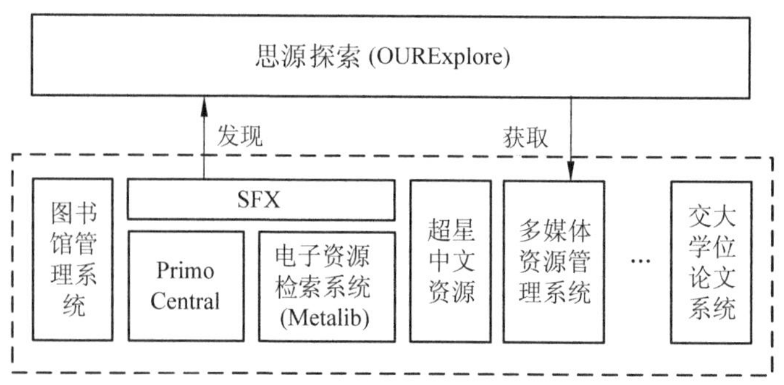

图 8-2　思源探索发现系统的结构

就对系统的网络提出了非常高的要求，要有足够的带宽，还要有足够的稳定性，甚至要有备用链路来保证系统的正常运行。

2）栏目与资源配置

思源探索发现系统的建设需求是一站式检索，故开始设计时只有一个检索入口，检索结果是经过优化的整个整合数据库的结果集，非常全面。但是试运行一段时间后，用户的反映并不理想。

经过调研，发现图书馆用户不同于一般的网络用户，他们有较强的专业背景，查找资料是为了完成某个项目或者解决某个具体的专业问题，这就表示每一次服务请求都有很强的目的性。对于他们来说，返回一大堆与自己项目无关的内容，则需要浪费大量时间筛选文档，读者体验欠佳。

图书馆根据用户调查分析，将不同的用户分成几类：学生、教师、科研实验人员、专家学者和一般社会人员。对于学生而言，他们利用图书馆最大的目的就是查找书刊，作为课外辅导资料，完成毕业论文；对于教师而言，他们的需求一般是教参书刊和各种期刊论文；对于科研实验人员而言，他们关心的是各种实验数据，所以一般是查找事实和数据库；而对于专家学者而言，他们关注的是各自领域里的学术前沿动态，一般是专业核心期刊和核心数据库；对于社会人员而言，以查找文艺类图书为主。因此，图书馆决定改造思源探索发现系统，对所有资源进行分类，分别设置了书刊、文章、学位论文和多媒体等栏目，作为检索子入口点。为了满足不同的用户需求，还增加了让用户自定义检索库的功能，改善了用户体验。思源探索发现系统于 2009 年发布了 1.0 版本。

改造后的思源探索发现系统设置了 5 个栏目，如表 8-1 所示。

表 8-1　思源探索发现系统栏目设置

栏目名称	栏目内容	数据来源	资源数量及覆盖率
书刊	图书馆馆藏的纸质图书、期刊以及购买的全文电子书和自建的全文电子书	图书馆管理系统数据(Aleph)； 超星提供的中文电子书 API 接口； SFX 接口提供的外文资源库电子书； 自建的中外文电子书	包含所有的图书和期刊信息，100%覆盖； 全文电子书，包括中文图书 240 万册，外文图书 15.6 万册，教学参考书等约 5000 册

续表

栏目名称	栏目内容	数据来源	资源数量及覆盖率
文章	中外文期刊论文	Primo Central 远程数据索引库； 超星的中文期刊 API 接口	中文期刊包含 CNKI、万方、维普等数据库，约 7400 万条数据记录，涵盖率为 95%左右； 外文期刊包含 ScienceDirect、Springer 等数据库，总共 5 亿多条元数据记录，涵盖率为 95%左右
学位论文	各个数据库商的学位论文及上海交通大学学位论文	超星的中外文学位论文 API 接口； Metalib 外文学位论文库； 上海交通大学学位论文库	中文学位论文包含 CNKI、维普、万方等学位论文库及国内部分院校的学位论文，约 320 万条记录； 外文学位论文，包含约 170 万余条记录
多媒体	自建和购买的多媒体资源	超星多媒体 API 接口； 上海交通大学图书馆多媒体资源管理系统； 上海交通大学现代教育中心多媒体课程库	视频网站，如优酷、土豆等； 超星学术视频库，约 290 万条记录； 商业视频库及自建视频库，约 9 万条记录； 上海交通大学约 300 余个视频课程
定制检索	用户自定义检索数据库	配置完成的 Metalib 搜索引擎	包含所有的商业数据库及自建数据库

3）图书馆系统服务整合

思源探索发现系统的主要功能是获取资源，用户在使用系统的同时，希望也能完成图书馆的常用服务，例如图书续借、异地预约等，要完成这些服务，首先必须通过学校统一身份认证。上海交通大学图书馆的网络认证服务统一采用 jAccount 认证，而思源探索发现系统的底层是 Primo 发现系统，有独立的身份认证系统，必须将两套认证系统融合起来，才能将图书馆的服务整合在一起。

思源探索发现系统在用户登录时，验证 jAccount 账户，通过后将用户身份信息按照 Primo 认证系统的格式打包传递给后台 Primo 系统，前台用户感觉不到实际进行了两次认证。将 jAccount 认证与 Primo 认证合二为一还有一个好处，就是 jAccount 返回信息中含有用户专业背景信息，这些信息成为实现个性化、主动式定制检索服务的基石。

图书馆的常用服务一般都是通过 OPAC 系统完成的，用户也习惯于在网上完成相应的操作。思源探索发现系统必须完全整合 OPAC 系统。为了与 OPAC 系统实现无缝对接，思源探索发现系统收割的底层数据源与 OPAC 系统相同，这样就保证了数据的一致性。用户在思源探索发现系统中就可以完成 OPAC 系统所有的功能，达到可以完全摒弃 OPAC 系统的程度。思源探索发现系统不光是 OPAC 系统的全包含，还有更多的新功能加入进来。在提供图书预约、图书续借等服务时，思源探索发现系统采用“短信＋邮件”的提醒方式，多方位推送，最大限度地告知用户，提升了用户体验。思源探索发现系统还整合了许多第三方资源,例如超星封面、豆瓣封面、豆瓣书评、亚马逊书评、维基百科等,给用户一个图文并茂的视觉直观感受。

4) 个性化检索服务

一站式资源发现系统能够满足普通用户的一般需求。针对专业性很强、需求特别明确的用户,单一入口的发现系统所得结果集过于庞大,很多数据文档对于这类用户来说是毫无利用价值的,用户必须花时间去剔除这类数据。为了满足这类用户的检索需求,思源探索发现系统在 Primo 系统的基础上进行了优化,二次开发了资源定制检索服务。

用户在通过 jAccount 认证后,系统获取该用户的专业信息,在后台分析相应的数据库映射匹配、学科分类映射匹配等,将某个检索需求的结果集按照数据库、学科的相关度排序,相关度最高的文档排在最前面。用户可以根据实际需要,按照系统给出的顺序逐次阅读文档,用最少的时间获取最大的信息量。用户也可以在个人中心里设置默认检索数据库,前台的检索需求根据个人设置的默认数据库查找资料。

思源探索发现系统还提供了个人书架、检索词保存、我的检索信息、评论/书评、RSS 等个性化功能,为用户临时或长期保存个人数据,方便用户使用。随着 Primo 系统的升级,以及 Web 2.0 的推广,加上一年里用户的反馈意见,思源探索发现系统在 2010 年进行了一次个性化定制服务的大修改,发布了 2.0 版本,运行效果良好。

3. 部署中遇到的问题

思源探索发现系统是上海交通大学图书馆推出的第一个云发现系统,为用户提供了方便、快捷的检索服务,提升了图书馆服务品质。但是,整个建设过程都是在摸索实验中进行的,难免会存在一些考虑不周的地方。

1) 数据更新问题

思源探索发现系统整合了许多分散在各地的系统,而思源探索发现系统本身只存储了少量数据,大多数请求需要通过网络交互来完成,响应速度受网络状况的限制和影响。各个数据库供应商的数据更新周期不完全相同,直接导致了思源探索发现系统的数据更新混乱。

2) 元数据质量问题

目前国内外的数据库供应商对于元数据的规范没有统一的标准,导致元数据质量参差不齐。再就是各个数据库供应商各自为政,收录的元数据存在重复、交叉现象,需要花费大量的精力解决去重问题。

3) 排序问题

英文文档相关度排序的准确度比较高,但中文本身的多义性导致了中文文档的相关度排序不理想。各个数据库供应商对每个检索词的定义范围有所偏差,检出的结果有出入,不够精准,也会影响结果的相关度排序。

尽管思源探索发现系统还存在着一些问题,某些技术亟待突破,但这并不能掩盖它的优秀之处。思源探索发现系统整合了图书馆几乎所有的数据资源,为用户提供了一站式检索服务,极大地方便了用户查找资料,提升了图书馆的服务品质,挽回了大部分的图书馆用户。总的来说,基于云计算的思源探索发现系统和传统系统相比优势非常明显,是未来的发展趋势。

- 基于云计算的思源探索发现系统具有友好的界面性。思源探索发现系统是基于一站式检索服务模式开发的系统，没有过多的检索入口，也没有复杂的检索表达式，操作界面简单，不同层次的用户都能轻易上手。
- 基于云计算的思源探索发现系统具有良好的扩展性。图书馆新购买了数据资源之后，不需要花费额外的精力去宣传该资源，只需要在思源探索发现系统里做好配置，实现对接后，图书馆用户就可以利用该资源，较好地降低了运维成本。
- 基于云计算的思源探索发现系统很好地解决了数据共享问题。国内外很多高校都投入了大量资金购买了大量的数据资源，但是很多数据资源对于高校来说是重复购买的。思源探索发现系统将所有馆内资源都集中到云上，如果辅以政策，云与云之间实现互通，则实现数据大共享也是非常方便的事。
- 基于云计算的思源探索发现系统使得馆际互借更为方便。思源探索发现系统提供了图书馆的预约、续借等服务，如果图书馆之间达成战略合作协议，开放互通互借功能，只要稍作技术处理，调用云接口即可完成图书的借、还操作。
- 基于云计算的思源探索发现系统有利于帮助图书馆把握大方向。云发现系统的用户数量相当大，用户行为具有普遍性。只要利用大数据的分析工具分析用户行为，就很容易得出当前图书馆用户群体的关注内容、行为习惯等信息，给图书馆领导者决策提供辅助参考。

8.3 对比分析

如前文所述，上海交通大学图书馆思源探索发现系统采用了云计算的架构理念进行搭建，服务器不再局限于本地，而是采用分布式的布局，从各个不同的服务器获取不同的资源，并且将各种形式与内容的海量信息资源进行融合与汇聚，最终展现在读者面前的是一站式资源揭示界面。从资源特征来看，该系统符合多源（多种途径的数据来源）、异构（不同类型与架构的数据，包括读者信息、图书信息、电子资源信息等）、海量（千万级别甚至上亿级别的数据量）、动态（数据不断更新）的特点，将云计算的特点发挥得淋漓尽致。使用了云计算架构的上海交通大学图书馆思源探索发现系统是一种新型的服务模式尝试，与传统的书目检索系统或者图书馆其他云服务平台相比有一定的优势，当然也有不足之处。本节从多个角度将这些系统放在一起进行对比分析。

8.3.1 与本地检索系统对比

从 20 世纪计算机被引入图书馆以来，图书馆所使用的系统就以本地化为主；从互联网技术普及之后，大量的网络平台开始出现，但出于安全及访问速度等因素的考虑，图书馆的主要系统平台（例如图书馆管理系统等）还是以本地化系统与数据库的方式存储，仅提供网络访问界面给馆员或读者使用。当时的图书馆资源检索界面称为联机公共检索目录（OPAC）。OPAC 系统于 20 世纪 70 年代末由美国一些学术型大学图书馆和公共图书馆共同开发[①]，是通过互联网对图书馆内资源进行搜索的平台，也是读者使用图书馆资源的入口[②]。

图 8-3 是 OPAC 系统的界面，从界面上可以看到读者有多种检索方式，如基本检索、高级检索、多库检索、多字段检索等，其中多库检索的数据都来自本地的图书馆管理系统数据库。读者通过多种方式进行检索，只能查询到本地图书馆管理系统数据库里所包含的书目信息和电子文档信息。同时读者通过 OPAC 系统还能看到自己的图书借阅情况等，但 OPAC 系统本身不具备个性化服务的功能。

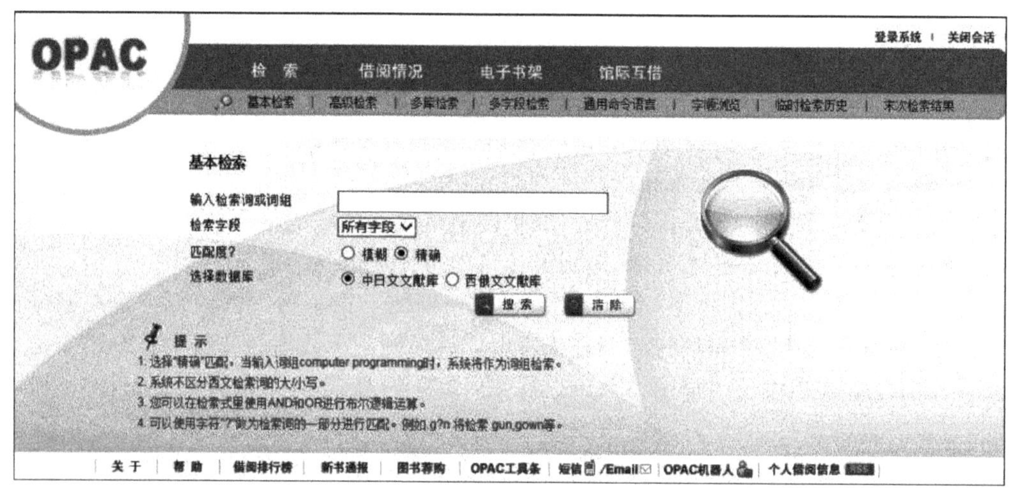

图 8-3 OPAC 系统的界面

思源探索发现系统和 OPAC 系统相比，功能显然要强大得多，图 8-4 是搭建部署好的思源探索发现系统，从图中可以看到，由于思源探索发现系统使用的是云计算的部署架构，将不同来源和不同类型的资源整合到一起，所以读者在系统中可以检索多种类型的资源，包括纸质书刊、期刊论文、学位论文、多媒体资源等，另外，还可以整合资源进行联合检索，功能相当强大。

思源探索发现系统由于采用云架构搭建，因此其资源类型非常丰富，而且可根据图书馆的需要进行个性化拓展。目前思源探索发现系统可以包含的基本数据源包括以下 3 类：

- 图书、期刊、数据库等数据资源。主要包括图书馆的自建数据库、电子资源和原始书目数据等。思源探索发现系统会定期从已配置好的多个库中收割相关内容到其后台数据库，从而满足各方对馆藏资源的检索要求。这些数据资源基本囊括了图书馆 OPAC 系统中的所有内容。
- 网络资源。现在越来越多的网络系统平台免费开放其资源接口和数据下载，例如大众点评网、豆瓣网等。思源探索发现系统可以通过系统配置获取网络平台的资

① 谢新洲. 联机公共检索目录系统的发展[J]. 中国图书馆学报，1992(2)：59-62.

② 张怡华，王兵. 基于联机公共检索目录纵向资源整合方式对比研究[J]. 成都信息工程学院学报，2010，25(1)：118-122.

图 8-4　思源探索发现系统界面

源数据以及本地资源的附属信息，例如书评和封面等内容[①]。

- 商业数据库资源。每个图书馆都会购买一些商业数据库资源供读者使用。传统模式下读者必须进入数据库供应商的主页来获取相应的文献信息，而思源探索发现系统可以通过集成的云搜索引擎将各种学术信息通过网络实时地从各个数据库收割到其数据资源中心，存放在云端，供读者进行一站式资源检索。

图 8-5 是思源探索发现系统的检索结果。最上方是智能化的读者行为预测给出的提示，判断读者想要检索的是哪一类的资源。下方有一个相关论著的发文量趋势图，是云端大数据的分析结果。在左侧的检索筛选项中，读者可以通过各种不同的条件限定，最终筛选出最符合条件或最感兴趣的内容。在中间的检索结果页面里，读者可以单击不同的选项，例如馆藏信息、其他信息、评论/标签等，查看不同来源的整合数据信息，例如来自图书馆管理系统的馆藏书刊架位信息、来自豆瓣网的书评信息、来自谷歌学术或其他商用数据库的电子书信息等，比 OPAC 系统的检索界面与结果丰富很多。

接下来从不同的角度对这两种系统进行全面的对比分析。

- 数据来源。OPAC 系统由于是本地检索系统，因此能全面覆盖本馆的纸质馆藏资源，包括图书、期刊等，同时也实现了对部分馆藏电子资源的揭示。思源探索发现系统的数据来源比较杂，通过云平台整合到一起，实现无缝的一站式访问，其资源类型不仅基本覆盖了 OPAC 系统中所拥有的馆藏资源，同时也整合了超星、豆瓣网等互联网的数据库资源，包括百科信息、书评、目次、封面、网摘等网络资源信息，另外还有本地或云端的商业数据库中的数据信息。与 OPAC 系统相比，思源探索发现系统的数据资源来源更丰富，除传统的图书、期刊、学位论文之外，还包括图片、多媒体和电子数据库等资源信息，体现了云服务平台的大数据优势。
- 易操作性。作为资源检索与发现系统，要面向广大读者，因此操作界面的友好度与便利性也非常重要，界面的好坏往往能影响到一个系统的使用率。OPAC 系统

① 孙翌，李芳. 基于 Primo 的一站式资源获取平台实践与思考[J]. 图书馆学研究，2012(16)：23-28.

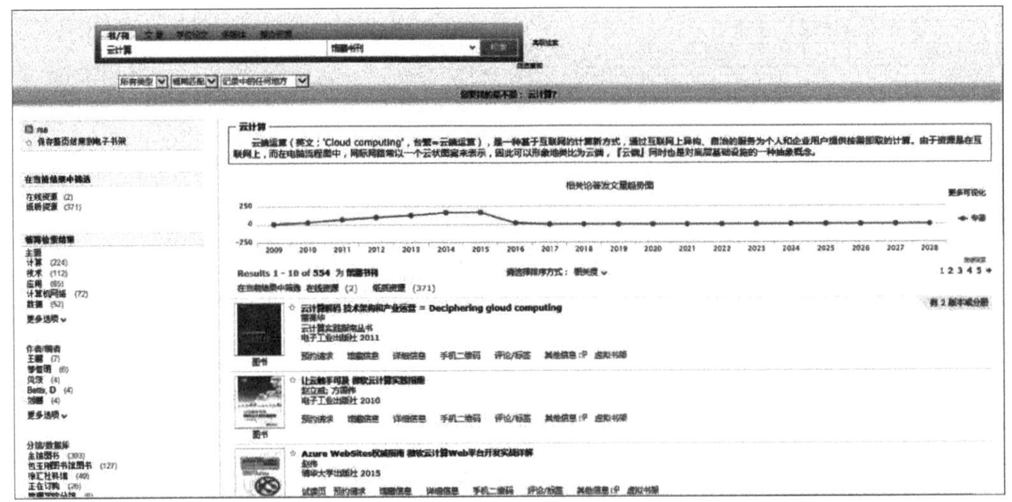

图 8-5　检索结果

的检索界面比较专业,基本上属于模块化设计,即大部分图书馆的 OPAC 系统外观都几乎一样,功能也大同小异。检索词严格遵循了传统图书馆学的理论,例如,可以根据一些图书馆学专业名词(如条形码、ISBN 号、索书号等)进行检索[①],由于每条馆藏记录均具备这些字段,因此可以实现精确的检索,但是缺点就是这些专业词汇对于普通读者来讲显得有些陌生,往往只知其名不知其意,可能会对检索造成一定的障碍。不过 OPAC 系统由于可检索的资源类型较为单一,所以具有比较清晰、直观的界面,采用列表方式直接显示检索结果,实际使用起来比较简单。思源探索发现系统则体现了云计算的优势,由于实现了统一检索的功能,因此在界面上默认只保留了一个检索框,支持任意字符的任意检索,检索方式类似于谷歌、百度等搜索引擎,从易用性和界面友好度上来看胜过 OPAC 系统。另外,在思源探索发现系统中可实现对数据库的定制操作,读者无须学习不同数据库的使用方式,只要在检索框中输入检索式,即可实现对不同数据库的一站式检索,极大地降低了使用难度。不过,由于该系统集成的资源与功能较多,需要单击对应的标签才会展开或隐藏相应的信息,包括封面、试读页、网摘、目次以及引证情况等内容,界面操作复杂度略高于 OPAC 系统。

- 检索结果分析。OPAC 系统由于资源来源比较简单,一般只从题名、著者、ISBN、出版社、页码等信息对检索结果进行揭示,对书目信息的描述层次比较单一。这种单一有利有弊,通过 OPAC 系统检索的结果和检索字段匹配度好、准确度高,一般不会出现检索定位不准确的情况。而思源探索发现系统除了传统的书目信息外,在检索结果中还囊括了书目封面、试读页、网摘、目次以及引证情况等额外的内容[②],并且为检索结果提供结果提炼和分面浏览功能,还可以将读者的身份信

① 廖智博. 强化 OPAC 功能　拓展图书馆服务[J]. 图书情报导刊, 2013, 23(19): 25-27.

② 陈定权, 卢玉红, 杨敏. 图书馆资源发现系统的现状与趋势[J]. 图书情报工作, 2012, 56(7): 44-48.

息整合到系统里来，从而根据读者的身份信息自动调整检索结果的显示顺序，形成智能排序的目的，方便读者发现更符合需求的检索结果。虽然思源探索发现系统的检索结果较为丰富，但由于数据来源的多元化，需要云平台从各个地方进行检索并进行资源的集成、融汇与拼装，因此在检索准确度上略有逊色。例如，思源探索发现系统在高级检索时偶尔有部分检索字段定位不准确的现象出现。另外，对检索结果进行"精简检索"时有资源丢失的问题存在。

- 个性化功能。OPAC 系统在个性化定制方面比较薄弱，一般仅提供一些 RSS 订阅服务，读者可以通过填写 Email 地址和手机号码的方式获得图书馆提供的图书逾期及预约图书到馆等通知提醒服务，总体来说，服务内容局限于对纸质书刊的操作。思源探索发现系统则充分体现了云计算服务池的特征，提供了个性化的、可定制的、主动式的服务。例如，给读者提供了个人的免费空间，支持读者查看个人借阅信息，保存检索式以及检索结果；提供添加评论功能，提供可视化标签云图以及移动阅读等，较好地提升了读者体验；实现了对于数据库的定制检索，读者最多可选择 20 个数据库。此外，系统还具备主动推送信息的功能，用户只需要定制检索信息，系统即可把相关的内容自动推送到其个人电子书架，从而方便用户随时查看他所保存的检索的最新结果①。

从以上 4 个方面的对比可以看到，思源探索发现系统充分发挥了云计算架构的优势，在资源的来源上具有得天独厚的优势，集成、融汇了来自"五湖四海"的资源并将之聚合到一起，资源的广度和深度都远胜于传统的 OPAC 系统；由于内容与功能更多，思源探索发现系统在界面上的内容也比 OPAC 系统更为丰富，以满足不同读者的需求，相对而言 OPAC 系统在界面简洁度和直观性上可能更胜一筹；在检索结果方面，OPAC 系统的准确度更高，而思源探索发现系统由于数据来源多元化，其检索结果存在一些小问题，但不影响使用；在个性化与主动化服务上，思源探索发现系统完胜 OPAC 系统，不仅可实现很多个人定制内容服务，还能根据用户订阅的内容实现主动智能化推送。对比结果反映出思源探索发现系统的构建还是相当成功的，完全弥补了原系统的缺陷，满足了读者的访问需求。

8.3.2　与其他图书馆云平台对比

经过调研发现，除了资源发现系统之外，目前的图书馆云服务平台主要有以下一些案例。

- CALIS 重点学科网络资源导航库，2003 年时由 CALIS 建立，完成了多图书馆共建的基于学科的信息资源共享方式②。
- 博客和微博平台，一般使用云服务平台或开源软件，从而实现资源信息的汇聚和推送服务。

① 马丽华. 用户视角下的联机公共检索目录与资源发现系统应用对比研究[J]. 高校图书馆工作，2015，35(167)：21-24.

② 李森森. 高校图书馆学科化联合信息服务体系研究[D]. 辽宁：辽宁师范大学，2010.

- Libguides 与 SubjectPlus,国外不少图书馆在使用,是两个较专业的学科资源服务平台[①]。
- CNKI 机构学科子馆,是一个以 CNKI 收藏的文献资源为基础建立的数据资源平台[②]。
- MediaWiki,是一个开源的维基百科类平台,具备社区协作和知识存储的特点,很多图书馆以它为基础建设资源平台[③]。
- Library Course Builder、Mylibrary、Research Guide、Libdata,是专门面向图书馆的资源服务开源平台,国外目前有很多图书馆利用其建设资源服务系统[④]。
- Drupal,是一种新兴的开源内容管理平台,使用框架结构,图书馆可在其上组建自己的系统,现在已有面向集成信息资源的模块[⑤]。
- YADDA,华沙大学在 2008 年首先开始应用,系统中含多层级的支持与全文索引功能,具有灵活的数据仓库聚集机制,适合数据的展示和存储[⑥]。
- 德国的 SSG-FI、澳大利亚的 AARLIN、英国的 Intute、美国的 Infomine,是这几个国家的部分高校合作建设的图书馆资源类门户站点,其中整合了不少著名的信息资源门户,并提供服务个性化[⑦]。

这些云服务平台有些是图书馆自主搭建部署完成的,有些是利用了开源软件或云服务商所提供的现成的软件平台,各有优势与劣势。

1. 图书馆资源门户站点

AARLIN、Infomine、Intute 这些平台较类似,属于数字资源门户站点类型,模式都是"中央-成员"馆的类型,实现了在云端的信息资源汇集以及信息资源的共享和搜索,因此仅以 AARLIN 平台作为案例进行分析。

AARLIN 平台作为门户资源集成网站,显示给用户的就是一个统一的搜索界面,可对系统内部的网站、数据库、在线图书馆资源目录及其他电子资源实现分布式搜索,搜索时可以使用同一种格式。平台依托 OpenURL 的开放框架结构及有关的软件,给最终用户提供他们想要的扩展服务和链接参考服务,例如文献全文的深层次链接服务等。更加人性化之处就是平台还能根据系统中的用户资料向用户主动推送相关信息,并且还能针

① Moses D, Richard J. Solutions for Subject Guides[J]. Partnership: the Canadian Journal of Library and Information Practice and Research, 2008, 3(2): 1-9.

② 陈恩满. 基于 CNKI 的学科知识服务平台构建与学科化服务研究[J]. 图书情报工作, 2009, 53(15): 96-100.

③ 杨雁, 刘志. 基于 Mediawiki 的学科信息门户建设[J]. 现代图书情报技术, 2007(12): 64-68.

④ Corrado E M, Frederick K A. Free and Open Source Options for Creating Database-Driven Subject Guides[J]. The Code4Lib Journal, 2008(2): 1-10.

⑤ Corrado E M, Frederick K A. Free and Open Source Options for Creating Database-Driven Subject Guides[J]. The Code4Lib Journal, 2008(2): 1-10.

⑥ Zamlynska K, Bolikowski L, Rosiek T. Migration of the Mathematical Collection of Polish Virtual Library of Science to the YADDA Platform[J]. Digital Mathematics Library, 2008: 127-130

⑦ 孙建军, 徐芳. 国外网络学科导航比较分析与经验启示[J]. 图书馆杂志, 2014, 33(7): 83-89.

对每个用户对搜索环境进行个性化定制，使其只看到自己想要或者和自己兴趣相关的信息资源，可设定缩小或扩展门户站点所推送的“信息图景”。平台还能提供最新的定题服务或文献报道服务，向用户定期告知和他们预先设定的检索特征所匹配的最新信息资源①。

下面对 AARLIN 平台的几个特征进行分析。在计算特征上，AARLIN 平台是由澳大利亚的 19 所高校图书馆和澳大利亚国家图书馆一起合作建设的，把各馆的资源与服务器集中在一起，读者要访问特定的信息，则调用对应的资源为其服务，实现弹性计算与按需访问，但与完全的云平台相比，该特点体现得不是很明显。在资源特征上，平台将信息资源按照不同学科进行分类，汇集了各种途径的资源，还支持使用 HTTP、Z39.50、SQL 等协议标准对不同类型的网站、信息资源及数据库进行统一检索，数据集成程度比较高，充分体现了云架构的优势。服务特征是该平台的优势之一，能按照不同用户的资料进行特征分析，比如其身份标识，向每个人提供个性化定制检索方式，只推送用户需要或感兴趣的资源信息，体现信息主动推送和个性化定制的特点。该平台在云计算方面使用的是中央云和本地数据相结合的方式，搭建平台时必须架设本地服务器和导入资源，是一种不完全依赖中心云的架构。

2. 图书馆微博/博客

图书馆微博/博客目前有两种方式：一是使用开源免费软件在本地搭建的微博/博客系统，不属于云计算范畴；二是使用云服务商搭好的微博/博客平台实现信息资源的集成和推送。本书分析的是第二种方式，即云架构方式。

图书馆微博平台一般为图书馆信息的集中发布地，汇集了图书馆想要公开的各种信息资源，但没有保存功能。微博也具备主动推送服务类信息给用户的功能，用户只需要在微博上关注图书馆账号，登录后就能看到信息。与图书馆其他信息资源平台相比，微博显然“更接地气”，可以更好地提升信息资源的传播效率，与此同时，利用微博所具有的快速转发功能可迅速将信息传播给有相同爱好的群和小组，而且用户之间也能产生互动，因此用户可进一步将信息转发给他们的好友。平台在易用性方面也有优势，馆员只要简单地将信息发布到平台，用户只需关注图书馆微博就能立即了解到该信息，通过不断转发，大量用户都能获取该信息并提出自己的意见，这对于图书馆提升服务质量和扩大服务面有非常大的帮助。此外，图书馆微博平台具有成熟移动 APP 的先天优势，使图书馆的服务时间、地点不受限制，用户可以在任何时间与地点访问平台的信息资源。

在计算特征上，图书馆微博/博客平台存在自身的优势。由于服务器并不在本地，依托服务商庞大的云平台，不同的读者所看到或关心的仅仅是自己感兴趣的内容，仅调用指定的存储内容信息，实现了按需访问与弹性计算的目标。在资源特征上，由于图书馆微博/博客平台的特征是资源的发布与推送，而本地并没有存储，所以不具备资源信息的仓

① 李宝强，祝忠明，吴新年. 借鉴 AARLIN 经验，构建我国科技型图书馆服务新模式[J]. 图书馆杂志，2005，24(4)：45-48.

储功能，只具备信息资源的汇聚和整理功能，很多时候需要通过外链接的方式从其他平台得到数据。在服务特征上，用户通过订阅方式就能得到平台所推送的信息，不过现在还缺少用户个性化服务和行为分析的功能。图书馆微博/博客平台属于纯粹的云架构模式，信息资源的获取很方便。

3. Libguides

Libguides 是美国 Springshare 公司开发的云端学科服务平台，其使用方式很简单，都通过 B2B 网页操作方式进行，所有的数据内容都存储在云端服务器，用户不需要关心服务器的硬件配置。因为 Libguides 的平台定位较为专业，目前全球已经有几千家图书馆购买了该平台用于资源信息的推送和汇聚①。

Libguides 平台的设计思想很先进，在平台中可以搭建子站点，采用模块化、框架化的设计，网页上所有的样式、布局等内容都可由用户自由调整，用户还能用鼠标直接拖曳某个模块进行排列。该平台使用不同种类的模块进行搭建，用户可利用这些模块，包括文本类型模块、多媒体型模块、投票类模块、RSS 型模块等。用户可在文本类型模块基础上嵌入代码，例如 JavaScript、HTML 等，从而可嵌入式引用其他信息资源平台的内容，实现信息集成和一站式检索的目标。该平台的所有模块和页面都支持复制和引用功能，Springshare 公司还建立了专门的社区供用户自由交流经验，在得到许可的条件下，甚至能够将其他高校平台的模块和页面复制过来，这种方式极大地提升了工作效率。和图书馆微博/博客系统相似，Libguides 平台也不具备信息仓储功能，而是主要用于信息的推送和发布。

在计算特征上，Libguides 无疑是做得比较好的，同一个站点里的各个学科指南都有独立的账户访问控制权限，并且系统还支持建立临时账号，供机构外的人员使用；为不同用户赋予不同权限与访问内容，每个学科指南有独立的访问方式与空间，将弹性计算的特点发挥得淋漓尽致。在资源特征上，该平台能够实现资源的一站式检索和推荐，需要在模块中嵌入第三方的平台界面，但无须跳转到第三方平台，只要在 Libguides 平台内即可实现资源的查看和检索。在服务特征上，该平台并没有提供主动推送或者用户行为分析的服务，仅仅是通过不同学科指南的建设，向高校中不同学科的用户提供个性化服务。Libguides 平台是完全云服务的平台，没有本地数据，平台的建设和管理都很便捷。

4. 资源发现系统

与思源探索发现系统类似，EDS、Summon 等平台都是图书馆资源发现系统，目的是将不同来源的资源集成、融汇，在页面上提供一站式资源获取和检索服务，其中既有实体书又有电子资源。这种系统平台一般都采用“云端＋本地”的服务方式，本地存储实体图书信息，云端存储电子资源信息。这些系统具有共同的特征，前文对思源探索发现系统的需求与搭建部署已经进行了详细的描述，下面以思源探索发现系统为例，从云计算的特征

---

① 袁晔，郭晶，余晓蔚. Libguides 学科服务平台的应用实践和优化策略[J]. 图书情报工作，2013，57(2)：19-23.

方面对此类资源发现系统进行一些分析。

在计算特征上，思源探索发现系统的按需服务特征主要表现在对资源的检索与揭示上，读者需要访问哪方面的数据，系统就会通过内部的云服务引擎将相关数据检索并显示到系统界面上，实现弹性计算及按需服务。在资源特征上，既然名称叫资源发现系统，汇聚不同来源的信息资源自然是它们的最大优点，可轻松实现一站式检索，而且信息资源的内容很丰富，有多媒体资源、电子资源、纸质资源等不同载体格式的信息。在服务特征上，平台能够实现有限的数据分析，分析用户的检索记录和内容，从而给用户推荐相关的数据资源，可以视之为主动推送服务。资源发现系统采用的是云环境和本地结合的搭建模式，如果用户没有搜索本地资源的需求，也可以只使用纯云环境方式部署系统。

上面介绍的 4 种图书馆云资源系统可以说各有特点，有些系统的长处在于资源的集成融汇，有些系统则擅长信息资源的推送和揭示。表 8-2 是将这 4 种系统进行对比分析的结果。

表 8-2　图书馆云资源系统对比

名称	计算特征	资源特征	服务特征	云架构体系	服务方式
图书馆资源门户站点	对特定的信息需求，调用对应的资源为用户服务，实现弹性计算与按需访问的特点，但与完全的云平台相比，该特点体现得不是很明显	具有门户站点的特点，信息全，从各个途径汇总资源，信息集成度高	针对每个用户的特征，推送其所需或者感兴趣的资源，并为其进行检索方式个性化定制	本地和云服务结合的模式，本地服务器是必需的	门户站点的搜索引擎功能对资源检索做得还不错，不过一般对移动端的支持不好
图书馆微博/博客	不同的读者所看到或关心的仅仅是自己感兴趣的内容，仅调用指定的存储内容信息，实现了按需访问与弹性计算的目标	资源访问一般需通过链接跳转的方式实现，本身不具备仓储功能，仅仅是推送发布	用户关注或订阅公众号后，即可实现信息的推送，但没有个性化服务和用户行为分析	纯粹的云计算模式，平台云端化	缺少搜索功能，只有信息资源的推送功能，移动 APP 做得非常好，使用便捷
Libguides	不同用户赋予不同权限与访问内容，每个学科指南有独立的访问方式与空间，弹性计算的特点发挥得淋漓尽致	模块可嵌入资源链接，直接在系统内访问第三方平台的界面，从而实现系统内的统一检索和资源推荐，系统本身并不存储大量资源	本身定位为学科服务平台，可根据不同学科向用户定向提供个性化服务，缺乏主动推送和用户行为分析功能	纯粹的云计算模式，平台云端化	具备搜索资源功能，资源的集成仍需依靠其他嵌入的平台，有成熟的移动 APP，但需要单独购买

续表

名称	计算特征	资源特征	服务特征	云架构体系	服务方式
图书馆资源发现系统	读者需要访问哪方面的数据，系统就会通过内部的云服务引擎将相关数据检索并显示到系统界面上，实现弹性计算及按需服务	资源种类全是资源发现系统的优势，集成了各种来源的资源信息，内容种类丰富，可轻松实现一站式检索	能够实现有限的数据分析，分析用户的检索记录和内容，从而向用户推荐相关的数据资源，从某种程度上实现了主动推送服务	本地和云服务结合的模式，本地服务器是可选的，假如没有本地资源访问和存储需求，可采用纯云服务模式	由于具备一站式检索功能，资源搜索功能很强大，信息获取便捷，但移动端 APP 欠缺

通过分析对比 4 种类型的图书馆云平台，我们发现这 4 种类型的平台各有优势与劣势。这些平台或多或少都体现了云计算服务的优势。有些是纯粹的云平台，服务器都放在云端；有些还有本地服务器，提供本地资源的存储与检索，但采用的架构和纯云平台类似。由于采用了云环境的构架，因此弹性计算与按需服务都得到充分的体现，呈现在读者面前的仅是他想要的或者感兴趣的内容。在资源内容上，图书馆门户站点与资源发现系统显然更有优势，融合了来自各个地方的大数据资源，数据来源多元化，集成度很高；相比之下，图书馆微博/博客和 Libguides 的资源虽然也很广，但这两个系统都有各自的缺陷。图书馆微博/博客的原始目标是服务于广大社会人群，供发表个人博文或评论等，并不专门服务于图书馆，因此平台上的资源比较杂乱，如果读者仅关注部分图书馆，只能看到这些图书馆所发布的信息，并不能很快获取其他有用的信息。Libguides 虽然是图书馆专用的平台，但资源的发布与链接等需要依靠图书馆馆员来维护，在稳定性与资源数量上显然不如由专业人员维护的门户系统与发现系统。在服务特征上，这几种平台都有一定的个性化服务功能，有些平台还有信息主动推送的服务，彰显了云平台智能化的特点。

从以上分析可以得出结论，思源探索发现系统在图书馆云服务平台中综合占优，总体上将云平台的各项特点发挥得最好。其不足是目前对移动端的支持还不是很好，但这可以通过后续手机端 APP 的开发得到改进，使之更符合云计算无处不在、随时随地访问的便利性特征，这样就会形成一个较为完美的云平台服务应用。

8.4 运行现状

8.4.1 系统使用与访问情况

2012 年上海交通大学图书馆面向用户进行了反馈调查，希望针对一站式数字资源服务平台——思源探索发现系统的个性化及功能性进行改造。基于调查结果，上海交通大学图书馆对检索相关项进行了优化与调整，并且重新开发了资源的个性化揭示等功能，于 2012 年 10 月推出的思源探索 2.0 版可以保证同时接受约 2000 人检索而响应速度不变化。该图书馆又分别在 2012 年、2013 年、2014 年推出思源探索发现系统的多个升级版本。目前思源探索发现系统使用的是 2014 年 10 月推出的 4.7 版。新版思源探索发现系统有了较大幅度的技术升级，进行了大量的创新性改进与尝试，提供了更多的分面主题，新增虚拟书架及分面筛选模式，设计了个性化界面语言，创建了资源的永久链接，并可以为检索结果创建引用；同时，在海量数据的基础上整合了超星中文发现系统的学术资源数据，实现了学术资源、数据检索的再次升级，进一步拓展了学术资源的收录范围与获取方式。

平台上线后受到校内师生的广泛关注，图书馆也在全校范围内进行了各类宣传普及工作，包括新生培训、专题培训、信息素养培训等多种课程，还走进院系，现场普及平台使用知识。从 2010 年平台刚刚推出开始，日平均检索量就接近 7 万余次。纵观 2011—2015 年的数据，从月份上来看，各月检索量差异明显(图 8-6)。由于 2014 年 9 月新版本推出，馆内进行系统测试，使得 2014 年 9 月的检索量急剧增加，属于非正常数据，在后续分析中应剔除该月份的数据。2011—2013 年，日平均检索量逐年上升，至 2013 年，日平均检索量达到最高峰，为 24 万余次，之后逐年下降，2015 年的日平均检索量约 7 万次(图 8-7)。从数据可以看出，2013 年推出的 4.0 版在师生中反响热烈，在图书馆的大力推介下，检索量大幅提高，然而其后检索量回落到以前的状态，表明这是该平台的常规利用水平。

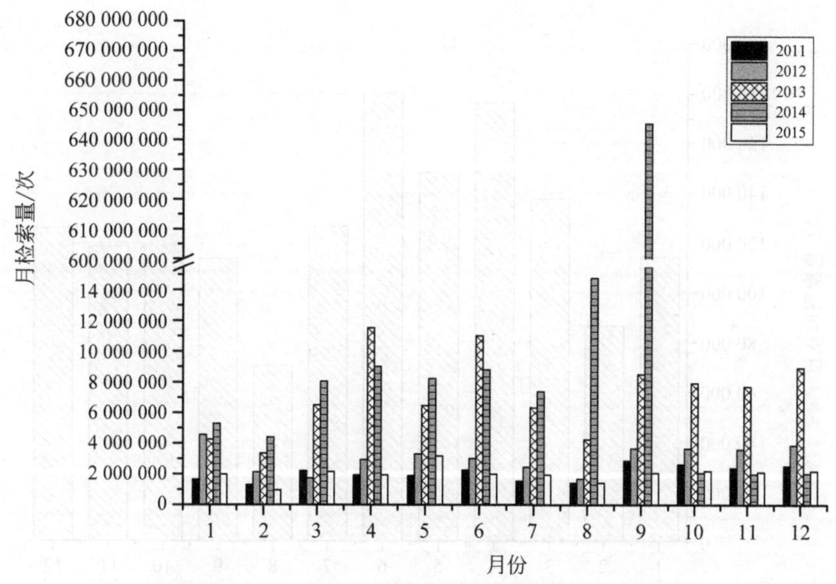

图 8-6　2011—2015 年思源探索发现系统月检索量

从图 8-8 所示的 2011—2015 年月平均检索量统计数据可以发现，在寒暑假期间(2 月、8 月)，由于学生放假，月检索量明显降低；而新学期开始时检索量显著上升，这一现象与图书馆每年针对全校开展信息素养培训有直接关系。通过用户使用数据可以推测，学生是使用思源探索发现系统的主要人群，且主要使用地点在校内。这也表明，图书馆通过深入系统地开展培训和宣传，可以较好地推广平台，有效提高师生使用思源探索发现系统的次数。

上海交通大学图书馆除了对思源探索发现系统的检索量进行统计以外，还对读者使

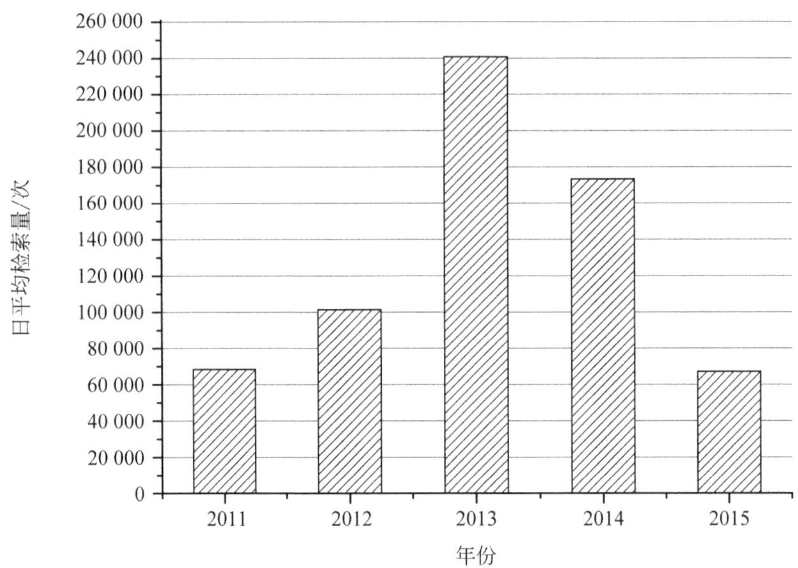

图 8-7　2011—2015 年思源探索发现系统日平均检索量

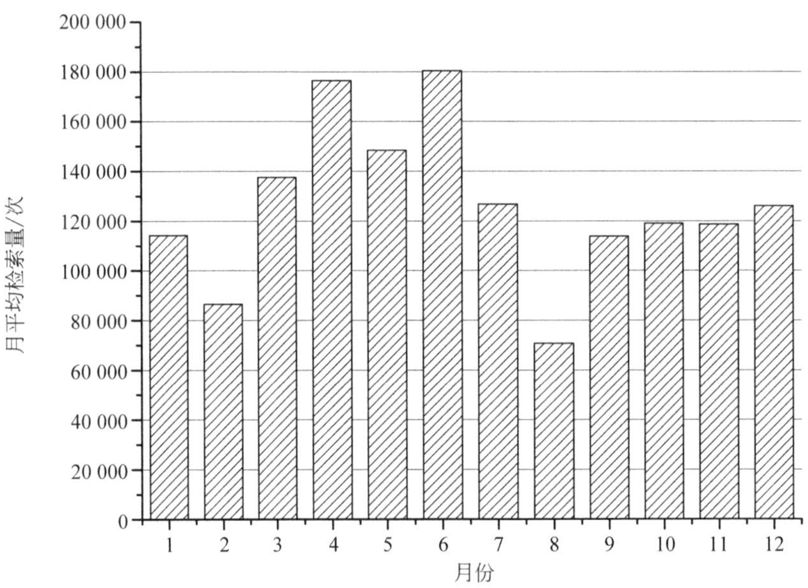

图 8-8　2011—2015 年思源探索发现系统月平均检索量统计图

用习惯进行了分析。表 8-3 中的数据显示，基本检索与高级检索的点击量的比例约为 20∶1，可见，大部分读者进行的都是较为简单的基本检索，很少使用高级检索功能；而在检索后，继续使用精炼检索功能的比例达到 43.7%，这表明，基本检索结果的查准率并不高，需要用户做进一步的限制和筛选，一次性检索效率有待提高。在精炼检索功能中，以主题及作者进行筛选的比例较大，分别占 31%和 22%(图 8-9)。目前，读者需要通过学校统一身份认证登录个人账号后，才可以使用个性化资源，例如查询个人借阅信息、预约图书、收藏图书等，与基本检索点击量相比，登录操作不到其 1/7，说明读者对于思源探索发现系统的使用主要以检索为主，个性化功能的使用并不普及。思源探索发现系统在个性化功能方面做了很多尝试，这也是今后思源探索发现系统在做推广时需要向用户重点介绍的内容。

表 8-3 2011—2015 年思源探索发现系统检索功能使用情况

编　　号	项　　目	点击量/次
1	基本检索	5 187 680
2	高级检索	265 772
3	精炼检索	2 383 990
4	登录(个性化功能)	790 856

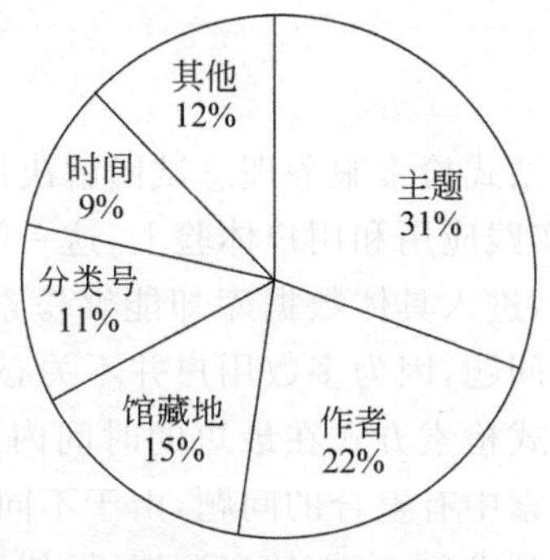

图 8-9 思源探索发现系统精炼检索功能使用情况(2010 年 9 月—2016 年 4 月)

通过对思源探索发现系统检索条目的统计(表 8-4)可以看出，排在前 10 位的检索词大多为工科词汇，其中 rfid 居第一位，也反映了上海交通大学作为工科院校的特点。

表 8-4 思源探索发现系统检索条目前 10 位(2010 年 9 月—2016 年 4 月)

编　　号	检索条目	检索次数
1	rfid	274
2	飞行器	185
3	oracle	153
4	红楼梦	147
5	人工智能	133
6	unix	126
7	矩阵理论	118
8	shakespeare	96
9	晶体管	85
10	法语	78

上海交通大学图书馆思源探索发现系统已正式运行超过5年，期间进行了多次系统升级，目前基本满足读者的一站式检索需求，总体反馈较好。同时，该平台的推广与普及程度与图书馆的各类讲座培训与嵌入式培训的力度呈正相关。

8.4.2 存在的问题

思源探索发现系统是以Primo系统为基础，架设在云端的一站式资源整合与服务平台，通过集成化检索和用户的个性化定制满足用户的多样化检索需求，界面的设置上也采用了当下符合用户检索习惯的简约风格。思源探索发现系统解决了图书馆资源一体化集成检索、用户的云端存储、定制化的资源检索等问题，而且对传统的高校图书馆的资源服务方式做出了改变，符合用户的学术检索需求及网络搜索习惯[①]。虽然系统的一站式检索与揭示方式与传统的资源揭示平台相比有着无法比拟的优势，但纵观几年来的运行情况，可以发现，该平台仍存在着一些亟待解决的问题。

1. 资源整合方面的问题

思源探索发现系统以其一站式检索服务理念试图解决用户在图书馆主页通过不同入口查找资源的难题，但具体到实践应用和用户体验上，这一问题并未完全解决。通过思源探索发现系统检索不到的资源，进入具体数据库却能够检索到的情况依然存在。这也是思源探索发现系统面临的重要问题，因为多数用户并不关心资源所在的位置(具体到某个数据库)，他们更希望通过一站式检索方式在最短的时间内查找和获取所需资源，显然思源探索发现系统在跨库资源检索中有整合的问题，由于不同数据库的检索方式不同，导致跨库检索后的整合数据未能做到准确、高效的资源揭示，使用户通过思源探索发现系统未能检索到满意的结果，这在一定程度上影响了用户使用图书馆资源的积极性，还会给用户造成图书馆没有购买相关资源的错觉。

思源探索发现系统作为统一检索平台，整合了期刊文章、报纸文章、电子图书、纸质图书、学位论文、音像资料、乐谱等类型丰富多样的资源[②]，实现了对馆内纸质资源、电子资源、多媒体资源和包括OA(Open Access，开放获取)资源在内的馆外资源的一站式揭示，资源来源非常广泛。由于思源探索发现系统整合的资源数据来自各方，本地数据由图书馆控制，元数据则是从各商业数据库分别收割而来的，导致元数据在数据的质量和标准上有差别，重复数据需要去重，但这项工作比较难以设定标准，所以会导致重复数据出现的情况，从而影响用户的体验。

2. 资源获取方面的问题

思源探索发现系统整合了馆藏目录信息，因此用户通过思源探索发现系统的“书刊”栏目可进行书目检索，图书馆的OPAC系统则是一种通过网络对馆藏纸质资源进行检索

① 孙翌，李芳. 基于Primo的一站式资源获取平台实践与思考[J]. 图书馆学研究，2012(16)：23-28.

② 孙奇，任慧玲. 图书馆资源发现系统的特点及其存在问题分析[J]. 图书馆学研究，2014(3)：51-55.

的工具，是用户能够方便、快速地查找图书馆资源的平台[①]，思源探索发现系统在资源的揭示方面比OPAC系统更为全面，在功能上整合了OPAC系统的图书预约等相关功能，但就图书的揭示而言，思源探索发现系统有时会存在图书状态更新不及时的情况。例如，一本书已被借出，在OPAC系统中一般显示的是借出状态，但在思源探索发现系统中，有时会显示图书仍然在架上的状态，这就使得很多使用思源探索发现系统检索图书的用户面临系统显示在架却找不到书的困境。基础服务中的借还书服务覆盖面较为广泛，如何及时更新图书的在架状态，让用户高效地查找到所需图书，也是图书馆提高用户满意度的重要问题。

思源探索发现系统在检索结果的处理上，不提供在结果中进行二次检索的功能，但提供了多样化的筛选条件，以帮助用户对搜索内容进行筛选，在保证查全率的基础上提高查准率。筛选条件包括作者、主题、分类、语言、时间等多种分类标准。

另外，思源探索发现系统在检索到资源的全文显示部分时，文章后面并没有直接出现全文的链接，而是将链接放在查看全文的选项中，虽然提供了很多种不同的全文查看途径，但是用户往往并不知道哪种途径是有效的，需要他们花费很多时间去一一试探。给出的全文链接也并非都是有效链接，有时候会存在链接失效的情况，导致无法下载。

3. 其他问题

读者在思源探索发现系统的使用过程中发现，部分浏览器在使用图书馆主页上的思源探索发现系统时会出现输入无法显示或者页面显示不全的问题，只有使用Chrome、搜狗等浏览器，显示才会更完整。这表明，思源探索发现系统对浏览器有一定的要求，实际上，用户一般都有自身的使用习惯，思源探索发现系统对浏览器的特殊要求会带来用户放弃使用并且对图书馆印象大打折扣的风险。

响应速度也是思源探索发现系统面临的一大挑战。2013年，上海交通大学图书馆针对思源探索发现系统进行了用户调研，其中有87%的用户对系统的检索功能表示满意。这当中有68%的用户觉得分页面整合检索功能比较实用，汇聚了检索范围而且容易找到资源；但也有13%的用户对检索范围、整合检索、检索等待时间等不满意，原因在于定制检索是实时从云端数据库获取数据，这会受数据库平台的响应时间和网络传输速度的影响，用户往往需要等一段时间才能获取检索结果，而用户往往是没有耐心等待的。用户流失数与响应时间有直接相关关系，甚至呈指数方式增长。许多用户习惯使用Google Scholar等网络学术资源平台，搜索等待时间较短，而在使用图书馆的学术资源系统时，如果搜索等待超过5s而没有得到检索结果，就会认为系统出现故障，而弃用图书馆搜索平台。基于资源整合架构，思源探索发现系统完成了对各数据的元数据的收割、标准化、整合、排序等操作后，再将结果即时地呈现给用户，而元数据的收割时间由当前网络传输速度和数据库供应商的接口响应时间所决定，目前很难达到网络学术资源平台（如Google

---

① 张怡华，王兵. 基于联机公共检索目录纵向资源整合方式对比研究[J]. 成都信息工程学院学报，2010，25(1)：118-122.

Scholar)的检索响应速度[1]。

该系统在管理平台数据统计方面也存在一些问题。现在的后台数据只能反映各时间段的检索次数及各功能的点击次数,无法统计用户检索后关注的资源类型,特别是用户登录系统后关注及收藏的资源类型。

上海交通大学图书馆的思源探索发现系统为用户提供了统一的检索入口,屏蔽了不同数据库检索方式的差异,方便了用户对异构资源的发现和获取;庞大的数据量在后台作支撑,界面清晰,操作简单;个性化定制服务、互动交流可以满足用户的多样化体验。目前,针对思源探索发现系统存在的对印刷型馆藏信息揭示不完全、标示不清等问题,上海交通大学图书馆正在进行系统完善和升级。总体而言,基于 Primo 的思源探索发现系统提升了图书馆的服务能力,扩展了服务范围,提供给用户一个检索数字化和纸质资源的一站式平台解决方案。虽然目前思源探索发现系统还存在诸多问题,但是随着系统的进一步改造升级,系统功能和用户体验能够得到逐步改善,这样系统中所有资源都成为云资源,登录系统的用户即可被众多云资源包围,可随手获得其所需的资源和服务。

8.5 应用评价

OURExplore 是 Online Universal Resources Explore 的缩写,中文表述是"思源探索",来源于上海交通大学校训"饮水思源,爱国荣校"和对知识的探索精神。为了提升读者的使用体验,资源获取简单、便捷、高效,图书馆馆藏的各种资源(如期刊、图书、电子资源等)能够被一站式检索和获取。思源探索发现系统的界面简洁、友好,一切以用户为中心[2]。

读者可以随意实现互动,例如为资源添加标签、定制所需的内容、跨社区分享自己的感受、发表个性化的评论等。思源探索发现系统改变了资源发现和获取的传统模式。

本节从该系统现有功能的使用情况和资源的应用出发,对高校图书馆平台的建设应用客观情况进行评价;同时,从图书馆用户的角度出发,根据该系统给用户带来的客观感受,评估该系统的应用效果。思源探索发现系统应用的评价是指其在上海交通大学的应用情况和效果的评价。

8.5.1 评价指标

平台功能使用和资源应用评价涉及资源整合功能、资源揭示功能、系统检索功能、系统运行机制及系统友好性 5 个指标,用户的角度涉及用户的使用倾向性和系统满意度两个指标。

---

① 孙翌,郭晶. 上海交大图书馆资源发现与获取平台建设[J]. 图书馆杂志,2013,32(6):70-75.

② 彭佳,郑巧英. 信息资源聚合与组织研究——以发现系统为例[J]. 图书馆杂志,2016(3):80-85.

1. 评价指标建立原则

通过抽样调查的方法对上海交通大学在校师生进行问卷调查。一共进行了3次调查,涉及3套问卷。第一次调查针对全体在校师生进行了简单随机抽样,以纸质的形式发放问卷;第二次调查设置工科研究生和本科生对照组,工科研究生组由上海交通大学图书馆信息专员构成,本科生组由上海交通大学2016年"揽阅之星"(电子信息与电气工程学院2016届本科毕业生4年间图书借阅量前10名的学生)和高年级IEEE试点班学生构成;第三次调查针对的是上海交通大学图书馆面向读者服务的一线馆员。在3次调查中,思源探索发现系统的应用评价遵循以下原则:

- 科学性原则。指标层次尽量少,尽量完整地反映云服务平台应用的评价内容。指标符合云服务平台发展的趋势和潮流,能科学、合理、客观地反映当今国内高校云服务平台的功能使用、资源应用和用户的感受。
- 适用性原则。选取的评价指标可以全面、科学地体现云服务平台应用的特点,能够较好地适用于评价主体。根据评价主体的特点,可继续就部分总结性、概括性的评价指标展开细分。
- 实用性原则。为了实用、可行以及可操作,各项评价指标应含义明确、数据准确。
- 可比性原则。对照在条件相对平等、可比的价值体系下进行,以便判断和分析对照组双方的评价。
- 预测性原则。以用户需求为导向,预测未来平台可以具备的部分或全部功能。

2. 建立评价指标分析

基于对图书馆云服务系统的评价指标的分析研究,王斯宇针对国内用于学科化服务的Libguides平台提出了一套应用评价指标体系,适合图书馆的学科服务平台使用。该应用评价指标体系包括平台相关建设、信息资源、学科馆员、服务效果、交互性5类二级指标,细分这些指标后,又得到动态消息发布、学科馆员质量、学科馆员数量、信息素养模块建设、导引建设、个性化服务应用、电子数据库资源应用、检索平台设置、界面友好美观性、学科馆员反馈效率、资源多元化、平台开放性、学科馆员信息、访问终端多样性、界面友好美观性、教学资源模块设置16个三级指标[①]。

为了提高内容的利用率,改善云服务平台的架构,设计与搭建科学、合理、有效、规范的云服务平台应用评价指标,需结合上海交通大学图书馆思源探索发现系统的建设和应用的特点,对其应用评价指标进行整理和分析,如表8-5所示。

① 王斯宇. 国内高校云服务平台应用评价指标研究[D]. 南京:南京大学,2015.

表 8-5 思源探索发现系统应用评价指标

指标名称	一级指标	二级指标
思源探索发现系统应用评价指标(A)	系统资源整合(B1)	中文资源整合(C1)
		馆藏资源整合(C2)
		检索资源时效性(C3)
		外文资源整合(C4)
		多媒体资源整合(C5)
	系统资源揭示(B2)	图书揭示信息全面性(C6)
		电子资源揭示信息全面性(C7)
		图书揭示信息准确度(C8)
		电子资源揭示信息准确度(C9)
	系统检索功能(B3)	检索数量(C10)
		相关性(C11)
		重复率(C12)
		查准率(C13)
		响应速度(C14)
		移动终端访问(C15)
		校外访问(C16)
		全文下载(C17)
	系统运行机制(B4)	培训机制(C18)
		完善机制(C19)
	系统友好性(B5)	页面美观(C20)
		互动功能(C21)
		个性化服务(C22)
		系统便捷性(C23)
		访问入口醒目(C24)
	使用倾向性(B6)	个人使用检索平台(C25)
		读者服务检索平台(C26)
		深层次服务检索习惯(C27)
		读者咨询问题(C28)
	系统满意度(B7)	对系统的满意程度(C29)
		对系统的需求(C30)
		对系统的期望(C31)
		对未来文献检索系统的预测(C32)

1）系统资源整合评价指标

该一级指标包含以下二级指标：

- 中文资源整合。图书馆订购了大量中文资源，如中国期刊全文数据库（中国知网）、中国社会科学引文索引（CSSCI）、万方学术期刊、中国维普数据库、超星数字图书馆、北大法律信息网（北大法宝）等中文数据库，以及大量纸质中文文献等，这些中文资源都应该被收录在思源探索发现系统里。
- 馆藏资源整合。通过思源探索发现系统，用户能够查询到需要的图书、报纸等图书馆馆藏资源。
- 检索资源时效性。通过思源探索发现系统检索到的资源，时效性较强（即检索到的资料比较新）。
- 外文资源整合。图书馆订购了大量外文资源，如 ACM Digital Library、Web of Science、EI Village 2、Elsevier ScienceDirect 等外文数据库，以及大量纸质外文文献等，这些外文资源都应该被收录在思源探索发现系统里。
- 多媒体资源整合。通过思源探索发现系统，用户能查询到需要的视频、音乐等多媒体资源。

2）系统资源揭示评价指标

该一级指标包含以下二级指标：

- 图书揭示信息全面性。通过使用思源探索发现系统检索图书时，能够获得较全面的描述信息（如检索一本书时，提供了图书的封面、作者、出版时间、出版社、索书号等信息）。
- 电子资源揭示信息全面性。通过使用思源探索发现系统检索电子资源时，能够获得关于该资源较全面的描述信息（如检索某一篇文献时，提供了文献的作者、发表时间、相关期刊信息等）。
- 图书揭示信息准确度。通过思源探索发现系统查询图书时，提供的相关信息非常准确（如馆藏位置、可借数量等符合实际情况）。
- 电子资源揭示信息准确度。思源探索发现系统提供的资源检索功能类别清晰，检索结果有条理（如思源探索发现系统将图书、文章、学位论文等多种资料分开建设）。

3）系统检索功能评价指标

该一级指标包含以下二级指标：

- 检索数量。在思源探索发现系统中输入查询的关键词后，能够查到大量相关资料。
- 相关性。使用思源探索发现系统查询资料时，与输入关键词相关性较强的资源一般都排在靠前位置。
- 重复率。使用思源探索发现系统查询资料时，极少有同一资源重复出现的现象。
- 查准率。思源探索发现系统能够使用检索语句（如“信息＋管理”）进行检索，并且检索效果非常理想。
- 响应速度。使用思源探索发现系统查询资料时，系统响应非常迅速，能在较短时间内提供检索结果，而且基本不会出现网页崩溃等现象。

- 移动终端访问。在平板电脑、手机等移动设备上也可以便捷地访问思源探索发现系统，并使用检索功能。
- 校外访问。当使用校园网以外的网络时，能够通过登录校园网 VPN 等方式使用思源探索发现系统进行资料的查询。
- 全文下载。通过思源探索发现系统检索到的资源，都能够找到原文并进行全文下载。

4）系统运行机制评价指标

该一级指标包含以下二级指标：

- 培训机制。图书馆开展的关于思源探索发现系统的培训活动能够帮助读者了解思源探索发现系统收录的各类馆藏资源（包括图书馆本地的图书、自有数据库和图书馆购买的数据库、各类网上资源等）。图书馆开展的关于思源探索发现系统使用的培训活动能够帮助读者掌握思源探索发现系统的使用方法。
- 完善机制。当读者发现思源探索发现系统不能满足需求时，能够很方便地向图书馆提出意见和建议。图书馆对于读者反馈的关于思源探索发现系统的问题能够及时作出反应。

5）系统友好性评价指标

该一级指标包含以下二级指标：

- 页面美观。思源探索发现系统页面设计美观，让读者使用时产生愉悦感。
- 互动功能。思源探索发现系统能够满足读者对资源给予评价、赋予标签等需求。
- 个性化服务。思源探索发现系统能够满足读者根据自己的检索习惯、学科背景等进行检索偏好设置的需求（如选择常用的数据库等）。
- 系统便捷性。使用思源探索发现系统时，能比较方便地登录个人账号。查询资料时，能够很轻松地进行资源的筛选（例如限定文献的发表时间、主题等），检索历史能够比较容易地在个人账户的页面中找到。
- 访问入口醒目。思源探索发现系统提供的服务（如图书检索、文献检索等）能够比较容易在主页找到。

6）使用倾向性评价指标

该一级指标包含以下二级指标：

- 个人使用检索平台。当图书馆员个人需要使用馆藏资源时，更倾向于使用思源探索发现系统检索、OPAC 检索或其他检索方式。
- 读者服务检索平台。当图书馆员帮助读者检索资源时，最常用的检索工具是一般搜索引擎[如谷歌（包括谷歌学术）、百度等]、学术资源数据库、思源探索或其他单个数据库。
- 深层次服务检索习惯。图书馆员在工作中（例如查新、查证查引、人才评估时）的常规检索习惯及其与思源探索发现系统的关系。
- 读者咨询问题。图书馆员在实际工作中处理过的与思源探索发现系统有关的问题。

7）系统满意度评价指标

该一级指标包含以下二级指标：

• 对系统的满意程度。读者对思源探索发现系统的满意程度。
• 对系统的需求。思源探索发现系统没有实现的读者需求。
• 对系统的期望。读者对思源探索发现系统的改进期望。
• 对未来文献检索系统的预测。读者对未来的检索系统的大胆想象和预测。

8.5.2　读者评价

1. 用户体验定义

上海交通大学 2014 年在校师生超过 4.5 万人，思源探索发现系统作为上海交通大学图书馆一站式资源检索平台，用户量很大，平台上线投入使用至今，为提升用户体验，系统不断升级完善。为获取用户对思源探索发现系统的评价信息，图书馆面向全校师生开展了思源探索发现系统用户体验测量调研。根据国际标准化组织 ISO 9241-210，用户体验被定义为“用户在期望使用或使用某个系统、产品或服务的回应和感知”。一般来说，用户体验的评价方式有问卷调查表、焦点小组、情景调查、日志文件分析、可用性度量以及根据用户行为与生理进行度量等①。

2. 明确需求

本调研中采用问卷调查法获取用户对思源探索发现系统的功能满意度评价和需求，分为以下 3 个方面：

• 了解用户对思源探索发现系统功能的评价。
• 了解用户对思源探索发现系统的满意度。
• 搜集用户对思源探索发现系统的需求及对未来的资源检索系统的期望。

3. 设计问卷

根据调研目的，设计两套调查问卷。第一套调查问卷从思源探索发现系统的资源整合、资源揭示、资源检索、系统友好性、系统运行机制 5 个维度出发，围绕每个系统功能设计了 4～8 个数量不等的测量项目，采用五分李克特量表，对非常不满意、不满意、一般、满意、非常满意分别用 1～5 来表示，以此来了解和掌握用户对思源探索发现系统的功能评价；此外，该问卷还通过 10 个与用户使用思源探索发现系统时的感受相关的问题来考量用户的整体满意度。第二套调查问卷通过 3 个开放式问题来收集和了解用户对思源探索资源发现系统的需求及对未来的资源检索系统的设想。

4. 采集样本，实施调查

两次调研对象均为上海交通大学图书馆的读者。采用简单随机抽样的方法，以纸质

① 王海花，陆为国. 学术资源发现系统的用户体验测试研究[J]. 新世纪图书馆，2015(11)：48-51.

问卷的形式向图书馆当前读者发放第一套调查问卷；在调研中共发放150份调查问卷，其中有效回收147份，回收率为98%；受访人员专业涵盖经济学、法学、教育学、文学、历史学、理学、工学、农学、医学、管理学10个学科门类，其中本科生53人(36.1%)，硕士研究生70人(47.6%)，博士研究生及以上24人(16.3%)。第二套调查问卷受访对象设置硕博士研究生与本科生对照组，通过发放电子版调查问卷进行；在调研中共发放54份调查问卷，其中有效回收49份，回收率为91%；受访人员中本科生20人(40.8%)，硕博士研究生29人(59.2%)。对比两次受访人员与上海交通大学2014年在校人员的分布情况(图8-10)，可以观察出两次调研的受访人员与上海交通大学在校人员分布[①]情况基本一致，故调研具有一定代表性。

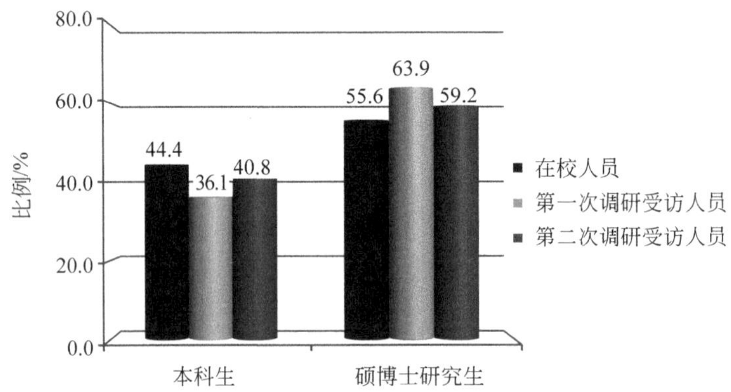

图8-10 受访人员与上海交通大学在校人员对比

5. 调查结果汇总分析

1) 用户对思源探索发现系统功能的评价

通过调研发现，在本次调研所涉及的5个系统功能中，受访者对思源探索发现系统的资源揭示评价最高，但尚未达到满意的程度，对资源整合及系统友好性满意度较为接近，用户体验最差的是资源检索和系统运行机制，如图8-11所示。

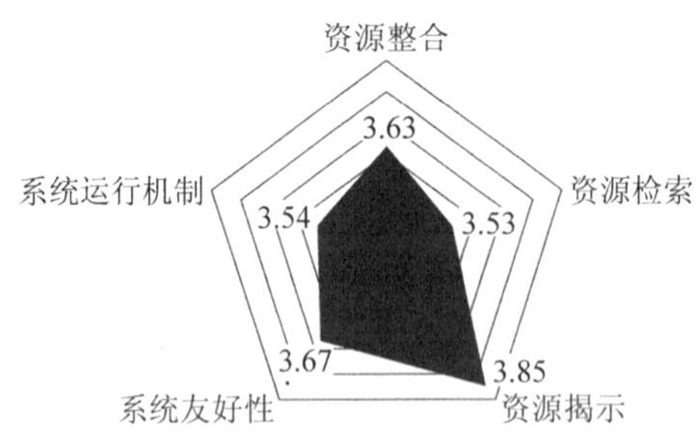

图8-11 思源探索发现系统功能总体评价

① 上海交通大学．2014年基本统计数据[EB/OL]．(2016-5-2)[2015-6-24]．http://www.sjtu.edu.cn/images/tjzl/2014.pdf.

对于资源整合功能，调查问卷设计了 5 个问题分别用于评价思源探索发现系统的馆藏资源整合情况、多媒体资源整合情况、中文资源整合情况、外文资源整合情况以及检索资源实效性，结果如图 8-12 所示。受访人员对思源探索发现系统的中文资源收录情况最为满意。受访人员认为多媒体资源相对匮乏，思源探索作为学术资源检索平台，以学术多媒体资源为主要收录对象，丰富程度确实不能与一般的搜索引擎相比。此外，受访人员对外文资源整合情况评价也较低，分析原因，可能是由于读者对外文资源需求日益增大，图书馆购买的外文数据库尚未能完全满足要求；另外，也不排除部分外文数据库未能整合进思源探索发现系统的可能性。

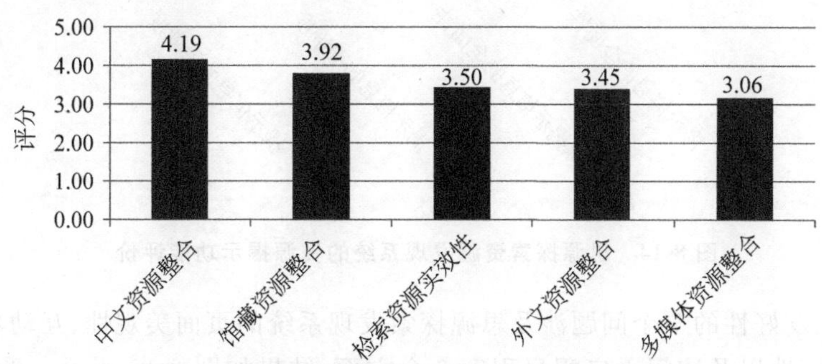

图 8-12　思源探索发现系统的资源整合功能评价

调查问卷设计了 8 个问题来考量用户对思源探索发现系统检索功能的评价，结果如图 8-13 所示。受访人员对学术资源的全文下载功能满意度最低，实际上是否支持全文下载与图书馆所购买的数据库收录范围及权限相关，直接访问数据库部分电子资源全文下载也是受限的。此外，在资源检索的其他各项功能中，受访人员对校外访问、移动终端访问以及检索结果相关性评价均不高。受访人员对检索数量、重复率和查准率的满意程度略好。

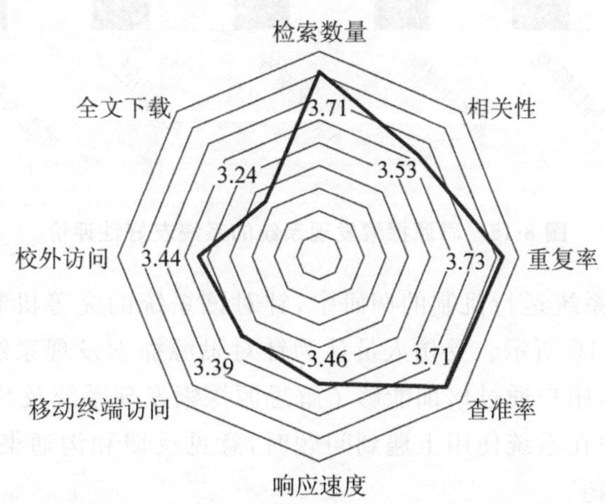

图 8-13　思源探索发现系统的检索功能评价

对于资源揭示功能，调查问卷共设置了 4 个问题，分别与用户对该系统揭示信息的全面性、准确度、清晰度以及电子资源揭示信息的全面性的评价相关，结果如图 8-14 所示。用户对思源探索发现系统的资源揭示功能总体满意度较高，认为资源揭示字段较为全面，信息准确，但存在检索结果信息标识不醒目、不清晰的问题，用户很难便捷有效地获取相应资源。

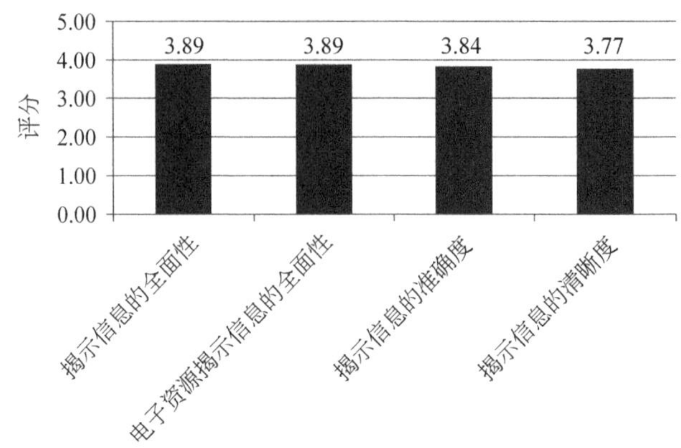

图 8-14　思源探索资源发现系统的资源揭示功能评价

关于系统友好性的 7 个问题涉及思源探索发现系统的页面美观性、互动功能、个性化服务、系统便捷性以及访问入口醒目程度 6 个方面，结果如图 8-15 所示。受访人员对访问入口醒目程度最为满意；对诸如检索历史查询、精炼功能等系统便捷性的评价稍逊一筹；对个性化的检索设置及互动功能满意度不高，然而思源探索发现系统中评论/标签功能鲜有读者使用；此外很大一部分受访人员认为该系统页面美观性有待提高。

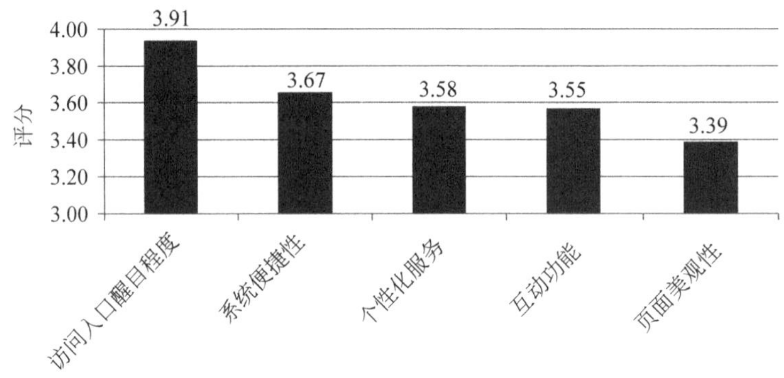

图 8-15　思源探索发现系统的系统友好性评价

在思源探索发现系统运行机制的调研中，针对该系统的完善机制及培训机制设计了 4 个问题，结果如图 8-16 所示。受访人员认为针对思源探索发现系统的相关培训及宣传工作实施的比较充分，用户通过培训能够了解思源探索发现系统及其使用方法；而系统完善机制有所欠缺，用户在系统使用上遇到问题时，意见反馈和沟通渠道并不畅通，不能在短时间内有效解决问题。

2）用户对思源探索发现系统的满意度

第一套调查问卷最后一部分内容围绕用户对思源探索发现系统的满意度展开，结果如图 8-17 所示。整体而言，受访人员对思源探索发现系统是持肯定态度的，继续使用此

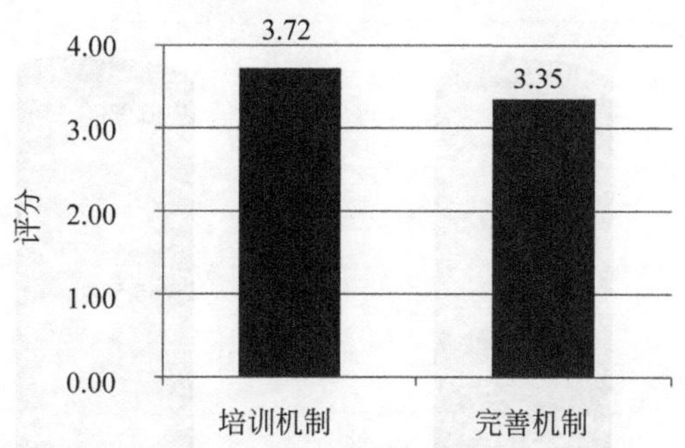

图 8-16　思源探索发现系统的运行机制评价

系统的意愿较强。但也有很大比例的受访人员认为，相较其他搜索引擎或数据库，思源探索发现系统并不具有特别的优势；有 39.0%的受访人员认为思源探索发现系统仍有许多功能尚不能令人满意，持明确满意态度的仅为 22.0%。这说明思源探索发现系统需要进一步完善，以满足用户需求。

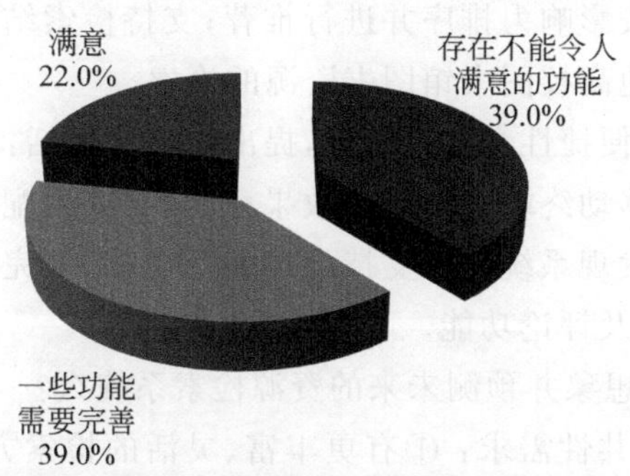

图 8-17　思源探索资源发现系统满意度评价

3）用户对思源探索发现系统的需求及对未来资源检索系统的期望

第二套调查问卷设计了以下 3 个开放式问题。

问题一：您认为思源探索发现系统能够满足您的需求么？

本问题要求受访者选择并加以说明。

图 8-18 显示，硕博士研究生对思源探索发现系统的满意度比本科生高，有 19 人（占 65.5%）认为该系统能够完全满足其需求；有 6 人（占 20.7%）认为该系统能满足其一般的需求，但是检索专利/标准不方便，检索速度略慢；有 2 人（占 6.9%）认为该系统不能满足其需求，这部分受访者表示经常需要到数据库中检索文献；有 2 人（占 6.9%）的问卷无效。认为能够完全满足需求的本科生有 10 人，仅占受访者的 50.0%；有 9 人（占 45.0%）认为该系统能满足其一般的需求，但是存在诸如按相关度排序的结果不准确、不支持组配检索、期刊文献检索方法复杂以及系统界面不够简洁等问题；有 1 人（占 5.0%）认为该系统不能满足其需求，需要在亚马逊、豆瓣等书评网站检索图书信息。

问题二：您对思源探索发现系统有何期望？

整体而言，硕博士研究生更注重学术资源及信息揭示的丰富性，提出的期望包括：丰富电子图书及国外经典著作馆藏；整合检索以兼容更多数据库，尤其是专利和标准数据

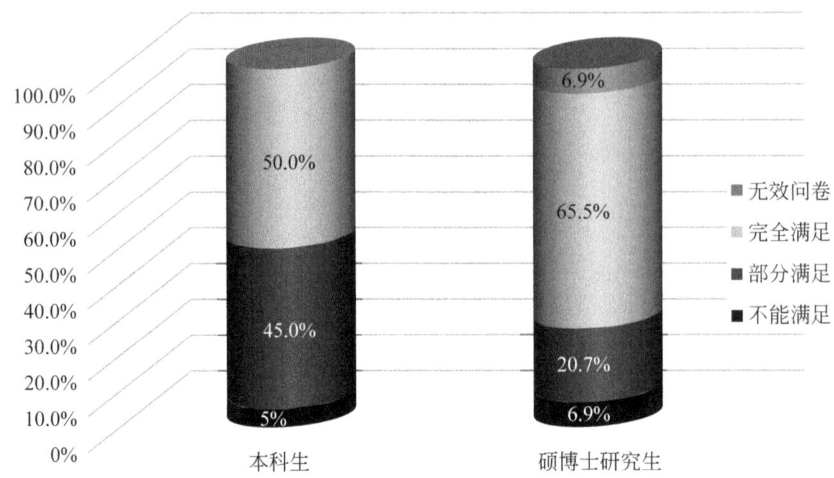

图 8-18 思源探索发现系统满足用户需求情况评价

库;对各领域的学术期刊按影响力排序并进行推荐;支持检索结果按查阅次数排序,优先推荐经典图书;支持对其他高校图书馆图书资源的检索。

本科生更注重系统的便捷性和互动功能,提出的期望包括:兼容 Kindle 并改善检索系统在手机、平板电脑等移动终端上的显示效果;增加支持组配检索的字段。此外,也有用户提出,目前思源探索发现系统已经支持的功能不便捷、不完善,例如可通过二维码实现的馆藏信息传递功能以及评论功能。

问题三:您可以大胆想象并预测未来的资源检索系统么?

两个对照组存在一些共性需求:①有更丰富、灵活的检索方法,支持封面检索、内容检索及语音检索;②检索高效、准确;③有强大的推荐功能,系统可根据用户课程信息或输入内容判断用户研究方向、知识水平,并做出合理的推荐。

硕博士研究生受访人员希望未来资源检索系统可以从情报分析角度支持其科学研究,具体如下:①可以根据用户输入的文献资源输出该领域主流研究人员和研究机构及成果,实现有效追踪;②能够针对用户的研究方向提供较为新颖的研究进展综述;③支持生成学者研究履历功能,形成可视化的评估报表。

本科生对未来检索系统人工智能方面提出了更高期许,具体如下:①具有自主检索和寻找功能;②为用户设定学习计划;③以案例形式简要说明图书知识点,提高阅读效率。

6. 调查小结及思考

思源探索发现系统作为上海交通大学图书馆一站式资源检索平台拥有大量服务对象。经过两次调研发现,思源探索发现系统被用户普遍接受,但尚未到令达用户满意的程度。根据用户反映比较突出的问题,提出以下建议:进一步加强外文数据库的整合;提高检索结果相关性和系统响应速度;改善页面的美观性及清晰度;继续加强思源探索系统使用方法的培训和宣传,使其个性化的定制服务被更多读者熟知并充分发挥作用;打通系统维护人员与用户的沟通渠道,建立用户意见收集及处理机制。

8.5.3　馆员评价

1. 背景

上海交通大学图书馆思源探索发现系统整合了期刊、学位论文、学术视频、图片和图书等各种媒体类型，有各种形式的信息资源，是基于用户的需求调研结果，对 Primo 系统进行二次开发的图书馆各类信息资源的一站式检索和获取平台①。这种系统属于云服务模式，采用云端＋本地的存储方式，有一部分数据存放在图书馆的本地服务器上，由图书馆进行管理与维护。这种分层实现碎片化管理的数据流集成信息服务的优势在于图书馆可以对系统进行二次开发和配置，适应读者的个性化需求，从而使得本馆读者的需求和信息行为特点能够被系统的聚合功能与资源组织所契合②。2013 年 12 月 20 日，上海交通大学图书馆新版主页正式投入运行。开始将海量、碎片化的异构信息进行虚拟化和弹性计算，从而实现按需服务、个性化、可定制、主动、流式数据访问的高可靠性和高扩展性的数据驱动型服务。思源探索发现系统的搜索引擎也同步发挥其个性检索与一站式获取功能。经过 3 年的运行，对上海交通大学图书馆馆员应用搜索引擎的使用习惯和满意度进行了调研、分析与总结。

2. 馆员评价指标

本次调研设计的调查问卷分为基本信息、使用倾向(20 个指标)、满意度(10 个指标)3 部分，采用匿名形式进行调研，旨在了解馆员对基于云计算技术的检索系统的使用倾向和满意度。年龄、经历、学科不同的馆员在使用行为上存在确定的差异性。不同部门和团队的馆员所面向的用户群的差异性也导致了馆员使用搜索引擎行为的个性化。受访人员的情况如下：24 名女员工，11 名男员工，年龄跨度为 26～60 岁，分别来自系统发展部、总务办公室、综合流通部、理学部、工学部。参与调查的馆员学科分布情况如表 8-6 所示，性别和学历情况如图 8-19 所示。

表 8-6　馆员学科情况

学　　科	人数	百分比/%	学　　科	人数	百分比/%
经济学	2	5.7	理学	1	2.9
农学	1	2.9	工学	10	28.6
教育学	2	5.7	艺术	2	5.7
文学	4	11.4	哲学	1	2.9
历史学	1	2.9	管理学	10	28.6
其他	1	2.9			

① 孙翌，李芳. 基于 Primo 的一站式资源获取平台实践与思考[J]. 图书馆学研究，2012(16)：23-28.

② 彭佳，郑巧英. 信息资源聚合与组织研究——以发现系统为例[J]. 图书馆杂志，2016(3)：80-85.

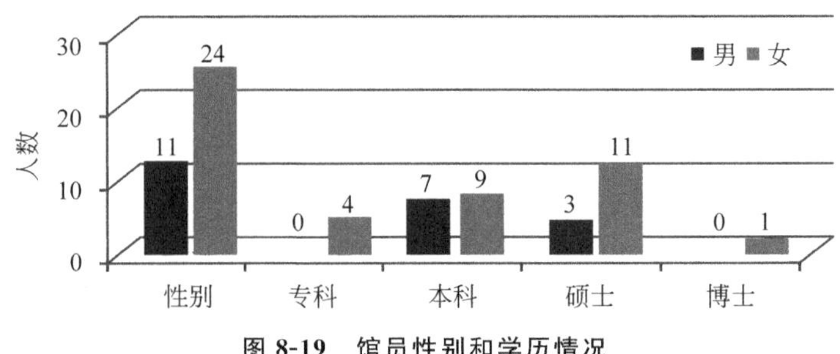

图 8-19　馆员性别和学历情况

图书馆员的学科背景、面向的服务对象以及个性差别会影响其使用思源探索发现系统以及其他检索平台时表现出不同的倾向性。本次调查问卷关于使用倾向性的指标如表 8-7 所示。

表 8-7　馆员使用倾向性指标

问　　题	选　　项	勾选频次
B1. 当您需要使用馆藏资源时，您更倾向于使用	1. 思源探索发现系统	10
	2. OPAC	19
	3. 其他	6
B2. 您帮助读者检索资源时，最常用的检索工具是	4. 一般搜索引擎（百度、Google……）	9
	5. 学术资源数据库	8
	6. 思源探索发现系统	12
	7. 其他	6
B3. 您在工作中（例如查新、查证查引、人才评估时），通常的检索习惯是	8. 直接输入关键词检索	15
	9. 限制检索范围，然后输入关键词检索	13
	10. 输入准确的检索式检索	7
	11. 其他	0
B4. 您认为思源探索发现系统存在问题较多的环节在于	12. 搜集信息	8
	13. 处理信息	5
	14. 呈现信息	14
	15. 其他	8
B5. 关于思源探索发现系统的检索问题，您回答较多的有（可多选）	16. 检索的准确性	17
	17. 链接失效	4
	18. 无法显示输入内容	4
	19. 中英文切换	2
	20. 其他	8

由表 8-7 的数据可知，当馆员自己需要使用馆藏资源时（问题 B1），更倾向于使用 OPAC 进行检索（19 次，54.3%），几乎是使用思源探索发现系统（10 次，28.6%）的 2 倍；当馆员帮助读者检索资源时（问题 B2），最常用的检索工具是思源探索发现系统（12 次，34.3%）。以上指标说明思源探索发现系统占有一定优势。

馆员在工作中的检索习惯（问题 B3）以直接输入关键词检索（15 次）为最多。其原因之一当然是这种检索方式简单、快捷；另一原因应该是本调查问卷的受访人员有各个部门的馆员，有些馆员并不直接面向读者提供咨询服务，而是做技术与总务事务，在工作中只求以便捷途径迅速达到目的。实际上,输入准确的检索式检索更准确,但由于这种检索方式需要建立检索式,设计检索策略,比较浪费时间,时间成本可能是大多数馆员选择直接输入关键词检索的主因。

馆员认为思源探索发现系统存在问题最多的环节(问题 B4)是呈现信息(14 次)。思源探索发现系统在不同浏览器上的显示是有差异的,在有的浏览器上存在无法显示输入信息的情况。

馆员回答得较多的关于思源探索发现系统的检索问题(问题 B5)是关于检索准确性的问题(17 次),由此可见,思源探索发现系统的查准率是最大的问题。

思源探索发现系统自上线以来,由于不支持 *、# 等特殊符号的检索,在检索某些特殊的索书号时有困难;另外,系统在收割元数据方面存在问题,导致少数纸质资源揭示不全,为读者和馆员带来不便,同时也产生了负面影响。上述原因使馆员更倾向于选择 OPAC 或者 OPAC+思源探索发现系统组合的方式进行检索,从而使馆员对思源探索发现系统的满意度不高。

下面对馆员关于思源探索搜索引擎的满意度进行展开分析。

本次调研从思源探索发现系统的查全率、查准率、方便快捷程度、好评度、使用习惯、交大特色、个性推送、资料来源、资料更新、主观感受 10 个方面对馆员的实际感受进行调查,采用五分李克特量表,将非常不满意、不满意、一般、满意、非常满意分别用 1～5 表示。在回收的 35 份有效问卷中,"个性推送"是馆员最为满意(57.1%)的一项指标,而查准率则是最不满意(3.1%)的指标,好评度(22.9%)、主观感受(37.1%)和使用习惯(40.0%)等指标均为中等偏下。馆员使用思源探索发现系统的满意度评价如图 8-20 所示。

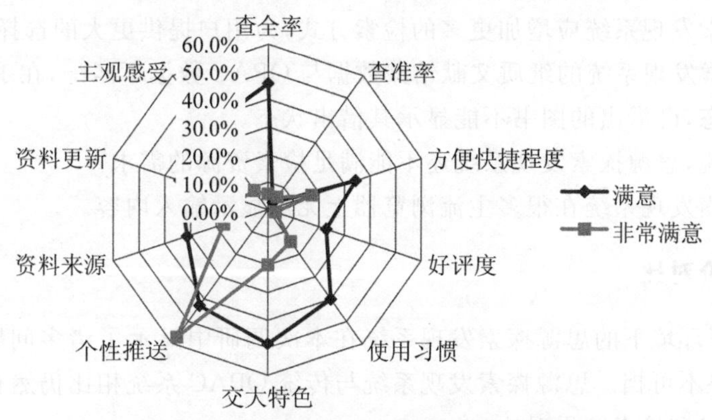

图 8-20 馆员使用思源探索发现系统的满意度评价

对于以上 10 个方面的不满意情况的统计结果如图 8-21 所示。通过分析发现,问题的关键在于海量的未网页化的数据增加了数据搜索的难度,这些数据一般存储在共享服务提供商或者图书馆的计算机中,但是没有进行有效的类别划分、网页化、检索维护、编目、元数据提取等工作,数据检索的成本较高,准确性较低,检索时间较长,检索复杂度较高①。

① 陈臣. 大数据时代基于个性化服务的数字图书馆数据搜索引擎设计[J]. 图书馆理论与实践, 2015(4): 91-94.

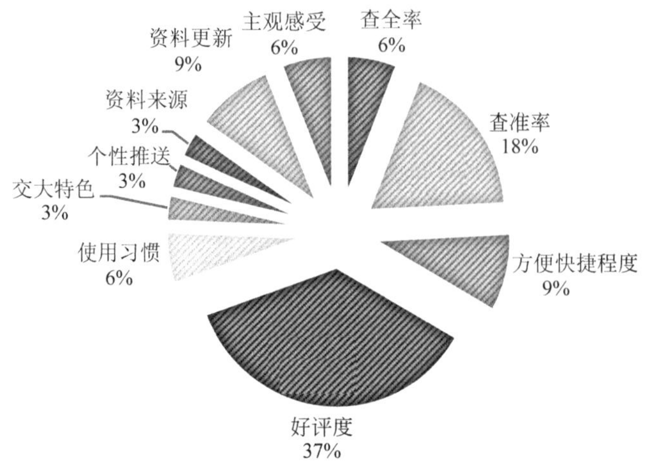

图 8-21　馆员使用思源探索发现系统的不满意情况评价

综上所述，资源检索系统的使用习惯在用户持续使用行为中起着极其重要的作用①。本次调研的使用倾向性指标中，馆员选择 OPAC 检索或 OPAC＋思源探索发现系统组合检索的倾向性较强。正反两个评价(满意和不满意)均指向思源探索发现系统的查准率。馆员集中反映的意见如下：

- 思源探索发现系统定位为一站式检索，源数据应更为齐全。
- 在馆藏揭示方面，思源探索发现系统不如 OPAC 清晰、准确。
- 思源探索发现系统应增强与各数据库的无缝连接，信息要及时更新。
- 思源探索发现系统应增加更多的检索方式，为用户提供更大的选择空间。
- 思源探索发现系统的纸质文献馆藏数据与 OPAC 数据不匹配，在手机版中仅显示在架状态，已借出的图书不能显示其借出状态。
- 总体来说，思源探索发现系统还不能满足检索资源的需求。
- 思源探索发现系统在很多主流浏览器上无法显示输入内容。

3. 应用评价对比

尽管云计算环境下的思源探索发现系统在本次调研中显示了诸多问题，但云计算的智能化趋势已势不可挡。思源探索发现系统与传统 OPAC 系统相比仍然有很大优势。

1) 检索入口和检索结果对比

与传统 OPAC 相比，资源发现系统不局限于传统目录检索功能，还能实现真正的一站式检索功能，实现从资源发现到获取的全过程，提供用户图书的封面和目录浏览，并且可进行自定义排序、类似结果推荐、分面精炼查询、拓展查询、按照作品聚类不同载体与不同版本的同一著作等能有效提升检索效率的功能②。由上述关于学生用户群的系统友好

① 陈渝，路洋. 习惯下的信息系统持续使用研究述评[J]. 图书馆论坛，2016，36(3)：34-41.

② 苏建华. 图书馆选择资源发现系统的策略分析——以资源发现系统与学术搜索引擎的比较为视角[J]. 情报科学，2015(6)：91-105.

性评价的调研结果可知，受访人员对思源探索发现系统的访问入口醒目程度最为满意。

在传统的计算机环境下，OPAC 查询结果排序模式大致分为 3 种：按时间排序，按字顺排序，以及按相关度排序。传统图书馆 OPAC 大都是以纯文字描述每一条记录，并以列表的形式显示返回的检索结果①。云计算环境下的思源探索发现系统引入可视化技术，采用主题词云、试读页、封面图像、虚拟书架、引证情况、手机维码、评论/标签、预约请求、其他信息等更直观的方式揭示检索结果。

在云计算环境下，思源探索发现系统更注重用户的参与和互动，从用户(需求侧)进行资源揭示与系统设计。用户登录后可以查看和进行个性化定制，如我的电子书架、我的借阅信息、我的检索式、我的数据库等。该功能可以满足读者个性化需求，同时使图书馆资源配置更能满足读者需求。在传统的计算环境下，图书馆主要从本馆(供给侧)的角度进行资源揭示与导航。

2）检索方式对比

基于云计算环境下的用户群更关注自然语言检索和超链接等快速、便捷的信息资源获取方式。传统计算环境和云计算环境的本质区别导致不同用户群在应用过程中的差异化。学生用户群中新用户居多，他们期望图书馆的资源发现系统可以发挥 Google 等网络搜索引擎的功能，支持自然语言检索或无序组配的检索策略等。

大多数教师和馆员用户经历了从传统 OPAC 目录查询(即传统平台)到云计算平台的转换过程。馆员由于比较熟悉图书信息专业检索方式和图书馆行业用语规范(如叙词、受控词以及逻辑算符等)，因此馆员用户群又不同于教师用户群，这也是馆员用户群倾向于采用 OPAC＋思源探索发现系统组合方式的原因所在。

总之，云计算影响用户的搜索行为、查询习惯、检索方式和对检索结果的期望值。有学者认为，现在是停止使用终端用户布尔检索系统的时候了，包括 OPAC 在内的布尔检索系统具有根本性的缺陷，这种设计模型不能代表用户信息搜寻的行为习惯。虽然上海交通大学图书馆思源探索发现系统还存在一些问题，但随着时代的发展，这种新型的云平台应用模式必将成为主流，能够向用户提供更方便快捷的资源访问途径并带来更好的用户体验。

① 王凤暄，郑琳．我国 985 高校图书馆 OPAC 发展现状及建议[J]．图书馆，2015(9)：73-79.

参考文献

[1] Abrahamson E, Rosenkopf L. Institutional and Competitive Bandwagons: Using Mathematical Modeling as a Tool to Explore Innovation Diffusion[J]. Academy of Management Review, 1993, 18(3): 487-517.

[2] Adelberg B. NoDoSE—A Tool for Semi-automatically Extracting Structured and Semistructured Data from Text Documents[J]. ACM SIGMOD Record, 1998, 27(2): 283-294.

[3] Aggarwal C C, Wolf J L, Wu K L, et al. Horting Hatches an Egg: A New Graph-Theoretic Approach to Collaborative Filtering[C]. Proceedings of the 5th ACM SIGKDD International Conference on Knowledge Discovery and Data Mining(KDD-99), 1999, San Diego, CA, USA.

[4] Agichtein E, Brill E, Dumais S. Improving Web Search Ranking by Incorporating User Behavior Information[C]. Proceedings of the 29th Annual International ACM SIGIR Conference, 2006, Seattle, Washington, USA.

[5] Ajzen I, Fishbein M. Understanding Attitudes and Predicting Social Behavior[M]. Englewood: Prentice-Hall, 1980.

[6] Ajzen I. From Intentions to Actions: A Theory of Planned Behavior[M]. Berlin: Springer, 1985: 11-39.

[7] Alabbadi M, Mohssen M. Cloud Computing for Education and Learning: Education and Learning As a Service (ELaaS) [C]. IEEE 14th International Conference on Interactive Collaborative Learning, 2011, Piestany, Slovakia.

[8] Amazon. Amazon Web Services LLC or its affiliates[EB/OL]. (2018-06-20)[2016-09-20]. http://aws.amazon.com/mturk/faqs/.

[9] An X, Bai W, Sun S. Legal Requirements for Effective Personal Information Protection through Information Resources Management for Chinese Public Services[Z]. 2014(107): 427-432.

[10] Arasu A, Garcia-Molina H. Extracting Structured Data from Web Pages[D]. Palo Alto: Stanford University, 2002: 298.

[11] Armbrust M, Fox A, Griffith R, et al. Above the Clouds: A Berkeley View of Cloud Computing[J]. Eecs Department University of California Berkeley, 2009,53(4): 50-58.

[12] Armbrust M, Fox A, Griffith R, et al. A View of Cloud Computing[J]. Communications of the ACM, 2010,53(4): 50-58.

[13] Arnold S E. Big Data: The New Information Challenge[J]. Online, 2011, 35(2): 27-29.

[14] Arocena G O, Mendelzon A O. WebOQL: Restructuring Documents, Databases and Webs[C]. IEEE 14th International Conference on Data Engineering, 1998, Orlando, FL, USA.

[15] Bahga A, Madisetti V K. Healthcare Data Integration and Informatics in the Cloud[J]. Computer, 2015, 48(2): 50-57.

[16] Bandura A. Self-efficacy: Toward a Unifying Theory of Behavioral Change[J]. Psychological Review, 1977,84(2): 191-215.

[17] Behrend T S, Wiebe E N, London J E, et al. Cloud Computing Adoption and Usage in Community Colleges[J]. Behaviour & Information Technology, 2011,30(2): 231-240.

[18] Belkin N J, Croft W B. Information Filtering and Information Retrieval: Two Sides of the Same

Coin? [J]. Communications of the ACM, 1992, 35(12): 29-38.

[19] Billsus D, Pazzani M J. User Modeling for Adaptive News Access[M]. Den Haag: Kluwer Academic Publishers, 2000: 147-180.

[20] Bing L, Lam W, Wong T L. Wikipedia Entity Expansion and Attribute Extraction from the Web Using Semi-supervised Learning[C]. Proceedings of the 6th ACM International Conference on Web Search and Data Mining(WSDM 2013), 2013, Rome, Italy.

[21] Blanco L, Tre S R, Dalvi N, et al. Highly Efficient Algorithms for Structural Clustering of Large Websites[C]. Proceedings of the 20th International Conference on World Wide Web (WWW 2011), 2011, Hyderabad, India.

[22] Boyle J. Biology Must Develop Its Own Big-Data Systems[J]. Nature, 2013, 499(7456): 7.

[23] Breese J S, Heckerman D. Empirical Analysis of Predictive Algorithms for Collaborative Filtering[C]. Proceedings of the 14th Annual Conference on Uncertainty in Artificial Intelligence, 1998, Madison, WI, USA.

[24] Cafarella M J, Halevy A Y, Wang D Z, et al. WebTables: Exploring the Power of Tables on the Web[J]. Proceedings of the VLDB Endowment, 2008, 1(1): 538-549.

[25] Cafarella M J, Halevy A Y, Zhang Y. Uncovering the Relational Web[C]. Proceedings of the 11th International Workshop on the Web and Databases (WebDB 2008), 2008, Vancouver, Canada.

[26] Cai D, Bai Y, Zhang G, et al. The Knowledge Service Project in the Era of Big Data[C]. IEEE International Congress on Big Data, 2013, Santa Clara, CA, USA.

[27] Califf M E, Mooney R J. Relational Learning of Pattern-match Rules for Information Extraction[C]. Proceedings of the 16th National Conference on Artificial Intelligence & the Eleventh Innovative Applications of Artificial Intelligence Conference Innovative Applications of Artificial Intelligence, 1999, Orlando, Florida, USA.

[28] Carlson A, Schafer C. Bootstrapping Information Extraction From Semi-Structured Web Pages [C]. Proceedings of the Joint Conference on Machine Learning & Knowledge Discovery in Databases, 2008, Antwerp, Belgium.

[29] Cattell R. Scalable SQL and NoSQL Data Stores[J]. ACM SIGMOD Record, 2011, 39(4): 12-27.

[30] Chai K E K, Anthony S, Coiera E, et al. Using Statistical Text Classification to Identify Health Information Technology Incidents[J]. Journal of the American Medical Informatics Association, 2013, 20(5): 980-985.

[31] Chang C H, Kuo S C. OLERA: Semisupervised Web-Data Extraction with Visual Support[J]. IEEE Intelligent Systems, 2005, 19(6): 56-64.

[32] Chang C H, Lui S C. IEPAD: Information Extraction Based on Pattern Discovery [C]. Proceedings of the 10th International Conference on World Wide Web, ACM,2001, Hong Kong, China.

[33] Chang F, Dean J, Ghemawat S, et al. Bigtable: A Distributed Storage System for Structured Data[J]. ACM Transactions on Computer Systems, 2008, 26(2): 1-26.

[34] Chang R M, Kauffman R J, Kwon Y O . Understanding the Paradigm Shift to Computational Social Science in the Presence of Big Data[J]. Decision Support Systems, 2014, 63: 67-80.

[35] Chau P Y K, Tam K Y. Factors Affecting the Adoption of Open Systems: An Exploratory Study[J].

Mis Quarterly Management Information Systems, 1997,21(1): 1-24.

[36] Chen C P, Wang H J. Medical Information Integration Based Cloud Computing[J]. Information Engineering and Computer Science (ICIECS), 2010.

[37] Chen H, Chiang R H L, Storey V C . Business Intelligence and Analytics: from Big Data to Dig Impact[J]. Mis Quarterly, 2012, 36(4): 1165-1188.

[38] Cheng Z, Gao B, Liu T Y. Actively Predicting Diverse Search Intent from User Browsing Behaviors[C]. Proceedings of the 19th International Conference on World Wide Web, 2010, Raleigh, NC, USA.

[39] Chim H, Deng X. Efficient Phrase-Based Document Similarity for Clustering [J]. IEEE Transactions on Knowledge and Data Engineering, 2008, 20(9): 1217-1229.

[40] Chorpita B F, Bernstein A, Daleiden E L. Driving with Roadmaps and Dashboards: Using Information Resources to Structure the Decision Models in Service Organizations [J]. Administration and Policy in Mental Health and Mental Health Services Research,2008, 35(1-2): 114-123.

[41] Cleary M, Freeman A, Hunt G E, et al. What Patients and Carers Want to Know: An Exploration of Information and Resource Needs in Adult Mental Health Services[J]. Australian and New Zealand Journal of Psychiatry, 2005, 39(6): 507-513.

[42] Cohen W W. A Flexible Learning System for Wrapping Tables and Lists in HTML Documents[C]. Proceedings of the 11th International Conference on World Wide Web, ACM, 2002, New York, USA.

[43] Computer & Information Science & Engineering (CISE). DDDAS Workshop 2006[EB/OL]. (2018-06-20) [2016-9-10]. http: //www.nsf.gov/cise/cns/dddas/2006_Workshop/index.jsp.

[44] Cordeiro K D F, Campos M L M, Borges M R S. aDApTA: Adaptive Approach to Information Integration in Dynamic Environments[J]. Computers in Industry,2015, 71: 88-102.

[45] Corrado E M, Frederick K A. Free and Open Source Options for Creating Database-Driven Subject Guides[J]. The Code4Lib Journal, 2008(2): 1-10.

[46] Crescenzi V, Mecca G. Grammars have exceptions [J]. Information Systems, 1998, 23(8): 539-565.

[47] Crescenzi V, Mecca R, Merialdo P. Towards Automatic Data Extraction from Large Web Sites[C]. Proceedings of the 27th International Conference on Very Large Data Bases, 2001, Roma, Italy.

[48] Crescenzi V, Mecca G, Merialdo P. Wrapping-oriented Classification of Web Pages [C]. Proceedings of the 2002 ACM symposium on Applied computing, 2002, Madrid, Spain.

[49] Culnan M J. Consumer Awareness of Name Removal Procedures: Implications for Direct Marketing[J]. Journal of Direct Marketing, 1995,9(2): 10-19.

[50] Curino C, Jones E P C, Popa R A, et al. Relational Cloud: A Database-as-a-Service for the Cloud[C]//Fifth Biennial Conference on Innovative Data Systems Research, 2011, Asilomar, USA.

[51] Darema F. Dynamic Data Driven Applications Systems: A New Paradigm for Application Simulations and Measurements[C]. International Conference on Computational Science, 2004, Berlin Heidelberg.

[52] Davenport D D, Richey J, Westbrook L. E-government Access to Social Service Information: State Web Resources for Domestic Violence Survivors[J]. Journal of The American Society for

Information Science and Technology，2008，59(6)：903-915.

[53] Davis F D. Perceived Usefulness，Perceived Ease of Use，and User Acceptance of Information Technology[J]. MIS Quarterly，1989，13(3)：319-340.

[54] Davis F D，Venkatesh V. A Critical Assessment of Potential Measurement Biases in the Technology Acceptance Model：Three Experiments[J]. International Journal of Human-Computer Studies，1996，45(1)：19-45.

[55] Davis F D. A Technology Acceptance Model for Empirically Testing New End-User Information Systems：Theory and Results[D]. Boston：Massachusetts Institute of Technology，1985.

[56] Dean J，Ghemawant S. MapReduce：Simplified Data Processing on Large Clusters [J]. Communications of the ACM，2008，5(1)：107-113.

[57] Delen D，Demirkan H. Data，Information and Analytics as Services [J]. Decision Support Systems，2013，55(1)：359-363.

[58] Dinev T，Hart P. Internet Privacy Concerns and Social Awareness as Determinants of Intention to Transact[J]. International Journal of Electronic Commerce，2005，10(2)：7-29.

[59] Do H H，Rahm E. COMA：A System for Flexible Combination of Schema Matching Approaches[C]. Proceedings of the 28th International Conference on Very Large Data Bases，2002，Hong Kong，China.

[60] Doan A H，Domingos P，Halevy A Y. Reconciling Schemas of Disparate Data Sources：A Machine-learning Approach[C]. Proceedings of the 200ACM SIGMOD international conference on Management of data，2011，Santa Barbara，CA，USA.

[61] Doan A H，Madhavan J，Dhamankar R，et al. Learning to Match Ontologies on the Semantic Web[J]. The VLDB Journal，2003，12(4)：303-319.

[62] Duda R O，Hart P E，Stork D G. Pattern classification[M]. Wiley，1973.

[63] Dupret G E，Piwowarski B L. A User Browsing Model to Predict Search Engine Click Data from Past Observations[C]. Proceedings of the 31st Annual International ACM SIGIR Conference on Research and Development in Information Retrieval (SIGIR 2008)，2008，Singapore City，Singapore.

[64] Embley D W，Hurst M，Lopresti D，et al. Table-processing Paradigms：A Research Survey[J]. International Journal on Document Analysis and Recognition，2006，8(2-3)：66-86.

[65] Erickson S，Rothberg H. Big Data and Knowledge Management：Establishing a Conceptual Foundation[J]. Electronic Journal of Knowledge Management，2014，12(2)：108-116.

[66] Executive Office Of The President. Big Data Across the Federal Government[EB/OL]. (2018-06-20)[2014-03-21]. http：//www. whitehouse. gov/sites/default/files/microsites/ostp/big_data_fact_sheet_final_1. pdf.

[67] Fensel D，Kerrigan M，Zaremba M. Implementing Semantic Web Services The SESA Framework [M]. Springer，2008：1-322.

[68] Fishbein M，Ajzen I. Belief，Attitude，Intention and Behaviour：an Introduction to Theory and Research[J]. Philosophy & Rhetoric，1975，41(4)：842-844.

[69] Fox B . Using Big Data for Big Impact. How Predictive Modeling Can Affect Patient Outcomes[J]. Health Management Technology，2012，33(1)：32.

[70] Freitag D. Information Extraction From HTML ：Application of a General Learning Approach[C]. Proceedings of the 15th National Conference on Artificial Intelligence，1998，Madison，

WI, USA.

[71] Gatterbauer W, Bohunsky P, Herzog M, et al. Towards Domain-independent Information Extraction from Web Tables[C]. Proceedings of the 16th International Conference on World Wide Web, 2007, Banff, Alberta, Canada.

[72] Gefen D. E-commerce: the Role of Familiarity and Trust[J]. Omega, 2000,28(6): 725-737.

[73] George L. HBase: The Definitive Guide[M]. Sebastopol: O'Reilly Media, 2011.

[74] Ghemawat S, Gobioff H, Leung S T. The Google File System[C]. Proceedings of 19th ACM Symposium on Operating Systems Principles, 2003, Bolton Landing, NY, USA.

[75] Glen J N, Joseph P. Understanding Privacy Concerns. An Assessment of Consumers' Information-related Knowledge and Beliefs[J]. Journal of Direct Marketing, 1992, 6(4): 28-39.

[76] Greco A N, Aiss C G. University Presses in the Twenty-first Century: The Potential Impact of Big Data and Predictive Analytics on Scholarly Book Marketing [J]. Journal of Scholarly Publishing, 2015,46(2): 105-140.

[77] Gu Y, Yan J, Liu H, et al. Extract Knowledge from Semi-structured Websites for Search Task Simplification[C]. Proceedings of ACM International Conference on Information & Knowledge Management(CIKM 2011), 2011, Glasgow, Scotland, UK.

[78] Gulhane P, Rastogi R, Sengamedu S H, et al. Exploiting Content Redundancy for Web Information Extraction[J]. Proceedings of the Vldb Endowment, 2010, 3(1-2): 578-587.

[79] Halkidi M, Batistakis Y, Vazirgiannis M. On Clustering Validation Techniques[J]. Journal of Intelligent Information Systems, 2001, 17(2): 107-145.

[80] Hammer J, McHugh J, Garcia-Molin H. Semi-structured data: the TSIMMIS experience[C]. Proceedings of the First East-European Symposium on Advances in Databases and Information Systems(ADBIS'97), 1997, St Petersburg, Russia.

[81] Han J, Haihong E, Le G, et al. Survey on NoSQL Database[C]//International Conference on Pervasive Computing and Applications, 2011, Port Elizabeth, South Africa.

[82] Hashem I A T, Yaqoob I, Anuar N B, et al. The Rise of "Big Data" on Cloud Computing: Review and Open Research Issues[J]. Information systems, 2015, 47: 98-115.

[83] He H, Meng W, Yu C, et al. Automatic Integration of Web Search Interfaces with WISE-Integrator[J]. The International Journal on Very Large Data Bases, 2004, 13(3): 256-273.

[84] He L, Ming X, Ni Y, et al. Ontology-based Information Integration and Sharing for Collaborative Part and Tooling Development[J]. Concurrent Engineering-Research and Applications, 2015, 23(3): 199-212.

[85] Hoang H H, Cung N P, Truong D K, et al. Semantic Information Integration with Linked Data Mashups Approaches[J]. International Journal of Distributed Sensor Networks, 2014, 2014(1): 1-12.

[86] Hofmann T. Latent Semantic Models for Collaborative Filtering [J]. ACM Transactions on Information Systems, 2004, 22(1): 89-115.

[87] Hsu C N, Chang C C. Finite-State Transducers for Semi-Structured Text Mining [C]. Proceedings of International Joint Conference on Artificial Intelligence(IJCAI) Workshop on Text Mining, 1999, Stockholm, Sweden.

[88] Igata N, Nishino F, Kume T, et al. Information Integration and Utilization Technology Using Linked Data[J]. Fujitsu Scientific & Technical Journal, 2014, 50(1SI): 3-8.

[89] Jankovic S, Milojkovic J, Mladenovic S, et al. Cloud Computing Framework for B2B Integrations in the Traffic Safety Area [J]. Metalurgia International, 2012, 17(9): 166-173.

[90] Junbo Z, JianSyuan W, Tianrui L E. A Comparison of Parallel Large-Scale Knowledge Acquisition Using Rough Set Theory on Different MapReduce Runtime Systems[J]. International Journal of Approximate Reasoning, 2014, 55(3): 896-907.

[91] Kalil T. Big Data is a Dig Deal[EB/OL]. (2018-06-20)[2014-03-21]. http: //www. whitehouse. gov/blog/2012/03/29/big-data-big-deal.

[92] Kang Y, O'Brien W J, O'Connor J T. Information-Integration Maturity Model for the Capital Projects Industry[J]. Journal of Management In Engineering, 2015, 31(040140614).

[93] Kashyap V, Bussler C. The Semantic Web: Semantics for Data and Services on Web [M]. Springer Press, 2008: 1-322.

[94] Katz M L, Shapiro C. Network Externalities, Competition and Compatibility[J]. American Economic Review, 1985, 75(3): 424-440.

[95] Keim D, Andrienko G, Fekete J D, et al. Visual Analytics: Definition, Process, and Challenges[M]. Berlin: Springer-Verlag, 2008.

[96] King N, Anderson N. Innovation in Working Groups[M]. West, 1990.

[97] Kondreddi S K, Triantafillou P, Weikum G. Combining Information Extraction and Human Computing for Crowdsourced Knowledge Acquisition [C]. Proceedings of the IEEE 30th International Conference on Data Engineering(ICDE 2014), 2014, Chicago, IL, USA.

[98] Kopliku A, Boughanem M, Pinelsauvagnat K. Towards a Framework for Attribute Retrieval[C]. Proceedings of the 20th ACM International Conference on Information and Knowledge Management(CIKM 2011), 2011, Glasgow, Scotland, UK.

[99] Kumar A, Lee H J, Singh R P. Efficient and Secure Cloud Storage for Handling Big Data[C]. IEEE 6th International Conference on New Trends in Information Science, Service Science and Data Mining, 2012, Taipei, China.

[100] Kumar N, Kummamuru K. Semisupervised Clustering with Metric Learning using Relative Comparisons[J]. IEEE Transactions on Knowledge and Data Engineering, 2008, 20(4): 496-503.

[101] Kushmerick N, Weld D S, Doorenbos R B. Wrapper Induction for Information Extraction[C]. Proceedings of the 15th International Joint Conference on Artificial Intelligence (IJCAI 1997), 1997, Nagoya, Japan.

[102] Laender A H F, Ribeiro-Neto B A, Da Silva A S, et al. A Brief Survey of Web Data Extraction Tools[J]. ACM SIGMOD Record, 2002, 31(2): 84.

[103] Laender A H F, Ribeiro-Neto B, Silva A S D. DEByE—Data Extraction By Example[J]. Data & Knowledge Engineering, 2002, 40(2): 121-154.

[104] Lee M K O, Turban E. A Trust Model for Consumer Internet Shopping[J]. International Journal of Electronic Commerce, 2001, 6(1): 75-91.

[105] Lee Y, Hsiao W, Huang C, et al. An Integrated Cloud-Based Smart Home Management System with Community Hierarchy[J]. IEEE Transactions on Consumer Electronics, 2016, 62(1): 1-9.

[106] Lerman K, Getoor L, Minton S, et al. Using the Structure of Web Sites for Automatic Segmentation of Tables[C]. Proceedings of the ACM SIGMOD International Conference on

Management of Data(SIGMOD 2004), 2004, Paris, France.

[107] Li W S, Clifton C. SEMINT: A Tool for Identifying Attribute Correspondences in Heterogeneous Databases Using Neural Networks[J]. Data & Knowledge Engineering, 2000, 33(1): 49-84.

[108] Lian J W, Yen D C, Wang Y T. An Exploratory Study to Understand the Critical Factors Affecting the Decision to Adopt Cloud Computing in Taiwan Hospital[J]. International Journal of Information Management the Journal for Information Professionals, 2014, 34(1): 28-36.

[109] Lin H, Harding J A, Chen C. A Hyperconnected Manufacturing Collaboration System Using the Semantic Web and Hadoop Ecosystem System[Z]. 2016(52): 18-23.

[110] Liu B, Grossman R L, Zhai Y. Mining Data Records in Web Pages[C]. Proceedings of the 9th ACM SIGKDD International Conference on Knowledge Discovery and Data Mining, 2003, Washington, DC, USA.

[111] Liu B, Zhai Y. NET—A System for Extracting Web Data from Flat and Nested Data Records[C]. Proceedings of the 6th International Conference on Web Information Systems Engineering(WISE 2005), 2005, New York, NY, USA.

[112] Liu L, Pu C, Han W. XWRAP: An XML-Enabled Wrapper Construction System for Web Information Sources[C]. Proceedings of the 18th International Conference on Data Engineering (ICDE), 2002, San Jose, CA, USA.

[113] Liu Z. Reading Behavior in the Digital Environment: Changes in Reading Behavior over the Past Ten Years[J]. Journal of documentation, 2005, 61(6): 700-712.

[114] Lopresti, Daniel P, Nagy G, et al. A Tabular Survey of Automated Table Processing[C]. Selected Papers from the 3rd International Workshop on Graphics Recognition(GREC '99), 1999, Jaipur, India.

[115] Low C, Chen Y, Wu M. Understanding the Determinants of Cloud Computing Adoption[J]. Industrial Management & Data Systems, 2011, 111(7): 1006-1023.

[116] Ma Y, Tran T. TYPiMatch: Type-specific Unsupervised Learning of Keys and Key Values for Heterogeneous Web Data Integration[C]. Proceedings of the 6th ACM International Conference on Web Search and Data Mining (WSDM 2013), 2013, Rome, Italy.

[117] Madhavan J, Philip A B, Rahm. Generic Schema Matching with Cupid[C]. Proceedings of the 27th International Conference on Very Large Data Bases, 2001, Roma, Italy.

[118] Marriott F H C. Practical Problems in a Method of Cluster Analysis[J]. Biometrics, 1971: 501-514.

[119] Martin D, Domingue J, Brodie M L, et al. Semantic Web Services: Part 1[J]. IEEE Intelligent Systems, 2007(5): 12-17.

[120] McCreary D, Kelly A. Making Sense of NoSQL[M]. New York: Manning Publications, 2013.

[121] Mell P, Grance T. The NIST Definition of Cloud Computing[J]. NIST Special Publication, 2011, 145(6): 1-2.

[122] Melnik S, Garcia-Molina H, Rahm E. Similarity Flooding: A Versatile Graph Matching Algorithm and Its Application to Schema Matching[J]. IEEE Computer Society, 2002.

[123] Meng T, Shyu M. Concept-concept Association Information Integration and Multi-model Collaboration for Multimedia Semantic Concept Detection[J]. Information Systems Frontiers, 2014, 16(5SI): 787-799.

[124] Mengel S, Jing Y. Extracting Structured Data from Web Pages with Maximum Entropy Segmental Markov Model[C]. Proceedings of the 10th International Conference(WISE 2009), 2009, Poznan, Poland.

[125] Miao G, Tatemura J, Hsiung W P, et al. Extracting Data Records from the Web Using Tag Path Clustering[C]. Proceedings of the 18th International Conference on World Wide Web(WWW 2009), 2009, New York, USA.

[126] Miller M. Cloud Computing: Web-based Applications that Change the Way You Work and Collaborate Online[M]. Seattle: Que Publishing Company, 2008.

[127] Milligan G W, Cooper M C. An Examination of Procedures for Determining the Number of Clusters in a Data Set[J]. Psychometrika, 1985, 50(2): 159-179.

[128] Misra S C, Mondal A. Identification of a Company's Suitability for the Adoption of Cloud Computing and Modelling Its Corresponding Return on Investment[J]. Mathematical & Computer Modelling, 2011, 53(3-4): 504-521.

[129] Moore G C, Benbasat I. Development of an Instrument to Measure the Perceptions of Adopting an Information Technology Innovation[J]. Information Systems Research, 1991, 2(3): 192-222.

[130] Moses D, Richard J. Solutions for Subject Guides[J]. Partnership: the Canadian Journal of Library and Information Practice and Research, 2008, 3(2): 1-9.

[131] Muslea I, Minton S, Knoblock C. A Hierarchical Approach to Wrapper Induction[C]. Proceedings of the 3rd International Conference on Autonomous Agents, ACM, 1999, Seattle, WA, USA.

[132] Nolan R L. Managing the Computer Resource: A Stage Hypothesis[J]. Communications of the Acm, 1973, 16(7): 399-405.

[133] Nolan R L. Managing the Crises in Data Processing[J]. Harvard Business Review, 1979, 57(3): 115-126.

[134] Nzivo C N, Chen C. International Students' Perception of Library Services and Information Resources in Chinese Academic Libraries[J]. Journal of Academic Librarianship, 2013, 39(2): 129-137.

[135] Oliveira T, Thomas M, Espadanal M. Assessing the Determinants of Cloud Computing Adoption: An Analysis of the Manufacturing and Services Sectors[J]. Information & Management, 2014, 51(5): 497-510.

[136] O'Sullivan J, Powell J, Gibbon P, et al. The Resource Hub: An Innovative E-information Service Delivery Model Addressing Mental Health Knowledge Management[J]. Australasian Psychiatry, 2009, 17(5): 371-374.

[137] Pang L Y, Zhong R Y, Fang J, et al. Data-source Interoperability Service for Heterogeneous Information Integration in Ubiquitous Enterprises[J]. Advanced Engineering Informatics, 2015, 29(3): 549-561.

[138] Pang Z, Zheng L, Tian J, et al. Design of a Terminal Solution for Integration of In-home Health Care Devices and Services Towards the Internet-of-Things[J]. Enterprise Information Systems, 2015, 9(1): 86-116.

[139] Parviainen P, Tihinen M. Knowledge-related Challenges and Solutions in GSD[J]. Expert Systems, 2014, 31(3): 253-266.

[140] Paton N W, Goble C A, Bechhofer S. Knowledge Based Information Integration Systems[J]. Information and Software Technology, 2000, 42(5): 299-312.

[141] Patterson D A, Hennessy J. Computer Architecture A Quantitative Approach[M]. 北京：机械工业出版社, 1999: 14-39.

[142] Pinto D, Mccallum A, Wei X, et al. Table Extraction Using Conditional Random Fields[C]. Proceedings of the 26th Annual International ACM SIGIR Conference on Research and Development in Information Retrieval (SIGIR 2003), 2003, Toronto, Canada.

[143] Popoola S O, Haliso Y. Use of Library Information Resources and Services as Predictor of the Teaching Effectiveness of Social Scientists in Nigerian Universities[J]. African Journal of Library Archives and Information Science, 2009, 19(1): 65-77.

[144] Prahalad C K, Hamel G. The Core Competence of the Corporation[J]. Harvard Business Review, 1993,68(3): 275-292.

[145] Pucci A, Marco M, Marco G. A Random-Walk Based Scoring Algorithm Applied to Recommender Engines[J]. Lecture Notes in Computer Science, 2006, 4811: 127-146.

[146] Quix C, Jarke M. Information Integration in Research Information Systems[J]. Procedia Computer Science, 2014, 33: 18-24.

[147] Rahm E, Bernstein P A. A Survey of Approaches to Automatic Schema Matching[J]. VLDB, 2001, 10(4): 334-350.

[148] Rawal A. Adoption of Cloud Computing in India[J]. Journal of Technology Management for Growing Economies, 2011, 2(2): 65-78.

[149] Rogers E M. Diffusion of Innovations[J]. Journal of Continuing Education in the Health Professions, 1997, 17(1): 62-64.

[150] Rohlfs J. A Theory of Interdependent Demand for a Communications Service[J]. Bell Journal of Economics & Management Science, 1974,5(1): 16-37.

[151] Rousseau D M, Tijoriwala S A. Assessing Psychological Contracts: Issues, Alternatives and Measures[J]. Journal of Organizational Behavior, 1998,19(S1): 679-695.

[152] Rousset M C, Reynaud C. Knowledge Representation for Information Integration[J]. Information Systems, 2004, 29(1): 3-22.

[153] Sadikov E, Madhavan J, Wang L, et al. Clustering Query Refinements by User Intent[C]. Proceedings of the 19th International Conference on World Wide Web, 2010, Raleigh, NC, USA.

[154] Sahuguet A, Azavant F. Building Intelligent Web Applications Using Lightweight Wrappers[J]. Data & Knowledge Engineering, 2001, 36(3): 283-316.

[155] Sang C P, Ryoo S Y. An Empirical Investigation of End-users' Switching Toward Cloud Computing: A Two Factor Theory Perspective[J]. Computers in Human Behavior, 2013, 29(1): 160-170.

[156] Sarwar B. Item-based Collaborative Filtering Recommendation Algorithms[C]. Proceedings of the 10th international conference on World Wide Web, ACM,2001, Hong Kong, China.

[157] Satpal S, Bhadra S, Sellamanickam S, et al. Web Information Extraction Using Markov Logic Networks[C]. Proceedings of the 17th ACM SIGKDD International Conference on Knowledge Discovery and Data Mining (KDD-2011), 2011, San Diego, CA, USA.

[158] Seng J L, Kong I L. A Schema and Ontology-aided Intelligent Information Integration[J].

Expert Systems with Applications, 2009, 36(7): 10538-10550.

[159] Shen Z, Tong Q. The Security of Cloud Computing System Enabled by Trusted Computing Technology[C]. International Conference on Signal Processing Systems, 2010, Dalian, China.

[160] Shim Y, Chung J, Choi I C. A Comparison Study of Cluster Validity Indices Using a Nonhierarchical Clustering Algorithm[C]. Computational Intelligence for Modelling, Control and Automation, 2005 and International Conference on Intelligent Agents, Web Technologies and Internet Commerce, International Conference on. IEEE, 2005, Washington, D C, USA.

[161] Shvachko K, Kuang H, Radia S, et al. The Hadoop Distributed File System[C]//Symposium on Mass Storage Systems and Technologies, 2010, Incline Village, USA.

[162] Shvaiko P, Euzenat J. A Survey of Schema-based Matching Approaches[J]. Journal on Data Semantics, 2005,4(10): 146-171.

[163] Sin S J. Neighborhood Disparities in Access to Information Resources: Measuring and Mapping U. S. Public Libraries' Funding and Service Landscapes[J]. Library & Information Science Research, 2011, 33(1): 41-53.

[164] Singh A K, Garg A. Impact of Information Integration on Decision-making in a Supply Chain Network[J]. Production Planning & Control,2015, 26(12SI): 994-1010.

[165] Soylu A, Skjaeveland M G, Giese M, et al. A Preliminary Approach on Ontology-based Visual Query Formulation for Big Data[C]. 7th Metadata and Semantics Research Conference, 2013, Thessaloniki, Greece.

[166] Sparck K. A Statistical Interpretation of Term Specificity and Its Application in Retrieval[J]. Documentation,1972, 28(1): 11-21.

[167] Stalk G, Evans P, Shulman L E. Competing on Capabilities: The New Rules of Corporate Strategy[J]. Harvard Business Review, 1992,70(2): 57-69.

[168] Su W, Wang J, Lochovsky F H. Record Matching over Query Results from Multiple Web Databases[J]. IEEE Transactions on Knowledge & Data Engineering, 2010, 22(4): 578-589.

[169] Su W, Wang J, Lochovsky F. Holistic Schema Matching for Web Query Interfaces[J]. Lecture Notes in Computer Science, 2006, 3896: 77-94.

[170] Tai S. Cloud Service Engineering[C]. IEEE International Workshops on Enabling Technologies: Infrastructures for Collaborative Enterprises, 2009, Netherlands.

[171] Taylor S, Todd P A. Understanding Information Technology Usage: A Test of Competing Models[J]. Information Systems Research, 1995,6(2): 144-176.

[172] Thomsa H D. Analytics 3. 0[J]. Harvard Business Review, 2013(12): 65-72.

[173] Tim Berners-Lee. Linked Data[EB/OL]. [2016-9-08]. http: //www. w3. org/DesignIssues/LinkedData. html.

[174] Tornatzky L G, Fleischer M, Chakrabarti A K. Processes of Technological Innovation[M]. Lexington Books, 1990: 360-376.

[175] Tudorica B G, Bucur C. A Comparison between Several NoSQL Databases with Comments and Notes[C]//Roedunet International Conference, 2011, Iasi, Romania.

[176] Vavilapalli V K, Murthy A C, Douglas C, et al. Apache Hadoop Yarn: Yet Another Resource Negotiator[C]//Proceedings of the 4th Annual Symposium on Cloud Computing, 2013, Santa Clara, USA.

[177] Viljamaa E, Peltomaa I. Intensified Construction Process Control Using Information Integration[J].

Automation in Construction, 2014, 39(4): 126-133.

[178] W3C. TaskForces/CommunityProjects/LinkingOpenData/DataSets[EB/OL]. (2018-6-20) [2010-2-1], http: //esw. w3. org/topic/TaskForces/CommunityProjects/LinkingOpenData/DataSets.

[179] Wang C, Hsu Y, Fang W. Acceptance of Technology with Network Externalities: An Empirical Study of Internet Instant Messaging Services[J]. Jitta Journal of Information Technology Theory & Application, 2005, 6(3): 15-28.

[180] Wang G, Gao J. Relying on University Library's Information Resources and Servicing the Development of the Regional Economy[Z]. 2013(7): 172-176.

[181] Wang J, Lochovsky F H. Data Extraction and Label Assignment for Web Databases[C]. Proceedings of the 12th International Conference on World Wide Web. ACM, 2003, Budapest, Hungary.

[182] Wang W, Lv T. Research on Multi-source Information Service System Architecture Based on Cloud Computing[C]//International Conference on Electronic & Mechanical Engineering & Information Technology. IEEE, 2011, Harbin, China.

[183] Wernerfelt B. A Resource-based View of the Firm[J]. Strategic Management Journal, 1984, 5(5): 171-180.

[184] White T. Hadoop: The Definitive Guide[M]. California: O'Reilly Media, 2012: 1-20.

[185] Wilson T D. On User Studies and Information Needs[J]. Journal of Documentation, 2006, 62(6): 658-670.

[186] Wolfert J, Verdouw C N, Verloop C M, et al. Organizing Information Integration in Agri-food—A method Based on a Service-oriented Architecture and Living Lab Approach[J]. Computers and Electronics in Agriculture, 2010, 70(2): 389-405.

[187] Wong Y W, Widdows D, Lokovic T, et al. Scalable Attribute-Value Extraction from Semi-structured Text[C]. Proceedings of the 2009 IEEE International Conference on Data Mining Workshops, 2009, Washington DC, USA.

[188] Wu M. Collaborative Filtering via Ensembles of Matrix Factorizations[J]. Proceedings of Kdd Cup & Workshop, 2007, 30: 29-38.

[189] Xu Y, Yan J. A Cloud-Based Design of Smart Car Information Services[J]. Journal of Internet Technology, 2012, 13(2): 317-326.

[190] Yakout M, Ganjam K, Chakrabarti K, et al. InfoGather: Entity Augmentation and Attribute Discovery by Holistic Matching with Web Tables[J]. ACM SIGMOD Record, 2012: 97-108.

[191] Yang J M, Cai R, Wang Y, et al. Incorporating Site-level Knowledge to Extract Structured Data from Web Forums[C]. Proceedings of the 18th International Conference on World Wide Web(WWW 2009), 2009, New York, USA.

[192] Yin X, Shah S. Building Taxonomy of Web Search Intents for Name Entity Queries[C]. Proceedings of the 19th International Conference on World Wide Web, 2010, Raleigh, NC, USA.

[193] Yuan J B, Lee Y C, Wu W, et al. Building an Intelligent Provisioning Engine for IaaS Cloud Computing Services[C]//Network Operations & Management Symposium. IEEE, 2011, Quito, Ecuador.

[194] Zaharia M, Chowdhury M, Das T, et al. Resilient Distributed Datasets: A Fault-tolerant

Abstraction for In-memory Cluster Computing[C]//Proceedings of the 9th USENIX Conference on Networked Systems Design and Implementation, 2012, San Jose, USA.

[195] Zaharia M, Chowdhury M, Franklin M J, et al. Spark: Cluster Computing with Working Sets[C]. USENIX Conference on Hot Topics in Cloud Computing, 2010, Boston, USA.

[196] Zaharia M, Konwinski A, Joseph A D, et al. Improving MapReduce Performance in Heterogeneous Environments[C]. USENIX Symposium on Operating Systems Design and Implementation, 2008, San Diego, California, USA.

[197] Zamlynska K, Bolikowski L, Rosiek T. Migration of the Mathematical Collection of Polish Virtual Library of Science to the YADDA Platform[J]. Digital Mathematics Library, 2008: 127-130.

[198] Zhai Y, Liu B. Web Data Extraction Based on Partial Tree Alignment[C]. Proceedings of the 14th international conference, 2005, Chiba, Japan.

[199] Zhao Q, Liu T Y, Bhowmick S S, et al. Event Detection from Evolution of Click-through Data[C]. Proceedings of the 12th ACM SIGKDD International Conference on Knowledge Discovery and Data Mining(KDD-06), 2006, Philadelphia, PA, USA.

[200] Zhao S, Betz J. Corroborate and Learn Facts From the Web[C]. Proceedings of the 13th ACM SIGKDD International Conference on Knowledge Discovery and Data Mining(KDD-2007), 2007, San Jose, CA, USA.

[201] Zheng J, Li X. Research and Application on Unstructured Data Sharing in Education Information Integration[C]//2015 7th International Conference on Information Technology in Medicine and Education(ITME). IEEE, 2015, Huangshan, China.

[202] Zhou B, Liu W. Research on Information Service Management Mode Based on Cloud Computing[C]// Proceedings 2010 International Conference on Intelligent Computing and Integrated Systems, IEEE, 2010, Bangalore, India.

[203] Zhu J, Nie Z, Wen J R, et al. Simultaneous Record Detection and Attribute Labeling in Web Data Extraction[C]. Proceedings of the 12th ACM SIGKDD International Conference on Knowledge Discovery and Data Mining(KDD-2006), 2006, Philadelphia, PA, USA.

[204] Zohar S, Milo T. Using Schema Matching to Simplify Heterogeneous Data Translation[C]. Proceedings of 24rd International Conference on Very Large Data Bases(VLDB 1998), 1998, New York City, NY, USA.

[205] 艾瑞网. 2014年中国个人云存储行业及用户为研究报告[EB/OL]. (2018-6-20)[2014-12-30]. http://www.cctime.com/html/2014-12-30/20141230141292654.htm.

[206] 鲍冬梅. 云服务质量度量和测量方法研究[D]. 济南：山东大学，2011.

[207] 北京商报. 微软全球资深副总裁张亚勤：云计算不是忽悠[EB/OL]. (2012-09-20)[2012-04-09]. http://tech.qq.com/a/20120409/000014.htm.

[208] 比特网. IBM大数据与分析再升级大步迈进认知计算时代[EB/OL]. (2018-06-20) [2014-03-06]. http://soft.chinabyte.com/393/12878393.shtml.

[209] 曹丽英，张晓贤，赵月玲. 云计算在农业信息资源整合模式中的应用[J]. 中国农机化，2012(3): 141-144.

[210] 朝乐门，邢春晓，张勇. 云端信息资源管理研究[J]. 情报资料工作，2013, 31(4): 44-49.

[211] 朝乐门. 数据科学[M]. 北京：清华大学出版社，2016.

[212] 朝乐门. 数据科学理论与实践[M]. 北京：清华大学出版社，2017.

[213] 陈臣. 大数据时代基于个性化服务的数字图书馆数据搜索引擎设计[J]. 图书馆理论与实践, 2015(4): 91-94.

[214] 陈定权, 卢玉红, 杨敏. 图书馆资源发现系统的现状与趋势[J]. 图书情报工作, 2012, 56(7): 44-48.

[215] 陈恩满. 基于 CNKI 的学科知识服务平台构建与学科化服务研究[J]. 图书情报工作, 2009, 53(15): 96-100.

[216] 陈国青. 信息系统的组织·管理·建模[M]. 北京: 清华大学出版社, 2002.

[217] 陈建龙. 信息服务模式研究[J]. 北京大学学报(哲学社会科学版), 2003(3): 124-132.

[218] 陈近, 文庭孝. 基于云计算的图书馆大数据服务研究[J]. 图书馆, 2016(1): 52-56.

[219] 陈敏克, 王晋宁, 逯张禹, 等. 基于云计算的农业信息资源共享系统建设研究[J]. 农业网络信息, 2011(4): 5-7.

[220] 陈渝, 路洋. 习惯下的信息系统持续使用研究述评[J]. 图书馆论坛, 2016, 36(3): 34-41.

[221] 陈玉. 基于关键词距离的中文问答系统研究[J]. 电脑开发与应用, 2011, 24(1): 30-34.

[222] 储节旺. 寄心海上云: 云计算环境下的知识管理[J]. 情报理论与实践, 2013, 36(1): 1-5.

[223] 崔瑞琴, 孟连生. 数字信息资源整合问题研究[J]. 图书情报工作, 2007, 51(7): 35-37.

[224] 代根兴. 数字图书馆信息资源建设[M]. 北京: 北京图书馆出版社, 2006.

[225] 德勤卓越研究中心. 2013 TMT 十大趋势预测八: 云服务安全易用是王道[EB/OL]. (2018-6-20) [2013-1-22]. http://labs.chinamobile.com/mblog/1033757_199751.

[226] 邓仲华, 汪宣晟, 李志芳, 等. 信息资源云服务的质量评价指标研究[J]. 图书与情报, 2012(4): 12-15.

[227] 邸淑君. 云计算环境下高校图书馆信息服务模式[J]. 中国信息界, 2011(9): 47-48.

[228] 丁静, 杨善林, 罗贺, 等. 云计算环境下的数据挖掘服务模式[J]. 计算机科学, 2012, 39(s1): 217-219.

[229] 丁楠, 钟莉, 潘有能. 面向知识服务的图书馆信息资源整合研究[J]. 图书馆研究与工作, 2017(8): 54-57.

[230] 樊国萍. 我国个性化信息服务研究综述[J]. 新世纪图书馆, 2005(5): 22-25.

[231] 范爱红, 姜爱蓉. 基于知识管理的学术信息资源整合体系——对 ISI Web of Knowledge 的评介[J]. 现代图书情报技术, 2001(6): 43-46.

[232] 范并思. 云计算与图书馆——为云计算研究辩护[J]. 图书情报工作, 2009, 53(21): 5-9.

[233] 冯登国, 张敏, 张妍, 等. 云计算安全研究[J]. 软件学报, 2011, 22(1): 71-83.

[234] 冯静. 基于云计算的图书馆信息服务研究[J]. 农业图书情报学刊, 2012, 24(2): 197-201.

[235] 冯秀珍, 郝鹏. 云计算环境下的信息资源云服务模式研究[J]. 计算机科学, 2012, 39(s2): 110-114.

[236] 洑云龙. 云计算平台下的数据挖掘研究[D]. 南京: 南京邮电大学, 2013: 5-6.

[237] 顾金媛, 胡新平. 基于云计算的图书馆信息服务管理模式研究[J]. 新世纪图书馆, 2012(7): 44-46.

[238] 顾涛. 基于大数据的竞争情报协作分析研究[J]. 情报科学, 2013, 31(12): 114-118, 135.

[239] 郭海明, 邓灵斌. 数字图书馆信息服务模式研究[J]. 四川图书馆学报, 2004, 23(6): 47-49.

[240] 国务院. 国务院关于促进云计算创新发展培育信息产业新业态的意见[EB/OL]. (2015-10-20) [2015-1-30]. http://www.gov.cn/zhengce/content/2015-01/30/content_9440.htm.

[241] 韩海雯. MapReduce 计算任务调度的资源配置优化研究[D]. 广州: 华南理工大学, 2013: 29-32.

[242] 韩普，沈思，路高飞. 云计算在国内外数字图书馆中的应用及进展[J]. 现代情报，2012，32(5)：67-70.
[243] 何丹青. 试论信息集成服务的需求及其发展[J]. 情报科学，2001，19(8)：850-852.
[244] 何军. 档案信息的集成管理与集成服务模式研究[J]. 档案学通讯，2006(2)：56-59.
[245] 和婷. 大数据思维对图书馆信息服务工作的启示[J]. 图书馆建设，2014(01)：64-68.
[246] 贺雪晴，吴景海. 基于云计算的数字图书馆资源存储研究[J]. 情报探索，2010(12)：92-93.
[247] 侯忠生，许建新. 数据驱动控制理论及方法的回顾和展望[J]. 自动化学报，2009，35(6)：650-667.
[248] 胡昌平. 现代信息管理机制研究[M]. 武汉：武汉大学出版社，2004.
[249] 胡昌平，李阳晖. 面向用户的交互式信息服务组织分析[J]. 图书馆论坛，2006，26(6)：188-193.
[250] 胡昌平，汪会玲. 个性化服务中的信息资源充足与整合平台构建[J]. 情报科学，2006 (2)：161-165.
[251] 胡昌平，汪会玲. 信息资源整合的多视角分析[J]. 情报科学，2006 (9)：1281-1285.
[252] 胡潜. 个性化服务中的信息资源整合分析[J]. 图书馆论坛，2005，25(1)：122-124.
[253] 胡秀云. 云计算环境下数字图书馆个性化信息服务研究[D]. 武汉：湖北工业大学，2014.
[254] 胡莹，陈博. 云计算对数字图书馆的影响[J]. 佳木斯教育学院学报，2011(2)：447-448.
[255] 黄莉. 基于受限域常问问答库的中文问答系统研究[D]. 昆明：昆明理工大学，2007.
[256] 黄晓斌，夏明春，黄晓斌，等. 数字资源整合研究的现状及发展方向[J]. 情报理论与实践，2005(1)：75-77.
[257] 黄晓斌，钟辉新. 大数据时代企业竞争情报研究的创新与发展[J]. 图书与情报，2012(6)：9-14.
[258] 霍国庆. 信息资源管理的起源与发展[J]. 图书馆，1997(6)：4-10.
[259] 霍忠文. 信息集成服务管理论要[J]. 情报理论与实践，2000，23(1)：1-4.
[260] 姜爱蓉，黄美君，窦天芳. 数字资源整合与信息门户建设——清华大学图书馆的探索与实践[J]. 现代图书情报技术，2006，1(11)：2-6.
[261] 姜奇平. 技术推动个性化[J]. 互联网周刊，2010(13)：68-69.
[262] 蒋冠. 网络环境下档案信息资源整合研究[D]. 湘潭：湘潭大学，2005.
[263] 蒋苏蓉，蓝江桥，杨玉海. Hadoop 框架下的情报分析大数据调度超时预测方法[J]. 计算机科学，2014，41(Z6)：409-413.
[264] 蒋勋，刘喜文. 大数据环境下面向知识服务的数据清洗研究[J]. 图书与情报，2013(5)：16-21.
[265] 焦玉英，罗栋. 网上协作式数字参考咨询服务的质量控制综述[J]. 情报理论与实践，2005(1)：58-60.
[266] 金燕. 网络信息资源整合研究[J]. 现代情报，2007，27(7)：40-43.
[267] 孔凡娟. 云计算带给图书馆的影响与思考[J]. 图书与情报，2010(2)：93-95.
[268] 郎波，张博宇. 面向大数据的非结构化数据管理平台关键技术[J]. 信息技术与标准化，2013(10)：53-56.
[269] 李宝强，祝忠明，吴新年. 借鉴 AARLIN 经验，构建我国科技型图书馆服务新模式[J]. 图书馆杂志，2005，24(4)：45-48.
[270] 李伯虎，张霖，王时龙，等. 云制造——面向服务的网络化制造新模式[J]. 计算机集成制造系统，2010，16(1)：1-7.
[271] 李晨晖，崔建明，陈超泉. 大数据知识服务平台构建关键技术研究[J]. 情报资料工作，2013，

2(01)：3.

[272] 李东旭，张惠君. 数字图书馆跃上云端——云计算在数字图书馆中的应用[J]. 数字图书馆论坛，2009(11)：44-48.

[273] 李富玲，卢振波. SFX：信息资源整合新工具[J]. 现代图书情报技术，2002，18(6)：69-71.

[274] 李光达，郑怀国，谭翠萍，等. 基于云计算的农业信息服务研究[J]. 安徽农业科学，2011，39(27)：16959-16961.

[275] 李广建，化柏林. 大数据分析与情报分析关系辨析[J]. 中国图书馆学报，2014(5)：14-22.

[276] 李广建，汪语宇，张丽. 数字资源整合的实现机制及关键技术——对国外数字资源整合系统的实证研究[J]. 中国图书馆学报，2007，33(2)：75-80.

[277] 李广建，杨林. 大数据视角下的情报研究与情报研究技术[J]. 图书与情报，2012(6)：1-8.

[278] 李佳佳. 基于开放数据和云计算的商业信息分析模式构建[J]. 图书情报工作网刊，2010(6)：17-22.

[279] 李建中，刘显敏. 大数据的一个重要方面：数据可用性[J]. 计算机研究与发展，2013，50(6)：1147-1162.

[280] 李兰. 基于云计算技术的图书馆研究[J]. 情报探索，2010(12)：118-119.

[281] 李凌志，张玉婷. 基于本体的信息集成研究[J]. 情报杂志，2008，27(1)：68-71.

[282] 李培维. 基于云计算的信息服务研究[D]. 湘潭：湘潭大学，2011.

[283] 李森森. 高校图书馆学科化联合信息服务体系研究[D]. 辽宁：辽宁师范大学，2010.

[284] 李雪梅. 网络信息资源整合平台建设研究[J]. 图书馆学研究. 2012(14)：52-55.

[285] 李益骐，吴佳丽. 基于云计算的新型远程教育系统设计[J]. 西北大学学报，2012(2)：42-46.

[286] 李勇. 云计算对信息服务的影响及存在的问题[J]. 情报理论与实践，2009，32(12)：89-91.

[287] 李勇. 云计算对信息技术发展的影响[J]. 医学信息学杂志，2010,31(3)：1-5.

[288] 李越. 基于离群点数据挖掘的情报分析方法探析[J]. 信息通信，2013(3)：132-133.

[289] 李征. 云计算在图书馆建设与信息服务中的潜在价值探析[J]. 大学图书馆学报，2011，29(1)：58-62，82.

[290] 廖智博. 强化 OPAC 功能 拓展图书馆服务[J]. 图书情报导刊，2013，23(19)：25-27.

[291] 林运章. 并行文件系统缓存技术研究[D]. 武汉：华中科技大学，2004：4-7.

[292] 刘海鸥. 面向云计算的大数据知识服务情景化推荐[J]. 图书馆建设，2014(7)：31-35.

[293] 刘鹏. 云计算[M]. 2 版. 北京：电子工业出版社，2011.

[294] 刘萍. 基于本体的信息集成框架研究[J]. 计算机技术与发展，2007 (12)：34-36.

[295] 刘婷婷. 面向云计算的数据安全保护关键技术研究[D]. 郑州：解放军信息工程大学，2013.

[296] 刘伟谦，李华莹. 云计算在档案馆中的应用模式初探[J]. 档案学研究，2012，2011(2)：10-12.

[297] 刘向，王伟军，李延晖. 云计算环境下信息资源集成与服务系统的体系架构[J]. 情报科学，2014(6)：128-133.

[298] 刘旭勇. 基于云计算的信息资源库建设[J]. 计算机时代，2012(12)：16-18.

[299] 刘永波，代君. 云计算环境下的信息资源整合技术研究[J]. 计算机光盘软件与应用，2012(8)：24-25.

[300] 刘玉照，杜言. 基于信息集成的信息资源共享[J]. 情报杂志，2003，22(7)：54-55.

[301] 刘志亮，张金隆. 基于教育云的教育信息资源整合框架研究[J]. 情报杂志，2013(10)：164-167.

[302] 刘紫微，孙世强，刘春艳. 云计算环境下政府信息资源集成模式研究[J]. 现代情报，2012，32(10)：159-162.

[303] 卢小宾，郭亚军. 信息分析理论与实践[M]. 北京：清华大学出版社，2013.

[304] 卢小宾，王建亚. 云计算采纳行为研究现状分析[J]. 中国图书馆学报，2015(1)：92-111.

[305] 卢晓娟. 云计算与未来图书馆数字信息资源建设[J]. 四川图书馆学报，2009(2)：23-24.

[306] 鲁俊杰，侯卫真. 面向信息资源整合的电子政务云平台构建研究[J]. 图书馆学研究. 2012(13)：36-40.

[307] 陆嘉恒，文继荣，毛新生，等. 分布式系统级云计算概论[M]. 北京：清华大学出版社，2011.

[308] 路正国，毛龕. 基于云计算的信息服务模式探析[J]. 科技信息，2012(11)：122.

[309] 吕希艳，张润彤. 基于 SOA 的企业信息资源整合[J]. 中国科技论坛，2006(2)：103-105.

[310] 吕元智. 国家档案信息资源"云"共享服务模式研究[J]. 档案学研究，2011(4)：61-64.

[311] 吕元智. 基于云计算的电子政务信息资源共享系统建设研究[J]. 情报理论与实践，2010，33(4)：106-109.

[312] 罗爱静，向英明. 信息资源保障体系建设的哲学基础[J]. 情报探索，2007(8)：3-4.

[313] 罗贺，李升. 面向云计算环境的多源信息服务模式设计[J]. 管理学报，2012，09(11)：1667-1673.

[314] 罗杰斯. 创新的扩散[M]. 辛欣，译. 北京：中央编译出版社，2002.

[315] 罗曼. 图书馆 ISO 9000 认证研究[J]. 图书馆论坛，2004(6)：102-104.

[316] 罗贤春，姚明. 基于个性化共享目录的电子政务信息资源整合[J]. 情报理论与实践，2014(9)：64-68.

[317] 马费成，赵红斌，万燕玲，等. 基于关联数据的网络信息资源集成[J]. 情报杂志，2011，30(2)：167-170.

[318] 马费成. 信息资源开发与管理[M]. 北京：电子工业出版社，2014.

[319] 马费成. 信息资源管理[M]. 武汉：武汉大学出版社，2000.

[320] 马丽华. 用户视角下的联机公共检索目录与资源发现系统应用对比研究[J]. 高校图书馆工作，2015，35(167)：21-24.

[321] 马文峰，杜小勇. 数字资源整合：理论方法与应用[M]. 北京：北京图书馆出版社，2007.

[322] 马文峰. 数字资源整合研究[J]. 中国图书馆学报，2002，28(4)：64-67.

[323] 毛剑，李坤，徐先栋. 云计算环境下隐私保护方案[J]. 清华大学学报(自然科学版)，2011(10)：1357-1362.

[324] 孟晓峰，慈祥. 大数据管理：概念、技术与挑战[J]. 计算机研究与发展，2013，50(1)：146-169.

[325] 聂华，朱玲. 网络级发现服务——通向深度整合与便捷获取的路径[J]. 大学图书馆学报，2011，29(6)：5-10.

[326] 牛华网. 1/3 北美网民每天使用 Amazon 云服务[EB/OL]. (2014-6-20) [2012-4-20]. http://www.newhua.com/2012/0420/155971.shtml.

[327] 牛力，李月，韩小汀. 我国政务信息资源整合与共享研究综述[J]. 情报杂志，2013，32(5)：170-175.

[328] 牛力，韩小汀. 云计算环境下的档案信息资源整合与服务模式研究[J]. 档案学研究，2013(5)：26-29.

[329] 欧石燕，胡珊，张帅. 本体与关联数据驱动的图书馆信息资源语义整合方法及其测评[J]. 图书情报工作. 2014(02)：5-13.

[330] 欧阳钟辉. 云计算与信息集成[J]. 泉州师范学院学报，2009，27(2)：38-43.

[331] 庞馨悦，李德昌. 信息资源整合与集成服务的保障体系研究[J]. 情报科学. 2014(6)：47-50.

[332] 彭佳，郑巧英. 信息资源聚合与组织研究——以发现系统为例[J]. 图书馆杂志，2016(3)：

80-85.
[333] 彭洁，赵辉，杨青峰. 信息资源整合技术框架构建[J]. 江苏科技大学学报(社会科学版)，2007，7(1)：46-48.
[334] 彭骏. 基于云计算的图书馆数字资源保障链研究[J]. 大学图书情报学刊，2010(4)：49-52.
[335] 戚建林. 图书馆知识服务的影响因素及其发展[J]. 图书馆工作与研究，2003(1)：11-12.
[336] 齐国隆，孔令人，张超. 利用SOA体系架构解决医疗信息集成问题[J]. 医疗设备信息，2007，22(6)：26-28.
[337] 钱文静，邓仲华. 云计算与信息资源共享管理[J]. 图书与情报，2009(4)：47-52,60.
[338] 钱杨，代君，廖小艳. 面向信息资源管理的云计算性能分析[J]. 图书与情报，2009(4)：53-56.
[339] 秦晓珠，李晨晖，麦范金. 大数据知识服务的内涵、典型特征及概念模型[J]. 情报资料工作，2013，34(2)：18-22.
[340] 任家东，任东英. 基于时间戳数据库的分布式多层时态关联规则挖掘[J]. 计算机工程，2004，30 (16)：63-64.
[341] 沙勇忠，肖仙桃，赵波. 计算机辅助信息分析论略[J]. 情报杂志，2005，24(7)：74-77.
[342] 上海交通大学. 2014年基本统计数据[EB/OL]. (2016-5-2)[2015-6-24]. http：//www. sjtu. edu. cn/images/tjzl/2014. pdf.
[343] 尚武. 网络信息资源整合与统一检索平台[J]. 中华医学图书情报杂志，2009，18(2)：28-29.
[344] 沈昌祥，张焕国，王怀民，等. 可信计算的研究与发展[J]. 中国科学：信息科学，2010(2)：139-166.
[345] 石美清. 云计算对图书馆数字信息资源建设的影响[J]. 图书馆理论与实践，2010(5)：65-67.
[346] 司莉. 基于知识构建的知识服务的实现[J]. 图书馆论坛，2009,29(6)：216-219.
[347] 宋正德，魏震方. 云计算环境下信息资源的融合与集成[J]. 中国科技信息，2011(24)：95.
[348] 苏建华. 图书馆选择资源发现系统的策略分析——以资源发现系统与学术搜索引擎的比较为视角[J]. 情报科学，2015(6)：91-105.
[349] 苏新宁，章成志，卫平. 论信息资源整合[J]. 现代图书情报技术，2005(9)：54-61.
[350] 孙建军，徐芳. 国外网络学科导航比较分析与经验启示[J]. 图书馆杂志，2014，33(7)：83-89.
[351] 孙奇，任慧玲. 图书馆资源发现系统的特点及其存在问题分析[J]. 图书馆学研究，2014(3)：51-55.
[352] 孙坦，黄国彬. 基于云服务的图书馆建设与服务策略[J]. 图书馆建设，2009(9)：1-6.
[353] 孙翌，郭晶. 上海交大图书馆资源发现与获取平台建设[J]. 图书馆杂志，2013，32(6)：70-75.
[354] 孙翌，李芳. 基于Primo的一站式资源获取平台实践与思考[J]. 图书馆学研究，2012(16)：23-28.
[355] 陶新权，孙青，王亚，等. 云计算在图书馆中的应用[J]. 大学图书馆学报，2010(2)：54-58.
[356] 通信世界网. IDC：未来5年大数据分析类软件复合年增长率达9%[EB/OL]. (2018-06-20)[2014-06-10]. http：//www. cww. net. cn/tech/html/2014/6/9/201469723572421. htm.
[357] 通信世界网. 英国投资7300万英镑发展大数据[EB/OL]. (2018-06-20)[2014-03-21]. http：//cww. net. cn/news/html/2014/2/19/20142191007531064. htm.
[358] 王斌，吴建华. 档案网站信息资源整合方法与方案——"档案网站信息资源普查与整合研究"系列论文之二[J]. 档案学通讯，2010(1)：61-67.
[359] 王长全，艾雰，姚建文. 云计算环境下数字图书馆信息资源安全策略研究[J]. 情报杂志，2010，29(3)：184-186.
[360] 王长全，艾雰. 云计算环境下的数字图书馆信息资源整合与服务模式创新[J]. 图书馆工作与

研究，2011(1)：49-50.
[361] 王凤林. 受限域问答式自然语言数据库查询研究[D]. 昆明：昆明理工大学，2010.
[362] 王凤暄，郑琳. 我国985高校图书馆OPAC发展现状及建议[J]. 图书馆，2015(9)：73-79.
[363] 王海花，陆为国. 学术资源发现系统的用户体验测试研究[J]. 新世纪图书馆，2015(11)：48-51.
[364] 王华伟. 云计算技术在数字图书馆中的应用初探[J]. 情报理论与实践，2011，34(8)：106-108.
[365] 王琳，赖茂生. 信息集成的领域分析研究[J]. 图书情报知识，2007(5)：5-9.
[366] 王平. 基于云计算的信息资源增增值利用模型构建[J]. 情报杂志，2010(7)：144-148.
[367] 王平，姜爱蓉. 国内外数字信息资源整合管理系统的对比研究与思考[J]. 上海交通大学学报，2003(9)：164-170.
[368] 王萍，张际平. 云计算与网络学习[J]. 现代教育技术，2008,18(11)：81-84.
[369] 王善平. 论数字信息资源的整合与标准化[J]. 情报资料工作，2002(6)：19-21.
[370] 王斯宇. 国内高校云服务平台应用评价指标研究[D]. 南京：南京大学，2015.
[371] 王文清. CALIS数字图书馆云服务平台模型[J]. 大学图书馆学报，2009(4)：13-18.
[372] 王雯琦. 云计算环境下图书馆信息资源管理研究[J]. 图书馆研究，2010,40(4)：28-30.
[373] 王晓楠. 基于云计算的数字图书馆服务模式研究[D]. 哈尔滨：黑龙江大学，2011.
[374] 王曰芬，吴婷婷，张蓓蓓. 图书情报机构知识服务的战略管理与影响因素研究[J]. 情报理论与实践，2009,32(12)：1-6.
[375] 王泽彬，金飞，李夏，等. Web数据挖掘技术及实现[J]. 哈尔滨工业大学学报，2005，37(10)：1403-1405.
[376] 王知津，徐芳. 论信息服务十大走向[J]. 中国图书馆学报，2009，35(1)：52-58.
[377] 维克托·迈尔-舍恩伯格，肯尼思·库克耶. 大数据时代：生活、工作与思维的大变革[M]. 周涛，译. 杭州：浙江人民出版社，2013.
[378] 魏清凤，罗长寿，孙素芬，等. 云计算在我国农业信息服务中的研究现状与思考[J]. 中国农业科技导报，2013，15(4)：151-155.
[379] 魏群义，霍然，侯桂楠. 用户信息行为理论研究与实践综述[J]. 图书馆工作与研究，2012(2)：16-19.
[380] 魏晓萍，杨思洛，刘波涛. 云计算在区域信息资源共享中的应用探究[J]. 图书馆学研究，2011(6)：26-30.
[381] 魏志鹏，李慧佳，祖央. 云计算影响下的图书馆信息服务研究[J]. 图书馆，2010(2)：87-88.
[382] 乌家培. 信息资源与信息经济学[J]. 情报理论与实践，1996(4)：4-6.
[383] 吴斌，王俊峰，覃毅芳，等. 一种面向自主服务的知识网络构建方法[J]. 四川大学学报(自然科学版)，2013，50(5)：973-978.
[384] 吴华. 云计算环境下图书馆信息资源建设探讨[J]. 科技信息，2010(25)：644.
[385] 吴金红，陈强，张玉峰. 基于众包的企业竞争情报工作模式创新研究[J]. 情报理论与实践，2014(1)：90-93.
[386] 吴占坤，安佳慧. 浅谈我国电子政务中的信息资源整合[J]. 黑河学刊，2007(3)：116-117.
[387] 肖希明. 信息资源建设：概念、内容与体系[J]. 中国图书馆学报，2006,32(5)：5-8.
[388] 肖希明，郑燃. 国外图书馆、档案馆和博物馆数字资源整合研究进展[J]. 中国图书馆学报，2012，38(3)：26-39.
[389] 谢佳，邓小昭，颜新祥. 电子政务信息生态系统失衡及其应对措施[J]. 西南师范大学学报(自然科学版)，2013，38(3)：138-142.

[390] 谢新洲. 联机公共检索目录系统的发展[J]. 中国图书馆学报，1992(2)：59-62.

[391] 谢阳群. 信息资源管理[M]. 合肥：安徽大学出版社，1999.

[392] 新华网. 全球大数据分析：75%的企业在做数据分析工作[EB/OL]. (2018-06-20)[2014-02-17]. http：//news. xinhuanet. com/info/2014-02/17/c_133120556. htm? prolongation=1.

[393] 新华网. 智慧城市大数据想要落地需破除三大障碍[EB/OL]. (2018-06-20) [2013-08-27]. http：//news. xinhuanet. com/info/2013-08/27/c_132667486. htm.

[394] 徐瑞鸿. 档案信息资源整合研究[J]. 兰台世界(17)：21-22.

[395] 杨经华. 高校图书馆信息服务应用云计算的 SWOT 分析[J]. 情报探索，2011(3)：37-38.

[396] 杨霞. 利用云计算创新图书馆信息服务[J]. 情报探索. 2011(1)：112-114.

[397] 杨兴凯，刘畅. 政府信息资源集成方法研究综述[J]. 电子政务，2013(5)：81-87.

[398] 杨雁，刘志. 基于 Mediawiki 的学科信息门户建设[J]. 现代图书情报技术，2007(12)：64-68.

[399] 易小华，刘杰，叶丹. 面向 MapReduce 的数据处理流程开发方法[J]. 计算机科学与探索，2011，5 (2)：161-169.

[400] 尤春花. 云计算环境下图书馆信息资源共享的挑战与对策[J]. 图书与情报，2011(4)：66-68.

[401] 袁红军. 云计算环境下数字参考咨询服务模式创新[J]. 情报理论与实践，2010(1)：89-91.

[402] 袁晔，郭晶，余晓蔚. Libguides 学科服务平台的应用实践和优化策略[J]. 图书情报工作，2013，57(2)：19-23.

[403] 曾小青. 公司治理、受托责任与审计委员会制度研究[D]. 厦门：厦门大学，2003.

[404] 张斌，马费成. 大数据环境下数字信息资源服务创新[J]. 情报理论与实践，2014，37(6)：28-33.

[405] 张丹丹，刘松柏. 高校图书馆信息资源整合体系的构成及分析[J]. 图书馆学研究. 2013(10)：48-53.

[406] 张东华. 网络环境下档案信息资源整合探讨[J]. 档案学通讯，2005(3)：74-77.

[407] 张广彬，盘骏，曾智强. 数据中心 2013：硬件重构与软件定义[EB/OL]. (2018-06-20) [2014-01-05]. http：//ftps. zdnet. com. cn/files/3/24234. pdf.

[408] 张军玲. 云计算环境下高校数字图书馆信息资源整合机制研究[J]. 图书馆学研究，2012(7)：25-28.

[409] 张凌超. 基于"云计算"的数字图书馆建设模式初探[J]. 图书馆学研究，2010(21)：39-42.

[410] 张梅，段建勇. 基于常用问题集的问答系统设计与实现[J]. 数据分析与知识发现，2011，27(9)：83-87.

[411] 张蒴. 云计算环境下信息资源共享模式研究[J]. 情报科学. 2010(10)：1476-1479，1495.

[412] 张启来，丛培才. 基于云计算的医疗信息系统研究[J]. 佳木斯大学学报(自然科学版)，2012(4)：570-572.

[413] 张小云. 云计算环境中可信服务模型及其关键问题研究[D]. 武汉：武汉大学，2013.

[414] 张晓娟，张于涛，张洁丽，等. 我国信息资源整合的研究热点分析[J]. 情报学报，2009，28(5)：791-800.

[415] 张秀，蒋建军. 基于云计算的高校数字化图书信息主动服务[J]. 内蒙古科技与经济，2010(23)：131-132.

[416] 张亚勤. 与云共舞——微软云计算的新进展[J]. 中国经济和信息化，2009(4)：12-13.

[417] 张燕萍. 高校图书馆信息资源整合现状及发展策略分析[J]. 现代情报，2007，27(8)：29-33.

[418] 张怡华，王兵. 基于联机公共检索目录纵向资源整合方式对比研究[J]. 成都信息工程学院学报，2010，25(1)：118-122.

[419] 张迎红，罗志武. 多源数据库集成系统中查询技术的研究[J]. 辽宁大学学报(自然科学版)，1995(3)：65-68.

[420] 章成志，苏新宁. 信息资源整合的建模与实现方法研究[J]. 现代图书情报技术，2005(10)：60-63.

[421] 章峰，王军，王宏安，等. 基于XML的企业信息集成平台实现及应用[J]. 计算机工程与应用，2001(24)：123-125.

[422] 赵冬梅. 图书馆信息资源整合[J]. 情报科学，2005，23(3)：362-366.

[423] 赵杰. "云计算"环境下图书馆信息资源共建共享模式初探[J]. 情报杂志，2010(2)：85-87.

[424] 赵英，姚乐野. 跨部门政府信息资源整合与共享路径研究——基于知识管理视角[J]. 情报资料工作，2014，35(5)：62-68.

[425] 赵悦，蔡超，丛姗. 稳固信息服务 开拓知识服务——英国国防科技研究院知识服务部转型启示[J]. 情报理论与实践，2011,34(10)：28-31.

[426] 赵云合，娄策群. 政务信息生态系统的功能[J]. 情报理论与实践，2012,35(5)：36-40.

[427] 郑华. 基于云计算架构面向领域的信息服务开发模式研究[J]. 图书情报研究，2011(1)：18-22.

[428] 郑燃，唐义，戴艳清. 基于关联数据的图书馆、档案馆和博物馆数字资源整合研究[J]. 图书与情报，2012(1)：71-76.

[429] 至顶网. Teradata发布业内首款整合大数据分析平台Teradata Aster[EB/OL]. (2018-06-20)[2014-06-09]. http：//ec. zdnet. com. cn/managesoft/2012/1129/2133617. shtml.

[430] 中国IDC圈. 大数据时代推动数据中心变革[EB/OL]. (2015-10-29)[2013-11-25]. http：//www. csdn. net/ article/a/2013-11-25/15817260.

[431] 中国互联网协会. 中国网站排名[EB/OL]. (2018-6-20)[2018-6-20]. http：//www. chinarank. org. cn/category/Rank. do? categoryid＝23196.

[432] 中国互联网信息中心. 中国移动互联网调查报告[EB/OL]. (2018-6-20)[2014-08-26]. http：//www. cnnic. cn/hlwfzyj/hlwxzbg/201408/P020140826366265178976. pdf.

[433] 中国信息产业网. 2012年中国公共云服务试产规模35亿，增长率73％[EB/OL]. (2014-06-19) [2013-04-17]. http：//www. cnii. com. cn/2013-04/17/content_1128053. htm.

[434] 钟宁，梁佩鹏，秦裕林，等. 数据驱动的科学发现的神经机制：一项fMRI研究[J]. 中国科学：生命科学，2009，39(3)：271-278.

[435] 周永红. 信息集成服务的含义、发展与主要类型[J]. 情报理论与实践，2007，30(5)：601-603.

[436] 周云，黄柯棣，胡德文. 动态数据驱动应用系统的概念研究[J]. 系统仿真学报，2009，21(8)：2138-2141.

[437] 祝庆轩，桑毓域，方昀. 基于云计算的档案信息资源共享模式研究[J]. 兰台世界，2011(15)：8-9.

[438] 邹嘉麟，陈家训. Web信息资源整合系统模型和方法[J]. 计算机工程，2004(12)：175-177.

索　引

瓮城：由护城墙发展而来的防御设施。便于从四面八方攻击包围城门的敌人。多为半圆形，形似瓮，故得名“瓮城”。三国之后才开始出现。

护城墙：防止城门直接暴露在外面而建起的以有效避免撞车等器械攻破城门。优势在于人毫无察觉的情况下开闭城门。出现的较早

女墙：设置在城墙上的凹凸矮墙。避敌人射来的箭，并攻击城下的敌孔不仅便于射击，还能嵌住敌人的

城墙的防御设施

为了增强城墙的防御效果，在城门和容易受到敌人攻击的地方均设置特殊的防御设施。

城墙承担了大部分的防御功能。为了便于应战，在城墙的边缘设置了女墙。而为了击退爬上城墙的敌兵，还设置了马面和角楼等突出于城墙之外的部分。

中国的城垣攻防战开始得很早。在成书于春秋末年的《孙子兵法》中，就明确提出了“攻城之法为不得已”的观点（从下图中即可看出，古代城垣防御确实坚固，正面进攻定会付出惨重代价）。《孙子兵法》之所以被称为“兵学圣典”，正是因为它来源于客观的战争实践。

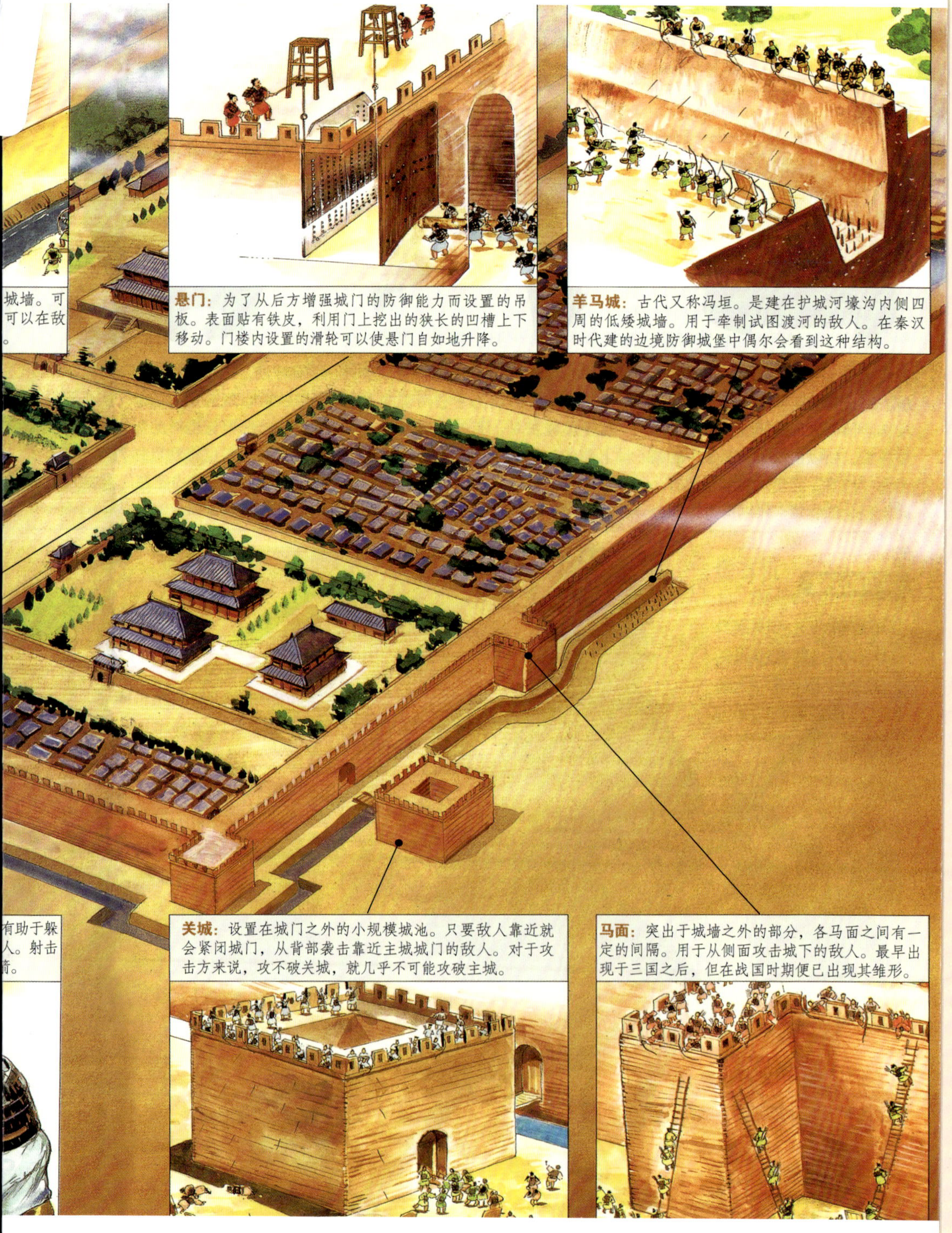

城墙。可
可以在敌
。

悬门：为了从后方增强城门的防御能力而设置的吊板。表面贴有铁皮，利用门上挖出的狭长的凹槽上下移动。门楼内设置的滑轮可以使悬门自如地升降。

羊马城：古代又称冯垣。是建在护城河壕沟内侧四周的低矮城墙。用于牵制试图渡河的敌人。在秦汉时代建的边境防御城堡中偶尔会看到这种结构。

有助于躲
人。射击
箭。

关城：设置在城门之外的小规模城池。只要敌人靠近就会紧闭城门，从背部袭击靠近主城城门的敌人。对于攻击方来说，攻不破关城，就几乎不可能攻破主城。

马面：突出于城墙之外的部分，各马面之间有一定的间隔。用于从侧面攻击城下的敌人。最早出现于三国之后，但在战国时期便已出现其雏形。

图说 孙子兵法

影响世界的中国谋略经典

孙武 / 著

唐中杰 / 编

天津出版传媒集团

天津人民出版社

图书在版编目（CIP）数据

图说孙子兵法 / 孙武著 ; 唐中杰编. -- 天津 : 天津人民出版社, 2018.5（2023.2重印）

ISBN 978-7-201-13207-5

Ⅰ.①图… Ⅱ.①孙… ②唐… Ⅲ.①兵法－中国－古代②《孙子兵法》－研究 Ⅳ.①E892.2

中国版本图书馆CIP数据核字(2018)第067220号

图说孙子兵法

TUSHUO SUNZI BINGFA

出　　版　天津人民出版社
出 版 人　刘　庆
地　　址　天津市和平区西康路35号康岳大厦
邮政编码　300051
邮购电话　（022）23332469
电子信箱　reader@tjrmcbs.com

责任编辑　玮丽斯
原　　著　孙　武
编　　者　唐中杰
监　　制　黄　利　万　夏
营销支持　曹莉丽
装帧设计　紫图装帧

制版印刷　天津中印联印务有限公司
经　　销　新华书店
开　　本　787毫米×1092毫米　1/16
印　　张　20
字　　数　300千字
版次印次　2018年5月第1版　2023年2月第4次印刷
定　　价　79.90元

编者序

世界第一兵书:《孙子兵法》

《孙子兵法》也被称为《孙子》《吴孙子兵法》或《孙武兵法》等，是中国历史上一部著名的兵书。《孙子兵法》成书于春秋末期，为吴国军事家孙武所著，距今已有2500年左右的历史，可谓源远流长，因而被称作"世界古代第一兵书"。《孙子兵法》全书共约6000字，分为十三篇，每篇阐述一个论题，论题与论题之间环环相扣，十三篇合在一起便形成了一整套完整的军事理论体系。难能可贵的是，仅这区区数千言便产生了巨大的影响。时至今日，这种影响已不仅仅局限在军事领域，而是扩展到了社会生产生活的各个方面。可以这样说，凡是有博弈存在的领域，都可以看到孙子那充满智慧的影子。总结起来，《孙子兵法》的影响可以归纳为两个方面。

一、对军事领域的影响。《孙子兵法》是中国传统兵学的奠基之作，被历代兵家奉为百世谈兵之祖。《孙子兵法》开创了人类历史上第一个完备的军事理论体系，它阐明了中国传统兵学的精髓，指明了后世兵学的发展方向。正如明人茅元仪指出的："前孙子者，孙子不遗；后孙子者，不能遗孙子。"中国兵学在不同的历史时期虽都有所发展，但都没能突破孙子的思维而建立一个新的兵学体系。《孙子兵法》被尊为"百世兵经"，孙武被尊为"兵学鼻祖"，其原因正在于此。《孙子兵法》在热核时代乃至信息化战争时代，依然具有理论和实践的双重指导意义。此外，《孙子兵法》

还走出国界，引起了世界范围的广泛关注。20 世纪中叶以后，西方军事家频频运用孙子的思想来研究军事问题。从李德·哈特的《战略论》到约翰·柯林斯的《大战略》和布热津斯基的《运筹帷幄》，都可以明显地看到孙子的思想。《孙子兵法》中的某些观点，如“不战而屈人之兵”的全胜战略，强调慎重对待战争和控制战争的思想，注重联盟战略的“伐交”思想等，在“和平与发展”的时代主流中，显示出更加宝贵的价值。

二、对其他领域的影响。早在战国时期，白圭便运用孙子的思想来经商并获得了成功。产生于北宋的《棋经十三篇》则是仿《孙子兵法》十三篇而著的围棋理论著作。《孙子兵法》在非军事领域的运用研究至 20 世纪下半叶出现了高潮。50 年代，日本出现了“兵法经营管理学派”，其影响迅速扩散到世界各地，形成了经济领域《孙子兵法》研究的热潮。此外，人们还从哲学、医学、体育竞技、系统科学、决策学、心理学、语言学、数学、预测学、行为学等学科角度来研究《孙子兵法》，都取得了丰硕的成果。

《孙子兵法》作为一部兵书，能够在非军事领域产生如此巨大的影响，原因在于它将军事领域中的具体原则高度提炼，上升到哲理的高度，从而具有普遍的指导意义。具体点说，就是孙子具有朴素的唯物主义战争观和军事辩证思想。

如前所述，《孙子兵法》中的谋略现在已被人们广泛地运用到了经济、社会生活的各个层面，其现实意义不言而喻，但它对于现代人来讲却又不乏深奥艰涩之处。因此，我们选择了一种最便于读者理解的“图解”形式的编辑手法，来解读这本古代经典。这种形式的特点是：

①用更贴近生活的语言，为您扫除古代汉语所带来的阅读障碍。

②用图像、流程表、表格将您的阅读视角从线性的文字方式带进三维的立体空间。

③将文字、图表等丰富但零碎的各种视觉元素组成一个完整的有机体。

此外，本书还将《孙子兵法》中的艰深理论与战争实践相结合（即在正文中穿插了或以专题的形式介绍了许多古代的军事常识和战例战术），使读者更为顺畅且细微地了解《孙子兵法》的精微奥义。

我们相信，对于读者而言，本书的出版将使您对《孙子兵法》这本古老经典产生全新的、更为深入的认识，而我们帮助您重新认识《孙子兵法》所采用的方式，却是轻松而愉悦的。当然，由于《孙子兵法》本身的复杂性，而且限于编者自身的能力水平，本书在编写过程中难免会出现一些纰漏。我们在此诚恳地希望读者能提出宝贵意见，以便我们在今后的工作中加以改进。

编者谨识

2018 年 3 月

中国古代的舰队

中国最早直接投入水战的水军，出现于春秋时期（前6世纪），当时吴国为了抵抗楚国入侵而组建了水军。春秋时期战船的种类与形制就已相当齐备了，并在以后的发展中愈加完善。下面就详细介绍一下中国古代舰队的典型组成形态。

赤马

又称“赤马舟”。东汉刘熙《释名》曰：“轻疾者曰赤马舟，其体正赤，疾如马也。”赤马，如马在陆地上奔驰，行速很快，是一种高速战船。

艨冲

中国古代具有良好防护作用的进攻性快艇。又作艨艟、蒙冲。《释名·释船》载：“外狭而长曰蒙冲，以冲突敌船也。”可见艨冲船形狭而长，航速快，专用以突击敌方船只。艨冲有三个特点：

①以生牛皮蒙背，具有良好的防御性能。

②开弩窗矛穴，具有出击和还击敌船的作战能力。

③以桨为动力，具有快速航行的性能。

露桡

有时又称“冒突露桡”。史云：“露桡，谓露楫在外，人在船中；冒突，取其触冒而唐突也。”它有较完备的防护设施，主要用于袭击敌船。东汉初，岑彭在攻伐公孙述的水战中，这是主要的船型之一。

斗舰

又简称“舰”。《释名》曰:“上下重牀曰舰，四方施板以御矢石，其内如牢槛也。”东汉末年，刘表治水军时就曾建制艨冲、斗舰以千数。

楼船

是各类战船中最大的。楼船不但外观高大，而且列矛戈、树旗帜，戒备森严，攻防皆宜，是一座真正的水上堡垒。由于楼船身高体大，具威慑力，一般用作指挥船，只是它的行动不够灵便，在水战中，必须与其他战船互相配合。楼船的甲板上有三层建筑，每一层的周围都设置半人高的防护墙。第一层的四周又用木板围成“战格”，防护墙与战格上都开有若干箭孔、矛穴，既能远攻，又可近防。

中国历代甲胄赏析

我国古代创造了种类丰富的各式防护类装备。这些防护类装备经过数千年的演变，无论是制造技术，还是防护效果，都有了很大程度的提高，成为我国古代兵器的重要组成部分。

秦代军吏铠

秦代甲胄可以分为皮质和铁质两种，而且，秦军甲胄的形制是不同身份级别的将士会有不同甲衣的配备。

汉代兵士铠

汉代铁甲在编制工艺上日益精湛，而且铁甲的锻造技术也不断提高。不仅如此，汉代铁甲的生产量也很大，能够达到军队中一人一领的程度。

北朝两裆铠

南北朝时期，随着重装骑兵的崛起，适用于骑兵装备的“两裆铠”极为盛行，逐渐成为铠甲中的重要类型。

隋唐时期的甲胄

此一时期的甲胄，讲究外观华美，往往涂上金漆或者绘有各种花纹。

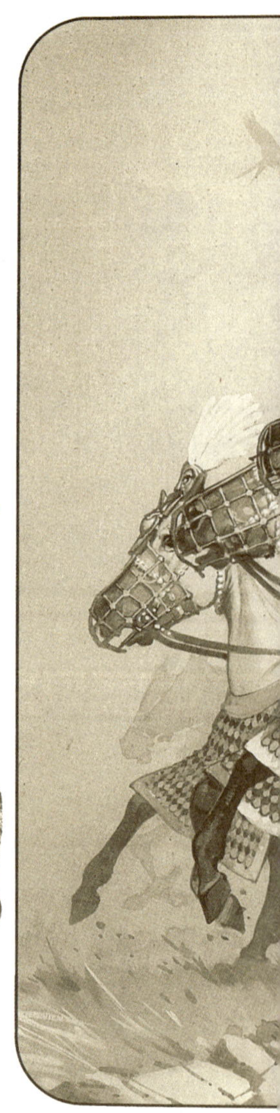

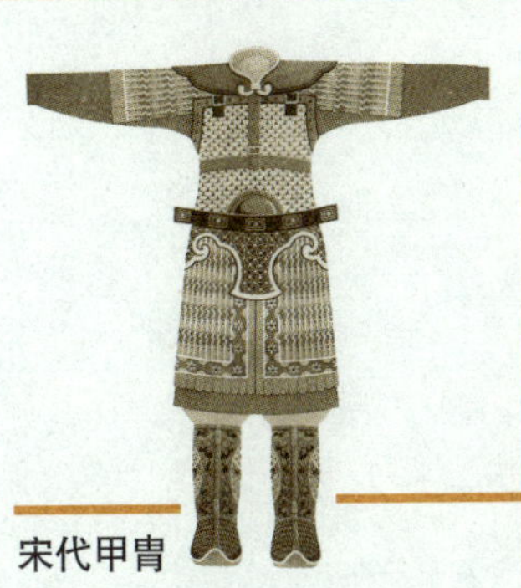

宋代甲胄

宋代甲胄已经非常完善。有一种名为瘊子甲的，十分坚硬，在五十步以外用强弩射之，都不能射穿。

明代甲胄

明代是甲胄由重向轻转变的时期。这时有一种“绵纸甲”，这种甲分量虽轻，却能有效地防御火铳的攻击。

清代甲胄

清代是轻甲发扬光大的时期，高缨尖胄、嵌满泡钉的宽大绵甲构成了清代甲胄的主要特征。

目录

第2章 《孙子兵法》各篇详解

五、势篇 /92

六、虚实篇 /106

七、军争篇 /116

八、九变篇 /132

九、行军篇 /144

本书阅读导航

本小节主标题
本小节所要探讨的主题

小节序号
小节序号清晰地提出该文在本章本节下的排列序号。

章序号
本书每章分别采用不同色块标识，以利于读者寻找识别。同时用醒目的序号提示该章在本书中的排列序号。

正文
通俗易懂的文字，让您轻松阅读。

图说孙子兵法

第2章

④ 令之以文，齐之以武

将帅的治军方法（一）

卒未亲附而罚之，则不服，不服则难用也；卒已亲附而罚不行，则不可用也。故令之以文，齐之以武，是谓必取。令素行以教其民，则民服；令不素行以教其民，则民不服。令素行者，与众相得也。

军队“以治为胜”，不经过整治训练的军队不过是乌合之众，不堪一击。为此，孙子在《行军篇》中提出了治理军队的一系列行之有效的原则与方法。

令之以文，齐之以武

这是孙子治军思想的核心，既强调“文”的一手，要求用仁德、道义教育士卒，使之从思想上明白为什么要打仗等一系列重要的问题；同时又强调“武”的一手，要求用军纪、军法来统一士卒的行动步调，使之形成一股整体的力量。孙子认为，军队只要“令之以文，齐之以武”，就可以所向披靡，取得胜利。中国远古时代有三次著名的征战：夏启战有扈氏，商汤伐夏桀，周武王伐商纣，就非常突出地表现了“令之以文，齐之以武”的治军思想。夏启、商汤、周武王在宣誓起兵时都首先对士兵进行政治教育，强调讨伐战争的正义性。以武王伐纣为例。周武王在决战前对全体将士说：“现在殷纣王废弃祖先的享祭，不报答神恩；舍去他的国家，不信任自己的兄弟，却对天下的罪犯都很尊重和信任，让他们来暴虐百姓，扰乱社会。我现在讨伐他就是执行上天对他的惩罚。”在进行政治教育的同时，他们又都颁布了严明的军事纪律。例如，周武王说：“如果有谁不听从命令，那么他将会受到惩罚。”正是靠着正面的道德教育和严明的军事纪律，夏启、商汤、周武王才能最终战胜各自的对手，建立新的王朝。

令素行以教其民

“令之以文，齐之以武”不是仅靠一次战斗动员就能完成的。在夏启、商汤、周武王做临战动员前，实际上对军队士卒早已进行过大量的、长期的教育训练工作。正是在这个意义上，孙子进一步强调“令素行以教其民，则民服；令不素行以教其民，则民不服”。强调了平时就加强对民众与士卒教化训练的重要性。

158

图解标题

针对内文所探讨的重点图解分析，帮助读者深入领悟。

赏罚分明是治军的一大原则

严明的军事纪律是使军队保持强大战斗力的保证。而一支军队要保持严明的纪律，最重要的是要做到赏罚分明。赏罚分明通常包括两重含义：一是对什么事该赏，对什么事该罚，这二者要明确；二是确保该赏的时候就赏，该罚的时候就罚，不要因人而异。将帅赏罚分明，部下就会拥护他，军队就有战斗力；将帅赏罚不明，部下就会抵触他，军队就没有战斗力。

插图

将较难懂的抽象概念用具象图画表示，让读者可以尽量形象直观地理解原意。

相关链接

在《三国演义》一书中蜀汉丞相诸葛亮挥泪斩马谡的故事就是一个赏罚分明的典型例子。马谡是诸葛亮的军事参谋，同时也是他的好朋友，可谓是诸葛亮的左膀右臂。但是马谡大意失街亭（一个重要的军事据点），致使蜀军的粮道被断，从而最终导致了蜀军北伐魏国的行动失败。于是，诸葛亮坚决地按军法行事——杀了马谡。

相关链接

本书的名词及概念解说。

战国时期秦国的军功奖励制度

屯长	百将	五百将	主将
5名战士被编入一个名册，是为一伍。伍的长官就是屯长。	是指指挥100名战士的军事长官。	是指指挥500名战士的军事长官，可以享有50名卫兵的待遇。	是指指挥1000名战士的军事长官，可以享有100名卫兵的待遇。

因作战不力而受惩罚 / 因作战有功而受奖励

其战，百将、屯长不得，斩首	得三十三首以上，盈论，百将屯长赐爵一级
在作战时，百将和屯长作战不力，就斩首。	得到了33颗敌人的首级，则达到了规定的数目，百将和屯长就升一级爵位。

159

图表

将隐晦、生涩的叙述，以清晰的图表方式呈现。此方式是本书的精华所在。

《孙子兵法》与“海湾战争”

《孙子兵法》自诞生之日起就产生了很大影响，原因就在于它揭示了战争的普遍规律，构建了世界上第一个完备的军事理论体系。时至今日，人类战争已步入信息化、热核化时代，《孙子兵法》的影响力依然不减。发生于20世纪90年代初的“海湾战争”是自二战之后规模最大的一场常规战争，也是一场典型的信息化高技术局部战争。交战中，敌对双方在战争的各个阶段所运用的军事谋略都在不同程度上体现了孙子的智慧。

伊拉克共和国国旗

伊拉克概况

国土面积43.83万平方公里，人口数量3600万，其中95%以上信奉伊斯兰教。全国划分为18个省，首都巴格达是全国最大的城市和政治、经济中心。石油工业是其国民经济的命脉，目前已探明的石油储量达1530亿桶，居世界第5位。

科威特国旗

科威特概况

国土面积17818平方公里，人口数量423.9万，其中85%信奉伊斯兰教。科威特为君主制国家，国家元首埃米尔由萨巴赫家族世袭。全国划分为6个省，首都科威特是全国的政治、经济和文化中心。科威特的经济支柱是石油工业，其已探明石油储量居世界第6位。

“海湾战争”的原因

地理位置、石油资源和宗教影响，这三大因素确定了中东地区在世界政治、经济和军事上的重要战略地位，并因此长期成为世界列强和大国觊觎的对象，也是强权政治、霸权主义和扩张势力激烈较量的竞技场。伊拉克在长达八年与伊朗的战争中耗尽了国力，急欲通过扩张来补充。同时，伊拉克的执政党——阿拉伯复兴社会党又一直以建立一个统一的阿拉伯国家为任务。这两个因素都促使伊拉克向其富庶而弱小的邻国科威特伸出了侵略之手。但是，这破坏了美国的根本利益，即通过控制中东建立以美国为首的国际新秩序。于是，冲突不可避免，大战一触即发，“海湾战争”的大幕徐徐拉开……

由于美国运用成功的“伐交”谋略，最终组建起了一支广泛的、规模庞大的反伊联盟多国部队。参加
达到 39 个，兵力高达 100 多万人。其具体情况见下表。

各种固定翼飞机：2790 架

直升机：2000 余架

各型舰艇：210 余艘

第1章

关于《孙子兵法》

《孙子兵法》开创了人类历史上第一个完备的军事理论体系，被历代兵家奉为百世谈兵之祖。直到现在，《孙子兵法》依然具有理论和实践的双重指导意义。20世纪中叶以后，西方军事学家频频运用孙子的思想来研究军事问题。《孙子兵法》是一部兵书，但其影响又绝不仅限于军事领域。人们从哲学、医学、体育竞技、系统科学、决策学、心理学、语言学、数学、预测学、行为学等学科的角度来研究它，都取得了丰硕的成果。

本章从《孙子兵法》的影响、哲学根据、诸家注本以及产生的时代背景等多个层面对其进行说明，以使读者在深入研读之前，对它先有一个全面系统的认识。

第一节 《孙子兵法》的影响

① 兵学鼻祖，一书多能

《孙子兵法》对世界的影响

《孙子兵法》成书于春秋末期，号称“兵学圣典”和“世界古代第一兵书”，不仅是中国的谋略宝库，在世界上也久负盛名。美国军事理论家约翰·柯林斯在其著作《大战略》中说：“孙子是古代第一个形成战略思想的伟大人物……今天没有一个人对战略的相互关系、应考虑的问题和所受的制约比他有更深刻的认识。”

《孙子兵法》

《孙子兵法》亦称《孙子》《吴孙子兵法》《孙武兵法》，为春秋末期孙武所作。《孙子兵法》全书共约6000字，13篇，分别为：计篇、作战篇、谋攻篇、形篇、势篇、虚实篇、军争篇、九变篇、行军篇、地形篇、九地篇、火攻篇、用间篇。

《孙子兵法》对军事的影响

《孙子兵法》是中国传统兵学的奠基之作，被历代兵家奉为百世谈兵之祖。《孙子兵法》开创了人类历史上第一个完备的兵学体系（军事理论体系），它阐明了中国传统兵学的精髓，指明了后世兵学的发展方向。正如明人茅元仪指出的：“前孙子者，孙子不遗；后孙子者，不能遗孙子。”中国兵学在不同的历史时期虽都有所发展，但在西方军事理论传入以前，都没能突破孙子的思维而建立一个新的兵学体系。而且从实践的层面看，《孙子兵法》被用于实战的例子在历史上更是不绝于书。《孙子兵法》被尊为“百世兵经”，孙武被尊为“兵学鼻祖”，其原因正在于此。

真理不会因为时代的变迁而失去价值。《孙子兵法》在热核时代乃至信息化战争时代，依然具有理论和实践的双重指导意义。从毛泽东的十大军事原则、积极防御理论到我国现行的战略方针、作战条令，无不留有孙子思想

《孙子兵法》产生的时代背景

《孙子兵法》的作者孙武是一位生活在春秋时期的伟大的、世界级的军事理论家。他取得的成就并不是偶然的，是和他所生活的时代密不可分的，可以说是那个时代造就了他。那么春秋时期是一个怎样的时代呢？那是一个战争的时代！

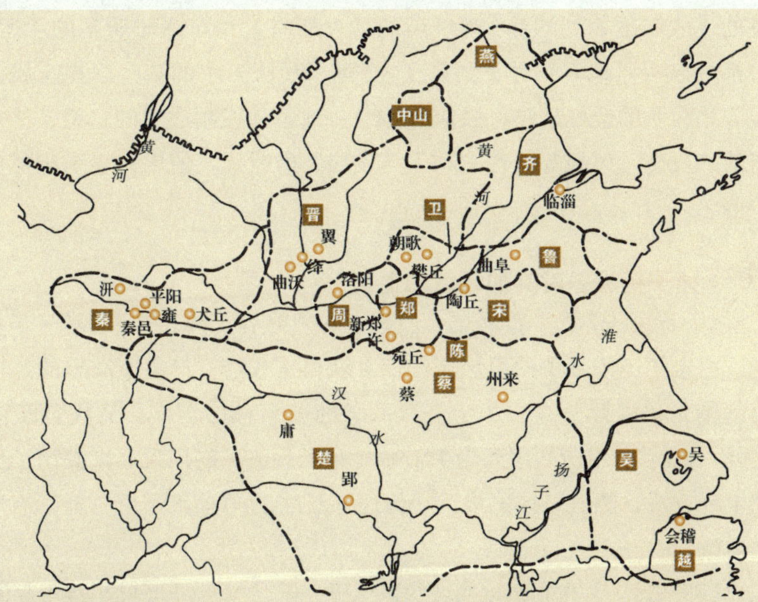

西周之后的春秋战国时期，是中国从奴隶社会向封建社会的过渡时期，也是一个充满战乱和攻伐的时期。在周朝初年本来有大小国家 170 多个，互相吞并的结果是到春秋末期，已经减少了十分之九；春秋时期总共不过 242 年，史书所记载的战争就有 213 次之多；170 多个国家，剩下来的也只有十几个了。（图中所显示的正是春秋时期的主要国家。）

春秋时期的国家等级

级别	面积	军队规模
公爵国	拥有方圆一百里的土地	可以组织三军
侯爵国	拥有方圆一百里的土地	可以组织三军
伯爵国	拥有方圆七十里的土地	可以组织二军
子爵国	拥有方圆五十里的土地	可以组织一军
男爵国	拥有方圆五十里的土地	可以组织一军

名词解释

西周的爵位

在西周之初，周朝的第一代天子武王将官员分为公、侯、伯、子、男五个等级。这些官员都各自管理大小不等的土地，并且可以组织自己的军队。实际上，这些官员本身就是国王。

的深深印记。《孙子兵法》还走出国界，引起了世界范围的广泛关注。20世纪中叶以后，西方军事家频频运用孙子的思想来研究军事问题。从李德·哈特的《战略论》到约翰·柯林斯的《大战略》和布热津斯基的《运筹帷幄》中都可以明显地看到孙子的影子。《孙子兵法》中的某些观点，如“不战而屈人之兵”的全胜战略，强调慎重对待战争和控制战争的思想，注重联盟战略的“伐交”思想等，在“和平与发展”的时代主流中，显示出更加宝贵的价值。

《孙子兵法》对其他领域的影响

《孙子兵法》是一部兵书，但其影响又绝不仅限于军事领域。早在战国时期，白圭便运用孙子的思想来经商并获得了成功。产生于北宋的《棋经十三篇》则是仿《孙子兵法》十三篇而著的围棋理论著作。清代名医徐大椿的《医学源流论·用药如用兵论》借鉴《孙子兵法》的用兵原则提出了用药治病的十种方法，颇有见地。最后，他还感慨地说：“孙武子十三篇，治病之法尽之矣！”

《孙子兵法》在非军事领域的运用研究至20世纪下半叶出现了高潮。50年代，日本出现了“兵法经营管理学派”，其影响迅速波及世界各地，形成了经济领域《孙子兵法》研究的热潮。此外，人们还从哲学、医学、体育竞技、系统科学、决策学、心理学、语言学、数学、预测学、行为学等学科角度来研究《孙子兵法》，都取得了丰硕的成果。

《孙子兵法》作为一部兵书能够在非军事领域产生如此巨大的影响，原因在于它将军事领域中的具体原则高度提炼，上升到哲理的高度，从而具有了普遍的指导意义。经过数千年的时间，《孙子兵法》中的思想已成为一种文化积淀，深深地影响着人们的行为和思维。

《孙子兵法》在各方面对后世的影响

《孙子兵法》可谓中国古代文化中的一朵奇葩。它言兵但又不限于言兵。以现代的学科分类来看，其对后世的军事学、医学、经济学、体育竞技、文学、哲学、系统科学、决策学、心理学、数学、预测学、行为学等都有不同程度的影响。

任何人、任何事物都是时代的产物，《孙子兵法》也不例外。正是动荡的春秋时期提供的土壤，才孕育了《孙子兵法》这棵繁茂的参天大树。

❷ 兵法经营管理学派

《孙子兵法》对经济领域的影响

《孙子兵法》是一部专门研究作战、揭示战争规律的军事著作。但是，孙子总结出来的许多用兵之道也完全适用于经济管理。实际上，《孙子兵法》本身就是一部管理巨著，涉及领导艺术、组织管理、战略决策、行销谋略等诸多领域。

先秦时期的著名商人及思想家陶朱公、白圭，就已将《孙子兵法》中的许多原理成功地应用于商业上的经营管理，并以其为根据提出了“积著之理”和“治生之术”阐述了中国古代商业经营思想。研究这些理论不难发现，其中的许多内容，如“择人而任势”“人弃我取，人取我与”等，都是从《孙子兵法》中移植过来的。而且白圭说：“吾治生产，犹伊尹、吕尚之谋，孙吴用兵，商鞅行法是也。”可见，他在实际经商活动中是有意识地从孙吴的兵法中寻求指导和借鉴的。

进入现代社会以后，许多发达的资本主义国家也都不约而同地把《孙子兵法》运用到改善企业的经营管理上去。比如在日本，20 世纪 50 年代甚至出现了一个“兵法经营管理学派”，其影响迅速扩散到世界各地，形成了经济领域《孙子兵法》研究的热潮。某些大公司甚至直接用《孙子兵法》作为轮训中层以上管理人员的教材。据《世界经济导报》1983 年 1 月 24 日报道，中国有一个企业管理代表团访日时曾问起日本的企业管理经验，日方人员回答说，我们的经验来自你们中国，并送了一本书给中国代表团。代表团的人打开书一看，原来是一本《孙子兵法》。

美国是又一个将《孙子兵法》普遍用于企业经营管理中的国家。克劳德·小乔治在其 1972 年出版的著作《管理思想史》中就专门提到《孙子兵法》在用人方面的论述，对今天的企业管理有很大的价值。他甚至说：“你若想成为管理人才，必须读《孙子兵法》。”1979 年，美国学者胡伦在其所著的《管理思想的发展》一书中，推崇《孙子兵法》内含的经济管理思想，说孙子谈到率领军队需分层次，军官需分等级，并用锣、旗、焰火来传递消息。这说明孙子已经处理好直线领导与参谋的关系，这正是现代化企业管理所追求的组织理论。

《孙子兵法》用于商战一例

早在先秦时期就产生了以《孙子兵法》为理论依据的经济学方面的专著。而且，《孙子兵法》当中的思想也早已被广泛地应用于实际商战，并取得巨大成功。下面就举一例以示说明。

王光英是我国著名的爱国实业家，他曾任光大实业公司（现光大集团）的董事长。光大公司有一个重要的战略目标，就是购买世界各地物美价廉、技术先进又符合我国需要的二手设备。有一次，光大公司得到了一个信息：有一批二手汽车出售，但地址、价格、型号、数量均不详。于是，王光英立即指示员工对这一消息进行持续跟踪。

兵法运用：知己知彼和兵贵神速。

几天之后，王光英就收到最新报告：在南美智利，一家铜矿将要倒闭。矿主准备将其刚买的美国“道奇”、德国“奔驰”等各类重型卡车，共计1500辆，全部低价出售，以偿还债务。王光英为了抢在其他公司前面，立即派出业务小组并授予其全权决定的大权。只对他们说了一句话：“只要质量好、价格便宜，你们说了算！”

兵法运用：兵贵神速和“将在外，君命有所不受”。

业务小组到达智利后，随即迅速与矿主展开谈判，最终以原价38%的低价将这批汽车全部买进。仅此一项，光大公司就赚了2500万美元。

总结： 光大公司在这场生意中分别用到了以下策略：①知彼知己。在得到消息后，王光英立即指示不间断地寻找重要的信息点。②将在外，君命有所不受。商场如战场，时间就是金钱，各种情况瞬息万变，授予对方“前线指挥权”是十分必要的。③兵贵神速，此思想贯穿于始终。此次行动，前后不过3个月的时间，可以说是关键中的关键。

陶朱公就是范蠡，春秋时期越国的大政治家。在帮助勾践复国后，弃官而去。他到了当时的商业中心陶（即今山东的定陶县）定居，自称“朱公”，人们称他陶朱公。他在这里很快就表现出了非凡的经商才能。在19年内有三次赚了千金之多。但他赚了钱，就从事各种公益事业。他的行为使他获得“富而行其德”的美名，成为几千年来中国商业界的楷模。

白圭，名丹，战国人，曾在魏国做官，后来到齐国、秦国。《汉书》中称他为中国商业鼻祖，即“天下言治生者祖”。他也是一位著名的经济谋略家和理财家。白圭提出了一套经商致富的原则，即“治生之术”，其基本原则是“乐观时变”，主张根据丰收歉收的具体情况来实行“人弃我取，人取我与”。

③ 从东方到西方

《孙子兵法》对世界军事的影响

《孙子兵法》是中国古籍在世界范围影响最大、最广泛的著作之一。它以悠久的历史、丰富的内容和精辟的论断，受到了当代世界各国军事家的赞赏，甚至许多国家的军事院校都把它作为必读之书。

《孙子兵法》最早传入日本，然后传入朝鲜，18 世纪以后又传入西方各国。

据考证，《孙子兵法》于 6 世纪即已传入日本，但并不完整。真正对《孙子兵法》在日本的传播做出突出贡献的是日本学者吉备真备（695－775 年）。他于 716 年作为遣唐留学生来到中国，在中国学习了 19 年的经史诸学之后，携带包括《孙子兵法》在内的许多中国古代著作返回日本。《孙子兵法》传入日本后，产生了很大影响，并成为日本主要的军事指导思想。日本人更是把孙武称为“武圣人”，认为“苟如讲兵法，则莫如于孙子焉”。10 世纪以后，在日本学者和武将中兴起一股研读中国兵书之风，其中又以对《孙子兵法》的研读最为热烈。著名学者大江匡房便是其中的佼佼者。相传由他所著的《斗战经》，被称为日本历史上首部军事理论著作。这部著作深受《孙子兵法》的影响，是一部将中国古代兵法与日本军事熔为一炉的“不朽之作”。日本战国时代的名将武田信玄，号称是日本的“孙子”。他平素敬奉孙子为“尊师”，将“风、林、火、山”四个字写在军旗上，代表《孙子兵法》中的名句“其疾如风，其徐如林，侵掠如火，不动如山”。进入现代以来，《孙子兵法》依然对日本的军事思想影响巨大。比如在日俄战争中，日本联合舰队司令东乡平八郎，就运用《孙子兵法》中“以逸待劳，以饱待饥”的原理指挥作战，结果在日本海大海战中全歼俄国太平洋第二分舰队。

《孙子兵法》的西传最早传入法国。1772 年，法国神父约瑟夫·丁·阿米欧在巴黎翻译出版了《中国军事艺术》丛书，其中就有《孙子十三篇》，产生很大影响。拿破仑失败后被放逐在圣赫勒拿岛上，据说有一天他在读完《孙子兵法》后，叹息道：“倘若我早日见到这部兵法，我是不会失败的。”

《孙子兵法》对日本的影响

中华文明在日本的发展史上具有巨大影响。《孙子兵法》作为中华文明的优秀代表早在6世纪就已传入日本，并且产生深远影响，直至今日。

古代

① 6世纪

中国兵书《孙子兵法》《三略》等传入日本，但并不完整。527年，日本继体天皇在其颁发的讨伐叛军的诏令中这样写道：“大将，民之司命，社稷存亡，于是乎在。”这种措辞显然受到了《孙子兵法》的影响。

② 8世纪

吉备真备

735年，遣唐留学生吉备真备携带《孙子兵法》回到日本，从此《孙子兵法》完整地传入日本。760年，淳仁天皇命令以《孙子兵法》为旨训练军队。从此，《孙子兵法》成为朝廷的秘藏。

③ 10世纪

日本学者和武将中兴起研究《孙子兵法》的热潮，大江匡房是其中的代表。他将《孙子兵法》中的核心思想与当时的日本军事熔为一炉，写成兵法《斗战经》。该书被称为是日本历史上首部军事理论著作。

④ 16世纪

日本战国时代的名将武田信玄十分崇拜孙子，并以孙子为师。他在其军旗上写下“风、林、火、山”四个字，代表孙子名言“其疾如风，其徐如林，侵掠如火，不动如山”，常以此自勉。

近代

⑤ 20世纪

明治时代海军战略战术的奠基人之一佐藤铁太郎写了《意译孙子》一书。他说：“在古今中外的兵书中，《孙子兵法》是论战略最宏伟而且最容易深入研究的好书。”

⑥ 1917年

日本陆军中将落合丰三郎完成《孙子例解》一书的编纂。日本海军将此书指定为教育常备图书，发放驱逐舰以上的全部海上部队、学校及各地所有机关和部队。

⑦ 一战之后

日本海军大学的讲义中突出了克劳塞维茨的歼灭战思想，加上德国的生存空间理论和“皇军思想”的增强，日本的国防观发生了重大变化，国防的目的由保卫国土、主权和人民变成了保卫“天皇”和“国体”。因此，《孙子兵法》的影响渐渐消退。

现代

⑧ 二战之后

日本战败，研究《孙子兵法》的热潮又逐渐兴起。日本海军大学战略教官德永荣少将写了《孙子的真实》，防卫大学教授掘之北重成写了《古文孙子解释》。他们一致认为：在高度评价孙子的时代，海军极其强大；而当开始冷落孙子的时候，海军便开始堕落。

⑨ 近年来

日本各界对《孙子兵法》的研究又兴热潮。佐藤坚司的《孙子之思想史的研究》和服部千春的《孙子兵法校解》是其中具有代表性的力作。20世纪50年代甚至出现了一个“兵法经营管理学派”，其影响迅速波及世界各地，出现了经济领域《孙子兵法》研究的热潮。

1905年，《孙子兵法》最早的英译本出版。在西方世界中，英国对《孙子兵法》的研究最深入。在全世界所有《孙子兵法》的外文本中，也以英国出版的英译本影响最大。

1910年，由布鲁诺·纳瓦拉翻译的《孙子兵法》德文本在柏林出版。书名为《中国古典兵家论战争的书》。德国著名的军事理论家克劳塞维茨也受了《孙子兵法》很大影响，在其著作《战争论》中就显示了许多孙子的思想。

美国对《孙子兵法》的研究开展得较晚，开始于20世纪40年代二战结束。随着科技的发展，核武器、导弹等新式武器出现。这些都极大地改变了传统的作战形式和规律，西方的传统军事战略理论已经过时，而《孙子兵法》因其博大精深的军事哲理内涵，吸引着西方军事战略学家，从中寻找解决现实问题的方法。美国国防大学战略研究所所长约翰·柯林斯在他1973年出版的著作《大战略》中说道："孙子是古代第一个形成战略思想的伟大人物……直到今天，也没有一个人对战略的相互关系、应考虑的问题和所受的限制比他有更深刻的认识。他的大部分观点在我们当前的环境中仍然具有和当时同样重大的意义。"目前美国的国防大学、西点军校等都把《孙子兵法》列为战略学和军事理论方面的一本必读书。不仅在理论学习上，《孙子兵法》中的战略思想也已尽可能地被美国人应用于现实的国际斗争中。美国前总统老布什就是《孙子兵法》的崇拜者之一。1990年8月"海湾战争"爆发后，《洛杉矶时报》记者采访老布什，发现在他的办公桌上摆着两本书，一本是《恺撒传》，而另一本就是《孙子兵法》。还有，老布什上台后实行了不少政策，如对社会主义国家实行和平演变战略，实际上也是应用了孙武"不战而屈人之兵"的战略思想。1983年2月19日，美联社报道美国军方根据孙子"兵贵神速，攻其无备，出其不意"的谋略，制定了强调速度、机动和深入敌后的新战术。更为引人注目的是，西方的战略家竟对《孙子兵法》做了全新的解释，制定出了所谓的"孙子核战略"！两千多年前冷兵器时代的孙武，竟成了西方制定核时代战略战术的精神支柱，这是孙武万万不会想到的啊！

《孙子兵法》的各国译本

随着《孙子兵法》在世界各国的传播，产生了许多不同语言文字的译本。据统计，《孙子兵法》共有 27 种语言的文本，不少译本还有不同版本。这也从另一个侧面说明了《孙子兵法》的影响范围之广之深。下面就重点介绍几种有影响的译本。

日文译本（1660年）

虽然《孙子兵法》早在 7 世纪时即由日本遣唐留学生吉备真备传回日本，但日本人一直以来却直接学习汉文版的《孙子兵法》，并引以为荣。直到 1660 年，《孙子兵法》才被译成日文，这也是《孙子兵法》的第一个外文译本。

法文译本（1772年）

约瑟夫·丁·阿米欧

1772 年，法国神父约瑟夫·丁·阿米欧在巴黎翻译出版了《中国军事艺术》丛书，其中就收录了《孙子十三篇》。这是《孙子兵法》的第一个法文译本，也是其西传以来的第一个译本。当时有一家理论刊物说："如果统率法国军队的将领能读到像《孙子兵法》这样优秀的著作，那是法兰西王国之福。"

俄文译本（1889年）

① 1889 年，俄国汉学家斯莱兹奈夫斯基翻译了《孙子兵法》的第一个俄文译本，并将其改名为《中国将军孙子对其属下将领的教诲》，由当时的军事汇编第 15 卷刊行。

② 1955 年，苏联出版了新的《孙子兵法》的俄译本，其中有苏联著名军事理论家拉津教授所写的长篇绪论。他评论说："人们奉为泰斗的通常是希腊的军事理论家，但实际上排在最前面的应该是古代中国，中国古代军事理论家中最杰出的则是孙子。"

英文译本（1905年）

1905 年，在日本学习语言的英国皇家野战炮兵上尉卡尔斯罗普首次把《孙子兵法》译成英文，并在东京出版。三年后，又出版了修订本。

1910 年，时任大英博物馆东方书刊和手稿馆助理馆长的英国著名汉学家贾尔斯重新翻译了《孙子兵法》，并由伦敦的卢扎克公司出版。贾尔斯认为，卡尔斯罗普的译文"糟糕透顶"，让"孙子蒙尘受辱，需要为其正名"。贾尔斯的译文富有韵律感，而且全书注释详尽，并附有译者的见解和研究成果。该译本流传至今，经久不衰。

德文译本（1910年）

1910 年，由布鲁诺·纳瓦拉翻译的《孙子兵法》德文本在柏林出版，书名为《中国古典兵家论战争的书》。

④ 文辞绚丽

《孙子兵法》对后世语言的影响

《孙子兵法》不仅对后世的军事理论影响深远，而且对后世的语言风格也影响甚深，在后世兵书的编纂风格与体裁方面尤其起到了开创先河的作用。

《孙子兵法》与兵书的编纂风格

《孙子兵法》论述军事原理极具特色，突出的特点是舍事而言理，词约而义丰，具有浓重的哲理色彩和抽象性质。后世兵书唯《孙子兵法》马首是瞻，很自然地就形成了以哲理谈兵的悠久传统。比如在其之后问世的《孙膑兵法》《吴子》《尉缭子》《六韬》《三略》《李卫公问对》《兵经百篇》《投笔肤谈》《阵纪》等知名兵书均以哲理性强而著称。更有如《武经总要》《武备志》等一些大型综合性兵书也收录了非常丰富的军事理论内容。即使是那种专门讲述阵法、兵器的纯技术类兵书，也大都以理论为纲，进行编纂，从而形成了中国兵书“舍事言理”“以理系事”的写作风格。把《孙子兵法》和同时代相近的几本兵书加以比较，就更可以看出其在编纂风格和语言等方面的历史价值。如同样古老的兵书《司马法》是“其辞庸甚”，又如《尉缭子》是“质木无文”，再如《吴子》是“全书辞义均浅薄，前后时有重复”。宋代李淦在《文章精义》中说:“《孙子》文字极难学，唯苏老泉数篇近之。”苏洵说，他的《权书》就是模仿《孙子兵法》而作的。

《孙子兵法》与兵书的编纂体例

在编纂体例方面，后世兵书也大都模仿效法《孙子兵法》，如《投笔肤谈》就是“仿《孙子》遗旨，出一隙之管窥，谬成十三篇”。

《孙子兵法》与语言艺术

《孙子兵法》在语言艺术方面也取得了很大的成就，它表现在词语的选择和锤炼上，表现在句式的搭配上，表现在丰富多彩的修辞手法的运用上等多个方面。因为孙子具有驾驭语言的深厚功力和高超技巧，所以尽管《孙子兵法》只有短短的6000字左右，却处处闪耀着语言艺术的夺目光辉。它的语言明快、感情充沛并且文辞绚丽，说理纵横捭阖、娓娓道来，具有巨大的说服力和强烈的艺术感染力。因此，《孙子兵法》对后世的语言艺术风格也产生了深远的影响。

《孙子兵法》与修辞

《孙子兵法》在语言艺术上取得了很大的成就，尤其是该书对各种修辞手法的运用更是一大亮点。这一点足以证明《孙子兵法》是一部巧妙地融合了许多军事谚语和格言所写成的有完整体系和独特风格的军事著作。现将其修辞总结为十条，分列如下。

修辞手法	举例	优点
妙用比喻，形象生动	任势者，其战人也，如转木石。木石之性，安则静，危则动，方则止，圆则行。故善战人之势，如转圆石于千仞之山者，势也。(《势篇》)	化抽象为具体，给人留下鲜明的、深刻的印象。
运用对照，观点鲜明	是故胜兵先胜而后求战，败兵先战而后求胜。(《形篇》)	通过运用对照，可以使论证尖锐有力、深刻鲜明，具有更加强大的说服力量。
比喻与夸张巧妙结合	善战者，藏于九地之下；善攻者，动于九天之上。(《形篇》)	强调、突出事物的本质，使人获得深刻的、强烈的印象。
广泛运用对偶，句型整齐	犯之以事，勿告以言；犯之以利，勿告以害。(《九地篇》)	充分发挥了句式匀称的整齐美和音韵和谐的韵律美。
层递推进，步步深入	故用兵之法：十则围之，五则攻之，倍则分之。敌则能战之，少则能逃之，不若则能避之。(《谋攻篇》)	能够使要表达的思想逐步加深，感情逐步强化，因而能增强语言的说服力和感染力。
反复陈说，文脉清晰	见胜不过众人之所知，非善之善者也；战胜而天下曰善，非善之善者也。(《形篇》)	使想要表达的观点得到强调和突出，与此同时，使语言获得了一种反复美、节律美，大大提高了语言的表达效果。
明知故问，发人深思	敢问："敌众整而将来，待之若何？"曰："先夺其所爱，则听矣。"(《九地篇》)	可以引起读者的注意和思考。同时，适当地运用设问，可以避免行文呆板，使语言富于变化。
运用反诘，寓答于问	多算胜，少算不胜，而况于无算乎！（《计篇》)	可以更有力地强调某种观点，更清楚地说明某种道理，更充分地抒发某种感情。
首尾蝉联，丝丝入扣	地生度，度生量，量生数，数生称；称生胜。(《形篇》)	可以突出事物之间的有机联系，深刻反映客观事物相辅相成、互相依存的辩证关系。
善用排比，语势磅礴	故善用兵者，屈人之兵而非战也，拔人之城而非攻也，毁人之国而非久也。(《谋攻篇》)	可以给人一气呵成之感。语言节奏和谐畅达，论证层次清楚，整篇文章犹如奔腾的激流，一泻千里，痛快淋漓，形成一种气势磅礴的论辩力量。

❶ 从战略到战术

《孙子兵法》的军事战略与战术思想

《孙子兵法》不仅观点独特，见解深刻，更重要的是它形成了一个完整的军事思想体系。由于篇幅所限，在这里我们只谈一下它的军事战略与战术思想，因为这是它的精华。

《孙子兵法》的战略思想

《孙子兵法》的前七篇主要讲的都是战略问题。孙子的战略思想可以归纳为以下四个原则。

一、非危不战，即挽危为战的原则。这体现了孙子的一种“慎战”思想，这种思想渗透在其兵法的所有篇章。“非危不战”的本意在于阐明战争的作用，主要在于保证国家或军队的安全不受威胁，利益不受损害。归根结底，应是为了“挽危而战”。不是到了情况紧急的非常时期，不是到了万不得已的关键时刻，不是到了非用战争或战斗解决问题的紧要关头，就决不要兴兵打仗。

二、非利不动，即战而趋利的原则。这种原则要求战争的领导者在思考战争问题时，首先必须明确战争的目的性，弄清战争的根本利益所在。对此，孙子提出的最高准则是“唯民是保，而利于主”，即把人民和国家的利弊得失放在头等重要的位置，并作为决策战争的唯一出发点和归宿点。

三、非得不用，即战则必胜的原则。孙子认为即使有种种利益和有利形势摆在面前，也不可以轻易用兵，而是要非得不用，即后世兵家所谓“战不必胜，不可以言战；城不必拔，不可以言攻”，集中反映了其决策和指导战争的一个基本点：不战则已，战则必胜。

四、不战而屈人之兵，即不战而胜的原则。孙子认为：“百战百胜，非善之善者也；不战而屈人之兵，善之善者也。”可见，虽然孙子强调战则必胜，但

《孙子兵法》的军事思想体系

《孙子兵法》的难能可贵，在于它在2000多年前就已经形成了世界上第一个完整的军事思想体系。这不仅包括在正文中提到的军事战略与战术思想，而且还包括军事人才思想、治军指导思想、军事地理学、军事后勤思想等诸多方面。

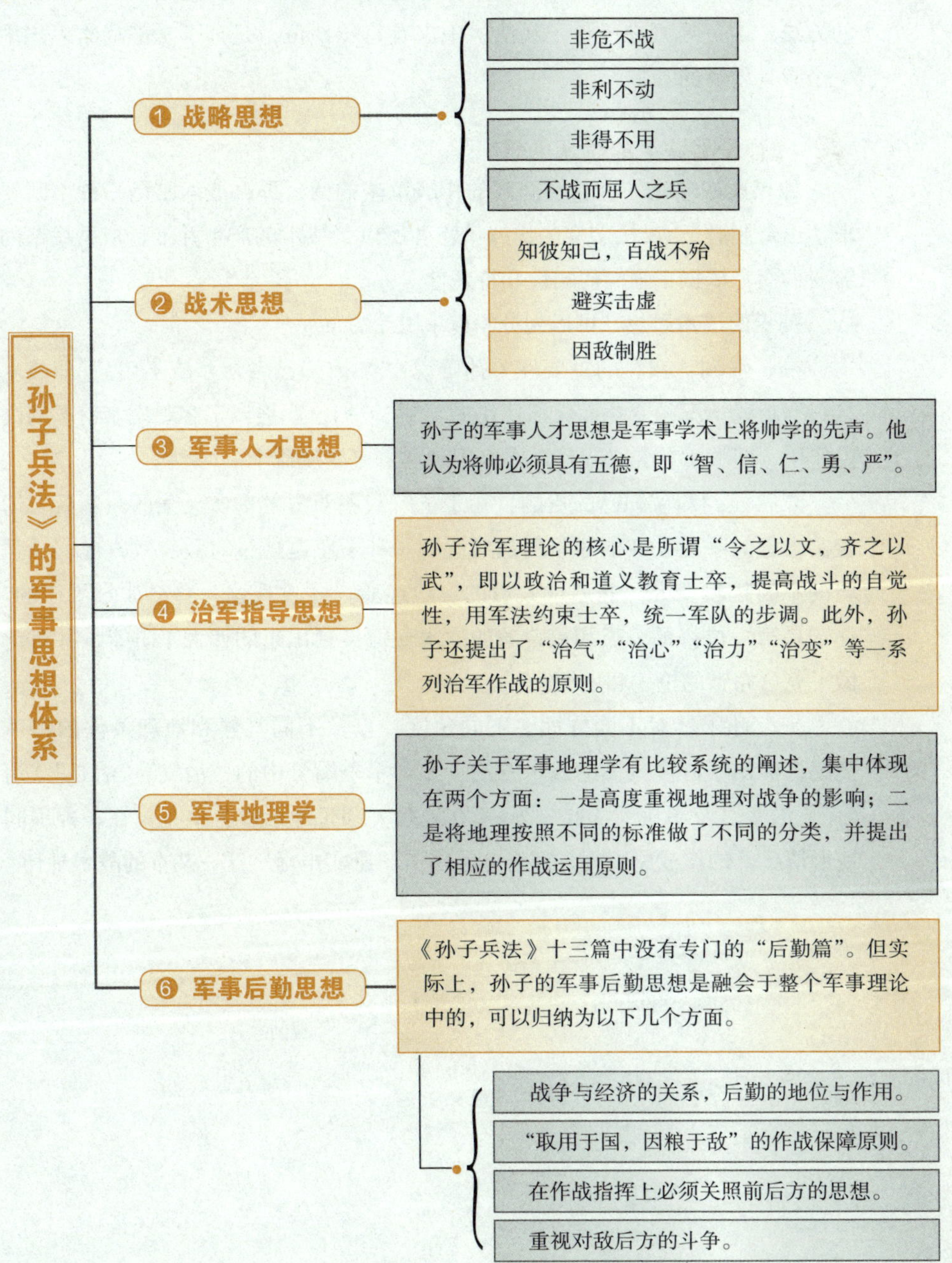

“不战而屈人之兵”才是他的最高战略指导目标。所谓“不战而屈人之兵”，是指采用非直接、非流血的军事手段迫使敌人屈服，从而达到己方政治目的的方法。这一原则在《孙子兵法》中占有特殊地位，是孙子全部战略思想中一个颇具创见的基本点。

《孙子兵法》的战术思想

如果说战略是一种相对固定的作战策略的话，那么战术则是一种不断要求“出奇制胜”，灵活多变的作战策略。所以，战术的产生并不是根据战略的需要，而是依据很强的现实性和特殊性。

孙子的战术思想，可以划分为以下三个方面：

一、强调“知”的重要性。孙子说：“知彼知己者，百战不殆。”即战术是根据敌我情况的变化而灵活使用的，“知彼知己”强调了客观现实情况的决定作用，即战术首先必须建立在客观现实的坚实基础上。

二、强调知彼知己的目的，在于了解敌我双方的虚实、强弱，然后采用避实击虚的手段去夺取战争的最后胜利。孙子正是通过对敌我双方虚实、强弱的不断比较研究，并通过大量的实践经验，才发现这一普遍战术规律的。孙子是第一位将最一般和最普遍的战术规律概括出来的伟大军事家，并对此做了充分完整的论述和发挥。

三、孙子针对不同方面、不同角度，以及不同气候和地理条件的特殊情况，提出了许多具体的战术方法。如《军争篇》中的“治气”“治心”“治力”“治变”及用兵“八戒”等，《九地篇》和《地形篇》中有关在各种不同地形情况下的作战原则等，都充分阐明了“避实击虚”这一基本的战术规律。

十一家注孙子

中国历代学者研究《孙子兵法》的主要方式是为其加注。其中以十一个人的注释最为精彩、权威，合称为“十一家注孙子”。这十一家中除了曹操和孟氏以外，其余皆为唐、宋时人。

三国时期

曹操（155－220年），东汉末年军事家、政治家。他少机警，有权术，年二十举孝廉，授洛阳北部尉。后来他又镇压黄巾起义、讨董卓、擒吕布、灭袁绍、征服乌桓，统一北方，与蜀汉、孙吴三分天下，以功被封为魏王。220年病死洛阳。他的儿子曹丕称帝，将其尊为武帝。曹操精通兵法，他的《孙子注》是今天存世的最早注释本。他曾说道：“吾观兵书战策多矣，孙武所著深矣。”除此之外，他还有《兵书接要》等传世。

南北朝时期

孟氏，佚名，据推测为南北朝时梁人。宋本《十一家注孙子》中存孟氏注仅68条，数量很少，似有缺失。他的注偏重文字考证，而思想的阐述较少。宋本《十一家注孙子》多将其注放在杜牧的注之后。

唐期

杜佑（736－812年），唐代大臣，史学家。字君卿，京兆万年人（今陕西西安）。是德宗、顺宗、宪宗三朝老臣，历任户部侍郎、岭南淮南节度使、同平章事等职，后封岐国公。《旧唐书》卷一四七，《新唐书》卷一六六有传。

李筌

李筌，号达观子，唐代兵学家。有将略，曾官至仙州刺史，后来入山访道，竟不知所终。除《孙子注》以外，还有《太白阴经》《阃外春秋》等。

贾林，德宗时华原人。初为永平兵马使，后封武威郡王。卒后，赠尚书左仆射。

杜牧，唐代诗人，乃杜佑之孙。官至中书舍人等职。除《孙子注》外，另著有《樊川文集》等。

陈皞，唐人。宋本《十一家注孙子》中存其注113条，数量不多。在数量和质量上均不及曹、杜，但也有一些值得深思的新见解。比如《火攻篇》“行火必有因”句，陈注为：“须得其便，不独奸人。”可使人广开思路。

宋期

梅尧臣

梅尧臣（1002－1060年），北宋诗人，世称宛陵先生。与欧阳修、苏舜钦齐名。除《孙子注》外，另著有《唐载记》《毛诗小传》《宛陵集》等。

王皙，据推测是宋仁宗时人。《东原录》载，他是真宗天禧中翰林学士。

何氏，名为延锡，宋人。宋本《十一家注孙子》称其为何氏，生平事迹不详。

张预，字公立，宋朝兵学家。有人说他是清河人，也有人说他是东光人。他著有《百将传》一书，每传皆以《孙子兵法》断之。

②唯物论与辩证法

《孙子兵法》中的哲学思想

孙子之所以在政治、军事上有远见卓识，是有其哲学上的理论基础的。具体来说，就是孙子具有朴素的唯物主义战争观和军事辩证思想。

《孙子兵法》中的唯物主义思想

《孙子兵法》中的朴素唯物主义观点主要表现在以下方面：

一、表现为无神论和反天命的态度。比如《用间篇》说："先知者，不可取于鬼神……必取于人，知敌之情者也。"

二、表现为将战争胜负建立在战争双方的各种基本条件的基础上。比如《计篇》说："故经之以五事，校之以计，而索其情：一曰道，二曰天，三曰地，四曰将，五曰法。"

三、表现为把战争胜败建立在认识客观外界"知"的基础上。"知彼知己，百战不殆"就反映了这样一条必须遵循的唯物主义认识论原则。

四、孙子还要求战争的指导者不可从主观愿望和喜怒情绪出发，要在判明敌我双方的情况下，再定下打不打的决心。比如《火攻篇》说："主不可以怒而兴师，将不可以愠而致战；合于利而动，不合于利而止。"

《孙子兵法》中的辩证法思想

《孙子兵法》不仅贯穿了一条朴素唯物主义的认识路线，而且还贯穿了朴素的军事辩证法思想。孙子军事哲学中的朴素辩证法思想体现在以下四个方面。

一、孙子在论述用兵时，关于对立统一的法则有许多提法，把握了矛盾斗争的两个方面。孙子关于"智者之虑，必杂于利害"等主张明确地把握住了矛盾斗争的两个方面。

二、孙子把战争看作是一组矛盾对立统一和转化的过程，十分强调掌握变化的情况而采取应变的措施。孙子强调："兵无常势，水无常形，能因敌变化而取胜。"这是孙子辩证法思想的又一个突出的特点。

三、充分发挥人的主观能动性。孙子认为战争的胜负虽然是由物质基础决定的，但也并非绝对。只要充分发挥人的作用，就"能为胜败之政"。

四、在处理"常"与"变"的关系上，孙子认为，用兵有"常"，亦有"变"。不能墨守成规，要知"九变之术"，否则就不能算"知兵"。

孙子的唯物论和辩证法思想

《孙子兵法》之所以能够历经数千年而不衰，直到现在仍具有现实指导意义，其原因就在于它不仅是一部兵书，而且还是一部高度抽象性的哲学著作，揭示的是事物的普遍规律。它所蕴含的哲学思想主要有两点，即唯物主义思想和辩证法思想。

《孙子兵法》中的哲学思想

	原文举例	解读
唯物主义	先知者，不可取于鬼神……必取于人，知敌之情者也。(《孙子·用间篇》)	要想知道敌人的情况，不可以去求神问卜，而必须从了解敌人情况者的口中去获得。
唯物主义	故经之以五事，校之以计，而索其情：一曰道，二曰天，三曰地，四曰将，五曰法。(《孙子·计篇》)	决定战争胜负的是政治、天时、地利、将帅、法治等五项基本条件，即战争胜负并不取决于天与鬼神，而是取决于战争双方的诸项基本条件。
唯物主义	知彼知己，百战不殆。(《孙子·谋攻篇》)	要在全面正确地了解各方面的实际情况后，经过缜密的分析思考，得出是否进行战争、如何进行战争以及战局发展乃至如何取胜的正确估计。
唯物主义	主不可以怒而兴师，将不可以愠而致战；合于利而动，不合于利而止。	要从实际情况出发，不要感情用事，这是对战争指导者最起码也是最根本的要求。
辩证法	智者之虑，必杂于利害。(《孙子·九变篇》)	精明的将帅考虑问题，必须同时兼顾到利与害两个方面，即要从矛盾的两个方面去认知事物。
辩证法	兵无成势，无恒形，能因敌变化而取胜者，谓之神。(《孙子·虚实篇》)	战争就像一切事物一样，在发展变化着，要能根据种种变化而采取相应措施。要认识战场形势的迅速变化，而又紧紧追踪战争因素的变化。
辩证法	能为胜败之政。(《孙子·虚实篇》)	战争的胜负虽然是由物质基础决定的，但也并非绝对。只要充分发挥人的作用，也有获胜的可能。
辩证法	故将通于九变之利者，知用兵矣。(《孙子·九变篇》)	兵法应当遵循，但不能墨守成规，应视具体情况有所变通。用兵必知“九变之术”，否则就不能算“知兵”。

名词解释

唯物主义

是一种哲学思想。这种哲学思想的基本观点可概括为物质第一性、精神第二性，世界的本源是物质，精神是物质的产物和反映。

辩证法

源于古希腊语，原意为谈话的艺术。是一种与形而上学相对立的世界观和方法论，是客观世界本身固有的规律，是关于普遍联系和发展的学说。

第三节 《孙子兵法》作者考

孙武
《孙子兵法》的作者

《孙子兵法》的作者是孙武，他被人们尊称为孙子。他是我国古代伟大的军事家，也是世界著名的军事理论家。

孙武，字长卿，后人尊称其为孙子、孙武子。他出生于公元前545年左右的齐国乐安（今山东惠民），具体的生卒年月日已不可考。祖父田书为齐大夫，攻伐莒国有功，齐景公赐姓孙，封采地于乐安。孙书（田书）的儿子孙冯也在齐国做官。孙冯的儿子，便是中国古代最伟大的军事天才——孙武。

孙子的出生时间约在齐桓公死后100年，齐国的黄金时代已经过去了，它虽然屡次攻莒侵鲁，实际上国势却日渐衰落，没有力量去和晋、秦、楚等强大的国家争夺霸权了。国势的衰弱是政治腐败的结果，政治的腐败必然产生一批政治改革家。当时齐国姓田的贵族和姓鲍的贵族都有一部分力量，他们想联合一些不满于现状的贵族起来推翻当时的齐王，结果被齐王发觉了，便下令捉拿叛党。孙子和田家是同族，也曾参加了政变。所以，在前517年左右，孙武就流亡到了南方的吴国。

孙子到了吴国后，潜心钻研兵法，著成兵法十三篇。前512年，经吴国谋臣伍子胥多次推荐，孙武带上他的兵法十三篇晋见吴王阖闾。在回答吴王的提问时，孙武的议论惊世骇俗，见解独特深邃，引起了一心图霸的吴王的深刻共鸣，他连声称赞孙武的见解，并以宫女180名让孙武操演阵法，亲自验证了孙武的军事才能后，任命孙武以客卿身份为将军。

前506年，吴楚大战开始，孙武指挥吴国军队千里远袭，深入楚国。在柏举会战中，吴国以3万人组成的劣势军队击败了楚国28万的优势军队，获得了决定性的胜利，随后攻下了楚都郢城，使得楚国差一点儿亡国。然后又北威齐晋，屡建奇勋。吴王阖闾在诸侯之间得以显名，全依仗孙武的军事才能和谋略。

孙子的一生

孙子，名武，字长卿，具体生卒年不详。他本是齐国贵族，因国内动乱而投靠吴国为将军。后指挥吴国军队打败楚军，使吴国称霸于诸侯。生前著有《孙子兵法》十三篇，是世界上第一本理论性兵书，因此他被称为“兵家鼻祖”。

① 孙子出生于齐国的一个贵族家庭，生卒年在历史上没有确切记载。据推测，孙子的年纪比孔子小一些，应出生于前545年左右。

② 齐国田姓贵族和鲍姓贵族因不满当时齐王的统治而密谋政变，孙子亦加入其中。后来政变失败，孙子不得已而流亡到了南方的吴国。

③ 到吴国以后，孙子潜心钻研兵法，著成兵法十三篇，后被吴国重臣伍子胥推荐给吴王阖闾。阖闾以宫女180名让孙武操演阵法，亲自验证了孙子的军事才能后，任命孙子以客卿身份为将军。

④ 吴楚大战爆发，孙子指挥吴军深入楚国，在柏举会战中，3万吴军击败了28万楚军，创造了以少胜多的奇迹，甚至攻下了楚都郢城，使得楚国差点亡国。然后又北威齐晋，屡建功勋，使吴国称霸于诸侯。

孙武的家谱

舜 →	胡公 →	田完 →	孙书 →	孙冯 →	孙武
孙子是舜的后裔，所以说舜是孙子最早的祖先。	在西周的时候，舜的后代胡公被封为陈国的侯爵。在齐桓公称霸的时候被齐国所灭。	陈国公子“完”流亡到齐国后受到齐桓公的赏识，做了齐国的大夫，从此改名为田完。	田完的第五世孙田书，也是齐国大夫，因讨伐莒国有功被齐景公赐姓“孙”。	孙书生子孙冯，也为齐国大夫。	孙冯生子，即为孙武。

武经七书

中国古代兵书之精华

中国历史上存在过的兵书数量很多，其中以《武经七书》影响最大。《武经七书》并不是一本书，而是七本书的合称，包括《孙子兵法》《吴子》《尉缭子》《司马法》《六韬》《三略》《李卫公问对》。

《武经七书》共25卷，成书于北宋年间，是北宋朝廷作为官书颁行的兵法丛书，也是中国古代第一部军事教科书。北宋政府颁行《武经七书》是鉴于当时的军事环境和国防需求。宋神宗于熙宁五年（1072年）六月，继宋仁宗之后重新开设“武学”（军事学校）。《武经七书》就是这所学校的教材。宋神宗于元丰三年（1080年）命令当朝最高学府国子监司业朱服等人组织力量校订、汇编、出版上述七本书。武学博士何去非参与了此项工作。校订这七部兵书，用了三年多时间，到元丰六年（1083年）冬才完成了刊行的准备工作。

《武经七书》是从当时流行的340多部古代兵书中挑选出来的。可见，这七部兵书是何等重要，是中国古代兵书的精华，奠定了中国古代军事学的基础，甚至对世界近现代军事科学都起到了积极的作用。校订、颁行《武经七书》，是北宋朝廷在军事理论建设上的贡献。《武经七书》颁行后，成为宋朝以来军事学校和考选武举的基本教材。南宋规定，学习“武学”的学生，必须学习兵法。明朝开国皇帝朱元璋曾命令兵部刻印《武经七书》发给有关官员和高级将领及其子孙学习。

《武经七书》颁行后，备受世人关注，因此注家蜂起，先后出现了几十种注释本。比如有宋代施子美的《武经七书讲义》，这是现存最早的注本，对以后的注家起了发凡启例的作用；明代刘寅的《武经七书直解》，因其“注疏详明，引据切当”，最为后人所重视。此外还有明代黄献臣的《武经开宗》，清代朱墉的《武经七书汇解》、丁洪章的《武经七书全解》等。这些注释本对人们研究、学习《武经七书》，起到了积极的作用。

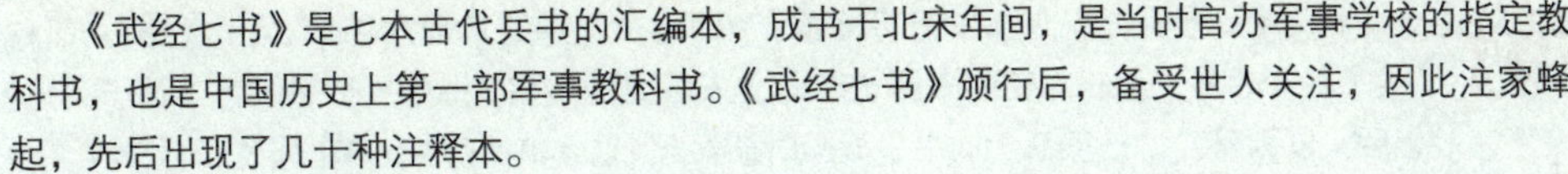

《武经七书》及其注释

《武经七书》是七本古代兵书的汇编本，成书于北宋年间，是当时官办军事学校的指定教科书，也是中国历史上第一部军事教科书。《武经七书》颁行后，备受世人关注，因此注家蜂起，先后出现了几十种注释本。

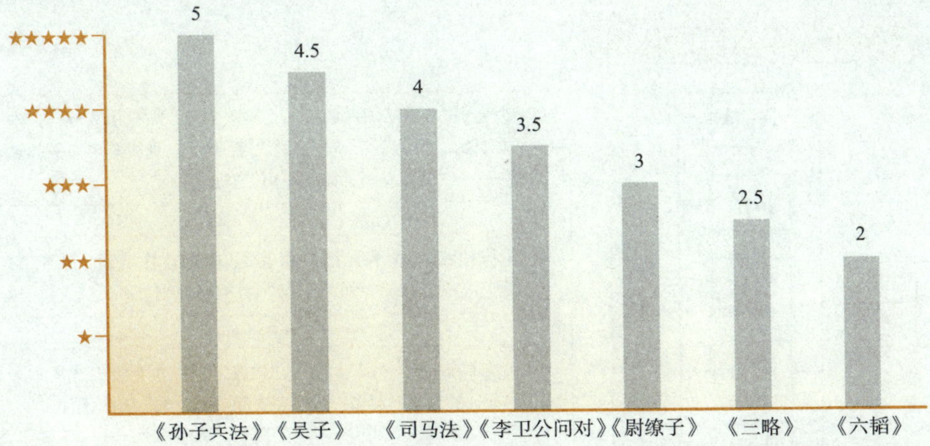

关于“七书”的排序问题

“七书”的次序，是北宋国子监司业朱服组织校订“七书”时确定的。他校订的顺序是:《孙子兵法》《吴子》《司马法》《李卫公问对》《尉缭子》《三略》《六韬》。到了南宋，这个顺序开始被打乱。宋孝宗时校订“七书”的顺序变成了《孙子兵法》《吴子》《司马法》《六韬》《尉缭子》《三略》《李卫公问对》。现存最早的宋刊本《武经七书》，即藏在日本静嘉堂文库的南宋孝宗、光宗年间的刊本，又把《六韬》放到了《孙子兵法》之前。到了明代，刘寅著《武经直解》时又恢复了朱服校订的次序，仍以孙、吴居首，《六韬》居尾。后来，虽又出现许多不同的排列次序，但是《孙子兵法》《吴子》居《武经七书》之首基本上没有改变，只是后边的几部书互相移位罢了。

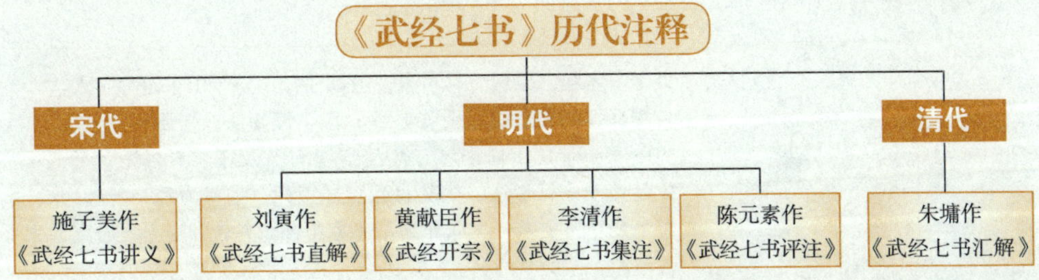

相关链接

《武经七书》注释

宋代施子美的《武经七书讲义》是将“七书”作为一个整体统一注释之始，此后历代注释皆以这种体例为模本，纷纷效仿。此书既有作者自己的见解，又广引史传做论证，内容丰富，亦有很强的说服力。

继《武经七书讲义》之后，最突出的是明代刘寅所作的《武经七书直解》。该书通俗易懂，言简意赅，字解与意解相结合，间以史实相参证，是所有注解中的佳本。明清学者游士注解《武经七书》蔚然成风，但其皆在刘寅“直解”以下，而少有创见。

“七书”之《吴子兵法》

除了《孙子兵法》外，本节将陆续介绍“七书”中的其他六种。《吴子兵法》，简称《吴子》，“七书”之一，在北宋国子监司业朱服组织校订“七书”时被排在《孙子兵法》之后，位列第二。一般认为此书是战国时期吴起（前 440－前 381 年）所作，计二卷。

《吴子》军事思想体系

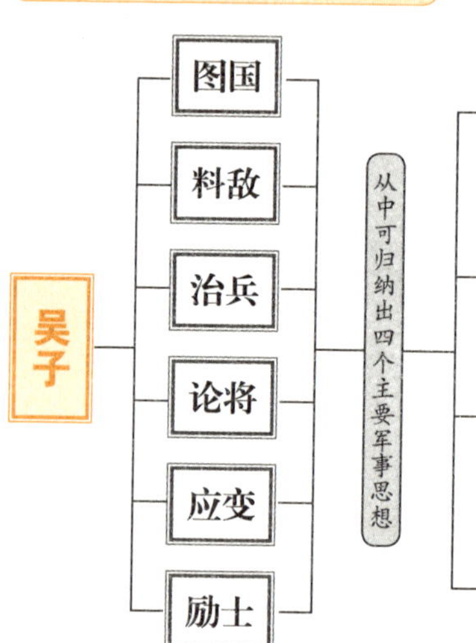

强调国家与军队内部的统一，国政为先，后论用兵——“内修文德，外治武备”“教百姓，亲万民”。重视军事力量的储备——“简募良材，以备不虞”“先戒为宝”。

随机应变，战术灵活。根据具体情况总结出“击之勿疑”“急击勿疑”“避之勿疑”等战略原则。

兵“不在乎众”“以治为胜”“教戒为先”。将帅要有优良品德和深远的谋略，具备“理、备、果、戒、约”五个条件。

朴素的军事哲学思想。归纳出战争的五因：“一曰争名，二曰争利，三曰积恶，四曰内乱，五曰因饥。”同时，总结出战争具有义兵、强兵、刚兵、暴兵、逆兵等不同性质。

据传，《吴子》在汉初时尚有 48 篇，今仅存 6 篇 18 条，计 3000 余字。6 篇分别是：图国、料敌、治兵、论将、应变、励士。从这 6 篇中可总结出四个军事理论思想，见上表。

吴子其人

吴起

吴子，名起，战国时军事家，卫国左氏（属今山东定陶）人。善用兵，初任鲁将，受谗赴魏，佐李悝变法，任西河守。后遭陷害，奔楚，任宛城（今河南南阳）太守，不久任令尹，佐楚悼王实行变法，国势日强。悼王死，宗室内乱，吴起遇害身死。历史上，吴起作为军事家与孙武齐名，作为政治家、改革家，与商鞅齐名。

在鲁国

周威烈王十四年（前 412），吴起杀妻求将，率鲁军与齐军抗衡，“示之以弱”，大获全胜。后因鲁王听信流言，将其罢黜。

在魏国

离鲁去魏，被魏文侯拜为大将，率部攻打秦国，连克五城，以少胜多，功名显赫。文侯死后，效力武侯。后遭人陷害，黯然离去。

在楚国

离魏至楚，被拜为相。南平百越，北并陈、蔡，击退韩、赵、魏，西征秦国，并积极变法革新。楚悼王死后，诸侯叛乱，公族诋毁，后终被旧贵族射杀。

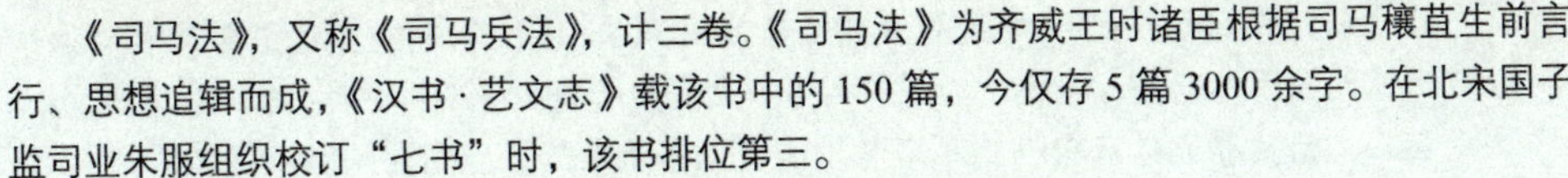

“七书”之《司马法》

《司马法》，又称《司马兵法》，计三卷。《司马法》为齐威王时诸臣根据司马穰苴生前言行、思想追辑而成，《汉书·艺文志》载该书中的150篇，今仅存5篇3000余字。在北宋国子监司业朱服组织校订“七书”时，该书排位第三。

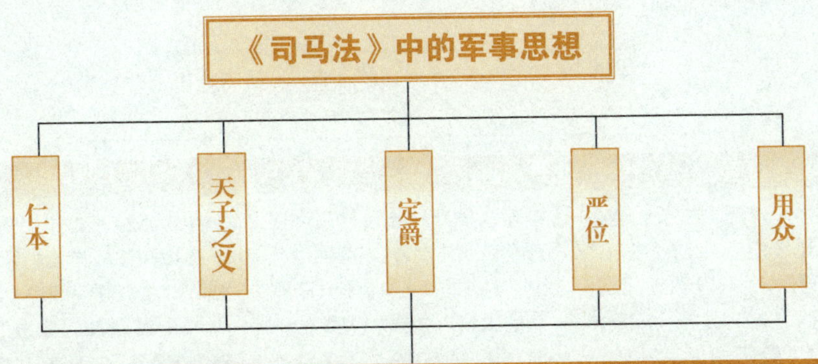

《司马法》侧重于讲军事理论。其言大抵据道、依德、本仁、组义，糅合儒、道两家思想，阐述战争的目的在于安民止战，并以夏、商、周三代议例设天子统率军队，军队内部制定爵位阶级，严肃军纪，善于用众。其核心思想是治军以“仁、义、礼、让”为本。书中论述了统率军队和指挥作战的经验，以及指挥员应具备的条件。同时也反映出春秋战国时期的某些军事制度和战争观点。它是对我国古代战争实践经验的理论概括，也是对早期兵法理论的继承和总结，历来为兵家所重视。

司马穰苴其人

司马穰苴，春秋末期著名军事家，生卒年不详。齐国人，本为田氏，名穰苴，为田完之后代。齐景公时因被尊为专管军事的大司马而改姓。司马穰苴曾率兵击退晋军、燕军，被传为美谈。他治军严整，深通兵法。

春秋时期，晋国派兵入侵齐国，齐景公拜司马穰苴为将军，率兵抵御晋军。司马穰苴认为军队要有强大的战斗力，必须号令严明，因此，他决定首先从整顿军纪入手。军队出发前，司马穰苴与齐王的亲信、监军大夫庄贾约定，于第二天中午召开誓师大会，然后起兵出发。第二天中午，只有庄贾没有按时到会，午后，他才慢悠悠地来到。穰苴责问庄贾为何来迟，庄贾回答说：“因亲友为我饯行，故而来迟。”穰苴一听大怒：“作为国家将领，从受君命到指挥打仗，应该忘掉一切私事，忘掉个人安危。现在边境军情紧急，国君寝食不安，以三军之众托付给我们。在这紧急关头，你却不紧不急，像平日无事一样，倘若临阵如此，岂不误了军国大事！”说完，便以贻误军机之罪将庄贾斩首。齐景公得知司马穰苴要杀他的亲信，立刻授命梁丘据拿着他的手谕前往解救，但为时已晚。待梁丘据驰马赶到，庄贾的人头早已落地。而梁丘据又犯了“驰骋军中”的军法，司马穰苴照样按法治罪，只是考虑到梁丘据是衔负君命而来，不便直接用刑，就捣毁了他乘坐的车，以示惩罚。司马穰苴斩杀庄贾、治罪梁丘据震动了三军，全军上下只要听到主将的号令，没有不肃然起敬的；作战时更是人人奋勇，个个争先，终于打败了晋军。

“七书”之《李卫公问对》

《李卫公问对》，又名《唐太宗与李靖问对》。传说此书的作者是唐代军事家李靖，而据后人考证，一般认为此书实为宋人阮逸所著。此书虽是假托之作，阮逸也非名将，但其确实具有较高的军事学术价值，在北宋国子监司业朱服组织校订“七书”时，该书排位第四。此书分上、中、下三卷，共一万余字。

《李卫公问对》中的军事思想

上卷

上卷共分17节。主要结合战例阐述了兵法中的“奇正”关系理论，如“无处不用正，无处不用奇”“正能胜，奇亦能胜”“奇正相变，循环无穷”等。还论述了阵法的起源和发展，兵法的源流和派别。最后以当时的局势为例，探讨了一些选将及练兵等方面的问题。

中卷

中卷也分为17节。其从奇正虚实谈到“治力”（增强战斗力）的办法，还具体论述了军队的编制、指挥和训练的问题。其中重点论述了各种阵法，如方、圆、曲、直、锐等阵法。此外，还论述了车、步、骑等多个兵种配合作战，赏与罚、恩与威的关系，主与客的转化，从而进一步阐明了虚实与奇正的运用。

下卷

下卷分为14节。主要阐述了一些指挥作战方面的重要原则，如对《孙子兵法》《吴子》等书中提到的“分合”“攻守”“治气”“诡道”“慎战”等原则做了详细的分析，并提出了作者的观点。还结合了汉、唐的一些历史逸事论述了选将用人之道。最后提出了学习兵法要循序渐进的思想。

《李卫公问对》的特点

1. 继承和发扬了《左传》中用战例来阐述和探讨战略、战术的体例。把研究军事的方法，从哲学推理发展到理论与实践相结合，在总结战争经验的基础上总结战略战术原则，使其科学化。

2. 《李卫公问对》的作者是秉承实事求是的态度，反对一切玄虚之词的。比如前面所提到的方、圆、曲、直、锐等五种阵法与先秦时期大体上是一致的。这与唐宋时期穿凿附会研究兵法的习气相比，具有很大的进步意义。

唐太宗与李靖在谈论兵法

3. 该书坚持科学的态度，摒弃阴阳的说法。战国以来，阴阳五行等说法逐渐侵入了军事科学的领域，到了唐代更是如此，而《李卫公问对》却始终坚持严谨、科学的态度，这是十分难得的。

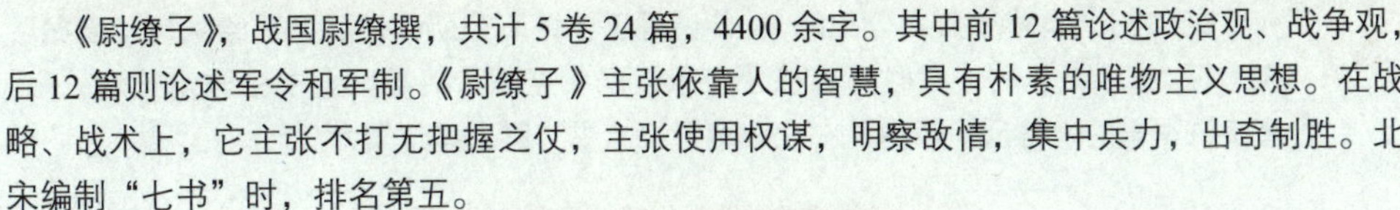

“七书”之《尉缭子》

《尉缭子》，战国尉缭撰，共计5卷24篇，4400余字。其中前12篇论述政治观、战争观，后12篇则论述军令和军制。《尉缭子》主张依靠人的智慧，具有朴素的唯物主义思想。在战略、战术上，它主张不打无把握之仗，主张使用权谋，明察敌情，集中兵力，出奇制胜。北宋编制“七书”时，排名第五。

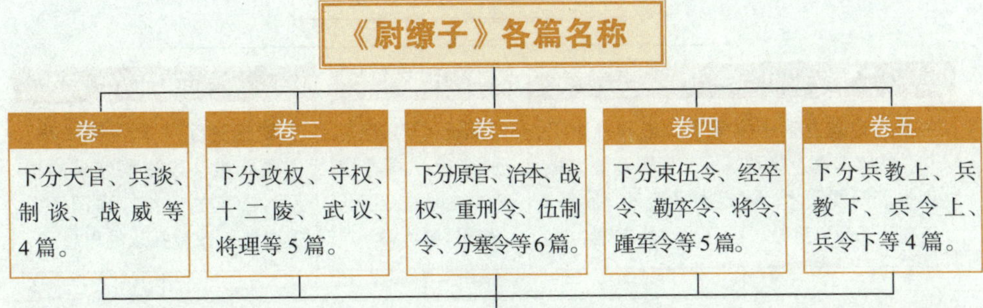

尉缭，生卒年不详，魏国大梁（今河南开封）人。姓失传，名缭。著名的军事理论家。关于尉缭的身世说法不一。一般认为，尉缭是鬼谷子的高足，学成后即过着隐士的生活，应魏惠王的邀请，曾向其陈述兵法。后于秦王政十年（前237年）入秦游说，受秦王政重用，任为国尉，因此称尉缭。

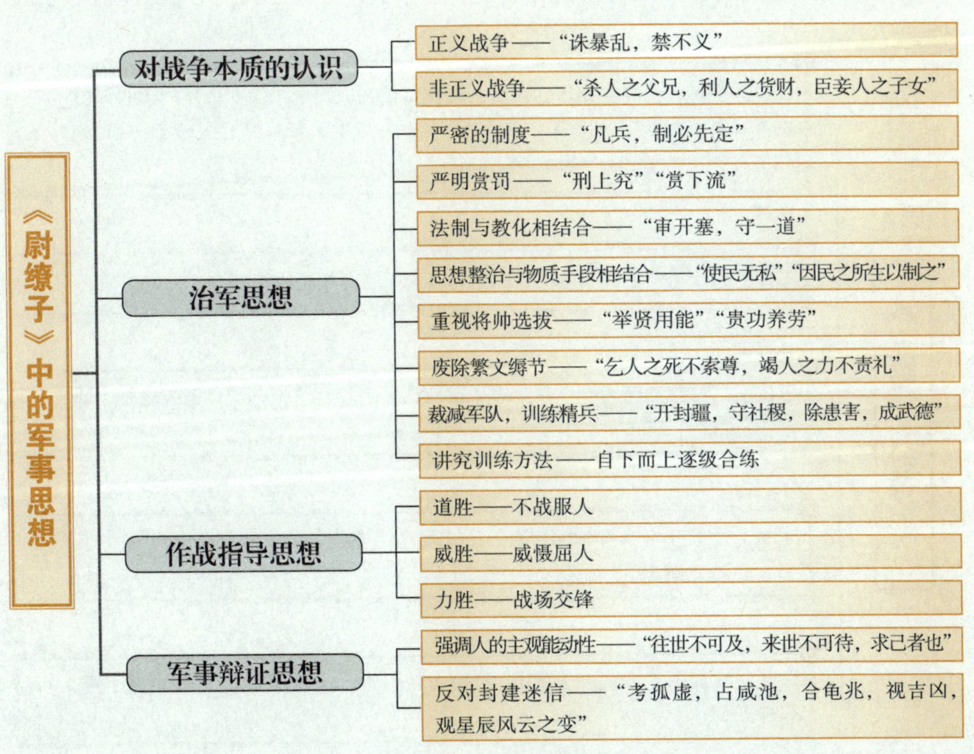

"七书"之《三略》

《三略》，也称《黄石公三略》，传说是汉初黄石公所作，后又传给张良。但据后人考证，《三略》的成书时间应该是在东汉末年至魏晋时期。全书讲政治策略较多，直接讲军事的内容反而较少。在北宋编订"七书"时，排位第六。

《三略》的篇章体系

上略	中略	下略
主要论述君主治国平天下，必须礼贤下士，赏禄有功，辨别奸佞，任贤选能，特别强调网罗人才，以定国平天下。此外，还兼论了战争胜败、国家兴亡的道理。	主要论述了如何区别德行、洞悉权变、御将统众以及全功保身等。	主要论述了"人"和"政"的重要性，以说明盛衰的根源，国家的纲纪。强调了人重贤能、政重礼乐的思想。

《三略》的思想根源:《三略》一书纵横捭阖，实乃兼采多家思想成果而成。书中杂采了儒家的仁、义、礼，法家的权、术、势，墨家的尚贤，道家的重柔，甚至还有谶纬之说。而且书中对政治策略论述颇多，对军事讲得反而较少。

《三略》大事记

1. 西汉。据传《三略》是汉初黄石公所作，但在成书于东汉和帝年间（89－105年）的《汉书·艺文志·兵家》中并无《三略》一书的著录。可见在东汉中期以前并无此书。
2. 东汉。东汉末年的建安年间，陈琳在《武军赋》中首次提到有"三略六韬之术"。
3. 三国。三国魏明帝时期，在李康《运命论》中始有"张良受黄石公之符，诵《三略》"之说。
4. 东晋。东晋末年（400－417年），时人曾注《黄石公三略》流行于世（见《北史》34卷，魏书52卷）。
5. 唐代。在成书于唐代的《隋书·经籍志》中始著录《黄石公三略》3卷，题为下邳神人著。

“七书”之《六韬》

《六韬》，也称《太公六韬》，据传为西周姜太公吕望所撰，共计6卷60篇2万余字，在先秦兵家著作中是篇幅最长的。内容涉及先秦军队的编制、管理、训练、行军、布阵、攻守、战具、兵器及军事理论等。全书通篇以太公答周文王、周武王之问的形式写成，并有夹注，语言浅显易懂，是一部普及的古军事专著。在北宋编订“七书”时，排位第七。

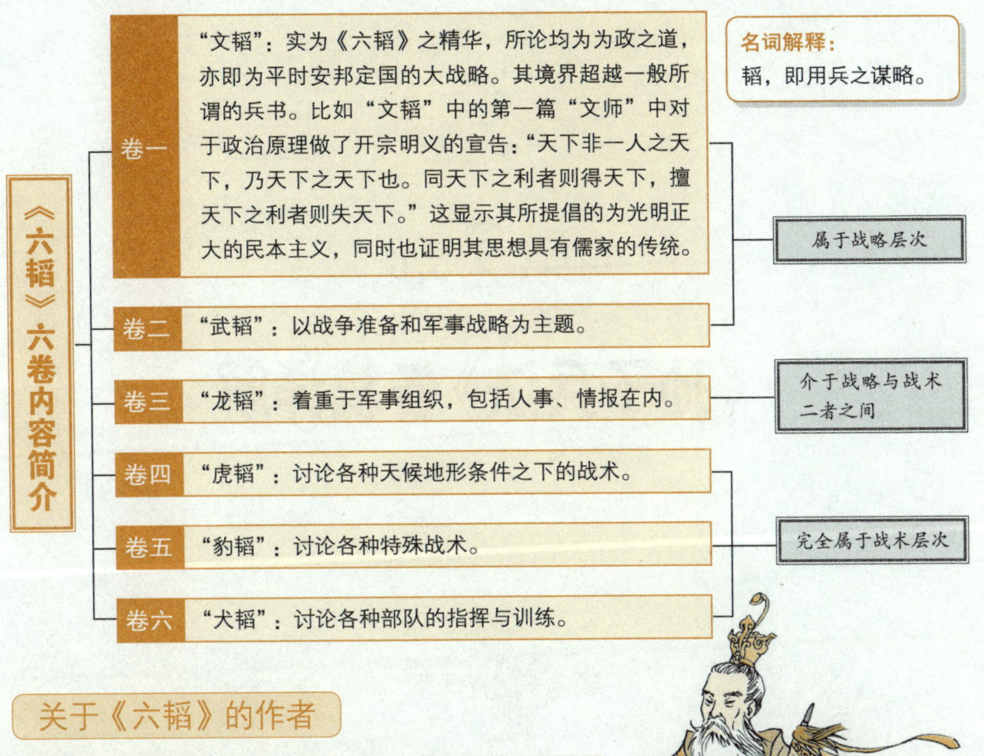

名词解释：
韬，即用兵之谋略。

关于《六韬》的作者

《隋书·经籍志》里说是“周文王师姜望撰”，姜望就是西周的吕尚，即姜子牙。他在古书中又被称为太公望或太公。书中详细地论述了骑兵战术，但骑兵作为一个新兵种，是到战国时才出现的，其他的内容，例如将相分职、谈论王道霸业等，这些都不是战国前发生的事，之所以说是姜子牙所著，主要是后人假托的。《六韬》最晚在战国后期就出现了。在1972年出土的银雀山汉墓竹简里，有一部分抄录了《六韬》，残存的内容大多与现代本《文韬》《武韬》《龙韬》中的篇目相符。这说明在西汉前期此书已广为流传，由此可以断定，这是战国时期熟习兵学的谋士们广泛吸收周王室的文献、各种兵家言论，然后结合自己的体会编写而成的，可能是多人所写。

姜子牙

第2章 《孙子兵法》各篇详解

《孙子兵法》全书共6000字左右，分为13篇，分别论述了计、作战、谋攻、形、势、虚实、军争、九变、行军、地形、九地、火攻、用间等问题。这些篇章与问题环环相扣，互为联系，结合在一起便形成了一套完整的军事理论体系。中国兵学在不同的历史时期虽都有所发展，但在西方军事理论传入以前，都没能突破孙子的思维而建立一个新的兵学体系。正如明人茅元仪指出的："前孙子者，孙子不遗；后孙子者，不能遗孙子。"

本章按照《孙子兵法》十三篇的体例结构亦分为十三节，每节均含有若干孙子军事理论的重要观点，并对其进行详细解析。此外，在每一节之中还附有若干历史上发生的精彩战例，以与观点相佐证。

一、计篇

孙子曰：兵者，国之大事也，死生之地，存亡之道，不可不察也。

孙子说：战争是国家大事，它关系到人民的生死，国家的存亡，是不可以不认真考察研究的。

故经之以五事，校之以计，而索其情：一曰道，二曰天，三曰地，四曰将，五曰法。

道者，令民与上同意也，故可以与之死，可以与之生，而不畏危。天者，阴阳、寒暑、时制也。地者，远近、险易、广狭、死生也。将者，智、信、仁、勇、严也。法者，曲制、官道、主用也。凡此五者，将莫不闻，知之者胜，不知者不胜。故校之以计，而索其情。曰：主孰有道？将孰有能？天地孰得？法令孰行？兵众孰强？士卒孰练？赏罚孰明？吾以此知胜负矣。

因此，要通过对敌我五个方面的分析，通过对双方七种情况的比较，来探索战争胜负的情势。（这五个方面）一是政治，二是天时，三是地利，四是将领，五是法制。

政治，就是要让民众和君主的意愿一致，因此可以叫他们为君主死，为君主生，而不存二心。天时，就是指昼夜、晴雨、冷热、四时等节候的变化。地利，就是指远途近路、地形的险要平坦、广阔狭窄，以及作战区域是否有利于攻守进退。将领，就是指将领应有智谋、诚信、仁慈、勇敢、严明等素质。法制，就是指军队的组织编制、对将吏的管理、对军需的掌管。凡属这五个方面的情况，将帅都不能不知道。充分了解这些情况的就能打胜仗，不了解这些情况的就不能打胜仗。所以要通过对双方七种情况的比较，来探索战争胜负的情势。（这七种情况）是：哪一方君主政治清明？哪一方将帅更有才能？哪一方拥有更好的天时地利？哪一方法令能够贯彻执行？哪一方武器装备精良？哪一方士卒训练有素？哪一方赏罚公正严明？我们依据这些就能够判断谁胜谁负了。

将听吾计，用之必胜，留之；将不听吾计，用之必败，去之。

如果能听从我的计谋，用兵作战一定胜利，我就留下；如果不能听从我的计谋，用兵作战一定失败，我就离去。

计利以听，乃为之势，以佐其外。势者，因利而制权也。

筹谋有利的方略已被采纳，于是就创造一种态势，作为外在的辅助条件。所谓态势，即是凭借有利于己的条件，灵活应变，掌握作战的主动权。

兵者，诡道也。故能而示之不能，用而示之不用，近而示之远，远而示之近。利而诱之，乱而取之，实而备之，强而避之，怒而挠之，卑而骄之，佚而劳之，亲而离之，攻其无备，出其不意。此兵家之胜，不可先传也。

用兵打仗应以诡诈为原则。因此要做到：能打，装作不能打；要打，装作不要打；要向近处进攻，装作要向远处进攻；要向远处进攻，装作要向近处；敌人贪利，就用小利引诱他；敌人混乱，就乘机攻取他；敌人力量充实，就注意防备他；敌人兵强卒锐，就暂时避开他；敌人气势汹汹，就设法阻挠他；敌人卑怯慎行，就要使之骄横；敌人休整良好，就要使之疲劳；敌人内部和睦，就设法离间他。要在敌人没有防备处发动攻击，在敌人意料不到时采取行动。这是军事家指挥的奥妙，是不可预先讲明的。

夫未战而庙算胜者，得算多也；未战而庙算不胜者，得算少也。多算胜，少算不胜，而况于无算乎！吾以此观之，胜负见矣。

开战之前就预计能够取胜的，是因为筹划周密，胜利条件充分；开战之前就预计不能取胜的，是因为筹划不周，胜利条件不足。筹划周密、条件充分就能取胜；筹划疏漏、条件不足就会失败，更何况不做筹划、毫无条件呢？我们根据这些来观察，谁胜谁负也就显而易见了。

题解：
计，本义是算计，在这里是指战前的打算，古代又称之为庙算。本篇主要论述决定战争胜败的五个基本因素。指出在作战之前，必须将双方的这五个因素拿来对比研究，预测战争的胜负。有了胜利的把握之后，才可以起兵作战。此外，还提出“兵者，诡道也”“攻其无备，出其不意”等，作为取胜的辅助条件，即所谓“以佐其外”。

① 兵者，国之大事

战争是关乎国家命运的大事

孙子曰：兵者，国之大事也。死生之地，存亡之道，不可不察也。

上面这段话的意思是说，战争是国家大事，它关系到人民的生死，国家的存亡，是不可以不认真考察研究的。孙子在这本书一开始就强调了军事的重要性，是想让我们知道，打仗不是儿戏，而是关乎国家人民的命运的大事情。

兵，本义是指兵器，引申为兵卒、戎事、军旅之事或军事等。

“国之大事”。古人说“国之大事，在祀与戎”，其中的“戎”就是兵。国家大事有两件，一件是祭祀，一件是军事。祭祀是为了感恩、祈福，军事是为了国家安全。孔子说，军旅之事他没学过，但他的弟子子贡问政，他讲了三条：足食、足兵，取信于民，其中就有兵。可见“兵者”对一个国家来说确实是十分重要的。春秋战国时期，战争频仍，国家没有军事力量，那是难以想象的。战国末年更残酷，光是秦、赵之间的长平一战，秦军就屠杀了40万赵兵。所以《鹖冠子·近迭》中说，“天地人，天地远，人道近；三者之中，人最重要；人道又以兵最重要，叫‘人道先兵’。”

“死生之地，存亡之道”，这段话很清楚，即“兵”是关系到士兵生死、国家存亡的大事。“死生之地”，就是“死地”和“生地”的合称。“死生之地”实际上就是战场、战地。战场上的生死，关系到国家的存亡，军事的背后是政治。这是生死存亡的大事，当然要重视，即“不可不察也”。在《孙子兵法》中，一再反复地强调，三军的将帅是决定人们生死的关键，即“司命”。《孙子兵法》开宗明义，第一篇就着重强调军事对于国家的重要性，是对用兵者的警告。《孙子兵法》中，到处都是警告的话，这是其一大特点。

战争关乎国家的存亡、人民的生死

《孙子兵法》第一篇第一句话就告诉我们，军事是国家大事，它关系到人民的生死、国家的存亡，所以是必须认真加以研究的。这句话的目的在于指出军事、兵法乃至撰写此书的意义所在，在全书起到了提纲挈领的作用。

战争是胜利者的天堂，失败者的地狱。就以宋金战争为例，北宋灭亡，其政治、经济、文化等各方面都遭到了沉重打击（见上组图）。这为大宋王朝的彻底灭亡奏响了序曲。

1 在宋金战争中，宋军战败。

2 北宋国都开封被金兵攻下，宋徽宗、宋钦宗两位皇帝接连都被俘虏，在受尽了非人的凌辱和虐待之后，悲惨地死去了。

3 不仅国家的秩序被打乱，皇帝被俘虏，连文化也被破坏。

4 老百姓的财产遭到无情的掠夺。

5 不仅财产被抢，而且生命也无保障。即使苟活于世，也是卑微地活着。

② 经之以五事

决定战争胜负的五个因素

故经之以五事，校之以计而索其情：一曰道，二曰天，三曰地，四曰将，五曰法。

孙子认为用兵作战前，首先要比较敌我双方的客观条件，这样就会做出正确的判断，制定正确的谋略，才能取得胜利。为此，孙子首先提出了“经之以五事”的比较内容与比较标准。孙子“经之以五事”的具体内容是：一曰道，二曰天，三曰地，四曰将，五曰法。

道

“道者，令民与上同意也。故可以与之死，可以与之生，而不畏危。”道，就是政治。这里明确提出道的标准是“令民与上同意”，也就是孟子提出的“人和”。同意、同欲，才能上下同心，三军一心，为道义而战，死不旋踵。

天

“天者，阴阳、寒暑、时制也。”也就是孟子所说的“天时”问题。古代春、秋不兴师，恐妨碍农耕；冬、夏不出征，恐损害健康，都是考虑到天时条件的制约。

地

“地者，远近、险易、广狭、死生也。”地，即地理条件，孟子谓之“地利”。用兵需讲地理条件：远者宜缓，近者宜速；险地宜用步兵，平地宜用车骑；地广宜用大兵，地狭宜用精兵；死地宜战，生地宜守。

将

“将者，智、信、仁、勇、严也。”作为将帅，应该智能谋划，信能赏罚，仁能附众，勇能果敢，严能立威。曹操称此“五德”为“将德”。

法

“法者，曲制、官道、主用也。”法指军事制度、治军法规、后勤管理以及调兵遣将、任人用才之术，也是影响战争胜负的一个重要条件。

孙子的高明之处是，他在拟定决定胜负的因素时，不就战争讲战争，不

五事七计

孙子认为决定战争胜负的因素有五种，称之为“五事”，即“道、天、地、将、法”。在此基础之上，孙子又提出了判断胜负的七条标准，即：“主孰有道？将孰有能？天地孰得？法令孰行？兵众孰强？士卒孰练？赏罚孰明？”它们合称为“七计”。

“五事”的排序：

孙子并不是将“五事”等量齐观，而是通过先后排列，表明这五种制胜因素有轻重、主次之分。其排序如上图中序号所示，为道、天、地、将、法。

“五事”与“七计”的关系

“五事”（比较内容）	“七计”（比较标准）
道	主孰有道？（哪一方君主的政治清明？）
天	天地孰得？（哪一方拥有更好的天时地利？）
地	天地孰得？（哪一方拥有更好的天时地利？）
将	将孰有能？（哪一方的将帅更有才能？）
法	法令孰行？兵众孰强？士卒孰练？赏罚孰明？（哪一方能够贯彻执行法令？哪一方武器装备精良？哪一方士卒训练有素？哪一方赏罚公正严明？）

就军事讲军事，而是全面考察军事、政治、人力、物力、天时、地利等诸个因素，注重综合实力的比较。临战之际，“五事”是制胜的条件；和平时期，“五事”则是治国治军的基本内容。只有平时注意“五事”的治理，战时才能突显综合优势。而军事上的胜利，正依赖于“五事”优化产生的综合实力，正是综合国力的胜利。

此外，孙子不是将“五事”等量齐观，而是通过先后排列，表明这五种制胜因素有轻重、主次之分。孙子将“道”居于“五事”之首，与孟子强调的“天时不如地利，地利不如人和”暗中相合。根据对“五事”的不同具备情况，可以把军队分为“仁义之师”“节制之师”“权诈之师”。根据将帅对“五事”的不同掌握和运用程度，又可以把军事家分为不同的等级。可见，孙子“五事”不仅是衡量综合国力的标准，也是考查军事家的尺度。

孙子尖锐地指出：“凡此五者，将莫不闻；知之者胜，不知者不胜。”我国历史上的重大战役胜负预测验证了“五事”要素的正确性、合理性。以三国时著名的“赤壁之战”为例，208年，曹操率军攻打江东，孙权召集群臣商议，群臣大都以敌众我寡难以抵御为理由，主张归降曹操。唯独周瑜坚持抗战，并以“五事”为标准，分析了孙权必胜的依据：“曹操虽然名为汉朝丞相，实际上是汉朝的奸贼。将军以神武雄才，凭借着父兄的基业，割据江东，地方数千里，兵精粮足，英雄乐业，正应当纵横天下，为汉室除暴去秽，为什么要去投降曹操呢？况且曹操引兵前来，已有多处违犯兵家的忌讳，可以说是自投罗网。如今曹操北方未定，马腾、韩遂尚在关西为其后患，而曹操率众久居江南，这是一大犯忌；北方军队不熟悉水战，弃鞍马而驾舟船，与江东争锋，这是二大犯忌；目前正是隆冬盛寒，粮草短缺，这是三大犯忌；中原士兵远涉江湖，不服水土，多生疾病，这是四大犯忌。有此四大犯忌，曹操虽然兵精将广，却注定要失败。这正是捉拿曹操的好机会。我愿领精兵数千，屯驻夏口，保证为将军破敌。”孙权听后大喜，立即让周瑜统兵拒敌，果然取得了赤壁大捷。

武王伐纣："五事七计"定胜负

孙子关于"五事七计"定胜负的观点深刻而准确，并且一再被历史所证明。武王伐纣，以周代商便是其中典型的一例。

③ 兵行诡道

用兵打仗是一种诡诈的行为

兵者，诡道也。

孙子认为用兵打仗是一种诡诈的行为。在此基础上，孙子还提出了所谓的“诡诈十二术”。

兵行诡道

“用兵重道”与“兵者诡道”这两个重要的军事命题看似对立，其实并不矛盾。《孙子兵法》注家张预说：“用兵虽本于仁义，然其取胜必在诡诈。”《乾坤大略·自序》说：“所有既明，则正道在，不必言矣。然不得奇道以佐之，则不能取胜。”这些论述阐明了“用兵重道”与“兵者诡道”这两个命题处于军事学的不同层面。“用兵重道”说的是战争性质，强调用兵的正义性、人民性，这是用兵的“正道”；“兵者诡道”说的是用兵的战术，它是辅佐“正道”而施行的“奇道”。失去“正道”则兵失其本，不用“奇道”则“正道”难行。所以《黄石公三略·中略》总结说：“德同势敌，无以相倾，乃揽英雄之心，与众同好恶，然后加之以权变。故非计策无以决嫌定疑，非谲奇无以破奸息寇，非阴谋无以成功。”或反用兵的真实意图而行动，或掩盖事实的真实面目而行动，或顺应敌人的某些主观愿望而行动。总之，要以假象掩盖真相，以形式掩盖内容，造成对方的错误判断，达到出奇制胜的目的。

诡诈十二术

孙子在刻意说明了“兵行诡道”的基础上又归纳总结出了“诡诈十二术”，即十二种行诡之术，可谓对军事谋略的总结。这十二术分别是：

（1）能而示之不能：本来能打，却装作不能打。（2）用而示之不用：本来要打，却装作不要打。（3）近而示之远：本来要去近处，却装作要去远处。（4）远而示之近：本来要去远处，却装作要去近处。（5）利而诱之：敌人贪婪，那么就用小利去引诱他。（6）乱而取之：敌人混乱，就趁机攻击他。（7）实而备之：敌人力量充实，就注意时刻防备他。（8）强而避之：敌人兵强卒锐，就暂时避开他。（9）怒而挠之：敌人来势汹汹，就设法阻止他。（10）卑而骄之：敌人卑怯慎行，就要使之骄横。（11）佚而劳之：敌人休整得很好，就设法使之疲劳。（12）亲而离之：敌人内部和谐，就设法离间他。

兵行诡道

东汉时期，虞诩“增灶断追”败羌人，是活用“兵行诡道”的典型战例。其过程十分精彩，而又处处突显“诡诈”二字。

遇到的难题

1 数千羌人聚集，屯扎在前往陇西的必经之路上，企图阻止虞诩赴任。

2 羌人发现上当，便在后面紧追不舍，以图全歼虞诩的部队。

3 虞诩的部队进城以后，羌人大部队便尾随而至，将城池紧紧包围。

运用“诡道”来解决的办法

结果：
羌人听信谣言，以为虞诩暂时不敢前进，便分兵散去了。于是，虞诩趁机过了这道关卡。

结果：
追兵看到每天的灶都在增加，以为汉人的援军已到，便不敢再穷追不舍了，而只是远远地跟着。

结果：
羌人看到此情景，以为汉军真的很多，便撤兵了。虞诩又在羌人撤兵的途中埋伏人马，最终全歼了叛军。

战例背景：
东汉时期，居住在陇西一带的羌人发起叛乱，对抗汉朝的统治。于是，朝廷派虞诩作为那里的太守，前去平息叛乱。羌人很多，而虞诩只带了很少的人便出发了。一路上自然遇到很多困难，但都被虞诩采用“诡诈”的方法一一解决了，最终圆满地完成了任务。

孙子诡诈十二术

- **能而示之不能** 本来能打，却装作不能打。
- **用而示之不用** 本来要打，却装作不要打。
- **近而示之远** 本来要去近处，却装作要去远处。
- **远而示之近** 本来要去远处，却装作要去近处。
- **利而诱之** 敌人贪婪，那么就用小利去引诱他。
- **乱而取之** 敌人混乱，就趁机攻击他。
- **实而备之** 敌人力量充实，就注意时刻防备他。
- **强而避之** 敌人兵强卒锐，就暂时避开他。
- **怒而挠之** 敌人来势汹汹，就设法阻止他。
- **卑而骄之** 敌人卑怯慎行，就要使之骄横。
- **佚而劳之** 敌人休整得很好，就设法使之疲劳。
- **亲而离之** 敌人内部和谐，就设法离间他。

④ 庙算

计划决定胜负

夫未战而庙算胜者，得算多也；未战而庙算不胜者，得算少也。多算胜，少算不胜，而况于无算乎！吾以此观之，胜负见矣。

孙子十三篇，以《计篇》为始，而在此篇中又以庙算为最重要的内容。所谓庙算，是指古代交战双方在开战前，最高决策者首先要在庙堂举行会议，测算双方综合实力，谋划作战大计方略，预计战争胜负趋势。孙子从以下两个方面对庙算做了阐述。

先算胜后算

战争事关人民生死、国家存亡，因此在决定要不要开战、如何开战这些生死攸关的问题时，一定要首先在代表社稷的宗庙内召开最高军事决策会议。成大事者必三思而后行，举大兵者当先计而后动。只有首先在庙堂上将要不要开战的利害权衡好，将如何开战的策略谋划好，才可增加行动的预见性，减少作战的盲目性。孙子是兵家权谋派，以长计善谋著称，自然更是强调庙算中先计而后行、先算胜后算的重要性。

多算胜少算

孙子在如何庙算中，提出了“多算胜，少算不胜，而况于无算乎”的重要运筹思想。孙子的“算”应包含两层含义：一是计算，即敌我双方的力量对比和条件权衡，看谁的优势多。比如“经之以五事”“校之以七计”等，都是“算”的内容。“经之以五事”与“校之以七计”，实际上是从宏观战略层面来进行多侧面的胜负决算。二是谋算，即根据双方的综合实力与具体条件来谋划制订作战方案。《计篇》后半部分讲的“因利而制权”“诡道”十二术以及“攻其无备，出其不意”的战术总则，都是讲的具体作战方略、对战术的谋算。在庙算中只有把战略上的计算与战术上的谋算结合起来，才是真正周全的“多算”。只考虑某一层面或某一侧面，则为“少算”。不加筹划，一意孤行，那就是“无算”了。多算胜少算，无算则一点儿取胜的希望都没有。

总结

孙子关于庙算决胜的思想，不仅为古今中外军事家所推崇，而且已被广泛地运用于经济、文化和政治等多个领域。要制定正确的发展战略，就不能不遵循先算胜后算、多算胜少算的庙算法则。

制订作战计划的重要性

孙子认为，庙算即制订作战计划，是决定战争胜负的重要因素。谁的作战计划制订得更早，制订得更周密，谁就能获得胜利。

周密地制订作战计划，就可以对交战双方的综合实力进行比较，从而运筹帷幄，扬长避短，决胜千里。这也就是现在常说的软实力。只有当一个国家的软实力与硬实力（即各种物质因素，如兵员数量、粮食储备、兵器的多寡等）相结合，才能产生强大的战斗力。

二、作战篇

孙子曰：凡用兵之法，驰车千驷，革车千乘，带甲十万，千里馈粮。则内外之费，宾客之用，胶漆之材，车甲之奉，日费千金，然后十万之师举矣。

孙子说：用兵作战的普遍规律是，要动用一千辆轻型战车，一千辆重型战车，十万全副武装的士卒，还要越境千里运送军粮。这样一来，前方后方的经费，款待使节、游士的用度，作战器材的消耗，车辆兵甲的维修开支，每天耗资千金，然后十万大军才能出动。

其用战也胜，久则钝兵挫锐，攻城则力屈，久暴师则国用不足。夫钝兵挫锐，屈力殚货，则诸侯乘其弊而起，虽有智者，不能善其后矣。故兵闻拙速，未睹巧之久也。夫兵久而国利者，未之有也。故不尽知用兵之害者，则不能尽知用兵之利也。

用这样的军队去作战，就要求速胜，旷日持久就会使士兵疲惫、锐气挫伤；攻城就会使兵力耗损；军队长期在外作战，会使国家财政发生困难。如果士兵疲惫，锐气挫伤，军力耗尽，国家经济枯竭，那么诸侯列国就会乘此危机前来进攻，那时即使有足智多谋的人也无法挽回危局了。所以，在军事上，只听说过指挥虽拙但求速胜，没见过为讲究指挥技巧而追求旷日持久的。战争久拖不决而对国家有利的情形，从来不曾有过。所以，不完全了解用兵有害方面的人，也就不能完全了解用兵的有利方面。

善用兵者，役不再籍，粮不三载。取用于国，因粮于敌，故军食可足也。

善于用兵打仗的人，兵员不一再征集，粮秣不多次运送。武器装备从国内取用，粮食饲料在敌国补充，这样，军队的粮草供给就充足了。

国之贫于师者远输，远输则百姓贫。近于师者贵卖，贵卖则百姓财竭，财竭则急于丘役。力屈、财殚，中原内虚于家，百姓之费十去其七。公家之费，破军罢马，甲胄矢弩，戟楯蔽橹，丘牛大车，十去其六。

国家之所以因用兵而贫困，就是因为军队远征，远道运输。军队远征，远道运输，就会使百姓贫困。临近驻军的地方物价必然飞涨，物价飞涨就会使国家财政枯竭。国家财政枯竭，就会急于加重赋役。军力耗尽、财力衰竭，国内就会家室空虚，百姓的财产将会耗去十分之七；政府的财力也会由于车辆的损坏，战马的损耗，盔甲、箭弩、矛戟、盾牌的制作补充以及大牛与辎重车的损耗，而损失掉十分之六。

故智将务食于敌，食敌一钟，当吾二十钟；萁秆一石，当吾二十石。

所以，明智的将领务求在敌国解决粮草供应问题，消耗敌国的一钟粮食，相当于从本国运输二十钟；动用敌国的一石草料，等同于从本国运送二十石。

故杀敌者，怒也；取敌之利者，货也。故车战，得车十乘已上，赏其先得者，而更其旌旗，车杂而乘之；卒善而养之。是谓胜敌而益强。

要使军队英勇杀敌，就应激励军队的士气；要使军队夺取敌人的军需物资，就必须依靠财货奖赏。所以，在车战中，凡是缴获战车十辆以上的，就奖赏最先夺得战车的人，并且换上我军的旗帜，混合编入自己的战车行列。对于敌俘，要优待和使用他们。这也就是所谓愈是战胜敌人，也愈是增强自己。

故兵贵胜，不贵久。

因此，用兵贵在速战速决，而不宜旷日持久。

故知兵之将，生民之司命，国家安危之主也。

懂得如何用兵的将帅，是民众生死的掌握者，是国家安危的主宰者。

题解：

作，有创办和筹备等义。本篇题名为作战，实际上讲的却是筹备战争，较为全面地论述了孙子的后勤论。本篇主要从战略角度讲述在作战时，合理运用后勤等诸多问题。战争要消耗大量的人力、物力、财力，故从我方来说要速战速决，争取以最小的代价取得最大的战果。同时，要取之于敌方，为我所用，这样就能够“胜敌而益强”。

1 用兵之害

战争对国家的损害

孙子曰：凡用兵之法，驰车千驷，革车千乘，带甲十万，千里馈粮。则内外之费，宾客之用，胶漆之材，车甲之奉，日费千金，然后十万之师举矣。其用战也胜，久则钝兵挫锐，攻城则力屈，久暴师则国用不足。夫钝兵挫锐，屈力殚货，则诸侯乘其弊而起，虽有智者，不能善其后矣。

孙子认为，用兵作战的普遍规律是，要动用一千辆轻型战车，一千辆重型战车，十万全副武装的士卒，还要越境千里运送军粮。这样一来，前方后方的经费，款待使节、游士的用度，作战器材的消耗，车辆兵甲的维修开支，每天都要耗资千金，然后十万大军才能出动。用这样的军队去作战，旷日持久就会使士兵疲惫、锐气挫伤；攻城就会使兵力耗损；军队长期在外作战，会使国家财政发生困难。如果士兵疲惫，锐气挫伤，军力耗尽，国家经济枯竭，那么诸侯列国就会乘此危机前来进攻，那时即使有足智多谋的人也无法挽回危局了。

因此，作为“国家安危之主”的“知兵之将”，如果“不尽知用兵之害者，则不能尽知用兵之利”。兵为双刃利器，可伤敌也可伤己，只有懂得在一定条件下利害可以相互转化的道理，才能未雨绸缪，确定正确的作战方略。1643年4月，清朝权臣多铎见清兵连年征战，造成国库空虚，民不聊生，认为应该暂停战争，让人民休养生息，为清统一中国奠定雄厚的物质基础。于是他向清太宗皇太极建议说：“自古以来，凡是用兵打仗，都是因为不得已而为之。如果自恃力量强大，违背正义原则四处征伐，上天也不会保佑他。我观察分析天下形势，似乎应该暂停用兵为好。我们把主要精力用到解决国内问题上，特别是要把发展农业作为当务之急。这样老百姓才能丰衣足食，国家也才能有支持长期战争之需的雄厚物质基础。”多铎这一富有战略远见的建议实施后，很快收到了显著成效。

春秋时期战争所需要的物质基础

战争是一种国家行为，它会大量地、迅速地消耗掉国家的财力、物力。下面就具体阐述一下，春秋时期的战争到底都需要哪些物质条件，以便读者对这个问题有一个更加直观的了解。

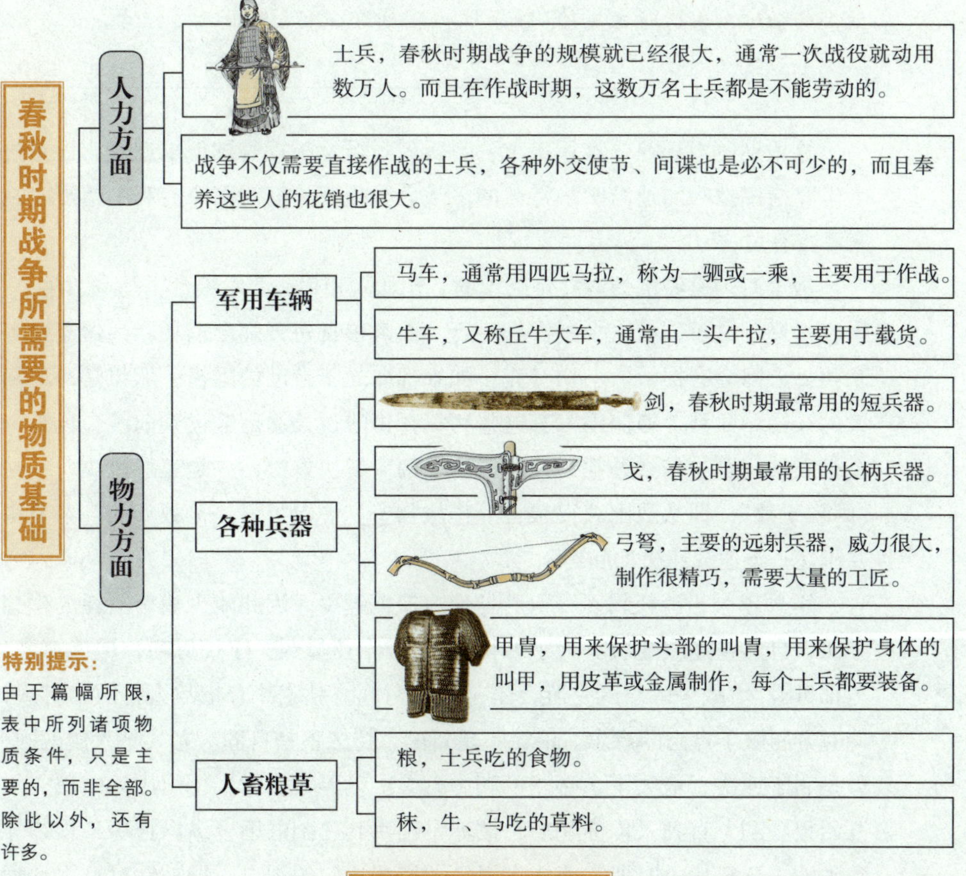

特别提示：

由于篇幅所限，表中所列诸项物质条件，只是主要的，而非全部。除此以外，还有许多。

春秋时期的兵种

步兵

步兵是最古老的兵种，有战争以来就有步兵。即使在现代战争中，步兵也还发挥着巨大的作用。中国古代的步兵主要分为两种：一种是附属于战车的步兵，另一种则是独立的步兵。

车兵

车兵是从步兵分化而来的，相当于现在的装甲兵。在世界上，车兵的出现以中亚最早，4000年前就有马拉战车。在中国，战车也有3000多年的历史。所以有些学者推测，中国的战车技术是从中亚传入的，但中国的战车制造技术却远胜于前者。春秋时期，如齐、秦这样的大国一般都有上千辆兵车，称之为“千乘之国”。

特别提示

骑兵

古代的兵种除了步兵和车兵外，骑兵也很重要。但中国古代的骑兵源自战国时期赵武灵王的“胡服骑射”，所以春秋时期并没有成建制的骑兵部队。

② 兵贵神速

作战宜速战速决

故兵闻拙速，未睹巧之久也。夫兵久而国利者，未之有也。

这段话的意思是，在军事上，只听说过虽然指挥笨拙但求速胜，没见过为讲究指挥技巧而追求旷日持久的。战争久拖不决而对国家有利的情形，从来不曾有过。

战争对国家经济的消耗是巨大的，比如人和牛马要吃粮食，马车、牛车、甲胄弓弩、戈矛剑戟，少一样都不行。而且粮食每天都会消耗，兵器车仗等东西每天都会有损毁。一切补充，如果都取之于自己的国家，那将是一笔极大的开销。而且，即使国家有这些物资，再通过长途运输运到前线，也是一个很大的问题。怎么办呢？孙子提出了两个解决办法：一是速战速决；二是“因粮于敌”，即从敌国获得粮食等作战物资，说白了就是抢敌人的。本节主要阐述一下速战速决的问题。

用兵越久，消耗越多；取胜越速，消耗越少。因此减少战争消耗的理想办法，自然是速战速决。为了取得速胜，“宁速毋久，宁拙毋巧；但能速胜，虽拙可也”。战争的目的是胜，不是拖延时间。胜意味着把敌人打败、打服，使对方屈服于自己的意志。消耗不是目的，持久不是目的。尤其是入侵他国，更是利于速决；拖久了，必然不利。第二次世界大战时，德国用闪电战，一开始很顺利，直到入侵苏联后，被苏军利用其广阔的国土纵深拖垮，最终导致失败。抗日战争时期，毛泽东提出“持久战”的观点，那是针对日军计划迅速占领中国的战略所提出的。日军以强凌弱入侵中国，所以要快；中国以弱抗强，在本土作战，自然要反其道而行之。还有，“持久战”强调的是战略持久，在战术上还是要速战速决的。所以孙子说：“善用兵者，役不再籍，粮不三载。”（善于用兵打仗的人，兵员不一再征集，粮草不多次运送。）其根本原因就在于善用兵者能够做到速战速决。

解决战争对国家经济破坏的方法：速战速决

孙子看到了战争对国家经济的损耗和破坏，战争持续的时间越长，这种损害就越大，所以他提出了“兵贵胜，不贵久”的观点，即作战要速战速决。

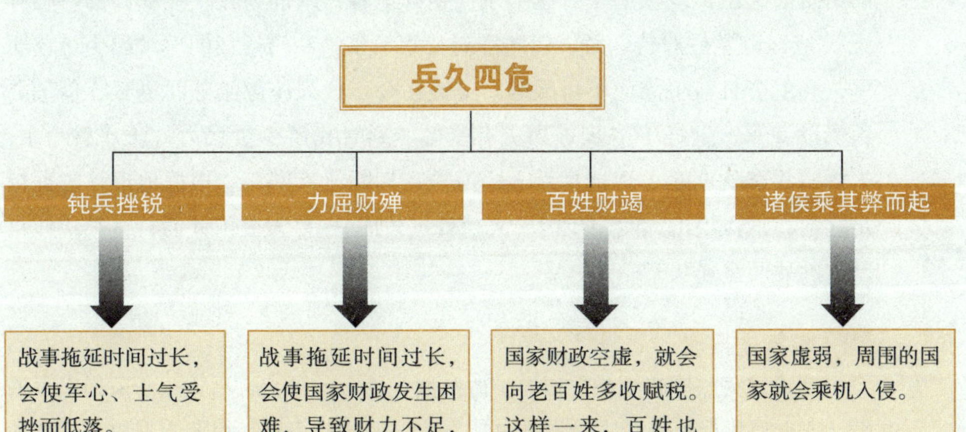

③ 因粮于敌
用敌国物资补充自己

故智将务食于敌。食敌一钟，当吾二十钟；萁秆一石，当吾二十石。

上面这段话的意思是，明智的将领务求在敌国解决粮草供应问题。消耗敌国的一钟（一钟：古代的容量单位，六十四斗为一钟）粮食，相当于从本国运来20钟；抢掠敌国的一石（一石：古代的容量单位，十斗为一石）草料，等同于从本国运送20石。

如上节所述，对于如何妥善解决战争消耗与后方补给困难的矛盾，孙子提出了他完整的后勤保障方略，即速战速决和“因粮于敌”两个解决办法。上节主要论述的是速战速决，这节则主要论述“因粮于敌”。

因粮于敌

“因粮于敌”的基本思想是一方面要尽量减少国内在人力、物力、财力上的供给，另一方面尽可能在敌国就地解决粮草、兵器，善待和使用俘虏，以“取敌之利”，说白了就是抢夺敌国物资补充自己。这样，就能借助敌方的人力、物力、财力而使自己强大起来。皇太极统一中国之前就曾在休养生息、壮大自己的同时，巧妙地“因粮于敌”“取敌之利”。1633年6月，皇太极询问诸王公大臣，攻伐明军、察哈尔、朝鲜三者，以谁为先？礼部尚书萨哈林说：“应该以宽仁对待朝鲜，以防守对待察哈尔，专门征伐明军。因为缓攻明军，它就会日益巩固而不可战胜。应该在今年秋天庄稼刚熟时进兵，借敌之粮资助我军，这样下一步进兵更有基础。到时我留少量兵力，防守察哈尔，先派骑兵袭扰明军，再选精兵入山海关，切断北京四路。根据地形，占据粮足之地，乘机出击，两三年内，大功就可告成。”皇太极依计而行，很快使自己“胜敌而益强”。

赏其先得者

在论述完“因粮于敌”以至“胜敌而益强”的观点之后，孙子又提出了鼓励己方士兵积极抢夺敌人物资的具体方法，如“故车战，得车十乘以上，赏其先得者”。这段话的意思是，在车战中，凡是缴获敌方战车10辆以上的，就奖赏最先夺得战车的人。这样一来，士兵们就会人人争先，个个奋勇向前了。

对“因粮于敌”的反制战术：坚壁清野

“因粮于敌”（即抢夺敌国的物资以补充自己）可以有效解决入侵一方所面临的后勤补给困难的问题。但是被入侵国对此也有反制的方法，即“坚壁清野”。这种方法是将居民、物资全部转移、隐藏，使敌人一无所获，而站不住脚。历史上，拿破仑就曾惨败于俄国“坚壁清野”的战术之下。

战役背景：

1812年6月24日，法国皇帝拿破仑一世率领60万大军突然入侵俄国。俄军实力不济，因此俄军统帅库图佐夫决定采取边打边撤，逐步拖垮法军的战略，为此他甚至让出了首都莫斯科，可留给拿破仑的莫斯科只是一座空城（俄军的“坚壁清野”战术所致）。此时，寒冬来临，法军补给困难，缺衣少粮，因冻饿而死的士兵不计其数。这时，俄军又突然回师猛攻，法军大败。拿破仑只带着极少数的人逃回了法国。

三、谋攻篇

孙子曰：凡用兵之法，全国为上，破国次之；全军为上，破军次之；全旅为上，破旅次之；全卒为上，破卒次之；全伍为上，破伍次之。是故百战百胜，非善之善者也；不战而屈人之兵，善之善者也。

孙子说：战争的指导法则是，使敌人举国屈服是上策，击破敌国则次一等；使敌人全军降服是上策，击破敌军则次一等；使敌人全旅降服是上策，击破敌旅则次一等；使敌人全卒降服是上策，击破敌卒则次一等；使敌人全伍降服是上策，击破敌伍则次一等。因此，百战百胜，还不算是高明中最高明的；不经交战而能使敌人屈服，才算是高明中最高明的。

故上兵伐谋，其次伐交，其次伐兵，其下攻城。攻城之法，为不得已，修橹轒辒，具器械，三月而后成；距闉，又三月而后已。将不胜其忿而蚁附之，杀士三分之一，而城不拔者，此攻之灾也。

所以，上策是挫败敌人的谋略，其次是挫败敌人的外交，再次是打败敌人的军队，下策就是攻打敌人的城池。攻城的办法是不得已的。制造攻城时用的楼橹和轒辒，准备攻城的器械，几个月才能完成；构筑攻城的土山又要几个月才能竣工。将帅控制不住自己愤怒的情绪，驱使士卒像蚂蚁一样去爬梯攻城，结果士卒伤亡了三分之一，而城池依然未能攻克。这就是攻城带来的灾难。

故善用兵者，屈人之兵而非战也，拔人之城而非攻也，毁人之国而非久也，必以全争于天下。故兵不顿而利可全，此谋攻之法也。

所以，善于用兵的人，使敌军屈服而不是靠硬打，攻占敌人的城堡而不是靠强攻，毁灭敌人的国家而不是靠久战。必须用全胜的战略争胜于天下，这样军队不致疲惫受挫，而胜利却能够圆满获得，这就是以谋攻敌的法则。

故用兵之法：十则围之，五则攻之，倍则分之。敌则能战之，少则能逃之，不若则能避之。故小敌之坚，大敌之擒也。

因此，用兵的原则是：有十倍于敌人的兵力就包围敌人，有五倍于敌人的兵力就进攻敌人，有两倍于敌人的兵力就分散敌人；有与敌人相等的兵力就要设奇兵打他，兵力少于敌人就要能逃避他，实力弱于敌人就要避免决战。所以，假如弱小的军队固执坚守，就会成为强大敌人的俘虏。

夫将者，国之辅也，辅周则国必强，辅隙则国必弱。

将帅好比是国家的辅木，将帅对国家如能像辅车相依，尽职尽责，国家一定强盛；如果相依有隙，未能尽职，国家一定衰弱。

故君之所以患于军者三：不知军之不可以进而谓之进，不知军之不可以退而谓之退，是谓縻军。不知三军之事而同三军之政，则军士惑矣。不知三军之权而同三军之任，则军士疑矣。三军既惑且疑，则诸侯之难至矣，是谓乱军引胜。

国君危害军事行动的情况有三种：不了解军队不可以前进而硬让军队前进，不了解军队不可以后退而硬让军队后退，这叫作束缚军队；不了解军队的内部事务，而去干预军队的行政，就会使将士迷惑；不懂得军事上的权宜机变，而去干涉军队的指挥，就会使将士疑虑。士兵既迷惑又疑虑，那么诸侯列国乘机进犯的灾难也就到了，这就是所谓的自乱其军，自取灭亡。

故知胜有五：知可以战与不可以战者胜，识众寡之用者胜，上下同欲者胜，以虞待不虞者胜，将能而君不御者胜。此五者，知胜之道也。

预知胜利的情况有五种：知道可以打或不可以打的，能够胜利；懂得多兵与少兵的不同用法的，能够胜利；全军上下意愿一致的，能够胜利；以己有备对敌无备的，能够胜利；将帅有指挥才能而君主不加牵制的，能够胜利。这五条，是预知胜利的方法。

故曰：知彼知己者，百战不殆；不知彼而知己，一胜一负；不知彼不知己，每战必败。

所以说，既了解敌人，又了解自己的，经历百战都不会有危险；不了解敌人但了解自己的，胜利或失败的机会各有一半；既不了解敌人，又不了解自己的，那么每次用兵都必定失败。

题解：

谋攻，就是谋划如何进攻敌人，战胜敌人的意思。本篇主要论述了军事谋攻策略的理论。“上兵伐谋，其次伐交，其次伐兵，其下攻城。”这是孙子的谋攻策略四部曲。孙子以“不战而屈人之兵”“必以全争于天下”为谋攻的最高原则，主张以优势兵力与敌作战，反对弱小军队的硬拼，指出了慎择良将，充分发挥良将主动性的重要性，进而从预测胜利的途径归纳出“知彼知己，百战不殆”这一军事领域的至理名言。

① 不战而屈人之兵

作战的最高原则是不战而胜

孙子曰：凡用兵之法，全国为上，破国次之；全军为上，破军次之；全旅为上，破旅次之；全卒为上，破卒次之；全伍为上，破伍次之。是故百战百胜，非善之善者也；不战而屈人之兵，善之善者也。

孙子认为，战胜敌人的方式有两种，一种是“不战而屈人之兵”，即不用通过战斗就使敌人完全地屈服于自己；一种是武力强攻，以使敌人屈服于自己。孙子注重权谋，主张“以全争于天下”，因而他在兵法第三篇的“攻”字前特意加了一个“谋”，强调“谋攻”胜于“力攻”。正是根据这一战略思想，孙子认为克敌制胜的方式，以全国、全军、全旅、全卒、全伍为最佳，以破国、破军、破旅、破卒、破伍次之。靠武力进攻，即使百战百胜，也不是高明中最高明的；靠智力谋攻，“不战而屈人之兵”，才是高明中最高明的，这是克敌制胜的最高境界。

孙子的这一智斗、谋攻、全胜的战略思想，对中国古代的军事指挥艺术产生了深远的影响。

韩信谋攻克燕就是“不战而屈人之兵”的一个典型战例。韩信在攻下魏国和赵国之后，向谋士李左车请教进攻燕国和齐国的办法。李左车说：“现在为您打算，不如解下盔甲，放下武器，留守在赵国，安抚百姓，存恤遗孤。这样的话，百里之内的百姓，每日都会送来牛和酒，以犒劳您的将士，犒赏您的兵卒。然后再向北进军，让部队驻守在通往燕国的路上，接着派一位辩士，送一封信给燕王，把汉军的长处显示出来，燕国一定不敢违背您的命令。用威势降服燕国后，再派一位辩士，向东去转告齐国，齐王听到这个消息，一定也会像燕王那样降服于您。因为这时即使再聪明的人，也不知道该怎么办好了。这样一来，争取天下的大事，都可以图谋了。”韩信听后依计而行，燕国闻讯后果然立即就投降了。

墨子不战救宋国

孙子认为“百战百胜”并不是最高明的，“不战而屈人之兵”才是高明中最高明的。这听上去有些不太可能，但历史上这样的事却时有发生。春秋时期，墨子不动一兵一卒而使楚王取消了攻打宋国的军事行动，即为“不战而屈人之兵”的经典案例。

春秋末年，楚王欲称霸诸侯，想先攻占宋国。他请来鲁班发明、制造了许多攻城用的器械。另一大发明家墨子听说了，于是就前往楚国，企图阻止战争的发生。墨子与鲁班就在楚王的面前展开攻城守城的演习，结果九次交手都是墨子获胜，楚王便放弃了攻打宋国的计划。

鲁班，本名公输般，春秋时期鲁国人。曾发明了攻城用的“云梯”，是中国历史上著名的发明家和能工巧匠。

VS

墨子，本名墨翟，春秋时期鲁国人。墨子早年也是一个能工巧匠，甚至与鲁班齐名。后来创立了墨家学派，与儒家一起并称当世两大显学。

① 鲁班是当时有名的发明家，他辅佐楚王制造了很多攻城用的器械，用来进攻宋国。

② 墨子得到消息后，赶了十天十夜的路到达楚国，想游说楚王，阻止战争的发生。

③ 墨子见劝说无效，便脱下衣服做城墙与鲁班进行了一场演习，结果鲁班进攻了九次均被打败。

④ 楚王没有办法，觉得即使发兵也无胜算，遂放弃了进攻宋国的行动。

② 上兵伐谋

以智谋取胜

故上兵伐谋，其次伐交，其次伐兵，其下攻城。攻城之法，为不得已，修橹轒辒，具器械，三月而后成；距闉，又三月而后已。将不胜其忿而蚁附之，杀士三分之一，而城不拔者，此攻之灾也。

孙子谋攻战略的核心是要“不战而屈人之兵”“以全争于天下”，即最好不打或以最小的代价换取最丰硕的胜利果实。要做到这一点，就不能靠死拼、硬攻和久耗，而必须“伐谋”，即以智取胜。也就是说，“不战而屈人之兵”是目的，而“伐谋”则是为之服务的手段或途径。据此，孙子将用兵的法则分为四等：较量智谋是上策；较量外交次一等；较量武力又次一等；耗费大量的人力、物力、财力，损兵三分之一还打不赢的是最下策。这一以智取胜、减少伤亡的用兵原则，促使人类战争从力量大小、财产多寡等方面的较量向智慧方面的较量升华；从神道、血道向人道转化，从血淋淋的沙场较量、流水般的财力消耗向将帅的智谋竞争提升。这是中国战争史上军事艺术的一次飞跃，也是孙子对世界军事理论的重要贡献。

“上兵伐谋”，这是孙子最推崇的用兵法则。汉朝的开国功臣陈平就屡出奇谋，替代了百万士兵的直接征战。公元前 201 年，有人上书朝廷，告楚王韩信谋反。刘邦问陈平如何处置，陈平分析说：“现在陛下的兵士不如韩信的精锐，将领用兵不及韩信，如果发兵攻伐，这是逼韩信作战，我私下为陛下感到不安。”刘邦忙问：“那么，此事该怎么办？”陈平答道：“古时天子有巡行天下与诸侯会合的礼仪。南方有云梦泽，陛下只装作出游云梦泽，而在陈州与诸侯会合。陈州在楚地的西界，韩信听到天子出游，必定出城来迎接，晋谒陛下。当他晋谒时，陛下即可乘机抓住他。这只是一名武士的事情。”刘邦依计行事，立即派使者通告诸侯在陈州会合，宣称将南游云梦泽。随后，刘邦一行向南进发，快到陈州时，韩信果然郊迎于道。于是，刘邦依照事先安排，当即下令武士将韩信抓起来，就这样，不费一兵一卒，平息了一次大的战乱。

轒辒、距闉：两种攻城用的器具

在此篇中出现的“轒辒”“距闉”等都是中国古代攻城所必需的器具。从左图中就可以看出，古代攻城是一件多么危险、多么耗费物力财力的事情了。这也正是孙子提出“上兵伐谋”的原因所在。

距闉

距闉实际上就是土山。由攻城一方在靠近城墙的地方堆土而成（因其体形巨大，往往需要数月才能完成），有的还在山顶上修建小屋，上面覆以生牛皮，以防守城一方弓箭的攻击。强行攻城时，可以在山顶上用箭射击守城士兵，为己方攻城人员提供掩护。有的时候，甚至可以直接利用它登上城楼。

轒辒，是一种用于挖掘地道的器械。攻方往往利用轒辒挖掘地道，秘密潜入城中，让敌方措手不及，以攻占城池。在用于挖掘地道的器械中，除轒辒外，还有“半截船”和“头车”等。其中轒辒出现得最早，在《诗经》中就有关于它的记载。轒辒本指车内推车的武士，后来才引申为这种车的名称。轒辒的下面没有底，上面有盖，可以掩护人员在车内进行挖掘地道的作业。车子在运输过程中，要靠人推动前进。

③ 以强击弱

最基本的攻战之法

故用兵之法：十则围之，五则攻之，倍则分之。敌则能战之，少则能逃之，不若则能避之。故小敌之坚，大敌之擒也。

以“伐谋”的手法达到“不战而屈人之兵”的目的是孙子军事指挥思想中的最高境界。但这一目标在大多数的境况下只能是一种理想，因为不经过战斗就心甘情愿投降的人恐怕不多。所以在大多数的情况下，胜负还要靠战斗来解决。对此，孙子又提出了他的战斗指导原则。

孙子主张在优势条件下对敌作战，反对在劣势条件下与敌人硬拼。据此，孙子提出了“十则围之，五则攻之，倍则分之。敌则能战之，少则能逃之，不若则能避之”的用兵之法，即有十倍于敌的兵力就包围敌人，有五倍于敌人的兵力就进攻敌人，有两倍于敌人的兵力就分散敌人。有与敌人相等的兵力就要设奇兵打败他，兵力弱于敌人就要能逃避他，实力弱于敌人就要避免决战。这种强调根据敌对双方兵力对比而采取不同战法的思想，无疑是正确的。

优势与劣势的较量，可以分为两种情况：一种是我方在兵力、装备等诸方面占据优势，敌方居于劣势，就要采取围之、攻之的进攻型战术。公元前202年，刘邦会合韩信、彭越和黥布，集数十万大军，在垓下对楚军发起总攻击。项羽的士兵数量不足十万，且军用物资无法供给。结果，汉军大败楚军于垓下，楚军由此全部溃败，项羽也被迫自杀。楚汉战争遂以刘邦一方的胜利而告结束。

优势与劣势较量的另一种情况是，我方在兵力、装备等诸多方面居劣势，而敌方则占有优势。在这种不利的情况下，就应该采取守之、逃之、避之的防守型战术。如果硬要死拼强攻，那就会落得个“小敌之坚，大敌之擒”的可悲下场。公元前123年，大将军卫青统领苏建、赵信、李广等六位将军出征匈奴。出塞之后，苏建所部骑兵仅有三千多人，遭遇匈奴单于的大部队。双方交战一日有余，汉军死伤殆尽，结果只有苏建一人逃了回来。卫青认为，苏建以弱抗强，指挥失误，于是把苏建囚禁起来，送交汉武帝制裁。苏建最后被免去死罪，贬为平民。

攻战五法

孙子认为，如果不能“不战而屈人之兵”的话，那么就要与敌作战。为此，他提出了攻战五法，即“十则围之，五则攻之，倍则战之，敌则能分之，不若则能避之”。

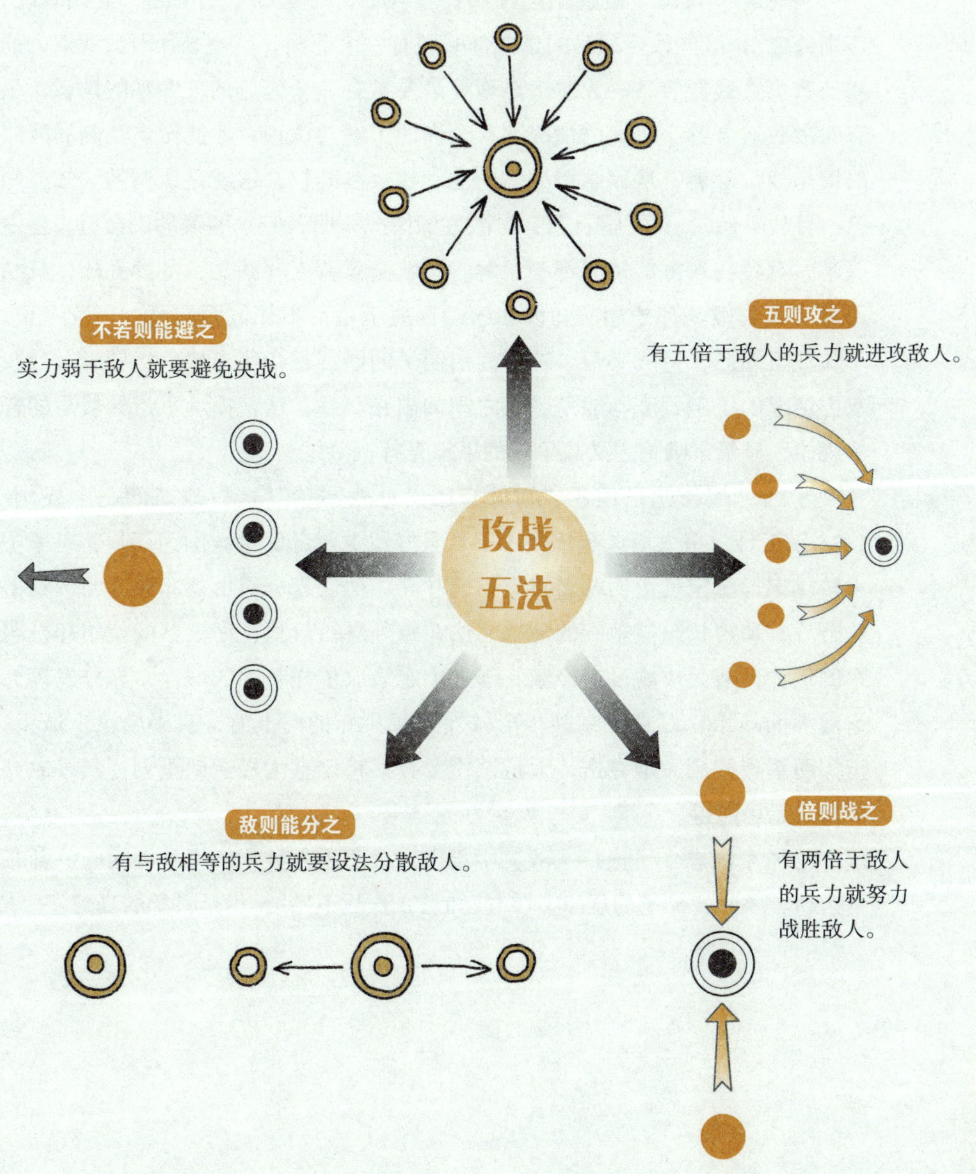

④ 知彼知己，百战不殆

作战的关键是要掌握信息

知彼知己，百战不殆；不知彼而知己，一胜一负；不知彼不知己，每战必败。

无论是“伐谋”“伐交”“伐兵”“攻城”，还是“十则围之，五则攻之，倍则分之”。这些战略战术的选择都必须有一个前提，就是必须对敌我双方的兵员数量、武器装备、天时、地理等诸要素有一个充分的、客观的认识。只有对敌我双方各个侧面的情况都有全面的了解与认识，才能做出正确的战略决策与战役部署，从而掌握战争的主动权、制胜权，这就是所谓的“知彼知己，百战不殆”。只了解自己，对敌方的情况若明若暗，胜败的机会就会各占一半。对敌我双方的情况都不了解，那就会像盲人骑瞎马，乱摸乱撞，其结局只能是失败。孙子用“知彼知己，百战不殆；不知彼而知己，一胜一负；不知彼不知己，每战必败”这样简洁明了的语言，指明了战争指导者对敌我双方情况的了解程度与战争胜负之间的内在联系，这就揭示了指导战争的普遍规律，显示了唯物主义战争观的思想光辉。

宁远之战，就是运用“知彼知己，百战不殆”这一战略的一个战例。1626年正月，皇太极久攻锦州不下，只好留少量部队继续围困锦州，自率主力转攻宁远。宁远由明朝名将袁崇焕驻守，他认真分析形势，认为明军不擅长野战，和擅长纵横驰突的清兵无法在野外进行较量；而火器的使用却是明军的优势，清兵攻城没有经验。于是决定采取依托坚固的城池，充分发挥火炮威力的战术，以克敌制胜。当城外的清兵蜂拥而上时，袁崇焕稳坐城头，指挥明军连续用大炮轰击，大量杀伤敌方兵将。皇太极遭此重创，只好放弃宁远，无功而返。

毛泽东同志在《论持久战》中指出：战争不是神物，仍是世间的一种必然运动。因此，孙子的规律，“知彼知己，百战不殆”，仍是科学的真理。

现代战争的立体信息网

孙子得出的规律，“知彼知己，百战不殆”，仍是科学的真理。古代战争的交战双方需要“知彼知己”，现代战争的交战双方同样需要“知彼知己”，只是“知”的方法更加先进了，各种侦察手段交织在一起，组成了一个庞大的立体侦察信息网。

⑤ 七战七捷
“集中优势兵力，各个歼灭敌人”的典范

孙子关于在优势条件下对敌作战，在劣势条件下与敌周旋的用兵之法，为历代兵家所重视。伟大的军事家毛泽东更是提出了“集中优势兵力，各个歼灭敌人”的有效作战方法。

集中优势兵力，各个歼灭敌人

毛泽东认为这一新的作战方法不但必须应用于战役的部署方面，而且必须应用于战术的部署方面。

在战役的部署方面。当敌人以优势兵力分几路向我军进攻的时候，我军必须集中绝对优势兵力，即集中六倍、五倍或四倍于敌的兵力，至少也要有三倍于敌的兵力。在适当时机，首先包围攻击敌军一路。这一路，应当是敌军中较弱的，或者是其驻地的地形和民情对我军最为有利而对敌军不利的。然后，我军再以少数兵力牵制敌军的其余各部，使其不能向被围击之部迅速增援，这样我军就可以全力歼灭这路敌军。得手后，依情况，或收兵休整，或继续集中优势兵力扩大战果。

在战术的部署方面。当我军已经集中绝对优势兵力包围敌军一路的时候，我军各兵团，不应平分兵力，处处攻击，这样会造成处处不得力，拖延时间的局面，而应当集中绝对优势兵力，即集中六倍、五倍、四倍，至少三倍于敌的兵力，并集中全部或大部分炮火，从敌军的阵地中，选择较弱的一点，猛烈地攻击之，务期必克。成功后，迅速分散残余敌人，各个歼灭。

七战七捷

在中国历史上，苏中“七战七捷”战役是解放战争时期中国人民解放军在江苏中部地区粉碎国民党进攻的著名战役。这场战役就是运用毛泽东“集中优势兵力，各个歼灭敌人”战法的典范。

抗日战争胜利后，在“双十协定”签字的墨迹未干之时，蒋介石就发布了进攻解放区的密令，企图完全占领长江以南地区，夺取华北战略要地和交通线，分割和压缩解放区，打开进入东北的通道，进而占领整个东北。1946年6月26日，国民党军向各解放区全线进攻，全面内战由此爆发。

1946年7月，国民党军第一绥靖区部队是汤恩伯指挥的15个旅，约12万人，由江苏南通至泰州一线分路向苏中解放区大举进犯，企图歼灭人民解放军苏北部队于如皋、陈安地区，而后北进策应淮北国民党军进攻淮阴。苏中解放区位于华北解放区东南前哨，与国统区的心脏——宁沪地区隔江对峙，战略位置极其重要。况且苏中地区人稠地富，拥有约900万人口，占华北总人口的2/5，沿江地区商业繁盛，占华中总税收的1/2，一旦沦入敌手，即为敌所用。当时解放军华中部队根据中共中央的指示，在华中野战军司令员粟裕的指挥下，决定集中主力19个团（后增至23个团），3万多人，集中优势兵力，在运动中歼灭敌人。7月13日，解放军先机制敌，向苏中国民党军队发起进攻。7月15日，攻克宣家堡。18日，双方再战于如皋以南，解放军歼敌千余人，并在如皋至海安间运动防御作战中给敌人以很大打击。之后，华中野战军经过一周休整，于8月11日攻占李堡，歼敌1个旅和1个团。8月22日，又歼灭相当于两个团兵力的交通警察部队。此后，华中野战军主力转入敌后方作战。8月26日、27日，又在黄桥地区歼敌两个半旅。至此，历时一个半月的苏中战役胜利结束。华中野战军每次都集中优势兵力，歼敌一部，七战七捷，共歼灭国民党军6个旅及5个交通警察大队，共56000余人。

苏中战役是解放战争初期一次非常重要的战役，它首创解放战争歼敌纪录，挫败了国民党军进攻的气焰。在得知华中七战七捷的消息后，毛泽东非常欣喜，通令嘉奖华中野战军，并将此次战役列为模范战役供其他部队学习。

苏中“七战七捷”

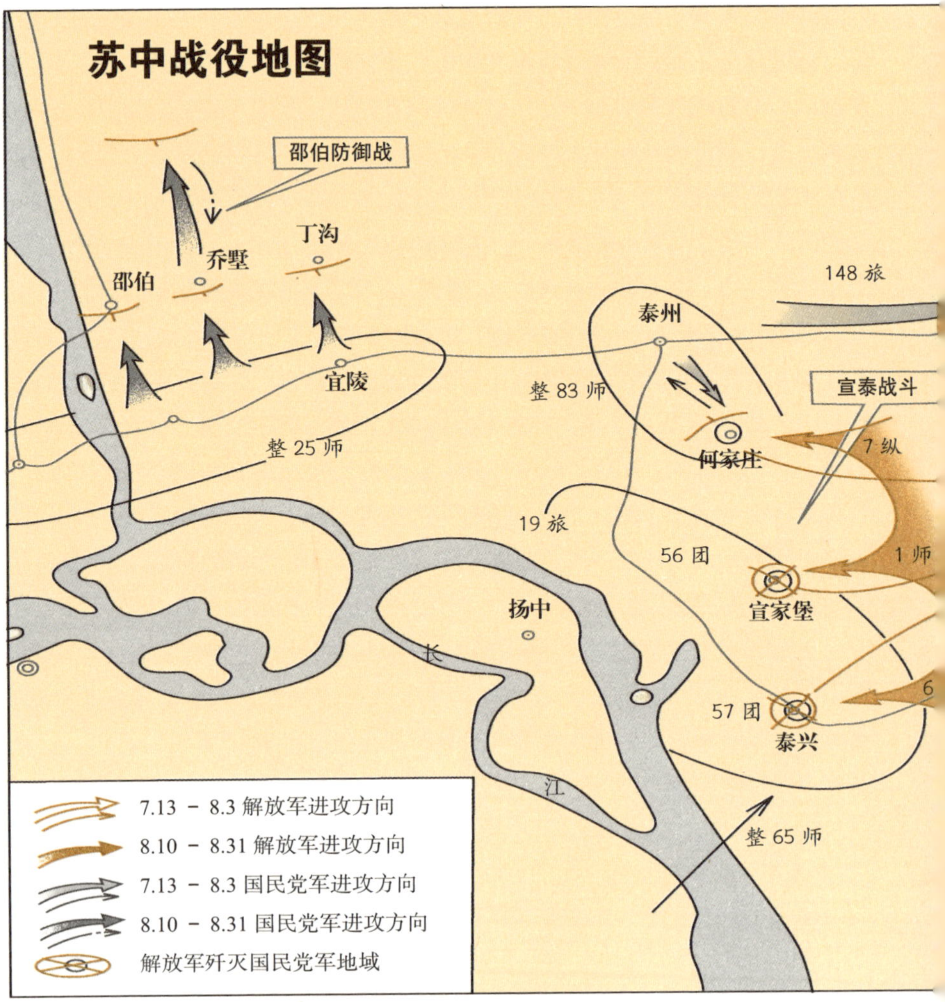

苏中战役地图

邵伯防御战
丁沟
乔墅
邵伯
148 旅
泰州
宜陵
整 83 师
宣泰战斗
何家庄
7 纵
整 25 师
19 旅
56 团
1 师
宣家堡
扬中
长
57 团
泰兴
6
江
整 65 师

7.13 － 8.3 解放军进攻方向
8.10 － 8.31 解放军进攻方向
7.13 － 8.3 国民党军进攻方向
8.10 － 8.31 国民党军进攻方向
解放军歼灭国民党军地域

第一阶段（7.13－8.3）

宣泰战斗（7.13－7.15）

宣泰战斗是宣家堡和泰兴歼灭战的合称。是役，粟裕反常用兵，以反进攻战法，歼敌于将出未出之时。在不到 60 小时歼灭国民党整编第 83 师 2 个团和 2 个营，生俘敌第 56 团少将团长钟雄飞等 3200 余人，首创歼灭美械装备的蒋介石嫡系部队的纪录。

如南战斗

如南战斗，粟裕舍近而求远，飞兵百余里，出其不意，攻敌无备。经过四天四夜的激战，歼灭国民党军整编第 49 师一个半旅等，共 1 万余人，整编第 49 师师长王铁汉潜逃。

海安防御战（7.30－8.3）

海安防御战，粟裕以节节抗击之法，挫敌锋芒。担任海安运动防御战的华野第七纵队从 7 月 30 日战到 8 月 3 日，3000 多兵力抗击 5 万多蒋军的轮番进攻，以伤亡 200 多人的代价杀伤敌军 3000 多人，创造了敌我伤亡 15:1 的新纪录。

苏中“七战七捷”被认为是粟裕军事指挥艺术中最能代表“上兵若水”兵家最高境界的生花妙笔。此役，粟裕不拘成法，用兵有如行云流水。粟裕率兵 3 万人，临大敌 12 万人，在靠近敌人心脏的战略前沿地区与敌周旋一个半月，七战七捷，歼敌 5 万多人，这在战争史上是罕见的。

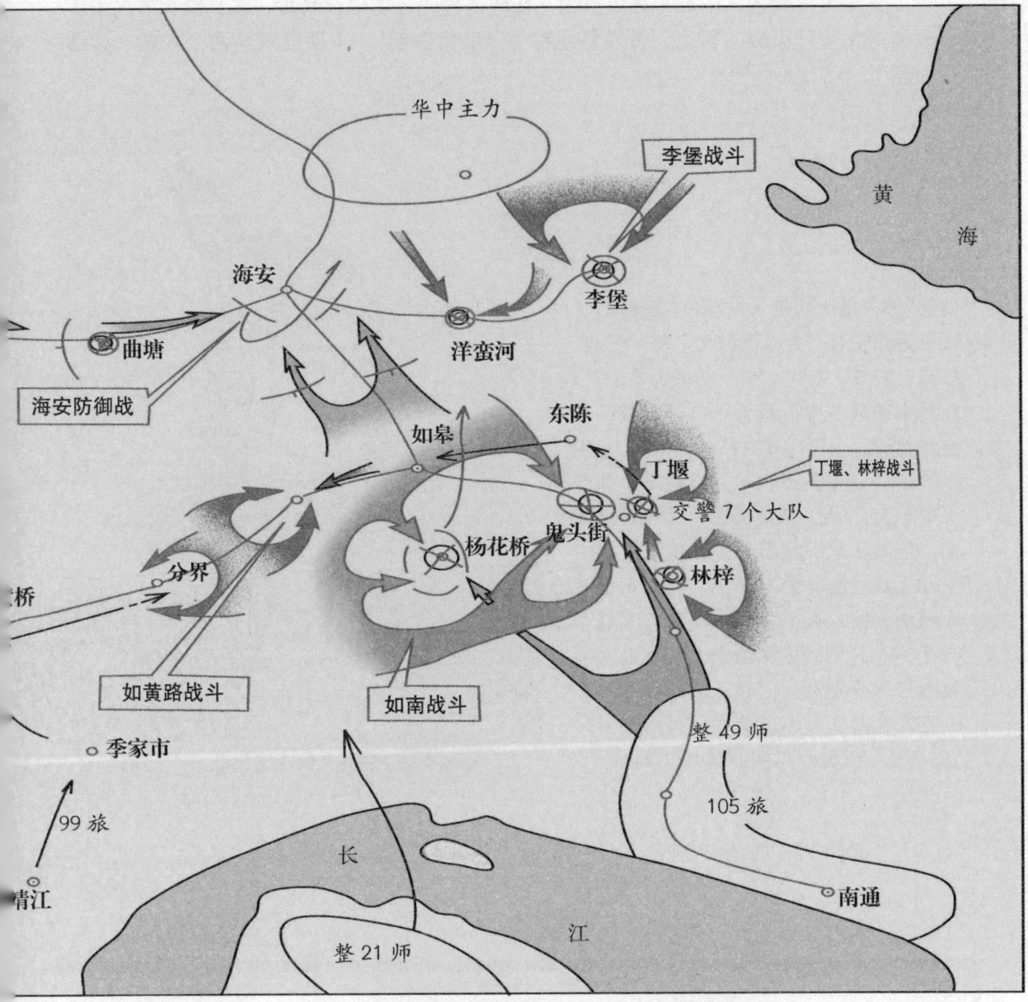

第二阶段（8.10 - 8.31）

李堡战斗	丁堰、林梓战斗	如黄路战斗
李堡战斗，粟裕乘敌“祝捷”得意忘形之际，挥兵奇袭。在李堡、角斜等地，前后仅用 20 个小时的时间，歼敌一个半旅，共 9000 余人。	丁堰、林梓战斗（两场战斗同时发生），粟裕选敌弱点，剑指敌腹。经过一夜激战，全歼国民党政府交通警察总队的 5 个大队和国民党军第 26 旅一个营，约 3700 人。生俘少将副总队长以下 2000 多人，解救了许多被捕的地方干部、民兵和土改积极分子，缴获了美国制造的卡车、枪械等大批军用物资。	攻黄（桥）救邵（伯），粟裕钻到敌人肚子里去打，把中国古代“围魏救赵”的战法成功地运用于战役作战实践之中。既有力地策应了邵伯方向的作战行动，又在运动中歼敌 1.7 万余人，打得敌人六神无主，不知所措。

歼灭战的代表

粟裕是中国人民解放军高级将领，作战指挥的艺术极其高超，尤其擅长大兵团作战和打大型歼灭战。因此，有人将他称为“现代白起”。下面就对这两个人做一详细介绍。

白起

白起（？－前257年），战国时期秦国人，被封为武安君，为战国四大名将（白起、王翦、廉颇、李牧）中战功最为卓越者。他是中国战争史上最善于打歼灭战的军事统帅之一。自16岁从军，白起一生指挥了许多重要战役：大破楚军，共歼灭楚军35万人，攻入郢都，迫使楚国迁都，楚国从此一蹶不振；在伊阙之战中又歼灭韩、魏联军24万人，彻底扫平秦军东进之路；长平之战中一举歼灭赵军45万人，开创了中国历史上规模最大的包围歼灭战先例。白起从最低级的武官一直升到武安君，一生共歼灭六国士兵165万人，致使六国闻白起而胆寒。

粟裕

粟裕（1907 － 1984年），湖南省会同县人，侗族。1927年加入中国共产党。从土地革命到新中国成立，粟裕从一名普通士兵开始，一直做到中国人民解放军总参谋长、国防部副部长等职，1955年被授予大将军衔。粟裕一生指挥了许多经典的重大歼灭战，场场都是足以名列世界歼灭战史的经典。尤其是在解放战争初期，粟裕的战争指挥艺术发展到了辉煌的顶点。从1946年7月到1947年9月的短短14个月里，他率领华中和华东野战军参加大的战役六次，中小战役不计其数，使华东战区成为吸引敌军最多、消灭敌军最多的战区。整个解放战争期间，不论是敌人的全面进攻还是重点进攻，也不论是我军的战略防御、战略反攻还是战略决战，伴随粟裕的始终是胜利。

解放战争时期军队的武器装备

解放战争时期，国民党军队装备的大多都是美式武器或德式武器，且有飞机、坦克等重型武器装备，可谓武装到了牙齿。下面就介绍国民党军队的几种主要武器装备。

美国M3“斯图亚特”轻型坦克

M3轻型坦克是美国20世纪40年代的产品，主要用于侦察、警戒或执行快速机动作战任务，也称“斯图亚特”轻型坦克。M3系列轻型坦克是第二次世界大战中使用最广泛的轻型坦克之一。

美国M1“伽兰德”半自动步枪

美国M1式“伽兰德”半自动步枪，是二战时期美军步兵的标准装备。该枪被公认为二战时期设计最好的步枪，也是世界上大量装备部队的第一支半自动步枪。

美国M3冲锋枪

由美国人乔治·海德设计的一种冲锋枪，结构简单，造价低廉（单价只有20美元）。该枪从1944年开始批量生产，到二战结束时共生产了60万支。

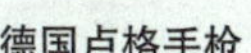

德国卢格手枪

1908年被德军选作制式武器的卢格P08手枪，是当时最具魅力的半自动手枪。P08手枪结构独特，做工精良。据资料记载，P08手枪共生产约205万支。P08手枪有多种变型枪，有标准型、海军型、炮兵型、卡宾枪型和商用型五种。

中正式步骑枪

中正式步骑枪是中国近现代史上第一支全国性的制式步枪。该枪仿自德国毛瑟Kar.98K步枪的优秀设计，因而品质优良，性能出色。

四、形篇

孙子曰：昔之善战者，先为不可胜，以待敌之可胜。不可胜在己，可胜在敌。故善战者，能为不可胜，不能使敌之可胜。故曰：胜可知，而不可为。

孙子说：从前善于打仗的人，先要做到不会被敌战胜，然后待机战胜敌人。不会被敌战胜的主动权握在自己手中，能否战胜敌人则在于敌人是否有隙可乘。所以，善于打仗的人能够创造不被敌人战胜的条件，而不可能做到使敌人必定被我所战胜。所以说，胜利可以预见，但不可强求。

不可胜者，守也；可胜者，攻也。守则不足，攻则有余。善守者藏于九地之下；善攻者动于九天之上，故能自保而全胜也。

不能战胜敌人，就要防守待之；可以战胜敌人，就要出奇攻而取之。采取防御，是因为取胜条件不足；采取进攻，是因为取胜条件有余。善于防御的人，隐蔽自己的兵力如同深藏于地下；善于进攻的人，调动自己的兵力就像自重霄而降。所以，既能保全自己，而又能取得完全的胜利。

见胜不过众人之所知，非善之善者也；战胜而天下曰善，非善之善者也。故举秋毫不为多力，见日月不为明目，闻雷霆不为聪耳。古之所谓善战者，胜于易胜者也。故善战者之胜也，无智名，无勇功。故其战胜不忒。不忒者，其所措必胜，胜已败者也。故善战者，立于不败之地，而不失敌之败也。是故，胜兵先胜而后求战，败兵先战而后求胜。善用兵者，修道而保法，故能为胜败之政。

预见胜利不超过一般人的见识，不算得高明中最高明的。激战而后取胜，即便是普天下人都说好，也不算是高明中最高明的。这就像能举起秋毫称不上力大，能看见日月算不得眼明，能听到雷霆谈不上耳聪一样。古时候所说的善于打仗的人，总是战胜容易战胜的敌人。因此，善于打仗的人打了胜仗，没有智慧的名声，没有勇武的战功。所以他们取得胜利，不会有差错。之所以不会有差错，是因为他们的作战措施建立在必胜的基础之上，是战胜那已处于失败地位的敌人。善于打仗的人，总是使自己立于不败之地，而不放过击败敌人的机会。所以，胜利的军队先有胜利的把握，而后才寻求同敌交战；失败的军队往往是先冒险同敌人交战，而后企求侥幸取胜。善于领导战争的人，必须修明政治，确保法制，所以能够掌握胜败的决定权。

兵法：一曰度，二曰量，三曰数，四曰称，五曰胜。地生度，度生量，量生数，数生称，称生胜。故胜兵若以镒称铢，败兵若以铢称镒。胜者之战民也，若决积水于千仞之谿者，形也。

根据用兵之法，战前的物质准备有五大指标：一是土地面积的“度”，二是物产资源的“量”，三是兵员众寡的“数”，四是军力强弱的“称”，五是胜负优劣的“胜”。敌我所处地域的不同，产生双方土地面积大小不同的“度”；敌我土地面积大小“度”的不同，产生双方物产资源多少不同的“量”；敌我物产资源多少“量”的不同，产生双方兵员多寡不同的“数”；敌我兵员多寡“数”的不同，产生双方军事实力强弱不同的“称”；敌我军事实力强弱“称”的不同，最终决定战争的胜负成败。胜利的军队较之于失败的军队，有如以镒称铢那样占有绝对的优势；而失败的军队较之于胜利的军队，就像用铢称镒那样处于绝对的劣势。军事实力强大的胜利者指挥部队作战，就像在万丈悬崖决开山涧的积水一样，这就是军事实力的“形”。

题解：

形，在本篇中指军事实力及其外在表现。本篇主要论述了如何根据敌我双方的物质条件、军事实力的强弱，灵活采取攻守两种不同形式，以达到在战争中保全自己而消灭敌人的目的。孙子在本篇中提出了打仗关键在于“并力”“料敌”“取人”，反对少谋无虑、轻敌冒进的重要作战指导思想。

① 先为不可胜，以待敌之可胜

立于不败之地而后求胜

孙子曰：昔之善战者，先为不可胜，以待敌之可胜。不可胜在己，可胜在敌。故善战者，能为不可胜，不能使敌之可胜。故曰：胜可知，而不可为。

孙子是一个非常理智、务实的谋略家，他在《形篇》中反复强调了“自保而全胜”，即首先使自己立于不败之地，然后再待机破敌的军事思想。孙子的这一思想主要表现在以下三个层面。

一、善战者应“先为不可胜，以待敌之可胜”。孙子认为作为一个善于用兵的军事家，首先应当做到先不被敌人战胜，然后再等待可以战胜敌人的机会。先求自保，再求克敌，这是一种稳妥而积极的作战思想。

二、善战者要“能为不可胜，不能使敌必可胜”。孙子认为，在战场上使自己不被敌人战胜是可能的，因为主动权掌握在自己手中；而战胜敌人，则要等待敌人出现可乘之机，主动权不在自己手中。正是基于这种分析，孙子主张要把主要精力放在创造自己不被敌人战胜的条件上。

三、善战者应懂得“胜可知，而不可为”。

孙子认为，通过双方实力与部署的全面比较（如“经之以五事”），胜利是可以“预知”的。但在具体的作战中，敌人有没有可乘之隙为我所利用，被我所战胜，则不能由我方来决定，这就是胜“不可为”。善战者只有懂得“胜可知，而不可为”，才能真正做到“自保而全胜”。

违背孙子“自保而全胜”的原则，不顾自身实力的限制而贸然进攻对手，其结果是不仅消灭不了敌人，反而会被敌人所消灭。冷战时期，苏联为了与美国争霸，将大量的国力投入到核军备的竞赛中，防务开支一度占到国民生产总值的11% ~ 13%。然而它的国民经济发展速度却在不断下降。苏联本为20世纪50年代的世界第二超级大国，到80年代它的国民生产总值只占世界的12%，远远落后于美国、西欧和日本。这样的结果是，苏联不仅没能称霸世界，反而导致了自身的解体。这就从反面证明了在政治、经济、军事的全面较量中，如果不先求自保，也就说不上再求克敌；如果不先求不败，也就说不上再求必胜。

庞大的苏联军队

苏联解体的原因很多，但其不顾自身经济实力的限制，一味地发展武装力量，耗尽了国力（即违反了孙子所说的“先为不可胜，以待敌之可胜”的原则），是一个很重要的因素。下面就说明一下苏联在20世纪70年代末超级庞大的武装力量。

苏联的军事实力
（20世纪70年代末期）

此时，苏联的总兵力保持在440万人左右。其中：五大军种共有370万人；苏军的总部机关约有10万人，军事院校24万人，铁道、建筑部队36万人。

陆军

共195万人，编为123个摩托化步兵师、49个坦克师、8个空降师、8个大队，总共拥有坦克5.21万辆。自1970年以来，苏联每5年就研制和装备一种新式坦克，每两年就生产一种新型战斗装甲车。

空军

41万人，编为48个师、104个团、8个大队，拥有各型飞机10546架，其中作战飞机就有6826架。

防空军

52.8万人，分为5个防空集团军、76个防空团，防空导弹发射架9536部，各型飞机2220架，雷达7000部。

海军

44.6万人，编为北方、波罗的海、黑海和太平洋4个舰队，拥有各型舰艇2104艘，排水量总计415吨，潜射弹道导弹991枚，海军飞机1432架，海军陆战队1个师和3个团。

战略火箭军

36.6万人，基地77个。所属5个火箭集团军司令部分别驻文尼察、斯摩棱斯克、弗拉基米尔、鄂木斯克和赤塔。战略火箭军作为苏联五大军种之首，被视为“国防威力的基础”。主要装备远程洲际导弹和中程弹道导弹。其中洲际导弹射程在5500千米以上，共有1398枚，弹头总数5654个，总当量为435160万吨；中程弹道导弹射程为1000～5500千米，共有599枚，弹头总数为1320个，总当量为40100万吨。

苏联工业职工人数增长分配情况（1965-1981）

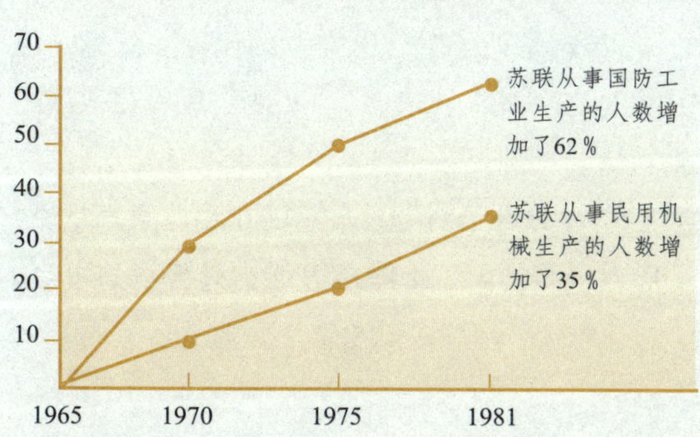

苏联武器生产厂家的数量

生产导弹：49家
生产飞机：37家
生产舰船：24家
生产地面武器装备：24家

此外，还有3500多家军工零部件配套工厂。这些军工企业能生产150多种武器系统，种类之多、数量之大，均居世界首位。

苏联国防工业部门的职工总人数在1965-1981年增加了62%，而民用机械制造部门的职工人数却只增加了35%。1981年，苏联直接从事军事工业的人数约为800万，加上民用工业部门中为军工生产服务的人员，共有1600万人，这必然会给苏联的经济造成严重的消极影响。

❷ 善守者，藏于九地之下；善攻者，动于九天之上

孙子的攻守原则

不可胜者，守也；可胜者，攻也。守则不足，攻则有余。善守者藏于九地之下；善攻者动于九天之上，故能自保而全胜也。

在论述了“先为不可胜，以待敌之可胜”的思想之后，孙子又提出了其攻守原则。孙子认为要做到自己的“不可胜”，其原因在于“善守”；而要做到“敌之可胜”，其原因则在于自己“善攻”。那么，什么是“善守”，什么又是“善攻”呢？孙子在这里提出了一条非常严格的标准，那就是要做到“能自保而全胜”。做到“能自保”的，就是“善守”；能做到“全胜”的，就是“善攻”了。孙子的攻守思想可以从以下三个方面来认识。

一、“守则不足，攻则有余。”孙子认为对攻守战法的选择要看自身的实际情况。“守则不足，攻则有余”的意思是，在取胜条件不足的情况下，就要采取守势；在取胜条件充足的情况下，就要采取攻势。“形者，强弱也”，孙子在《谋攻篇》后讲《形篇》，目的是揭示攻守战术与强弱军力的内在联系。这是一种实事求是、一切从实际出发的军事思想。按照这一军事思想，作战指挥者就不能凭个人的喜恶与一时的意气来行事。取胜条件不足，硬要凭勇气去进攻，这是军事上的冒险主义；取胜条件有余，一味求稳固守，这是军事上的保守主义。要防止这两种倾向，采取正确的、恰当的攻防战术，就一定要根据战场上敌我双方的实际力量对比与变化情况而定。

二、“善守者，藏于九地之下。”这是孙子对“善守”的比喻。意思是说一个善于防守的人就像藏身于“九地”（“九”代表多，“九地”意为在很深的地下）之下一样，而使敌人无形可窥、无隙可乘。

三、“善攻者，动于九天之上。”这是孙子对“善攻”的比喻。意思是说，善于进攻的人就像从“九天”（形容极高的天）上降落一样，其势锐不可当，而使敌人无从防备、一触即溃。

战略导弹核潜艇

战略导弹核潜艇拥有一种极其重要的战略威慑力量。孙子所说的“善守者，藏于九地之下；善攻者，动于九天之上”，在战略导弹核潜艇的身上得到了集中体现。下面以美国产的“俄亥俄”级弹道导弹核潜艇为例，对此做说明。

“俄亥俄”级弹道导弹核潜艇

正处在水面航行状态的“俄亥俄”级弹道导弹核潜艇，其背部的导弹发射井清晰可见。

“俄亥俄”级弹道导弹核潜艇性能数据：

艇型：	拉长水滴形，单壳体结构。	武器：每艘潜艇装载 24 枚“三叉戟”弹道导弹。其中 4 艘装备的是射程为 7400 公里的“三叉戟 -I”型导弹，另外 14 艘装备的是射程 1.2 万公里的“三叉戟 -II”型导弹。该导弹每枚可携带 8 ~ 12 个 TNT 当量为 10 万吨的分导式多弹头，圆概率误差 90 米。此外，还备有 4 根鱼雷发射管，可发射 MK48 型鱼雷和“捕鲸叉”导弹。
数量：	18 艘。	
尺度：	长 170.7 米，宽 12.8 米，吃水 11.1 米。	
排水量：	水上排水量 1.67 万吨，水下排水量 1.87 万吨。	
航速：	水面 25 ~ 30 节，水下 30 节。	
最大潜深：	400 米。	

弹道导弹核潜艇是综合国力的体现，目前世界上只有美国、俄国、中国、法国、英国等五个公认的核大国才有的装备。弹道导弹核潜艇以核能为动力，可长时间地潜入数百米深的海底而不浮出海面，这就大大增强了其隐蔽性。一般在艇上都会装有数枚远程洲际弹道导弹，作为主要的进攻武器。就以图中的美制“俄亥俄”级弹道导弹核潜艇为例，其载弹总数为 192 ~ 288 枚，每枚核弹头相当于 10 万吨 TNT 当量（广岛原子弹的 TNT 当量为 20 万吨），可见其攻击力是多么惊人。藏身有术，攻击力惊人，弹道导弹核潜艇真正做到了“善守者，藏于九地之下；善攻者，动于九天之上”的境界。

③ 胜兵若以镒称铢，败兵若以铢称镒

实力决定胜负

故胜兵若以镒称铢，败兵若以铢称镒。胜者之战民也，若决积水于千仞之谿者，形也。

实力决定胜负

孙子认为决定战争胜负的关键或根本就在于敌我两军实力的对比。孙子以“镒”和“铢”（“镒”和“铢”都是中国古代的重量单位。一镒是 24 两，一两是 24 铢。）两种重量单位做比喻，提出了“故胜兵若以镒称铢，败兵若以铢称镒。胜者之战民也，若决积水于千仞之谿者，形也”的思想。意思是说，胜利的军队与失败的军队相比，就好像处于以镒称铢的绝对优势地位，而失败的军队与胜利的军队相比，就好像处于以铢称镒的绝对劣势地位。在这种情况下，胜利者在指挥军队打仗时，就像从万丈悬崖决开山间的积水一样，其能量无可阻挡，这就是军事实力的体现啊！以强击弱就好比以镒称铢，以弱击强就好比以铢称镒，其结果自然是“弱肉强食”了。由此，孙子又得出了经过激烈的战斗后取得胜利的人，即使天下人都说他勇敢，那他也不是最高明的将帅。这就好比能举起秋毫不能说是力大，能看见日月不能说是眼亮一样。而总是取胜于容易战胜的敌人的人，才是真正善于作战的人，即真正会打仗的人，总是以强击弱的，只有这样他的胜利才是有把握的。

决定军事实力强弱的条件

孙子又在“军事实力决定胜负”论的基础上论述了军事实力的强弱都取决于哪些条件。

孙子认为战争胜负取决于五个层层递进的环节，即“一曰度，二曰量，三曰数，四曰称，五曰胜”。意思是说敌我两国土地面积大小不同的“度”决定了产生双方物产资源多少不同的“量”，而“量”又决定了双方兵员多寡不同的“数”，“数”又决定了双方军事实力强弱不同的“称”，“称”又最终决定战争的“胜”。在这里，实际上孙子已经意识到，胜负并不仅仅取决于两军的实力对比，而是敌对两国综合国力的对比了。

取胜之道在于以强击弱

孙子认为决定战争胜负的永远是强者胜而弱者败，所以取胜的关键就在于以强击弱。

决定实力强弱的物质因素

此处提到的决定战争胜负的原因与在第一篇中所提到的另一组决定战争胜负的概念，即“经之以五事”是有区别的。“经之以五事”的“道、天、地、将、法”是从更加宏观的角度所做的总结，它包括了物质的、人力的和制度的等各方面的原因，而此处的“度、量、数、称”等则只是从纯粹物质的角度做出总结。

五、势篇

孙子曰：凡治众如治寡，分数是也；斗众如斗寡，形名是也；三军之众，可使必受敌而无败者，奇正是也。兵之所加，如以碫投卵者，虚实是也。

孙子说：管理大部队如同管理小部队一样，这属于军队的组织编制问题；指挥大部队如同指挥小部队一样，这属于指挥号令的问题；统率全军能够使它一旦遭到敌人的进攻时不至失败，这是“奇正”的战术变化问题。军队打击敌人如同以石击卵一样，这是“避实就虚”正确运用的问题。

凡战者，以正合，以奇胜。故善出奇者，无穷如天地，不竭如江河。终而复始，日月是也；死而复生，四时是也。声不过五，五声之变，不可胜听也；色不过五，五色之变，不可胜观也；味不过五，五味之变，不可胜尝也。战势不过奇正，奇正之变，不可胜穷也。奇正相生，如循环之无端，孰能穷之？

一般作战都是用“正”兵抵挡敌人，用“奇”兵取胜。所以善于出奇制胜的将帅，其战法变化就像天地那样不可穷尽，像江河那样不会枯竭。结束了又重新开始，如同日月的运行；去而又来，就像四季的更迭。乐音不过五个音阶，可是五音的变化，就多得听不过来；颜色不过五种色素，可是五色的变化，就多得看不过来；滋味不过五种味道，可是五味的变化，就多得尝不过来；战术不过“奇”“正”，可是“奇”“正”的变化，就无穷无尽。“奇”“正”相互转化，就像沿着圆环来循环，无始无终，谁能穷尽它呢？

激水之疾，至于漂石者，势也；鸷鸟之击，至于毁折者，节也。是故善战者，其势险，其节短。势如彍弩，节如发机。

湍急的流水飞快地奔泻，以至能使石头漂移，这就是流速飞快的“势”；雄鹰迅飞搏击，以至能捕杀雀鸟，这就是短促急迫的“节”。所以善于指挥作战的人，他所造成的态势是险峻的，发出的节奏是短促的。险峻的态势就像张满的弯弓，短促的节奏就像发弩机。

纷纷纭纭，斗乱而不可乱也；浑浑沌沌，形圆而不可败也。乱生于治，怯生于勇，弱生于强。治乱，数也；勇怯，势也；强弱，形也。故善动敌者，形之，敌必从之；予之，敌必取之。以利动之，以卒待之。

旌旗纷纷，人马纭纭，要在混乱中作战而使军队不乱；在混混沌沌，迷迷蒙蒙的形势下，要部署周到、保持态势才不会被打败。示敌混乱，是由于有严整的组织；示敌怯懦，是由于有勇敢的素质；示敌弱小，是由于有强大的兵力。严整与混乱，是由组织编制好坏决定的；勇敢与怯懦，是由态势优劣造成的；强大与弱小，是由实力大小对比显现的。善于调动敌人的将帅，伪装假象迷惑敌人，敌人就会听从调动；用小利引诱敌人，敌人就会来夺取。用这样的办法去调动敌人，再用重兵伺机来歼灭它。

故善战者，求之于势，不责于人，故能择人而任势。任势者，其战人也，如转木石。木石之性，安则静，危则动；方则止，圆则行。故善战人之势，如转圆石于千仞之山者，势也。

善于作战的人，总是设法造成有利的态势，而不苛求部下，所以他能不强求人力去利用和创造有利的态势。善于创造有利的态势的将帅指挥部队作战，就像滚动木头、石头一般。木头、石头的特性，是放在安稳平坦的地方就静止，放在险陡倾斜的地方就滚动；方的容易静止，圆的滚动灵活。所以，善于指挥作战的人所造成的有利态势，就像转动圆石从万丈高山上滚下来那样，这就是所谓的“势”！

题解：

“势”，态势、气势、形势。此篇与《形篇》可以说是姊妹篇，是《孙子兵法》军事指挥学的概说。本篇主要论述在强大军事实力的基础上，充分发挥将帅的杰出指挥才能，积极创造和利用有利的作战态势，出奇制胜。孙子对将帅的指挥原则、精妙的指挥技巧、择人任势、争取指挥主动权等问题都有独到的论述。

1 势

势的概念及作用

故善战者，求之于势，不责于人，故能择人而任势。任势者，其战人也，如转木石。木石之性，安则静，危则动；方则止，圆则行。故善战人之势，如转圆石于千仞之山者，势也。

势的重要性

孙子认为，作战中“势”非常重要，可以说“势”就是最终克敌制胜的原因。比如他说：“纷纷纭纭，斗乱而不可乱也；浑浑沌沌，形圆而不可败也。”这句话的意思是说，旌旗纷纷，人马纭纭，要在混乱中作战而使军队不乱；混混沌沌，迷迷蒙蒙，要部署周到、保持态势而不会被打败。一支军队之所以能够做到这样，完全就是因为“势”的作用。因此，孙子又说：“故善战者，求之于势，不责于人。”意思是说，善于作战的人总是设法造成有利的态势，而不苛求部下。由此可见，孙子对“势”的重视程度。

形与势的关系

“势”如此重要，那么“势”到底是什么呢？这要从其与“形”的关系中去探究。

在《孙子兵法》中，“形”与“势”是一对联系异常紧密的概念。“形”是决定战争胜负的基础，而“势”则是决定战争胜负的直接原因。“形”是基础，“势”则是结果。有“形”必然有“势”，“形”“势”相连，理固使然。物质之“形”是客观存在，运动之“势”则可以主观造就，故《形篇》是指对军事实力的客观分析，强调的是客观物质力量的积聚；而《势篇》则着重论述战争指挥者的“治”“斗”“变”和“任势”，即造势与用势，强调的是主观能动作用的发挥。放到军事上说，“形”指的就是双方静态物质力量的大小；而“势”则指的是各种客观存在的物质因素的动态组合，是双方物质力量大小（即“形”）的最终发挥效果。所以说，决定战争胜负的基础是“形”，但最终决定战争胜负的原因则是“势”。

兵之“形”“势”

孙子认为，战争的胜负虽以交战双方之“形”（即实力的强弱）为基础，但最终的决定因素却是“势”（即双方实力的最终发挥效果）。下面就以一组例子来说明“形”与“势”的关系。

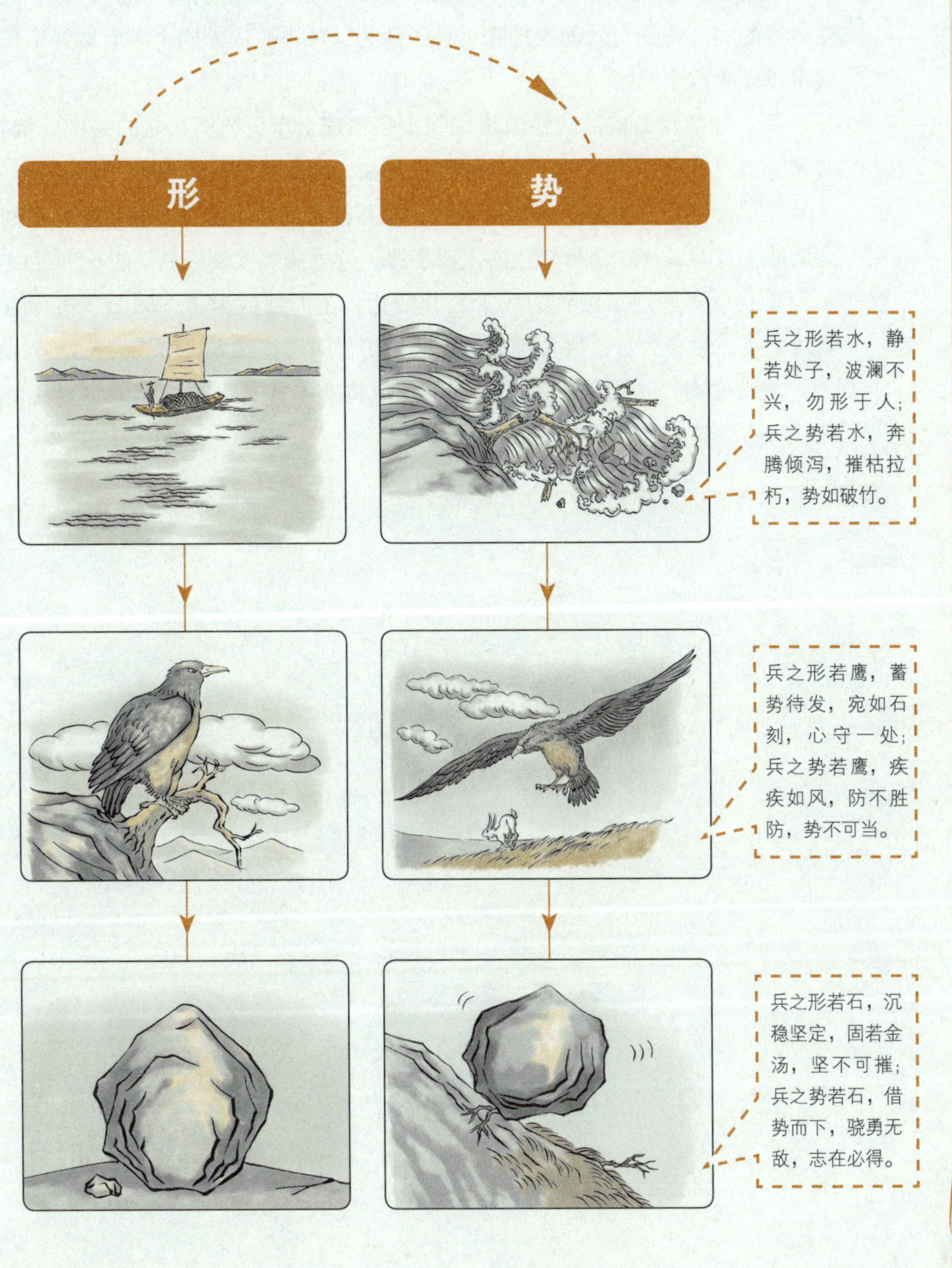

四个方面

既然胜负取决于实力发挥的效果，那么如何才能遏制对手的实力发挥而使自身的实力得到有效的发挥呢？孙子认为，从军队内外四个方面做好工作，就可以解决这个问题。

一、分数。是指部队的组织编制，是治理全军、统率兵众的关键。编制有序，组织严密，部队的管理就能轻松自如，因此是第一位的。

二、形名。是指部队的通信联系，是指挥者的意图能否顺利传达、贯彻，部队能否及时调度、令行禁止的主要手段，这直接关系到战局的进行和胜败。

三、奇正。是指用兵的战术及其变化。正面迎敌为正，侧面袭击为奇；明攻为正，偷袭为奇；按常规方法作战为正，采用特殊方法作战为奇。

四、虚实。是指善于避实击虚，形成以实击虚、以石击卵的绝对优势，“胜于易胜者”“胜已败者也”。

做好四个方面的工作

“势”既然这么重要，那么一支军队就应该在平时加强“势”各个方面的能力。孙子认为，“势”的四个方面最为重要，即一支军队实力发挥的效果取决于最重要的四个方面。

“势”的四个方面

	1	2	3	4
原文	凡治众如治寡，分数是也。	斗众如斗寡，形名是也。	三军之众，可使必受敌而无败者，奇正是也。	兵之所加，如以碫投卵者，虚实是也。
译文	管理大部队就如同管理小部队一样，这属于军队的组织编制问题。	指挥大部队就如同指挥小部队一样，这属于指挥号令的问题。	统率全军能够使它一旦遭到敌人的进攻时不至失败，这属于“奇正”的战术变化问题。	军队打击敌人如同以石击卵一样，这是“避实就虚”的正确运用问题。
讲解	一支军队人多事杂，如果没有有序的组织管理，那只能是一盘散沙。因此，部队的组织编制就是治理全军、统率兵众，使之发挥出强大战斗力的关键，这就是“分数”。	部队的通信联系也是发挥军队战斗力的关键问题，因为这是加强指挥者的意图顺利传达贯彻，部队及时调度、令行禁止的主要手段，直接关系到战局的进行速度和胜败，这就是“形名”。	用兵的战术及其变化也是关系到军队发挥战斗力的重要问题。一支军队的战斗力再强大，如果战术运用错误，也会导致全军覆没的结局，这就是“奇正”。	善于避实击虚，形成以实击虚、以石击卵的绝对优势，也是正确发挥战斗力的方法之一，这就是“虚实”。

名词解释

分数

指的是部队的组织编制。曹操注：“部曲为‘分’，什伍为‘数’。”刘寅《直解》：“偏裨卒伍之分，十百千万之数。”

形名

是指联络与指挥军队的信号，引申为部队的指挥系统。曹操注：“旌旗曰形，金鼓曰名。”

奇正

是指军队的战术运用。一般情况下，都是用正兵当敌，用奇兵取胜，二者配合使用。曹操注：“先出合战为正，后出为奇。”李筌注：“当敌为正，傍出为奇。”

虚实

指的也是军队的战术运用问题。曹操注：“以至实击至虚。”实力所在为实，反之为虚；有备为实，无备为虚。

② 以正合，以奇胜

军队的战术运用

凡战者，以正合，以奇胜。故善出奇者，无穷如天地，不竭如江河。

孙子在论述完军队之内外要做好四个方面的工作之后又着重阐述了其中的一项，即战术的运用问题。战术的运用问题直接关系到军队实力的发挥效果。战术运用得好，自身实力就发挥得好；战术运用得不好，就限制自身实力的发挥。孙子认为，军队战术运用的总原则就是“奇”“正”二字，即所谓“战势不过奇正”。“奇”“正”可以从以下三个方面来理解。

一、用兵之则，正合奇胜。从哲学的范畴来讲，“正”为“常”，“奇”为“非常”，两者处于对立统一的关系之中。孙子则完全从战争本身的角度来讨论“奇”“正”问题。他认为用“奇”“正”这对概念可以概括所有的战势、战法：“凡战者，以正合，以奇胜。”在这里，所谓“正”，就是战法上的常则；所谓“奇”，就是战法上的非常则。离开了战法上的常则，战争就不称其为战争，就不能以正常的交战形式进行。离开了战法上的非常则，战争就没有了千变万化的发展过程，也就没有斗智斗勇、出奇制胜的必要了。

二、战胜不复，出奇无穷。如果说战势中的常态、战法中的常则使用起来比较规范、单调，那么战势中的非常态、战法中的非常则则表现得千变万化，妙不可测。这就是战胜不复、出奇无穷的道理。

三、奇正相生，变化无穷。“正”与“奇”并不是全然对立的，它们在一定条件下可以互相转化。“正”可以变为“奇”，“奇”也可以变为“正”；“奇”“正”相生，就可以变化无穷。对于孙子的这一“奇”“正”相生的辩证转化思想，李靖在《李卫公问对》中说：“以奇为正者，敌意其奇，则吾正击之；以正为奇者，敌意其正，则吾以奇击之。”“善用兵者，无不正，无不奇，使敌莫测。故正亦胜，奇亦胜，三军之士止知其胜，莫知其所以胜。非变而能通，安能至是哉！”“若非正兵变为奇，奇兵变为正，则安能胜哉？故善用兵者，奇正在人而已。变而神之，所以推乎天也。”

中国古代的阵法

两军对阵之前，阵法的运用极其重要，它可以起到有效发挥或抑制军队战斗力的作用。下面就介绍几种中国古代常见的阵法。

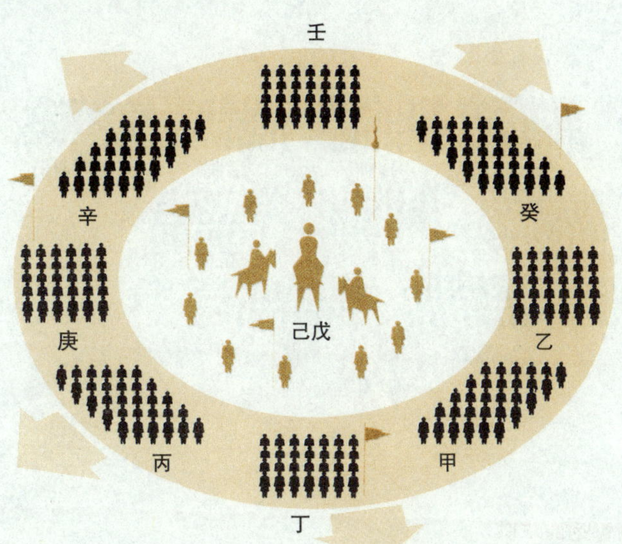

【方阵】↓

通常用于正面攻击时最正统的阵形

增加正面兵力，加强攻击力。加固侧面，提高安全性。指挥官位于中央后方，掌握全体状况进行指挥。中心部位的兵力不得不弱化。

【圆阵】↑

在平坦的地方没有可依靠的地形时用于紧急防御的阵形

集结兵力，将部队设为圆形，采取防御体制。本来是车辆部队，将车辆排成圆形，隐藏在其中从四周攻击敌人。

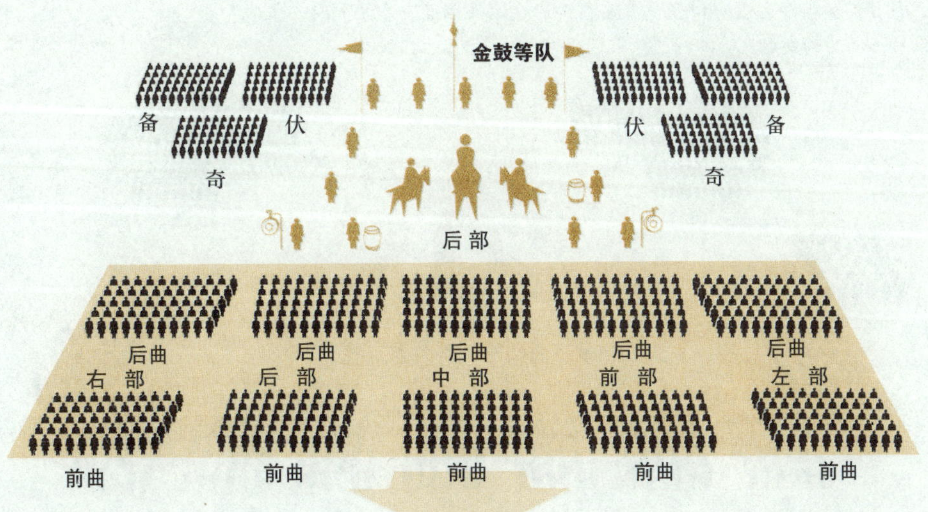

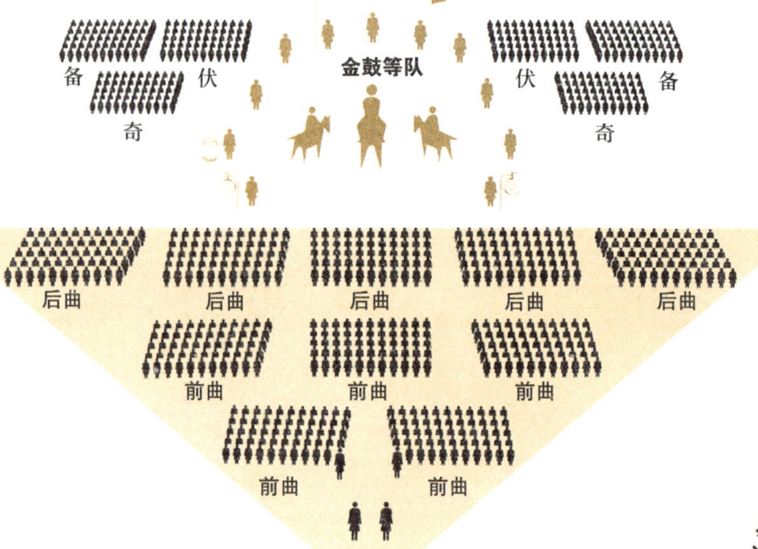

【锥形阵】↑

中央突破、切断敌阵时采用的阵形

像斧头一样，用尖端的锐利刀刃劈开敌阵，前曲第二列深入敌阵，后曲的强韧部分切断敌阵。此后，后续主力部队对被切断、陷入混乱的敌人实行个个包围歼灭。

【钩形阵】↓

在行动中预先考虑到作战变化的阵形

方阵阵式，特别将左右弯成明显的钩形。指挥所准备指令旗、钟、鼓等情报传达手段，并让传骑待令，以应付变化。左右钩形在确保侧面安全的同时，也成为变换队形和方向时的支点。

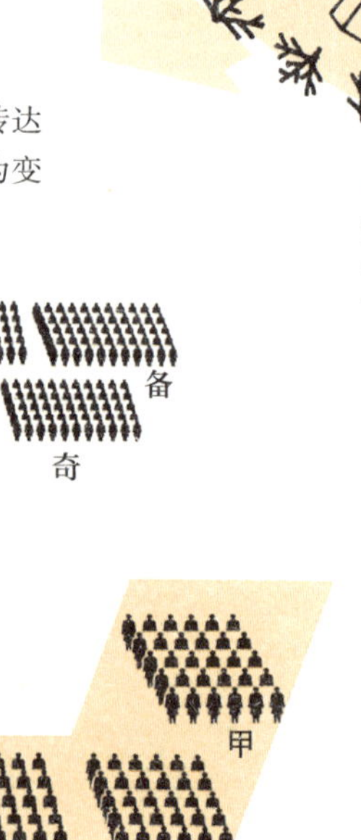

弓弩兵
短 兵
小矛兵
长 兵

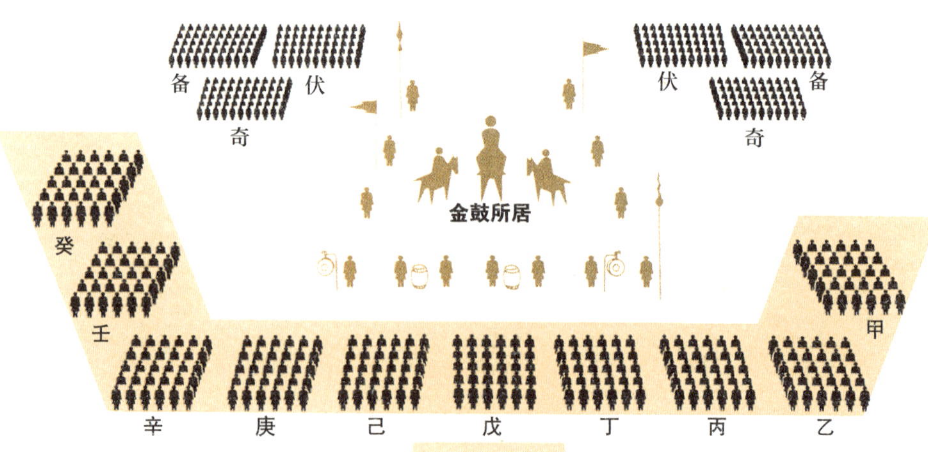

【车城】↓

战车部队在不利的情况下采取的野战防御阵式

这是在野战中的防御阵式。当情势不利时，军队首先从方阵变为圆阵，实行环形防御。然后在阵前设置障碍物，连接战车形成环形，使防御无懈可击。

【箕形阵】↑

攻守两用的阵形

“雁形阵”的变形，兵力有余时，在主力部队前面再设一阵，以强化攻守。阵形随情势变化，如水流不止。

【雁形阵】↓

用于射击战的阵形

部队呈八字形或逆八字形梯队排列。排成八字形时，右侧各队的战斗力集中于右侧的敌人，左侧的战斗力集中于左侧的敌人。逆八字形梯队主要利用地形实行防御，可将全队战斗力集中于侵入中央的敌人。前面的敌人最为强大，这里布置了最精壮的部队。图为八字形的阵形。

③ 求势、造势、任势

创造并且充分利用优势

故善动敌者，形之，敌必从之；予之，敌必取之。以利动之，以卒待之。

“势”，是克敌制胜的综合因素，是敌对双方实力的最终发挥效果，是未战先胜的明显征候，是“因利制权”而形成的有利趋势。军事斗争中的“势”，是包括了杀敌气势、险峻地势、战场上的有利态势等在内的一切因素的综合体。孙子作为一个尚智的军事谋略家，十分强调将帅要以自己的军事实力为基础，充分发挥自己的主观能动性以求势、造势、任势，即积极主动地追求于己有利的“势”，创造于己有利的“势”，并且充分利用于己有利的“势”。下面就对求势、造势、任势三者具体阐述一下。

一、在求势的问题上，孙子强调善战者要“求之于势，不责于人”。势是可变动的，无论是杀敌的气势还是战场的态势都处于不断的变化中。高明的将帅要有意识地处处留心以寻求这种有利的形势，而不是一味责备部属或不适当地苛求部属。

二、在如何造势的问题上，敌人不是傻子，不会轻易就将自己的劣势暴露给你。因此，孙子强调为将帅者也不要一味地等“势”主动来到自己的跟前，而是要积极造势，即积极主动地创造于己有利的作战条件。至于如何造势，孙子强调要“示形”“动敌”。

所以他说：“故善动敌者，形之，敌必从之；予之，敌必取之。以利动之，以卒待之。”“示形”的直接目的就是使对方产生错觉，并以此做出错误的判断，导致错误的行为。“示形”还在于隐蔽自己的企图，制造假象，佯动误敌。这样既可以掩盖我之真实意图，又可以使敌人就范。乘敌兵势空虚之际，出其不意，奇袭歼敌。两军对阵，精明的将帅总是能通过“示形”达到“动敌”，再通过“动敌”达到“造势”的结果。

三、在任势的问题上。任势，就是充分利用已经创造的有利态势，再加以升温，从而迅速扩大战争，全线击溃敌军。

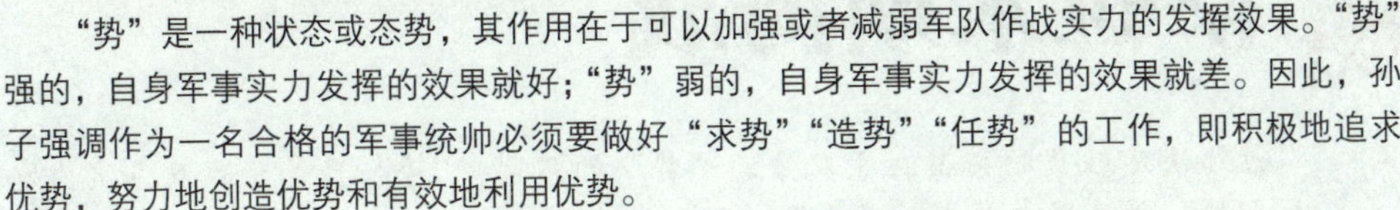

创造有利态势并且充分利用

“势”是一种状态或态势，其作用在于可以加强或者减弱军队作战实力的发挥效果。“势”强的，自身军事实力发挥的效果就好；“势”弱的，自身军事实力发挥的效果就差。因此，孙子强调作为一名合格的军事统帅必须要做好“求势”“造势”“任势”的工作，即积极地追求优势，努力地创造优势和有效地利用优势。

造势

造势，是指为了努力创造一种有利于己的作战态势，通过巧妙的设计积极实施的一种活动。就如图中的士兵，正努力将石头推向山顶，试图用巨石的惯性打击敌人。这种推石头的过程就是造势。

石头已经被推到山顶，标志着造势的完成。

任势

任势，是指充分利用已经创造的有利于自己的作战态势。如图所示，石头被推下山顶并一路向敌人砸去，这就是任势。

求势

求势，指的是为将帅者要从思想上积极寻找有利于己的作战态势，即寻找一种有利于发挥自己的实力，又可以有效遏制敌军实力发挥的态势。就如图中的士兵，面对数倍于己方的敌人，正苦苦思索着解决办法。

④ 以地势取胜

萨拉米斯海战

最终决定胜负的关键在于双方的“势”的强弱。“势”只是交战双方实力发挥的一种效果或状态而已，即“形”的发挥状态。实际上能够影响这种发挥实力的因素有许多，比如有地形的、士气的、战术运用的因素，等等。在希波战争的萨拉米斯海战中，希腊人之所以能够战胜强大的波斯海军，就在于以“地势”取胜。

公元前480年，波斯国王薛西斯率领30万大军，1000多艘战舰，开始了对希腊的远征。当时希腊只有战舰400多艘，处于明显的劣势，因此有许多人都对胜利缺乏信心。在这种情况下，希腊联军海军司令地米斯托克利沉着冷静，提出了在萨拉米斯海湾与波斯军决战的作战方案。他认为，弱小的希腊海军同强大的敌人在宽阔的海域作战是极为不利的，而萨拉米斯斯海湾水面狭窄，浪高潮急，可使对方在人数上的优势无法发挥，而有利于希腊海军隐蔽行动，埋兵设伏，出其不意地打击敌人。所以，希腊是很有可能取得胜利的。

为了能把敌人引诱到萨拉米斯海湾，地米斯托克利做了周密的部署。他将自己的舰队全部集中在海湾内，甚至在海湾的入口处也不设防。许多人担心这样做会被敌人封锁在海湾里。但摸透了敌人心理的地米斯托克利却认为，敌人骄傲轻敌，求战心切，一定会进入海湾的。为了进一步迷惑敌人，地米斯托克利还派人发布假消息，说希腊人发生了分裂，已经开始溃散了。薛西斯果然相信了，于是将自己的舰队驶进萨拉米斯海湾，决心趁机将希腊人一举击败。

薛西斯将舰队一股脑地开进了海湾，因为船多而海湾水面窄，所以波斯舰船的间隔很小，这就造成了战舰在战斗中很难机动。战斗一开始，波斯舰队就抵挡不住希腊人的猛烈进攻，开始撤退，但因队形密集，舰队的行动很是迟缓。就这样，波斯舰队在希腊战船的撞击和自相碰撞下遭受了巨大损失。此役，希腊联军大获全胜，他们共击沉了约200艘波斯军舰，并且俘获多艘，而自己仅失去了40艘。

这个战例充分说明了取胜的关键在于交战双方实力的最终发挥效果，即“势”的强弱对比。

萨拉米斯海战的启示

发生在公元前480年的萨拉米斯海战，希腊人面对数倍于己的波斯舰队，没有气馁，而是将其成功地诱入狭窄的萨拉米斯海湾，使其人数优势无法发挥出来，最终大败波斯舰队。这充分说明，实力作为战争的基础固然重要，但战时实力的发挥效果才是决定胜利与失败的直接因素。

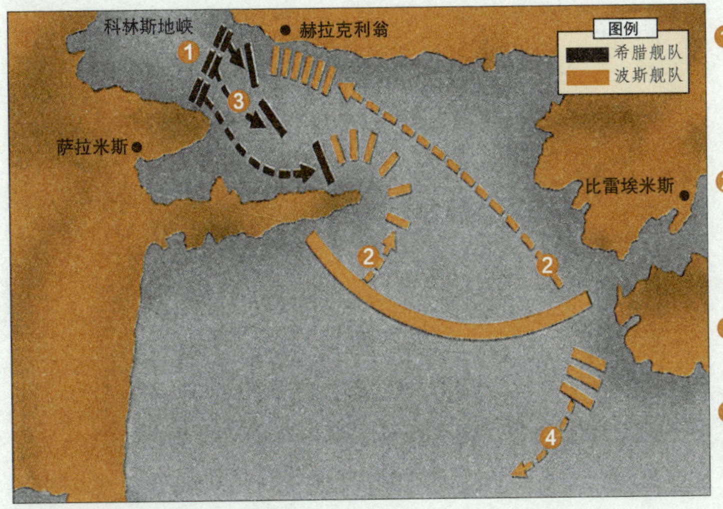

1 数量上处于劣势的希腊舰队在海湾的狭窄处形成战斗编队，静静地等待着波斯舰队的到来。

2 庞大的波斯舰队驶入海湾的狭窄部分。因为船多，所以导致其舰船都挤作一团，机动力严重受限。

3 希腊舰队发起猛烈攻击，大败调度困难的波斯舰队。

4 波斯舰队留在海湾之外的少数残存闻听败讯之后，仓皇撤退。

图中所描绘的是萨拉米斯海战中的激烈战斗场面。因为古代海战的模式都是冲撞战和接舷战，所以希腊人才可以集中优势兵力一艘艘地击败人数占优但机动不便的波斯舰队。

希腊的重装士兵

这是典型的古希腊重装士兵的形象。左手拿一面由硬木制作并镶有金属边的圆形盾牌，右手持一柄长达数米的矛，可谓攻防兼备，具有很强的战斗力。

六、虚实篇

孙子曰：凡先处战地而待敌者佚，后处战地而趋战者劳。故善战者，致人而不致于人。能使敌人自至者，利之也；能使敌人不得至者，害之也。故敌佚能劳之，饱能饥之，安能动之。

孙子说：凡先占据战场等待敌人的就主动、安逸，后到达战场仓促应战的就被动、疲劳。所以善于指挥作战的人，能调动敌人而不被敌人调动。能使敌人自动进到我方预定的地域的，是用小利引诱的结果；能使敌人不能到达其预定的地域的，是制造困难阻止的结果。因此，敌人休息得好，就使它疲劳；敌人粮食充足，就使它饥饿；敌人驻扎安稳，就使它移动。

出其所必趋，趋其所不意。行千里而不劳者，行于无人之地也；攻而必取者，攻其所不守也；守而必固者，守其所不攻也。故善攻者，敌不知其所守；善守者，敌不知其所攻。微乎微乎，至于无形；神乎神乎，至于无声，故能为敌之司命。进而不可御者，冲其虚也；退而不可追者，速而不可及也。故我欲战，敌虽高垒深沟，不得不与我战者，攻其所必救也；我不欲战，画地而守之，敌不得与我战者，乖其所之也。

向敌人不设防的地区进军，急速到达他意想不到的地点攻击。行军千里而不劳累，因为走的是没有敌人阻碍的地区；进攻必然会得手，因为进攻的是敌人不防守的地点；防御必然能稳固，因为防守的是敌人无力攻下的地方。所以善于进攻的，使敌人不知道怎么防守；善于防守的，使敌人不知道怎么进攻。微妙呀！微妙到看不出形迹；神奇呀！神奇到听不见声息，所以能成为敌人命运的主宰。前进而使敌人不能抵御，是因为袭击敌人空虚的地方；撤退而使敌人无法追击，因为行动迅速使敌人追赶不上。我军要打，即使敌人高垒深沟也不得不脱离阵地作战，是因为进攻敌人所必救的地方；我军不想打，虽然画地防守，敌人也无法来同我军作战，是因为使敌人改变了进攻方向。

故形人而我无形，则我专而敌分；我专为一，敌分为十，是以十攻其一也，则我众而敌寡。能以众击寡者，则吾之所与战者约矣。吾所与战之地不可知，不可知，则敌所备者多；敌所备者多，则吾所与战者寡矣。故备前则后寡，备后则前寡；备左则右寡，备右则左寡；无所不备，则无所不寡。寡者，备人者也；众者，使人备己者也。

示形于敌，使敌人暴露而我军不露痕迹，这样我军的兵力就可以集中而敌人的兵力就不得不分散。我军兵力集中在一处，敌人兵力分散在十处，就能用十倍于敌的兵力去攻击敌人，这样就造成了我众敌寡的有利态势。能做到以众击寡，那么同我军当面作战的敌人就有限了。我军所要进攻的地方敌人不得而知，那么他们所要防备的地方就多了；敌人防备的地方越多，我军所要进攻的敌人就少了。所以防备了前面，后面的兵力就薄弱；防备了后面，前面的兵力就薄弱；防备了左边，右边的兵力就薄弱；防备了右边，左边的兵力就薄弱；处处都防备，就处处兵力薄弱。兵力薄弱是因为处处去防备，兵力充足是因为迫使敌人处处防备。

故知战之地，知战之日，则可千里而战；不知战地，不知战日，则左不能救右，右不能救左，前不能救后，后不能救前，而况远者数十里，近者数里乎！以吾度之，越人之兵虽多，亦奚益于胜哉？故曰：胜可为也。敌虽众，可使无斗。

所以，能预知交战的地点，预知交战的时间，那么即使相距千里也可以同敌人交战。不能预知在什么地方打，不能预知在什么时间打，那就左翼不能救右翼，右翼也不能救左翼，前面不能救后面，后面也不能救前面，何况远在数十里，近在数里呢？依我分析，越国的军队虽多，对争取战争的胜利又有什么补益呢？所以说，胜利是可以造就的。敌军虽多，可以使它无法同我军较量。

故策之而知得失之计，作之而知动静之理，形之而知死生之地，角之而知有余不足之处。故形兵之极，至于无形；无形，则深间不能窥，

智者不能谋。因形而措胜于众，众不能知；人皆知我所胜之形，而莫知吾所以制胜之形。故其战胜不复，而应形于无穷。

所以筹算一下计谋，来分析敌人作战计划的优劣；挑动一下敌军，来了解敌人的活动规律；侦察一下情况，来了解哪里有利哪里不利；进行小战，来了解敌人兵力虚实强弱。所以伪装佯动做到最好的地步，就看不出形迹；看不出形迹，即便有深藏的间谍也窥察不到我军的底细，聪明的敌人也想不出对付我军的办法。根据敌情变化而灵活运用战术，即使把胜利摆在众人面前，众人还是看不出其中奥妙。人们只知道我军用来战胜敌人的方法，但是不知道我军是怎样运用这些方法出奇制胜的。所以每次战胜，都不是重复老一套的方式，而是适应不同的情况，变化无穷。

夫兵形象水，水之形，避高而趋下；兵之胜，避实而击虚。水因地而制流，兵因敌而制胜。故兵无成势，水无常形。能因敌变化而取胜者，谓之神。故五行无常胜，四时无常位；日有短长，月有死生。

用兵的规律好像水的流动，水的流动，是避开高处而流向低处；战争的胜利，是避开敌人坚实的地方而攻击敌人的弱点。水因地形的高低而制约其流向，作战则根据不同的敌情而决定不同的打法。所以，用兵作战没有固定刻板的战场态势，水也没有固定不变的形态。能够根据敌情变化而取胜的，就叫作用兵如神。五行相生相克没有哪一个固定常胜，四季相接相替也没有哪一个固定不移。白天有短有长，月亮有缺有圆。

题解：

虚，即空虚，指兵力分散而薄弱；实即充实，指兵力集中而强大。“虚实”也指作战行动中虚实结合、示形佯动等手段。本篇是“任势”战略思想的进一步发挥和深化，论述了战争中虚和实的关系相互对立、相互转化这一具有普遍规律的问题，提出了“致人而不致于人”的重要作战指导思想。

❶ 避实击虚

以“实”兵胜“虚”兵

夫兵形象水，水之形，避高而趋下；兵之胜，避实而击虚。

虚实是“势”的一种。讲到虚实，便是将“势”讲到了最后一步，讲到了头。虚实，即是通过分散集结，包抄迂回，造成预定的会战地点上我众敌寡，己实彼虚，以众击寡，避实击虚，好像用石头砸鸡蛋一样。总体上，可能是我不如敌；但是在局部上，一定要强于敌。做到这一步，“势”就发挥到了极致。

虚敌实我，避实击虚

虚实是一种作战的态势。敌实我虚，我就不利；敌虚我实，我就有利。在作战前，通过“五事”“七计”的比较，就可以显示敌我双方诸方面力量的强弱。强者为实，弱者为虚，这是客观存在的真虚真实。但是，这种真虚真实并不是一旦形成就固定不变的。通过发挥交战双方将帅的能动作用，可以使强敌变虚，弱我变实，促成敌我之间的虚实转化。因此，高明的将帅必须设法使己力实，使敌力虚。那么如何才能使己力实，使敌力虚呢？孙子专门论述了“形人而我无形，则我专而敌分；我专为一，敌分为十，是以十攻其一也”的办法。这句话的意思是说，示形于敌，使敌人暴露而我军却不露痕迹，这样我军的兵力就可以集中而敌军兵力就不得不分散。我军兵力集中在一处，敌军兵力分散在十处，我军就能用十倍于敌的兵力去攻击敌人。“形人”，即以假象欺骗敌人；“无形”，即不让敌人探到我方的形迹。声东，这是“形人”；击西，才是我之“无形”。总之，“形人而我无形”，要达到以虚示人、以实备敌的目的。

虚实的构成因素

孙子所说的虚实的概念并不仅指兵力的多寡，还包括许多其他方面的因素。比如孙子说：“故敌佚能劳之，饱能饥之，安能动之。”这里所说的逸与劳、饱与饥、安与动就是三组不同的虚实概念。逸、饱、安都属于实的范畴；劳、饥、动都属于虚的范畴。军队处于逸、饱、安的状态，战斗力就强；军队处于劳、饥、动的状态，战斗力就弱。所以精明的将帅总是力图使自己的军队处于逸、饱、安的状态，而促使敌军处于劳、饥、动的状态。

形人而我无形

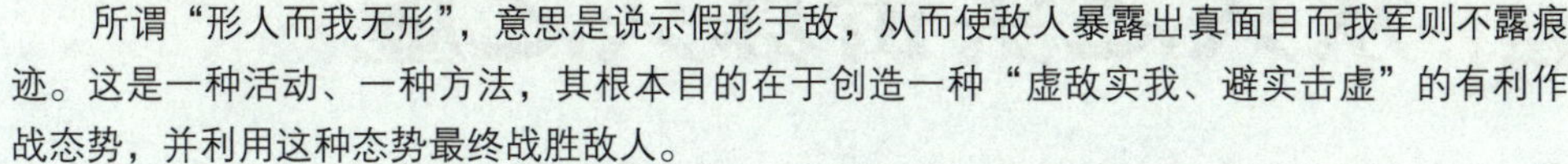

所谓“形人而我无形”，意思是说示假形于敌，从而使敌人暴露出真面目而我军则不露痕迹。这是一种活动、一种方法，其根本目的在于创造一种“虚敌实我、避实击虚”的有利作战态势，并利用这种态势最终战胜敌人。

精明的将帅可以通过示假形于敌人，诱使敌人做出错误的判断，从而创造一种以我之实击敌之虚的有利态势。就像图中所示，当拿盾的士兵全力防御虚假的敌人时，真实的敌人已经将枪瞄准了他的要害。

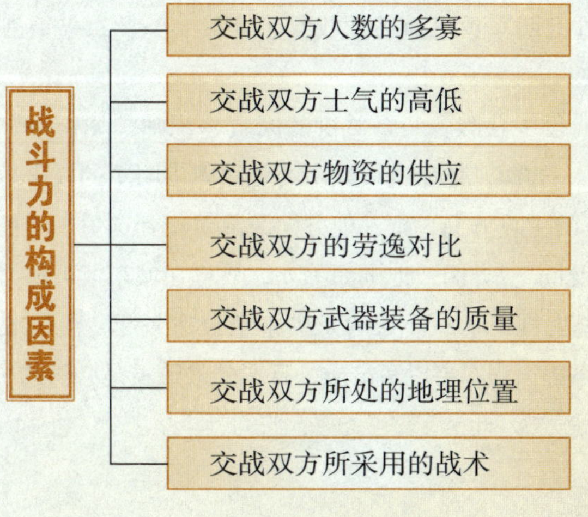

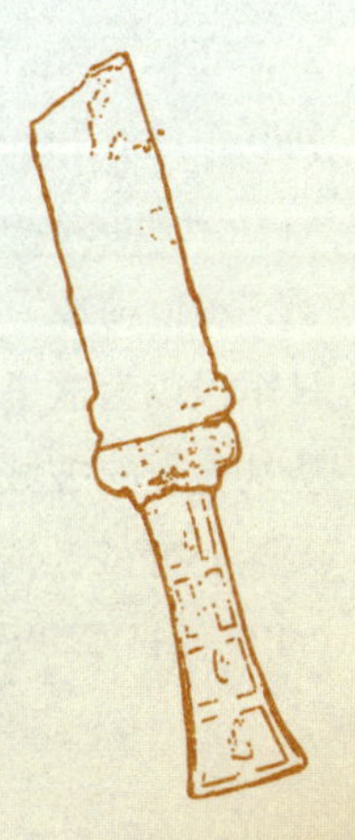

② 平壤之战

众兵之实击寡兵之虚

明朝万历年间中朝联军大败日本侵略军收复平壤，是采用孙子“形人而我无形”以达“避实击虚”目的的典型战例。

16世纪末，日本权臣丰臣秀吉统一了日本。为满足国内封建主和商人的扩张欲望，于是便把侵略的刀锋指向了朝鲜。明万历二十年（1592年），日军乘船在对马海峡登陆，先占领釜山，然后相继占领了朝鲜的国都开城和平壤等地，至此朝鲜国土大部沦陷。国王李昖急忙向明朝求援。明朝认为中朝唇齿相依，“且倭人之图朝鲜，意实在中国”，遂决定出兵援朝。

次年，中朝联军围攻被日军占领的平壤。该城易守难攻，城内日军凭险据守，一时战事呈现出胶着的状态。明军统帅李如松审时度势，派联军一部佯攻城北，一部助攻城南，而主力则进攻西门；在城东则故意留出空隙，布伏兵于东去之路上。

总攻开始，日军顽强抵抗。李如松下令在城南进攻的明军将士们故意露出明军衣甲，让日军误以为这里是联军的主攻方向，吸引其他方向的日军前来增援，因此城西、城北方向的日军兵力便薄弱了。经过半天激战，城西的明军首先攻上城头，接着城北、城南方向的中朝军队也纷纷攻入。日军渐渐抵挡不住，遂乘夜从城东突围，向开城方向撤退。在大同江东，正好落入联军伏击圈，日军大部被歼，死伤万余人。李如松率军乘胜向南推进，逼近开城，守城日军弃城而逃，明军兵不血刃便收复了开城。至此，平壤战役以中朝联军的胜利而告结束。

中朝联军在这场战役中获胜，一个关键的因素是统帅李如松很好地运用了“示形动敌”之术。一方面，他命进攻城南的士兵露出明军的衣服盔甲，让日军误以为这里是联军的主攻方向，把其他方向的部队调到这里，增加了明军从其他方向破城的可能性。一方面，他围而不死，故意在城东留下缺口，让敌人无心恋战，同时在路上埋下伏兵。这两条措施结合在一起，便造成了明军“实”而日军“虚”的态势；明军再以实击虚，日军的失败就是必然的了。

中朝联军“避实击虚”收复平壤

明朝万历年间的壬辰之战，在中朝联军攻克被日军占据的平壤一战中，联军统帅李如松就运用了“避实击虚”的战术，迅速地光复了平壤。

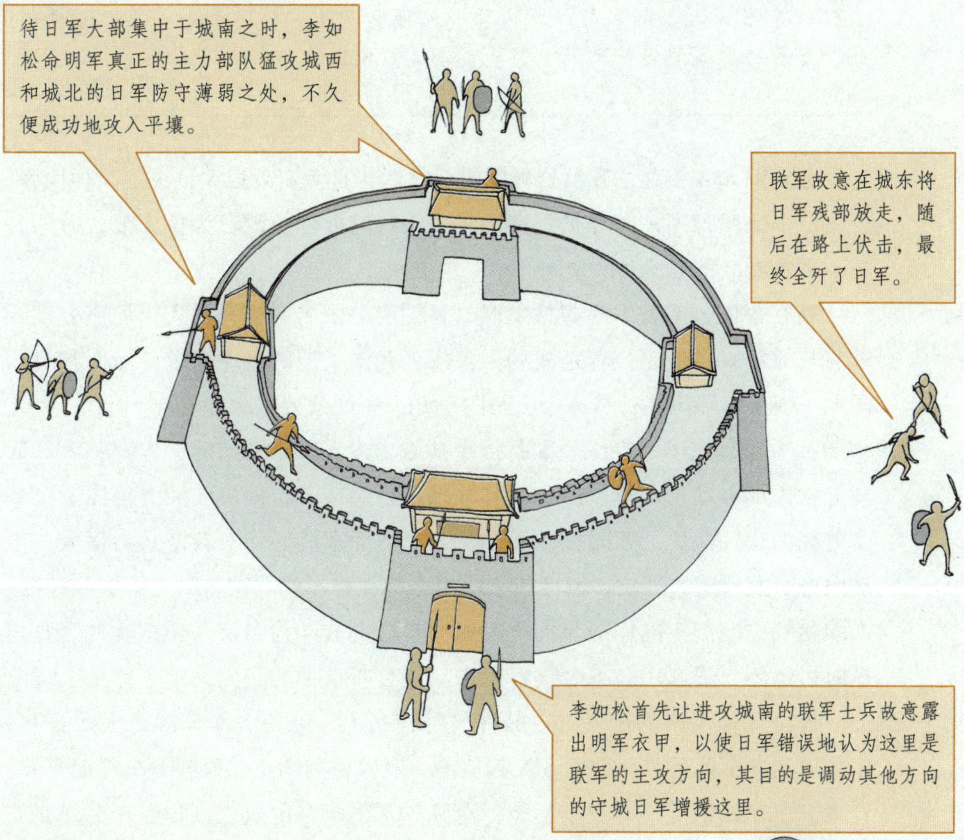

待日军大部集中于城南之时，李如松命明军真正的主力部队猛攻城西和城北的日军防守薄弱之处，不久便成功地攻入平壤。

联军故意在城东将日军残部放走，随后在路上伏击，最终全歼了日军。

李如松首先让进攻城南的联军士兵故意露出明军衣甲，以使日军错误地认为这里是联军的主攻方向，其目的是调动其他方向的守城日军增援这里。

丰臣秀吉

原名羽柴秀吉，出生于日本的战国时代。他原是尾张（今爱知县）大名织田信长的手下。织田信长死后，羽柴秀吉成为这股势力的首领，并通过武力逐渐统一日本。1585 年，天皇授予他“关白”（辅佐天皇，参与一切政务的大臣）一职。1586 年，天皇赐其姓为“丰臣”。1590 年前后，日本完成了最终的统一，丰臣秀吉遂成为日本实际上的最高统治者。

③ 长勺之战

以气势取胜

孙子认为，胜负的规律是“实”兵胜“虚”兵。但构成“实”与“虚”的因素不仅仅是军队人数的多寡，军队的士气强弱也是重要因素之一。春秋时期，齐、鲁长勺之战便是一个以气势之实击气势之虚的典型战例。

公元前684年春，齐桓公巩固君位之后，自恃实力强大，决定兴师伐鲁，企图一举征服鲁国，向外扩张齐国势力。当时鲁国执政者为鲁庄公，得知齐军大举来攻，决定发动民众同齐军一决胜负。

就在鲁庄公准备发兵应战之时，鲁国有一个名叫曹刿的人求见庄公，要求参与战事，同鲁庄公奔赴战场。鲁庄公允诺了他的这一请求，让他和自己同乘一辆车率部前往长勺（今山东曲阜北，一说莱芜东北）。

两军布阵完毕，鲁庄公准备传令擂鼓出击齐军，希望能够先发制人。曹刿见状忙加以劝止，建议庄公坚守阵地，以逸待劳，伺机破敌。鲁庄公接受了曹刿的这一建议，暂时按兵不动。齐军方面求胜心切，自恃兵力强大，主动向鲁军发起猛烈进攻。但接连三次出击都在鲁军的严密防御之下遭到挫败，未能达到先发制人的作战目的，反而使自己的战斗力降低，斗志涣散。曹刿见时机已到，建议庄公下令进行反击。庄公听从他的意见，传令鲁军全线出击。鲁军凭借高昂的士气，一鼓作气冲向敌人，冲垮齐军车阵，大败齐军。庄公见到齐军败退，急欲下令发起追击，又被曹刿劝止。曹刿下车仔细察看，发现齐军车辙紊乱，又登车远望，看到齐军军旗东倒西歪，知道齐军并非诈败而是真的败了，这才建议鲁庄公实施追击。于是庄公下令追击齐军，鲁军进一步重创齐军，将其赶出了鲁国国境，取得了长勺之战的最终胜利。

战争结束后，鲁庄公问曹刿因何屡次制止他发令进攻。曹刿以“一鼓作气，再而衰，三而竭”阐明了自己的观点，然后对初战告捷后未立即发起追击进行了说明，强调了兵不厌诈，为帅者应明察秋毫的道理，一番话说得鲁庄公心悦诚服，点头称是。

士气也是决定实力的因素

一支军队的实力是由多种因素构成的，士气就是一个重要因素。历史上不乏人数比敌军少，但凭借着高昂的士气最终战胜敌人的例子。春秋时期，发生在齐、鲁两国之间的长勺之战便是一例。

齐军：第一次进攻

求胜心切，自恃强大，主动发起猛烈进攻。

鲁军：第一次防守

坚守阵地，以逸待劳，伺机破敌。

齐军：第二次进攻

首次进攻未果，随即发起第二轮进攻。

鲁军：第二次防守

按兵不动，严阵以待，固若金汤。

齐军：第三次进攻

第二次进攻依然未成功，便发起第三次进攻。

鲁军：第三次防守

继续防守，积蓄力量，蓄势待发。

齐军：全面溃败

三次进攻均被瓦解，士气大为受挫，仓皇迎战，溃不成军。

鲁军：大举进攻

首次进攻，士气高涨，势如破竹，一鼓作气，大败齐军。

解析：

夫战，勇气也。一鼓作气，再而衰，三而竭，彼竭我盈，故克之。

作战，兵卒的勇气非常重要。第一次进攻时，士气最为旺盛；第二次进攻，士气就会减弱；第三次进攻时，士气就会消耗殆尽，无心恋战。在敌军连续进攻三次之后，我军奋起反攻。敌军士气已尽，而我军是第一次进攻，士气高涨，自然会夺得战争的胜利。

七、军争篇

孙子曰：凡用兵之法，将受命于君，合军聚众，交和而舍，莫难于军争。军争之难者，以迂为直，以患为利。故迂其途而诱之以利，后人发，先人至，此知迂直之计者也。

孙子说：大凡用兵的法则，将帅接受国君的命令，从征集民众、组织军队到同敌人对阵，在这个过程中没有比争取先机之利更困难的。争取先机之利最困难的地方，是要把迂回的弯路变为直路，把不利变为有利。所以故意迂回绕道，并用小利引诱敌人，就能比敌人后出动而先到达所要争夺的要地，这就是懂得以迂为直的方法了。

故军争为利，军争为危。举军而争利则不及，委军而争利则辎重捐。是故卷甲而趋，日夜不处，倍道兼行，百里而争利，则擒三将军。劲者先，罢者后，其法十一而至；五十里而争利，则蹶上将军，其法半至；三十里而争利，则三分之二至。是故军无辎重则亡，无粮食则亡，无委积则亡。

所以军争有有利的一面，同时军争也有危险的一面。如果全军带着所有装备物资去争利，就不能按时到达指定地域；如果放下装备物资去争利，装备物资就会损失。因此，卷起盔甲急速行进，昼夜不停，强行军，走上百里去争利，三军将领都可能被俘，强壮的士卒先到，疲弱的士卒掉队，其结果是只会有十分之一的士卒赶到；走五十里去争利，先头部队的将领会受挫折，只有半数士卒赶到；走三十里去争利，只有三分之二的士卒赶到。因此，军队没有辎重就不能生存，没有粮食就不能生存，没有物资就不能生存。

故不知诸侯之谋者，不能豫交；不知山林、险阻、沮泽之形者，不能行军；不用乡导者，不能得地利。故兵以诈立，以

利动，以分和为变者也。故其疾如风，其徐如林，侵掠如火，不动如山，难知如阴，动如雷震。掠乡分众，廓地分利，悬权而动。先知迂直之计者胜，此军争之法也。

不了解列国诸侯的战略企图的，不能与之结交；不熟悉山林、险阻、水网、沼泽等地形的，不能行军；不重用向导的，不能得到地利。所以，用兵打仗要依靠诡诈多变才能成功，根据是否有利决定自己的行动，按照分散兵力和集中兵力来变换战术。所以，军队行动迅速时像疾风，行动舒缓时像森林，攻击时像烈火，防御时像山岳，隐蔽时像阴天，冲锋时像雷霆。掳掠乡邑，要分兵掠取；扩张领土，要分兵扼守；权衡利害得失，然后相机行动。事先懂得以迂为直这个方法的就会胜利，这就是军争的原则。

《军政》曰："言不相闻，故为金鼓；视不相见，故为之旌旗。"夫金鼓旌旗者，所以一人之耳目也，人既专一，则勇者不得独进，怯者不得独退。此用众之法也。故夜战多火鼓，昼战多旌旗，所以变人之耳目也。

《军政》说："作战中用语言指挥听不到，所以设置金鼓；用动作指挥看不见，所以设置旌旗。"金鼓、旌旗，是统一全军行动的工具。既然全军行动一致，那么，勇敢的士兵就不能单独前进，怯懦的士兵也不能单独后退了，这就是指挥大部队作战的方法。所以，夜间作战多用火光和金鼓，白天作战多用旌旗，都是用来扰乱人视听的。

故三军可夺气，将军可夺心。是故朝气锐，昼气惰，暮气归。故善用兵者，避其锐气，击其惰归，此治气者也。以治待乱，以静待哗，此治心者也。以近待远，以佚待劳，以饱待饥，此治力者也。无邀正正之旗，勿击堂堂之陈，此治变者也。

对于敌人的军队，可以使其士气衰竭；对于敌人的将领，可以使其决心动摇。军队初战时士气高涨，过一段时间，就逐渐懈怠，最后士气就衰竭了。所以善于用兵的人，要避开敌人初来时的锐气，等待敌人士气懈怠衰竭时再去进攻，这是掌握军队士气的方法。用自己的严整对付敌人的混乱，用自己的镇静对付敌人的浮躁，

这是掌握敌我双方的心理特点。用自己部队的接近战场对付敌人的远途奔波，用自己部队的安逸休整对付敌人的奔走疲劳，用自己部队的饱食对付敌人的饥饿，这是掌握军队战斗力的方法。不要去拦击旗帜整齐、部署周密的敌人，不要去攻击阵容严整、实力强大的敌人，这是掌握机动变化的方法。

故用兵之法：高陵勿向，背丘勿逆，佯北勿从，锐卒勿攻，饵兵勿食，归师勿遏，围师必阙，穷寇勿迫，此用兵之法也。

用兵的法则是：敌军占领山地不要仰攻，敌军背靠高地不要正面迎击，敌军假装败退不要跟踪追击，不要去攻击敌军的精锐，不要去理睬敌人的诱兵，敌军退回本国不要去阻击拦截，包围敌人要虚留缺口，敌军已到绝境不要过分逼迫。这些就是用兵的法则。

题解：
军争，就是“两军相对而争利”，即两军争夺制胜条件，争取战场上的主动权。孙子十分重视在作战中争取有利的作战地位，他在本篇中主要论述了在一般情况下怎样趋利避害，力争掌握战场的主动权，夺取制胜条件的基本规律。为此他要求指挥者处理好迂与直、利与害的辩证关系，洞察各方面的情况去有效地争利，并以此为目的提出了“避其锐气，击其惰归”等作战原则。在篇尾处，孙子总结了八个用兵之法，成为我国优秀军事文化传统中的精髓。

胜利

1 军争

为胜而争

孙子曰：凡用兵之法，将受命于君，合军聚众，交和而舍，莫难于军争。

何为军争

孙子认为，决定战争胜负的根本在于交战双方实力强弱的对比。其一般规律是，实力强的战胜实力弱的。当然，实力的强弱并不单单指双方人数的多寡，还包括士兵的数量、士兵的训练水平、人心的向背、天时地利、战略战术的选择等诸多方面的因素。如果哪一方在这些单个因素方面占有优势，综合能力就一定高，实力就一定强，那么最终就会获得胜利。因此，交战双方都力图尽量争取到有利于己方的作战因素，使自己强大。这种交战双方都力图争取有利于己方作战因素的过程，就是军争的过程。也就是说，军争就是一种争取有利作战因素以使自己强大的活动。军争的对象就是各种有利于作战的因素或条件。而军争的目的就是使自己强大以超过敌人，并最终击败敌人取得胜利。

军争的困难

军争在作战中具有极其重要的意义，这是由其本身的性质决定的。所以，交战双方都非常重视军争的活动，都想在作战中取得先机，获得有利的态势。军争也因此变得极为困难。正像孙子所说的："凡用兵之法，将受命于君，合军聚众，交和而舍，莫难于军争。"可见，要做好军争确实很难，其做得好与不好也是衡量将帅素质的重要标准。

军争为危

孙子不仅看到了军争有利的一面，还看到了军争有害的一面，即"争"的方法不得当，不仅得不到有利的条件，反而会遭到损失。比如他说道："举军而争利则不及，委军而争利则辎重捐。"意思是说，如果全军带着所有装备辎重去争利，就不能按时到达指定地域；如果放下装备辎重去争利，装备辎重就会损失。设想一下，如果到时利没有争到，反而将自己的装备都丢了，这就是军争不得法所引起的"军争之危"啊！

军争及其目的

军争实际上就是一种争夺有利作战条件的活动。军争的直接目的是取得有利条件以加强自身实力，即造成我强敌弱的态势，而最终目的则是利用这种我强敌弱的态势击败对手。

① 军争

军争，就是一种夺取有利作战条件的活动或过程。就像是图中的两个士兵，他们全都赤手空拳努力向前奔跑，试图拿到那把放在地上的枪，谁拿到了枪谁就会在争斗中获得优势。奔跑的过程实际上就是军争的过程。

② 军争的直接目的

军争的直接目的，是在战斗中掌握有利条件，取得优势。就像图中右边的士兵，他已抢先拿到了枪，严阵以待。这时他就取得了优势，因为左边的士兵没有任何武器。

③ 军争的最终目的

取得优势只是第一步，利用优势击败敌人才是军争的最终目的。就像图中右边的士兵一枪就刺死了左边试图逃跑的士兵。

② 以迂为直，以患为利

军争的方法

军争之难者，以迂为直，以患为利。故迂其途而诱之以利，后人发，先人至，此知迂直之计者也。

上节说军争的目的是争利、争胜，那么这节就重点阐述一下如何军争，即争利、争胜的方法。孙子给出的答案是："以迂为直""以患为利"，这样就可以做到"后发而先至"了。这里面包含着以下几层含义。

以迂为直

用兵之要，在于争取有利的作战条件，形成敌我双方的强弱对比，然后再以强击弱，稳操胜券。问题在于军事对抗的双方都在设法阻碍和破坏对方的计划与行动。因此，军队要达到为自己争利、争胜的目的，就必须采取迂回行动的做法，在敌人的思维判断中造成"折射"的幻觉，而不能直来直去地行动，使对方一眼看清你的行动企图。正是基于这种认识，孙子提出了要"以迂为直"的军争方法。英国军事理论家李德·哈特在《间接路线战略》一书中指出："在战略上，最漫长的迂回道路，常常是达到目的的最短途径。所谓间接路线，即避开敌人所自然期待的进攻路线或目标，在攻击发起之前，首先使敌人丧失平衡。"这种迂回的间接路线，既是地理性的，同时也是心理性的。声东击西，欲进先退，欲取先予，这是"以迂为直"在空间上的表现。欲速胜而取持久战略，这是"以迂为直"在时间上的表现。而诡诈示形、引敌致误，这是"以迂为直"之计所要获得的心理效果。

以患为利

患与利、不利条件与有利条件、坏事与好事，在错综复杂的战场上，只要处理得好，也能使矛盾的双方向各自的反面转化，出其不意地造成我方"以患为利"、敌方"以利变患"的局面。张献忠诈降就是生动的一例。1636年7月，高迎祥在陕西周至县黑水峪兵败被俘，壮烈牺牲，农民起义军被明军分散包围，李自成兵败潼关南原，仅以十余骑突围，隐于商雒山中。张献忠也兵败南阳，中箭负伤，败走谷城。明末农民起义转入低潮。为保存力量以利东山再起，张献忠利用五省军务总理熊文灿急于邀功，完成所谓"抚局"

军争的方法（一）：以迂为直

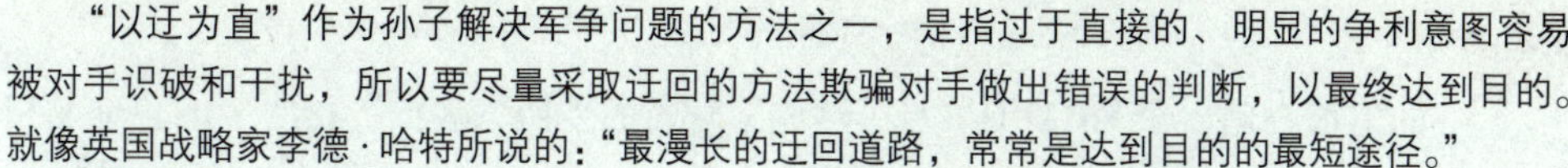

“以迂为直”作为孙子解决军争问题的方法之一，是指过于直接的、明显的争利意图容易被对手识破和干扰，所以要尽量采取迂回的方法欺骗对手做出错误的判断，以最终达到目的。就像英国战略家李德·哈特所说的：“最漫长的迂回道路，常常是达到目的的最短途径。”

胜利

以直为迂

以迂为直

迂也好，直也罢，它们都只是方法或途径。它们都是为军争之利服务的。孙子认为迂往往比直好。图中沿山道蜿蜒而上的人所走之路就是“迂”，看起来好像离目标更远，但路途比较平坦，反而能抢先到达山顶。图中攀岩而上的人所走之路就是“直”，看起来好像离目标近了许多（因为走的是直线），但其更加费时费力，而且一不小心还有掉下来的可能，那样就永远也到达不了了。

的迫切心理，于1638年与明军达成了暂时的妥协，表面上接受了明王朝的招抚。在这期间，张献忠对明王朝采取了软磨硬抗的政策，不仅未遣兵缴械，拒绝了明王朝遣散士兵和向农民军派驻监军的命令，而且分割民租，据守要害，在农民军据守的谷城，剥夺明王朝谷城知县阮之钿的一切权力，使其成为一个有名无实的摆设。同时，张献忠抓紧时机休整队伍，训练士卒，操练阵法，筹集粮饷，派人联络其他农民军。经过一年的休整补充，农民军锐气大盛。1639年春，江北大旱，饥民四散，人心浮动，张献忠伺机于5月间杀死谷城知县阮之钿，重新举起了武装斗争的大旗。

迂其途而诱之以利，后人发，先人至

迂不是直，患不是利，要“以迂为直”“以患为利”，必须创造必要的转化条件。这种转化条件包括对敌人要示以虚形，诱以小利，以造成敌人的错觉，阻止对方的行动；对自己则要采取主动行为，尽快改变自己所处的不利地位，做到“后人发，先人至”，出其不意地抢占交战的有利区位。

军争的方法（二）：以患为利

“以患为利”是孙子提出的又一个军争之法。患就是患，它不可能是真正的利。“以患为利”的意思是说，在身处不利局面时，要清醒地认识到患的两面性，即在患之中也可能隐藏着有利的一面。再充分地利用这有利的一面，化被动为主动。“塞翁失马，焉知非福”就是一个以患为利的典型。

在古代的边塞之地，有一老翁，养了许多好马。

有一天，有一匹马趁人不备，离开马群越过边界跑到对面的国家去了。

邻居们听说了这件事后都来劝老翁不要难过，可老翁却笑着说：“这不一定是坏事啊，还可能是好事呢。”

过了几天，那匹失踪的马又跑回来了，而且还带回了一匹别国的好马。老翁很是高兴。

塞翁失马，焉知非福

语出《淮南子·人间训》：近塞上之人有善术者，马无故亡而入胡。人皆吊之。其父曰：“此何遽不为福乎？”居数月，其马将胡骏马而归。人皆贺之……故福之为祸，祸之为福，化不可极，深不可测也。

③ 金鼓旌旗

指挥军队的两件法宝

《军政》曰：言不相闻，故为金鼓；视不相见，故为之旌旗。夫金鼓旌旗者，所以一人之耳目也，人既专一，则勇者不得独进，怯者不得独退。此用众之法也。故夜战多火鼓，昼战多旌旗，所以变人之耳目也。

两军作战是一种集体活动，谁组织调度得更好，谁的胜算就更大，所以组织调度能力也成为军争中决定成败的一个重要标准。“以迂为直”“以患为利”是从整体上说军争的方法，是所有抽象的军争方法的总和。而具体到战时，如何有效地组织调度自己的军队，则是军争具体化的一种表现。那么古人是怎样指挥调度军队的呢？“故夜战多金鼓，昼战多旌旗”就是那时人们指挥调度军队的具体方法。

军政

《军政》是一本古书，古人称军法或军中的管理为“军政”，军中负责执法的官员也叫“军政”。如春秋时期晋国的随武子说：“见可而进，知难而退，军之善政也。”可见，军政说的就是军队的指挥调度问题。

夜战多金鼓，昼战多旌旗

夜晚目不能视，敌我双方混战，不仅容易使己方部队失控，而且还可能误伤自己人。所以，古人通常利用金鼓能发出声音的特点来控制部队，这就是“夜战多金鼓”的道理。“金鼓”其实是“金”与“鼓”的合称。而且“金”与“鼓”又都各有不同的分类，不同种类能发出的不同声音分别代表不同的指挥信号。在《周礼·地官·鼓人》中就有关于“六鼓四金”的记载，即六种鼓四种金。古书上常有“击鼓则进，鸣金则退”，就是对“金”与“鼓”的不同作用的描述。

白天，战场上将军与士兵离得很远，说话听不清，手势看不清，甚至“金鼓”的声音都不能有效地传达信息。这时就会大量使用旌旗了。旗子高高地竖起，并由士兵晃动，目标很大，士兵都能看到，这就是旌旗的优势，这就是“昼战多旌旗”的道理。旌旗也有很多种，不同的旗子代表不同的意义，传达不同的作战信息。

古代的十六种战旗

战场的形势瞬息万变，为了更加准确、迅速地指挥调度军队，各种代表着不同含义的战旗应运而生了。在《墨子·旗帜》一书中就曾记载了多达十六种战旗。现根据其中的文字记载推测绘出这十六种战旗的形制，并列表如下。

苍旗

青色的旗帜，代表木。

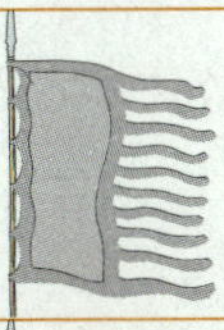

双兔之旗

旗上绣有双兔图案，代表多卒。多卒是指敌人多，或己方需要增援。

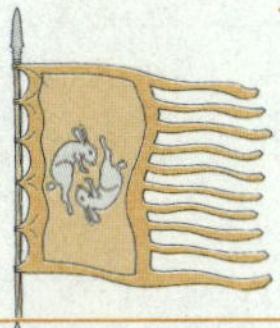

赤旗

红色的旗帜，代表火。

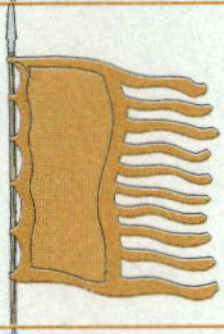

童旗

旗上绣有孩童图案，代表孩童。

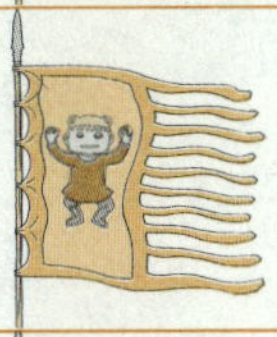

黄旗

黄色的旗帜，代表薪樵（柴草）。

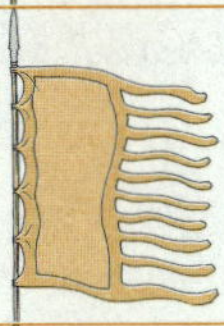

姊妹之旗

原作“梯末之旗”，旗上绣有妇女图案，代表妇女。

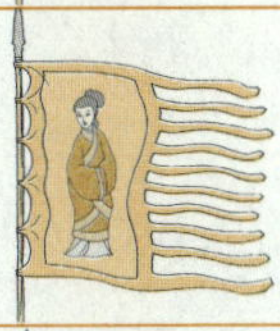

白旗

白色的旗帜，代表石。

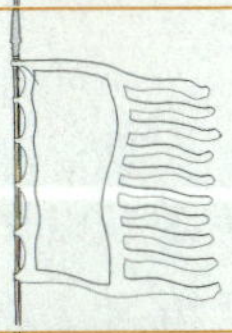

狗旗

旗上绣有狗的图案，代表弩。

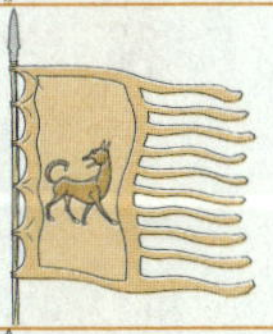

黑旗

黑色的旗帜，代表水。

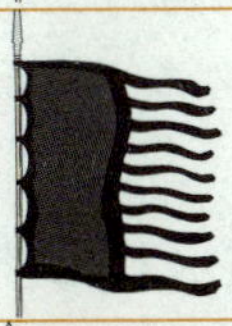

莛旗

旗上绣有戟的图案，代表戟。戟是古代的一种长柄兵器。

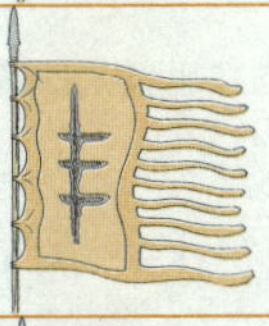

囷旗

一种在其上绣有囷的旗帜。囷是一种圆形的粮仓。这种旗帜代表食物。

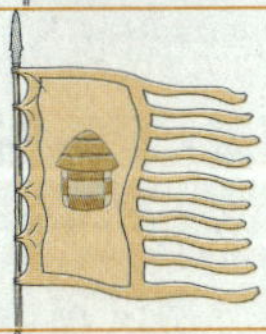

羽旗

旗上绣有羽毛的图案，代表剑盾。

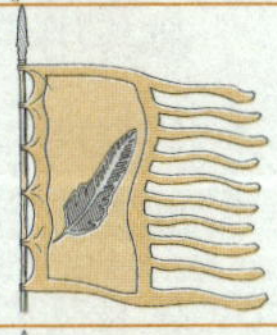

苍鹰之旗

旗上绣有苍鹰的图案，代表死士。

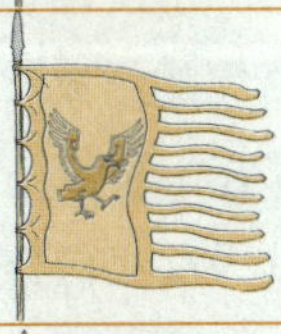

龙旗

旗上绣有龙的图案，代表战车。

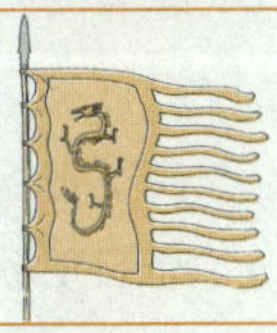

虎旗

旗上绣有老虎的图案，代表竞士。竞士是战斗力最强的人。

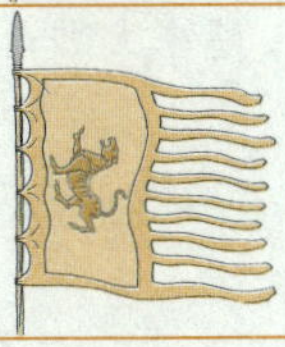

鸟旗

旗上绣有鸟的图案，代表骑兵。

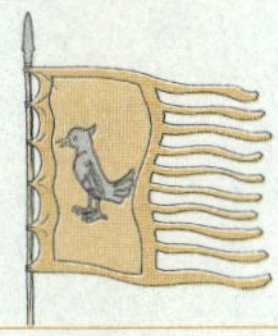

④ 四治

治气、治心、治力、治变

故三军可夺气，将军可夺心。是故朝气锐，昼气惰，暮气归。善用兵者，避其锐气，击其惰归，此治气者也。以治待乱，以静待哗，此治心者也。以近待远，以佚待劳，以饱待饥，此治力者也。无邀正正之旗，勿击堂堂之陈，此治变者也。

两军作战，决定胜负的是军事实力的强弱。除了武器装备、兵员数量等外，军心士气也是决定实力强弱的因素之一。据此，孙子提出军争中全面的治气、治心、治力、治变“四治”方略。“治”是方法，其目的则是“争”。争什么？争气、争心、争力、争变，也就是说要在军队的士气、心理、力量、战术等方面争取到优势。所以说“治气、治心、治力、治变”就是争气、争心、争力、争变的方法。

治气

作战要靠三军将士拼杀。勇于拼杀，一靠气，二靠力，而力又要靠气来鼓。因此，《司马法》认为：“凡战，以力久，以气胜。”《吴子》论兵之“四机”，以气机居首。《尉缭子·战威》也认为：“夫将之所以战者，民也；民之所以战者，气也。气实则斗，气夺则走。”有鉴于此，孙子在《军争篇》中强调，两军相争重在争气。

为了争气，孙子提出了他的治气理论，就是“朝气锐，昼气惰，暮气归。故善用兵者，避其锐气，击其惰归，此治气者也”。意思是说，军队的士气在初战时比较旺盛，经过一段时间逐渐懈怠，到后期就会衰竭。根据这一士气盛衰的一般规律，善用兵者，就要避开敌人初来时的锐气，而要等待敌人懈怠衰竭时再去打他，这就是治气的方法。楚汉相争，项羽垓下之败，很大原因就是三军之气已被夺，这便是汉军治气的结果。公元前202年，刘邦与诸侯军将项羽所部层层包围在垓下。为了瓦解楚军士气，刘邦下令士卒在夜晚唱起楚歌。楚军听到四面传来楚歌，以为汉兵已经取得了楚地，立即士气低落，军心涣散。随后，汉军大举进攻，楚军大败。最终，项羽也落得个乌江自刎的下场。

朝气锐，昼气惰，暮气归：士气盛衰的一般规律

要想争气，必先治气。要想治气，必先认识、掌握士气盛衰的规律。军队士气的盛衰受许多因素影响，但孙子认为战争时间对士气的影响最大。他说：“朝气锐，昼气惰，暮气归。”意思是说，军队初战时士气饱满；过一段时间，官兵会逐渐懈怠；最后，士气就会彻底衰竭。治气之术便是“避其锐气，击其惰归”。

1 ◎ 朝

士气饱满

“朝”在这里并不是指早晨，而是代指战争开始之时。这个时候，军队的士气最旺，求战的心理最强，这就叫“锐”。

2 ◎ 昼

逐渐懈怠

“昼”在这里也不是指白天，而是代指战争已经持续了一段时间。这个时候，军队的士气正处在一个不断懈怠的过程中，这就叫“惰”。

3 ◎ 暮

彻底衰竭

“暮”在这里也并不是指傍晚，而是代指战争已经持续了很长时间，逐渐接近尾声了。这个时候，军队的士气已经处在最低点了，这就叫“归”。

治心

夺敌人三军之气，必夺将军之心。因为士以将为心，将以士为体；将心夺则谋主已乱，虽拥有三军之众，也只剩下一副空壳了。所以《吴子·论将》说："三军之众，百万之师，张设轻重，在于一人。"因此夺敌之气，务必先夺敌将之心。越王勾践灭吴就是从夺吴王夫差之心着手的。越王勾践为使夫差更加骄纵任性，玩物丧志，他除了给夫差送大批珍玩外，还专门从越国数千美女中选出最漂亮的西施送给夫差。夫差一见西施便被迷住了，并为西施兴建游宫，整日与西施游乐，不理朝政，因而彻底放松了对越国的戒备。而勾践归国后，卧薪尝胆，十年生聚，使越国迅速富强起来，进而兴兵北伐，一举消灭了吴国。对敌人要夺气夺心，对我方则要养气养心，这样，才可能"以治待乱，以静待哗"，未战而在军心士气上已占优势。这就是孙子强调的治心。

治力

古时打仗主要靠士兵使用冷兵器进行肉搏，因此士兵的力量贮备便成为决定胜负的关键因素之一。为此，孙子提出了他的治力观点。这种观点就是"以近待远，以佚待劳，以饱待饥，此治力者也"。古时打仗首先要行军，行军主要靠步行，必须靠士兵一步步走，所以极耗体力。那么离战场近的一方就会先抵达战场，有充分的时间吃饭、休息；远道而来的一方又饿又累就投入战斗，自然处于劣势。这就是治力的一般规律。

治变

这里的"变"说的是战术选择的变化。战术的选择也是决定军队战斗力的因素之一。选择正确的战术可以使己方战斗力倍增。相反，错误的战术选择则会限制己方战斗力的发挥。因此孙子说："无邀正正之旗，勿击堂堂之陈。"表面上是说，不要去拦击旗帜整齐、部署周密的敌人，不要去攻击阵容严整、实力强大的敌人；而言下之意则是说，临阵之时要灵活机动，争取战术上的主动和优势。这就是"治变者也"。

军争六要素

军争的对象有很多，而针对不同的对象就会有不同的军争方法。但在这变化多端的很多方法中却蕴含着共同的东西，孙子将其总结为风、林、火、山、阴、雷六种要素。如果谁的军队具备这六种要素，那么谁就会“争无不胜”。

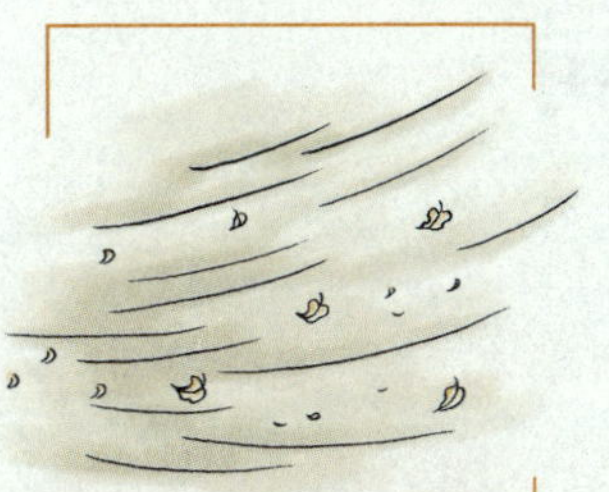

1.其疾如风

指军队行动迅速起来就像风一样迅疾。

2.其徐如林

指军队行动缓慢时就像森林一样。

3.侵掠如火

指军队攻击敌人时就像烈火一样凶猛。

4.不动如山

指军队进行防御时就像山岳一样不可撼动。

5.难知如阴

指军队隐蔽时就像阴天一样，让敌人不知所终。

6.动如雷震

指军队冲锋时就像雷霆一样勇猛。

总结：

如果一支军队同时具备了“其疾如风、其徐如林、侵掠如火、不动如山、难知如阴、动如雷震”这六种素质，它的综合战斗力一定很强。这样的军队与对手争利，恐怕会每争必胜吧。

八、九变篇

孙子曰：凡用兵之法，将受命于君，合军聚众。圮地无舍，衢地交合，绝地无留，围地则谋，死地则战，途有所不由，军有所不击，城有所不攻，地有所不争，君命有所不受。故将通于九变之利者，知用兵矣；将不通于九变之利者，虽知地形，不能得地之利矣；治兵不知九变之术，虽知五利，不能得人之用矣。

孙子说：大凡用兵的法则，是主将先接受国君的命令，然后组织军队，集结军需。出征时在难于通行之地不要宿营，在四通八达之地要结交邻国，在难于生存之地不能停留，在进退不便、易被包围之地应巧设计谋，陷入走投无路之地就要坚决战斗。有的道路不要走，有的敌军不要打，有的城池不要攻，有的地方不要争，国君的某些命令不要执行。将帅如果能够灵活地运用以上各种机变，就是懂得用兵了。将帅不精通以上各种机变的运用，虽然了解地形，也不能得到地利。指挥军队不知道各种机变的方法，虽然知道“五利”，也不能充分发挥军队的作用。

是故智者之虑，必杂于利害。杂于利，而务可信也；杂于害，而患可解也。

精明的将帅思考问题，必须兼顾到利、害两个方面。在不利情况下要看到有利条件，大事才可顺利进行；在有利情况下要看到不利因素，祸患才可消除。

是故屈诸侯者以害，役诸侯者以业，趋诸侯者以利。

要使各国诸侯屈服，就用他最害怕的手段去扰害他；要使各国诸侯忙于应付，就用他必须要做的事去驱使他；要使各国诸侯被动奔走，就用小利去引诱他。

故用兵之法，无恃其不来，恃吾有以待也；无恃其不攻，

恃吾有所不可攻也。

用兵的法则是，不要侥幸于敌人不会来，而要依靠自己做好了充分准备；不要侥幸于敌人不进攻，而要依靠自己拥有使敌人无法进攻的力量。

故将有五危：必死，可杀也；必生，可虏也；忿速，可侮也；廉洁，可辱也；爱民，可烦也。凡此五者，将之过也，用兵之灾也。覆军杀将，必以五危，不可不察也。

将帅有五种致命的弱点：只知硬拼可能被诱杀，贪生怕死可能被俘虏，暴躁易怒可能会中敌人轻侮的计谋，廉洁好名可能落入敌人侮辱的圈套，僵硬地爱民可能导致烦扰而不得安宁。以上五点是将帅的过错，也是用兵的危害之处。军队覆灭，将帅被杀，必定是由于这五种危险引起，是不能不充分认识的。

题解：

“九”泛指多；“变”指改变、机变，即不按正常原则灵活处置。“九变”即指只有灵活多变地指导战争才能取胜。本篇主要论述应根据各种特殊情况，高度灵活机动地变换作战方式与策略。上篇《军争》已阐明一般情况下两军争胜争利的原则，同时亦提及“以分合为变”的治变之术，但后者展开不够。为了补充说明治变的思想，孙子特立此篇，进行系统的阐释。

1 九变之术

战术运用要灵活多变

途有所不由，军有所不击，城有所不攻，地有所不争，君命有所不受。

九变

九者，数之极；"九变"即多变之意。孙子在《九变篇》中主要阐述的是将帅用兵应秉承灵活多变的原则，不可拘泥于一法，要具体问题具体分析。比如《九变篇》中说："圮地无舍，衢地交合，绝地无留，围地则谋，死地则战。"意思是说，在"圮地"（难于通行之地）不要宿营，在"衢地"（四通八达之地）要结交邻国，在"绝地"（难于生存之地）不能停留，在"围地"（进退不便、易被包围之地）应巧设计谋，陷入"死地"（走投无路之地）就要坚决战斗。综合起来说，就是要求将帅应根据所面临的不同的客观形势采取不同的战术。《九变篇》又说："途有所不由，军有所不击，城有所不攻，地有所不争，君命有所不受。"意思是说，有的道路不要走，有的敌军不要打，有的城池不要攻，有的地方不要争，对国君的某些命令不要执行。其道理也和上述一样，就是战术选择要根据战场形势的变化而变化。

变与不变

变是有前提的，不是无限的，掌握变与不变的关系极其重要。以君命有所不受为例，在封建社会中，"君命有所不受"是有条件的，是相对的。（1）必须是"将在外"，即在出征指挥作战的时候；（2）是如银雀山汉墓竹简《孙子兵法》中所讲的"君令有所不行者，君令有反此四变者，则弗行也"。这里的"四变"，即前面讲的将军在不同地区、不同条件下作战时，才可以"途有所不由，军有所不击，城有所不攻，地有所不争"。这就明确规定了，可不执行的君命只是局限在灵活机变的战术决策范围内。在变化无常的战场上，将帅如果事事要听从于君主的命令，就会错失时机，贻误战机。汉朝名将周亚夫不服从汉景帝救助梁国的命令，说明他是一名深通《孙子兵法》的良将。（详见本篇第 4 节）

"五地"之变

孙子认为将帅指挥军队作战时要深知"九变"之利，即战术要灵活多变，不能拘泥于一种方法。其中以"五地"为例以示说明，即"圮地无舍，衢地交合，绝地无留，围地则谋，死地则战"。

地形		正确的做法
① 圮地 指难于通行之地，就像图中山谷之间的小路。	对策	 在圮地的用兵原则是不要在此久停或留宿。这就是"无舍"。
② 衢地  指四通八达之地，图中己国、敌国与他国交界之地即是衢地。	对策	 在衢地的用兵原则是尽量结交邻国，孤立敌国。这就是"交合"。
③ 绝地  指难于生存之地，就像图中的沙漠。	对策	在绝地的用兵原则是快速通过。这就是"无留"。
 ④ 围地 指进退不便，易被包围之地。	 对策	 在围地的用兵原则是不能硬拼，而要采用计谋以突围出去。这就是"则谋"。
 ⑤ 死地 指走投无路之地，就像图中所示，后有追兵，前又有大河阻拦。	对策	 因为已经走投无路，所以在死地的用兵原则就是硬拼到底，这样或许还有一线生机。这就是"则战"。

② 恃吾有以待

要做好备战工作

故用兵之法，无恃其不来，恃吾有以待也；无恃其不攻，恃吾有所不可攻也。

军事上的有备与无备是一对概念。在《孙子兵法》中，反复强调对敌人要攻其无备，出其不意；要诡诈藏形，令敌失备。与此相反，对待自己则要处处有备，时时戒备，“无恃其不来，恃吾有以待也”。孙子认为对己方的戒备工作绝对不可以放松。只有这样，才能使敌人无机可乘，才能使自己立于不败之地。显然，孙子的这些闪耀着辩证法光辉的观点，是极有价值的。

在历史上因为疏于防范而导致重大损失的例子不胜枚举。比如，在第二次世界大战中，日本偷袭美国海军太平洋舰队基地珍珠港，德国闪电攻击苏联，都是受袭方对对手疏于防范造成的恶果。战争史上，战胜敌人突然袭击的战例也是很多的。不仅如此，充分的战争准备不仅能使敌人找不到攻击之处，而且还能做到蓄势以待，随时组织反击，达到后发制人的目的。例如，1880 年，沙皇俄国在中国东北、西北边界调集军队进行威胁，并增兵伊犁，出动舰队到中国黄海海域示威，气焰很是嚣张。清政府出于自保的目的，也在中俄边境和沿海地区采取了防御措施，并命左宗棠部署新疆军务，准备用武力收复伊犁。左宗棠受命之后，派金顺率 12000 人守住东路，扼守晶河（今精河）一线，严防俄军进犯；刘锦棠率 11000 人守住西路，取道乌什，从冰岭以西经布鲁特牧区直奔伊犁；张曜率 8500 人为中路，从阿克苏冰岭以东，沿特克斯河指向伊犁。此外，以 6000 人分屯阿克苏、哈密为后备兵力，以 3000 人增强塔尔巴哈台地区的防务。准备参战的兵力共达 5 万余人。4 月，左宗棠亲自抬着棺材出关，表示了誓与俄国人决一死战的态度。俄国人见左宗棠防备严密，战斗的意志很坚决，不得不放弃了入侵计划，并于光绪七年，即 1881 年元月，同清政府谈判代表曾纪泽签订了《中俄伊犁条约》和《中俄陆路通商章程》。

中国古代城市的防御建筑

中国乃至世界各国古代的城市都建造了完备的、强大的防御工事，这正是孙子“恃吾有以待也”“恃吾有所不可攻也”思想的体现。下面就以战国时代的一座城垣为例，详细地解析其各个组成部分。

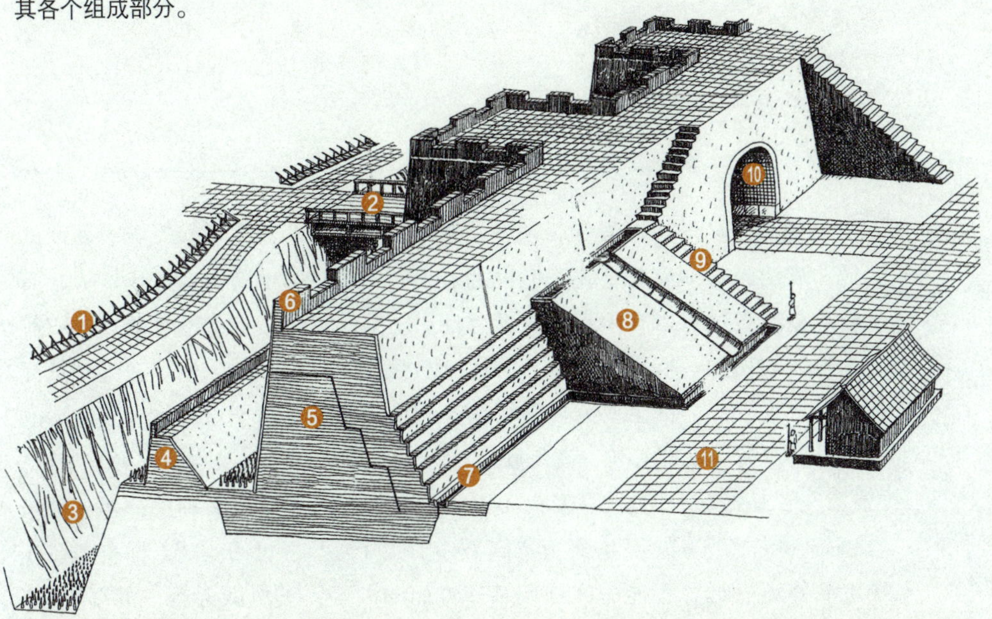

❶	拒马	一种头上有尖刺的木头架子，可以有效地缓解敌军的大部队对城垣的快速突击。
❷	木质吊桥	平时放下供人行走，一有战事便迅速拉起，阻止敌人入城。
❸	壕沟	很深，里面往往注满了水或者遍插尖刺。
❹	羊马城	位于壕沟边靠近城墙一侧，可以起到增高壕沟的作用。
❺	城墙本体	早期的城墙一般都用黄土夯成，到了隋唐时期则开始用砖砌成。
❻	堞	一种在城墙上呈凹凸形的矮墙，可以为城墙上的士兵提供掩护。
❼	排水沟	用于排干城墙上面积存的雨水。
❽	斜坡护壁	有加固城墙的作用。
❾	台阶	防守士兵上下城墙的通道。
❿	城门	呈拱形，是连接城内外的通道。
⓫	大道	城下宽敞的大道保证各种战争物资能够源源不断地运上城去。

链接：

中国的城垣建筑在宋代发展到了顶峰，后来各代都模仿其建造形式。这种城垣不仅城墙又高又厚，体形巨大，而且结构也更为复杂，出现了许多新出现的部分，比如有供发射火炮和弩箭用的炮台、弩台，有引诱敌人进城再聚而歼之的瓮城等。明朝初期修建的南京城中华门就很好地体现了这些特点。它的城墙高达 18 米，雄伟壮观。光是城门，里外就有四道，而且每一道城门内都装有“千斤闸”。

③ 覆军杀将，必以五危

将帅不知变通的五种危害

故将有五危：必死，可杀也；必生，可虏也；忿速，可侮也；廉洁，可辱也；爱民，可烦也。凡此五者，将之过也，用兵之灾也。覆军杀将，必以五危，不可不察也。

将帅是军队的决策者和统领者，将帅自身素质的优劣直接影响着军队的安危。理论上将帅应是全才。但世上人无完人，将帅也是有血有肉的人，有七情六欲，有优点也有缺点。人贵有自知之明，将帅对自身的优缺点更应有一个清醒的认识。特别是对自己的优点不要过于自信，因为优点在某种情况下也会成为缺点，甚至成为可以被敌人利用的弱点。孙子对“将有五危”的论述，深刻揭示了“必死”者易硬拼，“必生”者易贪生，“忿速”者易暴躁，“廉洁”者易好名，“爱民”者易不忍的弱点，如果被敌人所利用，就会带来“覆军杀将”的灾祸。这实际上也属于孙子“九变”思想的范畴，即将帅在战场上要知道变通，不能一味强调某一方面的因素，不然就会有“覆军杀将”的危险。

以“必死”“必生”“爱民”为例，来说明这个问题。（1）东汉开国皇帝刘秀的部将贾复勇猛过人，作战时常常冲杀在前，是一条不怕死的好汉。但当他独自统兵出征时，只知一味地硬拼，就中了敌人的诱杀计而身负重伤。这就是孙子所说的“必死，可杀也”。（2）明末统帅洪承畴临阵怯懦，终为清军所虏。在死亡与厚禄面前，他选择了后者，反过来成为清军的鹰犬。这就是孙子所说的“必生，可虏也”。（3）1894年10月，日军入侵东北。辽阳知州徐庆璋操练民团，屡败日军，使其不能进犯。以后有人利用徐庆璋勤政爱民的特点，在次年临近春耕时向他进言，当地人民十分劳苦，为了不误春耕，应解散乡团，使其还农。徐庆璋一听有理，立即下令执行，致使该处防务松懈，被日军乘机占领。这就是孙子所说的“爱民，可烦也”。

以上的事实说明，懂得变通的道理，能够在战场上灵活地使用各种战术，是评定一名将帅合格的标准之一。正所谓：“故将通于九变之利者，知用兵矣。”

将帅的五种弱点

孙子指出将帅通常所具有的五种个性，即“必死”（作战勇猛）、“必生”（贪生怕死）、“忿速”（脾气暴躁）、“廉洁”“爱民”。从某种意义上说，这些个性都有积极的一面，但如果将帅临战指挥时不从全局考虑，而只是偏执于某一方面，那么优点也会变为弱点，最终导致“覆军杀将”。

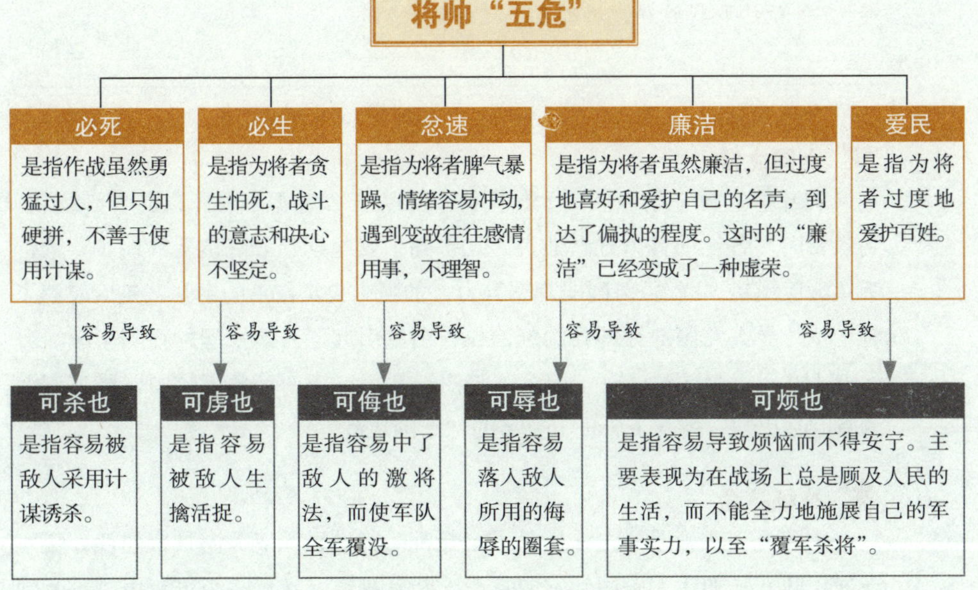

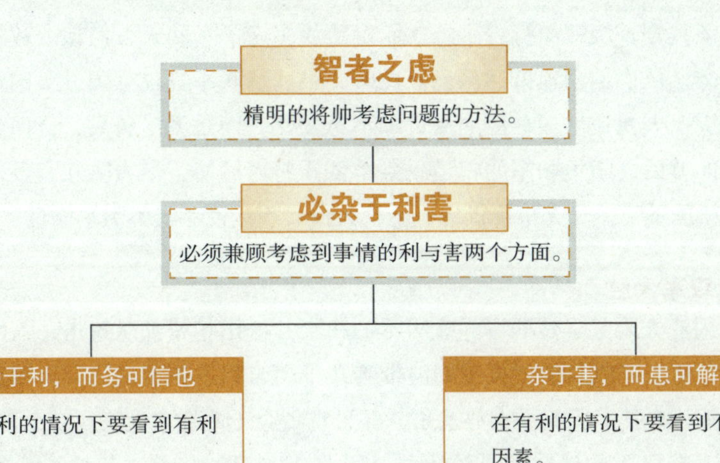

孙子列出了将帅通常会有的五种弱点。那么一名合格的将帅到底应该具备怎样的素质呢？孙子认为合格的将帅应该具备“杂于利害”的指挥思维模式，具体解释见上表。

④ 君命有所不受

周亚夫平定“七国之乱”

将帅在战场上能够正确、灵活地选择战术就是《九变篇》要说明的精髓所在。西汉名将周亚夫在平定“七国之乱”的时候，能够做到“君命有所不受”，并最终取得胜利，堪称九变之经典战例。

七国之乱

刘邦建立汉王朝以后，大封同姓子弟为王，各据一方，以防异姓篡权。到景帝时，各王的势力日渐强大，几乎到了要与朝廷分庭抗礼的地步。景帝听从大臣晁错“削藩”（削弱割据势力，加强中央集权）的主张，先后取消了赵、楚、吴等几国部分郡县的统治权，由此引起了各诸侯国的强烈不满。公元前154年，吴、楚、赵、胶东、胶西、淄川、济南等各诸侯国以吴王刘濞为首起兵反叛，爆发了历史上有名的“七国之乱”。

战场抗命

大将周亚夫奉景帝之命出兵平定叛乱。行前，周亚夫向景帝建议，叛军士气正旺，不如让大军回到它的背后，断其粮道，然后将叛军制服。景帝同意周亚夫的意见。周亚夫按计划出兵，向洛阳进军。行进途中，周亚夫突然改变了计划，绕道而行，虽然比原定路线多走了一两天，但却令敌军的伏兵扑个空，从而悄悄地抵达昌邑。此时，吴、楚联军进攻梁国，梁国危急。景帝令周亚夫快速增援，但周亚夫却不肯发兵，而是派出骑兵，迂回到吴、楚联军的背后，断了联军的粮道。梁军依托坚固城防，尽力防守。吴、楚联军久攻梁国不下，又无粮食供应，士气大挫，不久便不得不引军撤退。

汉军大胜

周亚夫乘吴、楚联军兵疲力尽的机会，派出精锐部队追击，大败吴、楚联军。楚王刘戊自杀，吴王刘濞带着几千名亲兵逃到了丹徒，企图依靠东越国做垂死挣扎。周亚夫乘势追杀，并悬赏黄金千两捉拿吴王。一个多月以后，东越王在汉军的威胁和利诱下，杀了吴王刘濞。接着，其他叛乱的国家也一一被平定。至此，周亚夫只用了几个月的时间就将“七国之乱”彻底平定。

周亚夫能够根据敌我双方兵势的情况，灵活指挥军队，甚至不惜“君命有所不受”，确实是一位“通于九变之利”的军事统帅。

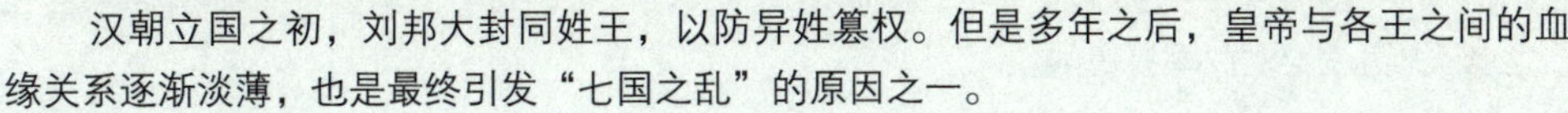

汉王朝血统表

汉朝立国之初，刘邦大封同姓王，以防异姓篡权。但是多年之后，皇帝与各王之间的血缘关系逐渐淡薄，也是最终引发“七国之乱”的原因之一。

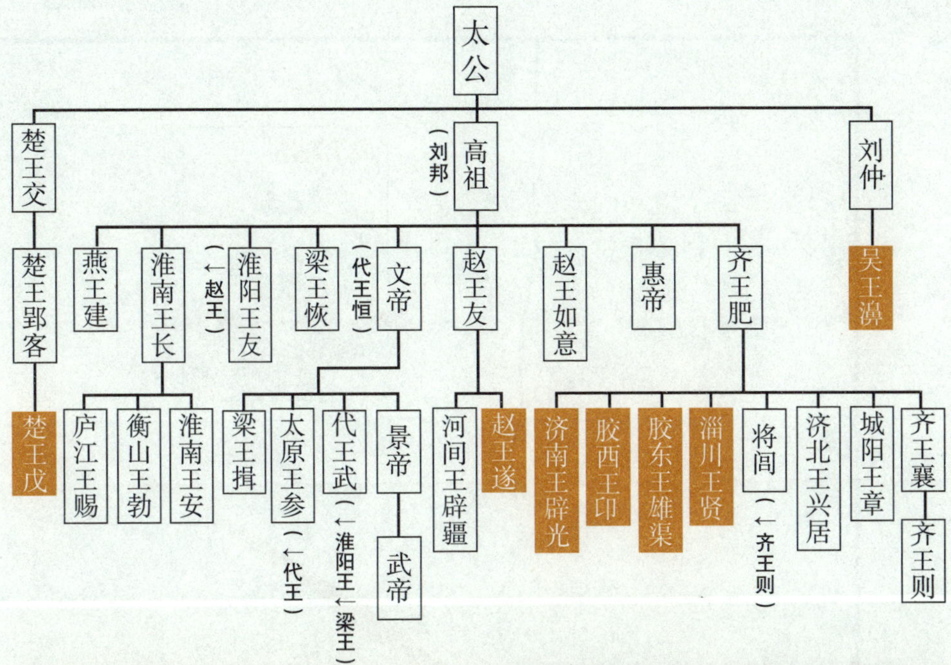

吴王

刘濞（前216–前154年），沛县人，汉高祖刘邦的侄子，刘仲的长子，被封为吴王。领导了“七国之乱”，被周亚夫击败后，为东越人所杀。

楚王

刘戊（？–前154年），“七国之乱”时与吴王刘濞通谋反叛，起兵与吴赵等国西攻梁，与汉将周亚夫战。后战败，吴王逃走，他被迫自杀，军遂降汉。

赵王

刘遂（？–前154年），汉文帝时，被立为赵王。“七国之乱”时与吴、楚等国合谋叛乱，并且北与匈奴联合，举兵往西进攻，被汉将郦寄率兵围击。吴、楚败，汉将栾布破齐后攻赵，他被迫自杀。

胶西王

刘卬（？–前154年），刘邦孙。公元前176年，汉文帝封之为平昌侯。公元前164年又与其兄弟6人同日俱立为王，他被立为胶西王。“七国之乱”时与吴王同谋起兵，与胶东、淄川二王共围临淄，后兵败自杀。

胶东王

刘雄渠（？–前154年），刘邦孙。公元前176年，汉文帝封他为白石侯。公元前164年，文帝分齐为六国，他被立为胶东王。“七国之乱”时，他与吴王刘濞同谋，率兵与淄川、济南两王共攻临淄，后兵败自杀。

济南王

刘辟光（？–前154年），刘邦孙。公元前164年，汉文帝分齐为六国，他被立为济南王。“七国之乱”时，他参加叛乱，后兵败自杀。

淄川王

刘贤（？–前154年），刘邦孙。公元前164年，汉文帝分齐为六国，他被立为淄川王。“七国之乱”时，他参加叛乱，派兵围齐临淄，后兵败自杀。

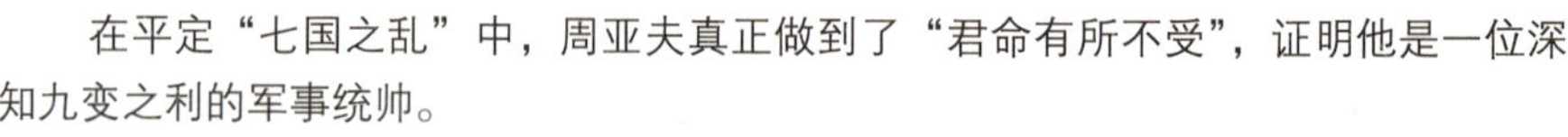

周亚夫平定“七国之乱”

在平定“七国之乱”中，周亚夫真正做到了“君命有所不受”，证明他是一位深知九变之利的军事统帅。

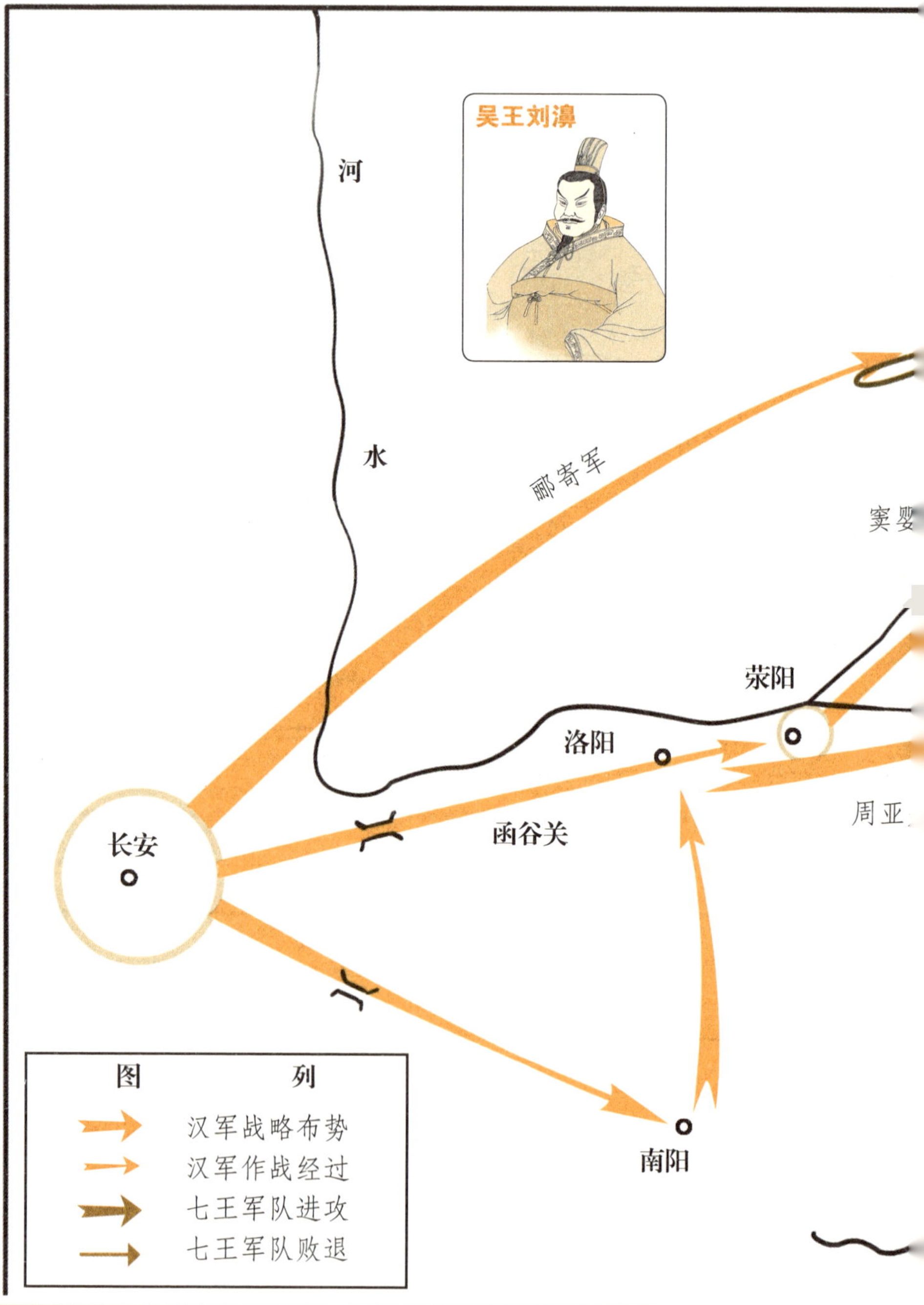

吴王刘濞

河

水

郦寄军

窦婴

荥阳

洛阳

长安

函谷关

周亚

南阳

图 列

汉军战略布势

汉军作战经过

七王军队进攻

七王军队败退

汉景帝

刘启，是汉文帝长子，母亲窦姬（窦太后）。汉惠帝七年（前 188 年）生于代地中都（今山西平遥县西南），身为太子时曾因下棋而击杀了吴王刘濞的儿子。他在位 16 年，卒于景帝后元三年（前 141 年），谥号“孝景皇帝”。

周亚夫

周亚夫（？ –前 143 年），西汉时期的著名将军，沛县（今属江苏省）人。他是名将周勃的次子，在历史上非常有名。他在接受了出兵平叛任务之后，进兵到昌邑（今属山东巨野地区）地区，坚守不出，甚至拒绝了景帝让他救梁王的命令。

九、行军篇

孙子曰：凡处军、相敌，绝山依谷，视生处高，战隆无登，此处山之军也。绝水必远水；客绝水而来，勿迎之于水内，令半济而击之，利；欲战者，无附于水而迎客；视生处高，无迎水流，此处水上之军也。绝斥泽，惟亟去无留，若交军于斥泽之中，必依水草而背众树，此处斥泽之军也。平陆处易，而右背高，前死后生，此处平陆之军也。凡此四军之利，黄帝之所以胜四帝也。

孙子说：在各种不同地形上行军和观察、判断敌情时应该注意：通过山地，必须靠近有水草的山谷，驻扎在居高向阳的地方；敌人占领高地，就不要仰攻。这是在山地上对军队的处置。横渡江河，应远离水流驻扎；敌人渡水来战，不要在江河中迎击，要等它渡过一半时再攻击，这样比较有利。如果要同敌人决战，不要背对着江河列阵。在江河地带扎营，也要居高向阳，不要面迎水流。这是在江河地带对军队的处置。在盐碱沼泽地带行军，要迅速通过，不要逗留；如果同敌军在盐碱沼泽地带相遇，那就必须靠近水草而背靠树林。这是在盐碱沼泽地带对军队的处置。在平原上应占领开阔地域，而主要侧翼要依托高地，前低后高。这是在平原地带对军队的处置。以上四种处军原则的优点，就是黄帝能战胜其他四帝的原因。

凡军好高而恶下，贵阳而贱阴，养生而处实，军无百疾，是谓必胜。丘陵堤防，必处其阳而右背之，此兵之利，地之助也。上雨，水沫至，欲涉者，待其定也。凡地，有绝涧、天井、天牢、天罗、天陷、天隙，必亟去之，勿近也。吾远之，敌近

之；吾迎之，敌背之。军行有险阻、潢井、葭苇、山林、蘙荟者，必谨覆索之，此伏奸之所处也。

大凡驻军总是喜欢干燥的高地，避开潮湿的洼地；重视向阳之处，避开阴暗之地，靠近水草地区，军需供应充足，将士百病不生，这样就有了胜利的保证。在丘陵堤防行军，必须占领它向阳的一面，并把主要侧翼背靠着它。这些对于用兵有利的措施，是以地形作为辅助条件的。上游下雨，洪水突至，不要徒步涉水，应等待水流稍平稳之后再行进。凡是在有绝涧、天井、天牢、天罗、天陷、天隙的地方，必须迅速离开，不要接近。我们应远离这种地形，让敌人去靠近它；我们应面向这种地形，而让敌人去背靠它。军队两旁有险峻的隘路、湖沼、水网、芦苇、山林和草木茂盛的地方，必须谨慎地反复搜索，这些都是敌人可能隐藏伏兵的地方。

敌近而静者，恃其险也；远而挑战者，欲人之进也。其所居易者，利也。众树动者，来也；众草多障者，疑也。鸟起者，伏也；兽骇者，覆也。尘高而锐者，车来也；卑而广者，徒来也；散而条达者，樵采也；少而往来者，营军也。辞卑而益备者，进也；辞强而进驱者，退也。轻车先出，居其侧者，陈也；无约而请和者，谋也；奔走而陈兵车者，期也；半进半退者，诱也。杖而立者，饥也；汲而先饮者，渴也；见利而不进者，劳也。鸟集者，虚也；夜呼者，恐也；军扰者，将不重也；旌旗动者，乱也；吏怒者，倦也。粟马肉食，军无悬缶，不返其舍者，穷寇也。谆谆翕翕，徐与人言者，失众也；数赏者，窘也；数罚者，困也；先暴而后畏其众者，不精之至也。来委谢者，欲休息也。兵怒而相迎，久而不合，又不相去，必谨察之。

敌人离我很近而仍保持镇静的，是依仗它占领险要地形；敌人离我很远而来挑战的，是想引诱我前进；敌人之所以驻扎在平坦的地方，是因为对它有某种好处。许多树木摇动，是敌人隐蔽前来；草丛中有许多遮障物，是敌人布下的疑阵。群鸟惊飞，是下面有伏兵；野兽骇奔，是敌人大举突袭。尘土高而尖，是敌人的战车驰来；尘土低而宽广，是敌人的步兵奔来；尘土疏散飞扬，是敌人正在曳柴而走；尘土少而时起时落，是敌人正在扎营。敌军使者措辞谦卑却又在加紧战备的，是准备进攻；敌军使者措辞强硬而军队又做出前进姿态的，是准备撤退。轻车先出动，部署在两翼的，是在布列阵势；敌人尚未受挫而来讲和的，是另有阴谋；敌人急速奔跑并排兵列阵的，是企图约期同我决战；敌人半进半退的，是企图引诱我军。敌兵倚着兵器而站立的，是饥饿的表现；供水兵打水自己先饮的，是干渴的表现；敌人见利而不进兵争夺的，是疲劳的表现。敌人的营寨上集聚鸟雀的，下面是空营；敌人夜间惊叫，是恐慌的表现；敌营惊扰纷乱，是敌将没有威严的表现；旗帜摇动不整齐的，是敌人队伍已经混乱的表现；敌军军官易怒的，是全军疲倦的表现。用粮食喂马，杀牲口吃肉，收拾起汲水器具，不返营舍的，是准备拼命突围的穷寇；低声下气同部下讲话的，是敌将失去人心；不断犒赏士卒的，是敌军没有办法；不断惩罚部属的，是敌人处境困难；先强暴然后又害怕部下的人，是最不精明的将领。派来使者送礼言好的，是敌人想休兵息战。敌人逞怒同我对阵，但久不交锋又不撤退的，必须谨慎地观察他们的企图。

兵非益多也，惟无武进，足以并力、料敌、取人而已。夫惟无虑而易敌者，必擒于人。

打仗不在于兵力多，只要不轻敌冒进，并集中兵力，判明敌情，取得部下的信任和支持，也就足够了。那种既无深谋远虑而又轻敌的人，必定会被敌人所俘虏。

卒未亲附而罚之，则不服，不服则难用也；卒已亲附而罚不行，则不可用也。故令之以文，齐之以武，是谓必取。令素行以教其民，则民服；令不素行以教其民，则民不服。令素行者，与众相得也。

士卒还没有亲近依附就执行惩罚，那么他们会不服，不服就很难使用。士卒已经亲近依附，如果仍不执行军纪军法，也不能用来作战。所以要用怀柔宽仁的手段使他们思想统一，用军纪军法使他们整齐一致，这样就必能获得部下的敬畏和拥戴。平素严格贯彻命令，管教士卒，士卒就能养成服从的习惯；平素从来不严格贯彻命令、管教士卒，士卒就会养成不服从的习惯。平时能贯彻执行命令的，这表明将帅同士卒相处融洽。

题解：

行，即行列，行阵，行军布阵。军，指屯、驻扎之意。“行军”就是指战时行军布阵、驻扎安营的意思。本篇主要论述军队在不同的地理条件下如何行军作战、驻扎安营以及怎样根据不同情况观察判断敌情等问题。本篇是《孙子兵法》十三篇中较多谈到行军布阵的部分，旨在论述“处军”“相敌”和“附众”三个问题。

① 处军

行军扎营之法

孙子曰：凡处军、相敌，绝山依谷，视生处高，战隆无登，此处山之军也。绝水必远水；客绝水而来，勿迎之于水内，令半济而击之，利；欲战者，无附于水而迎客；视生处高，无迎水流，此处水上之军也。绝斥泽，惟亟去无留，若交军于斥泽之中，必依水草而背众树，此处斥泽之军也。平陆处易，而右背高，前死后生，此处平陆之军也。凡此四军之利，黄帝之所以胜四帝也。

行军作战的首要环节是处军。所谓处军，即处置军队之意，就是指作战中的军队在各种不同的地形上应如何行军、驻扎、打仗。在处军问题上，孙子强调指挥官要善于利用地形，使自己的军队经常占据便于作战、便于生活的有利之处。孙子一共总结了在四种不同地形下的处军之法，这就是所谓的“四军之利”。

一、“处山之军”。孙子认为，军队在通过山地时要靠近有水草的谷地。驻扎时要选择“生地”，所谓“生地”，是指居高向阳之地。如果敌人已经占据了高地，那么千万不要仰攻。这就是“处山之军”的原则。

二、“处水之军”。孙子认为军队在横渡江河时，要在距离江河比较远的地方驻扎。如果敌军渡河前来进攻己方，那么就不要在江河中迎击，而要乘敌军部分已经过河、还没有全部过河时予以攻击。如果要与敌军交战，那就不要靠近江河迎击它；在江河地带驻扎，也要居高向阳，切勿在敌军下游驻扎或布阵。这就是“处水上之军”的原则。

三、“处斥泽之军”。“斥泽”是指盐碱沼泽之地。孙子认为当军队在通过盐碱沼泽地带时，应迅速离开，不要停留；如果在盐碱沼泽地带与敌军遭遇，那就要占领有水草而靠近树林的地方。这就是“处斥泽之军”的原则。

四、“处平陆之军”。孙子认为军队在平原地带驻扎要选择地势平坦的地方，最好背靠高处，前低后高。这就是“处平陆之军”的原则。

半济而击：特雷比亚河畔之战

孙子认为如果敌军渡河前来进攻己方，那么就不要在江河中迎击，而要在其部分军队已经过河时予以攻击，即所谓的“半济而击”。这样可以分化敌人的力量，起到事半功倍的效果。历史上，迦太基军在波河支流特雷比亚河畔大败罗马军，采用的就是“半济而击”的战术。

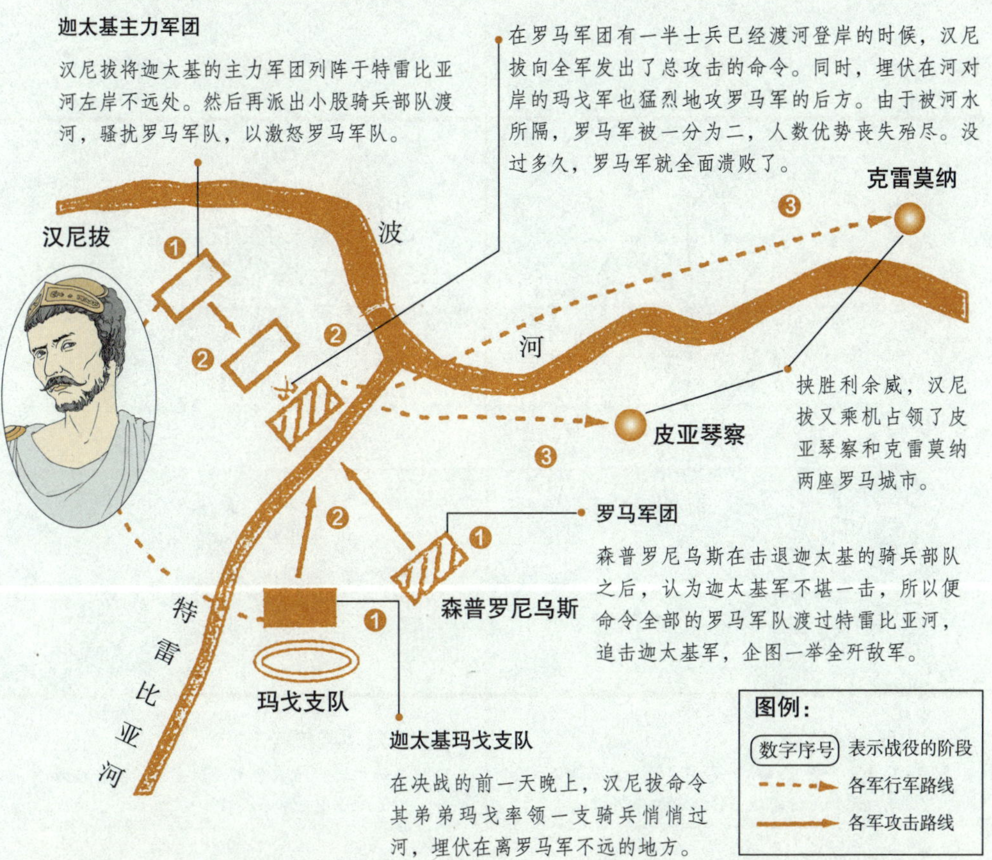

战役背景：

为了争夺地中海的海上霸权，公元前 218 年，迦太基统帅汉尼拔率领 4 万大军，成功翻越阿尔卑斯山，突然出现在意大利北部平原上，锋芒直逼罗马共和国的腹地。罗马迅速派出以西西里岛执政官森普罗尼乌斯为首的罗马军团迎战。当年的 12 月，双方在波河流域的支流特雷比亚河畔进行了一场大决战。战前，由于长途行军，迦太基军的 4 万人只剩下了 2.8 万人，而对岸的罗马军团却有 4 万人。面对劣势，汉尼拔制定了“半济而击”的战术。

名词解释

汉尼拔

全名汉尼拔・巴卡（前 247- 前 183 年），北非古国迦太基的著名军事家。他所处的时代正逢古罗马共和国势力崛起。他自小便接受严格和艰苦的军事训练，并在父亲面前发下一生的誓言，要终生与罗马为敌。成年后，其在军事及外交活动上均有卓越表现，晚年流亡国外，最终被罗马人所逼服毒而死。

四种地形条件下的"处军"之法

孙子按照自然界地理环境所具有的不同特点，将其大致分为山、水、斥泽（盐碱沼泽之地）和平陆（平原地带）等四种。在这四种地形上，孙子分别提出了不同的行军与战斗原则，见以下图表。

山

山形地域特点

地势险要，道路崎岖，易守难攻之地。在山形地域无论是行军还是作战都极耗体力。

水

水形地域特点

地势平坦，植被繁茂，因有水阻隔，故对于军队的进退会带来不便。

四种地形下的行军之法	
❶ 山形地	在山地行军，必须靠近有水草的山谷。驻军时，应将军队驻扎在居高向阳的地方。
❷ 水形地	在横渡江河时，应快速通过，不要久留。驻军时，应远离水流扎营，而且也要居高向阳。这样做有两个用意：一个是可以使自己的军队进退无碍，一个是可以避免军营被水淹的危险。
❸ 斥泽地	在通过盐碱沼泽地带时，要迅速离开，不要逗留。驻军时，应靠近水草而背靠树林。
❹ 平陆地	可自由进退、驻扎。

解析：

孙子为我们提供了在四种典型地形条件下的行军、作战方法，其共同点在于：利用地形所形成的优势，突破其中的障碍与限制，以取得有利的竞争条件。

斥泽地形特点

斥泽即盐碱沼泽之地。这种地方生态环境恶劣，不适于人类生存。

平陆地形特点

平陆即平原地带。这种地方地势平坦，适于行军和战斗。

四种地形下的作战之法	
❶ 山形地	应尽量占据居高向阳、险要之地。如果敌人抢先占领这些地方，那么我方千万不可仰攻。
❷ 水形地	如果有敌人渡水来战，就不要在江河中迎击他们，最好等他们渡过一半时再攻击，这样比较有利。如果要同敌人决战，就不要在紧靠水边的地方列阵，这样会使己方进退不便。
❸ 斥泽地	如果在盐碱沼泽地带与敌军相遇，那就迅速占领靠近水草而背靠树林的地方。
❹ 平陆地	在平原地带与敌军决战，就应该抢先占领开阔地带，而主要侧翼要依托高地，形成前低后高的形势，这样对作战比较有利。

② 贵阳贱阴

处军总原则

凡军好高而恶下，贵阳而贱阴，养生而处实，军无百疾，是谓必胜。丘陵堤坊，必处其阳而右背之，此兵之利，地之助也。

孙子在论述了军队在四种不同地形之上的处军原则之后又从中概括总结出了处军的一般规律，这也可以称为处军的总原则吧。此外，孙子还提出了要远离六种地形和在多草木的地区要提防伏兵的观点。

贵阳贱阴

孙子概括的驻军总原则或一般规律是：“凡军好高而恶下，贵阳而贱阴，养生而处实，军无百疾，是谓必胜。”这句话的意思是说，大凡驻军总是在干燥的高地，避开潮湿的洼地；重视向阳之处，避开阴暗之地，靠近水草地区，军需供应充足，将士百病不生，这样就有了胜利的保证。这条原则实际上就是说处军要以人为本，只要兵将们身体健康，后勤保障充足，那么胜利就有了保障。

应该远离的六种地形

孙子在此特意强调了六种对处军极为不利的地形，告诫将帅在遇到这种地形时，一定要远远地躲开，尽早地离去。

（1）绝涧　毛亨注：“山夹水曰涧。”梅尧臣注：“前后险峻，水横其中。”

（2）天井　曹操注：“四方高、中央下为天井。”

（3）天牢　曹操注：“深山所过若蒙笼者为天牢。”梅尧臣注：“三面环绝，易入难出。”

（4）天罗　曹操注：“可以罗绝人者为天罗。”梅尧臣注：“草木蒙密，锋镝莫施。”

（5）天陷　曹操注：“地形陷者为天陷。”张预注：“陂池泥泞，渐车凝骑。”

（6）天隙　曹操注：“山涧道迫狭，地形深数尺，长数丈者为天隙。”张预注：“道路迫狭，地多坑坎。”

注意伏兵

孙子认为军队在山川、芦苇丛生的低洼地、草木繁茂的山林地区行动时，要仔细反复地搜索，以提防伏兵，因为这些地区都是容易隐藏伏兵和奸细的地方。

应该远离的六种地形

孙子列出了六种对于处军极为不利的地理环境。他告诫为将帅者，在率军遇到这六种地形时，一定要远远地躲开，尽早地离去。这六种地形分别为：绝涧、天井、天牢、天罗、天陷、天隙。

【天井】指四面都是高地，而中央低洼的盆地。在天井中的军队容易被敌军包围，而且战斗起来也极为不利。

【绝涧】指道路很狭窄，而且两边都是高高的山谷，即两山之间夹着流水的地形。军队在这样的地形上，首先视线被挡，而且一旦有事，出也出不去，打也没法打。

【天牢】“牢”字，本义是指关押犯人的场所，这里指三面都是高地之地，与天井类似。

【天陷】“陷”本指用来捕兽的陷阱。在这里是指一种天然形成的大坑，军队一旦陷入其中就难以脱身。

【天隙】隙，裂缝之意。天隙就是一种自然形成的大裂缝。一不小心跌入其中，必然会造成军队的伤亡。

【天罗】也称“天离”。“罗”本是一种捕兽的罗网，在这里“天罗”是指一种草木丛生、林木繁茂之地，军队一旦陷入其中就很难脱身，而且敌军很容易在这种地方设有伏兵。

3 相敌

如何判断敌情

敌近而静者，恃其险也；远而挑战者，欲人之进也。其所居易者，利也。众树动者，来也；众草多障者，疑也。鸟起者，伏也；兽骇者，覆也。尘高而锐者，车来也；卑而广者，徒来也；散而条达者，樵采也；少而往来者，营军也。辞卑而益备者，进也；辞强而进驱者，退也。轻车先出，居其侧者，陈也；无约而请和者，谋也；奔走而陈兵车者，期也；半进半退者，诱也。杖而立者，饥也；汲而先饮者，渴也；见利而不进者，劳也。鸟集者，虚也；夜呼者，恐也；军扰者，将不重也；旌旗动者，乱也；吏怒者，倦也。粟马肉食，军无悬缶，不返其舍者，穷寇也。谆谆翕翕，徐与人言者，失众也；数赏者，窘也；数罚者，困也；先暴而后畏其众者，不精之至也。来委谢者，欲休息也。兵怒而相迎，久而不合，又不相去，必谨察之。

行军时，军队处在运动之中，随时都有可能会遭遇到敌人的正面迎击与两侧伏击，因而指挥者有必要掌握相敌料敌的方法，从而及时、敏锐地观察和判断敌情。在这一方面，孙子从实践经验中总结出了 32 种在冷兵器作战时代如何根据各种客观表现判断敌情的方法。

（1）敌军离我很近而仍保持镇静的，是因为他们倚仗占据险要的地形。

（2）敌军离我很远而又来挑战的，是企图引诱我前进。

（3）敌军之所以不占据险要地带而在平原地带驻扎下来，定有它的好处和用意。

（4）见到树林里的很多树木都在摇动，那可能是因为正有敌军向我袭来。

（5）在草丛中装设许多遮蔽物，那可能是敌人企图迷惑我。

（6）鸟儿突然飞起，是因为下面藏有伏兵。

（7）野兽受惊猛跑，是因为有敌人大举来袭。

（8）飞尘高扬而迅速的，是敌人的战车正向我驶来。

（9）飞尘低矮而宽广的，是敌人的步兵正向我袭来。

（10）飞尘分散而细长的，是敌人正拖着柴火行走。

（11）飞尘小而时起时落的，是敌军正在安营扎寨。

（12）敌方使者言辞谦卑而实际上又在加紧战备的，是要向我进攻。

（13）敌方使者言辞强硬而军队又向我逼近的，是准备撤退。

（14）敌方战车先出并占据侧翼的，是布列阵势，准备作战。

（15）敌方没有预先约定而突然来请求议和的，其中必有阴谋。

（16）敌方急速奔走并排兵列阵的，是想与我交战。

（17）敌军半进半退的，可能是伪装混乱来引诱我军。

（18）敌兵倚仗手中的兵器站立的，是饥饿缺粮的表现。

（19）敌兵的供水兵打水而急于自己先饮的，是干渴缺水的表现。

（20）敌人见利而不前进的，是疲劳过度的表现。

（21）敌方营寨上有飞鸟停集的，说明下面的营寨已空虚无人。

（22）敌营夜间有人惊呼的，说明敌军心里恐惧。

（23）敌营纷扰无秩序的，是其将帅没有威严的表现。

（24）敌营旌旗乱动的，说明敌军的阵形已经混乱。

（25）敌军官吏急躁易怒，是全军过度疲倦的表现。

（26）敌军中用粮食喂马，杀牲口吃肉，收起炊具，不返回营寨的，是准备拼命突围的“穷寇”。

（27）低声下气同部下讲话的，是敌军将领失去人心的表现。

（28）再三犒赏士卒的，说明敌军已没有别的办法。

（29）一再重罚部属的，是敌军陷于困境的表现。

（30）将帅先对士卒凶暴，然后又畏惧士卒的，说明其太不精明。

（31）敌人派使者来送礼言好的，是想休兵息战。

（32）敌军盛怒前来，但久不接战，又不离去，必须谨慎观察其企图。

相敌三十二法

相敌三十二法

根据敌军的外部表现，以判断敌军的意图

原文	释义
敌近而静者，恃其险也。	敌军离我很近而仍保持镇静的，是因为他们倚仗占据险要的地形。
远而挑战者，欲人之进也。	敌军离我很远而又来挑战的，是企图引诱我前进。
其所居易者，利也。	敌军不占据险要地带而在平原地带驻扎下来，定有他们的好处和用意。
众草多障者，疑也。	在草丛中装设许多遮蔽物，那可能是敌人企图迷惑我。
辞卑而益备者，进也。	敌方使者言辞谦卑而实际上又在加紧战备的，是要向我进攻。
辞强而进驱者，退也。	敌方使者言辞强硬而军队又向我逼近的，是准备撤退。
轻车先出，居其侧者，陈也。	敌方战车先出并占据侧翼的，是布列阵势，准备作战。
无约而请和者，谋也。	敌方没有预先约定而突然来请求议和的，其中必有阴谋。
奔走而陈兵车者，期也。	敌方急速奔走并排兵列阵的，是想要与我交战。
半进半退者，诱也。	敌军半进半退的，可能是伪装混乱来引诱我军。
来委谢者，欲休息也。	敌人派使者来送礼言好的，是想休兵息战。
兵怒而相迎，久而不合，又不相去，必谨察之。	敌军盛怒前来，但久不接战，又不离去，必须谨慎观察其企图。
众树动者，来也。	见到树林里的很多树木都在摇动，那可能是因为正有敌军向我袭来。
鸟起者，伏也。	鸟儿突然飞起，是因为下面藏有伏兵。
兽骇者，覆也。	野兽受惊猛跑，是因为有敌人大举来袭。
尘高而锐者，车来也。	飞尘高扬而迅速的，是敌人的战车正向我驶来。

孙子特意总结了“相敌”（观察敌情）、“料敌”（判断敌情）的一系列方法，共有 32 种，被称为“相敌三十二法”。这 32 种方法还可以按照一定的标准将其分为三类，分别是：（1）根据敌军的外部表现，以判断敌军的意图；（2）根据客观环境的变化，以判断敌军的行动；（3）根据敌军的内部表现，以判断敌军的状态。

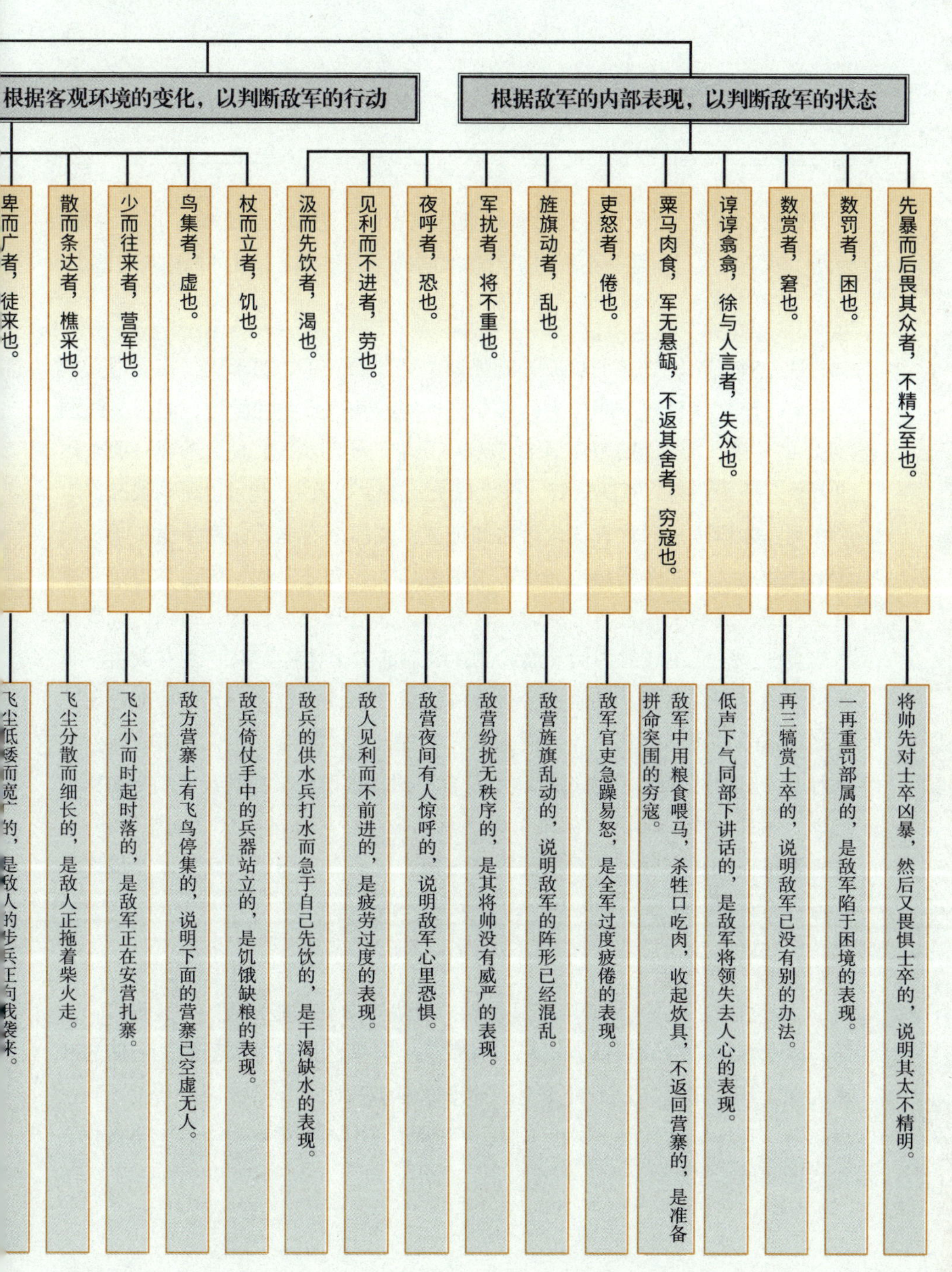

4 令之以文，齐之以武

将帅的治军方法（一）

卒未亲附而罚之，则不服，不服则难用也；卒已亲附而罚不行，则不可用也。故令之以文，齐之以武，是谓必取。令素行以教其民，则民服；令不素行以教其民，则民不服。令素行者，与众相得也。

军队“以治为胜”，不经过整治训练的军队不过是乌合之众，不堪一击。为此，孙子在《行军篇》中提出了治理军队的一系列行之有效的原则与方法。

令之以文，齐之以武

这是孙子治军思想的核心，既强调“文”的一手，要求用仁德、道义教育士卒，使之从思想上明白为什么要打仗等一系列重要的问题；同时又强调“武”的一手，要求用军纪、军法来统一士卒的行动步调，使之形成一股整体的力量。孙子认为，军队只要“令之以文，齐之以武”，就可以所向披靡，取得胜利。中国远古时代有三次著名的征战：夏启战有扈氏，商汤伐夏桀，周武王伐商纣，就非常突出地表现了“令之以文，齐之以武”的治军思想。夏启、商汤、周武王在宣誓起兵时都首先对士兵进行政治教育，强调讨伐战争的正义性。以武王伐纣为例。周武王在决战前对全体将士说：“现在殷纣王废弃祖先的享祭，不报答神恩；舍去他的国家，不信任自己的兄弟，却对天下的罪犯都很尊重和信任，让他们来暴虐百姓，扰乱社会。我现在讨伐他就是执行上天对他的惩罚。”在进行政治教育的同时，他们又都颁布了严明的军事纪律。例如，周武王说：“如果有谁不听从命令，那么他将会受到惩罚。”正是靠着正面的道德教育和严明的军事纪律，夏启、商汤、周武王才能最终战胜各自的对手，建立新的王朝。

令素行以教其民

“令之以文，齐之以武”不是仅靠一次战斗动员就能完成的。在夏启、商汤、周武王做临战动员前，实际上对军队士卒早已进行过大量的、长期的教育训练工作。正是在这个意义上，孙子进一步强调“令素行以教其民，则民服；令不素行以教其民，则民不服”。强调了平时就加强对民众与士卒教化训练的重要性。

赏罚分明是治军的一大原则

严明的军事纪律是使军队保持强大战斗力的保证。而一支军队要保持严明的纪律，最重要的是要做到赏罚分明。赏罚分明通常包括两重含义：一是对什么事该赏，对什么事该罚，这二者要明确；二是确保该赏的时候就赏，该罚的时候就罚，不要因人而异。将帅赏罚分明，部下就会拥护他，军队就有战斗力；将帅赏罚不明，部下就会抵触他，军队就没有战斗力。

相关链接

在《三国演义》一书中蜀汉丞相诸葛亮挥泪斩马谡的故事就是一个赏罚分明的典型例子。马谡是诸葛亮的军事参谋，同时也是他的好朋友，可谓是诸葛亮的左膀右臂。但是马谡大意失街亭（一个重要的军事据点），致使蜀军的粮道被断，从而最终导致了蜀军北伐魏国的行动失败。于是，诸葛亮坚决地按军法行事——杀了马谡。

战国时期秦国的军功奖励制度

屯长	百将	五百将	主将
5名战士被编入一个名册，是为一伍。伍的长官就是屯长。	是指指挥100名战士的军事长官。	是指指挥500名战士的军事长官，可以享有50名卫兵的待遇。	是指指挥1000名战士的军事长官，可以享有100名卫兵的待遇。

因作战不力而受惩罚

其战，百将、屯长不得，斩首

在作战时，百将和屯长作战不力，就斩首。

因作战有功而受奖励

得三十三首以上，盈论，百将屯长赐爵一级

得到了33颗敌人的首级，则达到了规定的数目，百将和屯长就升一级爵位。

十、地形篇

孙子曰：地形有通者、有挂者、有支者、有隘者、有险者、有远者。我可以往，彼可以来，曰通。通形者，先居高阳，利粮道，以战则利。可以往，难以返，曰挂。挂形者，敌无备，出而胜之；敌若有备，出而不胜，难以返，不利。我出而不利，彼出而不利，曰支。支形者，敌虽利我，我无出也；引而去之，令敌半出而击之，利。隘形者，我先居之，必盈之以待敌；若敌先居之，盈而勿从，不盈而从之。险形者，我先居之，必居高阳以待敌；若敌先居之，引而去之，勿从也。远形者，势均难以挑战，战而不利。凡此六者，地之道也，将之至任，不可不察也。

孙子说：地形有通形、挂形、支形、隘形、险形、远形六种。我们可以去，敌人可以来的地区叫通形。在通形地区，应当占据视野开阔的高地，并保持粮道畅通，这样作战就有利。可以去，却难以返回的地区叫挂形。在挂形地区，如果敌人没有防备，突然攻击就可以战胜它；如果敌人有防备，攻击不能取胜，再难以返回，形势就不利了。我军出击不利，敌军出击也不利的地区叫支形。在支形地区，即使敌人以利益引诱我，那也不要出击，而应率领军队假装逃走，待敌军追击一半时再回兵攻击，这样就有利。在隘形地区，我们要先敌占领，并用重兵封锁隘口，等待敌人的到来。如果敌人先占了隘口，并用重兵据守，那就不要去打；如果敌人没有用重兵封锁之，则可以去打。在险形地区，如果我军先敌占领，一定要控制开阔的高地，等待敌人来攻；如果敌人先占，就应率军撤退，不要去打。在远形地区，双方地势相同，最好不要与之战斗；即使勉强求战，也不容易获胜。以上六条，是利用地形的原则。这是将帅的重大责任所在，是不可以不认真考察研究的。

故兵有走者、有弛者、有陷者、有崩者、有乱者、有北者。凡此六者，非天地之灾，将之过也。夫势均，以一击十，曰走。卒强吏弱，曰弛。吏强卒弱，曰陷。大吏怒而不服，遇敌怼而自战，将不知其能，曰崩。将弱不严，教道不明，吏卒无常，陈兵纵横，曰乱。将不能料敌，以少合众，以弱击强，兵无选锋，曰北。凡此六者，败之道也，将之至任，不可不察也。

作战上有六种必败的情况，分别是走、弛、陷、崩、乱、北。这六种情况，不是天时地利等客观原因造成的，而是将帅的过错造成的。凡是地形一样而以一攻十的，必然失败，这叫“走”。士卒强横，而军官软弱的，指挥必然松散，这叫“弛”。军官强横，而士卒软弱的，战斗力一定差，这叫“陷”。偏将不服从指挥，遇到敌人擅自率军出战，主将又不了解他们的能力，必然如山崩溃，这叫“崩”。将帅软弱又无威严，治军没有章法，官兵关系混乱紧张，布阵杂乱无序，必然自己搞乱自己，这叫“乱”。将帅不能正确判断敌情，以少击众，以弱击强，作战又没有尖刀分队，必然失败，这叫“北”。以上这六种情况都是造成失败的原因，也是将帅的重大责任所在，是不可以不认真考察研究的。

夫地形者，兵之助也。料敌制胜，计险阨远近，上将之道也。知此而用战者必胜，不知此而用战者必败。故战道必胜，主曰无战，必战可也；战道不胜，主曰必战，无战可也。故进不求名，退不避罪，唯人是保，而利合于主，国之宝也。

地形是用兵的辅助条件。为夺取胜利而判断敌情，分析地形的险易情况，计算道路远近，都是高明的将领必须掌握的方法。懂得这些道理去指挥作战的，就会取得胜利；不懂这些道理去指挥作战的，就会失败。遵照战争规律分析，有必胜把握的，即使国君说不打，要打也是可以的；遵照战争规律分析，没有必胜把握的，即使国君说要打，不打也是可以的。前进不企求战胜的名声，后退不回避违命的责任，只求保全民众，符合国君的利益。这样的将帅，是国家的宝贵财富。

视卒如婴儿，故可以与之赴深谿；视卒如爱子，故可与之俱

死。厚而不能使，爱而不能令，乱而不能治，譬若骄子，不可用也。

像对待婴儿一样对待士卒，士卒就可以跟他共患难；像对待自己的爱子一样对待士卒，士卒就可以跟他同生共死。厚待而不使用士卒，溺爱而不教育士卒，违法而不惩治士卒，那就好像被娇惯的子女一样，是不能用来作战的。

知吾卒之可以击，而不知敌之不可击，胜之半也；知敌之可击，而不知吾卒之不可以击，胜之半也；知敌之可击，知吾卒之可以击，而不知地形之不可以战，胜之半也。故知兵者，动而不迷，举而不穷。故曰：知彼知己，胜乃不殆；知天知地，胜乃可全。

知道自己的部队能打，而不知道敌人不能打，胜利的机会只有一半；知道敌人可以打，而不知道自己的部队不能打，胜利的机会也只有一半；知道敌人可以打，也知道自己的部队能打，但不知道地形不利于作战，胜利的机会还是只有一半。所以，懂得用兵的人行动起来绝不会迷惑，他的战术不会匮乏。所以说，了解对方，了解自己，争取胜利就不会有危险；懂得天时，懂得地利，胜利就可保万全。

题解：
“地形”即军事地形。这里所谓的地形，主要是根据会战的要求，按攻守进退之便而划分，偏重形势特点。它与《行军篇》中所述的处军之地不同，处军之地是讲行军时的地形依托，偏重地貌；与《九地篇》中所述的“九地”也不同，“九地”往往是从主客形势方面论述，偏重区域性。本篇集中论述了利用地形的意义以及军队在不同地形条件下进行作战的基本原则。孙子把野战地形进行了详细分类，并就这些具体的地形条件提出了具体而又实用的用兵法则。本篇旨在论述地有无形、兵有无败、为将责任和养兵原则等问题。

① 六地

在六种地形条件下的作战原则

孙子曰：地形有通者、有挂者、有支者、有隘者、有险者、有远者。

孙子认为地形与作战有着密切的关系：地形是用兵的辅助条件，如果运用得好，它可以使军队如虎添翼；如果运用得不好，它就是兵败的陷阱。这就是孙子在《地形篇》中所说的“夫地形者，兵之助也”的道理。孙子纯粹从作战的角度，按照地形所具有的天然特点将其分为六种，即通、挂、支、隘、险、远。孙子认为，军队在这六种地形中作战，相应地就应该运用不同的作战原则。运用得当，就会增强自己的实力；运用不当，就会削弱自己的实力。这六种地形以及在其上的作战原则如下。

一、通形地，是指我们可以去，敌人也可以来的地区。在这样的地区作战，应该先占据视野开阔的高地，并保持粮道的畅通，这样作战就有利。

二、挂形地，是指可以前去但难以返回的地区。在这样的地区作战，如果敌人没有防备，就可以采用突然袭击的方式战胜他们；如果敌人已经有了防备，那么即使出击也很难取胜。战又胜不了，退又回不来，那时的处境就不妙了。

三、支形地，是指敌对双方都可以据险对峙，不宜于发动进攻的地区。在这样的地区作战，最好不要强行进攻敌人，而应该假装撤退，等敌人因追击我而离开阵地的时候再回击他。

四、隘形地，是指夹在两山之间的狭窄的、险要的地带。这种地区，我军应率先抢占，并用重兵封锁隘口；如敌军抢先占领，且重兵把守，则不可进攻；如敌军抢先占领，但兵力衰微，则可出击。

五、险形地，是指地势险峻、行动不便的地带。这种地区，我军应抢先占领，占据向阳一面的制高点以待敌军；如敌军抢先占领，我军应主动撤退，万不可进攻。

六、远形地，是指距离敌我营垒都很遥远的地方。在这种地区，如果敌我双方实力相当，那么不宜挑战；若勉强出战，也是不容易取得胜利的。

根据上述的道理，孙子进一步强调了为将帅者要重视对地形的研究，即“料敌制胜，计险阨、远近，上将之道也”“知此而用战者必胜，不知此而用战者必败”。

六种作战地形

地形对于作战具有重要意义。地形主要分为六种，即通、挂、支、隘、险、远。在不同的地形上作战，相应地也要秉承不同的作战原则和方法。

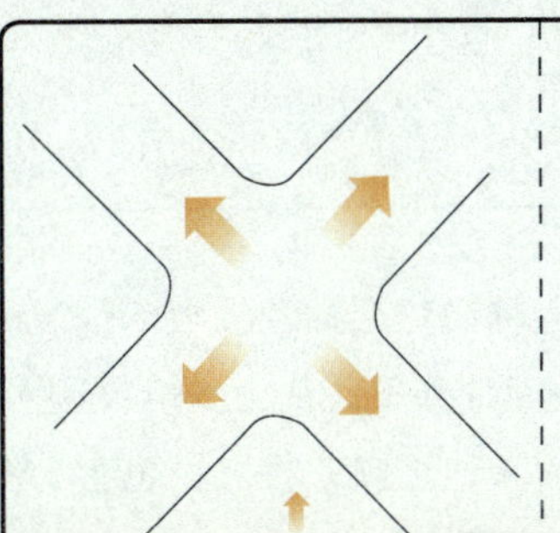

通形地

通，通达之义。通形地就是指四通八达的地区。这样的地区，我军可以去，敌军也可以去。在这样的地区，谁能抢先占领地势高且向阳的地方，并且随时保持己方粮道的畅通，在战斗中谁就有利。

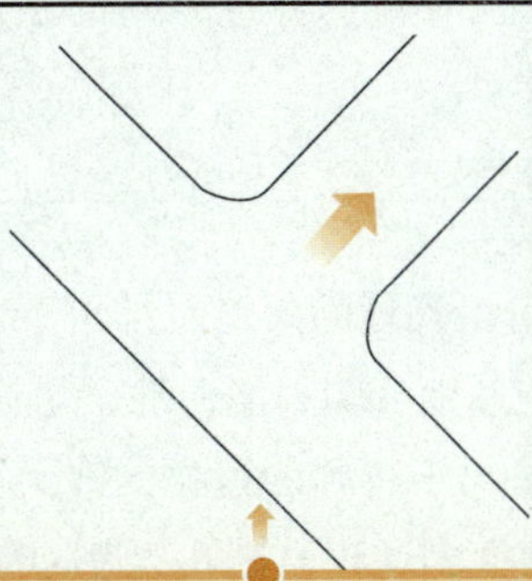

挂形地

挂，悬挂、牵碍之义。挂形地是指那些可以前往但难以返回的地区。在这样的地区作战，有两种变化：一是在敌军没有防备的情况下，可突然袭击；二是在敌军已有防备的情况下，不可贸然进攻，否则一旦不能取胜而又难以返回，会对己方非常不利。

支形地

支，支撑、支持之义。支形地是指敌对双方都可以据险对峙，不宜发动进攻的地区。在这样的地区作战，最好不要强行进攻敌人，而应该假装撤退，等敌人因追击我而离开阵地的时候再回击他。

隘形地

隘形地，是指夹在两山之间狭窄、险要的地带。这种地区，我军应率先抢占，并用重兵封锁隘口。如敌军抢先占领，且重兵把守，则不可进攻；如敌军抢先占领，但兵力衰微，则可出击。

险形地

险，险要、险恶之义。险形地是指地势险峻、行动不便的地带。这种地区，我军应抢先占领，占据地势较高、向阳一面的制高点以等待敌军；如敌军抢先占领，我军应主动撤退，万不可进攻。

远形地

远形地，是指距离敌我营垒都很遥远的地方。在这种地区，如果敌我双方实力相当，那么不宜挑战；若勉强出战，也是不容易取得胜利的。

② 六过

将帅的治军方法（二）

故兵有走者、有弛者、有陷者、有崩者、有乱者、有北者。凡此六者，非天之灾，将之过也。

孙子从军队内部组织管理的角度总结出了六种必然会招致失败的情况。这六种情况分别是：走、弛、陷、崩、乱、北。而且孙子还认为，招致这六种情况出现的原因都是出于将帅的过错，即“非天地之灾，将之过也”。为此，他再三强调将帅要深刻认识自己在战争过程中所肩负的重大责任，认真考察研究因治军或用兵决策失误造成的历史教训，作为自己的鉴戒。孙子总结的将帅致败“六过”，是前人血的教训的凝结，是领导决策学与军事管理学中的智慧篇章，值得我们高度重视。这“六过”的详细解释如下。

一、走：是指在敌我条件相当的情况下，如果攻击十倍于我的敌人，因而招致的失败，叫作“败走”。显然，“走”之过在于将帅不知“众寡之用”，犯了兵家大忌。

二、弛：是指军队必须有严格的逐级指挥系统；卒强吏弱，士卒桀骜不驯，各自为战，将官软弱无能，势必会因内部关系疏远而导致失败。

三、陷：是指将吏本领高强，士卒未经训练，怯弱无力。这样的军队一冲就垮，将吏必然陷入失败的泥坑。要扭败为胜，唯一的办法就是在作战前加强对士卒的训练。

四、崩：是指偏将怨怒而不服从指挥，遇到敌人愤然擅自出战，主将又因不了解他的能力而未加控制。这样的军队必然要崩溃。

五、乱：是指主将软弱，缺乏威严，训练教育不明，吏卒无所遵循，布阵杂乱无章。这样的军队必然因混乱而溃败。

六、北：是指将帅不能料敌，是不“知彼”；将帅指挥作战时以少击众，以弱击强，兵无先锋，是不“知己”。知彼知己，才能百战不殆；不知彼不知己，不会用兵，必然每战必败。这是将帅用兵的最大过失。

军队内部组织关系的六种错误情况

《行军篇》中提到的“令之以文，齐之以武”，是孙子关于治军的总原则。在本篇中，孙子又从军队内部组织关系的角度，阐述了将帅应该如何治军的问题。孙子认为，在这方面通常存在六种典型的错误情况，它们是：走、弛、陷、崩、乱、北。这六种情况是每一名合格的、优秀的将帅都必须极力避免的。

六过

导致作战失败的原因很多，之所以称之为六过，主要是就军队内部组织关系这一方面而言的。

走

走，本义是指小跑，此处特指因失败而逃跑。凡是地形一样而以一攻十的，必然失败，这就是走。

弛

指将帅懦弱而士卒强悍，这必然导致指挥失效，纪律涣散。曹操注：“吏不能统，故弛坏。”张预注：“士卒豪悍，将吏懦弱，不能统辖约束，故军政弛坏。”

陷

指将帅虽然强硬，但士卒的战斗力却弱，这样在作战时，会造成将帅孤身奋战，力不能支，而最终导致失败的发生。曹操注：“吏强欲进，卒弱辄陷，败也。”

崩

指偏将不服从主将的指挥，遇到敌人便擅自率军出战，而主将又不了解他的能力。这必然导致军队指挥的混乱，就如大山之崩溃。

乱

指将帅软弱又无威严，治军没有章法，官兵关系混乱紧张，布阵杂乱无序。这样必然自己搞乱自己，进而导致失败。

北

北在这里指败北，古人常以“北”表示因战败而逃走。指将帅不能正确判断敌情，以少击多，以弱击强，作战又没有尖刀分队，这必然导致失败。

以上是由于将帅指挥不当而必然导致作战失利的六种情况。那么将帅应该怎样做才能避免出现上述情况呢？其实并不难，只要与上述六种情况相反就可以了。即主将英明强干、纳谏如流，下属服从命令、听指挥，全军上下众志成城、团结一心，便可立于不败之地。

③ 爱而不娇

将帅的治军方法（三）

视卒如婴儿，故可以与之赴深谿；视卒如爱子，故可与之俱死。厚而不能使，爱而不能令，乱而不能治，譬若骄子，不可用也。

上节所说的将帅“六过”是从表面上对军队混乱关系的描述。那么造成这些混乱关系的深层原因又是什么呢？孙子认为，造成军队内部将帅与部下关系混乱的根本原因，在于为将帅者不能以正确的态度对待士卒。孙子认为，将帅对待部下的正确态度是应视士卒为“爱子”。这包括两个方面的含义：一是不要虐待士卒，二是不要过分地溺爱士卒。

孙子认为将帅“视卒如婴儿，故可与之赴深谿；视卒如爱子，故可与之俱死”。据《史记》记载，战国时，吴起在魏国担任将领，他的饮食和衣着全都与最下级的士卒一样，晚上睡觉不另加铺盖，行军时不骑马乘车，粮食自己背，武器自己扛，与士卒同甘共苦。部下有患皮肤肿烂病的，他见到后会毫无顾忌地趴下来为其吸出脓汁。这名战士的母亲听到这个消息，不禁失声痛哭起来。旁人见状后劝慰她说：“你儿子只是一名战士，而吴起贵为上将，他亲自为你儿子吸出溃疮的脓汁，你应该感到光荣才对，为什么要哭呢？”那位母亲解释说：“这事你们就有所不知了。往年吴公曾为我孩子的父亲吸过脓汁，孩子的父亲为报答他的恩情，作战时非常卖力，结果没多久就战死在战场上。而今吴公又为我的孩子吸吮脓汁，我不知孩子在什么时候又会为他卖命而死呢。想到这一点，我就禁不住要哭起来了。”正因如此，吴起深受全军上下的爱戴，屡建奇功。

孙子在倡导将帅应视士卒如“爱子”的同时，严厉批评那种对士卒“厚而不能使，爱而不能令，乱而不能治，譬若骄子”的错误做法，认为这样的军队是不能用来打仗的。要治好“骄子”，培养一支有战斗力的队伍，就必须严肃法纪。

关爱但不溺爱

一支军队要保持良好的纪律，采用正确的制度只是一方面；另一方面，为将帅者对待士卒的态度也很关键。孙子认为，为将帅者如果能像对待儿子一样爱护自己的士卒，那么士卒就会与将帅一起同生共死。但这种爱护不要变成溺爱，否则就会过犹不及。

过分地爱护士卒，就会娇惯士卒。这时，爱护就变成了溺爱。溺爱就是过犹不及，只会起到相反的效果，最终会葬送这支军队。如图中所示，为将帅者站在军营的中间无奈地看着已经喝得烂醉如泥的士卒。这就是平时溺爱的结果，也就是孙子所说的："厚而不能使，爱而不能令，乱而不能治；譬若骄子，不可用也。"

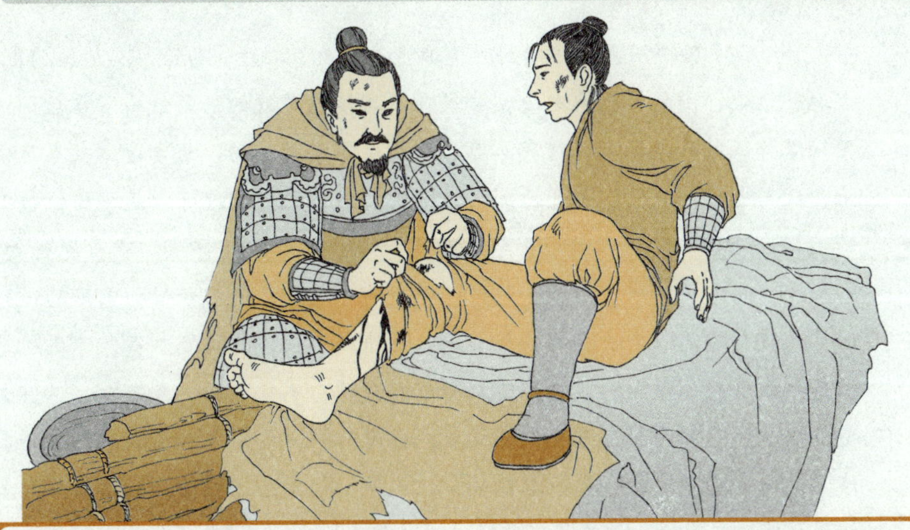

只有正确关爱士卒，才能取得积极的效果，使军队紧紧地团结在将帅的周围。如图中所示，在一场战役过后，为将帅者能够亲自为那些受伤的士卒疗伤上药，可以说就是做到了关爱而不溺爱。

十一、九地篇

孙子曰：用兵之法，有散地、有轻地、有争地、有交地、有衢地、有重地、有圮地、有围地、有死地。诸侯自战其地者，为散地。入人之地而不深者，为轻地。我得则利，彼得亦利者，为争地。我可以往，彼可以来者，为交地。诸侯之地三属，先至而得天下之众者，为衢地。入人之地深，背城邑多者，为重地。行山林、险阻、沮泽，凡难行之道者，为圮地。所由入者隘，所从归者迂，彼寡可以击吾之众者，为围地。疾战则存，不疾战则亡者，为死地。是故散地则无战，轻地则无止，争地则无攻，交地则无绝，衢地则合交，重地则掠，圮地则行，围地则谋，死地则战。

孙子说：按照用兵的法则划分，地形有散地、轻地、争地、交地、衢地、重地、圮地、围地、死地之分。诸侯在本国境内作战的，是散地。在敌国浅近纵深作战的，是轻地。对我军有利，对敌军也有利的，是争地。我军可以来，敌军也可以去的，是交地。临近多国边境，先得到就可以获得诸侯援助的地区，是衢地。深入敌境，经过敌人很多城池的，是重地。难以通行的，如山岭、森林、险阻、沼泽等地区，是圮地。前进的道路狭隘，撤军的道路遥远，敌军能够以少击多的，是围地。迅速而勇猛作战就能生存，不迅速勇猛作战就会全军覆灭的，是死地。所以在散地，不宜作战；在轻地，不宜久留；在争地，不要贸然进攻；在交地，行军队列不要断绝；在衢地，应与各诸侯交好；在重地，就要夺取粮草；在圮地，就要迅速通过；在围地，就要使用计谋；在死地，就要英勇作战，以求死里逃生。

所谓古之善用兵者，能使敌人前后不相及，众寡不相恃，贵贱不相救，上下不相收，卒离而不集，兵合而不齐。合于利而动，不合于利而止。敢问：敌众以整而将来，待之若何？曰：先夺其所爱，则听矣。兵之情主速，乘人之不及，由不虞之道，攻其所不戒也。

古时善于指挥作战的人，能使敌人前后部队不能相应，主力和小部队不相依靠，官兵不相救援，上下级失去联系，士兵散乱不能集中，作战时阵形也不整齐。对我有利就打，对我不利就不打。请问："如果有一支人数很多且阵势严整的敌军向我进攻，用什么方法对付他们呢？"回答是："先夺取敌人最关键的有利条件，就能使他们不得不听从我的摆布了。"用兵的道理，贵在神速，乘敌人手足无措的时候，走敌人意想不到的道路，攻击敌人毫无防备的地方。

凡为客之道：深入则专，主人不克；掠于饶野，三军足食；谨养而勿劳，并气积力；运兵计谋，为不可测。投之无所往，死且不北。死焉不得？士人尽力。兵士甚陷则不惧，无所往则固，深入则拘，不得已则斗。是故，其兵不修而戒，不求而得，不约而亲，不令而信，禁祥去疑，至死无所之。吾士无余财，非恶货也；无余命，非恶寿也。令发之日，士卒坐者涕沾襟，偃卧者涕交颐。投之无所往者，诸、刿之勇也。

大凡对敌国采取进攻作战，其规律是：越深入敌境，军心士气越高涨，敌人越不能战胜我军；在丰饶的田野上掠取粮草，全军就有足够的给养；注意休整部队，不使其过于疲劳，增强士气，养精蓄锐；部署兵力，巧设计谋，使敌人无法判断我军企图。把部队置于无路可走的绝境，士卒虽死也不会败退。既然士卒宁肯死也不退却，哪有不得胜之理？全军上下尽力而战。士卒深陷危险的境地，就不恐惧；无路可走，军心就会稳固；深入敌国，军队就不会涣散。处于这种迫不得已的情况，军队就会奋力战斗。因此，士卒不用整饬，就能注意戒备；不用强求，就能完成任务；不用约束，就能亲附协力；不待发令，就会遵守纪律。禁止迷信，消除部属的疑虑，他们至死也不会逃避。我军士兵没有多余的钱财，并不是不爱财物；不贪生怕死，也不是不想长命。当作战命令颁发的时候，坐着的士兵们泪湿衣襟，躺着的泪流满面。把他们置于无路可走的绝境，就都会像专诸和曹刿一样勇敢了。

故善用兵者，譬如率然。率然者，常山之蛇也，击其首则尾至，击其尾则首至，击其中则首尾俱至。敢问：兵可使如率然乎？曰：可。夫吴人与越人相恶也，当其同舟而济，遇风，其相救也，如左右手。是故方马埋轮，未足恃也；齐勇若一，政之道也；刚柔皆得，地之理也。故善用兵者，携手若使一人，不得已也。

善于统领部队的人，能使部队像率然蛇。“率然”是常山的一种蛇，打它的头，尾就来救应；打它的尾，头就来救应；打它的腰，头尾都来救应。请问：“那么可以使军队像‘率然’一样吗？”回答是：“可以。”你看那吴国人和越国人是互相仇恨的，但当同舟渡河遇到风浪时，他们相互援助就像一个人的左右手。因此想用缚住马缰、深埋车轮、显示死战的决心来稳定部队，那是靠不住的。要使部队上下齐力，勇如一人，关键在于管理教育有方。要使强弱不同的士卒都能发挥作用，在于适宜地利用地形。所以善于用兵的人，能使全军携起手来像一个人一样，这是因为客观形势迫使部队不得不这样。

将军之事，静以幽，正以治。能愚士卒之耳目，使之无知；易其事，革其谋，使人无识；易其居，迂其途，使人不得虑。帅与之期，如登高而去其梯；帅与之深入诸侯之地，而发其机，焚舟破釜；若驱群羊，驱而往，驱而来，莫知所之。聚三军之众，投之于险，此谓将军之事也。九地之变，屈伸之利，人情之理，不可不察。

主持军事之事，要做到考虑谋略冷静而幽邃，管理部队严整而有条理。要能蒙蔽士卒的视听，使他们对于军事行动毫无所知。变更作战部署，改变原定计划，使人们无法识破机关。经常改换驻地，故意迂回行进，使人们推测不出意图。主帅赋予部属任务，断其归路，就像登高而抽去梯子一样。将帅令士卒深入诸侯之国，就像发弩机射出的箭矢，使士卒明白可往而不可返，要焚烧舟船，砸破炊具，激发士卒勇往直前的作战勇气。对士卒如同驱赶羊群，赶过来，赶过去，使他们不知要到哪里去。聚集全军，置于险境，这就是统率军队的要务。对九种地形的不同处置，攻防进退的利害得失，官兵上下的不同心理状态，这些都是将帅不能不认真研究和周密考察的。

凡为客之道，深则专，浅则散。去国越境而师者，绝地也；四达者，衢地也；入深者，重地也；入浅者，轻地也；背固前隘者，围地也；无所往者，死地也。是故散地，吾将一其志；轻地，吾将使之属；争地，吾将趋其后；交地，吾将谨其守；衢地，吾将固其结；重地，吾将继其食；圮地，吾将进其途；围地，吾将塞其阙；死地，吾将示之以不活。故兵之情，围则御，不得已则斗，过则从。

进攻作战规律是：进入敌国越深，军心就越是稳定巩固；进入敌国越浅，军心就容易懈怠涣散。离开本国进入敌境作战的地区就是绝地，四通八达的地区就是衢地，深入敌国纵深的地区就是重地，进入敌国浅近纵深的地区就是轻地，背有险固前有隘路的地区就是围地，无处可走的地区就是死地。因此，在散地上，要统一军队意志；在轻地上，要使阵营紧密相连；在争地上，要使后续部队迅速跟进；在交地上，要谨慎防守；在衢地上，要巩固与邻国的结盟；入重地，要补充军粮；在圮地，要迅速通过；陷入围地，要堵塞缺口；到了死地，要显示死战的决心，殊死战斗。所以，军事上的情形是：被包围就会竭力抵抗，形势险恶、迫不得已就要拼死战斗，深陷危境就会听从指挥。

是故，不知诸侯之谋者，不能预交；不知山林、险阻、沮泽之形者，不能行军；不用乡导者，不能得地利。四五者不知一，非霸王之兵也。夫霸王之兵，伐大国，则其众不得聚；威加于敌，则其交不得合。是故不争天下之交，不养天下之权，信己之私，威加于敌，故其城可拔，其国可隳。施无法之赏，悬无政之令，犯三军之众，若使一人，犯之以事，勿告以言；犯之以利，勿告以害。投之亡地然后存，陷之死地然后生。夫众陷于害，然后能为胜败。故为兵之事，在于顺详敌之意，并敌一向，千里杀将，此谓巧能成事者也。

不了解诸侯各国的战略动向，就不要与之结交；不熟悉山林、险阻、湖沼等地形，就不能行军；不使用向导，就不能得到地利。这几方面，有一方面不了解，都不能成为霸主的军队。凡是霸主的军队，进攻大国就能使敌方的军民来不及动员集中；兵威加在敌人头上，就能使它的盟国不能配合策应。因此，不必争着同天下诸侯结交，也不必在各诸侯国培植自己的势力，只要展示自己的战略意图，把威力加在敌人头上，就可以拔取敌人的城邑，毁灭敌人的国都。施行超越惯例的奖赏，颁布打破常规的号令，指挥全军就如同指挥一个人一样。赋予作战任务，但不说明谋略意图，只告诉他们有利的一面，而不告诉他们有什么危害。把士卒投入危地，才能转危为安；陷士卒于死地，才能转死为生。军队陷入危境，然后才能夺取胜利。所以，指导战争这种事，在于谨慎地考察敌人的战略意图，集中兵力于主攻方向，千里奔袭，斩杀其将，这就是所谓巧妙用兵实现克敌制胜的目的。

是故政举之日，夷关折符，无通其使，厉于廊庙之上，以诛其事。敌人开阖，必亟入之。先其所爱，微与之期。践墨随敌，以决战事。是故始如处女，敌人开户；后如脱兔，敌不及拒。

因此，决定战争行动的时候，就要封锁关口，销毁通行证件，不许敌国使者往来，在庙堂再三谋划，做出战略决策。敌方一旦出现间隙，就要迅速乘机而入。首先夺敌人的战略要地，但不要轻易约期决战。破除成规，因敌变化，灵活决定自己的作战行动。因此，战争开始之前要像未嫁的女子那样沉静，诱使敌人松懈戒备，暴露弱点；战争展开之后，要像逃脱的野兔一样迅速行动，使敌人措手不及，无力抵抗。

题解：

九，泛指数量多。九地，指各种复杂地形。《地形篇》中的“地”指纯粹的自然地理概念，此篇之“地”则加上了环境氛围等因素。前者从地形的广狭、险易和距离远近对排兵布阵的影响加以论述；后者则是从深入敌国作战时在不同地区，因官兵的心理状态不同，在军事、政治、经济、外交上应采取不同的作战原则和处置方法的角度加以论述。本篇还以较大篇幅论述了适于各种环境条件下的重要战略战术原则和治军原则。

①九地

九种地形及作战规律

孙子曰：用兵之法，有散地、有轻地、有争地、有交地、有衢地、有重地、有圮地、有围地、有死地。

九地与六地

孙子认为，从用兵的角度讲，地理环境主要分为九种，它们分别是：散地、轻地、争地、交地、衢地、重地、圮地、围地和死地。那么这九种地理环境的划分与《地形篇》中将地形分为六种的区别又是什么呢？其区别在于所依据的划分标准和阐述的角度不同。《地形篇》中将地形划分为通、挂、支、隘、险、远等六种，其划分标准是按照纯粹的自然地理环境对军事行动的影响，是单一标准。阐述的角度是从地形的广狭、险易和距离远近对排兵布阵的影响。《九地篇》中将地形划分为九种是以军队所处的整个态势为划分标准的，是一种复合标准。阐述的角度是深入敌国作战时，在不同地区，因官兵的心理状态不同，在军事、政治、经济、外交上应采取的不同的作战原则和处置方法。

散地、轻地、争地、交地和重地

在《九变篇》中，孙子已对这九种地形中的衢地、圮地、围地和死地做过详细的论述（目的在于论述合格的将帅要懂得变通，作战不可拘泥于一法），因此，本节就对剩下的五种地形以及在这五种地形上所应秉持的作战原则加以论述。

（1）散地，是指在本国境内作战的地区。孙子认为，在散地不宜作战。因为军队在国内作战，士兵们离家都很近，总想着往家跑，这样军心容易涣散。如果一定要在散地作战，那么最重要的就是要统一士兵的意志。

（2）轻地，是指在敌国浅近纵深作战的地区。孙子认为，在轻地军队不宜停留；一定要停留的，就要使营阵紧密联系在一起。

（3）争地，是指我军得到有利，敌军得到也有利的地区。孙子认为，遇争地不要贸然进攻；如果进攻，就要使后续部队能够迅速跟上。

（4）交地，是指我军可以去，敌军也可以来的地区，即指那些属于交通要道的地区。孙子认为在交地上，行军的序列不要断绝，而且还要谨慎防守。

（5）重地，是指深入敌境，背靠敌人很多城邑的地区。孙子认为，在重地上，就要尽量多地夺取粮草，补充军粮。

散地、轻地、争地、交地和重地

孙子以军队所处的形势为标准将地形分为散地、轻地、争地、交地、衢地、重地、圮地、围地、死地等九种。在这些不同的地形之上要相应地采取不同的战术。在《九变篇》中已阐述过衢地、圮地、围地、死地，所以此处仅论述散地、轻地、争地、交地、重地等五种。

地形名称及特点		作战注意要点
散地	原文：诸侯自战其地者，为散地。 译文：在本国境内作战的地区。	①不宜作战。 ②如果一定要在此地作战，那么就要统一士兵的意志力，加强军队的凝聚力。
轻地	原文：入人之地而不深者，为轻地。 译文：进入敌国，但尚未深入的地区。	①不宜停留。 ②如果一定要停留的，那么必须要让军队的各个部分紧密地联系在一起。
争地	原文：我得则利，彼得亦利者，为争地。 译文：我军得到有利，敌军得到也有利的地区。	①不要贸然进攻。 ②如果进攻，就一定要使后续援兵跟上。
交地	原文：我可以往，彼可以来者，为交地。 译文：我军可以去，敌军也可以去的地区，即指那些交通要道。	①行军的序列不要断绝。 ②部队要谨慎防守。
重地	原文：入人之地深，背城邑多者，为重地。 译文：深入敌境，经过敌人很多城邑的地区。	①注意后勤补给，尽可能多地夺取粮草。

“九地”与“六地”的区别

划分的标准不同

“九地”以军队所处的态势为划分标准，“六地”以纯粹的自然地理环境对军事行动的影响为划分标准。

阐述的角度不同

“九地”阐述的角度是从深入敌国作战时在不同地区，因官兵的心理状态不同，在军事、政治、经济、外交上应采取不同的作战原则和处置方法。“六地”阐述的角度是从地形的广狭、险易和距离远近对排兵布阵的影响。

② 齐勇若一，政之道也

将帅的治军方法（四）

故善用兵者，譬如率然。率然者，常山之蛇也，击其首则尾至，击其尾则首至，击其中则首尾俱至。敢问：兵可使如率然乎？曰：可。

强大的战斗力来源于团结。军队就应该像一种名叫“率然”的蛇那样，击其首则尾至，击其尾则首至，击其中则首尾俱至。这样互相接应，互相配合，敌人便没有办法。如何把军队训练得如“率然”一般呢？孙子为此提出了许多具体的办法，概括起来，主要有两点。

一、利用形势。孙子说：“夫吴人与越人相恶也，当其同舟而济，其相救也，如左右手。……故善用兵者，携手若使一人，不得已也。”孙子在这里举了一个例子，大意是说：虽然吴国人与越国人互相仇视，可是当把他们放在一条船上，让他们同船渡河，一旦遇到风浪，他们也能自动地相互救援，就如同左右手一样。为什么呢？因为环境所迫而不得已啊。通过这个例子孙子想说明的道理是，要让军队的各个组成部分能够“齐勇若一”，一个很好的办法就是把他们置于同样恶劣的环境下，让他们同舟共济，结成“一损俱损，一荣俱荣”的利害共同体。孙子又举了一个例子说：“投之无所往，死且不北。……投之无所往者，诸刿之勇也。”意思是说，如果将部队置于无路可走的绝境，那么士卒虽死也不会败退，作战时他们都会像专诸和曹刿一样勇敢。

二、蒙蔽视听。孙子还提出要蒙蔽士卒的视听，使他们对于军事行动毫无所知。变更作战部署，改变原定计划，经常改换驻地，故意迂回行进，总之要让士卒摸不清将帅的意图。这样，将帅对士卒就有如“若驱群羊，驱而往，驱而来，莫知所之”；士卒则有如“登高而去其梯”，想不服从命令都不能了。

虽然孙子提出的上述两种让士卒不得不拼命作战的办法有效，但也从另一个侧面反映了封建雇佣军队中的士卒与统治阶级的矛盾。他们不可能为少数统治者的利益去自觉战斗，于是将帅们才不得不想出这样的办法。

兵若“率然”

“率然”是一种产于常山之地的大蛇。打它的头，尾就来救应；打它的尾，头就来救应；打它的腰，头尾都来救应。孙子认为，军队就应如“率然”一般，团结一致，互相救援，这样就可以无往而不胜了。

使部队团结一致的方法

利用形势

如将部队置于无路可走的绝境，士卒虽死也不会败退。不需强求，就能完成任务；不需约束，就能亲附协力；不待申令，就会遵守纪律。

蒙蔽视听

如采用变更作战部署、改变原定计划、经常改换驻地、故意迂回行进等办法，使士卒推测不出将帅的意图，搞不清下一步的行动内容，这样军队就会像羊群一样被将帅所控制了。

③ 死地则战

赫连勃勃死地求生

孙子曰："投之亡地然后存，陷之死地然后生。""死地"的形势非常险恶，甚至连做谋划的时间都没有。这时，唯一的办法就是激励全军将士团结一致、奋力一搏，才有可能死里逃生。东晋十六国时期的夏对南凉一战即是此种精彩战例。

在东晋十六国时期，夏王赫连勃勃率领精锐骑兵两万攻入南凉国境，在掠获牛、羊、马数十万头和许多财物之后，踏上归途。南凉国主秃发傉檀闻之亲率大军追赶。其部将焦朗献计道："赫连勃勃治军严整，我军最好避其锐气，先守住关隘，然后再寻求破敌的机会。"而另一个部将贺连却讥笑道："焦将军何必长他人志气，灭自己威风。我军兵多将广，而且夏军又被几十万头牲畜所累，怕他干什么？"秃发傉檀认为贺连说得有理，便下令数万兵马全力向赫连勃勃追去。赫连勃勃得知南凉兵马追来，有心迎战，但又怕寡不敌众；有心迅速撤退，但又舍不得几十万头牲畜和这许多的财物。思来想去，只有"置之死地而后生"一计可以两全。赫连勃勃在察看了附近的地形之后，选择在阳武下峡与敌军决战。

当时正值初冬时节，峡中河水已经封冻。赫连勃勃下令将峡中积冰全部凿开，然后再用车辆塞住道路，以断绝将士们的退路，迫使全军将士拼死一搏，以求生路。果然，当秃发傉檀率领南凉大军追至阳武下峡时，等待他的是一支士气高涨、视死如归的夏军。战斗发生后，夏军士兵个个奋力拼杀，人人以一当十。赫连勃勃左臂中箭，鲜血直流。但他大喝一声，将箭拔出，继而挥动长剑杀入南凉阵中。夏军见国主如此勇武，军心大振，战斗力又有提高。南凉军队兵败如山倒，溃不成军。赫连勃勃指挥夏军乘胜追击 80 余里才肯罢休。至此，南凉军一败涂地，秃发傉檀只带着少数亲信逃回本国去了。

战争不仅是智谋的较量，也是意志和决心的较量。此役，夏军胜就胜在那种视死如归的气魄上。而激发起这种气魄的，正是赫连勃勃懂得并且正确运用了孙子所说的"投之无所往，死且不北"的道理。

五胡十六国

五胡十六国，是指自西晋末年到北魏统一北方期间，由五个少数民族在中国北方建立的一系列政权。这些少数民族政权与南方的东晋朝廷形成南北对峙之势，连年征战不休，因此这段时间就被称为“东晋十六国时期”（304—439 年）。此外，还有代国、冉魏、西燕、吐谷浑等被列在十六国之外，共有二十国。

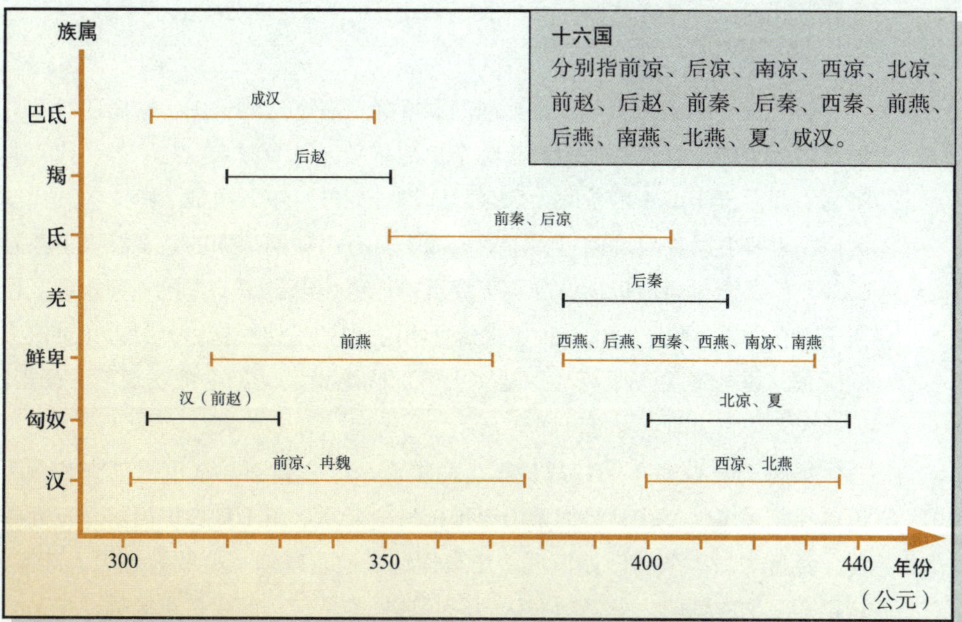

十六国

分别指前凉、后凉、南凉、西凉、北凉、前赵、后赵、前秦、后秦、西秦、前燕、后燕、南燕、北燕、夏、成汉。

五胡及其历史

匈奴 古代中国北方的一个游牧民族，后被汉朝击溃。南北朝之后，匈奴民族便消失了。

鲜卑 原为匈奴治下的一个部落，后匈奴被灭，鲜卑借机在中国北方建立许多政权国家。

羯 原为匈奴的一个部落，来自西域中亚一带。曾在东晋十六国时期建立后赵政权，南北朝以后主要被汉族同化。

氐 中国古代西北少数民族之一。西晋亡后，乘机建立成汉政权。自南北朝后，被汉族同化。

羌 中国古代西北少数民族之一。西晋时，乘中原大乱，建立一些民族政权。南北朝以后，即被汉族同化。

赫连勃勃

381—425 年

原姓刘

匈奴铁弗部人

十六国时期夏国创建者。赫连勃勃骁勇、英俊、多智谋，称雄漠北；早年归附后秦姚兴，深得姚兴信任。407 年，他反叛后秦，起兵自立，称大夏天王，年号龙升。413 年，改姓赫连氏，建都城，名曰统万，寓“统一天下，君临万邦”之意。赫连勃勃生性残暴，杀戮无度，经常自立城头，手执弓箭，见不顺眼者，辄杀之。425 年赫连勃勃病死，谥武烈皇帝，庙号世祖，葬嘉平陵。431 年，夏亡于北魏。

④ 破釜沉舟

项羽力克秦军

“死地则战”是军事斗争中的一条至理名言。活生生的例子在历史上曾发生过多起，秦朝末期的巨鹿之战则是其中最著名的。

公元前 208 年，秦军攻打赵国都城巨鹿，赵军兵败被围，巨鹿随时都有被攻陷的可能。赵王一面命大将陈余出战抗敌，一面派人向楚、齐、代、燕等国求援。慑于秦军的威势，陈余只在城外死守，不敢出战。燕、齐、代三国援军也只驻扎在巨鹿附近，不敢出战。只有由项羽率领的楚军投入了救赵的战斗。在渡过黄河以后，项羽下令沉掉船只，砸破釜（古代一种炊具，相当于现在的锅）甑（古代一种用来蒸食物的炊具），烧毁营垒，每人只带三天的干粮，誓与秦军决一死战。楚军上下面临绝境，又见主帅项羽英勇豪迈，因此人人奋力向前，直抵巨鹿城下。

秦将王离调遣军队迎战楚军。两军对垒，一方面，秦军甲仗齐整，队伍雄壮，兵多将广，其势如泰山压顶；另一方面，楚军却衣甲简陋，三五成群，各自为战。战斗开始以后，楚军横冲直撞，好像一群散兵游勇。其实，这正是项羽的精明之处。项羽认为，秦楚兵力悬殊，如果打正规战，楚军必败无疑。所以项羽身先士卒，冲杀在前，命将士不拘阵势，各自为战，只求杀敌取胜。

楚军破釜沉舟，已无路可退，只有奋勇向前才有一线生机；而且统帅项羽又冲锋在前，于是楚军士气大振，以一当十，以十当百，呼声震天。秦军闻风丧胆，没打几个回合，便败退而走了。第二天战前，项羽做全军总动员时说道：“我军粮食已尽，如不胜将全军覆没；生存还是死亡，就在此一战。”楚军将士得令后，如恶虎扑羊一样向秦军章邯部杀去。秦军抵挡不住，一退再退，不久便溃不成军。在击溃章邯部之后，项羽率军一鼓作气又猛攻前一天已败的王离部。王离想夺路而逃，被项羽堵住了去路，没过多久便被楚军生擒活捉了。巨鹿之围遂解。

“项羽鏖兵解巨鹿之围”正是对孙子《九地篇》中“死地则战”理论的一次成功运用。

巨鹿之战

项羽在巨鹿之战中得以大败秦军，破釜沉舟自断后路以激发全军士气是最大的原因。“项羽麾兵解巨鹿之围”，不仅成为战争史上一段佳话而受到历代兵家的推崇，也再一次生动地证明了孙子“置之死地而后生”的真理性和普遍适用性。

秦将章邯率兵20万渡过黄河，屯军于巨鹿附近的棘原，筑甬道以供应王离军粮秣。

秦将王离领军20万由上郡急至河北击赵，攻破邯郸，进而包围巨鹿。

楚军追击路线

赵地反秦武装首领赵王歇及张耳退保巨鹿，被王离军所围。齐将田都、燕将臧荼等救赵诸军皆驻扎在赵将陈余军垒旁，不敢出战。

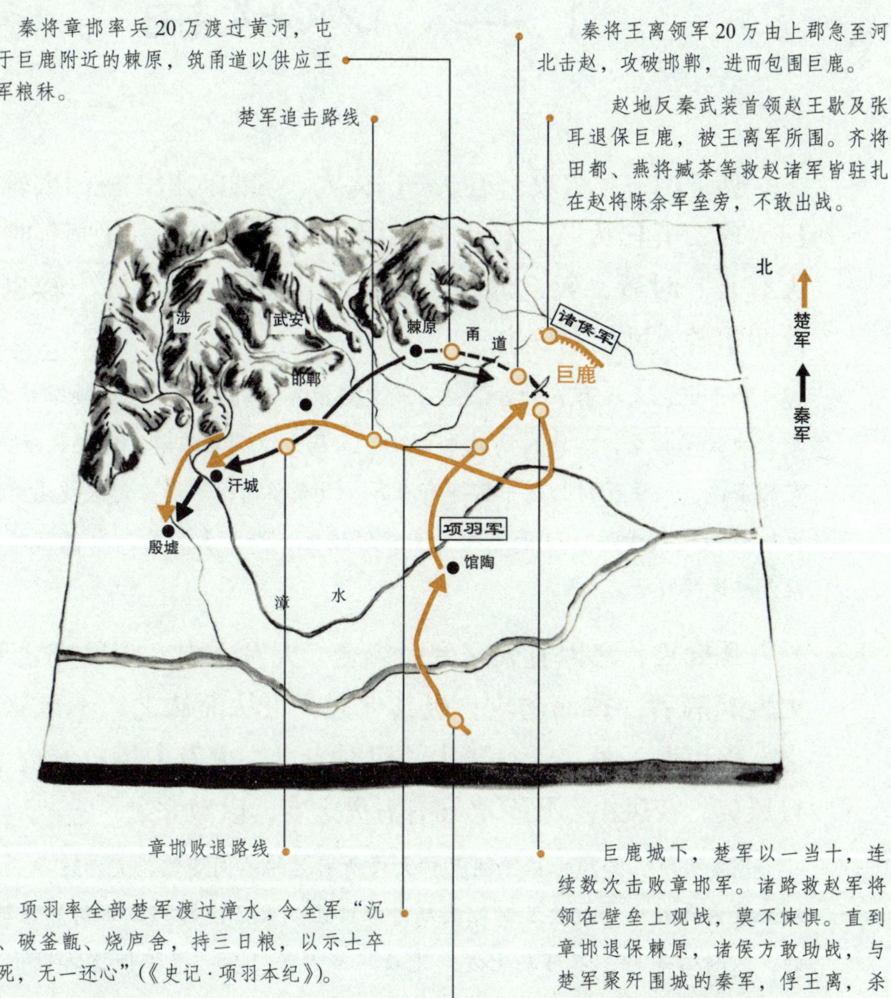

章邯败退路线

巨鹿城下，楚军以一当十，连续数次击败章邯军。诸路救赵军将领在壁垒上观战，莫不悚惧。直到章邯退保棘原，诸侯方敢助战，与楚军聚歼围城的秦军，俘王离，杀其副将，解巨鹿之围。

项羽率全部楚军渡过漳水，令全军“沉船、破釜甑、烧庐舍，持三日粮，以示士卒必死，无一还心”（《史记·项羽本纪》）。

楚怀王任命宋义为上将军，项羽为次将，范增为末将，率楚军主力5万人救赵。10月，行至安阳，宋义屯兵46日不进，欲坐观秦、赵相斗。11月，项羽斩宋义。怀王乃任命项羽为上将军。

	兵力	主要参战武将
楚	5万余人	项羽、范增、英布、吕臣
秦	20万余人	章邯、王离、涉间、苏角

十二、火攻篇

孙子曰：凡火攻有五，一曰火人，二曰火积，三曰火辎，四曰火库，五曰火队。行火必有因，烟火必素具。发火有时，起火有日。时者，天之燥也；日者，月在箕、壁、翼、轸也，凡此四宿者，风起之日也。

孙子说，火攻有五种方法：一是火烧敌军人马，二是火烧敌军军需，三是火烧敌军辎重，四是火烧敌军仓库，五是火烧敌军粮道。实施火攻要有一定的条件，火攻器材必须平常即有准备。放火要看准天时，起火要看准日子。天时是指气候干燥，日子是指月亮在经过箕、壁、翼、轸四个星宿的时候，就是起风的日子。

凡火攻，必因五火之变而应之。火发于内，则早应之于外。火发兵静者，待而勿攻；极其火力，可从而从之，不可从而止之。火可发于外，无待于内，以时发之。火发上风，无攻下风。昼风久，夜风止。凡军必知有五火之变，以数守之。

凡是火攻，必须根据上述五种火攻所引起的不同变化，灵活地派兵接应。从敌营内部放火，就要及时派兵从外部接应。火已烧起而敌军仍然保持镇静的，应耐心等待，不可马上发起进攻。待火势旺盛，根据情况再做出判断，能进攻就进攻，不能进攻就撤退。火可从外面放，这时就不必等待内应，只要适时放火就行。从上风处放火时，就不要从下风处进攻。白天风刮久了，夜晚就容易停止。军队要懂得灵活运用五种火攻方法，并等待放火的条件具备时进行火攻。

故以火佐攻者明，以水佐攻者强。水可以绝，不可以夺。

用火辅助军队进攻，效果明显；用水辅助军队进攻，可以使攻势加强。水可以把敌军分割阻截，但不能夺取敌军物资。

夫战胜攻取，而不修其功者，凶，命曰“费留”。故曰：明主虑之，良将修之。非利不动，非得不用，非危不战。主不可以怒而兴师，将不可以愠而致战。合于利而动，不合于利而止。怒可以复喜，愠可以复悦，亡国不可以复存，死者不可以复生。故明君慎之，良将警之，此安国全军之道也。

凡打了胜仗，夺取土地城邑，而不能巩固战果的，就很危险，这就是劳民伤财的“费留”。所以说，英明的国君要审慎地考虑这个问题，贤良的将帅要认真地处理这个问题，不利就不行动，不胜就不用兵，不危迫就不开战。国君不要因为一时愤怒而发动战争，将帅不要因为一时气愤而率军出战。符合国家利益就用兵，不符合国家利益就不用兵。愤怒还可以重新变为欢喜，气愤还可以重新变为高兴；国亡了就不能恢复，人死了就不能再生。所以，对于战争，明智的国君要审慎，贤良的将帅要警惕，这是使国家安定、使军队保全的重要原则。

题解：

火攻，用火攻敌。本篇主要论述了火攻的种类、条件和实施方法等，较早地在兵法上记述了古代军事利用天文、气象的可贵资料。孙子指出以火助攻，是提高军队战斗力、夺取作战胜利的重要手段。虽然受当时火攻实践水平所限，论述比较简略，但已说明孙子独具慧眼。在篇尾孙子还指出“主不可以怒而兴军，将不可以愠而致战”，这种慎战思想已成为军事上的真理。

①火攻有五

火攻的种类、方法和条件

孙子曰：凡火攻有五，一曰火人，二曰火积，三曰火辎，四曰火库，五曰火队。行火必有因，烟火必素具。发火有时，起火有日。时者，天之燥也；日者，月在箕、壁、翼、轸也，凡此四宿者，风起之日也。

火攻，就是用火作为武器进攻敌人。孙子是将火攻之法写进兵书的第一人。孙子身处2000多年前的春秋时期，火药尚未发明，火器也未出现，各种物资条件也都有限，因此，孙子能够在这种情况下认识到火攻的重要性，并且提出了一整套的火攻理论，的确是十分难能可贵的。孙子的火攻理论主要包括这样几个部分：（1）火攻的对象或形式；（2）火攻必须具备的条件；（3）火攻的战术运用。

火攻的对象

火攻的对象就是在引文所提到的“人”“积”“辎”“库”“队”，共五种。（1）火人，就是烧对方的人。首先，烧的是对方的战斗人员，但往往老百姓也会被殃及。（2）火积，是指烧对方的粮草。“积”指的是委积，委积就是储存起来的粮食和草料。所以说“火积”就是烧对方的粮仓和草料场。古代的粮仓主要分为两种：一种是方形的，被称为“仓”；一种是圆形的，被称为“囷”。（3）火辎，是指烧敌人的随军辎重。“辎”的本来含义是运送军用物资的车，即辎车。辎车也叫重车，是一种用牛拉的车。军队开拔，随军携带的武器装备和衣被粮草都叫辎重。（4）火库，是指烧敌人的武器仓库。“库”特指武库，不是一般的仓库或粮库。在中国古代，一般仓库习惯上被称为府。“库”字像屋下有车，古人的解释，是放兵车的地方。“库”既藏战车，也藏一般的兵器。（5）火队，历来存在争议。一般有三种解释：一说“队”是“队伍”之队，“火队”是烧敌人的军队，但这不免和“火人”重复；一说“队”是“队仗”之队，队仗是武器，不免和“库”“辎”重复；一说“队”应读suì，解释为道路。

火攻的条件

孙子在论述了火攻的五种对象之后，又阐述了实施火攻的必要条件。孙子认为火攻的条件可以分为两大类：一类是实施火攻的物质条件，如放火的

火攻五法

孙子认为火攻是一种很好的消灭敌人的作战方式。在此篇中，孙子详细地论述了火攻的五种方法（火人、火积、火辎、火库、火队）以及与之对应的在火攻之后应采取的战术。此外，孙子还论述了采用火攻应具备的诸多条件。

火积

积，积攒，积聚。焚烧敌人聚以作战的物资。

火人

火，用作动词，焚烧的意思。火人就是指烧毁敌军。

火辎

辎，辎重。焚烧敌军的被服、武器及车辆等辎重。

火库

库，仓库，库房。焚烧敌军存放装备、军饷、财物的仓库。

火队

队，道路、隧道，此处指交通线、运输线。焚烧、破坏敌军的交通要道。

火攻的条件

❶ 材

材，要事先准备好放火的材料，比如火种、火箭等。

❷ 时

时，即天时。要选择在气候干燥的时候放火。

❸ 日

日，即具体的日期。要选择在月亮经过箕、壁、翼、轸四个星宿的时候放火，因为这时是起风的日子。

❹ 机

机，即时机。最好趁着敌人没有防备时放火，即“出其不意，攻其不备”。

设备、器材等；一类是实施火攻的时间条件，如放火的季节、日期等。

“行火必有因，因必素具”说的就是火攻的物质方面的条件。这种物质方面的条件是必要的、不可或缺的，这里不做过多论述。在这里，主要阐述一下火攻的时间方面的条件。“时者，天之燥也；日者，月在箕、壁、翼、轸也。凡此四宿者，风起之日也。”就是孙子认为适于火攻的时间。“时”是四时之时，指的是季节。“日”就是日子，指的是具体的日期。这句话的意思是说，在季节上，要选在干燥的季节放火；在具体的日期上，要选择月亮正行到箕、壁、翼、轸四个星宿时放火，因为通常是起风的日子，有利于加强火攻的效果。

火攻的战术运用

孙子还论述了火攻的战术运用问题，主要体现为火攻与其他兵种之间的配合问题。孙子认为：“凡火攻，必因五火之变而应之。”意思是说，但凡在火攻时，要根据五种情况的变化而采取不同的对策。这就是孙子的火攻战术。这“五变”是指：(1)“火发于内，则早应之于外”，是指如果派人潜入敌营内部放火，那么外面一定要派人围堵，以夹击敌人。(2)“火发其兵静而勿攻”，是指虽然火在敌营内部着起来了，但敌营似乎很平静，没有慌乱的迹象，恐怕有问题，所以这时外面的接应部队最好不要急于进攻，而是观望一下，看看情况再说。(3)“极其火力，可从而从之，不可从而止之”，是指等火烧得接近尾声了，局势比较明朗了，外面的接应部队应视情况而定，能打就打，不能打就不打。(4)“火可发于外，无待于内，以时发之”，是指如果从敌营内部放火不行，那么也可以在时机成熟时，在敌营外部放火。(5)“火发上风，无攻下风”，风助火势，火乘风威，对风向的辨别很重要。在上风处放火，切不可在下风处进攻，因为那样会烧到自己。

几种用于火攻的器具

火攻在中国有着悠久的历史，产生了各种用于火攻的器具，“猛火油柜”就是其中的一种。“猛火油柜”是一种意义重大的发明创造，是中国也是世界上最早发明的火焰喷射器，这充分说明了中国古代具有很高水平的军事科学技术。

猛火油柜

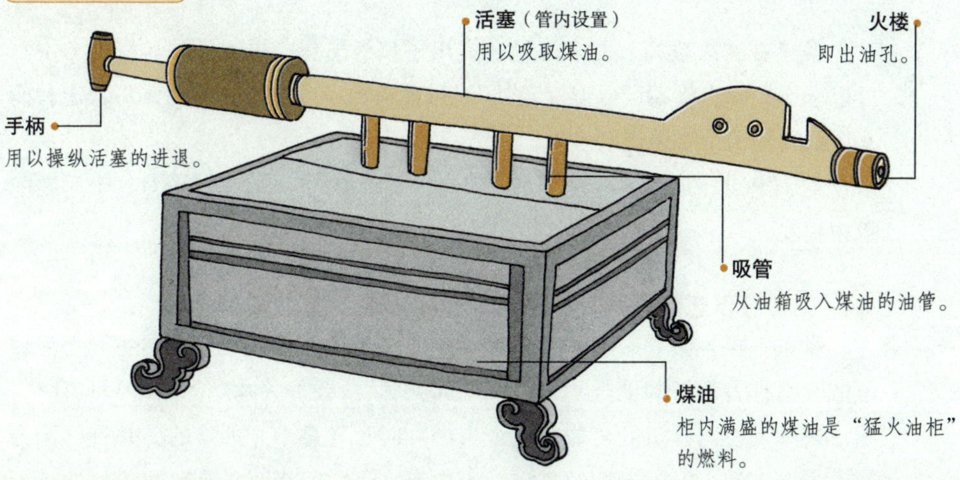

“猛火油柜”的使用方法：

一般在油箱中储存数斤煤油。当活塞向后拉时，横筒吸入煤油；活塞向前推时，射出煤油。煤油在通过出油孔时即被点燃。虽然“猛火油柜”可以喷发燃烧着的煤油，但活塞前面的火楼必须事先预热，所以“猛火油柜”还是比较适于防守。

火兵

中国古代的火兵，身带火种冲向敌营，引燃敌营。此种方法的优点是准确率高，缺点是士兵存活率低，类似于现在的人体炸弹。

火船

古代使用的火箱，用于水战中的火攻。

② 主不可以怒而兴军，将不可以愠而致战

孙子的慎战思想

主不可以怒而兴师，将不可以愠而致战。合于利而动，不合于利而止。

孙子在《火攻篇》的末尾处还提出了慎战思想，提醒国君与将帅“主不可以怒而兴师，将不可以愠而致战”，进而提出了“合于利而动，不合于利而止”的“安国全军之道”。

对于这点，孙子一再说“明君慎之，良将警之”，可见孙子对这个问题的重视程度。

主不可以怒而兴师，将不可以愠而致战

孙子一再告诫“兵不可以怒动”，特别是掌握战争发动权的君主和作为战争实际指挥者的将帅更是“不可以怒而兴师”。战争关系到国家的兴衰存亡，不讲实际利益与胜负的可能，凭个人的一时意气是十分危险的，并且气恼会使人失去理智，导致指挥的失误。历史上，君主因怒而兴军致败的教训是不绝史书的。战国时，楚怀王受张仪的欺骗，同齐国断交而与秦国修好。秦国答应割让土地给楚国，可等到与秦国结盟后，秦王却根本不承认有这回事。楚怀王大怒，要发兵攻打秦国。陈轸劝阻说：“攻打秦国并不是好的计谋，不如和秦国联合去攻打齐国，把我们损失的土地从齐国那里补回来，这样楚国还可以保全。现在大王已经同齐国断交，再去责备秦国的欺骗行为，这等于增进秦、齐两国的友好关系，而招致天下的大兵，楚国一定会受到严重的损失。”楚怀王不听，于是与秦国断绝关系，发兵西攻秦国。秦国出兵迎击。双方在丹阳会战，秦军大胜，杀死楚军8万人，夺得楚国的汉中地区。楚怀王闻讯震怒，就发动全国的军队，再次攻打秦国。双方会战于蓝田，秦军又大败楚军。楚国由此遭受重大损失，埋下了灭亡的祸根。

合于利而动，不合于利而止

孙子在告诫君主、将帅不可以个人意气擅开战端后，进而明确地提出了“安国全军之道”，这就是“合于利而动，不合于利而止”。孙子这种将国家利益、民众、军队安危放在首位的重战、慎战的思想是十分可贵的，对以后明智的君主与将帅都产生了很大的影响。

合于利而动，不合于利而止

孙子认为，战争是关系到国家存亡的大事，为国君、将帅者千万不能因一时的愤怒而轻起战端，而是要做到“合于利而动，不合于利而止”。即以当前所面临的形势为依据，符合自身利益的事情就做，不符合自身利益的事情就不做。

十三、用间篇

孙子曰：凡兴师十万，出征千里，百姓之费，公家之奉，日费千金；内外骚动，怠于道路，不得操事者七十万家。相守数年，以争一日之胜，而爱爵禄百金，不知敌之情者，不仁之至也，非人之将也，非主之佐也，非胜之主也。故明君贤将，所以动而胜人，成功出于众者，先知也。先知者，不可取于鬼神，不可象于事，不可验于度，必取于人，知敌之情者也。

孙子说：凡是举兵十万，出征千里，百姓的耗费，王室的开支，每天都要花费千金；前后方动荡不安，民夫士兵奔波疲劳，不能从事正常耕作的有七十万家。双方相持数年，是为了决胜于一旦，如果吝惜爵禄和金钱，不肯用来重用间谍，最后导致不了解敌情而失败，那就是不仁到极点了。这种人不配做军队的统帅，不是国家的良臣，也不可能主宰胜利。明君、贤将之所以一出兵就能战胜敌人，功业超出众人，就在于事先了解敌情。要事先了解敌情，不能靠祈求鬼神，不能用类似的事情去推测，不能用日月星辰运行的规律去验证，而是必取之于人，即从那些熟悉敌情的人的口中去获取。

故用间有五：有乡间、有内间、有反间、有死间、有生间。五间俱起，莫知其道，是谓神纪，人君之宝也。乡间者，因其乡人而用之。内间者，因其官人而用之。反间者，因其敌间而用之。死间者，为诳事于外，令吾间知之而传于敌间也。生间者，反报也。

间谍有五种，分别是乡间、内间、反间、死间、生间。五种间谍同时都运作起来，敌人就不知道我用间的规律，这是使用间谍的最高境界，是国君战胜敌人的法宝。乡间，是指让敌国的普通百姓做间谍。内间，是指利用敌方官员做间谍。反间，是指让敌方间谍为我所用。死间，就是由我方间谍携带着假情报潜入敌营，使敌军受骗；一旦事情败露，我方间谍就会被处死。生间，是指侦察后还能活着回来报告敌情的间谍。

故三军之事，莫亲于间，赏莫厚于间，事莫密于间。非圣贤不

能用间，非仁义不能使间，非微妙不能得间之实。微哉微哉，无所不用间也。间事未发，而先闻者，间与所告者皆死。

所以在军队的所有关系中，间谍是最亲近的，间谍所得到的奖赏也是最优厚的，没有比间谍的事更应该保守机密的了。不是圣明贤良的人，不能使用间谍；不是仁慈慷慨的人，不能指挥间谍；不是精细深算的人，不会分析间谍所提供情报的真伪。微妙呀，微妙！无时无刻不可以使用间谍。间谍的工作尚未开始，就已泄露出去，那么间谍和听到秘密的人都要处死。

凡军之所欲击，城之所欲攻，人之所欲杀，必先知其守将、左右、谒者、门者、舍人之姓名，令吾间必索知之。必索敌人之间来间我者，因而利之，导而舍之，故反间可得而用也。因是而知之，故乡间、内间可得而使也；因是而知之，故死间为诳事，可使告敌；因是而知之，故生间可使如期。五间之事，主必知之，知之必在于反间，故反间不可不厚也。

凡是要攻击的敌方军队，要攻占的敌方城堡，要刺杀的敌方官员，必须预先了解其主管将领、左右亲信、掌管传达的官员、守门官吏和门客幕僚的姓名，指令我方间谍一定要侦察清楚。一定要搜查出前来侦察我军的敌方间谍，主动收买他，以礼款待他，引诱、开导他，然后再放他回去，这样反间就可以为我所用了。通过反间了解敌情，这样乡间、内间就可以为我所用了；通过反间了解敌情，这样就能使死间传假情报给敌人；通过反间了解敌情，这样就可以使生间按预定时间报告敌情。五种间谍的使用，国君都必须了解掌握。了解敌情最关键的方法莫过于使用反间，所以对反间不可不给予优厚待遇。

昔殷之兴也，伊挚在夏；周之兴也，吕牙在殷。故惟明君贤将，能以上智为间者，必成大功。此兵之要，三军之所恃而动也。

以前商朝的兴起，在于伊挚曾经在夏为间谍，了解夏朝的情况；周朝的兴起，在于姜尚曾经在商为间谍，了解商朝的情况。所以，明智的国君、贤能的将帅能用高超、有智慧的人做间谍，就能建立大功。这是用兵重要的原则，整个军队都要凭借间谍提供的情报来决定军事行动。

题解：

用间，即使用间谍。本篇旨在论述使用间谍的重要性和如何使用间谍的问题，是论述关于军事情报工作的意义、方针、原则、方法和任务的专题。孙子主张战争指导者必须做到“知彼知己”。而要“知彼”，最重要的手段之一，就是用间。孙子认为同战争的巨大消耗相比，用间实在是代价小而收获大的好方法，必须充分运用。本篇作为最后一篇与首篇《计篇》遥相呼应，首尾浑然一体，从而构成了一个完整的兵法体系。

① 先知者，必取于人

间谍的重要性

故明君贤将，所以动而胜人，成功出于众者，先知也。先知者，不可取于鬼神，不可象于事，不可验于度，必取于人，知敌之情者也。

孙子强调“知彼知己，百战不殆”。而要做到“知彼知己”，就要高度重视侦察，及早掌握敌情。敌情明，才能决策准。因而，用间是“兵之要，三军之所恃而动也”。

“先知”必用间

孙子在《用间篇》一开始就强调了重用间谍、先知敌情的重要性。他指出，发动一场战争，出兵十万，千里征战，百姓的耗费，国家的开支，每天要花费千金。再加上举国骚动，民众服兵役、徭役，疲于奔命，不能从事耕作的有数十万家之多。以如此大的耗费去换取战争的胜利，如果吝惜爵禄和金钱，不肯重用间谍，以致不能了解敌人的情况而遭受失败，那就“不仁之至也，非民之将也，非主之佐也，非胜之主也”。这样的教训，实在太惨痛了。以中日甲午战争来说，中败日胜的一个重要原因，就是在开战前中方对日本的情况知之甚少，而日本参谋本部早在发动战争前几年就派出20多名青年军官，以考察为名，到中国进行间谍活动。这些间谍向日本参谋本部提供的情报，使日本侵略者不仅对中国的情况，特别是军事实力了如指掌，甚至比中国人自己更清楚地知道每一个省可以抽调多少人出来作战。

“先知”三不可

那么如何来获取“先知”呢？2000多年前的孙子非常难能可贵地提出了闪耀着朴素唯物主义光辉的先知“三不可”原则：“先知者，不可取于鬼神，不可象于事，不可验于度，必取于人，知敌之情者也。”在迷信鬼神，盛行占卜的古代，能够提出先知“三不可”的原则，是非常不容易的。孙子在否定了先知取于鬼神、象于事、验于度这三种错误的做法后，非常明确地提出先知“必取于人，知敌之情者也”的正确命题。

运用间谍的意义

孙子认为，如果将帅因为爱惜金钱和官爵而没有使用间谍，以致作战失败，这就好比是“丢了西瓜捡芝麻”，那实在是愚蠢到极点了。因为一旦战争失败，失去的又何止是金钱和官爵呢？所以说，使用间谍实在是一件关系到国家安危的大事啊！

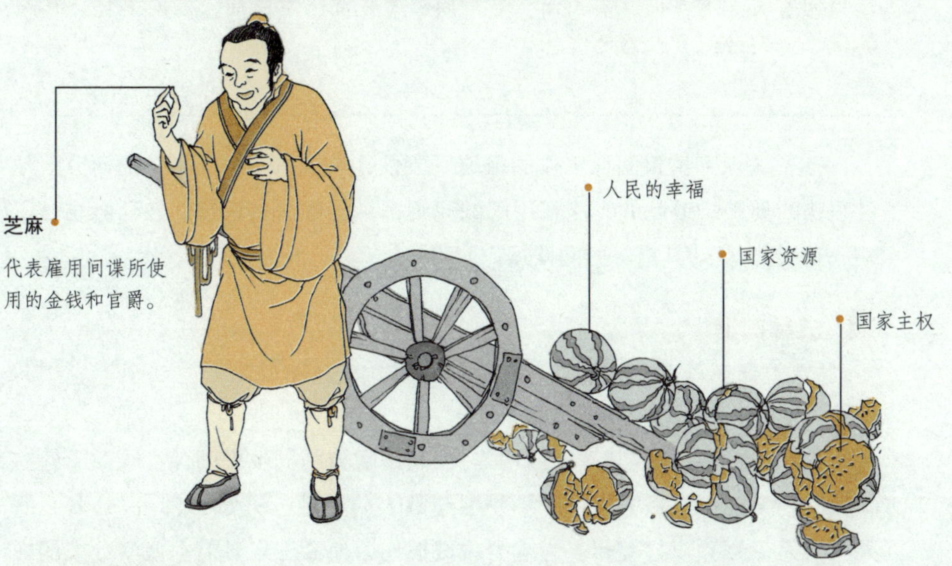

先知三不可

在说明了“先知必用间”的观点之后。孙子又提出了“不可取于鬼神，不可象于事，不可验于度”的“先知三不可”原则。

② 五间俱起，莫知其道

五种间谍构建起的间谍网络

故用间有五：有乡间，有内间，有反间，有死间，有生间。五间俱起，莫知其道，是谓神纪，人君之宝也。

孙子认识到情报间谍工作的极端重要性，并进行了深入具体的研究。他对间谍的类别、遣间的方法和用间的原则都做了系统的论述，并巧妙设计了“五间俱起，莫知其道”的间谍运作网络。

五种间谍

孙子在经过深入研究后，将间谍分为五种，分别是乡间、内间、反间、死间和生间。他们都有各自的特点。

一、“乡间者，因其乡人而用之。”利用敌方的同乡做间谍，既便于建立间谍网，又能深入敌方基层，不易引起敌人的注意。例如1358年12月，明太祖朱元璋领兵攻打婺州。为减少攻城损伤，他命王宗显前去侦察敌人的虚实。王宗显来到婺州，住在离城五里的老朋友吴世杰家。通过吴世杰等人，侦知城中守将意见不一等情报，对朱元璋制定攻城措施帮助很大。朱元璋攻下婺州后，为表彰王宗显的功绩，任命他做了该地知府。

二、“内间者，因其官人而用之。”收买敌国的官吏做间谍，可以深入敌人的腹心，侦知更机密的情报，并可利用内间借刀杀人，除去劲敌。战国末年，秦王政派王翦率军进攻赵国，赵王迁用名将李牧和司马尚御敌。为了挑拨赵国君臣的关系，秦国用大笔金钱贿赂赵王的宠臣郭开，让他进谗言说李牧、司马尚图谋反叛。赵王迁信以为真，就派赵葱、颜聚去取代李牧、司马尚。李牧抗旨，被赵王迁用计暗杀，司马尚被废掉官职。三个月以后，王翦乘势急攻赵国，大败赵军，灭了赵国。

三、“反间者，因其敌间而用之。”杜佑注曰：“敌使间来视我，我知之，因厚赂重许，反使为我间也。”这是利诱敌间，反过来为我所用。杜佑又引萧世诚曰：“言敌使人来候我，我佯不知，而示以虚事。”这是利用敌间传播虚假情报。在军事上，这两种反间方式都广为人们所用。孙子认为反间之计最为重要，“故反间不可不厚也”。例如公元前204年，楚汉战争进入相持阶段，刘邦因粮饷不给，心存恐惧，想同项羽讲和。项羽想讲和，但其谋臣范增则坚持要把汉军消灭。刘邦深以为患，因而采用陈平的反间计，离间项羽和范

间谍的种类及任务

孙子认为间谍在战争中的作用非常重要，是“知彼”的唯一手段。间谍有五种类型，分别是乡间、内间、反间、死间和生间。这五种间谍各有各的特点，其中又以反间最为重要，是其他几种间谍得以发挥作用的基础。

乡间

指敌国的普通公民为我方间谍。

内间

指敌方的官员为我方间谍。

反间

人际网络

人际网络

提供便利

提供便利

指想方设法找出敌方派到我方的间谍，然后用各种方法（金钱收买、威逼恐吓等）降服他们，使其为我方服务（为我方搜集情报等），这就是反间。孙子认为反间是最重要的间谍种类，是其他一切间谍的基础。

死间

指携带假情报潜入敌方的我方间谍，目的是使敌方上当受骗。如果敌人一旦发现，间谍必死无疑。

生间

指潜入敌营搜集情报后，还能安全返回的间谍。

使用间谍的最高境界是“无处不用间”。那么间谍具体都有哪些作用呢？下面就试举三例。

←间谍可以潜入我方想进攻的敌营了解情况。

→间谍可以带来关于我方欲攻打的敌方城堡的情况。

→间谍可以深入敌营了解我方欲刺杀的将领的情况。

增。项羽派使者来，刘邦指使部下备好盛馔相招待。等见过使者后，假装惊异的样子，说："我以为是'亚父'（即范增）派来的使者，想不到却是项王的使者。"遂把准备好的盛馔撤去，换成粗劣的饭食。使者回去报告项羽，项羽便怀疑范增与刘邦之间私下相勾结，因而逐渐疏远了范增，夺去了他的权柄。范增为此十分恼怒，辞官还乡，还没到彭城就发病身亡，项羽失去了一位足智多谋的得力辅弼。

四、"死间者，为诳事于外，令吾间知之，而传于敌间也。"死间有两种，一种是有意去欺骗敌人，一种是不自觉地被人当成诳敌的死间。例如刘邦派郦生说齐王，齐王已同意投诚汉王，不再戒备汉军。原来准备统兵伐齐的韩信见郦生不用一兵一卒，凭三寸不烂之舌轻易就说服了齐王，觉得太便宜了他，于是趁齐人无备，暗中发兵一举攻下齐国。齐王认为是郦生欺骗了自己，一怒之下便把他烹了。

五、"生间者，反报也。"由于生间亲临敌方侦察，返回来报告的情况就比较准确，而且可以充当领兵进攻的向导。例如 1861 年，谭绍光等率太平军包围吴淞，占领高桥。次年正月，清军洋枪队外籍军官华尔与英军水师提督何伯假扮成商人，混入高桥，侦察、了解太平军的情况后，由何伯和法军水师提督卜罗德率英、法军 680 人，炮 7 门，炮船 11 只，华尔率洋枪队 700 人，进攻高桥。侵略军凭其对太平军阵地的了解和火器的优势，打败了太平军，迫使他们退出了高桥。

"五间俱起"的间谍网络

一旦"五间俱起"，在敌人乡土上、官场内、间谍中都安上我方耳目，又制造各种假情报迷惑敌人，就能先知敌情又误导敌人。这样就可以为我军行动提供灵敏的耳目，为夺取胜利提供基本保障。

使用反间的经典：蒋干盗书

三国时期赤壁大战中的蒋干盗书一事堪称使用反间的经典战例。蒋干本来是曹营派来游说周瑜投降的间谍，结果却不自觉地被周瑜利用，成为一名“合格”的反间。

周瑜热情地请蒋干喝酒，然后装醉，晚上又与蒋干同床而睡。蒋干半夜起身偷看周瑜的机密文件，“必然”发现了周瑜伪造的蔡瑁、张允二人企图叛曹降吴的“密信”，如获至宝，连夜回营报告曹操去了。

事件背景：

东汉建安十三年（208年），曹操领军百万，并用荆州降将蔡瑁、张允训练水军，只待时机成熟便要渡过长江天险踏平江东。东吴大将周瑜正为曹水军日益成熟而日夜烦恼，忽闻曹操的谋士——自己昔日同窗好友蒋干前来劝降，于是……

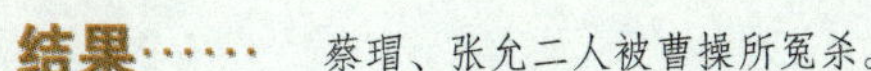

最后……

曹军被火攻而大败，曹操只带着少数人马逃回北方。

第3章

中国古代战争、战具大全

以《孙子兵法》等兵学著作为代表的中国古代军事理论，对世界军事理论乃至文化产生了广泛而深刻的影响，但这只是中国古代在军事领域所取得的辉煌成就的一部分。另外，中国古代在兵器制造方面所取得的成就也是一笔弥足珍贵的文化遗产。例如，火药与罗盘在军事上的率先使用，促进了世界军事的飞速发展，在世界的火器发展史和军事技术发展史上写下了光辉的一页。

本章分为若干个专题，对中国古代的车战、骑兵战、水战、城垣攻防战、火药及火器的发展等做了专门的阐述，以使读者对中国古代战争有一个更加生动、更加立体的认识。这对更好地理解《孙子兵法》有一定的帮助。

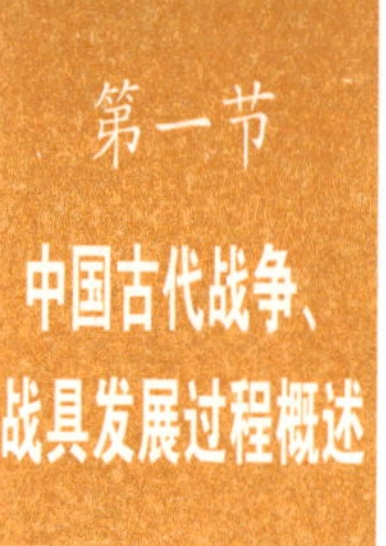

进化

中国古代战争、战具的演变

中国是世界四大文明古国之一，历史悠久，文化发达。但文明总与战争有着千丝万缕的联系，可以说一部文明史就是一部战争史。

原始社会：战争与战具的萌芽

在漫长的原始社会，各个部落之间时有械斗发生。但因当时并无阶级和国家，这种械斗也没有明确的政治目的与军事目的，只是为了争夺生存空间，所以不能将这种械斗称为战争，只能称为打群架而已。各个部落在械斗中使用的械斗工具也不是严格意义上的兵器，但它们是兵器的前身，已具有了兵器的雏形。这些械斗工具包括石刀、石斧，石矛、棍棒等。大约在10万年前，出现了投石器。3万年前，出现了弓箭。

石器时代的工具大都一物多用。起初，械斗工具与农、牧、狩猎的工具并无区别；后来，工具渐多，械斗时即选用那些较利于杀伤对手的生产工具充当械斗工具，逐渐积累了有关知识，并通过实践，对械斗工具不断进行改进，这有力地促进了兵器的诞生与发展。

在原始社会晚期，距今5000多年前，阶级和国家逐渐形成，战争也随即出现。为了适应战争的需要，械斗工具终于脱离了母体——生产工具，按其自身规律向前发展。传说中的黄帝与蚩尤大战于涿鹿，正反映了战争与兵器形成时的情况，后世把许多兵器的发明归功于他们。

奴隶社会：车战盛行于世

当阶级、国家形成后，生产力不断发展，科学技术有了很大进步。此时，车辆、城市以及青铜等金属开始出现并得到广泛应用。大约公元前7世纪时，又出现了铁。这一切成果都很快地被应用于军事斗争上。比如，冷兵

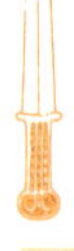

器的种类、数量和质量都有了发展，威力也增强了。

战车，出现于夏代，然后发展很快，成为各国军事力量的重要组成部分，甚至可以说是中坚力量。各诸侯国拥有战车的数量都很庞大，车战常是决定胜负的关键。此时的冷兵器与个人防护装备也常为适应车战的需要而发展。

这一时期，出现了一些早期的攻防器械，如侦察车、早期攻坚车、抛石机等，但总的看来，城防体系还不坚固，攻守器械也不完备和多样，攻防都未充分发展。这些器械在战争中尚无决定性的作用。

大约到了秦代（封建社会之初）时，情况有了变化。在出土的秦始皇兵马俑的行列中，除步兵外，还有战车和骑兵。这种情况反映出当时正处于战车与骑兵过渡、交替的过程中。大约到了汉代，战车即遭淘汰。

诸侯国的频繁战争既刺激了兵器的发展，也催生出一批杰出的军事家，如孙武、孙膑、吴起、吕望、尉缭等人。他们名留青史，为后世留下了不朽的篇章。

封建社会前期：城垣攻防决定胜负

在战车退出历史舞台后，城垣的攻防意义越来越大，甚至成为决定胜负的关键。这个阶段各类攻守器械的发展引人注目：守方努力使城防固若金汤；而攻方则尽力克服面临的难题，为此创造了许多攻城办法以及种类多、威力大的攻城器械。这时的冷兵器也有很大发展，并与车战盛行时有明显的不同。这一时期中国的科技高速发展，并领先于世界。战具的发展正反映了这种盛况。

封建社会后期：火药改变了战场的面貌

约在 8 世纪，道教的方士们在炼制长生不老的丹药时意外发明了火药，从此火药登上了军事历史舞台。火药最早在唐代用于实战，接着出现了多种威力巨大的火器，纵横疆场，对冷兵器造成极大冲击，传统的战争模式也为之改变。这是一场真正意义上的军事革命。在 13 至 14 世纪，火药和火器通过阿拉伯地区传至欧洲，推动了世界文明的进步。以后，中国火器的发展日趋缓慢。15 世纪后，西欧更先进的火器及火器制造技术返回火药及火器的故乡——中国。后来，中国在鸦片战争中一败涂地，完全结束了中国古代兵器的显赫历史。此时冷兵器虽仍在战争中使用，但其重要性已越来越小了。

中国古代战争、战具发展的四个阶段

中国古代战争、战具的发展主要分为四个阶段，即原始社会时期（战争、战具的萌芽时期）、奴隶社会时期（车战盛行时期）、封建社会前期（城垣攻防时期）、封建社会后期（火器时期）。

第①阶段

原始社会时期（公元前21世纪以前）

这一时期是战争、战具的萌芽时期，特点是还没有严格意义上的战争出现，也没有专门用于战斗的兵器。在此时期，各部落之间虽时有械斗发生，但因当时并没有产生阶级与国家，这种械斗没有明确的政治目的与军事目的，所以不能称之为战争。在械斗中使用的工具也不是严格意义上的兵器，而只是普通的农、牧、狩猎的工具。

第2阶段　第3阶段

奴隶社会时期（前21世纪–前5世纪）

这一时期包括夏、商、西周以及春秋时期。此时的阶级、国家已经形成，科学技术有了很大进步。车辆、城市以及青铜等金属开始出现并得到广泛应用。这些成果转化到军事上的一大特点就是车战盛行。战车，出现于夏代，然后发展很快，成为各诸侯国军事力量的重要组成部分，甚至可以说是中坚力量。各诸侯国拥有战车的数量都很庞大，车战常是决定胜负的关键。此时的冷兵器与个人防护装备也常为适应车战的需要而发展。

封建社会前期（前5世纪–10世纪）

这一时期，战车已在正面战场被淘汰而只用于后勤运输。在战车退出历史舞台后，步兵和骑兵得到很大发展，城垣的攻防意义也越来越大，甚至成为决定胜负的关键。这个阶段各类攻守器械的出现和完善尤其引人注目，种类繁多的、威力巨大的攻守器械相继登场。这时的冷兵器也有很大发展，并与车战盛行时有明显的不同。这一时期中国的科技高速发展，并领先于世界。战具的发展正反映了这种盛况。

第4阶段

封建社会后期（10世纪–19世纪）

这一时期，火药和火器被用于军事。这是一场真正意义上的军事革命，从此传统的战争模式为之改变。13至14世纪，火药传入西方，并因此取得更大的进步，但火药的故乡——中国在这方面反而止步不前，日益落后。直到1840年鸦片战争的失败，标志着中国古代兵器的显赫历史彻底结束了。

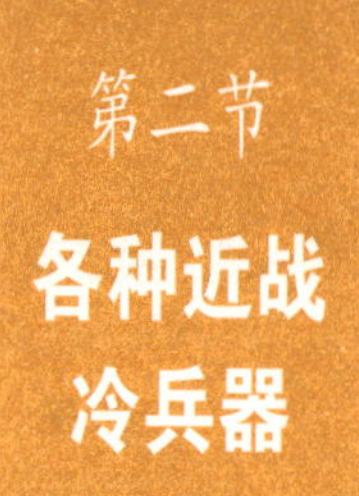

第二节
各种近战冷兵器

兵器知多少

兵器的分类

古代兵器有不同的分类法，而其中人们最熟知的一种分法就是“十八般兵器”，是一种简单的分类法。

兵器的几种分类

按其复杂程度，可分为战争器械（战争中使用的机械）和简单兵器。

按作用距离，可分为近战兵器与远射兵器。近战兵器又可分为短兵器和长兵器。

按是否含有火药，可分为热兵器（即火器）和冷兵器。

按用途，可分为进攻型兵器和防守型兵器。

按制作材料，可分为木质兵器、铜质兵器和铁质兵器。早期也用石质兵器、骨质兵器等。

十八般兵器

所谓“十八般兵器”，只是一种简单的兵器的分类，而不包括战争器械。

古代常以精通“十八般兵器”或“十八般武艺”来盛赞某人武艺高强。这一说法流传很广，它是从何而来的呢？此说最早有确切文字记载当推明朝朱国桢在《涌幢小品》中说的“十八般武艺”。它们是：弓、弩、枪、刀、剑、矛、盾、斧、钺、戟、鞭、锏、挝、殳、耙头、叉、绵绳套索、白打。所列的当为技艺，最后一种显然不是兵器。清代人普遍认为，“十八般兵器”中包括铳。这个说法反映了兵器的不断发展。“十八般兵器”只能理解为统称，其种类繁多。

“十八”这个数，来源于“九”。“九”是最大的个位数，古人常用“九”或“九”的倍数来表示数量之极，如十八罗汉、十八层地狱、三十六计等，都是由“九”演化出来的。“十八般兵器”或“十八般武艺”也是如此。

古代兵器的几种分类

中国古代兵器的种类繁多，下面就从分类的角度介绍，以使读者能从整体上对其有一把握。

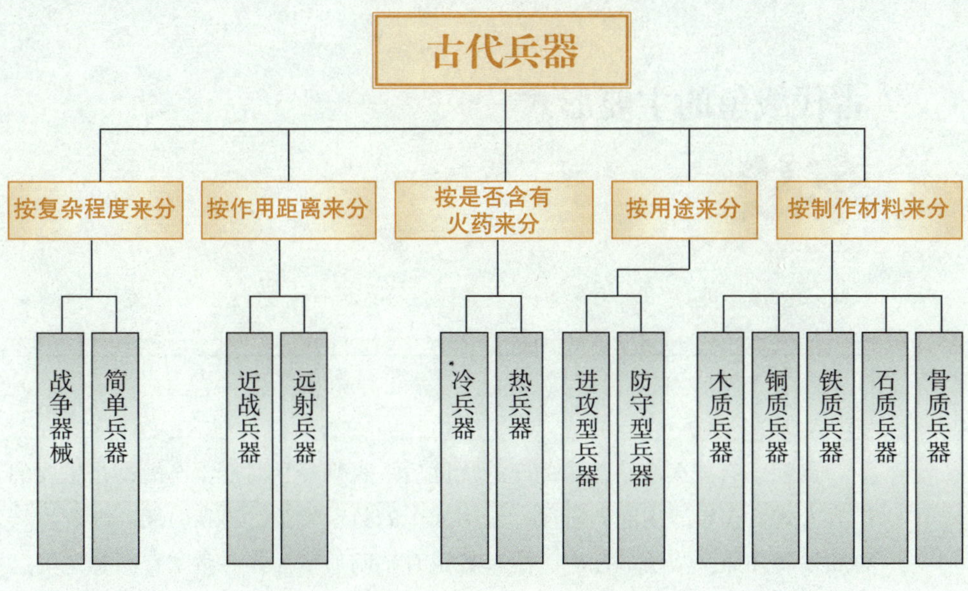

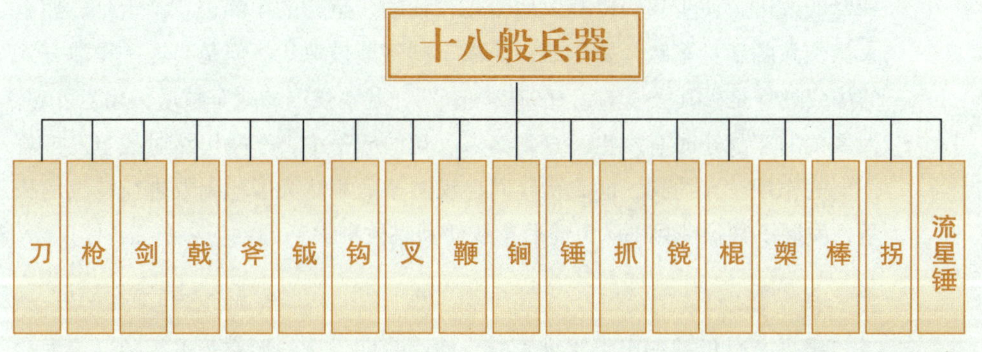

特别提示

“十八般兵器”

“十八般兵器”的说法有确切文字记载最早见于明朝朱国桢在《涌幢小品》中说的“十八般武艺”。自清代以来又产生了四种不同的说法：

（1）指刀、枪、剑、戟、镋、棍、叉、耙、鞭、锏、锤、斧、钩、镰、扒、拐、弓箭、藤牌。

（2）与（1）排列相同，唯后三件变为：代、抉、弓矢。

（3）指“九长九短”。九长为枪、戟、棍、钺、叉、镋、钩、槊、环；九短为刀、剑、拐、斧、鞭、锏、锤、棒、杵。

（4）即为上图所列，是现代人的说法。

第三节 车战

古代战争的主要形式

车战

车战，也称车阵战，在古代曾一度盛行，持续时间长达数千年之久。

车战的演变

夏朝已有战车和小规模的车战。此后一直到春秋时期，车战都是主要的作战方式。在车战的起始阶段，使用战车的数量较少。春秋时期，随着生产力的发展和兼并战争的加剧，战车数量有了明显增加。一些如晋国和楚国这样的诸侯国，战车的数量为4000乘以上。到了战国初期，由于铁兵器的采用和弩的改进，使步兵得以有效地阻止密集的、整齐的车阵进攻。于是，拥有大量步兵的新型军队开始形成，而战车则逐渐被取代。但是，这一作战方式的演变过程是极其缓慢的，直到战国末期，各诸侯国的战车数量仍相当可观，大规模的车战还时有发生。直到秦末汉初的战争中，车战仍然对战争发挥着一定的作用。大约到了汉武帝年间，汉王朝的军队为了与匈奴进行持续的战争，发展了大量骑兵部队，此后车战便彻底被淘汰了。

战车的结构

根据文献记载和出土实物来看，商周时期战车的形制基本相同，均为独辕、两轮、长毂；横宽竖短的长方形车厢（舆），车厢门开在后方。车辕后端压置在车厢与车轴之间，辕尾稍露出厢后；辕前端横置车衡，衡上缚两轭用以驾马。商朝战车轮径较大，在130～140厘米，春秋时期缩短为124厘米左右；车厢宽度一般在130～160厘米，进深80～100厘米。由于轮径大，车厢宽而进深短，而且又是单辕，为了加大稳定性及保护舆侧不被敌车迫近，战车的车毂一般均远比民用车的车毂长。

战车为木质结构，一般在重要部位装有青铜件，通称车器，用以加固和装

战车的结构

顾名思义，车战的主角自然就是战车。早在先秦时期，中国制造的战车就已经相当复杂和成熟了。下面就以西周时期的战车为例，对其结构做个解析。

战车各部位名词解释

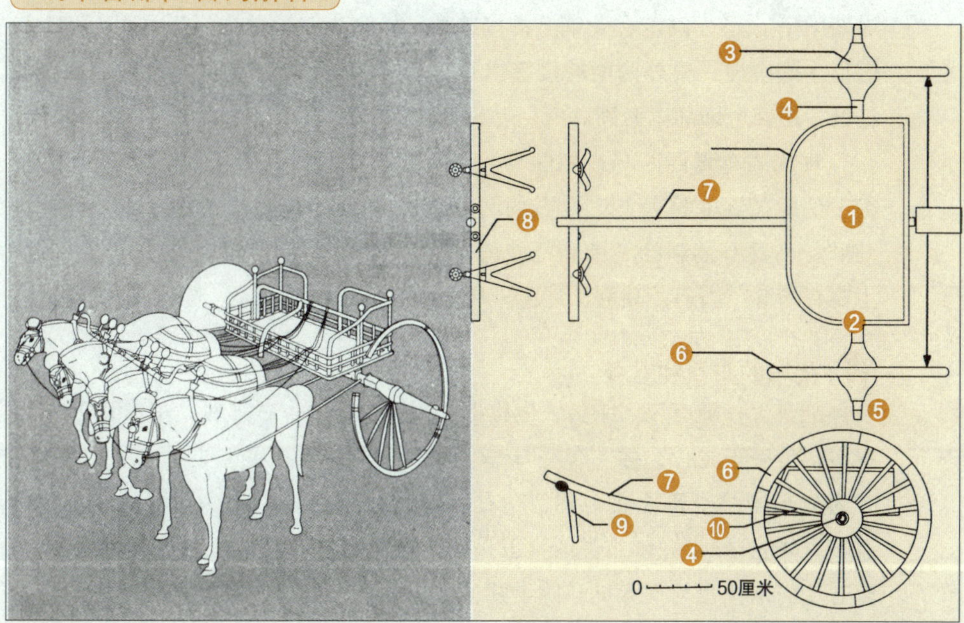

① **舆** 是指战车中作为载车部分的车厢。
② **轸** 是指在舆的左右两边竖立的栏杆或木板。
③ **毂** 是指车轮的中心一个有孔的圆木环，用以贯轴。
④ **轴** 一根木制横梁，上承车舆，两端套上车轮，是车的主要传动装置。
⑤ **軎** 是指套在露出毂外之轴两端青铜或铁制的轴头。
⑥ **辋** 是指车轮的边框部分。
⑦ **辕** 为一根直木或稍弯曲的木杠，起到连接马与车轴的作用。
⑧ **衡** 是在辕的前端拴着的一根弯曲的横木。
⑨ **轭** 衡下面用以卡住马颈的部分。
⑩ **辐** 是指连接辋和毂的木条。车轮的辐条有多有少，一般为30根。四周的辐条都向车毂集中，这叫辐辏。

车战被淘汰的原因

车战被淘汰的原因

社会制度的变革

原来等级森严的奴隶制消亡后，已无法招到数量巨大的跟在车后跑的“徒兵”。因为“徒兵”在作战时很辛苦，而且充满了危险。

战车自身的缺点

战车体积大，机动性差，尤其不适合崎岖的山路，因此越来越难以适应战争的需要。

新式武器的出现

由于铁兵器的采用和弩的改进，使步兵得以有效地阻止密集的、整齐的车阵进攻。

饰。战国时期人们已开始在轴毂之间装置铁锏，以减少轴毂的摩擦。铁锏为半筒形瓦状，每轮四块，均以铁钉固定在轴杆上。饰是包在车轮辋上的铜片，纵断面呈U形，固定在轮辋上的接缝处。轮辋为双层结构，每层均由两个半圆形木圈拼成，里外两面的接缝错开，互成直角，造成每一个轮辋有四个接缝处，用四个饰加以紧固。

每辆战车驾两匹马或四匹马。四匹驾马中间的两匹称“两服”，用缚在衡上的轭架在车辕两侧。左右的两匹称“两骖”，以皮条系在车前，合称为“驷”。马具有铜制的马衔和马笼嘴，这是御马的关键用具。马体亦有铜饰，主要有马镳、当庐、马冠、月题、马脊背饰、马鞍饰、环、铃等。

战车的乘员和装备

战车上一般有三名乘员，也称甲士，按左、中、右排列。左方甲士持弓，主射，是一车之首，称“车左”，又称“甲首”；右方甲士执戈，主击刺，并有为战车排除障碍之责，称“车右”，又称“参乘”；中为驾驭战车的“御者”，只随身佩带短剑之类的自卫兵器。这种乘法可以追溯到商朝，西周和春秋时期的乘法也与此相同。除上述的武器之外，车上还备有若干有柄的格斗兵器，这些兵器是戈、殳、戟、酋矛、夷矛，合称“车之五兵”。这些兵器插放在战车舆侧，供乘员在作战中使用。为了减少伤亡，乘员和战马都有很好的防护装备，常用青铜、皮革等材质做成甲胄。如上所述，由于备制战车的花费昂贵，所以只有少数人才能充当战车乘员，而且培养乘员也非常不容易。在孔子倡导的“六艺”——作为“士”所必修的科目中就有“射”“御”两项是用在战车上的。

每乘战车除车上的三名乘员以外，还有固定数目的徒兵，称之为“卒”。这些徒兵和每乘战车被编在一起，再加上相应的后勤车辆与徒役，便构成当时军队的一个基本编制单位，称为“一乘”。这一情况反映出当时的军队以战车为中心的编制特点。

战车的装备和车战的基本战术

中国古代的战车一般有乘员三人，车后还跟随数名徒兵（徒步行走的士兵）。战车的作用在于利用速度和装甲冲开敌人的防御阵形，类似于现代的坦克。

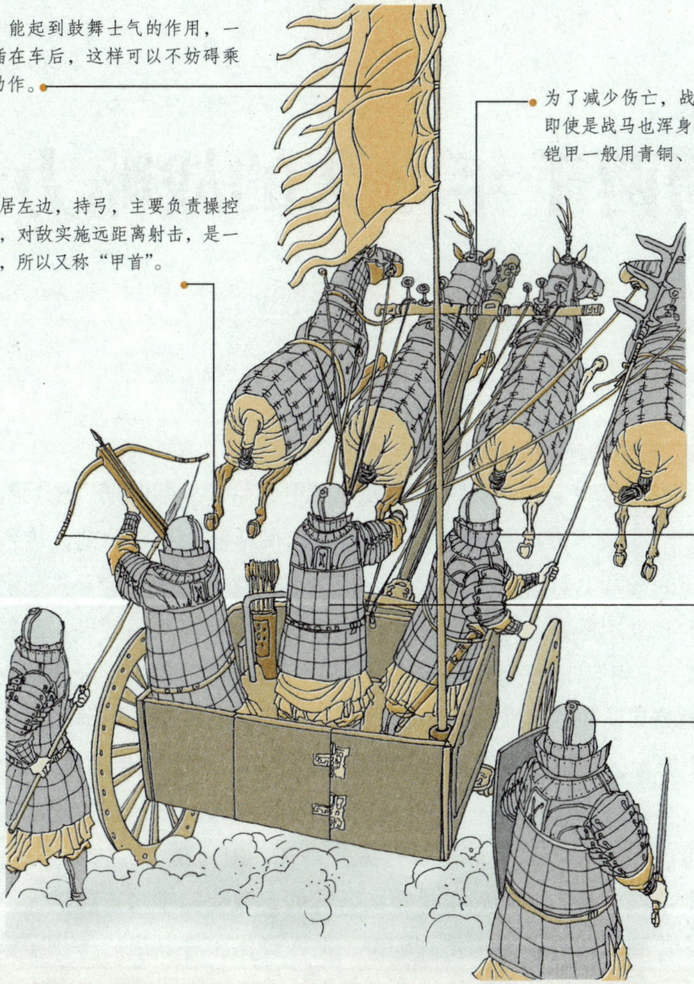

战旗，能起到鼓舞士气的作用，一般被插在车后，这样可以不妨碍乘员的动作。

为了减少伤亡，战车都有很好的防护装备，即使是战马也浑身披挂着沉重的铠甲。这些铠甲一般用青铜、皮革等材质做成。

车左，居左边，持弓，主要负责操控弓、弩，对敌实施远距离射击，是一车之首，所以又称“甲首”。

车右，居右边，执戈，主要负责击刺，并有为战车排除障碍的任务，又称“参乘”。

御者，居中间，是驾驭战车的人。“御者”只随身佩带短剑之类的自卫兵器。

徒兵，又称为“卒”，是跟随在每辆战车之后的步兵。这些徒兵和每乘战车被编在一起，再加上相应的后勤车辆与徒役，便构成当时军队的一个基本编制单位，称为“一乘”。

车战如何进行

在战斗时，战车可以从远、中、近三个层面分别对敌进行攻击。战车在接近敌人前，首先采用远射兵器（如弓、弩等）射击对方；其次，在接近敌人时，再使用长兵器（如矛、戈、戟等）在车上与敌人格斗；最后，一旦战车损毁，乘员就下车使用护身的兵器（如刀、剑、匕首等）进行自卫。

战鼓是战车部队的指挥工具。在战斗中，战车都要随着主将的鼓声冲锋陷阵。所以，主将在战斗过程中要尽量保持鼓声不断，坚持指挥。战鼓对战车的指挥方式可以归结为“鼓之则进，金之则止”。这一点一直延续到现在，比如我们仍以击鼓来表示某项工作的开始，以鸣金来表示工作的结束。

车战平面示意图

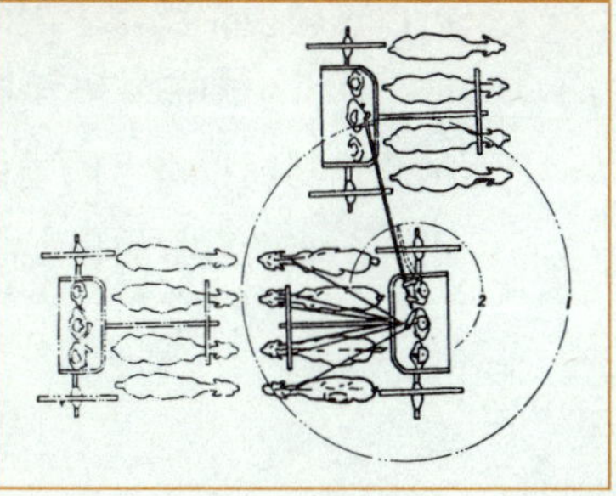

第四节
骑兵战

骑兵
驰骋两千年之久的战略力量

在中国，骑兵作为一个独立的兵种出现于战国时期。正是由于骑兵部队的大规模组建和运用，才最终导致了车战被淘汰。

技术革新与骑兵部队的组建

在中国古代历史上，骑兵部队的大规模组建始于战国时期。骑兵部队的出现得益于三个技术方面的创新：（1）马鞍。在马鞍没有发明前，人们只能骑在光溜溜的马背上。在这种情况下，显然不具备组建骑兵的条件。所以中国在当时主要采用的是以车战为主的作战方式。大约在战国后期，马鞍发明了。马鞍使得骑手可以平稳地骑在马背上，因而使得组建骑兵成为可能。率先组建强大骑兵队伍的是匈奴人，所以可以推测，马鞍很有可能是由匈奴人发明的。中原地区是在赵武灵王推广胡服骑射之后，才开始组建骑兵队伍的。（2）马镫。马镫是由中国人发明的，这一点毫无疑义，只是具体的时间尚无定论。马镫的使用对于骑兵部队具有重要意义，因为骑士的脚有了着力点，从而提高了杀伤效果，并且利于长距离行军而不致使骑手过于疲劳。马镫很快就由中国传到了国外，向东传到朝鲜，向西经由土耳其最后传到了欧洲的古罗马帝国。英国著名的中国科技史专家李约瑟对此给予了高度评价：“我们可以这样说，就像中国的火药在封建社会的最后阶段帮助摧毁了欧洲封建制度一样，中国的马镫在最初帮助了欧洲封建制度的建立。”（3）马衔。据考古推测，马衔很有可能是由突厥人发明的。马衔的发明使骑手对马的控制达到了一个非常自如的程度。

魏晋南北朝时期的重装骑兵

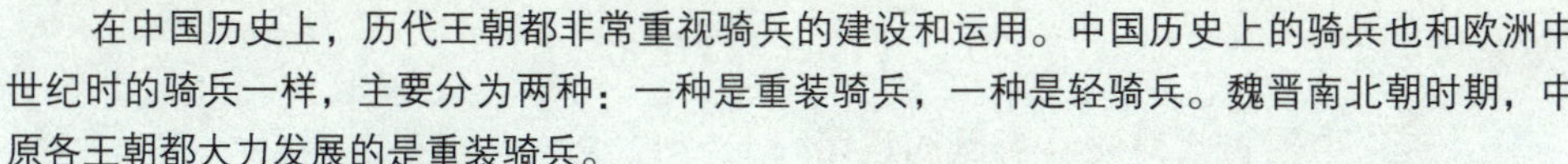

在中国历史上，历代王朝都非常重视骑兵的建设和运用。中国历史上的骑兵也和欧洲中世纪时的骑兵一样，主要分为两种：一种是重装骑兵，一种是轻骑兵。魏晋南北朝时期，中原各王朝都大力发展的是重装骑兵。

左图所示的是魏晋南北朝时期典型的重装骑兵装束。重装骑兵又被称为“具装骑兵”，无论是武士还是战马都身披重甲。武士右手持一支很长的矛，用于冲杀。腰间还配有弓箭，用于远距离射杀敌人。重装骑兵集冲击力和防护力于一身，作用类似于今天的坦克。

南北朝重甲马装束

中国古代对骑兵部队的运用

虽然中国历代王朝也非常重视骑兵部队的组建（例如，在汉武帝和唐太宗时期都组建了强大的骑兵部队），但由于中原地区缺乏战马，所以在更多的时候其军队还是以步兵为主，骑兵主要是作为机动兵力和突击部队而使用的。中国骑兵和欧洲的一样，也分为重装骑兵和轻骑兵两种。两者的不同之处在于：前者人、马都披重铠，手持长矛，因此也称之为“具装骑兵”；后者则不需为马披甲，而且人穿的铠甲也不厚重。

伴随着骑兵部队的组建和在战争中的运用，围绕着骑兵的战略、战术便应运而生了。骑兵的特点主要在于其具有强大的机动性，因此在战争中往往施行一些长途奔袭、大包围、大迂回的战术。比如在汉武帝时，名将卫青、霍去病等就多次率数万骑兵，采用迂回包抄、深入敌后等战法大破匈奴。唐太宗灭亡东突厥之战也是依靠强大的骑兵部队，实施千里大奔袭。魏晋南北朝时期人们特别重视重装骑兵的组建，而唐五代以后则基本上以轻骑兵为主。由于宋代缺乏良马，所以其骑兵部队不甚强大。元朝时，蒙古人的骑兵部队有着强大的机动力和战斗力，一名士兵往往配有六匹战马，轮换骑乘，一天就可以前进近百公里。明清以后，火器得到了很大发展，骑兵的地位逐渐下降。鸦片战争以后，骑兵作为战略力量的地位已经不存在了。现在，骑兵甚至已经彻底地退出了战争舞台。

骑兵战术

骑兵部队的战术灵活多变，只就其作战队形而言，就会随着环境状况的变化而变化。下面具体介绍两种：一种是在没有障碍物的广阔土地上适用的“易战法”，一种是在两侧有山、道路狭窄的地形上适用的“险战法”。

易战法

在没有障碍物的广阔土地上适用的一种骑兵作战队形。在此种地形下，五骑间隔六米横向排列成组（称为“一长”），这样的两组前后间隔 30 米排列，便形成了十骑的小队（称为“一吏”）。假设马体长 2 米，宽 0.6 米，那么小队所占面积为 918 平方米。然后，小队纵横各间隔 75 米，集合十队，合计为百骑的队伍（称为“一率”）。如果横五列、纵两列来排列小队，那么一个骑兵队将占据横 435 米，纵 143 米的范围。

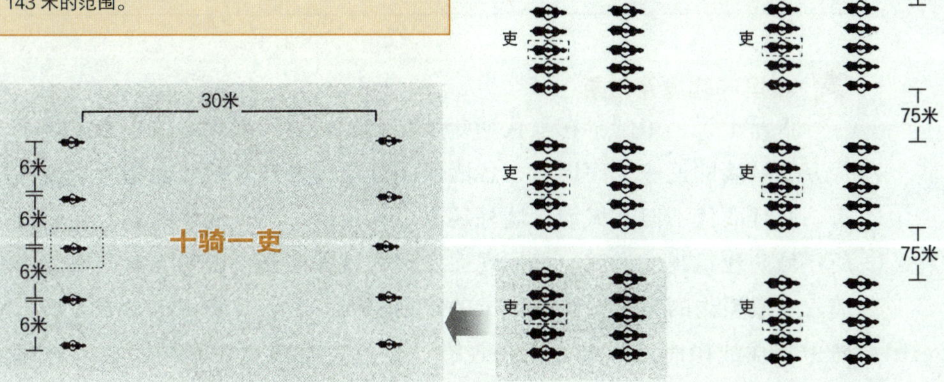

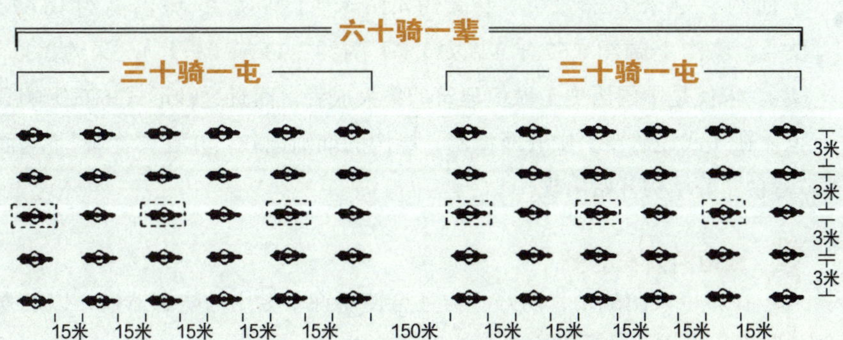

险战法

当两侧有山、通道狭窄的时候所使用的一种作战队形。五骑横向排列，这与“易战法”相同，不同之处在于 6 组纵向排列形成名为“屯”的队列。由三十骑构成的屯前后间隔 150 米排列两队，便形成了六十骑的“辈”。在“屯”里面，战马之间的横向距离为 3 米，前后距离为 15 米。也就是说，一屯的横向为 15 米，纵向为 87 米；一辈的横向为 15 米，纵向为 324 米。这样骑兵的密集度几乎接近“易战法”的 8 倍。

第五节 城垣攻防战

① 防御 城垣的功能

城垣攻防战是一种重要的战争形式，其中所有的战斗行为都是围绕着城垣本身展开的。

城垣的起源及发展

古籍上说，中国早在夏代初年就已有了城墙，现代考古中也发现了夏代夯土城墙的遗迹。商周时，各诸侯国更是按各自等级修建相应规模的城市。而且商代不但有城墙，墙外还有壕沟环绕。到了战国时期，各诸侯国所建城防建筑越发讲究。根据现在发现的城郭遗迹，说明当时已有三重城墙、三道壕沟的城市。汉代城市的规模更大，城墙及壕沟也都有发展。虽然中国在战国时已有砖瓦，但现有证据是直至隋代才开始用砖来修建城墙，其结构是外层用砖，内填夯土。根据古籍所记：当时的城墙下阔上窄，下面约8.33米（2.5丈），上面约4.16米（1.25丈），城墙高约16.67米（5丈）；壕沟上阔约6.67米（2丈），下阔约3.33米（1丈），深约3.33米（1丈）。宋代是中国历史上城垣建筑的集大成者，而且这种形式一直影响到了后世。在《武经总要》中有对城墙、壕沟的准确记载，并且“瓮城”“马面”及“弩台”等结构开始出现。

城垣的防御器械

在城垣攻防战中，防守一方还会使用许多专用的防御器械，以加强城垣的防守。这方面的器械主要分为以下几类。

一、阻止进攻一方军事行动的器械。这类器械的主要作用是可以延缓甚至阻止敌方对城垣的直接进攻。其又可以分为以下几个小类：（1）铁蒺藜类，这是一种戳伤人、马脚的东西的总称。平时铁蒺藜用绳穿成串，携带方便，

各种打击或捕获敌人的器械

这些器械主要用来对付强行登城的敌人，居高临下地打击或捕获敌人。

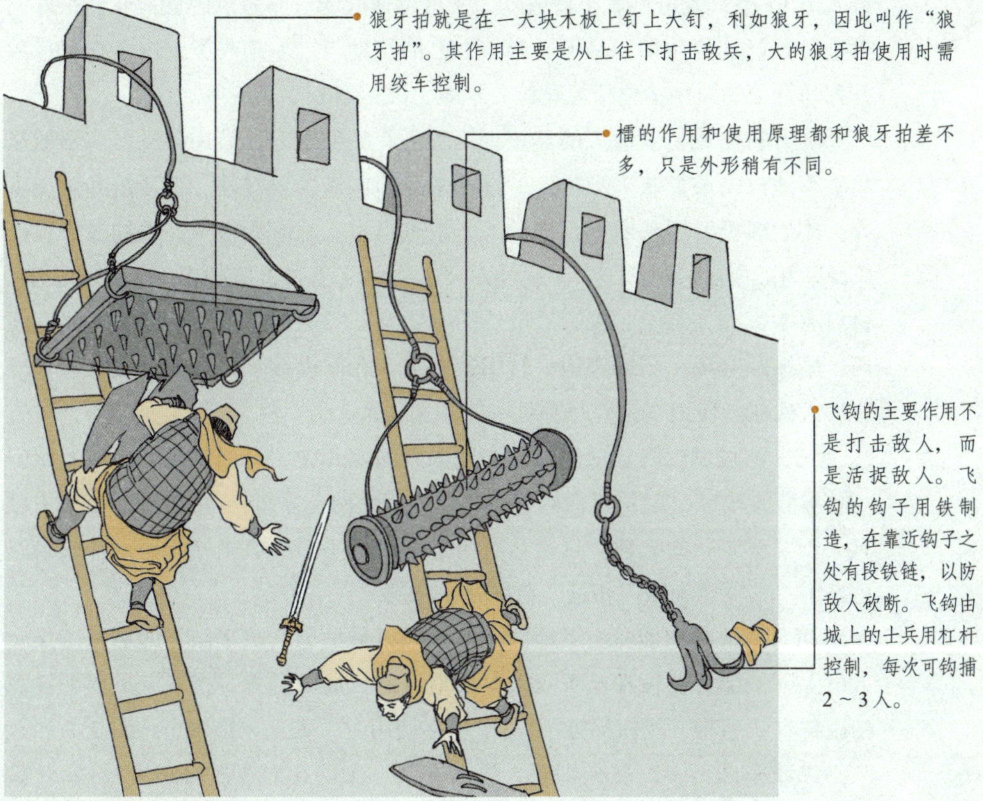

狼牙拍就是在一大块木板上钉上大钉，利如狼牙，因此叫作“狼牙拍”。其作用主要是从上往下打击敌兵，大的狼牙拍使用时需用绞车控制。

檑的作用和使用原理都和狼牙拍差不多，只是外形稍有不同。

飞钩的主要作用不是打击敌人，而是活捉敌人。飞钩的钩子用铁制造，在靠近钩子之处有段铁链，以防敌人砍断。飞钩由城上的士兵用杠杆控制，每次可钩捕2～3人。

几种铁蒺藜

铁蒺藜是一类应用广泛的城垣防御器械，主要布设在城垣外面靠近城墙的地上。它们一是可以有效杀伤敌方士兵，二是可以最大限度地延缓敌方的进攻速度。“铁蒺藜”主要有挡蹄、鹿角木、铁菱角等。

每人带15串；既可迅速布置成阵，又可迅速收起。布置成阵就能收到很好的阻止敌方行动的效果，又不至影响自己的行动。（2）拒马类，这是指阻拦敌方人马行动的器械，包括拒马枪、木城、飞辕寨和陷马坑等。

二、打击或捕获敌人的器械。当敌人兵临城下时，就用各种防守器械居高临下地打击或捕获来敌。（1）打击来敌的器械主要有檑、狼牙拍和铁撞木等。比如檑主要用来向下打击敌人，很有力量。它起源很早，大约在周代已广泛使用。檑的类型很多，《武经总要》中就有五种，其他书上还记载一些。材料有木、泥、石子、铁等。最长的有丈余。（2）捕获来敌的器械主要有飞钩、吊棒和穿环。例如飞钩，其用铁制造，在靠近钩子之处有一段铁链，以防敌人砍断。使用飞钩，每次可钩捕2～3人。

三、加强城门防守的器械。和坚固的城墙相比，城门是薄弱环节。城门一旦被敌方攻破，就用“塞门刀车”或“千斤闸”来抵挡。《墨子》一书中已有关于“塞车”的记载。只是当时的塞车上不用刀，后来增添了刀，效果就更好了。其宽度和城门相近，恰好塞住城门。

四、其他防守器械。其他防守器械包括借助火、水来防守的器械，接应人员上下城墙的器械和监听敌人挖掘地道的“地听”等。接应人员上下城墙的设备有“吊车”及软梯等。“吊车”在使用时，人立在横木上，由上面的人来操纵绞车即可，而软梯则要人攀缘上下。为防止对方挖掘地道攻进城内，可采用“地听”。人站在地下的大缸里，对地下的情况进行监听。也可挖掘防御地道，若发现了敌人的地道，可马上向地道内送烟尘、送火甚至送毒，或者设法堵塞敌人的出口。

“塞门刀车”“软梯”和“地听”

本图介绍的是“塞门刀车”“软梯”和“地听”等几种防御器械。塞门刀车的作用是在城门被攻破时，充当临时的城门。在城垣被围时，软梯可以接应人员进出城。使用地听可以侦听到敌人挖掘地道的声音，从而破坏敌人企图从地道入城的计划。

塞门刀车的特写图

塞门刀车的使用示意图

和坚固的城墙相比，城门是薄弱环节。当城门被敌方攻破时，“塞门刀车”就派上了用场。“塞门刀车”出现得很早，《墨子》一书中就已有关于塞车的记载。只是当时的塞车上不用刀，后来增添了刀，效果就更好了。其宽度和城门相近，恰好塞住城门，刀尖朝外，以挡住敌军。

软梯

当城垣被敌军团团包围时，城门不可轻易打开。如有人员（比如谈判代表、劝降的使者）要临时进出城时，就主要使用软梯一类的器具。

地听

地听其实就是一种埋入地下的大缸，士兵手持竹质、木质或金属质的听筒，时刻侦听地下有没有异常的声音（如挖洞的声音），这种原理类似于现在的“声呐”。实际使用时，一般在城墙根处设多个地听，这样可以扩大侦听的范围。若发现了敌人的地道，可向地道内放烟、放火甚至投毒，或者设法堵塞敌人的出口。

攻城一方正在挖掘地道。

② 无坚不摧

种类繁多的攻城器具

秦汉以来围绕着城垣攻坚，发展出了多种多样的攻坚器械。总之，中国有一套具有世界先进水平的城垣攻坚器械。

攻城中的侦察器械

古代战争往往从侦察敌情开始，因而侦察器械起源甚早，应用也广。古代侦察器械很多，也有不同的名称，如巢车、望楼、飞楼等，其中尤以巢车应用最多。“巢车”中的“巢”字是说这种侦察车上有个东西（板屋）状如鸟巢，可以升降。一般来说，巢车具有以下特征：（1）板屋应升得很高，用于城垣攻防战的必须高过城墙。板屋要升高，需借助绞车。古书上的巢车图均未绘绞车，但从板屋重量计算，板屋如不用绞车则无法提升。（2）板屋的尺寸，应能容纳两人。其四周有观察孔，便于瞭望。板屋外钉生牛皮，以防敌方打击，因为板屋升高后，它便成为敌方矢石打击的靶子。（3）侦察车底部装有轮子，以便行动。这是对侦察车的基本要求。巢车也可用来指挥军队，方法是其板屋升高后，其内的人员展现不同颜色的旗帜，或将旗帜摆成不同的样子，用以说明不同的意思。如：旗帜卷起，说明无敌人；旗打开，表示敌人来了；旗下垂，说明敌人已到；旗上举并晃动，说明敌人在退；敌人退尽，则旗仍卷起。

攻坚器械

攻坚器械的种类主要包括：为进攻做准备的器械，掩护人员挖掘地道的器械，破坏防守设施的器械，以及强行登城的器械等。

一、为进攻做准备的器械。这类器械的作用主要是使部队和进攻器材能够顺利地抵达城下。其中的典型便是壕桥。壕桥的宽度应与攻坚器械通过的道路相适应，而壕桥的长度则由壕沟的宽度决定。可将几个壕桥并列，增加其宽度。战国时已将 8 个壕桥并列，总宽达约 40 米（12 丈），可使大部队浩浩荡荡通过壕沟。壕桥的结构有两轮的，也有四轮的，这与壕宽有关。宋代还有一种折叠壕桥，可在壕沟较宽时用。

二、掩护人员挖掘地道的器械。中国古代很早就用挖掘地道的办法进攻。宋代兵书中就记载了当时挖掘地道所用的器械。挖掘地道的器械一般有轒辒

巢车

中国古人发明的巢车等器械，可以透过高大厚实的城墙窥探到城中敌人的情况，因此在城垣攻坚战中具有非常重要的作用。此外，巢车上的人员是通过旗语向地面上的部队传递信息的。

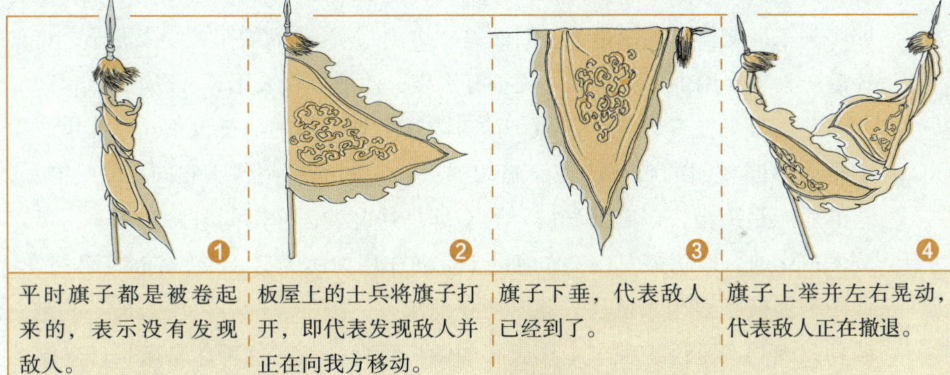

巢车的板屋被绳索高高悬起，状如鸟巢，这也是巢车名称的由来。内有士兵，可通过板屋四周的窗口，往远处眺望，观察敌情。

在此处，有两个木制的辘轳，用以在拉起板屋时减少绳索与横梁间的摩擦。

此处安装一组滑轮装置，可以将沉重的板屋相对轻松地拉起。中国古书中的巢车图都没有画出滑轮装置，但是经过现代科学的计算，认为没有滑轮是根本不可能拉起板屋的。

巢车下面都装有轮子，这样可以增强其机动性，便于运输和作战。由于“巢车”的重心较高，所以在行走时会有倾覆的可能。

正在拉起板屋的士兵。

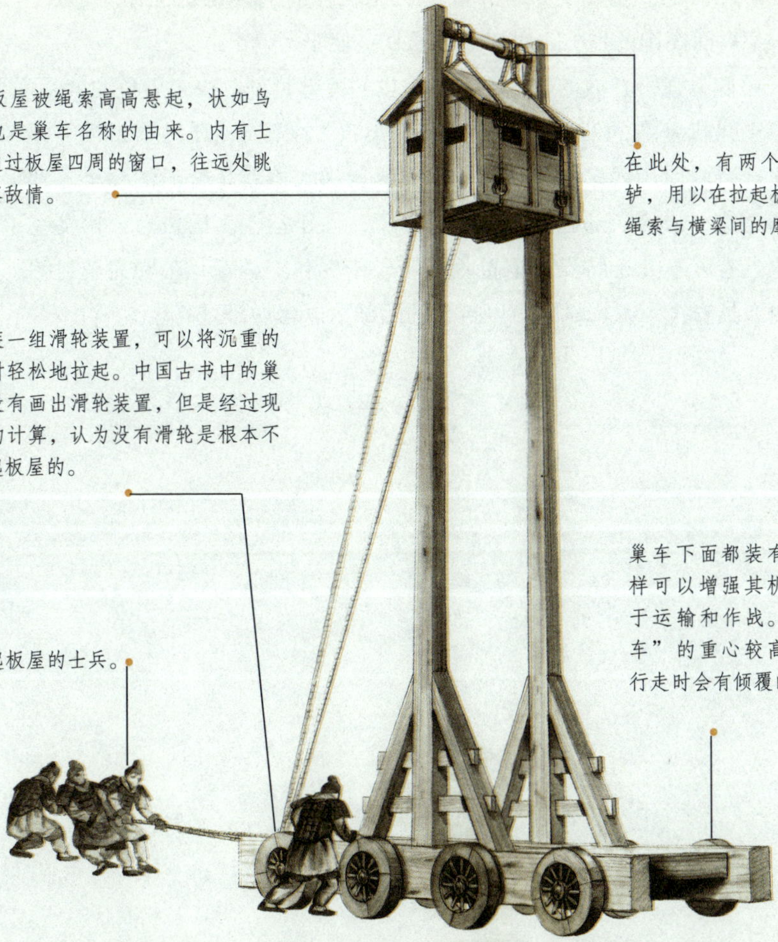

和头车等。（1）轒辒（详见第二章）。（2）头车，结构比较复杂，功能也最完备。头车实际上是车队，由三部分组成：前面是“屏风牌”，以挡箭矢；中间即叫头车，掩护士兵挖地道；后面是“绪棚”，有一辆绞车，绞来泥土，将其疏散。头车外用生牛皮蒙住，还备有水袋、拖把等灭火用具，以防敌方用火。

三、破坏防守设施的器械。针对防守一方很多的防御设施，因此也产生了很多不同类型的破坏防守设施的器械，它们的功用各不相同。（1）撞车，它的功能是撞击，以破坏城门。其头部是铁制的，车后附有两个爪子，可以放下顶住地，以防撞车在工作时由于反向作用力而倒退。（2）饿鹘车和搭车，这两种器械主要用于杀伤、驱赶防守的敌人，掩护、配合进攻人员。鹘是一种鸟，饿鹘车是说这种车工作起来如饿鸟啄食一般。这种车是用长杆末端的巨铲工作的。搭车与饿鹘车相似，用长杆前的大铁钩工作。车架稍有不同，车架后面高出的地方，可以搁放长杆，便于运动。

四、强行登城的器械。到了进攻的关键时刻，决定胜负的就是强行登城。用于强行登墙的器械主要有这样几类：（1）距闉（详见第二章）。（2）云梯，强行登城使用最多的是云梯。起初，云梯大概就是普通的梯子。到了春秋战国之交，云梯后部已经安了两个轮子，便于运输。唐代，云梯发生了重大变化，有以下几个特点：下置六个轮子，更利于运输；车厢完全封闭，保护车内人员安全；云梯做成可以折叠的两截，以增加攀登高度。

各种强行攻坚的器械

强行攻城是城垣攻防战中最精彩的部分，攻击一方会使用许多威力巨大的攻城器械。因为篇幅所限，这里仅介绍两类，即云梯和撞车。

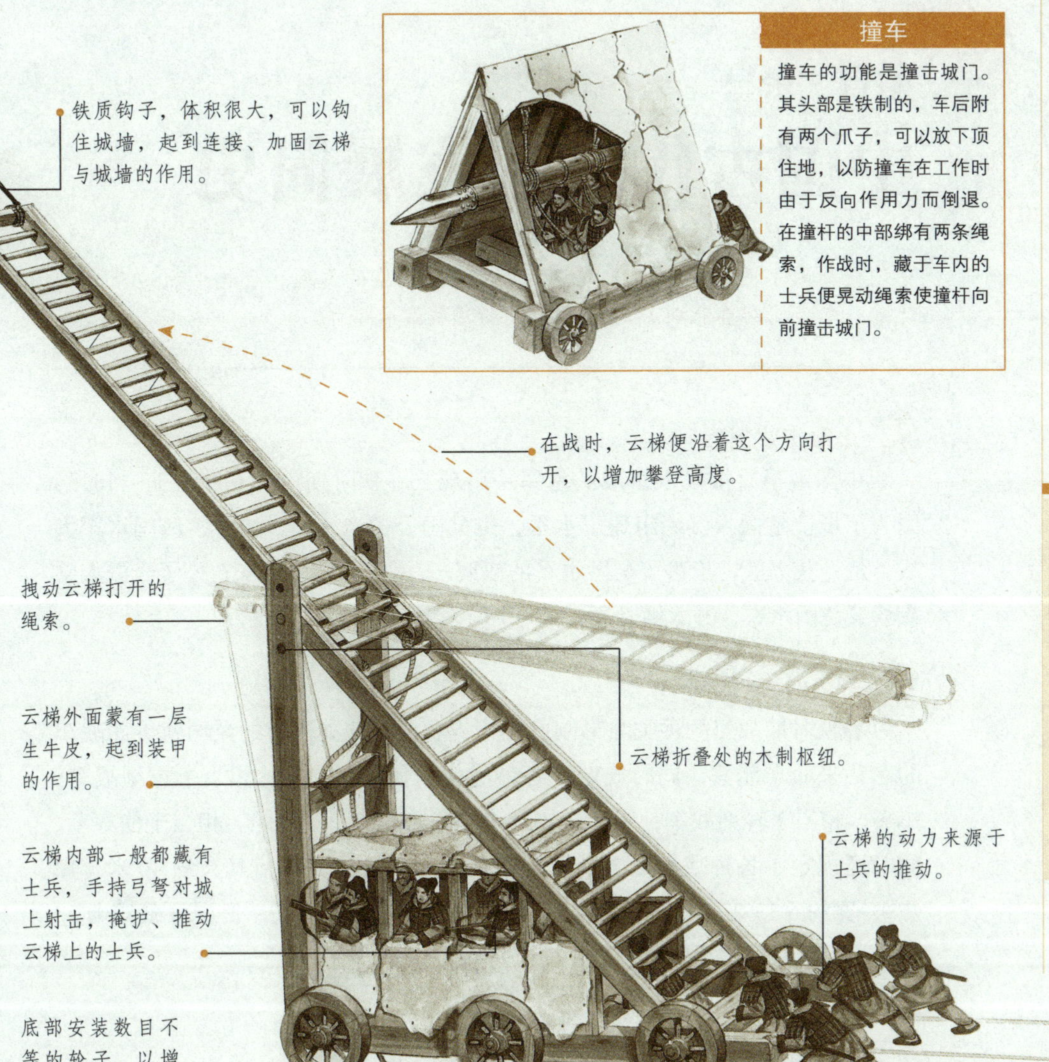

在强行攻城的器械中，使用最多的恐怕就要数云梯了。云梯可以使攻城的士兵直接登上城墙驱散守方士兵。起初，云梯大概就是普通梯子的样子。后来经过在战争中的不断演化，到了唐代，云梯发生了质的变化，比如，在它的底部安装了数量不等的轮子，这样有利于运输；车厢完全封闭，以保护车内人员安全；云梯被做成可以折叠的两截，这样在平时既可以节省空间，在战时又可以增加攀登高度。

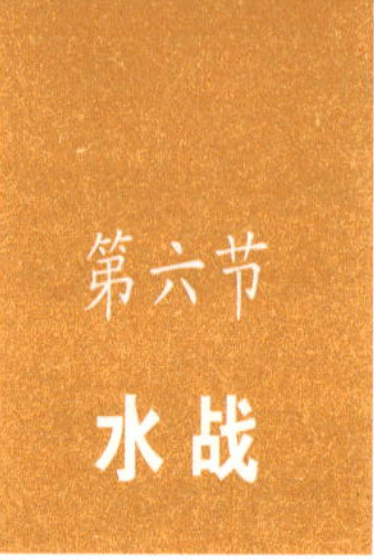

始自“余皇”

中国古代战船发展简史

中国辽阔的水面，为水战提供了战场。伴随水战的发展，也就必然地产生了战船。本节将对春秋时期到清代的战船发展做个概述。

水军正式出现

中国最早直接投入水战的水军，出现于春秋时期（前6世纪）。当时吴国为了抵抗楚国入侵而组建了水军，由吴国公子光统率。当时，两国水军大战，楚先获大胜，抢去了吴国水军的旗舰——“余皇”。后来，公子光派人乘夜偷袭楚国水军，并大败楚军，又夺回了“余皇”。

春秋时期

春秋时期战船的种类与形制已相当齐备了。比如当时的吴国就参照战车的名称来命名船只，同时规定了各种战船的任务：大翼，相当于重型战车；小翼，相当于轻型战车；突冒，相当于冲锋陷阵的车；楼船，相当于侦察车。同时还规定了各种战船上人员及装备的配置。比如大翼，其长约40米（12丈），宽约5.33米（1丈6尺），以桨为动力，分上下两层，上层可载战士20余人，下层可载桨手50人。

秦汉时期

汉朝水军的规模更大，战船更趋完备。当时既有4层舱室的巨型楼船，也有200斛以下的小艇。在汉魏时期不仅船型很多，船舶装具也相当齐备，出现了橹、舵及其他船具，帆亦迅速发展。至此，中国古代船舶技术的发展已经达到比较成熟的阶段。

汉代的战船种类

汉代，水军已经成为国家一支非常重要的战略力量。因此其水军的规模巨大，战船种类繁多，体系很是完备。

古代战船的种类

赤马

又称赤马舟。《释名》曰："轻疾者曰赤马舟，其体正赤，疾如马也。"赤马，如马在陆地上奔驰，行速很快，是一种高速战船。

斗舰

简称舰。《释名》曰："上下重牀曰舰，四方施板以御矢石，其内如牢槛也。"东汉末年，刘表治水军时就曾建制艨冲、斗舰数以千计。

艨冲

中国古代具有良好防护作用的进攻性快艇，又称作艨艟。艨冲船形狭而长，航速快，专用以突击敌方船只。艨冲有三个特点：①以生牛皮蒙背，具有良好的防御性能。②开弩窗矛穴，具有出击和还击敌船的作战能力。③以桨为动力，具有快速航行的性能。

露桡

有时又称冒突露桡。史云："露桡，谓露楫在外，人在船中；冒突，取其触冒而唐突也。"它有较完备的防护设施，主要用于袭击敌船。东汉初，岑彭在攻伐公孙述的水战中，这是主要的船型之一。

楼船

是各类战船中最大的，相当于现代的航空母舰。楼船不但外观高大巍峨，而且戒备森严，攻防皆宜，是一座真正的水上堡垒。由于楼船既高又大，一般用作指挥船，只是它的行动不够灵便，在水战中，必须与其他战船互相配合。楼船的甲板上有三层建筑，每一层的周围都设置半人高的防护墙。第一层的四周又用木板围成"战格"，防护墙与战格上都开有若干箭孔、矛穴，既能远攻，又可近防。甲板建筑的四周还有较大的空间和信道，便于士兵往来，甚至可以行车、骑马。

隋唐时期

隋朝杨素造“五牙”大舰起楼5层，高约33.33米（100余尺），能容战士800人，有6个拍竿，高约16.67米（50尺），用以击碎敌船。唐朝的海鹘船是模仿海鸟而创制的海船，两侧有浮板，具有良好的稳定性，以适应海上作战的要求。唐朝时还发明了车船（轮桨船）。

宋朝

到了宋朝，车船在战争中有很大发展，所制的巨型车船长60 ~ 90米(20 ~ 30丈)，有23 ~ 24个车轮桨。有一种“飞虎战舰”，旁设4轮，每轮8个叶片，十分轻捷，是常用车船的典型。当时水军装备的战船还有海鳅（模仿海鱼形状制造的战船）、双车、十棹、防沙平底等各类舰艇，供江海防御调遣之用。南宋水军统制冯湛综合几种船型之特点，造成“湖船底、战船盖、海船头尾”的多桨船，长约27.67米（8丈3尺），有桨42支，可载甲士200人，江河湖海均能适用。此时还有一种无底船，这是一种异形战船，船后截中部无底，只有两舷和站板，加以伪装，引诱敌军跃入溺水而死。

明清时期

进入明清时期以后，中国古代战船的发展有两个显著的特点：一是隋唐五代两宋时期多用于锤击敌船的拍竿已经消失，而改以战船本身犁沉敌船，这说明船舶制造和驾驶技术的进步；二是从明初起，战船上配备了火炮。明嘉靖四十年（1561年）的宁台温之捷，戚继光、胡震等所部战船近战倭船，犁沉敌船10余艘，烧残敌船5艘。从这一战例中可见当时明军的战舰占有较大的优势，舰船结构强度和航行速度均优于敌舰。明朝还制造了两头有舵、进退神速的“两头船”，以及火龙船、沙船、连环船、子母船等各种特殊战船。这些战船的创制，极大地丰富了水战的战法，促进了水战战略、战术的变化。清朝前期，因袭明制，在战船使用与制造上没有多大的进展，后期则引进了近代化的蒸汽战舰。

中国古代战船上的武器装备

我国古代战船的制造技术，尤其是战船上的武器装备，在很长一段时间内都处于世界领先水平。水战中，除了应用常见兵器（弓、弩、刀、剑等）外，还有些专用的兵器，其中应用较多的是拍竿及钩强。

拍竿

拍竿，是大型战船上的兵器，用于拍击敌方战船及人员。上节所述的楼船上就装有拍竿。拍竿较短的一端在前，头部安装铁、石等重物；较长的一端在后，用多人或绞车拉拽操纵，用前面的重物击打敌船。有的大船上可装几根拍竿，每根拍竿有几丈高。水战中使用拍竿的记载相当多。

拍竿

隋朝所造的名为“五牙”的楼船上设有6个拍竿。

钩强

钩强也叫钩拒、钩镰、撩钩，在水战中它既可以拉近敌船，又可以推远敌船。钩强在水战中很重要，古籍也多有记载。据《墨子》等书说，钩强是公输盘（鲁班）发明的。

第七节 火药及火器

1 中国对世界的贡献

火药的发明和传播

火药是中国古代四大发明之一，不仅在军事上产生了重大影响，而且在人类发展史上也占有重要地位，大大推动了世界文明的进步。

火药的发明

一般认为，火药发明于唐朝，其发明与中医和道教的炼丹术有直接的关系。因为道教极重视炼制长生不老的丹药，从而发展了化学，并逐渐掌握了形成火药的硝、硫及木炭等物质的性能，进而逐渐摸索到爆炸及防止爆炸的规律。火药早期的几种配方也都载于道教的著作中。

火药用于战争

火药最早用于军事是在唐代，在宋代则已非常普及了。在宋代兵书《武经总要》中，不但记载了可发射火药包的“火砲”，还记录了三种火药的配方，说明宋代人已将火药广泛地用于实战。北宋时，出于军事上的需要，在开封设立了专门的火药生产工厂，火药的产量和质量都有明显的提高，这又大大推动了火器的发展。

火药的传播

由中国发明的火药和早期的火器，首先传到阿拉伯，然后又从阿拉伯传至欧洲。中国的火药、火器制造技术，早期进步较快，之后则几乎停滞不前。而西方的火药及火器技术却得以快速发展。大约到了明代中叶，西方更为先进的火器与火器制造技术又传回火药的故乡——中国。其中，以佛郎机的影响最大。“佛郎机”原是葡文中“葡萄牙人”一词的中文音译，后来也用来称葡萄牙产的火炮。佛郎机的特点是炮管长、射速快、射程远、命中率高（因为带有瞄准器），因此威力很大。此后不久，明朝就开始大量制造佛郎机了。在大量制造佛郎机的过程中，又引进了西方的火器生产技术。

从东方到西方——火药的传播

火药于 13 世纪先从中国传入阿拉伯，后又在 14 世纪初传至欧洲。火药在世界范围内的传播改变了整个人类的文明进程。

火药从中国传至阿拉伯的三种可能的途径

一、陆上“丝绸之路”

丝绸之路是历史上横贯欧亚大陆的贸易交通线，东起长安，西至大秦（罗马），是汉武帝时，由张骞出使西域得以开通的。因在经由这条路线进行的贸易中，中国输出的商品以丝绸最具代表性，所以，19 世纪下半期的德国地理学家李希霍芬就将这条陆上交通路线称为“丝绸之路”，并沿用至今。

二、海上“丝绸之路”

海上丝绸之路，是指中国与世界其他地区之间海上交通的路线。海上丝绸之路形成于汉武帝之时。从中国出发，向西航行的南海航线，是海上丝绸之路的主线。与此同时，还有一条由中国向东到达朝鲜半岛和日本列岛的东海航线，它在海上丝绸之路中占次要的地位。

三、蒙古人西征

蒙古大军在 13 世纪发动了数次大规模的西征，凭借较少的军队和漫长的后勤供应战胜了几乎所有的敌人（向西最远打到了埃及，向西北最远打到了欧洲多瑙河），直接促进了欧洲和近东的军事革命。

火药在欧洲的传播

14 世纪，阿拉伯人将火药传入欧洲。从欧洲国家使用火药的时间表中即可大致看出火药的传播途径。

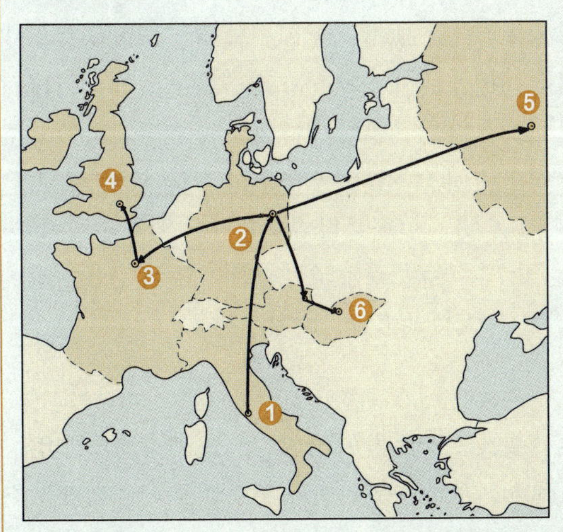

① **意大利**
1326 年，火药用于实战。

② **德国**
1331 年，出现黑火药。

③ **法国**
1338 年，已有火药。

④ **英国**
1344 年，军队开始使用硫、硝等。

⑤ **俄国**
1382 年，火药用于实战。

⑥ **匈牙利、奥地利**
1627 年，火药用于矿山爆破。

②燃烧、爆炸、管状

火器的种类

火器投入战场，产生了重大影响，甚至战场的面貌都为此发生了改变。火器大致可分为三类，即燃烧类火器、爆炸类火器及管状火器。

燃烧类火器

燃烧类火器产生得最早。它是现代火焰喷射器的前身。关于燃烧类火器最早的记载，是在唐哀帝天佑元年（904年）。唐军在攻打江西南昌时，应用了一种叫作飞火的燃烧类火器。何谓飞火？实际上，飞火是指一种纵火的箭及火砲（用抛石机发射的火药包）。之后，关于火箭、火球、火蒺藜等物的记载就多了。火球就是一种典型的燃烧类火器。它在陆战、水战时都可应用，既可用人力抛掷，也可用抛石机来发射。有时还用火球施放烟雾或烟幕，以阻碍对方行动，并且施放的烟雾有强烈的毒性。有时甚至在火球中掺入铁蒺藜，以增强其杀伤力。

爆炸类火器

爆炸类火器大约产生于12世纪。火药从能燃烧到能爆炸，说明其制造技术有了很大提高：一方面已能很好地控制火药粒度，另一方面是掌握了密封、引爆等技术。爆炸类火器有炸弹、地雷、水雷三类。（1）炸弹，在《天工开物》中，记载了一种叫作“万人敌”的炸弹，这是一种泥炸弹，为了防止炸弹意外破裂，炸弹外面还钉有木框。（2）地雷，常埋于地下，加以伪装，使敌人难以发现，无意中将其引爆。地雷的外壳材料有陶、石、铁等；引爆材料可用线、竹管、绳等；引爆方式有点燃、踏发、绊发、拉发等。有关地雷的较早记载，是明代中叶戚继光所使用的一种埋于地下的石雷。当敌方人马来时，绊动机关，将其引爆。（3）水雷，中国是世界上最早应用水雷的国家。明代嘉靖二十八年（1549年），出现一种视发水雷（也称“锚雷”）。它由三个铁锚定位，当敌船到时，由岸上的人拉动绳索，将其引爆。

管状类火器

管状类火器，古时称为火铳或铳，即后世的枪或炮。这类火器的作用机理是从管状物中以高速发射出弹丸，从而伤敌。管状类火器是火器高度发展的产物。

燃烧类火器和爆炸类火器

"万人敌"是一种典型的爆炸类火器，"火龙双飞箭"和"平旷步战随地滚"则是两种特殊的燃烧类火器。下面就详细介绍之。

典型的爆炸类火器是一种名为"万人敌"的东西，其实就是一种球状的泥制炸弹。为了防止炸弹意外破裂，在炸弹外面还钉有木框。上图所绘的就是在守城时使用"万人敌"的情景。

两种特殊的燃烧类火器

火龙双飞箭

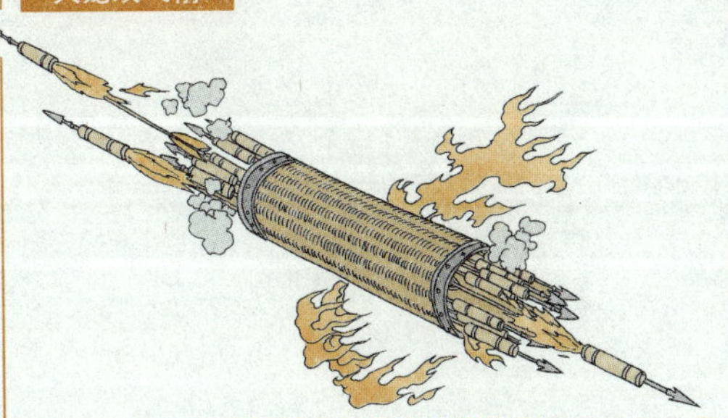

"火龙双飞箭"是明代的一种燃烧类火器。它是在一个竹制的大筒内藏有大量的火药和箭矢，并安装控制机关。一旦扳动机关，这些箭矢就会伴随着火焰一起喷向敌人，可以想象，它的威力是很大的。而且，它还可同时向两个相反的方向发射，这也是它叫"火龙双飞箭"的原因。

平旷步战随地滚

"平旷步战随地滚"是明代又一种威力强大的燃烧类火器，与"火龙双飞箭"的结构和作用机理相仿。唯一不同之处在于，它呈长筒形，可以有效地杀伤进攻的敌人，适用于固定地点的防御作战。

管状火器出现的时间是绍兴二年（1132 年），当时金人进攻德安府（今湖北安陆），宋将陈规在守城时就用了最早的管状类火器——火枪。这种火枪用长竹竿做成，两人共持一枪，内装火药、引线，在敌人登城时，点燃引线，发射“火枪”，杀伤敌人。此后，管状类火器的应用就多了起来，有的还在火药中掺了毒药，子弹也发展成铁弹丸，威力更大了。

后来，管状类火器逐渐用金属制作。最早出现的金属管是铜管，现已出土元文宗至顺三年（1332 年）的铜火铳，上有铭文为证。这是举世公认的最古老的金属管状火器。之后，金属管就逐步取代了竹管。稍晚出现的铜火铳在各地都有发现。明初洪武年间出现了铁火铳。铁管比铜管更坚固。

管状类火器在长期的发展中主要呈现出两种趋势：一种是火器的口径不断加大，火药装药量增加，射程更远，威力不断增大，这后来成了炮；另一种是火器在增加其杀伤力的同时，尽量使其轻便，利于携带，这就成了以后的枪。

管状类火器发展简表

管状类火器是古代火器中最复杂的一种，它也是现代枪、炮的鼻祖。管状类火器的发展经历了一个从简单到复杂、从原始到现代的过程。下面的图仅从其种类变化方面来说明这种过程。

铳

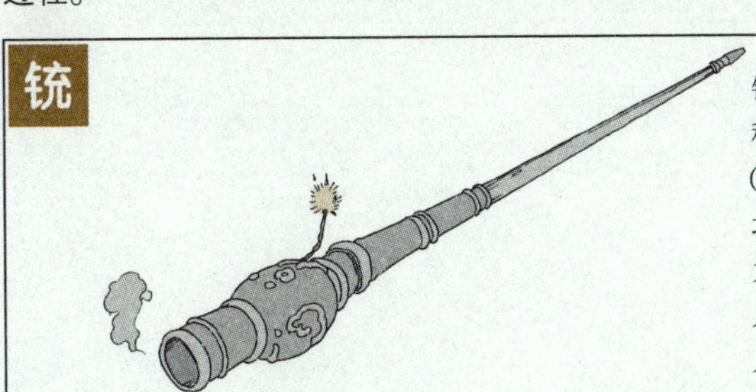

铳是管状类火器的鼻祖。据考证，历史上第一种管状类火器出现的时间是宋文宗绍兴二年（1132 年）。当时的宋将陈规在德安府（今湖北安陆）防御金兵的进攻时首先使用了一种名为火枪的武器。这种火枪由长竹竿做成，由两人共同操作，竹竿内装火药、引线等物。在敌人登城时，点燃引线，发射火枪，杀伤敌人。

演变为

炮

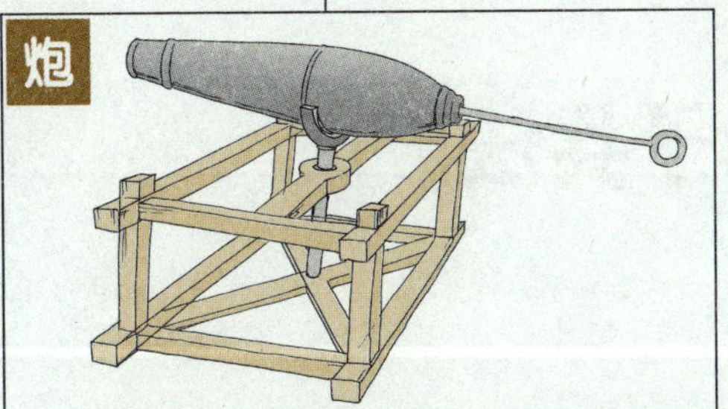

炮的特点是口径不断加大，装药量增加，射程更远，威力不断增大。上图中是《天工开物》中记载的一种“百子连珠炮”。这种炮的炮身放在一个有活动木轴的炮架上，因此可以调节发射方向。在火药内还装有 100 粒铅弹，故名“百子连珠炮”。

枪

枪的特点是在增强杀伤力的同时，尽量缩小口径，使其轻便，利于携带。

明朝神机营的编制

骑兵	步兵	炮兵
共 1000 人，装备霹雳炮 1000 杆。	共 3600 人，装备霹雳炮（步兵火铳）3600 杆，合计需用火药 9000 斤，八钱重的铅弹 90 万个。	共 400 人，专门负责管理野战重炮及大连珠炮。装备有大连珠炮（多管火铳）200 杆，手把口（炮兵防身用手铳）400 杆，盏口将军（野战重炮）160 门。

管状类火器的发展情况，从当时的军队建制就可以看出。比如，在明朝建立不久，即在中央设立了神机营。神机营将士达 3 万人，拥有各式铳数千门，是当时规模最大的火器军队。各地也有相应的变化，如戚继光的部队中，就有为数众多的火器手。清兵入关后也很重视火器，迅速组建了火器部队神机营，并在北京设置火药厂、炮厂等。

第4章

商用《孙子兵法》

《孙子兵法》不仅是一部军事著作，而且还是一部管理学巨著。其中的许多用兵之道也完全适用于经济管理。先秦时期的著名商人及思想家陶朱公、白圭就已将《孙子兵法》中的许多原理成功地应用于商业上的经营管理，并以其为根据提出了“积著之理”和“治生之术”阐述了中国古代商业经营思想。进入现代社会以后，许多先进的资本主义发达国家也都不约而同地注意把《孙子兵法》运用到改善企业的经营管理上去。比如在日本，20世纪50年代甚至出现了一个“兵法经营管理学派”，其影响迅速波及世界各地，形成了经济领域《孙子兵法》研究的热潮。某些大公司甚至直接用《孙子兵法》作为轮训中层以上管理人员的教材。

第一节 现代企业家应具备的素质

① 智

以智谋事的素质

孙子在《孙子兵法·计篇》中说道:“将者,智、信、仁、勇、严也。”意思是说,将帅应具备才智、诚信、仁爱、勇敢、威严等五个方面的素质。其实把这个道理放在现代商战中也是具有普遍指导意义的。只不过将帅变成了企业家,战场换成了商场。下面我们就分别从现代商战的角度,对这五个因素做一个全新的解读。

唐代大诗人杜牧在注释《孙子兵法》时曾说:“兵家者流,用智为先。”可见,在“五德”中,“智”的因素是第一位的。对一个企业家而言,聪明才智是其在市场竞争中获胜的基本条件。很难想象,一个反应迟钝、头脑不聪、少谋寡断的企业领导人,能使他的企业在市场竞争中站稳脚跟。原台湾新光人寿保险公司总经理吴火狮巧做广告以扩大公司影响的案例就是现代企业家用智的典型。

20 世纪 60 年代,吴火狮刚刚涉足保险业。当时,台湾已有几家大的保险公司,吴火狮的新光人寿公司是一家新公司,要想后来者居上,就必须使用奇招。吴火狮认为要想提高企业的知名度,就必须通过做广告来进行企业宣传。吴火狮等人以企业家的敏感和智谋开始思考:“如何经济地做广告?”

为此,吴火狮等人想出了一个奇招。他在报上登了个“有奖征答”的广告,以“讨厌的人寿保险”为主题,列出很多条“对人寿保险讨厌的解答方式”,只要寄回答案的,就可以获得抽奖的机会,奖品丰富。参加这项活动的人很多,他们寄来的明信片堆积如山,吴火狮的目的达到了!吴火狮认为:“当时保险公司的业务员能进入人家家里相当困难,甚至在大门口就被警卫挡驾了。”那些堆积如山的明信片的寄出者因为想中奖,就必须写明详细地址。于是吴火狮就把这些明信片分发到各地的业务员手中,让他们持明信片访问,这样,就可以很方便地、顺其自然地进入居民家中,开展保险业务。

就这样,吴火狮凭借着他的聪明才智,绝招一个接着一个,新光人寿逐渐深入人心;知名度提高后,局面终于打开了。

只花五毛钱做广告

吴火狮巧做广告使用了很多招数，每一招都可谓是生花妙笔。除了在正文中提到的“明信片奇招”外，他只用五毛钱便在电影院大做寿险广告也是相当经典的。

新光人寿保险公司吴经理找！

有一次，吴火狮看电影时，有人打字幕找他，他从中立即找到了灵感。此后，他就经常让本公司的业务员，在电影院门口写条子，花五毛钱找人，上面写：“新光人寿公司吴经理找！”这种变相广告的效果很好，而且很经济。观众可能很讨厌让这种信息来打扰自己观看电影，但确实会对此留下深刻的印象，总之起到了宣传的效果。

用智的原则

错误用智：商业的繁荣是一种文明进步的标志，正常的商业氛围和发展亦应造福人类。在商战中，用智超过限度就会对整体商业造成危害，最终也会伤害到自己，甚至可能会对整个社会造成危害。

正确用智：虽说商场如战场，但商场毕竟不是真正的战场。在商场中用智必须有前提、有条件、有限度。这个前提、条件和限度就是恪守道德、法律给我们的束缚。否则，智就变了味道，成了卑鄙。

② 信

诚而有信的素质

“诚而有信”是孙子认为作为一个将帅必备的“五德”之二。

提起“诚而有信”，人们很自然地就会联想到古时著名的商鞅悬木募徙者而赐予五十金的故事。其实，不仅政治家、军事家需要有“诚而有信”的优良品德，企业家在现代商战中也要以诚信为本。不仅对企业内要讲诚信，而且对与本单位、本企业有来往的单位、企业也要讲究诚信。我国各地的老字号都把诚信视为企业的生命，同时都是靠货真价实、童叟无欺而赢得了广大消费者的信赖。

清华大学紫光集团公司总裁张本正说，经商者必须具有诚实守信、严于律己的品质，他在经商的群体行为中才能赚钱。温州的著名人像摄影师施渠通也说，生意场上靠的是信誉。投机取巧、损人利己的做法表面上看似乎可以赚钱，但实际上损害了自己的信誉，最后是弊大于利。所以，生意人应按照李嘉诚先生的格言去做，那就是：以诚待人，互惠互利。

新疆乌鲁木齐的天山商场向顾客宣布“执行全市最低价”。后来，物价员发现售出的 100 台洗衣机，每台多卖了 4 元，于是就在报上登广告，告诉顾客在一个月内凭发票就可以领回多余的款项。要知道，这 100 台洗衣机的毛利才 3000 多元，而广告费就花了 4000 元，但是这一举措却大大提高了商场的信誉。《新疆日报》《新疆经济导报》等媒体都对这件事做了报道和评论，扩大了商场的知名度，增强了顾客的信任感，从而使商场营业额大幅度上升。

美国一位家庭妇女凯瑟琳开了一间小面包坊，取名“棕色浆果烤房”，17 年间竟然发展成为美国的面包业大王，年营业额高达 400 万美元。她的成功之道就在于：第一，在包装纸上印上面包的烘制时间，规定“超过三天则回收销毁”。每天派汽车送新鲜面包，并回收三天前的面包；第二，在包装纸上标明每个面包的成本、利润和零售价格，使经销商不能随意涨价。凯瑟琳就是依靠着诚实不欺、保证质量的信念，才从小作坊主发展成为面包大王的。

用制度保证诚信

诚信是一种做人、做事的素质。但光有素质还不行，社会还必须建立起一套完整的机制来强有力地保证诚信作风能够得到很好的传播。这套机制不仅可以使讲诚信的人继续保持诚信作风，而且还能够让不讲诚信的人也逐渐地做到诚而有信。

要想在社会上营造一种诚信的氛围，道德的因素必不可少，但建立一种行之有效的赏罚制度其效果则更为显著。例如在德国，每个人都会有自己的诚信档案；如果其诚信档案上出现不良记录，那么他就会受到惩罚。

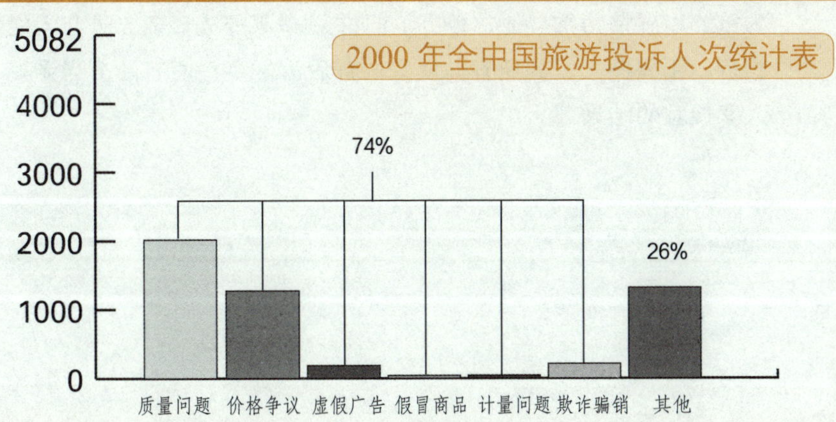

如上图所示，在 2000 年的全中国旅游投诉中共有 3767 人次的投诉与欺诈有关，共占到投诉总数 5082 人次的 74%。可见在全国范围内建立一套旅游市场的诚信机制已是十分必要和急迫。(图中除“其他”项以外，皆与欺诈有关。)

③ 仁

爱人悯物的素质

孙子认为将帅必备的"五德"之三是"仁"。

所谓"仁"，就是仁爱，李筌注云："仁者，爱人悯物，知勤劳也。"仁，是说对部属要关怀、爱护，有能替部属设想的仁爱之心。孟子说："爱人者，人恒爱之；敬人者，人恒敬之。"在军队里，仁爱部下、乐于助人的将帅，是会得到部下拥戴的。

企业领导人要像军队的统帅一样具有仁爱的品德。应以深厚的感情关心员工，爱护部属，在生活上加以关怀，在工作上予以帮助，在经营管理上充分发扬民主，实行决策民主、生产管理民主、营销民主。不仅要对内部员工讲仁爱，在外部对产、供、销协作单位，对消费者也要讲仁爱道义。

吉林省原种繁殖场牧工商总公司总经理变企业亏损为盈利，其诀窍之一，就是对协作单位讲仁爱之心。他常说，人与人的真正感情就是信誉，信誉是无形资产，有了它就有了金钱。他的忠诚坦然和博大胸襟，使全国各地很多客户都愿与他建立合作关系。有的将价值几十万元的货发到他那儿让他代销；有的将上百万元的钱交给他，让他组织货源。几年来，在经营中他结交了很多朋友，大家都说他为人正直，办事讲信誉，处处以事业为重，以感情为重。他常跟员工们讲："做事要先做人，人与人之间要以诚相待，不要图人家的便宜，便宜的背后没好事；所有的上当受骗，都是图人家便宜的结果。"

遵守商业道德即是商场之仁

“仁”是一个抽象的概念，不同的学说对仁有不同的解读。在商战中，谋略固然重要，但仁亦必不可少。何为商场之仁？遵守商业道德和法律即是商场之仁。

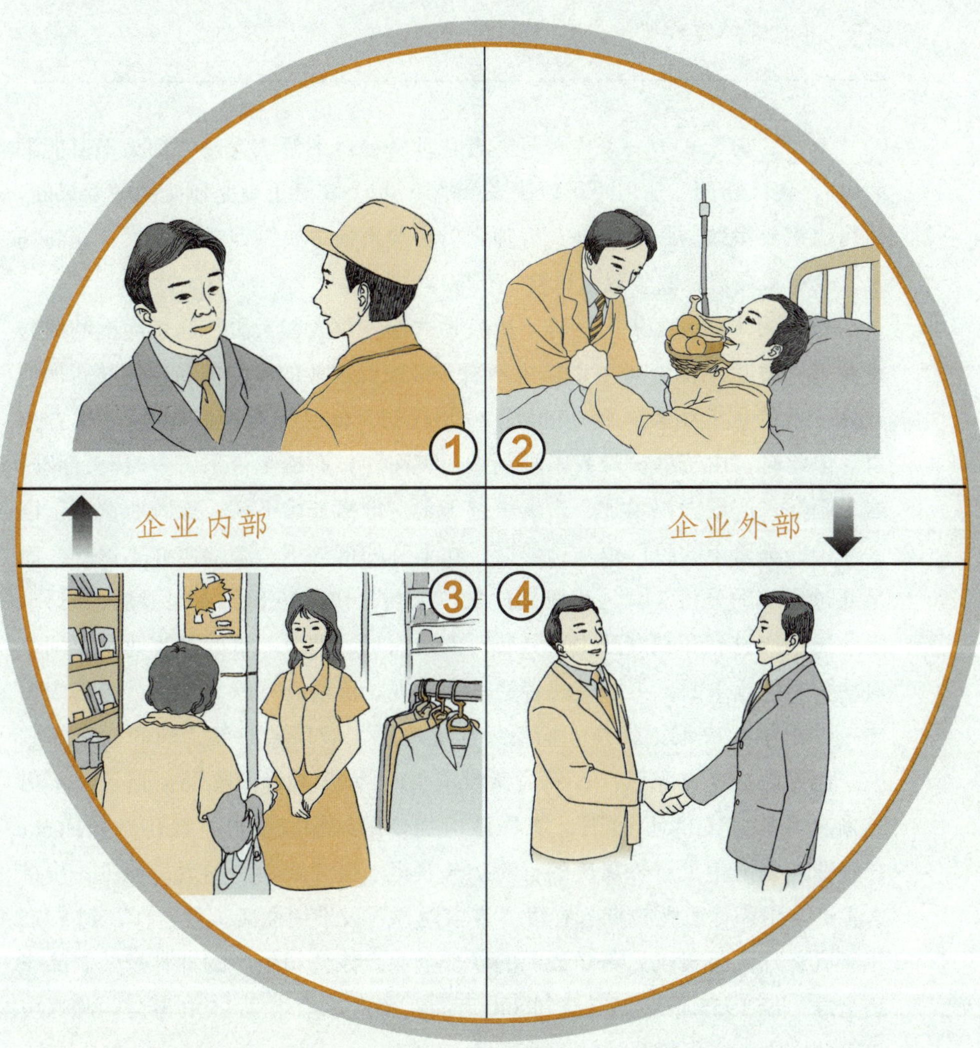

① 企业领导者要经常与员工交流，以了解其心理状态，适时地为其排疑解惑，这就是一种“仁”的表现。

② “仁”不仅表现在思想上。从物质上保障员工的切身利益，才能稳定员工的工作情绪。

③ 对于顾客，企业能够本着为消费者负责的态度，保证提供良好的服务和质量优秀的产品，就是最大的“仁”。

④ 在竞争对手面前，企业能够遵守法律和商业道德与之展开良性的竞争，就是“仁”了。

4 勇

乘势决胜的素质

"勇"是孙子认为将帅必备的"五德"之四。

对于"勇",《十一家注孙子》有几种解释：王皙认为是"徇义不惧能果毅也",何氏强调"非勇不可以决谋合战"。勇，实际上就是制定决策要果断，执行决策要坚毅。在战场上，将帅之勇是敢于乘势决胜，杀生取义；在商场上，企业家之勇是敢于冒大风险，获取厚利。

被誉为"橡胶之王"的陈嘉庚就是这样一位大智大勇、迎难而上的优秀企业家。20世纪初，30岁的陈嘉庚看到橡胶制造业的广阔前景，便在新加坡开始了他的创业生涯。到20世纪20年代初，他已拥有橡胶园20多平方公里。但此时，由于种植橡胶本轻利重，英商、日商纷至沓来。一时间，胶园遍布南洋，产量大幅增加，市场供过于求，价格开始下跌，橡胶业遭到了巨大冲击，陈嘉庚的胶厂也被迫停产。在不利的形势下，陈嘉庚并不退缩，而是通过仔细的分析，认为橡胶用途之广无与伦比，20世纪将是橡胶的时代，眼前的生产过剩和利润减少只是暂时的。而且，南洋一带的橡胶业是英国政府的重要税收来源，英国殖民者绝不会坐视胶价继续下跌。于是，陈嘉庚做出一个大胆的决策，就在人们纷纷出卖胶园、胶厂的时候，他开始承接胶厂。他先后买下9家胶厂，然后又投资10万元扩大橡胶熟品制造厂。不出陈嘉庚所料，1922年11月，英国政府强令限制橡胶生产，胶价开始回升，橡胶业恢复了生机。陈嘉庚的冒险扩充获得了巨大成功。随后，他进一步扩大生产，组织橡胶托拉斯，在世界许多地方开设推销商店。就这样，到1925年年底，陈氏公司成为南洋最大的联合企业，该公司生产的钟牌橡胶制品畅销全球，仅1925年一年就获利800万元，资产总值增至1500万元。陈嘉庚也因此成为南洋华侨公认的领袖。

陈嘉庚的成功说明了，在现实经营中遇到困难时，若想摆脱困境，过人的勇气与胆识是必不可少的。因此，任何时候，我们都要有面对困难的勇气，并下定决心去克服这些困难。

陈嘉庚勇闯橡胶业

市场瞬息万变，商机转瞬即逝，每一个企业家都应该努力把握机会。谨慎是必要的，但要在竞争激烈的商战中获取厚利，具有敢于冒险的勇气则更为重要。被誉为“橡胶之王”的陈嘉庚之所以取得成功，拥有过人的勇气就是原因之一。

① 30岁的陈嘉庚投身于橡胶制造业，在新加坡开始了他的创业生涯。至20世纪20年代初，他在南洋一带已拥有橡胶园20多平方公里。

② 由于英商、日商等大量涌入，导致胶园一时遍布南洋，产量大幅增加，市场供过于求，价格开始下跌，橡胶业因此遭到了巨大冲击，陈嘉庚的胶厂也被迫停产。

③ 面对如此不利的形势，陈嘉庚并不退缩，而是通过仔细的分析，在权衡了各个方面的情况下，做出了一个大胆的决定。

④ 就在人们纷纷出卖胶园、胶厂的时候，陈嘉庚开始承接胶厂。他先后买下9家胶厂，然后又投资10万元扩大橡胶熟品制造厂。

⑤ 果然不出陈嘉庚所料，橡胶业在经过了短暂的萧条之后，迅速恢复了生机。陈嘉庚也因为自己精明而勇敢的决断获得了丰厚的回报。

⑤ 严

威严肃众的素质

一个统帅，如果没有威严肃众的本领，那么，他的军队就会像一盘散沙，不用打仗便自败。因此，孙子将“严”作为将帅必备的“五德”之五。

同样，一个企业的主管如果不实施严格的管理，那么，不用说去参与激烈的市场竞争，企业自身就被淘汰了。担任台湾霖园关系企业集团总裁的蔡万霖先生便是一位严于律己，并且注意培养人才，严格管理部下的现代化企业家。他即使是在成为台湾首富之后也没有丝毫的松懈。蔡万霖对部下的要求十分严格，他要求部下必须遵循的全部原则可以概括为六个字，即：迅速、务实、负责。这看似平常的六个字是现代企业从业人员最起码的也是最基本的服务准则。然而，这一浅显易懂的道理，并不是每个企业家都能深刻领会并且切实做到的。蔡万霖做到了，而且做得非常出色。他首先从自身做起，处处以身作则，把自己严谨的工作态度传给每个下属。当遇到棘手的困难时，他总是能以超人的胆识和智慧迅速及时地做出正确的判断，找出行之有效的对策，化险为夷。

日本松下电器公司总经理山下俊彦的《山下俊彦经营语录》中就有一条：“职员们要生存下去，应当欢迎严厉的领导。”首都钢铁公司的企业管理经验中，有一条“三个百分之百”：规章制度必须百分之百地执行；违反规章制度必须百分之百地登记上报；违规违制的举动即使没有造成损失，都要百分之百地扣除当事人的当月奖金，有关负责人也得相应受罚。“三个百分百”制度实施后，全公司就再也没有发生过严重的停产事故。

严格不仅仅是对员工

严格的团队纪律不仅是一支军队战斗力的保证，而且也是一个企业生产力的保证。问题是，严格总是简单地被认为是要严厉地约束部下或员工的行为与思想。其实不然，对一个团队来讲，严格是多方面的，不仅是对员工，作为一名管理者，严格地约束自己则更是必需的。

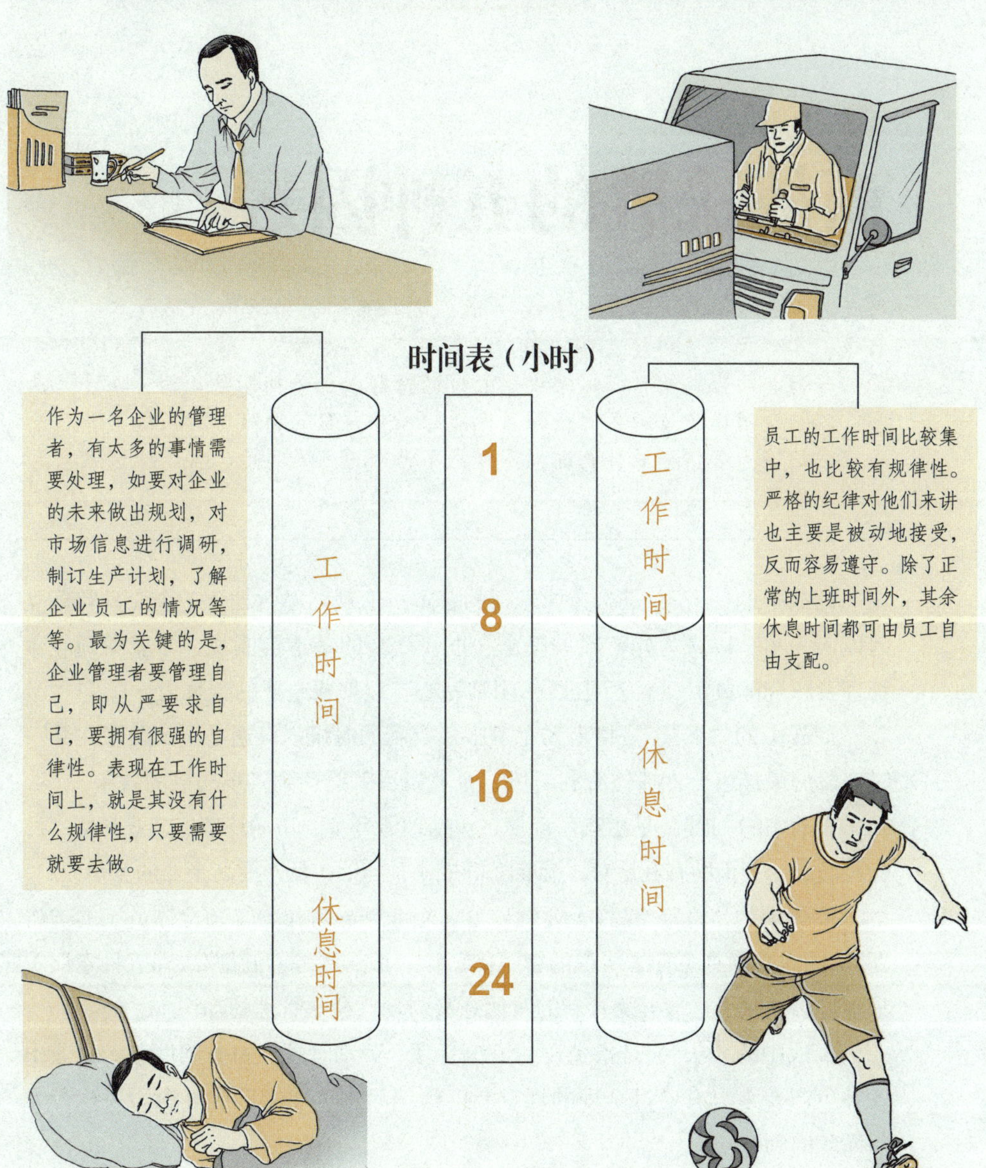

作为一名企业的管理者，有太多的事情需要处理，如要对企业的未来做出规划，对市场信息进行调研，制订生产计划，了解企业员工的情况等等。最为关键的是，企业管理者要管理自己，即从严要求自己，要拥有很强的自律性。表现在工作时间上，就是其没有什么规律性，只要需要就要去做。

员工的工作时间比较集中，也比较有规律性。严格的纪律对他们来讲也主要是被动地接受，反而容易遵守。除了正常的上班时间外，其余休息时间都可由员工自由支配。

企业的管理者掌管着企业，他的一举一动都关乎企业的生存和发展。所以作为一名企业管理者，就更应该在许多方面严格地要求自己。这种严格表现在许多方面，尤其在工作时间上更为突出。（如上图所示。）

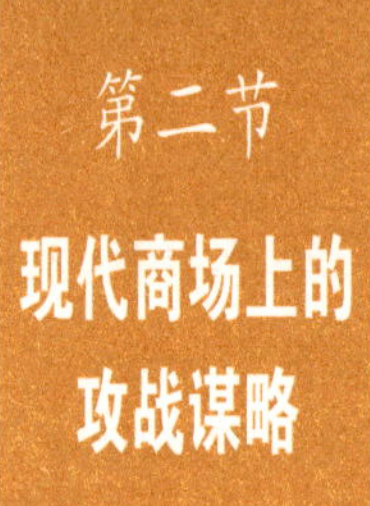

1 五事

商战决胜的五种因素

孙子在《孙子兵法·计篇》中说：“故经之以五事，校之以计而索其情：一曰道，二曰天，三曰地，四曰将，五曰法。”其大意是，通过对敌我五个方面的分析和比较，就可以探索战争胜负的情势。孙子判别胜负的“五事”内容，不仅适用于昔日的兵战，而且也能够指导今日的商战。对商场上激烈竞争双方的实力评估与胜负判别，同样离不开对道、天、地、将、法这五项基本竞争力要素的考察。

商战中的“道”，是指企业奉行的基本价值观与经营理念。企业只有确立起以人为本、以义为先、服务民众、报效社会的基本价值观，才能做到经营管理者和全体员工“上下同欲”，团结一心，以形成企业的凝聚力。

商战中的“天”，是指市场竞争中最有利的时机。机遇是生产要素在某一时空段的最佳组合；抓住有利时机，企业发展就能达到事半功倍的效果。

商战中的“地”，是指竞争环境，包括地缘环境、市场环境、产业环境、社会环境。企业借助有利地势，就能降低成本，拓展市场，提高企业的竞争力。

商战中的“将”，是指企业领导者。企业领导者作为统领全体员工的“将领”，同样必须具备孙子所说的智、信、仁、勇、严等“五德”（即五种素质），只不过必须赋予这“五德”新的时代意义与现代科学管理的知识。

商战中的“法”，是指企业的组织管理、劳动管理、财务制度等。企业中各种生产要素只有通过合理的规章制度组织起来，才能形成凝聚力、执行力与高效的创造力。

总而言之，现代企业要有如同军队那样“经之以五事”，全面考量、营造综合的竞争能力，才能制定正确的经营战略与竞争谋略，真正掌握商战的主动权与制胜权，使自己处于“百战不殆”、长盛不衰的有利态势。

五种竞争力因素决定商战成败

孙子在《孙子兵法·计篇》中阐发了这样一个道理，即道、天、地、将、法五种因素决定战争双方的胜负。其实，在商战中也是如此，只是这五种因素有了更加现代化的、商业化的解读。所以，作为一名合格的现代企业管理者，一定要对这五者有深刻和清醒的认识。这就是孙子所说的：“凡此五者，将莫不闻，知之者胜，不知者不胜。”

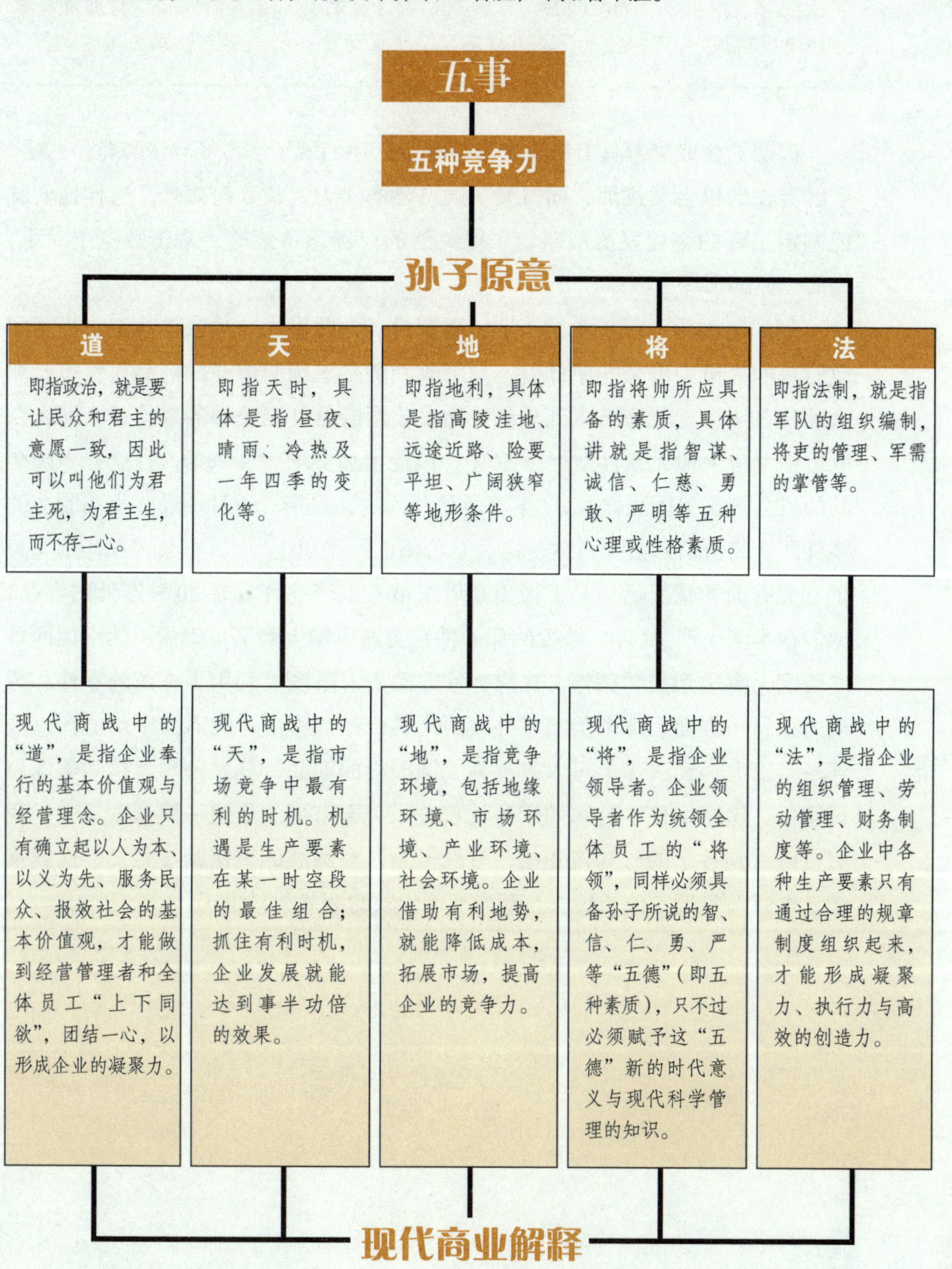

② 知彼知己

进行商战的必要前提

孙子在《孙子兵法·谋攻篇》中说:“知彼知己，百战不殆。”其重点就在于指出了情报对于军事斗争的重要性。这种战争指导原则具有普遍的意义。特别是在激烈的现代商战中，“知彼知己，百战不殆”已成为每一个成功企业家的座右铭。

高明的企业家都具有敏锐的情报触觉，他们既了解市场环境与竞争对手，了解潜在的机会和挑战，同时又了解自己的实力、长处与短处。这样他们就能制定正确的企业发展战略，采取灵活的市场竞争策略，来击败竞争对手，提高企业的市场占有率。

例如美国为了保护本国工业，限制进口，曾做出一项法律规定：当美国政府采购人员发出采购招标后，如果收到的是美国制造商的商品报价单，那么此价在法律上就应该得到承认；如果收到的是外国公司的报价单，那么在原价格上应一律无条件地提高 50%，以此增加美国政府采购人员选择本国产品的机会。在美国法律中，“本国商品”的定义是指“一件商品，美国制造的零件所含的价值，必须占这一商品总价值的一半以上”。日本公司在详细了解了有关方面的情况后，马上做出相应对策：生产一种具有 20 种零件的商品，他们在本国生产 19 件，缺少的那一件在美国市场上购买最贵的，然后运回日本装配，再送到美国销售。这样，一方面最大限度地利用了本国的零件和劳动力；另一方面，那个美国零件，因为贵，在日本生产的商品中价值比率占到一半以上，在法律上可以被视为美国国内的商品，日本公司直接和美国公司竞争。这样，日本公司的产品就攻进了美国市场。从这一典型案例中，我们可以看到孙子的“知彼知己，百战不殆”对商战的直接指导意义，这就难怪日本商人要把《孙子兵法》奉为不可或缺的商战教科书了。

现代商场情报战

现代商场上进行的情报战极其激烈，往往一个小小的情报就可以决定一个企业的生死与未来。下面我们就从几个角度来对现代商场的情报战做一个简要概述。

现代商场，情报搜集的四个方面：

哈佛大学教授迈克尔·波特建议，在商战中搜集对手情况时，应着重于四个方面，如右边图表所示。这值得企业的领导者重视与借鉴。

①**目标：**竞争对手对于你的动作的市场反应如何？是无动于衷，是焦虑，还是警觉呢？

②**假设：**设法找出竞争对手对他们自己、对经济局势、对业界其他公司的看法。这点可以显示出对手在做决策时考虑的基准点是什么。

③**策略：**竞争对手是打算维持现有的地位，还是向市场上的竞争者挑战？通过分析制订出自己的应对计划。

④**能力：**对竞争对手各个方面的优缺点加以衡量，包括产品、通路、行销、研究、成本、财务、生产设备和管理能力等因素。这类信息可以帮助企业寻找进攻和防守的机会。

日本企业对中国经济与商贸的情报搜集

中国改革开放以后，在中国市场上的日本商品都恰逢其时，许多商品像是专门为中国人制造的。为什么日本企业家会做到如此圆熟老到？因为日本各大机构都储存着中国各方面的详细资料，比方他们将中国几个主要城市，如北京、上海、广州等市场上重要商品的售价，都标定在东京研究机构的快报上。甚至连一斤菜的起价是多少钱，均了如指掌。不只如此，日本各主要研究机构还大量订阅中国的报刊，缩印存档，有些地方小报也照订不误。所有的资料都分类积存，一旦需要，就从资料柜里取出，十分方便。

③ 庙算者胜

商业计划要周详

孙子在《孙子兵法·计篇》中指出：开战之前，一定要进行“庙算”，对作战意图、作战计划必须深思熟虑，“多算胜，少算不胜，而况于无算乎！”在企业竞争中，“庙算”也是非常重要的。

经营者每做一件事，如投资建厂、推出新产品等，若能详细评估可能的销路、竞争者的虚实、成本效益等，就容易成功。但如果未能细加规划与分析，只是盲目地经营，那么多半就会失败。

台湾大同股份有限公司前董事长林挺生，谈起自己成功的秘诀时说：“我是凭借一部《论语》、一把‘算盘’打天下的。”《论语》且不论，“算盘”即是孙子所说的“庙算”。的确，大同企业的每一个举措无不是用这副“算盘”精心计算的结果。

20世纪50年代，林挺生预测到家电业必将蓬勃发展，于是大力投资，进行各种家电的研制与生产。1960年推出大同电锅，1961年推出电冰箱，1966年开始生产电视和组合音响，1968年推出冷风机，每种产品都是走在前面。当别的企业刚刚发现投资家电业的良好前景时，大同公司已经占据台湾家电业的垄断地位了。

林挺生不仅盯着台湾的各同行企业，更注意世界同行的新动向。20世纪70年代至80年代，世界有几个发达国家开始研制、生产录像机，但一直到70年代中后期，仍然处于试验和微量生产阶段。林挺生注意到这一信息，意识到家电业将兴起录像机热。于是从1977年开始，先后投资达8亿台币，研究开发录像机，终于在1979年领先台湾其他厂家开发成功。

如果说林挺生在开发录像机上具有超前意识的话，那么在生产这种当时还算高科技、高价格的产品时，林挺生所做的决定，则充分证明了他在市场判断上的敏锐之处。他认识到了台湾地区的消费者偏好播放录像带，而较少录制节目的特点，主要生产“只放不录”的放像机。放像机一方面是投消费者所好，另一方面是价格比录像机便宜很多。所以，在市场上一经推出，就很受消费者欢迎。

商业计划要周详

孙子提出来的“庙算”思想，其可贵之处就在于：他在2500多年前，通过对战争的示范分析，便已尝试使用了现代人所赞赏的系统性思维。而这种系统性的思维方式也正是现代商战所必需的。甚至，这种思维方式是放之四海而皆准的，即在任何领域都可以用到。

系统性思维方式的最大特点：不把事物看作是某种单一结构，而是看成具有多种因素、多种性质的复合体。其中的每种因素都对整体起着特殊的作用；既不能取消，也不可替代。整个事物在运行过程中表现为一种复合的滚动模式。这样的整体结构用当代的话说就是系统结构。

木桶理论

有的人将商业计划的系统性结构形象地比喻为一个木桶，这就是所谓的木桶理论。人们知道一个木桶往往是由许多木板组成的，其中的木板长短不一。若问：这只木桶可以盛多少水？回答是：它不是由整个木桶的高度决定，而是由箍起木桶的多块木板中最短的一块木板决定的。如果水盛得过多，便会从这块短木板上面溢出来。这块短木板就是整个木桶容水量的制约因子。木桶理论告诉我们：商业行为是一个系统性的社会行为，在这个庞大的系统中，哪一个细小的环节出现问题，最终都有可能导致全盘计划的失败。

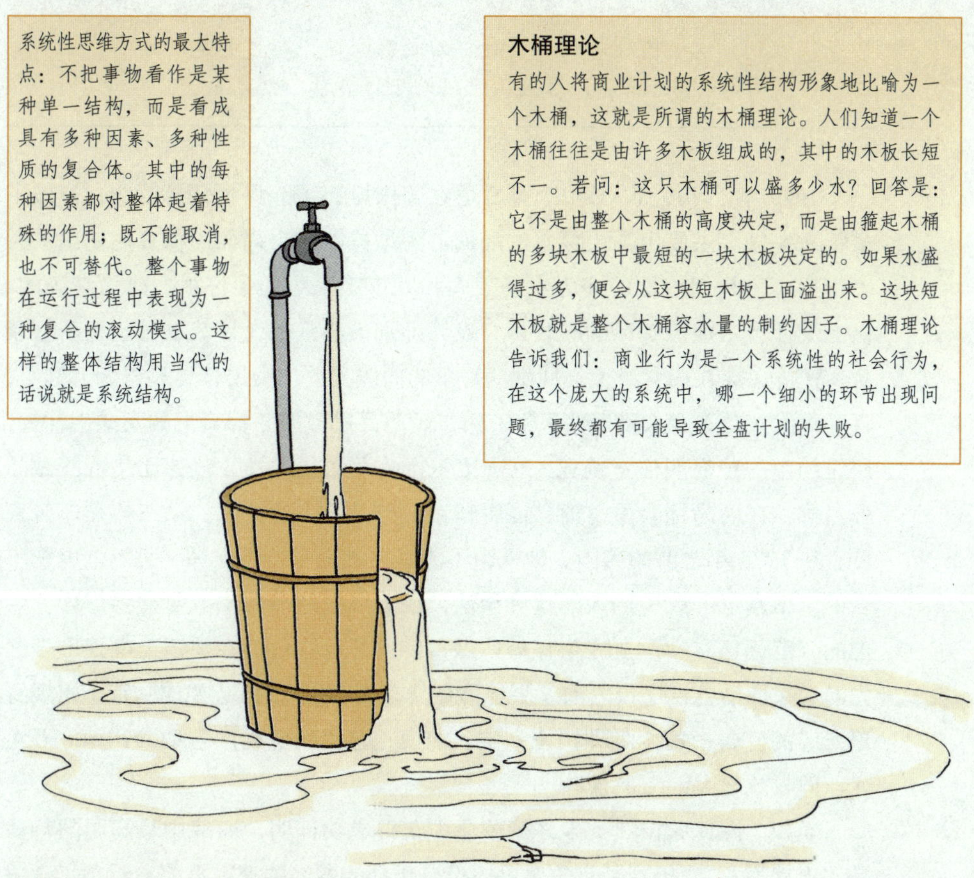

商业计划书的基本结构

第一章：计划概要	第五章：市场营销	第九章：资金的退出
第二章：项目介绍	第六章：管理团队	第十章：风险分析
第三章：市场分析	第七章：财务分析	第十一章：结论
第四章：行业分析	第八章：资金需求	第十二章：附件

上面所列出的是一份普通的商业计划书的基本结构和应该包含的内容。从中可以看出，“商业计划”这个系统所涉及的范围确实是广泛的。

④ 出其不意

商机无处不在

孙子在《孙子兵法·计篇》中说："攻其无备，出其不意。此兵家之胜，不可先传也。"这句话的大意是要在敌人意料不到时采取行动，往往就会在斗争中获得胜利。这个道理不仅是兵战中的制胜奇策，而且也是商战中的开拓高招。印度商人莫汉·梅真尼在美国掀起的牛仔裤革命就是一例。

1975 年，印度商人莫汉·梅真尼在美国掀起了一场牛仔裤革命，打破了多年来牛仔裤主要由男士穿着的局面。为了打破这个局面，梅真尼使出了三个奇招：一是把传统的多为农场工人和城市工人穿的牛仔裤，改为高级的、供上流社会名媛淑女穿的时装裤。设计师别出心裁，设计裁制的这种新型紧身牛仔裤，穿在妇女身上，使她们娇躯的曲线美更加突出，更显得婀娜健美，青春活泼，合乎女人爱美的天性。第二招是品牌效应。梅真尼的女式牛仔裤，用纽约市一位名叫格罗莉亚·范德比尔特的女明星的姓"范德比尔特"做品牌名称。在商品社会里，商品能否畅销，与品牌大有关系。第三招是广告宣传。在 1975 年之前的美国，被视为不能登大雅之堂的牛仔裤，是不上电视广告的。梅真尼一改美国人的这种做法，在美国电视节目中大量插播广告，为他的"范德比尔特"女式牛仔裤广做宣传，开启牛仔裤在美国上电视广告之先河。在插播电视广告之前，牛仔裤存货有 15 万条，但范德比尔特小姐现身银光屏的广告一播，随即销售一空。他说，这次的电视广告费共达 100 万美元，但收效之大，出乎意料。

莫汉·梅真尼在女士牛仔裤革命中获得成功证明，商战中最高明的行动是"出其不意"，想到了竞争对手还没有想到的顾客的潜在需要，看到了竞争对手还没有看到的有前景的潜在市场；然后"攻其无备"，抓紧进入壁垒最小的潜在市场，运用奇招，反常出击，捷足先登，全力开拓。当然，没有硝烟的商场同样千差万别，变幻莫测，在具体运用"攻其无备，出其不意"的"兵法之胜"时，也"不可先传"，而必须视市场需求态势的变化、竞争对象的强弱而采取棋高一着、出奇制胜的营销谋略。

出其不意，变废为宝

历史证明，谁的创意越好，谁的产品价值就越高，谁在市场竞争中就会获胜。而且一个好的创意往往并不需要太大的资本投入，美国企业家斯达克将废弃的女神像分散出售，获得高额回报的事例就是运用“出其不意”谋略的典型。

1. 美国得克萨斯州有一座历史悠久的很大的女神像。人们都很喜欢它，常来这里参观、照相。

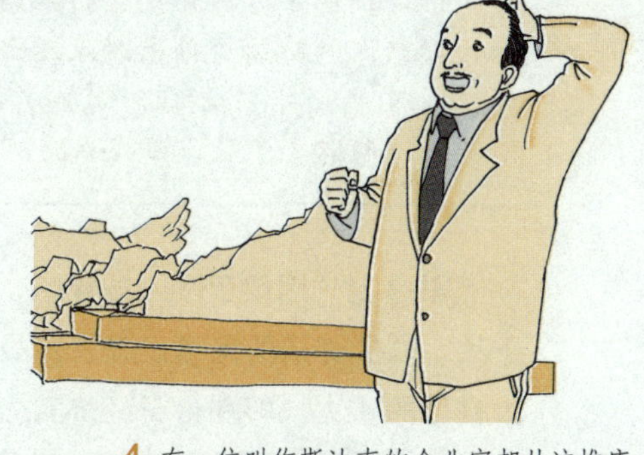

4. 有一位叫作斯达克的企业家却从这堆废料中看到了商机，他向政府表示：只要政府付给他20000美元，他就可以将这些废料运走。这是为什么呢？

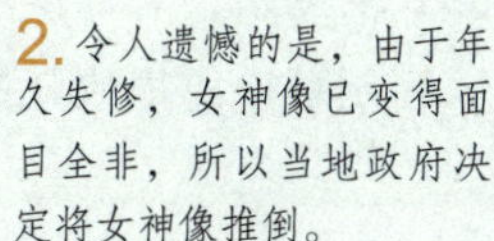

2. 令人遗憾的是，由于年久失修，女神像已变得面目全非，所以当地政府决定将女神像推倒。

3. 女神像被推倒后，有许多人为此而感到难过。而且，广场上总共留下了200多吨的废料。即使政府出价到25000美元，也没有人愿意去揽这个又费力又不赚钱的苦差事。

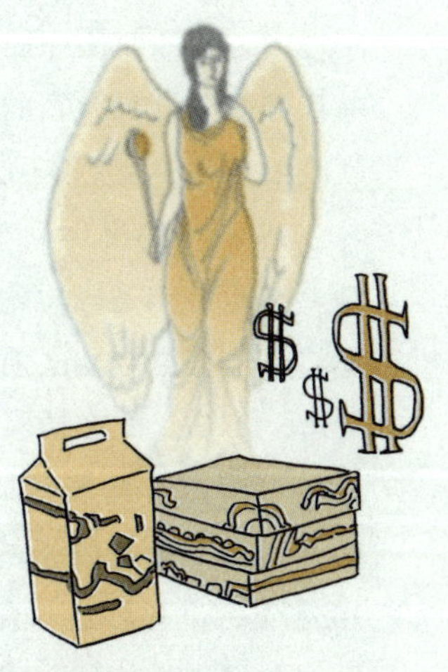

5. 斯达克将这些废料破成小块，进行分类：把废铜皮做成纪念币，把废水泥做成小石碑。然后将它们分别放进一个个十分精美但又很便宜的小盒子里，盒子上还写着：“美丽的女神已经去了，我只留下她的一块纪念物。我永远爱她。”斯达克将这些纪念品以1美元、2美元、10美元等不同的价格出售。很快，这些纪念品就被抢购一空。斯达克赚了12.5万美元。

5 因粮于敌

利用别人的力量发展自己

军队出外征伐，离不开可靠的后勤保障。所以古今中外的兵家，无不重视军队的后勤保障功能。孙子因此提出“因粮于敌，故军食可足也”的观点。所谓“因粮于敌”，是指深入敌国作战时，军队所需要的粮食，从敌国那里就地解决，即取之于敌，以战养战。

军事上“因粮于敌”的谋略，同样也可以作为商战中的谋略。从其取之于敌、以战养战的寓意出发，商战中可引申为通过借力，积蓄力量来发展壮大自己的实力，即在自身经济实力不强的情况下，或借钱负债经营，投资生产，赚钱发展；或引进别人的研究成果组织生产，打入市场；或借别人的产品牌子和销售渠道，推销自己的产品等。

德国的阿迪达斯公司是现在世界上最大的体育用品公司，共有大约 4 万名职工，分布在全世界 40 个国家和地区的子公司中。它经营各种体育用品，但是传统的、最主要的产品是足球鞋，每年它共生产 25 万双足球鞋。

1920 年，阿迪·达斯勒兄弟俩在母亲的洗衣房里开始制鞋，开始他们边制边卖，收入微薄。但弟兄俩重视质量，又不断地在款式上创新，尽量使每一双鞋都能满足顾客的要求。这种经营方式使他们的家庭制鞋作坊很快就扩展成了一家中型制鞋厂。

1936 年的奥运会来临之前，阿迪·达斯勒发明了短跑运动员用的钉子鞋。当他得知美国短跑名将杰西·欧文斯有夺取冠军实力的消息后，便无偿地将钉子鞋送给欧文斯试穿。后来欧文斯不负众望，在比赛中一举夺得 4 枚金牌。于是，欧文斯穿的钉子鞋便也随之一举成名，结果是阿迪鞋厂的新产品成了国内外的畅销货，阿迪鞋厂也在不久之后变成了阿迪达斯公司。用体育明星来创立牌子的办法大获全胜！此后，老阿迪又屡屡使用这种方法。1954 年，世界杯足球赛在瑞士举行，阿迪·达斯勒将其生产的新款足球鞋又一次免费送给德国足球队队员试穿。恰巧，德国队在那届世界杯上第一次获得了世界冠军。从此，阿迪达斯更是名震海内外。

善于借助别人的力量

每个企业都有一个发展的过程。当一个企业实力还比较弱小时，尽量借助强大的力量来充实自己，宣传自己，往往会起到事半功倍的效果。阿迪达斯公司借助知名运动员来宣传自己的产品确是“因粮于敌”的典范。

阿迪达斯的商标一共有两个：一个是三道杠的商标，另一个就是本图所示的三叶草商标。“三叶草”首次使用于1972年，它代表着“更高，更快，更强”的奥运精神。“三叶草”只会出现在经典系列产品上，而其他产品则全部改用新的“三道杠”商标。

1936年，通过国家田径队教练乔·魏兹的介绍，阿迪让美国短跑名将杰西·欧文斯穿上自己生产的跑鞋参加奥运会比赛。欧文斯是田坛史上的传奇人物，100米短跑速度与马差不多。欧文斯此后在比赛中都穿上阿迪设计的新跑鞋。有了这些跑鞋，欧文斯如虎添翼，共获得4枚奥运会金牌。当然，随着欧文斯的不断成功，人们也开始关注阿迪达斯的产品，从此阿迪达斯品牌走向了世界。

阿迪达斯大事记

阿迪·达斯勒
（Adi Dassler）

1920年：阿迪·达斯勒先生制作了第一双训练用运动鞋。

1924年：阿迪·达斯勒和他的哥哥鲁道夫注册了达斯勒兄弟运动鞋厂。

1948年：adidas正式注册。

1949年：达斯勒兄弟俩正式分家。鲁道夫也成立了一家公司，后来发展为著名的PUMA品牌。

1972年：三叶草标志问世。

1991年：推出Equipment专业运动鞋系列及运动服装系列。

1994年：推出“Predator”猎鹰技术革新性足球鞋。

1996年：推出“Feet You Wear”天足概念运动鞋。

1997年：宣布合并以销售滑雪、高尔夫装备而闻名于世的赛拉蒙公司。

2002年：推出“a3”系列篮球鞋、跑鞋。

2004年：推出“adidas 1”电脑芯片智能跑鞋。

2005年：兼并运动厂商Reebok公司。

2006年：推出“adidas 1.1”升级版电脑芯片智能跑鞋、篮球鞋。

⑥ 十则围之

将竞争对手消灭于摇篮之中

在战争中，如果我方的力量强大于敌方的力量许多倍，就可以采取孙子所说的“十则围之”的战略，将其彻底歼灭。在现代商业社会里，这种集中优势兵力全力歼灭竞争对手的道理，对企业也同样适用。

在商战中，兵力可以理解为企业所拥有的财力、人才、情报等各种资源所组成的综合竞争力。也就是说，如果你比对手强大，那么最好趁早消灭对方，这样就可以一劳永逸确保自己的王者之座。美国微软公司与网景公司的网络浏览器之争，就是运用这种商业战略的典型事例之一。

20 世纪 90 年代中期，网景公司名为 Netscape 的浏览器一度占据了美国网络浏览器市场的大部分份额，尽管那时候 Netscape 还只是一个学生的业余作品。面对网景公司猛烈的发展势头，微软当然不会袖手旁观，决定全力打击羽翼未丰的网景。毕竟在浏览器市场，微软的 IE 浏览器多年来一直占据着 90%以上的市场份额。微软打压网景的战略其实很简单，即在微软视窗操作系统中捆绑互联网浏览器。为此，比尔 · 盖茨亲自督战，聚集了数以千计的工程师，投入了数亿美元的资金，迅速拿出了过硬的产品和铺天盖地的产品广告，并把产品免费安装到客户的电脑中。网景公司难以承受微软这种不计血本的狙击，公司的业绩逐年下降，最终不得不把自己卖给美国在线公司。至此，微软在浏览器产品上的王者地位得以确保。

当然，在商战中，“十则围之”不一定表现为大的消灭小的。像上文中提到的微软在互联网市场上打击网景公司只是对“十则围之”谋略的运用，这在现在的国内外企业中相当普遍。

商业上的“十则围之”

企业的规模有大有小。企业规模大的，实力就雄厚，就会在激烈的市场竞争中占据优势地位，进而借助这种优势将竞争对手消灭于萌芽状态。这就是《孙子兵法》中“十则围之”战略在商战中的应用。

大型牧场

牛奶产量高

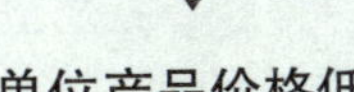

单位产品价格低

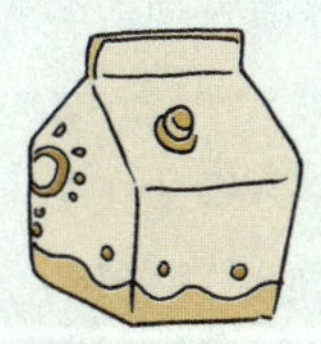

因为产量大，生产成本得以降低，所以单位产品的价格就低，这就是企业实力雄厚的表现。这样的企业往往会采用价格战的方式将弱小的竞争者挤出市场。

占据大部分市场份额

小型牧场

牛奶产量低

因为产量小，生产成本就高，所以单位产品的价格就高。这样的产品在市场竞争中就处于劣势，最终就会被市场所淘汰。

单位产品价格高

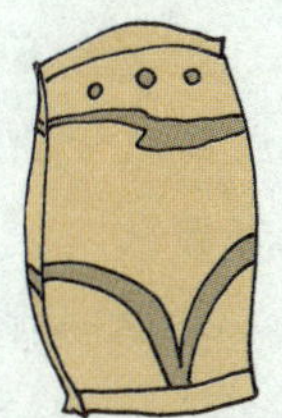

商业上“十则围之”的极致表现就是垄断的出现。所谓垄断，是指在生产集中和资本集中高度发展的基础上，一个大企业或少数几个大企业对相应部门产品生产和销售的独占或联合控制。垄断的结果是使一个行业变得缺乏竞争力。因此在资本主义发达国家大都制定了反垄断法。垄断主要有几下几种类型。

卡特尔：是指生产同类商品的企业，为了获取高额利润，在划分市场、规定商品产量、确定商品价格等一个或几个方面达成协议而形成的垄断性联合。

辛迪加：是同一生产部门的企业为了获取高额垄断利润，通过签订协议，共同采购原料和销售商品，而形成的垄断性联合。

托拉斯：是垄断组织的一种高级形式，通常指生产同类商品或在生产上有密切联系的企业，为了获取高额利润，从生产到销售全面合并，而形成的垄断联合。

康采恩：是分属于不同部门的企业，以实力最为雄厚的企业为核心而形成的垄断联合，是一种高级而复杂的垄断组织。

⑦ 死地则战

与竞争对手决战商场

在战场上，如果敌我双方势均力敌，又不能躲避，那么就只有拼死血战了。所以孙子说："死地则战。"在商场上，这种面对面的进攻也不少见（如商品价格大战）。两军相逢勇者胜，同样，两商相斗韧者赢。

1970年，日本商人系山英太郎兴建了一座游泳池，这座游泳池位于京阪电气化铁路线牧野站前方，是一座可以同时容纳万人的豪华游泳池。然而，就在牧野站去大阪方向的前一站牧方站，也有一个由京阪电铁自己经营的游泳池。对来自大阪的旅客来说，英太郎的游泳池比牧方站游泳池远了一站。再加上京阪电铁利用车上的播音设备大力宣传牧方站的游泳池，所以游客们自然在牧方站下车；到牧野的，就凤毛麟角了。

系山英太郎感到问题的严重性，他认为争夺游泳客的唯一办法，是使泳客们都知道就在牧方下一站的牧野，有一个更华丽的游泳池。要达到这一目的，最简捷的办法就是在京阪电气火车车厢内做广告。可是，京阪电铁当局拒绝接受做车厢广告。在走投无路的情况下，英太郎带了12个职员到牧方站，散发牧野游泳池的免费入场券。免费入场券的效果立竿见影，从第二天开始，来英太郎游泳池的泳客开始急剧增加。英太郎没有放松宣传行动，而是继续带领职员，在牧方站向那些刚从游泳池出来的游泳客散发他的免费入场券。

这一战术的效果非常理想，尽管京阪电铁的车长们声嘶力竭地宣传"下一站是牧方游泳池"，可泳客们大都充耳不闻。牧方游泳池的游客数量锐减，而英太郎的游泳池则门庭若市，热闹非凡。终于，京阪电铁要求英太郎停止发放免费入场券的活动。英太郎借此趁机提出，在电车抵达牧野站前，希望也能替我们广播一下，以示公平。电铁方面生怕再有什么意外，只得接受这个意见。从那以后，牧野游泳池的旅客与日俱增，一年接待了25万人次，成为大阪地区最受欢迎的游泳池。

两商相斗韧者赢

商战需要技巧，但更需要的是坚韧不拔的毅力和不怕困难的精神。在某种情况下，最好、最强大的谋略就是与敌手拼死一战，谁坚持到最后谁就获胜，即《孙子兵法》中所说的：“围地则谋，死地则战。”

目标：争夺快餐业第一宝座

结局

由于B快餐店总是后发制人（每次降价后，B快餐店的价格总是比A快餐店便宜一块钱），那么顾客在其他条件不变的情况下肯定会选择在食品价格更低的B店用餐。所以A快餐店没过多久便退出了市场，从此市场被B快餐店所独享（价格又恢复到了以前的水平）。究其原因，就是在这场价格大战中，B店显示出了更为坚韧不拔的勇气和毅力。他们坚持到了最后，所以他们赢了。

⑧ 不若则能避之

商战中的以退为进

《孙子兵法》中的“不若则能避之”的真正含义：不是消极地逃跑，而是积极主动地规避，然后寻隙再战。“不若则能避之”的谋略在国际商战中被人们广泛理解为善于规避风险。

企业感到经营风险而从某领域撤出以求保全经营主业或主体企业。体现了孙子“不若则能避之”的谋略。

20 世纪 50 年代，日本经济腾飞，随着连续几年经济的高速发展，许多企业都拼命扩大自己的经营规模。为此，日本日立公司也投入了大量的资金。20 世纪 60 年代初，整个日本经济进入了萧条时期。面对滞销的产品，已经搭起的扩建厂房的钢架，新添置的机器设备已经运抵码头、车站的局面，日立公司的人们对下一步应该怎么办产生了两种截然相反的意见：一种是继续投资，另一种则是立即停止投资。为此，公司内部发生了激烈的争论。

“立即停止投资！”公司做出了果断的决策。日立进入了一个关键的转折时期。下面的数字很能说明当时日立决策的正确性。从营业额来看，从 1962 年开始，日本三大电器公司中的东芝和三菱都有明显的下降，但是日立则一直到 1964 年仍在继续上升。从分红来看，1962 年上半年，日立、东芝和三菱都维持在 13%左右。到 1963 年下半年，出现了 1%的差距。到 1964 年下半年，差距扩大到 4%。到 1965 年上半年，东芝是 6%，三菱是 4%，日立则是 10%。

终于进入了 20 世纪 60 年代后半期，一个新的经济繁荣时期到来了，蓄势已久的日立公司不失时机地积极投资，1967 年投入了 102 亿日元，1968 年上升到 160 亿日元，1969 年上半年就突破千亿大关，达 1220 亿日元。1966 年至 1970 年五年内，销售额提升了 1.7 倍，利润提升了 1.8 倍。

日立当年如果不是明智地“走”，即主动地停止投资，做战略撤退，那么它在经济萧条时期能得以保存实力吗？到了经济再度繁荣时，它能以巨大的实力迅速东山再起吗？

以价值营销对抗价格营销

除了“保存实力，以图东山再起”之外，“不若则能避之”在现代商战中还可以解读为不与竞争对手在某一方面死拼硬扛，而是从己方占优势处击败对手。以价值营销对抗价格营销即是其典型的表现形式。

我们对于商家之间展开的价格战早已司空见惯，从早先的彩电大战、冰箱大战，再到现在的家用汽车大战，无一不是以降低价格作为主要的竞争手段。但是，最终的结果却往往是两败俱伤。那么，面对损人不利己的价格战，企业应该怎么办呢？价值营销即是越来越多的企业对抗价格战的方法。

价值营销包含的内容

- **产品价值**：产品同质化是引起价格战的重要因素。所以通过对产品进行差异化创新，重整产品对顾客的价值，是应对价格战的有效利器之一。其主要方法有：采用新技术，改进产品的质量、性能和外观式样等。
- **服务价值**：通过服务增加产品的附加价值，在同类产品竞争中取得优势，就可以在相对的高价上维持市场份额，也能够在价格战中立于不败之地。
- **品牌价值**：从以产品为中心的营销转变为以品牌为中心的营销，这样可以有效避免以产品为中心的价格战。
- **终端价值**：终端价值强调的是差异化的终端建设，通过超值的购买体验强化客户终端价值，这样可以从感性上淡化产品的价格。

所谓价值营销，是指通过向顾客提供最有价值的产品与服务，创造出新的竞争优势而取胜的一种营销策略。如上图所示，在这样的餐厅就餐虽然价格会较贵，但这里提供的服务，营造的温馨、舒适的就餐环境和氛围，却是在其他餐厅享受不到的。

⑨ 因敌制胜

要做商场上的“变形金刚”

孙子认为：兵无常势，唯有因敌而制胜。其旨在强调实施作战计划，应当随着敌情的变化而变化，力求敌变我变，先变于敌。企业家借鉴这一谋略，首要一条就是要保障企业在多变的环境中有效地生存和发展；当社会环境有所改变时，你的经营手段也必须随之改变。

美国的梅西百货公司是世界上最大的百货公司之一，梅西在总结自己的经营之道时说：“变化是我们的生命。”当罗兰·梅西在纽约14街创建梅西百货公司时，他对外的宣传口号是：用现款买便宜货。顾客因此受到极大的引诱，而像潮水般涌向梅西公司。随着时间的推移，顾客中拥有银行存款的人渐渐多起来，他们喜欢不必付现款就可以提货。为顺应这一变化，梅西百货公司于1901年建立梅西银行，同时创立一种制度：顾客只要把一笔钱存进梅西银行，就可以得到一张信用卡；持这种信用卡，可以在梅西百货公司的任何一家商店自由购物。购物的余款，顾客还可以照样享受利息。这一新方法方便了顾客，大受欢迎。

到了1939年，梅西百货公司注意到，许多梅西公司的忠实顾客都跑到别的公司购物了。原来，梅西公司的竞争对手采取了向顾客提供分期付款的策略，从而抢走了梅西公司的许多生意。为了适应这一变化，梅西公司又推出新的推销方式——“用时再付”。他们为顾客的信用定了限制，在限制的条件下，顾客可以先取出货物试用一段时间；如果决定买下，然后再给18个月的时间，分批付完货款。这样一来又把顾客吸引回来了。

到了1960年，美国社会进入了信用卡时代。那些习惯于一个月付一次账单的顾客，对梅西公司又失去了兴趣，销售额开始节节下降。梅西公司立即采取措施，这年8月，他们宣布了新的购物方式：顾客可以凭信用卡在梅西公司购物，在收到账单后10天内付钱，不收服务费用。如果顾客希望延长付款期限，只需先付1/5的数目，而后分期慢慢付，公司只略收服务费。结果，梅西公司的销售额又节节上升了。

变化是我们的生命

梅西百货公司的老板罗兰·梅西说：“变化是我们的生命。”不错！精心研究市场的变化，并且积极主动地顺应这种变化就是梅西百货公司100多年来之所以在商场上长盛不衰的制胜法宝。这与《孙子兵法》中所说的“故兵无成势，无恒形”的道理如出一辙。

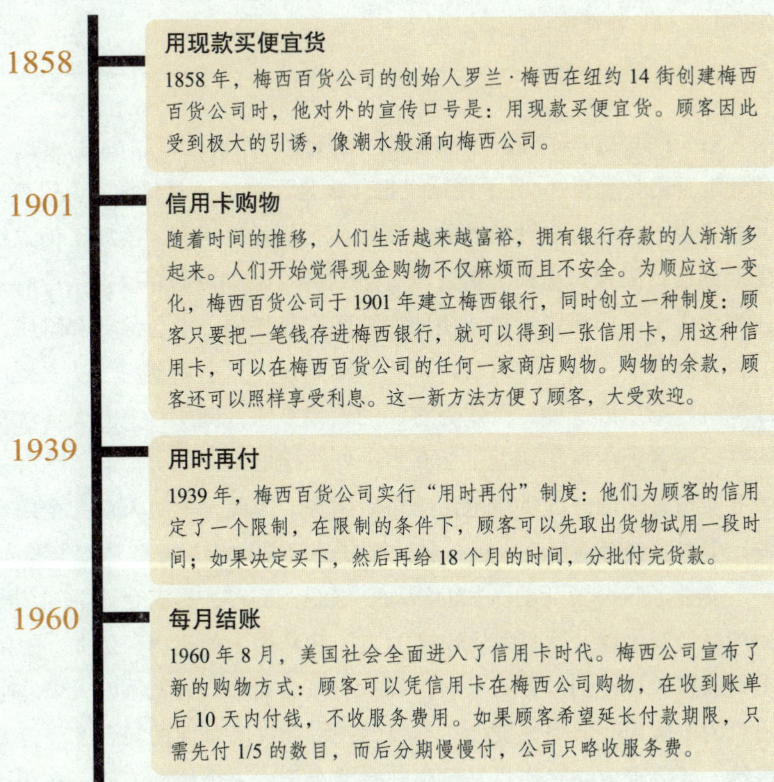

美国梅西百货公司简介

梅西百货公司是美国的一家连锁百货公司。1858年，创始人梅西在纽约曼哈顿第14大街以自己的名字命名开设了第一家商店。目前，梅西百货是纽约市最老牌的百货公司，是纽约人与观光客的汇集之地。梅西是高档百货商店，主要经营服装、鞋帽和家庭装饰品。它同诺德斯特龙一样，以优质的服务赢得美誉。其公司规模虽然不大，但在世界上有很高的知名度。

⑩ 以迂为直

商战中切忌急功近利

一般来说，企业发展前进的道路都是坎坷曲折的，那种一飞冲天、迅速致富的想法是不现实的。所以在这个时候，就可以借鉴一下《孙子兵法》中的“以迂为直”的谋略。

《孙子兵法·军争篇》中说：“故迂其途，而诱之以利；后人发，先人至，此知迂直之计者也。”孙子在这里把什么是迂直之计及其意义说得很清楚。其大意是说，知迂直之计的人故意迂回而行，投以小利，落后于他人行动，却先期到达目的地，达到了别人没有达到的效果。为更好地推销产品，企业往往先为各个商店培训人员，使他们熟悉产品性能，学会保养和维修，以良好的售后服务促进销售。目前，一些汽车制造厂、空调器厂、洗衣机厂、电子计算机厂都采取这种“以迂为直”的营销策略。例如，上海大众汽车有限公司在全国各大中城市建立了200多个特约维修站，拥有一支训练有素的售后服务队伍，为用户提供规范化的售后服务。因此，上海大众在全国合资企业评比中多次获得销售收入第一名。德方经理说：“售后服务是竞争的武器。”

企业通过公关活动、赞助活动、组织竞赛等，提高企业的知名度，从而为产品打开销路，这也是“以迂为直”在营销上的运用。例如，中国的马家军打破田径长跑的世界纪录后，日本东海公司第二天就派专人来北京，提出愿意为中国田径队提供赞助，其目的是借此提高企业的知名度和打开中国的市场。娃哈哈成立之初只是杭州邮政路小学的一个校办工厂，在获得成功之后，该厂用2600万元使所在区的中小学都用上了新的课桌椅，还配备了电脑。由此，娃哈哈的知名度越来越高，产品供不应求。

在商业活动中，顾客要求退货，这对商店、厂家而言都是一种挫折，这也就是一种“迂”。可聪明的经营者却善于通过退货，使顾客由不满意变为满意，使坏事变好事，挑战变机遇，进一步改善企业形象，提高企业信誉，这就是“以迂为直”啊。

汽车厂商的售后服务

近年来中国汽车市场竞争极为激烈，为了获得更多的市场份额，商家们都是奇招迭出。这些举措看上去好像和汽车本身没什么关系，但它们对销售额的增长确实是贡献颇多。

这就是商战中的“以迂为直”

每年世界各地都会举办许多汽车拉力赛。届时，各大汽车生产厂家都会耗费巨资带着各自的新产品前来一比高下。经过艰苦的比赛，在赛场上有着良好表现的汽车就会在销售市场上取得不俗的业绩。费时费力地参加汽车拉力赛，表面上看是一项体育运动，与销售没什么直接关系。但实际上，参赛的目的并非为了夺冠，而是为了展示各自的产品，扩大影响，这就是商战中“以迂为直”的一种方式。

图中所显示的是一家普通的汽车4S店的日常工作场景。不要误会，围坐在一起正在打牌的不是店内偷懒的员工，而是前来做汽车维护保养的客户。这样做，可以使顾客在等待的过程中不至于太无聊。近年来，汽车行业的竞争日益激烈，在使尽了种种促销手段之后，人性化的售后服务成了关键所在。市场证明，谁的售后服务做得更好，谁的销售成绩也会更好。因此，良好的、人性化的售后服务也是商战中“以迂为直”的一种表现形式。

⑪ 先知地形

如何选择商店的位置

孙子在《孙子兵法·地形篇》中提出："地形者，兵之助也。"张预注："凡用兵，贵先知地形。"其实，进行商务活动、开商店、做生意也贵在先知地形。常听商人们说："要想开好店，先把地形占。"讲的便是如何选择商店位置的道理。

我们来比较一下全球零售业霸主美国沃尔玛和排名第二的法国家乐福的中国战略，就可以切实感受到地形对于商战的重要意义。2003 年，沃尔玛在全球市场的销售额为 2563.29 亿美元，而家乐福则是 796.9 亿美元，足足相差了 3 倍以上。但是在中国市场，两者地位却截然相反：2004 年上半年，在中国设有 50 家分店的家乐福销售额为 77.61 亿元；相比之下，在中国拥有 39 家分店的沃尔玛的销售额仅为 37.23 亿元。不仅如此，沃尔玛还在 2002 年、2003 年分别出现了 2.4 亿元和 0.4 亿元的亏损，2004 年才进入盈亏平衡状态。从进入中国市场的时间来看，家乐福是 1995 年，沃尔玛是 1996 年，并没有太大的时间差距，但为何销售额会拉开如此之大的距离呢？

关键就在于建店地址！家乐福在进入中国之初就把店铺设在了北京、上海等大城市的中心黄金地带。而沃尔玛在进入中国时，首先集中在华南地区开店，后来才逐渐扩展到北京、上海和广州，建店地址也和它在美国一样选在了城市近郊。沃尔玛的店铺都设在郊区，很不方便，因此无法吸引市内和住处较远的消费者。

由于家乐福比沃尔玛占据了更有利的地形，因此在中国市场的盈利前者就远大于后者。对于一般的经营者来说，开商店、做生意，当然是想盈利，这就需要有顾客。只有让顾客来往方便，愿意前来，生意才能越做越好。那么，店址究竟应该选在什么地方呢？下面的建议可以供商家参考。

家乐福与沃尔玛不同的商业地缘战略

在零售业，美国沃尔玛和法国家乐福几乎同时登陆中国。但由于他们采取了不同的商业地缘战略，因此所取得的业绩也大相径庭。这正好说明了地理位置对于商业竞争的巨大影响。

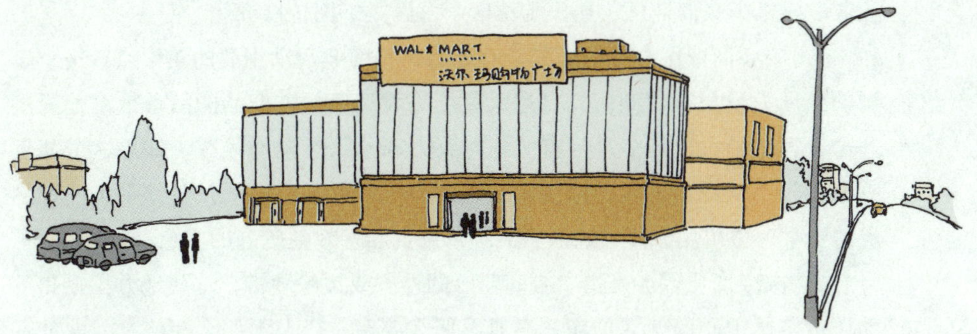

美国的沃尔玛是全球零售业第一巨头，其2003年的全球销售业绩是家乐福的3倍以上。但在中国，它的业绩却只有家乐福的一半。究其原因，就在于店址的选择上。沃尔玛照搬在美国经营的经验，将店开在人口较少、交通欠发达的郊区，这限制了客流量，最终导致销售业绩不佳。

巧合的是，法文家乐福翻译成中文就是“十字路口”的意思。

相比之下法国的家乐福就要精明得多。到目前为止，它在中国的50多家分店均设在大城市的繁华闹市区。这一点很符合中国现阶段国情及中国的文化，因此取得了不俗的销售业绩。以2004年上半年为例，家乐福在中国的销售额为77.61亿元，是沃尔玛的两倍还多。

一般来说，每个城市都有五种基本的地域类型，即中心商业区、次级商业区、成排街头商业区、居民街坊区、郊区，下面依次介绍。

1. 中心商业区。是城市的中心地带，是商业活动主要的集中点。这个区域的主导力量是百货商店、自选大商场等大型商号，商品的品种繁多，规格齐全，客流量大，且多是具有一定购买力和购物意向的顾客。如果这个地带有面积较小的铺面出租，即使贵一点，也应争取到手——只要你手头拥有足够的资金，你可用来经营高级服装、快餐食品等效益较高的生意。

2. 次级商业区。是指中心商业区的外围或边缘地带，这些地方租金和不动产价格比中心商业区低廉，交通不那么滞塞，行人不那么拥挤，因此带有娱乐性气氛的服务较受顾客青睐，如咖啡厅、歌舞厅、健身房、家具店、书店等，对顾客都有很大的吸引力。

3. 成排街头商业区。一般专卖同类型的商品，为同一阶层的顾客，如五金、日杂、修理、花鸟等。如果你想在“山货土产街”开一间妇女时装店，那就错了。如若不信，你试试看，一定会亏本。

4. 街坊区。街坊区是居民区的中心商业区，吸引着步行或骑车的附近居民，这些商店大多为顾客提供方便的个人服务。街坊区通常适宜开办全日营业的饭店、修理店、药店、水果店、蔬菜店、食杂店、理发店、干洗店、烟酒店、日用百货店等。

5. 郊区。对于一些企业来说，所处位置跟成交额并没有太大关系，因为他们可以通过邮购、运送专车等向顾客提供商品或服务，比如邮购业、制造业、加工业等。所以，你如果要办一间小工厂、小车间，最好到租金低廉、安静开阔的郊区去。

在选择店址时，还必须对这个地区的人口状况、风俗习惯、生活方式、消费水平，乃至交通、地形等，进行全面的考察。只有这样，才能在强手如林的商务活动中站稳脚跟，进而开创一番伟业。

五种地区的投资选择

从商业投资的角度讲，每个城市都有五种基本的地域类型，即中心商业区、次级商业区、成排街头商业区、街坊区、郊区。在这五种地域条件下，分别适合不同的投资项目。下面我们就对此依次加以介绍。

郊区

郊区的特点是：距离市中心较远，交通不发达，并且人口稀少。因此，只适合开设一些所处位置跟成交额并没有太大关系的企业，比如邮购业、制造业、加工业等。所以，你如果想要办一间小工厂，租金低廉、安静开阔的郊区是最佳的选择。

次级商业区

是指中心商业区的外围或边缘地带。这些地区的不动产价格相对较低，交通不那么滞塞，行人不那么拥挤，因此适于开设带有娱乐性质的服务业，如咖啡厅、健身房、书店等，对顾客会有很大吸引力。

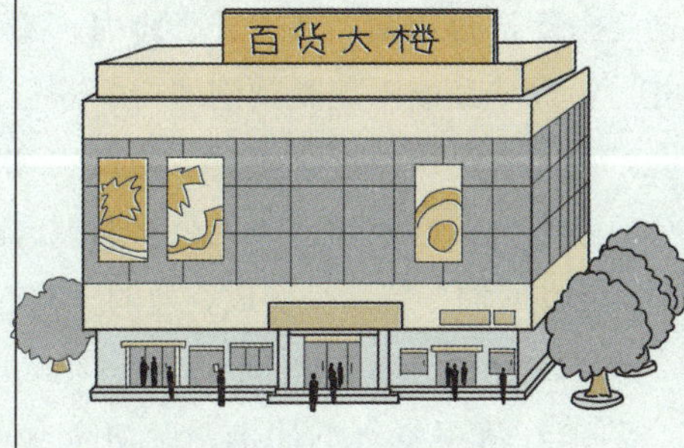

成排街头商业区

一般专卖同类型的商品，为同一阶层的顾客服务，如五金、日杂、花鸟等。如果你想在“山货土产街”开一间妇女时装店，那就错了。如若不信，你试试看，一定会亏本。

中心商业区

是指城市的中心地带。这里交通发达、客流量大，是一个城市主要的商业活动地点。所以这个区域适于开设的是百货商店等大型商号，所备商品的品种要多，规格要齐全。如果这个地带有面积较小的铺面出租，即使贵一点，也应争取到手——只要你手头拥有足够的资金，你可用来经营高级服装、快餐食品等效益较高的生意。

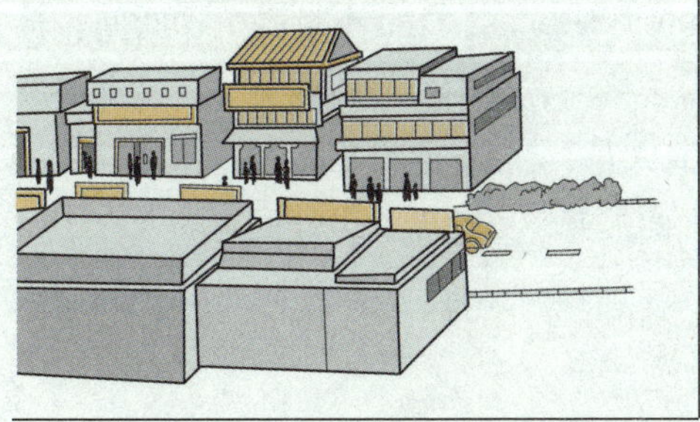

街坊区

是指位于居民区中的商业地带，它主要是为步行或骑车的附近居民的日常生活提供便利服务。街坊区通常适宜开办全日营业的饭店、修理店、药店、水果店、蔬菜店、食杂店、理发店、干洗店、烟酒店、日用百货店等。

第三节 现代企业管理妙法

1 兵非益多 打造精干的、高效的职业团队

孙子认为：用兵打仗，并不是兵力越多越好；只要做到“惟无武进，足以并力、料敌、取人而已”，便能取胜。这个道理放在现代的企业经营管理中，就是企业家要力图组建一支精干的、高效的员工队伍。

一个企业是否有实力、有创造力，主要不是看员工的人数，而是要看员工的素质，要看企业内部是否团结一致、齐心协力，要看对竞争对手以及市场环境的了解程度，要看产品能不能受到消费者的欢迎，要看企业的决策是否正确等。在这里，我们主要谈一下企业员工的素质对一个企业竞争力的影响。人浮于事，军心散漫，无心工作，或人员素质差，心有余而力不足，这样，工作的效益不仅没有增加，反而会变成企业的负担。

谈到“兵非益多”，台塑总裁王永庆在20世纪80年代初曾说过：“为了提高工作效率，防范经济不景气的冲击，台塑企业预计使同一生产单位的人数，减少到原来的三分之二，甚至二分之一。”为使人力充分利用，台塑还规定了标准工作量，以每人每天上8小时，每天实际工作时间八成来计算，每天就是6.4小时。那么，每人每月便应该有160小时的工作时间。台塑一方面要求每人达到这一标准工时，另一方面则大量地裁员，裁掉全部员工的三分之一以上。因为不断地精简人员，在20世纪80年代初的三年中，台塑集团每人每年营业额获得了很大的提升，由此显示出其优越的人力运用效能。

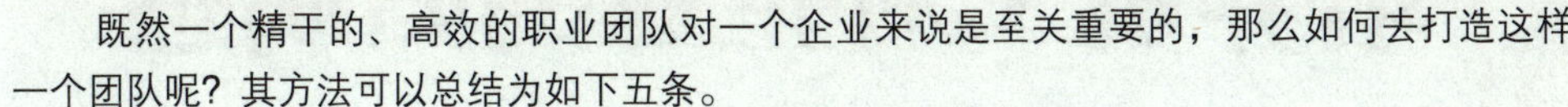

如何打造精干的、高效的职业团队

既然一个精干的、高效的职业团队对一个企业来说是至关重要的，那么如何去打造这样一个团队呢？其方法可以总结为如下五条。

打造精干、高效职业团队的五个要诀

创造一种具有支持性的人力资源环境。管理者应该努力营造一种具有支持性的人力资源环境。这种具有支持性的环境可以帮助组织向团队合作迈出重要的一步，因为这种环境促进了更深一步的协调、信任和彼此之间的欣赏。创造这种环境的具体方法有：

- 倡导成员多站在集体的角度去考虑问题。
- 提供充分的时间供大家交流。
- 对成员取得成绩的工作能力表示有信心。

培养团队成员的自豪感。团队成员的自豪感正是成员们愿意为团队奉献的精神动力。每位成员都希望拥有一个光荣的团队，而一个光荣的团队往往会有自己独特的标志。如果缺少这种标志，员工的自豪感就会减弱甚至荡然无存。所以，创建公司的形象系统，会对团队的创造力产生积极的、深远的影响。

使每位成员的才能与角色相匹配。团队成员必须具备履行工作职责的能力，并且善于和其他团队成员合作。只有这样，每一个团队成员才能清楚自己的角色，清楚自己在工作流程中的位置。每一个进入团队的人，才能真正成为这个团队的一员。如果做到这一点，成员们就能够根据条件的需要，自动迅速地完成团队目标，而不需要别人下达命令。

设立具有挑战性的团队目标。一个企业创造出辉煌的成绩，是整个团队分工协作的结果，而不是仅靠个人的表现。所以，为团队设定一个具有挑战性的目标，并鼓励每一位成员的团队协作精神才是正确的做法。当人们意识到，只有所有成员全力以赴才能实现这个目标时，这种目标就会集中员工的注意力，一些内部的小矛盾也就往往被消灭于无形之中了。此时，如果还有人自私自利，其他人就会谴责他不顾大局。

正确的绩效评估。绩效评估的作用，首先，是企业希望通过对员工的考核，判断他们是否称职，从而切实保证他们与职位的匹配，报酬、培训等的科学性，这种功能被称为绩效评估的评核性；其次，是希望通过绩效评估，帮助员工找出自己绩效差的真正原因，以激发员工的潜能，这被称为绩效评估的发展性。

② 恩信使民

培养员工对企业的归属感

从企业的经营者到全体员工都要有一致的信念，有共同的奋斗目标，培养员工对企业的归属感。只有这样，企业才能在日益严酷的竞争环境下得以生存和发展。这就要求企业的经营者树立“恩信使民”的观念，以得到员工的全力支持。

1984年，张瑞敏接手海尔集团的前身——青岛冰箱厂。这是一个连换三任厂长仍然“病入膏肓”的集体小厂，守着一个烂摊子的600名职工，已是人心涣散。临危受命的张瑞敏感到压在他身上的担子很重。张瑞敏迈开的第一步，就是采用恩信使民的策略，重塑企业凝聚力。当时工人们住得离厂较远，上下班是个不小的负担。张瑞敏上任后的第一个举措就是购买数辆大客车，每天接送职工们上下班。这年春节，张瑞敏不惜借钱给工人过节，工人们都按时领到了工资，过了一个好节。1987年，冰箱厂30多年来第一次买了14套房子，全厂千余名员工眼巴巴看着领导怎么分。结果，房子全部分给了在一线奋斗的老员工。

在海尔，有一个被称为“上班满负荷，下班减负荷”的排忧解难工程，专门帮助员工及时解决生活中的实际困难。工人们手中都有一册《排忧解难本》，如哪位员工遇到什么困难，只要填上一张卡或打一个电话过去，排忧解难小组马上就会派人前去帮助解决。张瑞敏对此曾有个专门批示：“想要员工心里有企业，你的心里就必须时时刻刻惦记着员工。要让员工爱企业，企业就首先要爱员工。因此，我们每个单位都应进一步完善类似排忧解难这一类的措施，并持之以恒，不流于形式。如果能使每一个海尔人都愿意奉献自己的爱给海尔，那么还有什么力量能阻挡我们前进的步伐！”海尔有一青年女工，在身患绝症弥留之际，提出的唯一希望就是让她的灵车在经过公司的大门时停一停，让她能最后“看”一眼心爱的公司。海尔能有这样“士为知己者死，死而无憾”的员工，正是海尔能够发展壮大的根本动力。

海尔的“排忧解难工程”

海尔集团的“排忧解难工程”很好地为职工解决了生活上的后顾之忧，从而让他们可以安心工作。这样的工程是一个可以使员工对企业产生归属感的典范工程，值得每一个企业学习。

“想要员工心里有企业，你的心里就必须时时刻刻惦记着员工。要让员工爱企业，企业就首先要爱员工。因此，我们每个单位都应进一步完善类似排忧解难这一类的措施，并持之以恒，不流于形式。如果能使每一个海尔人都愿意奉献自己的爱给海尔，那么还有什么力量能阻挡我们前进的步伐！”

海尔集团总裁张瑞敏

①企业有明确的发展战略目标，让每个人感到有希望、有方向、有动力。 ②使职工在精神和人格方面得到尊重。 ③职工通过劳动与贡献能获得合理的报酬与肯定。 ④企业的骨干人才应享有股份，或采取“优秀人才集体持股和个人持股相结合，普通员工适当参股”的方式。 ⑤企业内部应“严于立法，疏于执法”，即规章制度要严密，但执行时不搞“管、卡、压”。要有一定的灵活性，法治与人治两者兼顾，以德治企，以理服人。	中化香港集团有限公司副董事长郑敦训提出的培养员工对企业产生归属感的五条原则。

③ 赏罚分明

建立完备的企业赏罚制度

拿破仑说："统率三军的手段无非有两个方面，一方面是利益驱动，另一方面是恐惧约束。"赏罚分明用在现代企业的人事管理上，也是一根重要的杠杆。赏功罚过、赏成罚败、赏先罚后、赏廉罚贪、赏严罚松等等。总之，不论赏罚的载体是什么，其目的都是为了使该企业的团队精神得到强化。

北京燕京啤酒集团公司总经理李福成认为，建立一套符合企业实际情况的赏罚制度，是维护企业正常运作的有力保证，这叫作"会管的抓制度，不会管的堵漏洞"。在他的亲自主持下，燕京制定了 9 个系列共 50 多万字的规章制度。

有一次，一个车间多灌装 300 箱啤酒，不但没多拿一分钱，反而全车间人均扣掉 10 元奖金。其实，如果不是专家品评，提前几小时灌装的啤酒，消费者是喝不出来的。可是，李福成对工人说：宁可停产，也不准灌装未到期的啤酒，违者严厉处罚。燕京的规章虽然是严格的，然而它严得合情合理，处罚只是手段，教育才是目的。其可取之处在于，每条处罚措施都留有余地，给人以悔过的机会。如规定夜班不准睡觉，第一次违反者扣除当月奖金的 50%；第二次违反者，再扣 50%。如果一下子全扣掉，这个人可能破罐子破摔，不利于教育。所以，大家虽对公司所定的各项纪律惧怕三分，但都心服口服。

当然，燕京更多的还是激励。从 1994 年开始，燕京开始开展评选百名操作能手和十佳标兵的活动。对当选的各工种的十佳标兵，在年终大会上进行表彰，授予称号，上光荣榜，给予奖励等。公司还规定，员工只要在地区或全国获奖，回到厂里，再发给同样数量的奖金。上述奖励与严格的处罚相辅相成，有效调动了全体员工的积极性，形成了一种竞相创优、拼搏向上的气氛。

赏罚分明还贵在铁面无私。燕京规定：对偷酒的人实行严厉处罚，偷 5 瓶酒者开除，对干部、职工一视同仁。有一次，李福成的侄子偷了几瓶酒，他自以为是总经理的侄子，不会把他怎么样。结果，李福成一样开除了他。这说明：赏罚分明，不仅要说到，真正彻底地做到才是最重要的。

九种不花钱的奖励

奖赏之所以能够使员工更加积极努力地工作，原因在于奖赏能够满足员工的各种需求。员工的各种需求归纳起来主要分为两种：一是物质需求，一是精神需求。下面就介绍九种经典的精神奖励法，它们都能起到很好的激励效果，最重要的是它们都是不用花钱的。

①“会管的抓制度，不会管的堵漏洞。”
②“一个干部要硬。说一套做一套；对下属是一个标准，对自己又是另一个标准，久而久之，别人就不再理你那一套了。”

燕京啤酒集团总经理李福成

九种经典的精神奖励法

善于表扬：这是一种既不需要花钱，效果又非常明显的方法。实施起来也很简单：管理者只要到四处转转，这里夸奖一句，那里表扬一句，这样就可以让员工兴奋不已；当然，他们就会因此而加倍努力地工作。

表示关怀：当领导开始关怀部属的私生活时，马上就会和他们形成某种特殊关系。这种特殊关系，不仅可以让部属少拿钱而多干活，甚至还可以在关键时候让他们心甘情愿地从事艰苦的工作。

假装关心：这一招不仅可以让员工为你的举动而感激涕零，还可以使你不必浪费太多的时间。例如，当你开车经过一位员工的身边时，你可以停下来冲他大喊一声：“你家里还好吗？”这样，就可以让所有人都知道你很关心他，又不用去听他唠叨。

具有特殊意义的礼物：尽管生日贺卡只是一张卡片，但是，如果上面有领导者的签名，也会让员工备感荣幸。

让工作充满刺激：工作太简单了，员工就会觉得乏味；太难了，员工又会感到恐惧。其实，关键在于让工作充满刺激。

颁发奖状：奖状几乎不需要成本，但一张奖状却能够在很大程度上满足员工的荣誉感。

和员工一起共进午餐：如果你能和员工一起共进午餐，那么就会使他产生一种错觉，以为自己有能力，受到赏识和器重，正在平步青云等。

让员工自己制定工作目标：如果让员工自己制定工作目标，那他就会用100%的热情去工作，以证明自己的计划是正确的。问题是，你要设法让员工制定出你想要的工作目标。

设法使员工之间展开竞争：要善于策划员工之间的竞争，使他们一个比一个敬业，俗话说“榜样的力量是无穷的”。

附录一

中国古代八大经典战事

1. 黄帝征服中原各族：阪泉之战与涿鹿之战

约公元前 26 世纪，黄帝已成为一个强大的部落联盟领袖。当时也比较强大的炎帝部落联盟不服黄帝的号令，黄帝遂攻炎帝于阪泉之野（今河北涿鹿东南，一说今山西运城解池附近），经多次战斗解仇结盟。

风姓古夷人集团分化为以少昊及蚩尤为首的两大部落联盟。蚩尤部落联盟，史称“九黎”，善制兵器，战斗凶猛，曾征服 20 余个部落。黄帝于涿鹿之野（今河北涿鹿东南涿鹿山一带，一说今河北涿州，还有他说）擒杀蚩尤。少昊与黄帝结盟。黄帝在泰山举行联盟大会，古苗蛮人部亦有参加。从此黄帝英名远播，为华夏族及华夏文化的形成奠定了基础。

2. 武王伐纣：兴周灭商

商代末期（约前 12 世纪末 - 前 11 世纪初），周军在西部（今陕西、甘肃一带，一说已进入中原）和中原地区进攻敌对方国，攻灭商朝。周武王姬发继位后，即择机灭商。周武王十二年（前 1047 年）十二月，武王乘商统治集团内部分裂、商军主力在东夷作战而朝歌空虚之机，率数万大军会同各路诸侯渡孟津（今河南孟津东北、孟州西南），于商郊牧野（今河南淇县南）击败商军 17 万众（一说 70 万人），商朝灭亡。此战，以示伪谋略使敌军产生错觉；由近及远，先弱后强，逐次击破；选择战机，先发制人，成为以少胜多的著名战例。

3. 华夏统一：秦灭六国

公元前 238 年，秦王嬴政开始亲政，并周密部署统一六国的战争。李斯、尉缭等协助秦王制定了统一全国的策略：一是趁六国混战之际，秦国“灭诸侯，成帝业，为天下一统”；二是继承历代远交近攻政策，确定了先弱后强、先近后远的具体战略步骤。这一战略步骤可以概括为三步，即笼络燕齐，稳住楚魏，消灭韩赵，然后各个击破，统一六国。

由于秦国在战争中战略战术运用得当，使六国统一成为事实。嬴政在位时期，国力富强。在战略上处于进攻态势，势如破竹；在战术上，执行了由近及远、先弱后强的方针；在具体战役中，秦国运用策略正确，机动灵活。相反，六国方面势力弱小，在战略上又不能联合，各自为战；在战争中消极防御，被动挨打，以至灭亡。

4. 西汉王朝的建立：楚汉争霸

汉高帝元年（前 206 年）八月至汉高帝五年（前 202 年）十二月，项羽、刘邦为争夺政权进行了一场大规模战争。楚汉战争历时三年多，在中国古代战争史上占有重要地位。名将韩信在战争中显示了其卓越的统率才能。先还定三秦，再破代、攻赵、降燕、伐齐，最后在垓下全歼楚军。其还定三秦之战暗度陈仓；井陉之战背水设阵，拔帜易帜；潍水之战以水冲敌，半渡而击；垓下之战四面楚歌，

十面埋伏。韬略之丰富，用兵之灵活，在中国战争史上写下光辉篇章，亦为历代兵家所推崇借鉴。

垓下一战，刘邦全歼楚军，获得最后的胜利，建立了西汉王朝。

5. 挟天子以令诸侯：官渡之战

建安四年（199 年）六月，袁绍挑选精兵十万，战马万匹，企图南下进攻许昌，官渡之战的序幕由此拉开。在长达一年多的战斗中，曹操励士死战，采取机动灵活的战略战术，数次大败袁军，官渡之战以曹胜袁败而告结束。官渡之战是袁曹双方力量转变、使当时中国北部由分裂走向统一的一次关键性战役，对于三国历史的发展有着极其重要的影响。曹操在作战指导上的高明是取得胜利的重要因素。曹操根据敌强己弱的具体情况，采取以逸待劳、后发制人的作战方针。在防御作战中，从被动中力争主动，指挥灵活；面临危局，坚定沉着；善于捕捉战机，果断施行；善于听取部属意见，奇袭乌巢，终于取得胜利。

6. 唐王朝没落的开端：安史之乱

唐朝天宝十四年（755 年）至广德元年（763 年），唐王朝平定边将安禄山、史思明叛乱。

唐朝天宝十四年，安禄山假称奉密旨讨伐杨氏一家，率兵十五万在十一月初九自范阳起兵，南下反攻唐朝；唐乾元二年（759 年）正月初一，史思明自称大圣燕王，亦起兵反唐。在长达七年多的平乱过程中，叛军长驱直入，洛阳、长安两京数度失守。幸得大将郭子仪、谋士李泌、兵马大元帅李适等因势利导、正确决策，利用叛军弱点，实施远距离战略追击，终将叛乱平定。但亦因此，唐王朝形成了藩镇割据的局面，并由此走向没落。

7. 为正义而战：郑成功收复台湾

清顺治十八年（明永历十五年，1661 年）二月至十二月，郑成功从荷兰侵略者手里收复了我国神圣领土台湾，成为我国历史上杰出的民族英雄。

郑成功是明末将领郑芝龙之子。为驱逐荷兰殖民者，建立稳固的抗清基地，郑成功决意收复台湾。为了顺利收复台湾，郑成功进行了周密的准备：不断侦察台湾的情况，秘密搜集情报；勘测航路，了解荷军兵力配备、设防等情况；筹备粮饷，扩充军队，使陆师达到 72 镇（每镇 1000 人），水师 20 镇，总兵力 10 万余人。经过一年的艰苦战斗，沦陷了三十八年的台湾成功收复，郑成功驱逐荷兰侵略者的伟大斗争取得了最终的胜利。郑成功收复台湾的战争，是我国海战史上规模大、距离远的一次成功的登陆作战，是以劣势装备战胜优势装备的突出战例。此战的胜利，结束了荷兰侵略者对台湾人民的殖民统治，为中华民族抗击海外侵略者、维护领土完整创下了光辉的业绩。

8. 反帝反封建的农民战争：太平天国运动

鸦片战争后，由于五口通商，东南沿海地区的农民和手工业者纷纷破产；同时，地主加紧了对农民的盘剥；清政府年年增加捐税，农民不堪重负。1850 年前后，拜上帝会与地主团练的冲突日趋尖锐，太平天国农民起义便在这样的形势下酝酿和发动。这场规模空前的农民战争历时十四年，纵横十八个省，威震全中国，最终在清政府和外国侵略势力的联合绞杀下失败了。可以说，这是一场孙子所言的有“道”之战，符合大多数民众的利益。但在战争的后期，其政治集团内部还是不可避免地发生了权力之争，导致了上层建筑的瓦解和内讧，这是其失败的决定性因素。

附录二

中国古代八大军事家

1.愿者上钩：姜尚

姜尚，名望，字子牙，也称吕尚，因是齐国始祖而称“太公望”，俗称姜太公，东海海滨人。西周初年，他被周文王封为“太师”（武官名），被尊为“师尚父”，辅佐文王，与谋“翦商”，后辅佐周武王灭商。因功封于齐，成为周代齐国的始祖。他是中国历史上最负盛名的政治家、军事家和谋略家。

当时，殷纣王暴虐荒淫无道，朝政腐败，民不聊生。而西部的周国由于西伯姬昌（后为周文王）倡行仁政，发展经济，社会清明，人心安定，民众倾心于周，四边诸侯望风依附。已是暮年的姜尚获悉姬昌正广求天下贤能之士治国兴邦，便毅然离开商朝，来到渭水之滨终日垂钓，以静观世态的变化，伺机出山。一天，姜尚正在溪边垂钓，恰遇到此游猎的西伯姬昌，二人谈得十分投机。姬昌向他请教治国兴邦的良策，姜尚当即提出了“三常”之说：一曰君以举贤为常，二曰官以任贤为常，三曰士以敬贤为常。意思是说，要治国兴邦，必须以贤为本，重视发掘和使用人才。姬昌听后大喜，拜姜尚为太师，称“太公望”。从此，英雄有了用武之地，姜尚成为灭商兴周扭转历史格局的关键人物。

据说，姜太公顺应天命，在渭水边用直钩不挂鱼饵钓鱼，且钩离水面三尺高，口中自言自语：“愿上钩者自己上钩！”（《武王伐纣平话》记载：姜尚因命守时，立钩钓渭水之鱼，不用香饵之食，离水面三尺，尚自言曰：“负命者上钩来！”）相传兵书《六韬》为姜尚所作，后人考证系战国时人的托名之作。但从现存的内容看，基本上反映的是姜尚的军事实践活动和他的韬略思想。司马迁在《史记·齐太公世家》中指出：“后世之言兵及周之阴权皆宗太公为本谋。”由此看来，姜尚实为中国谋略家的开山鼻祖。

2.兵家鼻祖：孙武

孙武是我国古代伟大的军事家，也是世界著名的军事理论家。其所著《孙子兵法》被称为“兵学圣典”和“世界古代第一兵书”。

孙武，字长卿，后人尊称其为孙子、孙武子。他出生于公元前 535 年左右的齐国乐安（今山东惠民），具体的生卒年月日不可考。祖父田书为齐大夫，攻伐莒国有功，齐景公赐姓孙，封采地于乐安。

公元前 517 年齐国发生内乱，孙武去南方的吴国，潜心钻研兵法，著成兵法十三篇。公元前 512 年，经吴国谋臣伍子胥多次推荐，孙武晋见吴王。在回答吴王的提问时，孙武的见解独特，引起了一心图霸的吴王的深刻共鸣，遂以宫女 180 名让孙武操演阵法，亲自验证了孙武的军事才能后，任命孙武以客卿身份为将军。

公元前 506 年，吴楚大战开始，孙武指挥吴国军队以三万之师，千里远袭，深入楚国，五战五捷，直捣楚都；又北威齐晋，屡建奇勋，创造了我国军事史上以少胜多的奇迹。

3.壮志未酬：吴起

吴起（约前 440－前 381 年），卫国左氏（今山东定陶西部）人，战国前期著名军事家、改革家。

吴起年轻时胸怀大志，曾离卫国去鲁国，师拜曾门。娶齐国大夫田居的女儿为妻，因母丧未归，被视为不孝，为曾申（曾参次子）所逐。吴起遂发奋研读兵书，后经鲁相国公休举荐，被鲁元公拜为大夫。

公元前412年（周威烈王十四年），齐国攻鲁，选吴起为将。他治军有方，与士卒同甘共苦，终于打败强大的齐国。但后遭奸人陷害，被解除兵权，遂离鲁去魏，被魏文侯拜为将军，以抗拒秦国和韩国。公元前409年、前408年（周威烈王十七年、十八年），吴起两度率师伐秦，大败秦军。据史载，这一时期他曾“与诸侯大战七十六次”，并“辟土四面，拓地千里”。

魏文侯死后，武侯继立，吴起屡遭谗害，遂奔楚，官至令尹，锐意变法，整顿统治机构，却因之引起贵族的仇视。公元前381年楚悼王死，贵族守旧派乘机作乱，用乱箭射死吴起，变法终告失败。

《汉书·艺文志》著录《吴起》48篇已佚，今本《吴子》仅有《图国》《料敌》《治兵》《论将》《应变》《励士》6篇。对此，有人认为是吴起所著，也有人认为是后人的托名之作。

4.先贤之后：孙膑

孙膑，传为孙武之嫡孙，战国时期生于齐国阿、鄄之间（今山东阳谷、鄄城一带），曾和庞涓一起学习兵法。庞涓辅佐魏惠王，暗中派人将孙膑请到魏国，后因嫉妒其才，遂陷害之，使其身受膑刑，故后人称其为孙膑。孙膑逃魏入齐，为齐威王所重用，为齐将军田忌之军师。在马陵一战中，孙膑设计大败魏军，并射死庞涓。在战国的兵家中，孙膑以“贵势”，即讲求机变而著称。

最早明确记载孙膑之兵法的是《史记》，《汉书·艺文志》把它与《吴孙子》并列，著录《齐孙子》89篇、图4卷。《魏武帝注孙子》中提到，“孙膑曰：兵恐不投之于死地也。”唐朝赵蕤《长短经》卷九中也提到过，“孙膑曰：兵恐不可救。”杜佑所著《通典》卷一四九有“孙膑曰：用骑有十利”一段，但从《隋书·经籍志》以后就不见记载了。1972年2月，山东临沂银雀山一号汉墓出土了竹简本的《孙膑兵法》，使失传已久的古书得以重见天日。

5.宠辱不惊：韩信

韩信（前231-前196年），汉初军事家，淮安（今属江苏淮安淮阴区码头镇）人。自幼熟读兵书，怀安邦定国之抱负。家境贫寒，曾受胯下之辱，据《史记·淮阴侯列传》：“淮阴屠中少年，有侮信者。曰：‘若虽长大，好带刀剑，中情怯耳。’众辱之曰：‘信能死，刺我；不能死，出我胯下。’于是信孰视之，俯出裤下匍伏。一市人皆笑信，以为怯。”陈胜、吴广起义后，韩信始投项梁，继随楚霸王项羽，但不受项羽重用。后又投奔汉王刘邦，经丞相萧何力荐，被拜为大将。

不久，韩信率军沿南郑故道东出陈仓，一举拿下关中地区，使刘邦得以还定三秦。第二年，出函谷关，兵至楚都彭城。此后，韩信率兵数万，开辟外线战场。破魏之战，俘获魏王豹；井陉之战，以一万之众大破二十万赵军；淮水之战，将齐、楚联军各个击灭。攻占齐地后，韩信被封为齐王。

公元前202年春，楚汉两军在垓下（今安徽灵璧南）展开决战，“四面楚歌”之典即来源于此。攻心之术令楚军全无斗志，项羽战败，自刎于乌江边。楚汉争霸以刘邦得天下而告终。

刘邦用人却疑之，得天下后，即将其软禁。韩信遂与张良一起整理先秦以来的兵书，共得182家，这是我国历史上第一次大规模的兵书整理，为军事学术研究奠定了基础。公元前196年，吕后诱韩信至长乐宫的钟室，以谋反罪名杀之。韩信为汉王朝的创建做出了重要贡献，其用兵之道为后世兵家所推崇。

6.乱世枭雄：曹操

武帝曹操（155-220年），名吉利，字孟德，沛国谯（今安徽亳州）人。东汉末年政治家、军事家、文学家。其早年为洛阳北部尉、顿丘令，参与镇压黄巾起义迁济南相，并起兵讨伐董卓，逐步扩充军力。汉献帝初平三年（192年）据兖州，收编青州黄巾军为“青州兵”。汉献帝建安元年（196年）至洛阳朝见汉献帝，任司隶校尉、录尚书事。迁都于许（今河南许昌）后，曹操“挟天子以令诸侯”，用献帝名号

削平大部割据势力。建安五年（200 年）在官渡大败袁绍后，逐渐统一中国北部。十三年（208 年）任丞相，同年乘荆州牧刘表病卒，率大军南征，为孙权与刘备联军击败于赤壁。后为巩固后方，统一关陇，取汉中占巴蜀，击败马超，招降张鲁，并利用孙权与刘备之间的矛盾消灭关羽，解除襄樊的威胁。

建安十八年（213 年）封魏公，建魏国。二十一年（216 年）晋爵魏王，不久病死。子曹丕代汉称帝，追谥曹操为魏武帝。曹操好读书，有谋略。在北方屯田，兴修水利，整顿吏治，用人唯才，不计门第，加强中央集权，使其统治地区社会经济有所发展。又精熟兵法，著有《孙子略解》《兵书接要》。擅长诗歌，作品多慷慨悲凉，其中最负盛名的《短歌行》脍炙人口，传诵至今。曹操与其子曹丕、曹植合称“三曹”。

7.天下奇才：诸葛亮

诸葛亮（181–234 年），三国时杰出政治家、军事家、战略家、散文家、外交家。字孔明，号卧龙。诸葛亮不但熟知天文地理，而且精通战术兵法，还十分注意观察和分析当时的社会，积累了丰富的治国用兵的知识。建安十二年（207 年），诸葛亮 27 岁时，刘备“三顾茅庐”，恳请诸葛亮出山。诸葛亮辅佐刘备，形成三国鼎足之势。

诸葛亮的著述，在《三国志》本传中载有《诸葛氏集目录》，共 24 篇，104112 字。后人所编，以清人张澍辑本《诸葛忠武侯文集》较为完备。诸葛亮一生主要著作有：《前出师表》《后出师表》《隆中对》。诸葛亮娴熟韬略，多谋善断，长于巧思，曾革新“连弩”，可同时发射 10 箭；做“木牛流马”，便于山地军事运输；还推演兵法，作“八阵图”。千百年来，诸葛亮的传奇故事为世人传诵。

关于木牛流马的创制，《诸葛亮集》中有较详细的记载，但按其法制却难以成形，后世遂以为是奇物。其实，木牛是一种人力独轮车，有“一股四足”。所谓一股，就是一个车轮。所谓四足，就是车前车后装的四根木柱，起稳定停驻的作用。“人行六尺，牛行四步”，就是推车人行六尺（古尺较今尺短），车轮转四圈。它可装载一人一年的口粮，单行每天行十数里，群行每天二十公里，车速虽然比较缓慢，但却适合山路运行。流马也是一种人力车，有四个轮子，可装载四石六斗，车速较木牛更慢，每天最多行 10 公里，但却节省劳力。东汉以前，车都是两个轮子，诸葛亮改为独轮和四轮，其优点是安全、省力，适合在崎岖的山路上长途跋涉，确实是一种创新。

8.运兵如神：李靖

李靖（571–649 年），字药师，京兆府三原（今属陕西）人，唐朝伟大的军事家、军事理论家、统帅。其先任长安县功曹，后历任殿内直长、驾部员外郎。

李渊于太原起兵，攻占长安后，俘获了李靖。李靖在临刑时大声疾呼：“公起义兵，本为天下除暴乱，不欲就大事，而以私怨斩壮士乎！”此举为李渊和李世民所欣赏，因而获释。武德元年（618 年）五月，李渊建唐称帝，李世民被封为秦王。为了平定割据势力，李靖随秦王东进，以军功授任开府，从此开始显示自己在军事方面的卓越才能。贞观二十三年（649 年）四月二十三日，李靖溘然逝去，享年 79 岁。唐太宗册赠司徒、并州都督，给班剑、羽葆、鼓吹，陪葬昭陵，谥曰景武。

李靖军功卓越，上元元年（760 年），唐肃宗把李靖列为史上十大名将之一，并配享于武成王（姜太公）庙。唐太宗曾给予他高度评价：“尚书右仆射代国公靖，器识恢宏，风度冲邈，早申期遇，夙投忠款，宣力运始，效绩边隅；南定荆扬，北清沙塞；皇威远畅，功业有成。”

在李靖的戎马生涯中，指挥了几次大的战役都取得了重大胜利，这与其勇敢善战以及卓越的军事思想与理论密切相关。他根据一生的实践经验，写出了优秀的军事著作，仅见于《旧唐书·经籍志》《新唐书·艺文志》所著录的《六军镜》3 卷、《阴符机》1 卷、《玉帐经》1 卷、《霸国箴》1 卷，《宋史·艺文志》著录的还有《韬钤秘书》1 卷、《韬钤总要》3 卷、《卫国公手记》1 卷、《兵钤新书》1 卷和《弓诀》等，可惜都已失传。今传世的《唐太宗李卫公问对》（即《李卫公问对》）系宋人所撰托名之作。

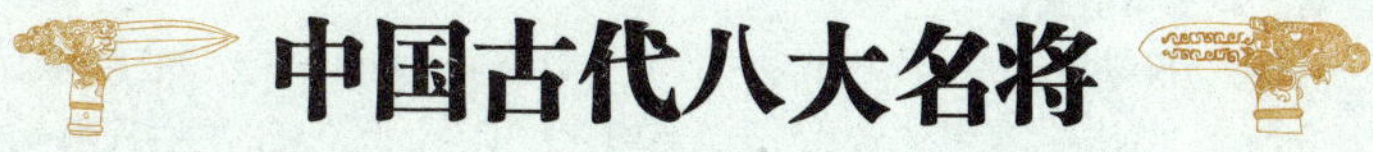

中国古代八大名将

1.燕赵联军，连克齐国：乐毅

乐毅，生卒年不详，中山灵寿（今河北灵寿西北）人。战国后期杰出的军事家，辅佐燕昭王振兴燕国，报了强齐伐燕之仇。

燕昭王因子之之乱而被齐国大败，屈己礼贤，延聘贤能之士相佐。乐毅适时替魏出使燕国，燕昭王以客礼厚待乐毅。乐毅为昭王诚意所动，委身为臣，燕昭王封乐毅为亚卿（仅次于上卿的高官）。

燕昭王在公元前284年任命乐毅为上将军，同时赵惠王也把相印交予乐毅，乐毅率全国之兵会同赵、楚、韩、魏、燕五国之军兴师伐齐。乐毅亲临前阵，率五国联军向齐军发起猛攻。齐愍王大败，逃回都城临淄。乐毅率燕军乘胜追击，尽收齐国珍宝、财物、祭器运往燕国。燕昭王大喜，将昌国（在今山东省淄川县东南）城封给乐毅，号昌国君。乐毅攻齐五年，齐七十余城皆为燕地，唯独即墨（今平度东南）没有被攻下。

前278年，燕昭王死，太子乐资即位，称燕惠王。因小人谗言，燕惠王下令派骑劫为大将接替乐毅，导致所得齐国城池尽失。乐毅亦因而拒绝回燕西向去赵，受到赵惠王的厚待。面对燕惠王之歉疚及责难，乐毅慷慨写下著名的《报燕惠王书》，并以伍子胥“善作者不必善成，善始者不必善终”的历史教训申明自己不为昏主效愚忠，不做冤死之鬼，故而出走的抗争精神。但其并未因此而说赵伐燕，而是居赵、燕两国客卿的位置，往来通好，最后卒于赵国。

乐毅指挥燕赵联军，连克齐国七十余城的不凡业绩，证明他是一位有杰出才能的军事家。他在《报燕惠王书》中提出的国君用人的思想，对封建帝王在用人问题上提出了要求。他与燕昭王在兴燕破齐的事业中建立的君臣情谊，为封建社会的贤人志士所向往。

2.连环反间，瓦解敌军：田单

田单，生卒年不详，安平（今山东淄博东北）人。战国时期齐国名将。齐愍王时，田单曾为临淄（今淄博东北）市掾。周赧王三十一年（前284年），燕将乐毅率五国联军破齐，燕军攻下临淄，田单率族人以铁皮护车轴平安逃至即墨，表现出卓越的军事才能。在即墨被困之际，田单被军民推为大将，组织齐人抵抗。他以著名的“火牛阵”夜袭燕军营垒，出其不意大败燕军，杀燕将骑劫，乘胜收复齐所有失地，迎齐襄王法章还都临淄，受封安平君，任齐相。

周赧王五十年，田单受命救赵，击退秦军。后因赵割济东三城五十七邑予齐，求田单为将，遂入赵任将军，攻燕，取三城。次年，任赵相。不知所终。

3.襟怀坦荡，殊无败绩：廉颇

廉颇（前327－前243年），战国时期赵国杰出的军事将领。主要活动在赵惠文王（前298－前266年）、赵孝成王（前266－前245年）、赵悼襄王（前245－前236年）时期。

赵惠文王初，秦王多次派兵攻赵。廉颇统领赵军屡败秦军，迫使秦改变策略，与赵讲和。赵惠文王二十年（前278年），廉颇向东攻齐，破其一军；赵惠文王二十二年（前276年），再次伐齐，攻陷

九城；次年廉颇攻魏，陷防陵（今河南安阳南二十里）、安阳城（今河南安阳西南四十三里）。秦国虎视赵国而不敢贸然进攻，正是慑于廉颇的威力。

廉颇年届七十尚思报国，但赵国始终未再起用廉颇，致使一代名将最终死在楚国的寿春（今安徽省寿县）。十几年后，赵为秦所灭。

廉颇是一位杰出的军事将领，其征战数十年，攻城无数而未尝败绩；为人襟怀坦荡，敢于知错就改。他的一生正如司马光所言："廉颇一身用与不用，实为赵国存亡所系。此真可以为后代用人殷鉴矣。"

4.一代名将，含冤合目：李牧

李牧，生年不详，卒于赵王迁七年（前 229 年）。战国末年赵国良将。李牧曾久居赵国北边代（在今河北蔚县）、雁门（在今山西右玉县南），防备匈奴，戍边有术，战功卓著。

赵悼襄王二年（前 243 年），廉颇离赵去魏，赵王以李牧为将攻燕，取武遂（在今河北徐水县西遂城）、方城；赵王迁二年（前 234 年），秦派桓玄领兵攻赵之平阳（今河北磁县东南）、武城（今磁县西南），大败赵军，杀赵将扈辄；次年，秦军攻赵的赤丽、宜安（今河北石家庄市东南），赵以李牧为大将军率兵反攻，大破秦军于肥（今河北晋县西），秦将桓玄逃跑。李牧因功被封为武安君。秦王政十五年、赵王迁四年（前 232 年），秦又派两支军队攻赵，向赵之番吾（今河北灵寿县西南）进攻。李牧击破秦军，南拒韩魏。赵王迁七年（前 229 年），秦大举攻赵。赵派李牧、司马尚率大军抵御。赵王宠臣郭开受秦贿赂，称李牧、司马尚谋反。赵王因此以赵葱、颜聚替代李牧、司马尚。李牧拒不受命，赵王遂起意杀李牧废司马尚。李牧死后第二年，秦将王翦大破赵军，杀赵葱，颜聚逃走，赵王迁被俘。赵公子嘉率其宗族逃往赵之代郡，自立为代王。至秦王政二十五年，代王嘉六年（前 222 年），秦将王贲带兵灭燕，虏代王嘉，赵遂亡。

司马迁在《赵世家》的结尾这样说道，赵王"迁素无行，信谗，故诛其良将李牧，用郭开。岂不谬哉"。秦子婴把"赵王迁杀其良臣而用颜聚"的后果是"失其国而殃及其身"，作为历史教训，欲劝阻秦二世不要杀蒙恬、蒙毅；汉文帝则叹无廉颇、李牧那样的大将，以解匈奴之忧。

5.四面楚歌，乌江自刎：项羽

项羽（前 232 – 前 202 年），名籍，字羽，下相（今江苏宿迁）人。楚国名将项燕之孙。楚亡后，他随叔父项梁流亡吴中（今江苏苏州）。秦二世元年（前 209 年），陈胜、吴广在大泽乡揭竿而起，项羽随项梁在吴中举兵响应。24 岁的项羽从此走上历史舞台。

项羽是一位超群的军事统帅。他能征善战，豪气盖世。巨鹿之战，项羽破釜沉舟，以寡击众，全歼秦军主力，客观上为汉高祖进入咸阳，推翻秦朝创造了条件；楚汉战争中，破田荣，救彭成，救荥阳，夺成皋。其一生大战数十次，多获胜利。然而，项羽又是一位悲剧人物。秦灭亡后，他自称霸王，忙于分封诸侯，扶持六国贵族的残余势力，违背了人民要求统一的愿望，造成了混乱割据的局面。其烧杀掳掠的暴行违背了人民的意志，是他战败的根本原因。军事上，他缺少战略眼光，刚愎自用，不纳贤良，以致屡失战机；亦没有巩固的后方和充足的粮饷、兵源，虽屡战屡胜却由盛而衰。

6.礼贤下士，战功赫赫：卫青

卫青（？ – 前 106 年），字仲卿，河东平阳（今山西临汾西南）人。西汉著名将领，汉武帝时期的大将军，系县吏郑季与平阳侯府中婢女卫氏的私生子。幼为家奴，饱尝辛酸，及长，为侯府骑士。

卫青是一位颇具传奇色彩的历史人物：从一个遭人嫌弃饱受欺凌的侯府女仆的私生子，到抗击匈奴开疆拓土战功赫赫的大将军；从公主的骑奴到公主的丈夫，权倾朝野，位极人臣。但卫青却能做到居功不傲，小心谨慎而得以善终。卫青身上似乎聚集了太多不可思议的神秘光环。而这一切，与他自小卑微的出身不无干系。

建元二年（前 139 年），因其同母异父姊卫子夫得幸武帝，始以卫为姓，入宫当差，不久被武帝升为建章监、侍中，迁大中大夫。

元光五年（前 130 年），卫青拜车骑将军，和另外三员将领各率一支军队出塞。这一次出兵，四路大军出塞三路大败，尤其是老将李广竟被匈奴所虏，好不容易才逃回。反倒是第一次出塞领兵的“骑奴”卫青，出上谷直捣龙城，斩敌七百，成为真正的“龙城飞将”。卫青的军事才能使汉武帝对他刮目相看，他从此屡屡出征，战果累累。卫青一生七次率兵攻击匈奴，屡立战功，所得封邑总共有 16300 户。他用兵敢于深入，奇正兼擅；为将号令严明，与士卒同甘苦；作战常奋勇争先，将士皆愿为其效力；处世谨慎，奉法守职。虽战功显赫，权倾朝野，但从不结党营私，威信很高。

公元前 105 年，大司马大将军卫青去世。公元前 106 年，汉武帝命人在自己的茂陵东边特地为卫青修建了一座像庐山（匈奴境内的一座山）的坟墓，以象征卫青一生的赫赫战功。

7.少年得志，骁勇善战：霍去病

霍去病（前 140 – 前 117 年），河东平阳（今山西临汾西南）人。西汉著名将领。西汉大将军大司马卫青的外甥，善骑射。

初为武帝侍中。元朔六年（前 123 年），随大将军卫青参加漠南之战，率八百轻骑远离大军数百里寻歼匈奴，俘获 2000 余人，战绩卓著，封冠军侯；元狩二年（前 121 年）三月，为骠骑将军，率万余骑兵出陇西郡（治狄道，今甘肃临洮），俘获近 9000 人；夏，领数万骑兵出北地郡（治马领，今庆阳西北），迂回至祁连山（今南山）一带，袭破匈奴浑邪王、休屠王两部，俘获 3 万余人，以功益封 5400 户。自此恩宠有加，与大将军卫青地位相等；秋，以果断行动促使浑邪王率 4 万人归汉。

元狩四年（前 119 年）春，率 5 万骑为东路军，由代郡（治代县，今河北蔚县东北）出塞 2000 余里，重创匈奴左部，俘获 7 万余人，封狼居胥山（今内蒙古克什克腾旗西北至阿巴嘎旗一带，一说今蒙古乌兰巴托东），临瀚海（今内蒙古高原东北呼伦湖与贝尔湖，一说今俄罗斯贝加尔湖）而还。此战与卫青西路作战合璧而称漠北大捷，是西汉王朝对匈奴作战的丰碑。其与卫青同为大司马，前后六次出击匈奴，每战皆胜，深得武帝信任。

“匈奴未灭，何以家为？”霍去病之大丈夫豪情壮志，谁堪与敌？难怪寥寥数次出征，他就成了使匈奴噤若寒蝉的人物。可惜，天妒英才，霍去病英年早逝，年仅 24 岁。汉武帝为其特意修造状如祁连山之坟冢，以资纪念。而其墓前之“马踏匈奴”的雕像，正是其戎马一生的真实写照。

8.精忠报国，壮我河山：岳飞

岳飞（1103–1142 年），字鹏举，相州汤阴（今属河南）人。南宋军事家、抗金英雄。岳飞父岳和，母姚氏，世代务农。

岳飞少时勤奋好学，并练就一身好武艺。因家境贫困，后到相州（今安阳），“为韩魏公（琦）家庄客，耕种为生”。19 岁时投军抗辽。不久因父丧，退伍还乡守孝。1126 年金兵大举入侵中原，岳飞再次投军，开始了他抗击金军、保家卫国的戎马生涯。传说岳飞临走时，其母姚氏在他背上刺了“精忠报国”四个大字，成为岳飞终生遵奉的信条。

绍兴十一年八月，高宗和秦桧派人向金求和，金兀术要求“必杀飞，始可和”。秦桧乃诬岳飞谋反，将其下狱。绍兴十一年（1142 年）十二月二十九日，秦桧以“莫须有”的罪名将岳飞毒死于临安风波亭，是年岳飞仅 39 岁。其子岳云及部将张宪也同时被害。宁宗时，岳飞得以昭雪，被追封为鄂王。

岳飞善于谋略，治军严明，其军以“冻死不拆屋，饿死不掳掠”著称。在其戎马生涯中，他亲自参与指挥了 126 场战役，未尝一败，是名副其实的常胜将军。岳飞无专门军事著作遗留，其军事思想、治军方略，散见于书启、奏章、诗词等。后人将岳飞的文章、诗词编成《岳武穆遗文》，又名《岳忠武王文集》。

附录四

本书图版目录